Karl Heinz Mehler

Zwischen Trümmerschutt und Wirtschaftswunder

Mannheimer Zeitzeugen

erinnern sich an die Nachkriegszeit

Der Herausgeber und der Verlag danken sehr herzlich den folgenden Kooperationspartnern, die diesen Band ermöglicht haben

Stadtarchiv Mannheim – Institut für Stadtgeschichte
Mannheimer Altertumsverein von 1859
Verein der Freunde des Stadtarchivs Mannheim e.V.
Karin und Carl-Heinrich Esser Stiftung, Mannheim

Impressum

Wellhöfer Verlag
Ulrich Wellhöfer
Weinbergstraße 26
68259 Mannheim
Tel. 0621-7188167
info@wellhoefer-verlag.de
www.wellhoefer-verlag.de

Titelgestaltung, Layout und Satz: Fa. Pixelhall, Mühlhausen
Lektorat: Nicole Fieber, Johannes Paesler, Ulrich Wellhöfer

Das vorliegende Buch einschließlich aller seiner Teile ist urheberrechtlich geschützt. Jede Verwertung außerhalb der engen Grenzen des Urheberrechtsgesetzes ist ohne schriftliche Zustimmung des Verlags unzulässig und strafbar.

© 2012 Wellhöfer Verlag, Mannheim

ISBN-Nr. 978-3-939540-94-6

Widmung

*Diese Veröffentlichung ist allen gewidmet,
die sich mit Beiträgen daran beteiligt haben.*

*Es sind 54 Mannheimerinnen und Mannheimer,
die in 126 Erzählungen freimütig aus ihrem privaten Leben
in einer schwierigen Zeit berichten.*

Bildnachweis

Die Bilder stammen, soweit nicht nachstehend im Einzelnen genannt, aus dem Privatbesitz der jeweiligen Autoren.

Bilder aus Privatbesitz

von	in Beitrag	
Eduard Stiasny	Vorwort	Einweihung Friedensengel
Karl Heinz Mehler	Hans Bichelmeier	1948 als Steuermann eines Jungmannvierers
Jochen Meißner	Hans Bichelmeier	Der Meisterschaftsachter von 1953
Jochen Meißner	Hans Bichelmeier	Triumphale Heimkehr nach den Siegen
Hubert Güthlein	Oskar Bischoff	Die Neckarauer Jakobus-Kirche – vorher und nachher
Karl Heinz Mehler	Oskar Bischoff	Motorradrennen auf dem Hockenheimring 1950
Klaus Kühl	Oskar Bischoff	Das Haus in der Rheingoldstraße Nr. 70
Karl Heinz Mehler	Helmut Graf	Der Eingang zum Durchgangslager Tuttlingen
Karl Heinz Mehler	Helmut Graf	Die Baracken den Gefangenenlagers Tulle
Karl Heinz Mehler	Helmut Graf	Das imposante Schloss von Pompadour
Eduard Stiasny	Sylvia Hartmann	Mannheim von oben Mitte 1956
Eduard Stiasny	Sylvia Hartmann	Zirkusbilder
Eduard Stiasny	Siegfried Laux	Der Friedensengel am alten Standort
Karl Heinz Mehler	Ernst Helmstädter	Der römische Brunnen
Eduard Stiasny	Emil Röckel	Die Neckarwiese jenseits der Stadtseite
Eduard Stiasny	Claus Schröder	Die Kaufhäuser „Hansa" und „Anker" am Paradeplatz
Karl Heinz Mehler	Hans Uehlein	Die Firma VDO am Bonadieshafen vor der Zerstörung
Karl Heinz Mehler	Klaus Wagner	Meine Kollegen der Kalkulationsabteilung
Karl Heinz Mehler	Rudolf Will	Reinhild Wagenknecht

Bilder des Stadtarchivs Mannheim – Institut für Stadtgeschichte

	in Beitrag
Rudi Bieller	Die Trümmer des Mannheimer Nationaltheaters
Oskar Bischoff	Die Mannheimer Innenstadt am Kriegsende
Manfred Bittlingmaier	Trümmerlandschaft
Manfred Bittlingmaier	Der Aufbaudienst bei der mühevollen Trümmerbeseitigung
Werner Brehm	Amerikanische Soldaten beim Durchkämmen einer Straße
Werner Brehm	US-Panzer in der Max-Josef-Straße
Werner Brehm	Die zerstörte Friedrichsbrücke
Werner Brehm	US-Panzer am Neckar
Werner Brehm	Schuttbeseitigung an der U-Schule
Klaus Fischer	Ein Blick auf das zerstörte Mannheim 1945
Klaus Fischer	Die Riedbahnbrücke 1946
Hans Günther Haaß	Der Blick in die Planken
Gerhard Hartmann	Die zerstörte Rheinbrücke mit der Notbrücke
Friedrich Krämer	Der hintere Teil des Rosengartens am Kriegsende
Karl Kumpf	Der Mannheimer Markt (etwa 1948)
Karl Kumpf	Der Mannheimer Markt an einem Wintertag
Karl Heinz Mehler	Die Behelfsbrücke über den Rhein
Theodor Müller	Die Gierfähre über den Rhein
Emil Röckel	Die Behelfsbrücke über den Rhein
Emil Röckel	Raddampfer und Schleppkähne auf dem Rhein
Karlheinz Rödel	Der Lindenhof am Kriegsende
Karlheinz Rödel	Die Wohlgelegenschule beim Wiederaufbau
Norbert Stier	Die Ruine des Nationaltheaters
Norbert Stier	Der Empfang der siegreichen Mannschaft des VfR Mannheim
Hans Weckesser	Der Wasserturm mit dem Notdach
Hans Weckesser	Der Rest des alten Kaufhauses mit dem markanten Turm
Hans Weckesser	Der Abbruch – Rückseite des Kaufhauses

Inhalt

ZUM GELEIT	11
VORWORT	13

CHRISTA BIALEK, GEBORENE KOLKWITZ
Kindheit in den Fünfzigern	17
Der Kindergarten, die Schule und die Erziehung in den Fünfzigern	20

HANS BICHELMEIER
Ein Neubeginn mit harter Arbeit und großem Erfolg	23
Meine Erfolgsgeschichte als Steuermann und Trainer	26

GISELA BIELLER, GEBORENE NEUBAUER
Teenagerträume sehen anders aus	32

RUDI BIELLER
Hunger	34
Spanischkenntnisse, eine Hilfe in Notzeiten	35
Vom Lichtspielhaus zur Theaterspielstätte	37

UDO BIELLER
Frühe Schulerlebnisse	41
Das Olymp	45
Erinnerungen an meine Aufenthalte in Binau im Neckartal	47

HANS-JÖRG BINDNER
Als Fünfzehnjähriger in Kriegsgefangenschaft	51
Heimkehr aus der Gefangenschaft und was dann folgte	53

OSKAR BISCHOFF
Das Kriegsende und der Neubeginn	57
Versorgungsängste	62
Wohnverhältnisse	65

MANFRED BITTLINGMAIER
Heimkehr, Mangeljahre, Hungerjahre	69
Der Neubeginn nach der Währungsreform	74

WERNER BREHM
Ein erlebnisreicher Neubeginn für Jugendliche	78
Unterbrochene Lehre und Schulabschluss	84
Mein Einstieg in den Beruf	89

MICHAEL CAROLI
Unbeschwerte Kindheit in Ruinen ... 94
Der Gesichtskreis weitet sich ... 99
Schulpflicht und Ferienvergnügen ... 104

RUDOLF CLAUSING
Hunger und Erniedrigung ... 109
Weihnachten im Krieg und in der Gefangenschaft ... 113
Nach vielen Jahren endlich wieder daheim ... 116

DORIS DIAMANT DE SIEBERT, GEBORENE DIAMANT NORD
Angekommen in Deutschland als Tochter
von zurückgekehrten Emigranten ... 121

KLAUS FISCHER
Das Kriegsende und die Heimkehr nach Mannheim ... 126
Der Neubeginn in Neuostheim nach dem Krieg ... 128

OTTO FLEGLER
Meine Odyssee ... 132
Die Anfangszeit nach der glücklichen Heimkehr ... 135

THEO FREY
Heimkehr, ein Brief von damals und was dann folgte ... 138
Mannheim ruft um Hilfe ... 142
Der Führerschein ... 145

WILMA GILBERT-WINNES, GEBORENE GILBERT
Kampf ums Überleben und um Bildung ... 147

HELMUT GRAF
Kriegseinsatz und Gefangennahme ... 150
Transport nach Frankreich und Ende der Hoffnung auf Entlassung ... 154
Arbeitseinsatz und Leben bei einem Bauern in der Corrèze ... 158

BERND GREULICH
Steine klopfen und Hockey spielen ... 164
Der Hockeysport in der Nachkriegszeit ... 168

SASCHA GRIMMINGER, GEBORENE GLAS
Eine schwierige Reise nach München ... 171
Die schnelle Entscheidung und was dann folgte ... 172

DOROTHEE HAASS, GEBORENE RENZ
Ein Märchen aus der Nachkriegszeit ... 176

Dr. Hans-Günther Haass
  Die Jahre nach der Heimkehr   179
  Studium unter erschwerten Bedingungen und Berufsbeginn   182

Gerhard Hartmann
  Erinnerungen an meine Kindheit und Jugend   185
  Wie es etwas holprig, aber mit Zufriedenheit weiterging   189

Sylvia Hartmann, geborene Stiasny
  Meine Teenagerzeit in Mannheim   194
  Tanzen und Nähen, meine Leidenschaften   198
  Der Zirkus kommt   201

Ernst Helmstädter
  Auf der Suche nach dem beruflichen Weg   204
  Schließlich kam auch zu uns das Wirtschaftswunder   207
  Treibhausbau in Eigenleistung   210

Irmgard Helmstädter, geborene Breiner
  Ein Krieg ging zu Ende – ein neues Leben begann   213
  Mit Flüchtlingen unter einem Dach   217
  Eine deutsch-amerikanische Freundschaft   221

Waldemar Hildebrand
  Fuß fassen in den ersten Nachkriegsmonaten   225
  Wie es bis zur Endstation weiterging   227

Fritz Hönig
  Nachkriegserinnerungen – Ein Fremder an meinem Bett   230
  Meine späte Einschulung und was danach geschah   233
  Bundeswehrzeit als Weichenstellung für meine Zukunft   237

Klaus Kirchert
  Mannheim 1947 bis 1960 – Fakten und Eindrücke   243

Greta Knecht, geborene Frauscher
  Schule unter erschwerten Bedingungen,   248
  Lehre und Berufsleben   248

Alfred Kotter
  Der Weg von der BASF zum Studium nach München   252
  Studium, Berufseinstieg und Freizeitgestaltung   256

FRIEDRICH KRÄMER
  Das Kriegsende mit der Heimkehr zum Muttertag   261
  Vom Bauernhof an die Hobelbank   265
  Weihnachtserlebnis in Mannheim   269

WALTRAUD KUGLER, GEBORENE MERDES
  Ein unerklärbares, unbestimmtes Gefühl   271
  Kindheit in Edingen   273

KARL KUMPF
  Ein bewegtes, erfolgreiches Berufsleben   278

IRMGARD LAUX, GEBORENE SCHUSTER
  Erinnerungen eines Flüchtlingskindes   282
  Auf Heimatsuche   285

SIEGFRIED LAUX
  Meine Kriegsgefangenschaft in England – Die Anfangszeit   289
  Meine Kriegsgefangenschaft in England – Im goldenen Käfig   293
  Schwieriger Neuanfang im Nachkriegsdeutschland   298

KARL HEINZ MEHLER
  Der Weg in die Kriegsgefangenschaft und das Erwachen   301
  Der Neubeginn nach der Heimkehr aus der Kriegsgefangenschaft 306
  Schule und verfehlter Einstieg ins Berufsleben   311

URSULA MEHLER, GEBORENE MAIER
  Kriegsende und Neubeginn   316
  Eberbach, unsere neue Heimat   319
  Heimkehr   323

FRANZ MOTZKO
  Ein Neubeginn nach der Vertreibung   328
  Schule und Straßenfußball auf der Schönau   332
  Das einfache Leben und die Gestaltung der Freizeit 337

THEODOR MÜLLER
  Berufsfindung in der Nachkriegszeit   342

MANFRED OESTRINGER
  Als Holzfäller im Odenwald   347
  Endlich wieder daheim und im Beruf   350

Emil Röckel
  Jugendjahre mit Schulspeisung und scharfer Munition   354
  Jugendliches Freizeitvergnügen   359
  Lehrjahre und Freizeitgestaltung bei den Pfadfindern   362

Karlheinz Rödel
  Ein Umweg bei der Heimkehr aus dem Kriegseinsatz   367
  Wieder zu Hause – ein schwieriger Neubeginn   370
  Lehre und Schulbesuch in der Nachkriegszeit   373

Claus Schröder
  Nachkriegskindheit zwischen Waldhof und Gartenstadt   378
  Umzug, Alltag und im Zickzackweg zur Schule   381
  Schwimmwettkämpfe und familiäre Freizeitgestaltung
  am und im Wasser: Die Wiedergewinnung der Normalität   386

Norbert Stier
  Lausbubengeschichten eines Bloomauls   389
  Schule und Sport mit Ehrgeiz   393
  Meine Lehrjahre bei Benz   398

Manuela Tardito, geborene Gualdi
  Kindheit in Deutschland und Italien   402

Hans Uehlein
  Kriegsende, Flucht aus Mannheim, Heimkehr und was folgte   406
  Neubeginn und der Wiederaufbau in der Firma   409
  Fruchtjoghurt und andere Streiche   411

Klaus Wagner
  Von den Fronäckern in den Beruf   416
  Geschichten aus dem Berufsleben   421
  Freizeitvergnügen mit Unterstützung der Firma   425

Walter Wassermann
  Ohne die Guten hätte ich nicht überlebt   429

Hans Weckesser
  In der Provinz die schlimmen Zeiten überlebt   433
  Wie ich als Jugendlicher das Kriegsende erlebte   437
  Wie ich 1965 nach Mannheim kam   439

Helmut Wetzel
  Kindheit auf dem Waldhof und in Buch am Ahorn ... 444
  Erinnerungen an Fußball und Kanusport ... 448
  Lehre und Berufszeit – immer unter Strom ... 451

Gudrun Wilhelms, geborene Mittrach
  Einfach tierisch ... 454
  Wir Gassenkinder ... 456
  Oh du fröhliche ... 461

Rudolf Will
  Verhaftet! ... 464
  Mein Berufseinstieg ... 466
  Vom Schlosser zum Pfarrer ... 469

Ludwig Wirthwein
  Der Krieg war für mich mit der Gefangenschaft zu Ende ... 475
  Zurück in Deutschland und einige Zeit später auf nach Kanada ... 479
  Wie es weiterging ... 484

Emil Ziegler
  Mit zwei Briketts zum Tanzkurs ... 488
  Mein Weg ins Berufsleben ... 491

Schlusswort ... 495

Zum Geleit

2009 erschien die Veröffentlichung „Zwischen Weltwirtschaftskrise und totalem Krieg. Mannheimer Zeitzeugen erzählen über ihr privates Leben" von Karl Heinz Mehler. Der Erfolg des Buchs gab ihm Recht. Es gibt nicht nur ein Bedürfnis bei vielen Mannheimerinnen und Mannheimern, die eigene Lebensgeschichte aus der Rückschau darzustellen – solche Schilderungen finden auch ein wachsendes Publikum. Die Verbindung von rein privatem Erleben mit den politischen Wechselfällen der Zeit öffnet den Lesern gleichsam einen intimen Horizont und macht deutlich, wie geschichtliche Prozesse sich in den Augen eines Zeitzeugen darstellten und heute interpretiert werden. Manche Ereignisse prägten sich dabei einer ganzen Generation ein und wurden zu persönlichen wie objektiven Wendepunkten. Ältere unter uns wissen etwa noch gut, wo und wie sie den Einmarsch der ersten Amerikaner in der Karwoche 1945 erlebten, ihnen ist das schlechte Wetter am Tag der Einführung der D-Mark 1948 noch in bester Erinnerung oder sie können genau angeben, wo sie den Tag des Mauerfalls 1989 erlebten. Andere wiederum haben noch sehr gut im Gedächtnis, wann sie erstmals ein Lichtspielhaus nach dem Krieg besuchten und welchen Film sie damals sahen.

So subjektiv die Einzelgeschichten und die Wahrnehmung von „historischen" Ereignissen auch immer sein mögen, in der Zusammenstellung kristallisiert sich dann doch ein gemeinsamer Erinnerungsbestand heraus. Das subjektiv Erlebte wird immer wieder zu dem „großen" Geschehen in Beziehung gesetzt; allmählich scheint ein generationsbezogener, gemeinsamer Fundus an Überzeugungen und Werten auf. Wenn wir heute etwa das Wirtschaftswunder der frühen Bundesrepublik als gemeinsam erlebtes Gut ansehen, das eine ganze Generation geprägt hat, so ist diese positive Erinnerung doch immer auch verbunden mit Ludwig Erhards Konzept der sozialen Marktwirtschaft, seiner Rundfunkrede einen Tag vor der Währungsreform. Der Geldschnitt vollbrachte das scheinbare „Wunder", dass nun plötzlich die Läden wieder voll waren. Andererseits waren zunächst enorme Preissprünge zu beklagen, die in einen Generalstreik mündeten – ein Aspekt, der kaum Einzug ins vorherrschende Geschichtsbild gefunden hat. Was wir heute unisono positiv in unserer kollektiven Erinnerung abgelegt haben, die Wirtschaftswunderjahre, war durch die Brille des Zeitgenossen also so eindeutig nicht. Ihn drückten beengte Wohnungsverhältnisse, hohe Lebensmittelpreise oder graue Trümmerlandschaften. Kinder wiederum erlebten diese Trümmer als große Abenteuerspielplätze und konnten überhaupt keinen Sinn darin erblicken, warum sie beseitigt werden sollten. Und die Heimkehrer aus Kriegsgefangenschaft waren froh, wenn sie den Entbehrungen, dem Hunger und den Schikanen der Gefangenschaft endlich entkommen waren. Sie fieberten der Wiederbegegnung mit der Heimat und den Familien entgegen, es waren Momente größter Emotionalität und privaten Glücks.

Mehlers Buch setzt da an, wo das Vorgängerwerk aufhörte: Beim totalen Zusammenbruch, bei der Kapitulation Deutschlands im Mai 1945. Nicht wenige seiner Generation, die damals zum Teil noch gar nicht erwachsen war, gerieten in Gefangenschaft, andere waren evakuiert worden. Sie kamen nach dem Krieg in eine stark zerstörte Stadt zurück. Wieder andere hatten mehr Glück und konnten sich ohne Verzug dem Aufbau widmen. Aber fast alle diese Zeitzeugen beschreiben in ihrer Geschichte, wie froh sie waren, den Krieg überlebt zu haben. Die Angst war endlich vorbei, das Leben nicht mehr von täglichem Fliegeralarm und Todesängsten geprägt. Viele erinnern sich an diese Zeit, trotz aller Versorgungsnöte und Alltagsprobleme, trotz Ängsten um noch vermisste oder in Gefangenschaft lebende Angehörige oder Freunde, als „Jahre der schönen Not". Im kollektiven Gedächtnis erscheint die Nachkriegszeit geprägt von großer Hilfsbereitschaft und Solidarität zwischen arm und reich, verloren auch die einst trennenden konfessionellen Grenzen an Bedeutung. Und weil kaum jemand materiell auf Rosen gebettet war, hatte das gemeinsame Arbeiten und der Aufbruch zu neuen Zielen absolute Priorität. Für Neid oder Missgunst war wenig Raum, aber auch das Verdrängen der eigenen jüngeren Vergangenheit, das stillschweigende Übergehen der Hitlerjahre und das Tabuisieren von eigenen Fehlern und Schwächen während der NS-Jahre kennzeichneten den Zeitgeist.

Von solchen Geschichten handelt der vorliegende Band, an dem auch bekannte Namen der Mannheimer Stadtgesellschaft mitgewirkt haben. Es ist ein bemerkenswerter Reader geworden, den uns Karl Heinz Mehler in bewährter Weise vorlegt. Ihm ist für sein nie erlahmendes Engagement zu danken, getragen von seiner Frau und seiner Familie und von vielen über Jahrzehnten gewachsenen Kontakten und persönlichen Freundschaften. Zu danken ist aber gleichermaßen allen Autorinnen und Autoren sowie dem Team um den Verleger Ulrich Wellhöfer.

Dem vorliegenden Werk wünschen wir jene Beachtung, die es verdient, und allen Leserinnen und Lesern eine vergnügliche, aber auch zum Nachdenken anregende Geschichtslektüre.

Mannheim, im März 2012

Prof. Dr. Hermann Wiegand
Vorsitzender Mannheimer
Altertumsverein von 1859

Dr. Ulrich Nieß
Institutsleiter Stadtarchiv Mannheim –
Institut für Stadtgeschichte

Vorwort

Wie lächerlich und weltfremd ist der,
der sich über irgend etwas wundert,
was im Leben vorkommt.
Marc Aurel

Fast alles, was ich im Vorwort zu dem 2009 veröffentlichten Buch

„Zwischen Weltwirtschaftskrise und totalem Krieg
Mannheimer Zeitzeugen
erzählen über ihr privates Leben"

geschrieben habe, gilt auch für diese Veröffentlichung, die ich als den zweiten Band einer Sammlung zeitgeschichtlich relevanter Erzählungen Mannheimer Zeitzeugen bezeichnen möchte.

Ich habe das Zitat von Marc Aurel hier wiederholt, denn man muss sich wirklich nicht darüber wundern, was im Leben alles vorkommt. Die vielen mitunter sehr bewegenden, teilweise dramatischen, mitunter aber auch lustigen und skurrilen Erzählungen, in denen hier nun auch über die Zeit nach dem Zweiten Weltkrieg berichtet wird, sind der Beweis dafür. Die Schilderung von Erfahrungen aus der Nachkriegszeit, die ähnlich stark wie die Zeit im Krieg und davor das Leben vieler Menschen geprägt hat, vermittelt vieles von den damaligen Lebensumständen. Als Zeitrahmen wurde – ohne ein festes Datum zu nennen – in diesem Buch das Kriegsende bis etwa Ende der sechziger Jahre vorgegeben. Rückgriffe in die Vorkriegs- und Kriegszeit waren bei manchen Erzählungen zum Verständnis notwendig.

Nicht alle der an dem ersten Band beteiligten Autoren sind auch in diesem Buch zu finden. Einige sind verstorben, andere wollten sich nicht erneut der Mühe des Schreibens unterziehen. Jüngere sind dafür eingesprungen, welche die Zeit meist ganz anders als die Kriegsgeneration wahrgenommen haben – auch ein Aspekt der „Geschichte des privaten Lebens". Einige von ihnen haben den Krieg nicht bewusst erlebt, da sie zu jung waren. Sie haben aber die Kriegsfolgen verspürt. Sei es, dass der Vater, Verwandte oder Geschwister umgekommen sind, seien es Erinnerungen an die Wohnungsnot oder an den Mangel an Lebensmitteln, der noch lange anhielt.

Stark im Bewusstsein verankert sind bei fast allen die Kriegszerstörungen, die noch lange nach dem Kriegsende das Stadtbild aller deutschen Großstädte, so auch von Mannheim prägten. Erinnerungen an die Aufräumarbeiten und an das Zusammenleben mit den Besatzungssoldaten werden wiederholt angesprochen. Der Aufbruch in eine neue, bessere Zeit ist – wenn auch nur schwach – zu spüren. Auf die Frage, ob man am Ende des Krieges glücklich gewesen sei, gab es, wie ich mich erinnere, fast keine eindeutigen Aussagen. Warum nicht? – Wir, die Deutschen, hatten den Krieg verloren, den das Naziregime begonnen hatte, und wir hatten vieles, was vor und im Krieg geschah, zu verantworten. Bis zum bitteren Ende hatten wir nach der Zeit der Siege folgsam das Vaterland verteidigt. Da war kein Glücksgefühl am Ende des Krieges zu erwarten. Wir waren die Verlierer, und vielen wurde erst jetzt bewusst, was das Regime alles angerichtet hatte, und wofür wir alle die Verantwortung zu tragen hatten.

Glücksgefühle am Kriegsende kommen daher in den Erzählungen kaum zum Ausdruck, wohl aber die Erleichterung, dass die Sirenen nicht mehr heulten, keine Bomben mehr fielen und nicht mehr geschossen wurde. Die Schrecken des Krieges waren vorbei. Für diejenigen, die in Gefangenschaft geraten waren, begannen jedoch teilweise erst jetzt schlimme Zeiten. Viele fanden durch Misshandlung, Überforderung und Unterernährung den Tod oder litten teilweise bis an ihr Lebensende unter Krankheiten, die sie sich in der Gefangenschaft zugezogen hatten. Die Angehörigen der Kriegsgefangenen bangten noch lange um sie. Die letzten kehrten erst 1953 aus Russland in die Heimat zurück. Für sie hatte die Gefangenschaft länger gedauert als ihr Kriegseinsatz, und für sie war der Krieg erst jetzt zu Ende. Ihr Privatleben hat zwangsläufig später begonnen als das derjenigen, die bei Kriegsende oder kurz danach wieder zu Hause waren. Das Schicksal von Juden und Vertriebenen, die nach dem Krieg nach Mannheim zurückkamen oder hier eine neue Heimat fanden, wird in einigen Beiträgen thematisiert.

Endlich lebte man im Frieden. In Mannheim kam dies auf besondere Weise zum Ausdruck, als am 16. November 1952 das Denkmal mit dem Friedensengel in B 4 eingeweiht wurde. Das Mahnmal wurde von dem Bildhauer Gerhard Marcks im Auftrag der Stadt geschaffen. Es sollte eine Erinnerung an die Toten und eine Mahnung für die Lebenden sein. Zur Einweihung war Bundeskanzler Adenauer anwesend.

Das Mahnmal steht heute wenig beachtet in E 6. Die Zeit des Trauerns um die Toten des letzten Krieges ist vorbei. Die an alle Menschen gerichtete Mahnung, sich um Frieden zu bemühen, sollte jedoch nicht vergessen werden. Daher ist der Satz verständlich, der unter Hinweis auf das Mahnmal in einer der Erzählungen zu finden ist: „Schade, dass es an dem jetzigen Standort nicht mehr recht zur Geltung kommt."

Auf die Glaubwürdigkeit der Erzählungen und den Abgleich mit den Geschichtsdaten legte ich auch diesmal großen Wert. Es ging mir darum, offensichtliche Fehler zu vermeiden, die mitunter dazu führen, dass von Lesern der gesamte Inhalt einer Schilderung verworfen wird. Nützlich war auch diesmal bei allen Gesprächen, dass ich selbst vieles aus der Zeit, über die zu berichten war, aus eigener Erfahrung kannte. Nachschlagewerke und Unterlagen in Archiven waren – wenn es um geschichtliche Ereignisse und Daten ging – von Nutzen, ebenso Rückfragen bei Zeitgenossen, die unmittelbar oder mitunter auch nur nahe am Geschehen waren. Hinzu kam die Expertise des Leiters des Mannheimer Stadtarchivs – Institut für Stadtgeschichte, Dr. Nieß, und seiner Mitarbeiter, durch die ich von Beginn an unterstützt wurde. Besonders dankbar bin ich für das von den Autoren und vom Stadtarchiv – Institut für Stadtgeschichte zur Verfügung gestellte Bildmaterial, das bei manchen Schilderungen das ganz persönliche, in anderen die äußeren Umstände wiedergibt, unter denen das Leben in Mannheim nach dem Kriegsende ablief.

Mannheim, im März 2012

Karl Heinz Mehler
Herausgeber

Christa Bialek, geborene Kolkwitz

Kindheit in den Fünfzigern

1951 geboren, habe ich weder vom Krieg noch von der direkten Nachkriegszeit etwas bewusst mitbekommen.

Die erste Wohnung, an die ich mich erinnern kann, war in der Kallstadter Straße in Käfertal Süd gegenüber dem sogenannten Wabenbau der BBC. Ich war damals knapp drei Jahre alt. Wir lebten im vierten Stock dieses Nachkriegs-Wohnblocks in einer Zweieinhalbzimmerwohnung. Das halbe Zimmer war das Kinderzimmer für mich und meinen jüngeren Bruder mit zwei Betten, einem Schrank und einem Kindertisch mit zwei Stühlchen. Der Tisch war wichtig, denn den konnte man umdrehen, die in die Luft ragenden Beine mit einer Decke bespannen und sich dann selbst reinsetzen und zum Beispiel „Seefahrt" spielen. Wir schaukelten so heftig wie nur möglich mit dem ganzen Tisch-Schiff auf den hohen Wellen, bis die Nachbarn unter uns sich einmal mehr über das Gepolter beschwerten. Sie beschwerten sich aber auch, wenn uns wiederholt Legosteine runterfielen oder wir zu viel hin- und herrannten. Daher war ich eigentlich am liebsten auf dem noch unbebauten Grundstück zwischen den Wohnhäusern. Dort wucherten Brombeeren, die man pflücken durfte, und die Erde war unbefestigt, sodass man mit den Nachbarskindern „Klickerles" spielen konnte. Meist hatten wir nur die bemalten Tonmurmeln in verschiedenen Größen, Glasklicker galten als Schatz.

Manchmal, wahrscheinlich wenn meine Mutter eine kleine Auszeit brauchte, wurde ich zu meinen Großeltern geschickt. Da das Großelternhaus noch von den Amerikanern beschlagnahmt war, lebten sie in einem Anbau an eine Werkstatt am Ende der Rüdesheimer Straße etwa einen Kilometer entfernt. Ich war sehr stolz, dass ich mit meinen vier Jahren ganz alleine dorthin laufen durfte. Meine Mutter brachte mich bis zur ersten großen Abzweigung und beobachtete mich dann, bis ich in die Rüdesheimer Straße einbog. Dann ging es eine lange, besonders im Sommer dunkle Kastanienallee entlang, die mir etwas unheimlich war, was den Reiz der kleinen, einsamen Wanderung noch verstärkte. Der spärliche Autoverkehr stellte zu dieser Zeit noch keine Gefahr für mich dar.

Bei meinen Großeltern gab es einen Hühnerstall und auch viel unbebautes Gelände ums Haus, wo ich spielen durfte. Ich erinnere mich noch ganz genau an einen Frühlingsabend, an dem ich mit meiner manchmal ziemlich schadenfrohen Oma hinter den geschlossenen Fenstern saß und beobachtete, wie Unmengen von Maikäfern gegen die erleuchteten Scheiben prasselten, auf die Fensterbank abstürzten und von dort nach einiger Zeit wieder starteten. Am nächsten Tag war ich mit einem Schuhkarton unterwegs, um Maikäfer zu fangen. Diese saßen dicht an dicht in der kleinen Kante zwischen Rad- und

Fußweg, und ich brauchte sie nur einzusammeln. Ich versorgte sie aus meiner Sicht gut mit Blättern, machte ausreichend Luftlöcher in den Karton und war sehr enttäuscht, dass sie nicht überlebten.

Die Eltern meiner Mutter hatten sich als ersten Enkel den ersehnten Stammhalter gewünscht und waren, nach zwei eigenen Töchtern, durch die Geburt eines weiteren Mädchens eher enttäuscht, was zu spüren war. Bei den Großeltern väterlicherseits war ich dagegen sehr willkommen, denn Tante Hilde, meine Stiefoma, bevorzugte Mädchen. Wenn ich dort übernachtete, schlief ich auf dem Küchensofa. Zur Schlafenszeit klemmte mein Opa mit Wäscheklammern eine Zeitung um den Lampenschirm, damit das Licht etwas gedämpfter war. Sie selbst blieben aber in der Küche sitzen und unterhielten sich oder hörten leise Radio. Daran, dass das Wohnzimmer je benutzt wurde, kann ich mich nicht erinnern.

Mein Opa hatte ein Motorrad, und ich durfte, zwischen den beiden sitzend, mit in den Odenwald fahren. Dort machten wir kleine Spaziergänge oder sammelten verschiedene Kräuter, die später getrocknet und als Tee zubereitet wurden. Wenn wir, zu Hause angekommen, die kleine alte Tischdecke, in der wir die Kräuter gesammelt hatten, auf dem Küchentisch ausbreiteten, war ich immer fasziniert von den vielen Tierchen, die dann noch versuchten, aus dem duftenden Haufen zu flüchten. Ich liebte diesen Tee, von dem ich später nicht mehr erfahren konnte, welche Bestandteile er hatte, sodass er der unnachahmliche Tee meiner Kindheit blieb. Ich liebte auch den verdünnten Fruchtsaft, der aus wild gesammelten Früchten selbst eingekocht war. Und ich liebte das Butterbrot mit Zucker, das mir Tante Hilde in „Reiterlin" schnitt, die ich mit Genuss vertilgte.

Sonntags durfte ich mit in die katholische Kirche, die mir als großes Spektakel erschien, während Opa zu Hause die Kartoffeln für das Mittagessen schälte und aufsetzte, damit sie gar waren, bis wir vom Kirchgang heimkehrten. Überhaupt war das Sonntagsessen etwas Besonderes, denn der Sonntag war fast der einzige Tag, an dem es Fleisch gab. Sauerbraten mit viel Soße fand ich am besten, denn es gab selbst gemachte Kartoffelknödel dazu, und wir veranstalteten Wettessen, bis der Nabel spannte, wohlgemerkt von den Knödeln.

Ein anderes Kindheitsessen war Sauermilch mit in kleine Würfel geschnittenem Brot und Zimtzucker. Sauermilch gab es immer dann, wenn im Sommer an gewittrigen Tagen die Milch kippte. Es war unsere Aufgabe als Kinder, die Milch in Aluminiumkannen aus dem Milchladen zu holen, wo sie mit einem Hebel, den nur der Milchmann bedienen durfte, in die Kanne gepumpt wurde. Auf dem Heimweg war es unser Sport, die Milchkanne am gestreckten Arm im Kreis zu schleudern, ohne etwas zu verschütten, was fast immer gelang. Dass wir unterwegs von der kühlen frischen Milch auch gelegentlich abgetrunken haben, wurde allerdings nicht gerne gesehen.

Das Leben bestand zu dieser Zeit noch aus vielen Ritualen, die sich jahreszeitlich oder wöchentlich wiederholten: Zu Ostern gab es außer gekochten und gefärbten Eiern weiße Söckchen, die dann die weißen Kniestrümpfe am Sonntag ablösen sollten. Es gab noch Sonntagskleider, die nur sonntags oder zu besonderen Gelegenheiten getragen wurden, und dementsprechend neu sahen sie noch aus, wenn man ihnen entwachsen war. Dann wurden sie weitervererbt. Schokoladeneier waren die Ausnahme. Aber meine Patentante hatte einen kleinen Lebensmittelladen, und von ihr bekamen wir einen Schokoladen-Osterhasen. Die Freude währte aber nur so lange, bis wir ihn aus seinem Stanniolfell gepellt hatten und wie alle Jahre feststellen mussten, dass er vom Vorjahr und daher etwas angegraut war.

Am Montag wurde gewaschen. Das war für uns Kinder nicht sonderlich schlimm, außer dass mittags nicht gekocht wurde, weil meine Mutter und Großmutter – mit Kopftüchern, um die Haare zu schützen – am großen, dampfenden Bottich in der Waschküche standen und Wäsche kochten. Mit langen hölzernen Stielen musste die Wäsche dann aus der heißen Lauge gehievt werden, um sie zu spülen. Zum Auswringen gab es schon ein Gerät mit einer doppelten Walze. Ich durfte manchmal an der Kurbel drehen, während meine Mutter die Wäschestücke zwischen die Walzen steckte, damit diese das Wasser herauspressen sollten. Nicht selten gerieten auch die Finger dazwischen, und ich musste kurz rückwärts drehen. Wenn Bettwäsche und Tischwäsche dabei war, ging es am nächsten Tag in die Heißmangel, wo es mir wegen des frischen Geruchs immer gut gefiel.

Telefon gab es zu dieser Zeit in unserem Haushalt noch nicht, und so waren auch die Verwandtschaftsbesuche ritualisiert. Donnerstags liefen wir Kinder mit unserer Mutter zu Tante Annel. Dort gab es den besten Hefezopf meines Lebens. Aber viel wichtiger war, dass deren Tochter ein paar Jahre älter war als ich. Sie hatte einen Plattenspieler und kleine schwarze Rock 'nRoll-Platten und tanzte mit ihrer Freundin zu dieser Musik, was ich auch wegen deren Petticoats toll fand. Und es gab Comic-Hefte, die bei mir zu Hause total verpönt waren, und so verbrachte ich den Nachmittag damit, so viele Hefte wie möglich zu lesen. Lesen hatte ich schon lange vor der Schulzeit gelernt, indem ich bei allen Plakaten und Aufschriften wissen wollte, was das heißt. Irgendwann hatte ich dann verstanden, wie das mit den Buchstaben geht.

Samstagabends kamen Tante Lena und Onkel Max, aber erst nach dem Abendessen. Meine Eltern trafen sich mit ihnen auf ein Gläschen Wein oder Bier und zum Canasta-Spielen. Als es später einen Fernseher gab, wurde gemeinsam das einzig mögliche Programm gesehen. Wir Kinder mussten nach dem Sandmännchen und vor der Tagesschau ins Bett. Glücklicherweise stand der Fernseher so, dass wir durch das Schlüsselloch ausschnittweise etwas mitbekommen konnten.

Nur sonntagmorgens war mein Vater zu Hause, denn damals wurde auch samstags bis mittags gearbeitet. Während meine Mutter Frühstück zubereitete, durften wir zu meinem Vater ins Elternbett und dort „kämpfen". Mein kleiner Bruder war meist sauer, wenn er mal wieder verlor, aber fast drei Jahre machen körperlich einen großen Unterschied. Der Flur unserer Wohnung war sehr lang, und wir hatten in seiner Mitte eine Schaukel hängen. Mit der konnten wir richtig hoch schaukeln und mit den Fußspitzen fast den Deckel des Schlafzimmerschrankes berühren. Wenn meine Eltern, so selten es vorkam, mal im Kino oder beim Tanzen waren, kletterten wir auf diesen Schrank, um von dort ins Elternbett zu springen. Wir mussten aber höllisch aufpassen, dass wir nicht auf den Brettern des „Gräwele" in der Mitte des Bettes aufkamen.

Bei diesen Ritualen war ganz genau geklärt, wo Kinder dabei sein durften und wo nicht. Und wenn wir dabei sein durften, gab es strikte Verhaltensregeln, die diskussionslos eingehalten werden mussten. Verstöße wurden streng bestraft, dazu gehörten freche Antworten und sich über Gebühr schmutzig oder etwas kaputt zu machen. Man hatte zu „folgen". Die Enge und Strenge der fünfziger Jahre gehörte auch bei uns zum Alltag.

Als Dreijährige mit meinen Eltern

Rückblickend sieht es aber auch so aus, als hätten wir mehr Spielraum gehabt als die Kinder heute. Wir durften selbst als kleine Kinder einfach raus, auf die Straße, wie wir sagten. Der Verkehr war noch gering, und obwohl wir genau wussten, wie weit wir uns entfernen durften, hatten wir als Vorschulkinder den Eindruck von Freiheit.

Der Kindergarten, die Schule und die Erziehung in den Fünfzigern

Meine frühe Kindheit verbrachte ich in der Gruppe von Schwester Emma im nahe gelegenen Kindergarten. Eigentlich mochte sie mich gern, und ich durfte oft direkt neben ihr sitzen, worauf ich stolz war. Sie führte ein strenges Regiment und schickte mich gelegentlich in die Ecke, wo ich zur Strafe eine Weile mit dem Gesicht zur Wand stehen musste. Zum Abschluss der Kindergartenzeit gab es eine Feier mit einem kleinen Theaterstück über die „Lehrerin Pimpernell". Diese Rolle sollte ich übernehmen, was meine Eltern sehr stolz machte. Um mich nicht zu blamieren, musste ich meinen Text zu Hause immer und immer wieder aufsagen, wurde in der Aussprache und der Betonung korrigiert und übte die richtigen Gesten und Bewegungen dazu ein. Es wurde eine viel beklatschte Vorstellung, aber diese Ehre war für mich zuvor zum wochenlangen Alptraum geworden.

Die gesamte Grundschulzeit begleitete mich Fräulein Bayer als Lehrerin für alles. Sie trug eine dunkelbraune Bubikopf-Frisur, war zierlich und klein mit wachen Augen und wohnte in Feudenheim. Buben und Mädchen saßen zwar schon im gleichen Klassenraum, aber in getrennten Reihen. In der Hofpause gab es noch getrennte Bereiche im Schulhof, aber die Buben hatten den größeren Teil und durften toben und rennen. Wir Mädchen sollten gemächlich umhergehen, was ich ziemlich blöd und langweilig fand, zumal ich viel lieber mit Jungs spielte. Zum Thema Puppen zum Beispiel konnte ich überhaupt nichts beitragen.

Meine Heftführung wurde von meinen Eltern streng überwacht. Tintenkiller gab es damals noch nicht, und so wurden kleinere Korrekturen mit der Rasierklinge ausgeführt. Mit ihr schabte man vorsichtig die Tinte vom Papier. War der Fehler zu groß oder gelang die Reparatur nicht, wurde das Blatt herausgeschnitten, und ich musste alles noch mal schreiben. Auch im Fach Schönschrift kam es darauf an, genau die Linien zu treffen und alle Schlaufen, Ober- und Unterlängen genau gleich auszuführen. An manchen Nachmittagen fiel das Spielen draußen aus, weil ich so vieles noch einmal schreiben musste.

Schon gegen Ende des dritten Schuljahres begannen die Vorbereitungen für die Aufnahmeprüfung ins Gymnasium, die jeder absolvieren musste, der in diese Schulart wechseln wollte. Dafür kauften meine Eltern die Sammlungen mit den vorherigen Prüfungsaufgaben, und ich musste jeden Nachmittag noch Diktat, Aufsatz oder Rechenarbeit üben. Es war undenkbar, dass ich diese Prüfung nicht bestehen würde. Als ich wieder einmal ein paar Fehler zu viel im Diktat hatte, beschloss mein Vater, dass ich aus dem Duden den vorderen Teil mit den Rechtschreibregeln abschreiben und lernen sollte. Er selbst hörte mich diese Regeln dann immer wieder ab. Ich war auf Wochen stark beschäftigt.

Im vierten Schuljahr zogen wir um ins Elternhaus meiner Mutter in Feudenheim. Damit durch einen Schulwechsel die Aufnahmeprüfung nicht gefährdet werden sollte, blieb ich in meiner Schule und pendelte jeden Tag zwischen Feudenheim und Käfertal. Im Sommer wartete Fräulein Bayer auf mich am Aubuckel, und wir liefen gemeinsam die halbe Stunde in die Schule. Im Winter durfte ich mit der Straßenbahn, der Fünfer, fahren, was aber fast länger dauerte.

In der Fünfer gab es noch die alten Holzsitze, dunkel und blankgewetzt vom stetigen Gebrauch. Unter der Decke lief in Ösen eine lederne Schnur, an der der Schaffner zog, um die Signalglocke zu betätigen, bevor die Bahn weiterfuhr. Außerdem hatte er einen verchromten Apparat vor dem Bauch hängen, in den er die Münzen einsortierte. Mit einem kleinen Hebelchen konnte er sie unten wieder herauslassen, wenn er Wechselgeld für die Fahrscheine benötigte. Ich fand, dass Schaffner ein toller Beruf ist.

Die Aufnahmeprüfung bestand ich natürlich, aber ich erinnere mich an die Aufregung meiner Eltern, bis das Ergebnis ein paar Wochen später bekanntgegeben wurde. Ich wurde im Liselotte-Gymnasium angemeldet, damals noch eine reine Mädchenschule. Im Sommer fuhr ich zusammen mit ein paar Mädchen aus Feudenheim mit dem Rad über die Riedbahnbrücke zur Schule, im Winter wieder mit der Straßenbahn. Da ich aber nicht in Feudenheim zur Schule gegangen war, blieb ich die Neue, die Außenseiterin in der Mädchengruppe. Auch nachmittags hatte ich keine Schulfreunde mehr um mich, denn nach Käfertal zum Spielen durfte ich natürlich nicht. Auch war es nicht gerne gesehen, dass andere Kinder zu mir kamen oder ich diese besuchen ging, was mir aber niemand begründen konnte. Ich sollte mich fortan um meine Hausaufgaben kümmern, die Kindheit war im zarten Alter von zehn, elf Jahren endgültig vorüber.

Erst Jahrzehnte später verstand ich, dass es einen Zusammenhang zwischen der total kontrollierten Jugend meiner Eltern und der Strenge, mit der sie uns erzogen, gab. Natürlich fühlte ich mich gelegentlich schlecht behandelt, aber aus Sicht meiner Eltern hatte ich sicher das Paradies auf Erden: keine Überlebensangst, keinen Hunger, ein Dach über dem Kopf, ordentliche Kleidung und die Chance auf einen qualifizierten Schulabschluss, der ihnen durch den Krieg verwehrt geblieben war.

Hans Bichelmeier

Ein Neubeginn mit harter Arbeit und großem Erfolg

Der Krieg hatte unsere Familie tüchtig durcheinandergewirbelt: Mein Vater war in jugoslawischer Kriegsgefangenschaft gewesen, wo man die Gefangenen mit so wenig Essen versorgte, dass sie in ihrem Hunger Gras und anderes Grün aßen. So ist mein Vater dort wie so viele an Hunger und der Ruhr gestorben. Diese Nachricht überbrachte ein ausgemergelter Kamerad meines Vaters, der – ebenfalls aus Mannheim stammend – nach seiner Rückkehr aus sowjetischer Gefangenschaft im Bergwerk wieder zurückkam.

Unser Haus in F 2, 1, wo meine Eltern ein Friseurgeschäft mit guter, vorwiegend gutbürgerlicher Kundschaft hatten, war im Krieg mit allem Inventar abgebrannt. Wir besaßen nur noch ein Trümmergrundstück. So zogen meine Mutter und ich zu den Großeltern nach Feudenheim, die dort eine wunderbare Villa hatten. Allerdings war dieses Haus so schön, dass es die Amerikaner nach ihrem Einmarsch in Mannheim sofort beschlagnahmten und wir uns eine neue Bleibe suchen mussten. Die war dann im Stadthaus meiner Großeltern in K 2 am Ring. Damals hatten die Grundstücke am Ring alle noch einen Vorgarten mit schönem Eisenzaun. Heute gibt es diese Art von Vorgärten nur noch am Kaiserring.

Ich kam in den Genuss der „Kinderlandverschickung" ins annektierte Elsass, von wo ich, perfekt Elsässisch sprechend, Mitte 1944 nach Mannheim gekommen war. Meine Sprachkenntnisse wurden danach erweitert durch die Verbringung zur Schwester meines Vaters an den Bodensee, genauer ans Ufer der Argen in das winzige Dorf Steinenbach im Landkreis Neukirch, wo ich nach Meinung meiner Mutter und Großmutter sicherer war als im bombengefährdeten Mannheim. So ging ich also seit Mitte 1944 in Laimnau zur Schule, musste jeden Tag vier Kilometer hin- und denselben Weg zurücklaufen, denn für das Fahrrad fehlten die Schläuche und Mäntel, obwohl mein Onkel, bei dem ich untergebracht war, eine Fahrradwerkstatt führte. Damals war noch Schule von Montag bis Samstag, sonntags ging es den gleichen Weg in die Kirche. Am Bodensee lernte ich Alemannisch, was mich heute in der deutschsprachigen Schweiz die Dialekte verstehen lässt.

Vor der Besetzung Mannheims war meine Mutter nach Steinenbach gekommen, wo wir das Kriegsende erlebten. Für mich war dies trotz des auch dort fühlbaren Mangels mit den dortigen Verwandten eine schöne Zeit. Ein Onkel hatte in Langensee einen Bauernhof, wo ich viel Zeit verbrachte. Zusammen mit meinem Vetter hütete ich Kühe, ging mit in die Hopfenernte und am See fischen. Diese Zeit möchte ich nicht missen, fand ich doch dort den Bezug zum ländlichen und einfachen Leben.

Zurück im zerbombten Mannheim, ging es für meine Mutter darum, uns zu ernähren, und für mich war wichtig, die Schule fortzuführen und zu beenden. Noch während meiner Schulzeit empfahl unser Arzt in Feudenheim, Herr Dr. Oskar Barber, meiner Mutter, ihren Sohn zu den Ruderern in den Mannheimer Ruderverein Amicitia zu schicken, damit er als Einzelkind Freunde finde und sozusagen nicht auf dumme Gedanken komme. Die Mitgliedschaft in einem Sportverein ist für Kinder in der Entwicklungsphase auch heute noch die beste Möglichkeit, Freunde fürs Leben zu finden. Aufgrund meiner Körpergröße war klar, dass ich nicht zum Ruderer taugte, sondern die Boote steuern sollte. Meine Ruderfreunde waren alle zwischen 1,80 und 1,95 Meter groß. Von Anfang an machte mir mein Platz als Steuermann großen Spaß, zumal wir von Beginn an erfolgreich waren.

1948 als Steuermann eines Jungmannvierers

Beruflich wurde ich von dem Mann beeinflusst, den meine Mutter geheiratet hatte. Er war ein liebevoller Stiefvater, mit dem ich mich wunderbar verstand. Er empfahl mir den Beruf des Buchbinders, weil er selber Buchbindermeister war und eine Buchbinderei besaß. Ich bekam eine Lehrstelle bei Buchbindermeister Gräf in Heidelberg, zu dessen Familie ich heute noch freundschaftlichen Kontakt habe, insbesondere zur Tochter Hildegard, die mit mir Buchbinderin gelernt hatte.

Das Betriebsklima in meiner Lehrfirma war sehr familiär. Die Lehrlingsvergütung war bescheiden, sie entsprach den gesetzlichen Bestimmungen. Ein Zubrot konnten wir uns in der Vorweihnachtszeit verdienen, in der die Nachfrage nach handgebundenen Büchern anstieg. Von Anfang Dezember bis einen Tag vor Heiligabend machte die gesamte Belegschaft einschließlich der Lehrlinge Überstunden bis samstags spät abends. Für diesen Sondereinsatz erhielten wir 50 Pfennige pro Stunde.

Die tägliche Fahrt mit dem Fahrrad auf den Schlossberg in Heidelberg und abends wieder zurück brachte mir ausreichend Fitness für meine Steuermanntätigkeit in der Amicitia, denn meine Ruderfreunde haben immer darauf geachtet, dass ich Fitness mittrainierte und nicht über 50 Kilogramm kam, was das Mindestgewicht für Steuerleute war. Jedes Kilo mehr bedeutete Mehrarbeit für das Ruderteam. Lediglich im Winter fuhr ich mit der OEG, allerdings war auch das mit einem Laufpensum verbunden, denn die Amicitia hatte damals noch keine Haltestelle.

1951 war meine Lehrzeit mit der Gesellenprüfung beendet, und ich arbeitete zunächst in der Buchbinderei meines Stiefvaters. Daneben besuchte ich die Fachhochschule für das grafische Gewerbe, um meine Meisterprüfung abzulegen. Ich fuhr also jedes Wochenende freitags nach Stuttgart und kam Samstagnacht zurück. Meine Prüfung bestand ich mit Erfolg und war nun Buchbindermeister.

Ein Bekannter meines Stiefvaters, Karl Rack, Eigentümer der Kartonagenfabrik Rack & Schuck, hatte keine Kinder und suchte einen Nachfolger. Da Karton ein Material ist, mit dem Buchbinder arbeiten, war dies eine Möglichkeit der weiteren beruflichen Entwicklung. Um mich auf meine neue Aufgabe vorzubereiten, nahm ich eine Stelle bei der Kartonagenfabrik Anweiler in der Industriestraße an. Nach meiner Tätigkeit im Hafen ging ich als Betriebsleiter zur Kartonagenfabrik Rack & Schuck, einer Firma mit überwiegend weiblicher Arbeiterschaft. Doch Karl Rack starb an einem Herzinfarkt. Ins kalte Wasser geworfen zu werden, war ich ja gewohnt, denn beim Rudern widerfährt diese Prozedur dem Steuermann nach jedem Sieg. Dies war jedoch eine neue Situation für mich; obwohl festgestanden hatte, dass ich später einmal die Nachfolge von Karl Rack antreten sollte, war dies natürlich ein zu früher Zeitpunkt. Ich war 21 Jahre alt. Die Erbinnen von Karl Rack, seine Schwester und seine Witwe, wollten die Firma sofort schließen, und es bedurfte einiger Überzeugungsarbeit von meinem Stiefvater und mir, dass sie mir die Firma zuerst verpachteten und später verkauften. Ich musste mich nun nicht nur um die Produktion kümmern, sondern auch um Verkauf und Verwaltung. Diese beiden Bereiche hatte vorher der Chef Karl Rack betreut.

Durch meine sportliche Betätigung als Steuermann war ich gewohnt, eine Mannschaft von acht mir körperlich weit überlegenen Athleten zu führen, zu motivieren und auch zu befehlen, deshalb hatte ich kein Problem mit der Mitarbeiterführung im Unternehmen, obwohl ich noch so jung war. In der Verwaltung hatte ich zwei Damen, die vor mir als Lehrlinge in der Firma gearbeitet hatten. Beide haben mich bis zu ihrem Tod bzw. ihrer Pensionierung beruflich begleitet. Meine Finanz- und Bürochefin, Frau Fürst, ist uns noch heute verbunden.

Bereits seit meinem Studium hatte ich meine Frau Inge, ebenfalls Steuerfrau in der Amicitia, als Freundin an meiner Seite, die als Wirtschaftsabiturientin mit mir für den kaufmännischen Teil der Meisterprüfung lernte, mir den Rücken stärkte und auch meine häufige Abwesenheit während der Sommerwochenenden ertrug, wohl auch mit Hilfe meiner Eltern, mit denen sie ein außerordentlich gutes und liebevolles Verhältnis hatte.

Als ich die Meisterprüfung absolviert hatte, durften wir uns verloben; meine Schwiegereltern bestanden auf einer abgeschlossenen Berufsausbildung für ihren Schwiegersohn, ehe an Heirat gedacht werden durfte. Wir planten unsere gemeinsame Zukunft einschließlich des Timings für Kinder. Wir beschlossen, unsere Kinder so bald wie möglich zu bekommen, damit wir früh Nachfolger im Unternehmen haben könnten. Inge, die eigentlich nach dem Abitur Betriebswirtschaft studieren und Steuerberaterin werden wollte, verschob diesen Plan auf später und ging stattdessen als Sekretärin des kaufmännischen Leiters in eine Baufirma, stieg bald in der Buchhaltung ein und erweiterte damit ihre kaufmännischen Kenntnisse nach dem Wirtschaftsabitur. Für mich und die Firma war das wertvoll, denn nachdem unsere beiden Söhne geboren waren, arbeitete sie sich von Jahr zu Jahr mehr in meine Firma ein.

Zwischenzeitlich waren wir aus den engen Räumen in der Langstraße nach Käfertal umgezogen, wo wir neu gebaut hatten. Die Automatisierung, größere Maschinen, mehr Mitarbeiter – all das war in der Langstraße nicht mehr unterzubringen. Das Baugelände in Käfertal bekamen wir von der Stadt Mannheim, allerdings zu nicht sehr günstigen Bedingungen. Es waren Spargeläcker, die wir erwarben, und zusätzlich mussten wir noch Bauerwartungsland in Wallstadt kaufen. So haben wir vor und zu Beginn unserer Bautätigkeit noch Spargel gestochen und uns über diese landwirtschaftliche Tätigkeit gefreut.

Der Ausbau der Firma war ein harter Job für meine Frau und mich, aber wir waren fleißig und sparsam und haben jede Mark in die Firma und den Maschinenpark gesteckt. Wir hatten eine Siebentagewoche, morgens war ich der Erste in der Firma und abends der Letzte. Danach ging es noch in die Amicitia zum Training.

Wir hatten das Glück, in einer wirtschaftlich prosperierenden Zeit in Deutschland zu starten, und haben unsere Chancen genutzt.

Meine Erfolgsgeschichte als Steuermann und Trainer

Es begann 1947 mit meinem Eintritt in den Mannheimer Ruderverein Amicitia, ich war da gerade einmal 14 Jahre alt. Das Bootshaus des Vereins war von den Amerikanern beschlagnahmt, sodass die Amicitia damals Gast bei der Mannheimer Rudergesellschaft Baden war, deren Bootshaus am unteren Neckar in der Nähe der Kammerschleuse lag. Immerhin stand dort ein Lagerraum für einige Ruderboote zur Verfügung, und es gab auch einen Umkleideraum mit einer Dusche. Beide Vereine verfügten am Kriegsende nur noch über einige wenige Boote. Bei der Amicitia waren es, wenn ich mich recht erinnere, ein Gigzweier namens „Falke", ein Vierer, ein Achter – alles Klinkerboote – und lediglich das Rennboot „Frauendank". Diese Boote hatte man während des Krieges zu einem

Heidelberger Ruderverein ausgelagert, alle anderen waren im Bootshaus am Paul-Martin-Ufer verblieben. Nach dem Einmarsch der amerikanischen Truppen wurde der Luisenpark hinter dem Bootshaus Truppenlagerplatz. Das Bootshaus wurde in das abgesperrte Terrain einbezogen, die Bootshalle ausgeräumt und alle dort vorhandenen Boote vor dem Bootshaus aufgeschichtet und verbrannt. Später wurden Hilfskräfte der Amerikaner, ehemalige deutsche Kriegsgefangene, im Bootshaus einquartiert. Offiziell nannte man sie „displaced persons". Sie haben im ersten Nachkriegswinter das gesamte Mobiliar, die Wandverkleidungen, Fußböden und Türen als Brennmaterial genutzt.

In beiden Vereinen gab es schon kurz nach Kriegsende einen funktionsfähigen Vorstand, und seit Frühjahr 1946 wurde auf dem Neckar wieder fleißig trainiert. Der Arzt Dr. Oskar Barber aus Feudenheim war erster Vorsitzender. Er war eines der früheren Vorstandmitglieder, die unbelastet die Nazizeit hinter sich gebracht hatten. Ich erlebte ihn damals als einen freundlichen, sehr kommunikativen, gebildeten Menschen, der gern Goethe rezitierte, und dies mitunter nackt unter der Dusche stehend. Im Stamitz-Orchester spielte er Geige. Bis ins hohe Alter hat er gerudert. Sein legendärer Satz auf der Pritsche, den alle kannten, lautete nach dem Einsetzen des Bootes: „Ich fahre Schlag, was fahren die Herren?" Niemand machte ihm, der vor dem Ersten Weltkrieg seine ersten Rennsiege verzeichnet hatte, jemals den Platz als Schlagmann streitig.

Während bei der Rudergesellschaft Baden der erste Vorsitzende des Vereins Carl Schäfer das Training leitete, war bei der Amicitia der Studienrat Karl Galura Ruderlehrer und Trainer. Mit Geduld und großem Sachverstand hat er den Neuankömmlingen die Kunst des Riemen-Ruderns und, was mich betraf, auch des Steuerns vermittelt. Es gab kurz nach dem Krieg bei der Amicitia nur vier Ruderer in der Seniorenklasse. Sie gewannen 1947 die Meisterschaft im Vierer und im Zweier ohne Steuermann. Steuermann des Vierers war der Olympiasieger von 1936, Fritz Bauer. Alle anderen Ruderer waren junge Leute, die in den drei vorhandenen Gig-Booten trainierten und Rennen fuhren. Skull-Boote waren keine vorhanden, sodass auch die von Karl Galura trainierte Damenmannschaft mit Riemen rudern musste.

Ich hatte von Beginn an Spaß am Rudersport, bei dem es für mich als Steuermann nicht um große Kraftanstrengung und Technik ging, sondern um geschicktes Steuern, um die Renntaktik und das Anfeuern der Mannschaft. Außerhalb des Bootes nahm ich natürlich an dem Lauf- und Krafttraining der Mannschaften teil. Auch als Steuermann musste man fit sein, selbst wenn das mancher nicht glaubte. Steuermannsgewicht war mindestens 50 Kilogramm. Wog man weniger, musste man einen Sandsack als Gewichtsausgleich mitnehmen. Wog man mehr als 50 Kilo, musste die Mannschaft mehr mitziehen. So ist klar, dass man mich immer wieder motivierte, nur 50 Kilo zu wiegen, was außer Krafttraining auch Diät mit Steak und Salat bedeutete.

Wie alle Rennruderer wurde auch ich vor Trainingsbeginn „verpflichtet", damals ein fast feierlicher Akt, bei dem man sich bereiterklärte, während der ganzen intensiven Trainingsperiode, die von April bis August ging, sowohl auf das Rauchen als auch auf Alkohol zu verzichten und allen weiblichen Wesen fernzubleiben. Es war auch untersagt, sich in die Sonne zu legen. Streng waren damals bei der Ruderei die Sitten, aber die meisten hielten sich an die Spielregeln. Erst als ein verheirateter Ruderer verpflichtet wurde, gab es doch einige Zweifel, ob das Keuschheitsgebot nicht zu streng sei.

Die Liste meiner Rennsiege beginnt 1948 mit der Teilnahme an den Rudermeisterschaften in Hannover, wo wir im Vierer bei der Jugend-Besten-Ermittlung, die der heutigen deutschen Jugendmeisterschaft entspricht, den Vierer gewannen. Von da an steuerte ich auf den von der Amicitia besuchten Regatten alle Jugend- und Juniorenmannschaften, ab 1950 auch alle Seniorenmannschaften. Die intensive Arbeit von Karl Galura zahlte sich aus, denn fast alle Mannschaften waren erfolgreich. Als hauptamtlicher Trainer wurde Willi Grötz verpflichtet. Zeitweise war neben Karl Galura und ihm auch der Olympiasieger von Berlin im Vierer mit Steuermann, Ernst Gaber, als Trainer im Einsatz.

Im November 1950 stand nach einem teilweise notwendigen Wiederaufbau und der Renovierung endlich das Bootshaus dem Verein wieder zur Verfügung. 1953 wurde Wolfgang Freyeisen als Trainer verpflichtet, es folgte ab 1955 Fritz Gwinner. Beide waren in der Vorkriegszeit sehr erfolgreich gewesen. Fritz Gwinner, den ich als sehr humorvollen Menschen kennenlernte, war von 1924 bis 1937 hauptamtlicher Trainer der Amicitia gewesen. Unter seiner Leitung wurden mehrere Deutsche Meisterschaften im Vierer und Achter gewonnen.

Das Bootshaus der Amicitia 1951

Er war auch der Trainer des Silbermedaillen-Gewinners im Vierer ohne Steuermann bei den Olympischen Spielen von 1932 und des Goldmedaillen-Vierers von 1936.

Mit Wolfgang Freyeisen als erstem hauptamtlichen Trainer der Nachkriegszeit begann eine neue Erfolgsgeschichte des Vereins, mit der an die großen Siege in der Vorkriegszeit angeknüpft wurde. 1953 und 1954 gewann die Amicitia die Meisterschaft im Achter, und danach ging es mit vielen Siegen in verschiedenen Bootsklassen und Altersstufen weiter. 1955 siegte der Vierer mit Steuermann bei der Deutschen Meisterschaft in Berlin. Es war die 23. Deutsche Meisterschaft des Vereins und der 700. Sieg in der Vereinsgeschichte. Ich hatte das Glück, dabei zu sein, und steuerte bis 1956 alle erfolgreichen Mannschaften der Nachkriegszeit.

Der Vorstand der Amicitia hatte damals kein großes Verständnis für das Frauen-Rudern. Rudern sei Männersache, meinte man. Wenn die Ruderer auf den Plan traten, mussten die Ruderinnen des Vereins von der Bildfläche verschwinden. „Bleibt mir von meinen Männern weg", war von den Trainern manchmal zu hören. Umso erstaunlicher war es, dass Wolfgang Freyeisen sich bereiterklärte, einen Frauen-Vierer zu trainieren, allerdings unter der Bedingung, dass das einstündige Training morgens um 7 Uhr stattfand. Als sich ein Mäzen für die finanzielle Unterstützung von zwei talentierten Ruderinnen fand und für sie einen Zweier finanzierte, wurden diese akzeptiert und durften auf Regatten starten. Vorausgegangen war ein Vorstandsbeschluss zur Genehmi-

Der Meisterschaftsachter von 1953

gung dieses historischen Schrittes. Wolfgang Freyeisen übernahm danach das Training der beiden Ruderinnen. Ein zweiter Platz bei den Deutschen Meisterschaften der Frauen war ihr größter Erfolg. Ich erinnere mich noch gut daran, dass die beiden bei einer Bahnfahrt zur Regatta nach Hannover ihren Platz in einem Abteil suchen mussten, welches weit von dem der Ruderer entfernt lag, und dass sie in Hannover zwei Straßenbahnfahrscheine erhielten, um zu ihrem Hotel zu gelangen. Trainer Freyeisen und die Mannschaft fuhren natürlich mit dem am Bahnhof bereitstehenden Fahrzeug, einem offenen LKW, auf dem auch die Boote transportiert wurden, in ihr Quartier. So streng waren damals die Sitten.

Das Training und der Besuch von Regatten nahmen natürlich viel Zeit in Anspruch. Von März bis September war ich täglich im Bootshaus und oft nacheinander mit mehreren Mannschaften auf dem Wasser. Inzwischen hatte ich meine Lehrzeit beendet, die Meisterprüfung im Buchbinder-Handwerk abgelegt und 1955 die Leitung der Firma Rack & Schuck übernommen. Ich hatte ein volles Programm und wollte mich verstärkt meiner Familie und dem Betrieb widmen. Da kam jedoch etwas dazwischen, was mich dazu bewog, dem Verein weiterhin zur Verfügung zu stehen. 1958 legte Fritz Gwinner sein Amt als Trainer nieder, und der Verein konnte keinen geeigneten Nachfolger finden. Nach langem Zögern ließ ich mich schließlich breitschlagen, zumindest kommissarisch das Rudertraining zu übernehmen. Das war 1962, zu einem Zeitpunkt, als der Stern des Einer-Ruderers Jochen Meißner aufzugehen begann.

Ich merkte schon bald, dass ich während der vielen Jahre als Steuermann eine ganze Menge Wissen über Trainingsmethoden gesammelt hatte. Schließlich hatte ich ja über einige Jahre hinweg mitbekommen, worauf es ankam, denn ich war ständig dabei, wenn am Ruderstil gefeilt und Fehler korrigiert wurden. Und ich hatte mich auch immer für die Weiterentwicklung im Bootsbau und der Gestaltung der Ruderblätter interessiert sowie für alles, was es sonst noch an wichtigen Details in der Technik gab. Es fiel mir daher nicht schwer, das Amt des Trainers zu übernehmen. Die Erfolge blieben nicht aus. 1963 errang die Amicitia auf 16 offenen nationalen und internationalen Regatten 36 Siege. Jochen Meißner gewann nicht nur auf vielen Regatten, sondern wurde auch Deutscher Meister im Leichtgewichts-Einer. Es folgten sehr erfolgreiche Jahre mit vielen Rennsiegen.

Nach dem Sieg von Jochen Meißner bei der Europameisterschaft von 1965 im Einer folgte als Höhepunkt für den Verein das deutsche Meisterschaftsrudern von 1966 in Hannover mit den Siegen im Einer, im Leichtgewichts-Vierer und Leichtgewichts-Achter. Jochen Meißner gewann bei den Ruder-Weltmeisterschaften die Bronzemedaille im Einer. Damals wollte ich eigentlich von der Ruderei Abschied nehmen. Es waren das Talent, die Einsatzbereitschaft und auch der Charakter von Jochen Meißner, die mich veranlassten, meinen Plan aufzugeben. Allerdings wollte ich mich auf ihn konzentrieren. Den damaligen Entschluss habe ich nicht bereut, denn nun kamen meine größten Erfolge als Trainer.

Ich hatte die Olympischen Spiele im Visier und traute meinem Schützling zu, dort erfolgreich zu starten, womit ich recht hatte, denn 1967 und 1968 wiederholte Jochen Meißner seine Siege im Einer bei den Deutschen Meisterschaften, und dann folgte sein zweiter Platz bei den Olympischen Spielen in Mexiko. Für uns beide war das ein überragender Erfolg. Es war die Krönung meiner Laufbahn als Trainer, in der ich 15 Deutsche Meisterschaften für die Amicitia holte.

Triumphale Heimkehr nach den Siegen

Im Rückblick möchte ich die Zeit, in der ich bei der Amicitia viele Erfolge feierte, nicht missen. Als Steuermann hatte sie 1947 ganz bescheiden angefangen und endete mit den Erfolgen als Trainer. Viele Stunden meiner Freizeit habe ich dem Rudersport geopfert, denn ich war ja kein bezahlter hauptamtlicher Trainer. Sie waren zweifellos den Einsatz wert.

Mein Verein hat es mir mit der Ehrenmitgliedschaft und seinen höchsten Auszeichnungen gedankt. Zusätzlich verlieh mir Bundespräsident „Papa" Heuss das Silberne Lorbeerblatt, die höchste Auszeichnung, die die Bundesrepublik an Sportler vergibt. Auch vom Deutschen Ruderverband wurde ich mehrfach ausgezeichnet.

Gisela Bieller, geborene Neubauer

Teenagerträume sehen anders aus

Ende März 1945. Unsere Klasse, alles dreizehn- bis vierzehnjährige Mädchen, war zur Kinderlandverschickung – einer Einrichtung des Staates, um Kinder aus den Großstädten vor den schweren Luftangriffen zu schützen – bei Familien in Giengen an der Brenz, in der Nähe von Heidenheim gelegen, untergebracht. Wollte man zu einem Wochenende oder an Feiertagen die Eltern zu Hause besuchen, musste man eine schriftliche Einwilligung der Eltern vorlegen. Doch an diesem Wochenende im März 1945, kurz vor Ostern, war alles anders. Weder ein Schreiben der Eltern noch eine Bitte um Fahrerlaubnis unsererseits waren notwendig – wir durften seltsamerweise alle nach Hause fahren.

Lärmend und lachend, wie Teenager in diesem Alter nun einmal sind, bestiegen wir um die Mittagszeit den Zug, der, von Ulm kommend, über Giengen Richtung Aalen fuhr – unsere erste Reiseetappe. Wir wunderten uns sehr, denn entgegen der sonstigen leeren Zugabteile mit wenigen Reisenden fanden wir diesmal überfüllte Eisenbahnwagen mit Soldaten vor. Alles blutjunge Bürschlein, kaum älter als wir. Das Lachen blieb uns im Halse stecken, denn ihre Reise ging von der Heimat weg in östliche Richtung. Sie hatten jetzt schon Heimweh, zeigten uns ihren Marschbefehl, wo sie sich melden mussten und auch ihre bereits bekannten Feldpostnummern. Sie erzählten von daheim, wo sie zur Schule gegangen waren, und dann kam die Frage, ob wir ihnen nicht schreiben würden. Natürlich sagten wir sofort zu, und jede von uns suchte sich „ihren" Soldaten aus. Ich weiß noch: Meiner hieß Lehmann. Aber zum Schreiben kamen wir nicht mehr. Die Ereignisse überschlugen sich, und ich habe bis heute nicht erfahren, was aus „meinem Herrn Lehmann" geworden ist.

Auch die zweite Etappe der Reise von Aalen nach Stuttgart haben wir gut und ohne Luftangriffe auf unseren Zug überstanden, doch daheim angekommen, war auch hier die Stimmung sehr bedrückend. Die Alliierten standen kurz vor der Einnahme Stuttgarts, und niemand wusste, wie es nun weitergehen sollte. Da mein Vater sehr herzkrank war, wurde er nicht zum Wehrdienst einberufen. Für uns ein Glücksfall, denn so hatten wir Frauen doch einen Beschützer.

Kurz nach Ostern, also Anfang April 1945, wurde Stuttgart von französischen Truppen eingenommen; es waren hauptsächlich Tunesier und Marokkaner. Schon Tage vorher verbrachten wir die Nächte in einem nahe gelegenen, von den umliegenden Anwohnern selbst in den Berg gebauten Stollen, wobei meine Mutter beim Graben mitgeholfen hatte, um unserer Familie einen Sitzplatz zu sichern. Der Einmarsch ging bei uns eigentlich reibungslos vonstatten. Da die Menschen übermüdet und voll Angst waren, traute man sich nicht auf die Straße und blieb im Verborgenen. Das sollte sich aber bald ändern. In einem nicht zerstörten Haus in unserer Straße quartierten sich Franzosen ein und ließen sich von Mädchen meines Alters, aus den Nachbarhäusern zusammengeholt, bedienen, was diese teilweise auch gern taten, denn es fiel manche Tafel Schokolade oder Packung Zigaretten ab. Die meisten ihrer Eltern hatten verständlicherweise Angst um sie. Um Übergriffen von Anfang an vorzubeugen und brenzlige Situationen zu vermeiden, brachten mich meine Eltern auf dem Speicher unter, sodass ich von solchen Belästigungen verschont blieb.

In den letzten Wochen vor Kriegsende war das Haus, in dem wir wohnten, von Brandbomben zerstört worden. Meine Eltern hatten nahe bei unserem ausgebrannten Haus eine kleine Unterkunft gefunden. Es war eine Dreizimmerwohnung, die wir uns mit einem jung vermählten Paar teilten, wobei diese, um zu ihrem Zimmer zu gelangen, durch ein Loch in der Wand unseres Zimmers kriechen mussten. Abenteuerlich, aber man hatte ein Dach über dem Kopf. Und die Benutzung der kleinen Küche von beiden Familien war damals auch kein Problem; die rationierten Lebensmittel ließen ohnedies keine großen Kochkünste zu.

Schon bald danach fand mein Vater eine passable Bleibe. Der Krieg war zu Ende. Nun hieß es unsere bereits Jahre zuvor bei einem Mitarbeiter meines Vaters im Remstal ausgelagerten Möbel und das Geschirr wieder zurückzuholen. Aber wie? Ein Nachbar, der ein Polstergeschäft betrieb, stellte uns einen großen Pritschenwagen und seinen Sohn zur Verfügung. Dieser damals wohl sechzehnjährige Sohn und ich machten uns eines schönen Tages auf den Weg; wir zogen mit dem Wagen von Stuttgart ins Remstal. Von dort brachten wir die uns verbliebenen Habseligkeiten zurück. Der Tag reichte gerade einmal aus, um vor der Dunkelheit und damit vor der Ausgangssperre wieder zu Hause zu sein.

So fing wieder ein normales Leben an, ohne Angst vor Fliegerangriffen, glücklich, wieder bei den Eltern bleiben zu dürfen, froh, dass unsere Familie heil durch die schlimmen Jahre gekommen war, und sehnsüchtig auf den Wiederbeginn der Schule wartend.

Unsere Familie kommt aus Mannheim. Die ersten paar Jahre meines Lebens hatte ich dort verbracht, bis mein Vater 1936 zur Stuttgarter Filiale seiner Firma versetzt worden war. Da dies für ihn ein beruflicher Aufstieg war, sagte er zu, doch meine Mutter und mich plagte lange Zeit Heimweh. So kam es, dass ich in Stuttgart zur Schule ging und die Ferien immer bei den Großeltern in Mannheim verbrachte. Ich fand hier einen neuen Freundeskreis, vor allem aber meinen ebenfalls aus Mannheim stammenden Mann, und bin mit meinem Leben im Schwabenland ganz zufrieden.

Rudi Bieller

Hunger

Das Gefühl, das mich in den letzten Jahren des Krieges und vor allem nach dessen Ende am meisten berührte und das mein ganzes Denken besetzte, war Hunger, Hunger, Hunger. Schlicht Hunger.

Ich war als Vierzehnjähriger bereits 1,75 Meter groß und wog 75 Kilogramm. In der Kinderlandverschickung kam ich erstmals mit dem Hungergefühl in Berührung. Ich wurde einfach nicht mehr satt. Das setzte sich nach dem Ende des Krieges verstärkt fort, denn die Hungersnot war damals immer größer geworden. Mein Magen knurrte stets mächtig und konnte auch durch die von Verwandten in den USA geschickten CARE-Pakete nur kurze Zeit beruhigt werden. Kein Wunder, dass ich unbedingt Metzger werden wollte, was meine Mutter fast zum Wahnsinn trieb. Ich wollte nicht mehr als Gymnasiast mit Aussicht auf Abitur und akademische Würden weiterhin hungern. Rückblickend bin ich meiner Mutter sehr dankbar dafür, dass sie meine heute abstrus anmutende Idee blockierte.

Mein Lieblingsessen waren und sind bis heute Maultaschen – in Mannheim, zumindest bei uns, „gefüllte Nudeln" genannt. Es gab sie zweimal im Jahr, an jedem Gründonnerstag und an meinem Geburtstag. Im August 1945 eröffnete mir meine Mutter, dieses Jahr könne es keine Maultaschen geben, weil sie kein Mehl habe. Nun war guter Rat teuer, bis uns eines Tages einfiel, dass wir im schwäbischen Markgröningen einen entfernten Verwandten hatten, der eine Mühle besaß. Bereits am nächsten Tag machte ich mich mit meinem alten Rad auf die etwa 100 Kilometer lange Strecke. Der Empfang bei den Verwandten war eher unfreundlich, es gab auch kein Mehl, aber einen kleinen Sack mit Weizen, den ich nicht gerade in Hochstimmung auf meinem alten klapprigen Fahrrad befestigte in der Absicht, am nächsten Tag die mühsame Heimreise anzutreten.

Am späten Abend nach einem ordentlichen Essen erschien plötzlich eine Tante, die bei einer Abteilung der amerikanischen Armee arbeitete. Sie teilte mir freudestrahlend mit, ein Lastwagen der Amerikaner fahre am nächsten Morgen, allerdings schon um 5 Uhr in der Frühe, von Markgröningen nach Heidelberg, und ich könne mitreisen, das habe sie mit ihrem Chef so abgesprochen. Das war natürlich eine großartige Sache für mich. Ich fand mich also bei strömendem Regen pünktlich ein, und es machte mir auch gar nichts aus, dass die Fahrerkabine besetzt war und ich auf der unabgedeckten Pritsche neben meinem Fahrrad dem Regen schutzlos ausgeliefert war. In Heidelberg verabschiedete ich mich tropfnass von den beiden schwarzen Amerikanern und fuhr die Reststrecke nach Käfertal recht frohgemut zurück.

Daheim angekommen, drückte meine Mutter mir unsere Kaffeemühle in die Hand, und ich war die folgenden zwei Tage damit beschäftigt, Weizen zu Mehl zu verarbeiten, wobei die Spelzen einfach im Mehl blieben. Da es keine Fleischbrühe gab, schwammen die Maultaschen in heißem Wasser, was aber dem anschließenden Hochgenuss keinen Abbruch tat. Mit Schwielen an den Händen konnte ich zusammen mit allen Familienmitgliedern an meinem Geburtstag die so sehr geliebten Maultaschen verspeisen. Wir empfanden es als ein Festessen.

Spanischkenntnisse, eine Hilfe in Notzeiten

Mein Elternhaus stand in Käfertal Süd und war eigentlich gut durch den Krieg gekommen, abgesehen von kleineren Beschädigungen. Unser Familienleben verlief in ruhigen Bahnen, und hätten wir, besonders ich als Fünfzehnjähriger, nicht gar so sehr unter Hunger gelitten, wäre es als sehr zufriedenstellend zu bezeichnen gewesen.

Doch, wie schon Schiller sagte, ist mit den Himmelsmächten kein ewiger Bund zu flechten. Jedenfalls erschienen an einem Freitagabend amerikanische Soldaten mit einem deutschen Dolmetscher und eröffneten uns, dass wir bis Montag früh das Haus zu verlassen hätten, es würden amerikanische Truppen einziehen. Unsere Enttäuschung war gewaltig, wo sollten wir unterkommen? Weitläufige Verwandte in nicht allzu großer Entfernung boten uns ein Zimmer in ihrer Wohnung an, in dem wir – meine Eltern, mein kleiner Bruder und ich – fortan wohnten. Mir ist heute noch unklar, wie wir alle in einem Raum von etwa 20 Quadratmeter mehrere Monate lang leben konnten, und wie meine Mutter es geschafft hat, unter den damaligen Bedingungen für uns zu kochen.

Da die Mannheimer Schulen noch geschlossen waren, ging ich aus purer Langeweile einige Tage nach unserem Auszug zurück in unser Haus, um zu sehen, was die Amis in unseren Räumen so trieben. Zu meinem großen Erstaunen waren die einquartierten Besatzungssoldaten Puerto Ricaner und sprachen Spanisch untereinander. Ihr Englisch, besser Amerikanisch, war lausig schlecht und entsprach ungefähr meinem Level von fünf Jahren Schulenglisch. Ich hatte zunächst keine Ahnung, was und wo Puerto Rico war. Die noch recht jungen Soldaten benahmen sich freundlich und waren ausgesprochen angenehm. Militärdienst hatten sie keinen, rauchten viel, schoben Kaugummis im Mund herum und machten harmlose Scherze.

Bevor man sie nach Mannheim versetzt hatte, waren sie in Darmstadt kaserniert gewesen und hatten dort mit deutschen „Frolleins" Liebesbeziehungen unterhalten, eine Art der „Völkerverständigung". Die verlassenen Mädchen schrieben ihnen eifrig Liebesbriefe auf Deutsch, mit denen sie nichts anfangen konnten. Einer von ihnen zeigte mir einen solchen Brief und fragte, ob ich ihm das nicht übersetzen könne.

Mir gefiel die spanische Sprache sofort; die vielen Konsonanten und vor allem die offenen A und O, wie sie auch in den Namen der Soldaten häufig vorkamen, begeisterten mich, und ich beschloss, mit Hochdruck Spanisch zu lernen. In einem Antiquariat erstand ich einen „NUEVO DICCIONARIO – Ingles-Español, Español-Ingles", 1946 in Argentinien gedruckt und noch heute von mir hochgeschätzt aufbewahrt. An der Abendakademie, die ihre Tore schon wieder geöffnet hatte, belegte ich eilends einen Spanischkurs. Alsbald war ich in der Lage, die Bitte der Soldaten nach Übersetzungen einigermaßen zu erfüllen. „Rudis Übersetzungsbüro für Liebesbriefe Spanisch-Deutsch und Deutsch-Spanisch" war gegründet.

Ich war damals noch jung und unerfahren in Liebesdingen, jedoch durchaus in der Lage, Musterbriefe anzufertigen, die je nach Bedarf leicht geändert werden konnten. Manchmal log ich das Blaue vom Himmel herunter, und Küsse und Grüße kamen bei mir immer tausendfach vor. Das verlief einige Wochen lang recht erfolgreich, bis die „Kameraden" weiterzogen und wir wieder in unser Haus konnten. Die Übersetzungen wurden sehr, sehr gut entlohnt. Ich bekam pro Brief sage und schreibe eine Packung Zigaretten, für die damalige Zeit ein unvorstellbar wertvolles Tauschobjekt, das meiner Mutter sehr hilfreich war beim Eintausch gegen Lebens- und Genussmittel.

Mein Spanisch war inzwischen recht gut geworden, und als ein Jahr später im Schulunterricht der Mannheimer Wirtschaftsoberschule Spanisch auf dem Lehrplan stand, war ich den anderen weit voraus. Ich wurde bis zum Abitur von der Teilnahme am Unterricht befreit. Mein Abiturzeugnis wies im Wahlfach Spanisch eine glatte Eins auf, wie ich das erwartet hatte.

Wir waren in unserer Klasse eine bunt zusammengewürfelte Truppe. Zum ersten Mal in meiner Schulzeit erlebte ich die bis dahin ungewohnte Situation, dass auch die weibliche Seite vertreten war. Nach einigen Wochen hatten wir uns aneinander gewöhnt und verstanden uns ganz prima. Der Älteste, Erich Zielinsky, hatte bei der Kriegsmarine gedient. Er war für uns „der Seemann", der mit seinen breit auslaufenden Hosen dies auch stets nach außen hin zeigte. Einige meiner Mitschüler waren als Luftwaffenhelfer im Kriegseinsatz gewesen. Zwei waren aus der französischen Kriegsgefangenschaft auf die Schulbank zurückgekehrt.

Mit einem etwas älteren, stets gut gekleideten Mitschüler fuhr ich mit der Straßenbahn von Käfertal aus zur Schule. Er war ein Jazzfan, sprach gut Englisch mit amerikanischem Akzent und hatte offensichtlich guten Kontakt zu Besatzungssoldaten. Jeder wusste, dass er Schwarzhandel mit den damals sehr begehrten Zigaretten und Nylonstrümpfen betrieb. Sein Pech war es, dass er eines Tages dabei erwischt wurde und deshalb vor Gericht stand. Bei der Gerichtsverhandlung tauchte sehr zu seinem Erstaunen der Rektor unserer Schule mit einer Parallelklasse auf. Er wollte im Fach Rechtslehre Anschauungsunterricht erteilen. Möglicherweise war sein Erscheinen gerade bei dieser Verhandlung kein Zufall. Wie schwer der Delikt unseres Mitschülers war, wusste von uns niemand. Möglicherweise war es unbedeutend, jedoch der Rektor kannte kein Pardon. Er verwies den „Täter" gnadenlos der Schule.

Die Klasse O II c der Wirtschaftsoberschule Mannheim 1948
(Autor unten 2.v.l.)

Vom Lichtspielhaus zur Theaterspielstätte

Die Liebe zur Musik wurde mir in die Wiege gelegt. Als Fünfjähriger bekam ich eine kleine Ziehharmonika geschenkt, allerdings konnten mir meine Eltern keinen Musikunterricht bezahlen, sodass ich mir die Schlager aus dem Radio selbst beibrachte. In der zweiten Volksschulklasse bat der Lehrer zum Vorsingen und bildete aus dem Resultat die Zeugnisnoten. Während meine Klassenkameraden die Enten auf dem See schwimmen ließen oder beklagten, dass der Fuchs die Gans gestohlen hatte, sang ich den Matrosensong „Am Golf von Biskaya". Wir hörten zu Hause viel Radio, nicht wahllos, sondern selektiv Musiksendungen, zu denen allerdings auch Schlager wie die Lieder von Hans Albers und Zarah Leander gehörten.

An das ehemalige Kino „Schauburg" in der Breiten Straße nahe der Neckarbrücke kann ich mich gut erinnern. Nur, wer hätte es sich träumen lassen, dass in ihm das Nationaltheater am 11. November 1945 seine erste Spielzeit nach dem Krieg eröffnen würde? Ich habe gelesen, dass mit dem „Jedermann" von Hofmannsthal ein Zeichen des Neubeginns gesetzt werden sollte. Das gelang vollkommen. Es muss außerordentlich schwer gewesen sein, einen geordneten Spielbetrieb zu gestalten. Schließlich fehlte es an allem, von der Farbe über Materialien für die Bühnenbildner oder die Chorsängerinnen und Chorsänger bis hin zu den Musikinstrumenten und Kostümen. So wie jeder einzelne privat schuftete, tauschte und „organisierte", um ein einigermaßen normales Leben zu führen, mussten die Theaterleute, die sich offensichtlich schon bald nach dem Kriegsende wieder bei ihrem Theater meldeten, unter enorm erschwerten Verhältnissen arbeiten. Auch die bis zur Zerstörung des Mannheimer Theaters beschäftigten Schauspieler und Sänger müssen sofort wieder zur Stelle gewesen sein. Es bedurfte sicher einer Menge Idealismus aller Beteiligten in der von Hunger und Wohnungsnot gebeutelten Gesellschaft, zurück in den Theaterbetrieb zu finden.

Sehnsüchtig warteten meine Mutter und ich auf die erste (und jede neue) Opernaufführung, und dann war es soweit. Der verdienstvolle, altbewährte Bassist Heinrich Hölzlin, der später in vielen Opern mit seinem schwarzen Bass glänzte, hatte Sänger, Schauspieler und Musiker zurückgerufen. Carl Onno Eisenbarth, ein früherer Journalist, wurde Intendant, Richard Laugs Chefdirigent. Die ersten vielbejubelten Opern waren zu sehen und zu hören. Aber wie an die Eintrittskarten kommen? Die Theaterkasse öffnete montags um 10 Uhr, und um 12 Uhr waren die Karten restlos ausverkauft. Also möglichst frühmorgens anstehen.

Wir wohnten in Käfertal, und bis ich mit der ersten Straßenbahn, die nach der von 22 bis 4 Uhr dauernden Sperrstunde kurz vor 5 Uhr an der Schauburg ankam, waren Hunderte vor mir da, und ich ging leer aus. Doch dann, zu irgendeinem Zeitpunkt, den mein Gedächtnis leider nicht präzisieren kann, kam mir die Idee, schon am Vorabend, also am Sonntagabend, an der Theaterkasse anzustehen. So schlau waren natürlich andere auch, und so bildete sich eine im Winter elend frierende Gruppe, die sage und schreibe zehn Stunden und mehr wartete, um maximal für zwei Vorstellungen je zwei Karten zu bekommen.

Wahrscheinlich kann sich heute niemand vorstellen, welches Glücksgefühl einen durchzog, stolzer Besitzer der Eintrittskarten für die Werke von Verdi, Puccini, Mascagni, Leoncavallo, Mozart oder Lortzing zu sein.

„Lodern zum Himmel seh' ich die Flammen", schmetterte Heldentenor Georg Fassnacht von der vier Meter tiefen und acht Meter breiten Bühne der Schauburg. Das seit jeher freudig Beifall spendende Mannheimer Publikum dachte in jenem Moment nicht an ihr in Schutt und Asche liegendes Theater, in welchem am 5. September 1943 mit dem Freischütz die letzte Aufführung stattgefunden hatte, bei der Hildegard Stolz, Heinrich Hölzlin, Georg Fassnacht, Max Baltruschat und andere mitgewirkt hatten. Auf mich als Sechzehnjährigen machte die Szene mit dem Sänger und seinem Schwert vor der Kulisse eines brennenden Schlosses einen gewaltigen, unauslöschlichen Eindruck. Selbst heute, nach mehr als 60 Jahren, sehe ich beim Wiederhören den Sänger und das beeindruckende Bühnenbild vor mir.

Die Trümmer des Mannheimer Nationaltheaters mit der Ruine der Jesuitenkirche im Hintergrund

Opern mochte ich schon immer lieber als Schauspiele, aber auch Schillers „Wallenstein", Goldonis „Diener zweier Herren" und „Des Teufels General" blieben in guter Erinnerung. Da der Schulbetrieb noch nicht losging, konnte ich ohne Probleme zweimal in der Woche ins Theater gehen und am Montagmorgen nach durchwachter Nacht die Karten kaufen. Das Mannheimer Sängerensemble war von hoher Qualität. Ich lernte ziemlich schnell unterscheiden, welchem Fach die Sängerinnen und Sänger angehörten.

Hier eine kleine Auflistung unvergesslicher Namen für die Mannheimer Opernfreunde meiner Generation.

Heldentenor:	Georg Fassnacht, mit der Sopranistin Scheibenhofer verheiratet
Lyrischer Tenor:	Franz Fehringer
Operettentenor:	Max Baltruschat
Heldenbariton:	Hans Schweska, er war mit der ersten Balletttänzerin verheiratet und der Vater eines Klassenkameraden
Lyrischer Bariton:	Theo Lienhardt
Bass:	Heinrich Hölzlin, Kurt Schneider
Sopran:	Gertrud Jenne, Hildegard Stolz, Irma Handler, Lieselotte Buckup, Anja Elkoff
Alt:	Irene Ziegler

Von den Akteuren des Schauspiels sind mir Walter Vits-Mühlen, Helmuth von Scheven, Heinz Rippert und seine Frau, Heidi Kuhlmann, Ernst Langheinz, Walter Marx und Walter Pott in Erinnerung geblieben.

Das Verständnis zuerst meiner Eltern und später meiner Frau haben mir erlaubt, in meinem Leben grandiose Opernaufführungen in den berühmtesten Theatern zu erleben, zum Beispiel in der Scala Mailand, der Met New York und im Covent Garden London. Daneben sind aber auch viele gute Erinnerungen an meine ersten Opernbesuche in Mannheim geblieben, eine davon an den Troubadour mit Georg Fassnacht und der Arie „Lodern zum Himmel seh' ich die Flammen".

Udo Bieller

Frühe Schulerlebnisse

Der 12. September 1949 war mein erster Schultag an der Albrecht-Dürer-Schule in Käfertal. Vorausgegangen war die schulärztliche Untersuchung auf Schultauglichkeit. Ich erinnere mich sehr gut, wie die Schulärztin fragte: „Wenn du einen Apfel hast und ich schenke dir noch einen dazu, wie viele Äpfel hast du dann?" Ich fand es unter meiner Würde, auf eine solch primitive Frage Antwort zu geben, und musste lange ermuntert werden, den Mund aufzumachen. Meine verzögerte Antwort in breitem Mannheimerisch: „Zwee!" beeindruckte die Schulärztin nicht. Sie befand, das Kind sei nicht schulreif. Nicht so meine Mutter, die sich vom Verdikt der Ärztin nicht einschüchtern ließ und auf meiner Einschulung bestand.

So kam ich als Erstklässler in die noch arg vom Krieg mitgenommene Schule. Ich war ein zumindest anfänglich braver Schüler und getraute mich nicht, bei dem Blödsinn der anderen in der Pause mitzumachen, ein „Mammekindel" halt. Der Unterricht stellte mich vor keinerlei Probleme, und im Lesen hatte ich immer eine Eins. Ich erinnere mich, dass wir damals mit einem leeren Essenkännchen aus Aluminium am Schulranzen in die Schule gingen. Denn nach dem Unterricht gab es Essen, die Hoover-Speisung. Die war in ihrer Qualität von uns nicht immer geschätzt, aber eine wichtige Ergänzung unserer Ernährung. Sie wurde vom amerikanischen Volk finanziert, und das kurz nach dem verbrecherischen, von Deutschland ausgegangenen Krieg. Ich hatte das große Glück, den jungen, sehr engagierten, unglaublich einfühlsamen Klassenlehrer Wuthe zu bekommen. Ihm verdanke ich viel. Erst in der vierten Klasse gab es Koedukation, also waren auch Mädchen in unserer Klasse. Das haben die meisten Jungen in diesem Alter als Belastung empfunden. Ich dagegen habe schon ein rothaariges Mädchen heimlich angehimmelt. Sie hat es aber nicht bemerkt.

Während meiner Schulzeit fanden zwei Ereignisse statt, die mich stark erschütterten. Als ich in die zweite Klasse ging, erlitt unsere Mutter im Alter von 42 Jahren einen Schlaganfall und war hinfort nur noch ein Schatten ihrer selbst. Die Konsequenzen habe ich damals aber gar nicht überblicken können, zumindest nicht voll. Die zweite Sache, die mir zu schaffen machte, ist eigentlich aus heutiger Sicht gar nicht dramatisch, wurde aber von mir damals so wahrgenommen. Bei einer Routineuntersuchung durch den Schularzt stellte dieser bei mir eine Unterernährung fest und empfahl den Aufenthalt während der großen Ferien für sechs Wochen in einem sogenannten Erholungsheim. Er gab mir auch für meine Eltern gleich das entsprechende Antragsformular mit. Nach dieser „bedrohlichen Feststellung" habe ich nur noch geheult und auch auf dem ganzen Heimweg bittere Tränen vergossen. Von diesen Heimen waren nämlich die wildesten Erzählungen im Umlauf. Dass meine Eltern entschieden, ich müsse nicht in „die Erholung" geschickt werden, war für mich eine riesengroße Erleichterung, und meine Freude war unbeschreiblich. Es dauerte einige Zeit, bis ich den Schock verarbeitet hatte.

Die Verlegung des Schuljahresbeginns von September auf Ostern führte dazu, dass ich nur dreieinhalb Jahre auf die Albrecht-Dürer-Schule ging, denn es war für meine Eltern ausgemachte Sache, dass ich auf die „höhere Schule" gehen solle. Das war früher für eine Arbeiterfamilie keineswegs selbstverständlich. Nicht nur, dass die anzuschaffenden Schulbücher teuer waren, es kostete auch noch Schulgeld, als ich 1953 in die Sexta kam – 60 D-Mark im Jahr. Das war viel Geld. Als mein Vater ein Jahr später durch Krankheit sein Augenlicht verlor und in seinem Beruf als Kraftfahrer nicht mehr tätig sein konnte, entwickelte sich die finanzielle Situation für unsere Familie sehr rasch ziemlich trostlos. Verwandte bedrängten meinen Vater, doch den Bub – sie meinten mich – von der Schule zu nehmen und schnellstmöglich arbeiten zu schicken. Ich rechne es meinen Eltern hoch an und bin ihnen unendlich dankbar, dass dieser Gedanke für sie nicht einmal zur Versuchung wurde, auch wenn meine schulischen Leistungen später immer seltener Anlass zur Freude waren. Es war einer der entscheidenden Glücksfälle in meinem Leben. Ich erinnere mich noch sehr gut daran, dass meine Eltern von der Stadt Mannheim einen amtlichen Brief bekamen, in dem ein Satz stand, der sich tief bei mir eingeprägt hat: „Aufgrund Ihrer sozialen Lage wird Ihnen das Schulgeld für Ihren Sohn Udo in voller Höhe erlassen."

Da mein Bruder Rudi, der inzwischen schon sein Abitur hatte, seine Schulkarriere auf der Lessingschule begonnen hatte, war es klar, dass auch ich auf diese Anstalt gehen würde. Nun geschah es, dass unsere Mutter, wohl wegen ihrer gesundheitlichen Probleme, den Anmeldetermin fürs Gymnasium verpasst hatte und mit mir einen Tag zu spät auf dem Sekretariat erschien. Der freundliche Sekretär, er hieß Meyer und hat sich später aus unerklärlichen Gründen vor einen Zug geworfen, hatte aber ein Einsehen und akzeptierte die Verspätung, nicht ohne dringend darauf hinzuweisen, den Termin der Aufnahmeprüfung auf keinen Fall zu versäumen. Das ist dann auch nicht der Fall gewesen.

Als früh im Jahr 1953 der bedeutende Tag da war, achtete meine Mutter darauf, dass ich anständig angezogen war, und gab mir 20 Pfennige für die Straßenbahn, in Mannheim „die 'lektrisch", denn ich musste ja von Käfertal in die Stadt, Haltestelle Renzstraße.

Als ich an dem besagten Tag zur Aufnahmeprüfung in der Schule erschien, herrschte ein geschäftiges Treiben. Aufgeregte Buben schwirrten durch den Gang, viele Mütter waren mitgekommen, um ihre hoffnungsvollen Sprösslinge auf dem schweren Weg zu begleiten. Ein Herr mit lauter Stimme, vermutlich der Sekretär, rief ununterbrochen: „Lessingschule A bis K links, Lessingschule L bis Z rechts!" und meinte damit die beiden vom Hofeingang abgehenden Flure. Ordnungsgemäß reihte ich mich links ein, und dann kamen auch die Herren Lehrer mit Listen, verlasen Namen und gingen mit ihren Gruppen in die Klassenzimmer. Leider kam mein Name bei den Verlesungen nicht vor, und langsam stellte sich bei mir ein mulmiges Gefühl ein. Bei der letzten Gruppe, die abgeholt wurde, ging ich einfach mit. Irgendwie müsse es doch eine Lösung geben, dachte ich mir. Im Klassenzimmer wurden nochmals die Namen verlesen, und jetzt wurde offenbar, dass mit mir ein Problem existierte. Der gewissenhafte Lehrer ging mit mir zur Direktion. Listen wurden durchgeblättert, doch mein Name war nirgends verzeichnet. Der Sekretär vermutete, ich sei möglicherweise an der Tullaschule angemeldet und habe mich nur im Stockwerk geirrt. Das wurde von mir aber hartnäckig bestritten, und ich insistierte: „Ich bin an der Lessingschule angemeldet!" Zu guter Letzt ging der Sekretär mit mir ins oberste Stockwerk, wo sich das Sekretariat der Tullaschule befand, hieß mich vor der Tür warten und betrat das Amtszimmer.

Als ich etwas verloren vor der Tür stand, kam ein weißhaariger, seriös wirkender Herr auf mich zu und fragte mich nach meinem Namen. Es war, wie ich später lernte, der Oberstudiendirektor Alexander Jülg. Inzwischen war nämlich festgestellt worden, dass ein Prüfling meines Namens vermisst wurde. Es stellte sich heraus, dass meine Mutter, wohl in der Aufregung des Zuspätkommens, das falsche Sekretariat gewählt hatte und mich aus Versehen am Tulla-Realgymnasium, wie es damals hieß, zur Prüfung angemeldet hatte. Nun ging es relativ schnell. Ein hoch aufgeschossener junger Lehrer sammelte mich ein. Es war mein späterer erster Klassenlehrer Dr. Fritz Rappert, der Mathematik, Biologie, Chemie und Erdkunde unterrichtete, dessen Unterricht ich es zu verdanken habe, dass ich mich später für ein naturwissenschaftliches Studium entschied. Er begleitete mich in den Prüfungsraum, wo man mich schon ungeduldig erwartete. Dort war noch mein späterer Englischlehrer bis zum Abitur, Dr. Hans Baumgart, als Prüfer anwesend. Die Prüfung bestand lediglich aus einem Diktat und einer Rechenarbeit, die vier Grundrechnungsarten betreffend, und verlief für mich problemlos. Nur war ich halt jetzt kein Lessing-, sondern ein Tullaschüler, ein hoffnungsvoller Sextaner mit insgesamt 46 Schülern in einer Klasse.

Die Lessingschule war damals sozusagen Untermieter in der Tullaschule, weil im eigentlichen Gebäude der Lessingschule noch die Wirtschaftshochschule untergebracht war, die spätere Universität. Das Schulgebäude selbst, heute beherbergt es die Tulla-Realschule, war in einem nicht sehr schönen Zustand. Das Dach fehlte komplett. Es gab in den Klassenzimmern Ofenheizung; der Heizer erschien während des Unterrichts und füllte Koks nach. Wenn es regnete, mussten im oberen Stockwerk Eimer und Büchsen für das durchtropfende Wasser aufgestellt werden.

Es gab noch einige Jahre Schichtunterricht, da zwei Schulen in einem Gebäude untergebracht waren, immer eine Woche von 8 bis 13 Uhr, gefolgt von einer Woche 13 bis 18 Uhr, sowie samstags noch drei Stunden. An Tagen mit sechs Stunden hieß das Vorstunde mit Beginn kurz nach 7 Uhr bzw. Nachstunde mit Ende gegen 19 Uhr. Im Winter war das sehr unangenehm. Ein Nachteil dieser Regelung war, dass man leicht Arrest bekommen konnte, den man dann in der jeweils anderen Schule absitzen musste. Für die Lehrer ein einfaches Verfahren. Einen Vorteil hatte dieses Nebeneinander für uns Schüler jedoch auch. Immer, wenn etwas zu Bruch ging und der Lehrer die obligatorische Frage stellte: „Wer war das?", kam unisono die Antwort der Klasse: „Die Lessingschule!"

Eine Begebenheit aus diesen Nachkriegsjahren, die mich in der Erinnerung noch immer anrührt, sei noch angefügt. 1955 reiste Bundeskanzler Adenauer nach Moskau, um die Rückkehr der letzten deutschen Kriegsgefangenen zu erreichen. Auch als Schüler spürte ich die Bedeutung dieses Vorganges. Noch heute, wenn ich die Bilder sehe, wie damals die Züge mit den Heimkehrern in Friedland ankamen, bewegt es mich sehr. – Unsere Mathematiklehrerin Frau Wittenburg, die mit uns nie anders als über Algebra und Geometrie kommuniziert hatte, erzählte uns zwölf- bis dreizehnjährigen Rabauken plötzlich ihre persönliche Geschichte. Wie sie vor dem Krieg mit ihrem Mann die Hochzeitsreise nach Italien gemacht hatte, wie sie sich aus finanziellen Gründen zeitweise von Pfirsichen und Reis ernährten. Als Soldat der großdeutschen Wehrmacht war er später dann in Russland als vermisst gemeldet, und sie hoffte inständig, dass er jetzt zurückkäme. Unser Vater, dem ich die Geschichte erzählte, war ergriffen. Aufgrund seiner Erblindung war er arbeitslos und verbrachte einen großen Teil seiner Zeit vor dem Radioapparat. Über den Rundfunk wurden die Namen der Heimkehrer verlesen, um ihre Angehörigen zu finden. Unser Vater hörte diese Durchsagen täglich ab. Aber ein Wittenburg war nicht dabei.

Das Olymp

Mit dem „Olymp" sind die Olymp-Lichtspiele in Käfertal gemeint. Es war ein typisches Vorortkino mit rund 650 Plätzen, also durchaus ein großes Haus, und befand sich in der Mannheimer Straße, Ecke Gartenstraße. Sein Besitzer war Kurt Hassler, der in meiner Erinnerung Ähnlichkeit mit O.E. Hasse hatte. In den späten vierziger und den fünfziger Jahren war es ein bedeutender kultureller Mittelpunkt des Vorortes. Üblicherweise waren die Filme alle schon vor Wochen in den Kinos der Innenstadt gelaufen, aber das war nicht entscheidend. Wichtig war: Die Besucher konnten zu Fuß kommen. Das Olymp war ein richtiges Theater mit einem kleinen Orchestergraben vor der Bühne, aus dem mitunter Klaviermusik ertönte. Als Kind habe ich mehrere Theateraufführungen von Märchen miterlebt, also Live-Aufführungen mit echten Schauspielern. Diese Aufführungen waren für mich aber nicht so prickelnd wie Filme, bei denen mehr Action stattfand. Seine wahre Bedeutung hatte das Theater also ohne Zweifel als Kino.

Wenn unsere Eltern, üblicherweise an einem Samstagabend, ins Kino wollten, musste mein Bruder schon mittags zum Vorverkauf, weil man abends keine Karten mehr bekommen hätte. Für mich als Kind war der Kinobesuch meiner Eltern nicht so erfreulich, denn es bedeutete, dass ich am Abend früh zu Bett geschickt wurde, damit die Erwachsenen ohne Sorge ihrem wohlverdienten Vergnügen nachgehen konnten. Es wurde manchmal versucht, das geheimzuhalten, was natürlich von mir sofort durchschaut wurde. Wenn unser Vater, der es sich sonst abends gemütlich machte, noch in Straßenschuhen statt in Pantoffeln umherging und auch noch eine Krawatte umgebunden hatte, war klar: Heute hatten die Eltern Ausgang. Der Kinoabend wurde anschließend meistens abgerundet mit einem Besuch beim Zorn, einem Café und einer Gaststätte direkt neben dem Kino in der Mannheimer Straße. Unsere Mutter klagte stets am nächsten Tag, dass sie während des Films eingeschlafen sei. Für mich völlig unverständlich bei so spannenden Filmen. Wenn mein Bruder allein oder mit einer Freundin im Kino gewesen war, erzählte er am nächsten Tag beim Frühstück genau den Inhalt des Filmes. Es ist mir gut erinnerlich, wie er, um möglichst naturgetreu zu berichten, mit der Zunge schnalzte, um das Geräusch der Pferdehufe nachzuahmen.

Später durfte ich dann auch ins Olymp, und zwar gab es sonntags um 14 Uhr eine Kindervorstellung. Ich musste dann rechtzeitig zu Mittag gegessen haben. Für den Fußweg musste man mindestens eine halbe Stunde einrechnen, denn unterwegs wurde mit Freunden und Schulkameraden heftig diskutiert. Außerdem war die Schlange der wartenden Kinder vor der Kasse regelmäßig sehr lang. Wenn man Glück hatte, traf man einen Freund, der schon weiter vorne stand. Der hat dann eine Karte mitgekauft. Das Eintrittsgeld betrug für Kinder 40 Pfennige, das hatte man nicht immer. Sehr viel attraktiver war allerdings ein Platz auf dem Balkon, der 60 Pfennige kostete. Also versuchte man mit einer einfachen Eintrittskarte sich auf den Balkon zu schleichen. Meistens ging das schief, denn es gab Kontrollen. Dann musste man wieder nach unten und da waren dann meistens die Plätze belegt. Wenn man einen guten Freund hatte, teilte der dann mit einem den Sitz, was ziemlich unbequem war. Die Bestuhlung bestand aus ungepolsterten Holzklappstühlen.

Das Programm begann meist mit einem sogenannten Kulturfilm mit Anspruch, also langweilig. Dann kam die Wochenschau, meist mit einer witzigen Sequenz. Anschließend war Pause. Wenn man über größere Barmittel verfügte, konnte man sich für 10 Pfennige eine Tüte Waffelbruch leisten, tatsächlich Bruchstücke von Waffeln. Wenn man Glück hatte, war auch ein Stück gefüllte Waffel dabei. Dann kam endlich der Hauptfilm, angekündigt durch einen dreifachen Gong, „ding, dang, dong", gefolgt von einem gemeinsamen Jubelschrei des kindlichen Publikums vor Freude, dass es nun losging. Die Filme, die man in der Kindervorstellung zeigte, waren nicht immer kindgerecht. Es gab auch Operetten- und Liebesfilme. Dieses Genre war naturgemäß weniger beliebt. Natürlich wurden alle Tarzan-Filme mit Johnny Weissmüller, „Robin Hood", „Die drei Musketiere", „Zwölf Uhr mittags" mit Grace Kelly und Gary Cooper, „Der freche Kavalier" mit Errol Flynn, Piratenfilme und „Die Schatzinsel" gezeigt, um nur einige zu nennen.

Auf dem Heimweg haben wir Buben alles noch einmal durchlebt. Nach einem Tarzan-Film ist beispielsweise die Frage diskutiert worden, ob man lieber geviertelt werden wollte oder von Riesensalamandern gefressen. Hier war ich bei der Vierteilungsfraktion. Aber am beliebtesten waren natürlich die Wildwestmachwerke mit Indianern und Cowboys, die wir in Unkenntnis der englischen Sprache „Koboi" nannten. Wenn die bösen Indianer gerade dabei waren, die armen Siedler zu massakrieren, und plötzlich das Trompetensignal der 7. Kavallerie die Rettung ankündigte, gab es kein Halten mehr. Das ganze Kino tobte vor Begeisterung, als wenn der VfR Mannheim ein Tor geschossen hätte.

Ein Film hat mich besonders aufgewühlt und mir Alpträume verschafft, ein ganz primitives Machwerk: „Unga Khan, der Herr von Atlantis", 1936 in den USA produziert. Eine ganz unwahrscheinliche Geschichte, bei der ein Professor auf der Suche nach Ursachen von Erdbeben mit einem U-Boot tief taucht und auf den versunkenen Erdteil Atlantis stößt. Dort bekämpfen sich zwei rivalisierende Gruppen, teilweise mit Säbeln, teilweise mit Strahlenkanonen. Der böse Unga Khan hatte eine Art Roboter zur Verfügung, die wandelnden Badeöfen ähnelten. An der spannendsten Stelle brach der Film ab, weil der zweite Teil mit dem Titel „Der Turm der Vernichtung" am nächsten Sonntag gegeben wurde. Letzten Endes hat der männliche Held die geplante Vernichtung der USA durch Unga Khan gerade noch einmal verhindern können. Wahrscheinlich war es dieser Film, der trotz seiner Schwächen bei mir die Freude an Science-Fiction weckte.

Sehr viel später, als Halbstarke sozusagen, gingen wir gerne am Samstag in die Spätvorstellung, Beginn um 23:15 Uhr. Da gab es die verruchten Filme mit Jugendverbot. Aus heutiger Sicht ganz harmlose Filmchen. Mir ist es dann wie meiner Mutter passiert, ich bin oft eingeschlafen.

1968 hat man den Betrieb eingestellt. Es war das Schicksal vieler Kinos. Das Haus, das uns so viele schöne Stunden beschert hatte, wurde umgebaut. Später eröffnete in dem Gebäude ein Supermarkt. Jetzt steht es leer.

Erinnerungen an meine Aufenthalte in Binau im Neckartal

In der Nacht zum 6. September 1943 erfolgte ein besonders schwerer Luftangriff auf Mannheim, bei dem auch das Nationaltheater nach einer Vorstellung des „Freischütz" in Schutt und Asche sank. Meine Mutter war mit mir hochschwanger. Mein Vater entschied noch in der Nacht, dass es jetzt Zeit sei, Mannheim zu verlassen, organisierte ein Auto und schaffte meine Mutter nach Binau. So kam es, dass ich drei Tage später im nächsten Krankenhaus, das war in Mosbach, etwas zu früh auf die Welt kam. Als die Familie meines Onkels Ernst, die im Elsass lebte, sich gegen Kriegsende vor der anrückenden Front absetzte, war Binau ihr Zufluchtsort, weshalb auch mein Cousin Bernd 1945 in Mosbach zur Welt kam. Binau war immer eine Anlaufstelle der Familie, und nach dem Krieg habe ich dort für viele Jahre einige Wochen der großen Ferien verbracht. Das erste Mal vermutlich 1950.

In den Jahren nach dem Krieg hielten die Familien in einer Weise zusammen, wie es heute nicht mehr üblich ist. Es war einfach die Not, vielleicht auch das gemeinsam überstandene Unglück des Krieges, das die Menschen zu größerer Hilfsbereitschaft veranlasste. Als ich in die erste Klasse ging und eines Tages nach Hause kam, lag ein fremder Mann bei uns auf dem Sofa und schlief. Es war mein Onkel Eduard, ein Bruder meines Vaters. Er war in der Nacht aus Leipzig geflohen, um dem Gestellungsbefehl für die kasernierte Volkspolizei, der Vorgängerin der NVA, zu entgehen. Seine Familie – Frau, Sohn und Schwiegermutter – musste er in Leipzig zurücklassen. Meine Tante Lotte und mein Cousin Jürgen sind später noch völlig legal mit Möbelwagen nach Mannheim umgezogen. Übergangsmäßig lebte der Onkel bei uns, bis eine neue Wohnung gefunden war. Auch der jüngste Bruder meines Vaters, Onkel Ernst, hat die Woche über bei uns gewohnt und ist am Samstag zu seiner Familie nach Binau im Neckartal gereist, etwa 80 km von uns entfernt. Zum Abendessen saßen viele hungrige Menschen um unseren Küchentisch. Mein Vater hatte damals zehn Zentner Kartoffeln eingelagert, die Kartoffelkiste im Keller reichte nicht aus, es musste eine zweite gebaut werden. Wenn meine Mutter Kartoffelsalat zubereitete, musste sie die größte Schüssel nehmen, das war die Spülschüssel, außen rot emailliert, innen grau gesprenkelt.

In Binau lebte die Schwester meines Vaters, Tante Luise, und betrieb dort einen Kolonialwarenladen, wir würden heute Tante-Emma-Laden sagen. Dort gab es fast alles, von der Unterhose bis zu Mehl und Zucker, lediglich Fleisch hatte sie nicht im Angebot. Onkel Karl war Ratsschreiber. Er war zwar eine Respektsperson, aber hatte nur eine spärlich dotierte Teilzeitstelle.

Ich litt in Binau in den ersten Schulferien zwar jeden Abend unter schrecklichem Heimweh, aber sonst war es schön, und es gab sehr gutes Essen. Manche Dinge waren etwas primitiv. So gab es für alle Hausbewohner nur ein Plumpsklo, aber immerhin im Haus. Neben dem Klosett stand ein kleiner Eimer mit Wasser zum Spülen, der immer wieder aufgefüllt werden musste. Wenn am Samstag Badetag war und das Wetter gut, bekamen wir Kinder eine Zinkblechwanne auf die Terrasse gestellt mit mühsam auf dem Herd erwärmtem Wasser. Das war nun schon peinlich, denn über die Terrasse kamen Kunden in den Laden, auch Mädchen, natürlich nicht ohne einen Blick in die Wanne zu werfen. Im Haus lebten neben Tante Luise und Onkel Karl sowie ihrer Tochter Helga noch mein Onkel Ernst, Tante Else und meine beiden Cousins Dieter und Bernd. Dieter war einige Jahre älter als ich und fiel damit als Spielkamerad aus. Er musste während meiner Ferien in die Schule gehen, da es auf dem Dorf ganz andere Ferientermine gab. Große Ferien wie bei uns waren unbekannt, dafür gab es Kartoffelferien und andere Ernteferien, damit die Kinder Zeit hatten, in der Landwirtschaft mitzuhelfen.

Mein Cousin Bernd war ein idealer Freund. Er kannte natürlich das Dorf und seine Eigenheiten genau. Wir haben jedes Jahr viele schöne Wochen zusammen verlebt. Auch nach dem Umzug seiner Familie nach Mannheim verbrachte er die ganzen sechs Wochen der Sommerferien in Binau. Da er seine Kindheit dort verlebt hatte, war seine Affinität zum Ort naturgemäß viel stärker als meine. In einem Jahr, als gegen Ende der Ferien Onkel und Tante aus Mannheim kamen, um uns nach Hause zu holen, war ich eigentlich froh. Bernd jedoch versteckte sich, als die Abreise drohte. Es half natürlich nichts, auch wenn er bitterlich weinte, er musste mit. Er ist relativ spät eingeschult worden, weil seine Eltern ihn nicht in Binau auf die Schule schicken wollten und den Umzug nach Mannheim abwarteten. Dies war verständlich, da die Schule im Ort zunächst aus einer Klasse für alle Kinder bestand, später gab es zwei Züge, einmal die Klassen eins bis vier und einmal die Klassen fünf bis acht, mit nur zwei Lehrern.

In Binau gab es aber auch Pflichten. So mussten wir morgens nach dem Frühstück den Leiterwagen holen und auf den verschiedenen Äckern unseres Onkels die in der Nacht heruntergefallenen Äpfel auflesen. Die wurden später an einer Sammelstelle gewogen und gewerblich verarbeitet. Auch wenn Kartoffeln zu ernten waren, mussten wir mithelfen. Diese Arbeit war besonders unbeliebt, und wenn sie angesagt war, hofften wir auf Regenwetter, weil die Tante uns dann nicht auf den Acker ließ, „damit die Buben nicht krank werden". Auch wenn der Onkel Heu machte, natürlich mit der Sense, mussten wir mit dem Rechen das Gras zum Trocknen verteilen. Am schönsten war es, wenn wir im Laden helfen durften, zum Beispiel Waren auffüllen.

Wenn es im Sommer schön heiß war, durften wir im Neckar baden, anfangs immer unter Aufsicht. Es dauerte lange, bis uns die Tante allein an den Neckar ließ, nicht ohne die schreckliche Drohung auszustoßen: „Kommt mir bloß keiner heim und ist ersoffen!" Viele Hausfrauen und Mütter waren bei schönem Wetter auf der Neckarwiese, natürlich mit Strickzeug, denn untätig herumzusitzen kam nicht in Frage. Die wichtigsten Dinge wurden in der Hausfrauenrunde behandelt. Ich erinnere mich an eine Diskussion um die Frage, ob Bananen Würmer haben können. Auf der Wiese waren auch Ziegen angepflockt, mit denen man herumtollen konnte. Und morgens wurden die Gänse über die Bundesstraße an den Fluss getrieben, abends wieder abgeholt. Wenn eine Gans geschlachtet wurde, konnte mein Cousin nie davon essen, denn er war mit jeder Gans persönlich befreundet. Im Sommer kamen regelmäßig Urlaubsgäste aus Mannheim mit dem Paddelboot den Neckar aufwärts, die auf der Neckarwiese zelteten. Einkaufen mussten sie bei der Tante im Laden. Sie freute sich immer sehr, wenn Mannheimer kamen.

Im Haus von Tante und Onkel gab es zwei Tageszeitungen, die Rhein-Neckar-Zeitung und die Mosbacher Nachrichten. Am Abend kamen meist mehrere Bekannte zu uns und setzten sich in die Küche, um Zeitung zu lesen. Die Armut war so groß, dass die wenigsten Einwohner ein eigenes Abonnement hatten. Manchmal gingen sie in den Laden und kauften ein oder zwei Zigaretten, denn für eine ganze Schachtel reichte ihr Geld nicht.

Im Rathaus, wo unser Onkel Karl als Ratsschreiber fungierte, gab es im Amtszimmer einen Tresor, in dem hauptsächlich die Grundbücher verwahrt wurden. Die viele Zentimeter dicke Tür hatte gegen Ende des Krieges einen Granatsplitter abbekommen, sodass sich in der Außenwand ein unschönes, bizarr geformtes Loch befand. Der Sicherheit tat es keinen Abbruch. Wir besuchten häufig unseren Onkel im Rathaus. Oft kam der Bürgermeister Ludwig Pfisterer mit Stiefeln, an denen Mist klebte, und fragte, ob alles in Ordnung sei. Der Bürgermeister war allen älteren Binauern noch als Kind bekannt gewesen, weshalb sie ihn despektierlich als „Louisle", gesprochen Luile, bezeichneten.

In den fünfziger Jahren gab es den Ortsfunk. Verteilt über das ganze Dorf waren an den Häusern Lautsprecher angebracht. Gegen 12 Uhr, wenn die meisten Bauern zum Essen nach Hause gingen, verlas unser Onkel wichtige Bekanntmachungen zum Beispiel über notwendige Obstbaumspritzungen, oder dass die Odeon-Lichtspiele Neckarelz am Abend im Nebenzimmer des Gasthofes *Zum Hirsch* einen Film zeigten. Manchmal wurden auch Jubilare geehrt, worauf der Onkel verkündete, dass man jetzt zu Ehren des Jubilars „Die Himmel rühmen" spielen werde. Eingeleitet und abgeschlossen wurden die Durchsagen in der Regel durch einen Musikbeitrag, der dem Geschmack meines Onkels entsprechend meistens ein Marsch war. Gegen 12 war im Laden der Tante Hochbetrieb, jetzt mussten noch wichtige Besorgungen für das Mittagessen gemacht werden, denn alle Familienmitglieder waren auf dem Feld gewesen. An Ladenschlusszeiten hielt sich niemand. Wenn vorne geschlossen war, kamen die Kunden durch die Hintertür. Einmal kam eine Frau nachts um halb eins, um ein Viertelpfund Butter zu kaufen. Sie habe ja noch Licht gesehen, war ihre Entschuldigung.

Im Dorf wusste jeder von jedem alles. Der Laden von Tante Luise war ein richtiges Zentrum für den Nachrichtenumschlag. Als meine Cousine Helga zum ersten Mal in Urlaub gefahren war, winkte nach ein paar Tagen die Posthalterin, die genau gegenüber wohnte, mit der Ansichtskarte und rief über die Straße: „Die Helga hat geschrieben, es ist alles in Ordnung." Das Telefonieren war damals eine bemerkenswerte Angelegenheit, es funktionierte nicht ohne Einschaltung der Vermittlungsstelle. Der Apparat hatte seitlich eine Kurbel, mit welcher der „Rufstrom" zum Amt erzeugt wurde. Die Tante meldete sich immer mit „Neckargerach 279, Fräulein bitte ..." und wurde dann mit der gewünschten Nummer verbunden. Meist war das der Metzger in Neckargerach, bei dem der Wurstvorrat für den Laden bestellt wurde.

Wenn wir mit dem Zug anreisten, war die Ankunft mit einem längeren Fußmarsch verbunden, weil der Bahnhof so weit außerhalb lag. Eine dreiviertel Stunde hatte man schon vor sich, mit Gepäck eine mühsame Sache. Eine Station vor Binau liegt Neckargerach. Vom Bahndamm schaut man auf die Dächer der Ortschaft hinab. Nach dem Krieg hieß sie im Volksmund „Neckar-Blechdach", weil die Anwohner einen Güterzug, der mit Blechen beladen war, kurzerhand geplündert hatten, um ihre kurz vor Kriegsende zerstörten Dächer zu reparieren.

Schöne Erinnerungen habe ich auch an Mosbach, meinen Geburtsort. Die Tante fuhr regelmäßig dorthin, um bei Grossisten Textilien einzukaufen. Auch andere Waren wie Tischtennisbälle in kleiner Stückzahl sind in Mosbach gekauft worden. An diesen Tagen gab es früh Mittagessen, denn wir mussten den Bus erreichen. Die Tante setzte den Hut auf, und dann ging es los. Das Beste an diesem Ausflug war jedoch, dass wir nach den Besorgungen in Mosbach in die Milchbar gingen, wo es für uns Buben einen Eisbecher gab.

Obwohl es in Binau immer sehr schön war, bin ich froh gewesen, wieder nach Mannheim zu kommen. „Mannheim ist hundert Mal größer!", sagte ich stets, denn ich war ein wenig stolz darauf, aus der Großstadt zu kommen.

Hans-Jörg Bindner

Als Fünfzehnjähriger in Kriegsgefangenschaft

Das Jahr 1945, Kriegsende, Chaos, Ratlosigkeit und Angst. Als fünfzehnjährige Schüler der Napola hatten wir nach unserem kurzen Kampfeinsatz bei Balgheim nur eines im Sinn: so schnell wie nur möglich nach Hause zu kommen. Es dauerte nicht lange, bis die Franzosen uns gefangen nahmen, wir hatten ja noch unsere Uniformen an und außerdem großen Hunger. Erste Station war das Gefangenenlager in Kehl. Dort haben wir einige Tage lang bei bitterer Kälte in Erdlöchern übernachtet. Die Verpflegung war mehr als dürftig. Nach einigen Tagen ging es von dort über die Pontonbrücke nach Straßburg, wo wir in Viehwaggons eingepfercht wurden. In Sainte Menehould, einem kleinen Ort im Departement Marne, war Endstation für Paule, Gerd und mich, die wir zusammengeblieben waren. Im Pferdestall eines ehemaligen Klosters hatten wir endlich die Möglichkeit, auf „weichem Stroh" zu schlafen, und es gab auch etwas zu essen. Allerdings waren die Rationen knapp.

Nach all den schrecklichen Tagen hatten wir uns schnell wieder etwas erholt. Wir wurden zum Baumfällen im nahen Wald eingesetzt, und dafür gab es zusätzliche Nahrung als eine Art Belohnung. Eines Tages tauchten Bauern und Handwerker im Lager auf, die auf der Suche nach Arbeitskräften waren. Erst als die „Fachleute" verteilt waren, kam der Rest an die Reihe, nämlich wir Kinder und die älteren Soldaten. Wir drei wurden einzeln zur Eignungsprüfung in das Lagerbüro bestellt. Ich klopfte an, trat ein und grüßte in strammer Haltung mit dem deutschen Gruß „Heil Hitler", so wie wir es gelernt und jahrelang praktiziert hatten. Der Arm fiel mir allerdings sofort herunter, und ich starrte die beiden vor mir sitzenden Franzosen voller Entsetzen an. Ein lautes Gelächter riss mich aus meiner Starre, es war verbunden mit dem Ausruf der Franzosen: „Eil Itlär", den sie mehrmals wiederholten. Ich musste dann selbst auch lachen, allerdings doch sehr zurückhaltend. Zum Glück nahmen sie mir den Hitlergruß nicht übel.

Paule und ich kamen beide zu Bauern in Granges sur Aube. Gerd haben wir nie mehr wieder gesehen. Am Ort trafen wir auf eine Gruppe deutscher Kriegsgefangener, die bereits zuvor bei Bauern gearbeitet hatten. Mein Bauer war ein sehr freundlicher Mensch. Er hat mich gleich auf Deutsch angesprochen, denn er war in deutscher Gefangenschaft auf einem Hof in Bayern gewesen. Ich wurde gut in seiner Familie aufgenommen, zu der außer seiner zukünftigen Frau sein Sohn Serge und die Oma gehörten. Nach langer Zeit wieder an einem gedeckten Tisch zu sitzen, in einem eigenen Raum in einem Bett zu schlafen – es war wie ein Traum.

Die Gruppe der Kriegsgefangenen von Granges sur Aube (Autor 3.v.l.)

In den folgenden Tagen musste ich mit Pierre Moquin, so hieß mein Bauer, auf die Felder fahren zum Pflügen, Eggen, Säen und später zum Mähen und Ernten. Ich habe das alles sehr schnell gelernt, konnte gut mit den beiden Rössern umgehen, sodass ich schließlich die meisten Arbeiten alleine verrichten konnte. Ich war richtig stolz und hatte Spaß daran. Die Oma, mit der ich mich auch sehr gut verstand, brachte mir sogar das Melken bei. Ich hatte mich in kurzer Zeit richtig in die Familie eingelebt. Ganz selbstverständlich wurde ich von meinem Patron Pierre zu seiner Hochzeit eingeladen. Es war ein Fest mit etwa 30 Gästen, das auf dem Hof mit gutem Essen, Musik und Tanz gefeiert wurde. Ich wurde dabei nicht als „prisonnier de guerre" oder gar als „boche" angesehen, nein, ich gehörte einfach dazu.

Von Zuhause erhielt ich ab Herbst 1945 immer wieder Briefe, in denen ich lesen musste, dass das Leben in Deutschland noch nicht normal verlief. Was die Verpflegung anbelangte, hatte ich es bestimmt besser als meine Eltern und Geschwister. Meine Eltern machten mir immer wieder Mut durchzuhalten.

Im Sommer 1947 wurde ich aus der Gefangenschaft entlassen. Beim Abschied von meinen Bauersleuten sind Tränen geflossen, und ich musste versprechen, die Moquins wieder mal zu besuchen. Serge Moquin, der Sohn, war zwei Jahre älter als ich. Er war ein richtiger Freund geworden, und wir blieben noch lange danach in Briefkontakt. So wusste ich in den folgenden Jahren auch immer Bescheid, wenn zum Beispiel eine Kuh kalbte oder ein Traktor angeschafft wurde. Leider ist es mir nicht gelungen, das Versprechen eines Besuchs einzuhalten.

Die Franzosen waren für uns Deutsche immer der Erzfeind gewesen, den es zu besiegen galt. So hatten wir das in der Schule gelernt. Die Zeit der Gefangenschaft hat mich eines anderen belehrt und mir die Augen geöffnet, nicht alles zu glauben, was einem so vorgesetzt wird. Ich habe nicht nur eine schwere Nachkriegszeit überlebt, sondern auch große Menschlichkeit erfahren von den „Erzfeinden". Es war nach meiner Heimkehr nicht einfach, meinen Vater, der im Ersten Weltkrieg gegen Frankreich gekämpft hatte, von meiner Meinung zu überzeugen. Aber in manchen Gesprächen ist es ihm dann doch gelungen, mit mir einig zu sein, dass man Ressentiments beseitigen kann, wenn man aufeinander zugeht und den anderen als Menschen betrachtet.

Mit fünfzehn Jahren war ich in den Krieg gezogen, mit siebzehn kehre ich heim. Meinen vier Wochen Kriegseinsatz standen bei der Entlassung zwei Jahre Kriegsgefangenschaft gegenüber. Es waren harte Zeiten bei Beginn der Gefangenschaft, aber danach erträgliche, teilweise auch gute. Und es gab sogar glückliche Momente. Im Nachhinein bin ich mir nicht ganz sicher, ob ich die Zeit missen möchte.

Heimkehr aus der Gefangenschaft und was dann folgte

Im Sommer 1947 wurde ich aus der französischen Kriegsgefangenschaft entlassen. Der Weg nach Hause verlief doch etwas angenehmer im Abteil der Eisenbahn als die Hinfahrt 1945 im Viehwaggon. Wir waren alle sehr gespannt und aufgeregt. Wie sieht es zu Hause im Nachkriegsdeutschland aus? Läuft zwischenzeitlich alles wieder in geordneten Bahnen?

Meine Eltern und meine Schwestern holten mich am Bahnhof ab. Die Freude des Wiedersehens war überschwänglich, und es flossen viele Freudentränen, war die Familie doch nun endlich wieder zusammen – leider ohne meinen Bruder, der als Jagdflieger im Krieg gefallen war. Wir wohnten nicht mehr im Fliegerhorst, sondern in einer geräumigen Wohnung am „Stich" in Sandhofen. Ich war etwas überrascht, noch intakte Häuser vorzufinden, nachdem wir durch das zerstörte Mannheim dorthin gefahren waren. Es gab auch zu essen, zwar nur über die Lebensmittelkarten, doch mit Tausch und Geld konnte man sich Benötigtes zusätzlich besorgen.

Nach Tagen der Eingewöhnung besuchte ich wieder die Tullaschule, von der ich 1942 zur Napola gewechselt war. Sicher nahm man Rücksicht auf meine fehlende Schulzeit durch die französische Gefangenschaft und half mir, wo immer es möglich war, so auch einmal, als ich in einer Französischarbeit eine glatte Fünf erhielt. Ich hatte mich auf diese Arbeit kaum vorbereitet, sprach ich doch schon zwei Jahre lang französisch, das ersparte mir wohl die Vorarbeit. Unser Französischlehrer hat mich danach in einem ruhigen Gespräch über meine fehlenden Kenntnisse des Schriftfranzösischen aufgeklärt, dabei aber auch mein gut gesprochenes Französisch gelobt, was meinem Ego sehr gut tat.

Im Herbst 1947 trat ich auf Vermittlung meines Klassenkameraden Peter Fauth in den Mannheimer Ruderverein Amicitia ein; es fehlte ein Mann, um einen Vierer fahren zu können, und ich lernte nun die Härte und Disziplin eines Rudertrainings kennen. Damals musste man für den Eintritt in den renommierten Verein ein Vereinsmitglied als Bürgen vorweisen. Da das Bootshaus der Amicitia noch von den Alliierten beschlagnahmt war, ist unser Verein Gast bei der Rudergesellschaft Baden gewesen, deren Bootshaus fast an der

Unser Vierer (Autor 3.v.l.)

Neckarspitze im Bereich des Industriehafens lag. Nur einige Boote hatte man dorthin verbringen können, bevor der Bootspark im Vereinshaus der Amicitia am Luisenpark als Brennholz verfeuert worden war. Das Rudern hat uns Studienrat Galura beigebracht, der ein begnadeter Trainer war.

Dass unser Vierer mit Steuermann Hans Bichelmeier schon ein Jahr später die deutsche Jugend-Rudermeisterschaft gewann, war sein Verdienst und ist für Experten erstaunlich gewesen. Aber wir hatten dafür auch hart trainiert. Unser Sieg und die Senioren-Meisterschaft des Vierers mit Steuermann wurden ausgiebig gefeiert, nicht in dem immer noch beschlagnahmten Bootshaus der Amicitia, sondern in einem Lokal im Kellergeschoss des stark zerstörten Rosengartens.

Mein Vater hatte sich inzwischen ein kleines Uhren- und Schmuckgeschäft aufgebaut, und ich musste ihm in meiner freien Zeit helfen, vor allem auch an den Wochenenden, was mir natürlich gar nicht gefiel. Ich konnte ihm aber seinen Wunsch nicht abschlagen.

Eines Tages wurde ich nach dem Unterricht zu unserem Direktor Professor Jülg einbestellt, der mir den Vorschlag machte, an dem Kriegsteilnehmer-Förderkreis zur Hochschulreife teilzunehmen, die Voraussetzungen dazu seien ja vorhanden. Direktor Jülg war übrigens damals der Vorsitzende des Mannheimer Ruderclubs, dem Erzrivalen meines Vereins, der Amicitia. Mit einer Gruppe von Kriegsteilnehmern, von denen die meisten älter als ich waren, begann ich diese Sonderausbildung. Auffallend war damals die Kleidung vieler meiner Mitschüler, sie trugen nämlich in Ermangelung ziviler Kleidungsstücke teilweise noch ihre Uniformen, natürlich ohne Dienstgradzeichen.

Nach etwa einem halben Jahr musste ich die Ausbildung leider unterbrechen, da mein Vater wegen eines Herzinfarkts das Geschäft nicht weiterführen konnte. Ich sollte es übernehmen, aber ich konnte und wollte das nicht, was dazu führte, dass ich mich mit meinem Vater zerstritt und von zu Hause auszog. Zwangsläufig musste ich jetzt meinen Unterhalt selbst verdienen.

Ich begann 1950 eine Maurerlehre bei dem Baugeschäft Lorenz in Sandhofen und konnte schon nach anderthalb Jahren meinen Gesellenbrief bekommen und damit auf der Staatsbauschule in Darmstadt mit dem Architekturstudium beginnen. Es war schon immer mein Wunsch gewesen, Architekt zu werden und Häuser zu bauen. Ich war damals sehr stolz, diesen Weg gehen zu können.

In Darmstadt wohnte ich mit sechs Studienkollegen zusammen in der Jugendherberge in einem nicht sehr großen Schlaf- und Arbeitsraum, was sehr günstig war. Einer meiner Kollegen hat mich ins Krankenhaus mitgenommen zum Blutspenden. Das brachte ein deftiges Frühstück ein und außerdem ein paar Mark zusätzlich. Die junge Ärztin hat uns in der Folgezeit bei Bedarf immer mal wieder einbestellt.

Es kam dann die Zeit, da ich mich immer mehr überfordert fühlte, vor allem in finanzieller Hinsicht, und ich musste einsehen, dass es so auf die Dauer nicht weitergehen konnte. Um meinen Lebensunterhalt zu verdienen, musste ich schweren Herzens mein Studium aufgeben. Mein Klassenkamerad aus der Tullaschule, Kurt Leschonski, der damals in Karlsruhe Verfahrenstechnik studierte und später Professor an der Universität in Clausthal-Zellerfeld wurde, konnte mich über seinen Vater in die Firma Futtermittel-Richter auf der Friesenheimer Insel vermitteln. Mehrere Jahre war ich dort tätig. Ich habe oft in der Nachtschicht gearbeitet, in der man gutes Geld verdienen konnte. Danach fand ich im kaufmännischen Bereich eine mir zusagende Tätigkeit. Endlich konnte ich ein geregeltes Leben führen, ein ordentliches Zimmer mieten und 1958 schließlich heiraten – die Frau, die auch heute noch das Leben mit mir teilt.

Oskar Bischoff

Das Kriegsende und der Neubeginn

Kurz vor dem Einmarsch der Amerikaner wurde ich wegen meiner Asthma-Erkrankung aus der Kinderlandverschickung nach Mannheim entlassen. Ich wurde, als die Amis am 22. März 1945 bei Oppenheim bereits den Rhein überquert hatten, als Helfer für die Wehrmacht einberufen. So wie ich waren noch zwanzig etwa Gleichaltrige in Hitlerjugenduniform an dem vorgegebenen Treffpunkt eingetroffen. Ich hatte schreckliche Angst vor dem, was auf uns zukommen würde. Allerdings war ich noch immer ein pflichtbewusster Hitlerjunge, der meinte, sein Vaterland verteidigen zu müssen.

Nach einem kurzen Einsatz in einer Flakstellung in Hockenheim befanden wir uns ständig auf dem Rückzug. Auf einen Nachtmarsch von mehr als vierzig Kilometern folgte in Wengen eine freudige Überraschung. Als wir in einem Bauernhof einquartiert wurden, habe ich sofort gerochen, dass da ein besonderes Ereignis stattfand. Es wurde nämlich das letzte Schwein des Hofes geschlachtet, natürlich ohne behördliche Erlaubnis. Außer den Hofbesitzern und Nachbarn durfte auch ich an diesem freudigen, vor allem aber nahrhaften Fest teilnehmen. Nach dem Kohldampfschieben der Tage zuvor habe ich das dampfende Schweinefleisch und die Wurst sehr genossen.

Der nächste Tag sollte die letzte Etappe unseres Rückzuges werden, denn hier erlebten wir unsere einzige Feindberührung, sofern man einen Tieffliegerangriff so bezeichnen kann. Es geschah am vierten Mai, als der Krieg in den meisten Gebieten Deutschlands bereits zu Ende war. Wir marschierten auf einer Landstraße in der Nähe von Oberstaufen in Richtung Südosten, als wir die uns bekannten typischen Geräusche von Tiefliegern hörten. Wir rannten weg von der Straße den Berg hinauf, aber die Angreifer hatten uns bereits im Visier und beschossen uns mit ihren Bordwaffen. Rechts und links von mir Einschläge, und ich sah, wie neben mir einer von uns getroffen wurde. Für ihn kam jede Hilfe zu spät. Er muss sofort tot gewesen sein.

Ab jetzt war uns klar, dass der Krieg und damit auch unser Rückzug zu Ende gewesen ist. Wir versuchten nun, alle Naziembleme von unseren HJ-Uniformen zu entfernen. Schlimm empfand ich es, dass ich mich von meinem Fahrtenmesser trennen musste. Ich hatte mir das Geld zum Kauf dieses Schmuckstücks auf dem Neckarauer Tennisplatz verdient, indem ich dort als Balljunge tätig gewesen war. Es zeigte sich, dass unser Handeln richtig war, denn sofort nach Abschluss unserer Aktion wurden wir von einer französischen Infanterieeinheit aufgegriffen und gefangen genommen. Da wir ja keine richtigen Soldaten in Wehrmachtsuniform und mit Soldbuch waren, hätten wir alle aufgrund der Genfer Konvention nach Hause geschickt werden müssen. Dem war jedoch nicht so.

Wir mussten uns in einer Reihe aufstellen, und es wurde taxiert, welche Arbeitsleistung jeder Einzelne von uns wohl erbringen könne. Drei meiner Kameraden hatten das Pech, für eine weitere Verwendung aussortiert zu werden. Sie wurden tatsächlich zum Arbeitseinsatz nach Frankreich geschickt und kamen erst nach einigen Jahren wieder in die Heimat zurück. Wir, die Kleineren und Schwachen, erhielten eine schriftliche Genehmigung zur Heimreise. Da keine öffentlichen Verkehrsmittel zur Verfügung standen, mussten wir nun auch den Heimweg zu Fuß antreten. Wir wählten fast den gleichen Weg zurück nach Mannheim, wo wir am 13. oder 14. Mai 1945 ankamen. Die Stadt sah bei unserer Rückkehr verheerend aus.

Die Mannheimer Innenstadt Mitte 1945

Meine Mutter und meine Geschwister freuten sich natürlich sehr, dass wenigstens ich nun wohlbehalten zurückgekommen war. Von meinem ältesten Bruder Erich wussten wir, dass er in Frankreich in Gefangenschaft war. Von meinem Vater hatten wir jedoch keine Information über seinen Verbleib.

Bevor ich mit meinen 16 Jahren über meine Zukunft nachdenken konnte, erhielt ich von der Besatzungsverwaltung eine Einberufung zum Arbeitseinsatz. Wie die Auswahl dazu geschah, war nicht klar erkennbar. Da sich damals noch viele Männer in Gefangenschaft befanden, waren es vor allem Jugendliche und ältere Personen, die einbestellt wurden. Allerdings schien mir, dass die meisten der zum zwangsweisen Arbeitseinsatz Befohlenen so wie ich entweder Jungvolkführer oder Parteimitglieder gewesen waren. Vermutlich handelte es sich sowohl um eine notwendige Bürgerarbeit als auch um eine Strafmaßnahme, zumal es grundsätzlich keine Entschädigung für diese Arbeitsleistung gab.

Die Neckarauer Jakobuskirche – vorher und nachher

In Neckarau wurde damals mit den wirklich dringend notwendigen Räumungsarbeiten rund um den Marktplatz begonnen. Dort fand mein erster Einsatz statt. Schon nach wenigen Tagen wurde ich dann aber einem Dachdecker als Hilfskraft zugeteilt. Eine Ausnahme, wie man mir sagte, die deshalb gemacht wurde, weil mein Chef ein alter Kommunist sei. Ich bin nicht sicher, ob das stimmte. Leider konnte ich nicht lange bei ihm als Helfer tätig sein, da ich durch die Dämpfe, die beim Arbeiten mit Teer und Dachpappe entstanden, Asthmaanfälle bekam. Als mir der Meister, trotz der Vorschrift, die Hilfskräfte nicht zu entlohnen, eine Vergütung auszahlte, wurde er dafür gerügt. Ich erinnere mich an seine Aussage: „Der Bub hat bei mir gearbeitet, also wird er dafür auch bezahlt, basta!" Dieses Verhalten war für mich jungen Menschen das erste und auch ein sehr nachhaltiges Lehrbeispiel für gelebte Demokratie.

Durch den baldigen Beginn einer Lehre als Reproduktions-Fotograf bei der Klischee-Anstalt Müller in H 7 bin ich dann vom Zwang eines weiteren Arbeitseinsatzes befreit worden. Allerdings war ich mit dieser Berufswahl überhaupt nicht glücklich. Ich hatte mir falsche Vorstellungen von dem gewählten Beruf gemacht und erlebte dann viele Routinearbeiten, die mir ganz und gar nicht behagten.

Inzwischen hatte sich das Leben wieder etwas normalisiert. Nach und nach wurden die weiterführenden Schulen geöffnet, und es entstand bei mir der Wunsch, zunächst doch noch einen Schulabschluss zu machen. Als im Mai 1946 das Stadtschulamt Mannheim einen Abschlusskurs für ehemalige Mittelschüler mit der Dauer von neun Monaten anbot, habe ich mein Lehrverhältnis kurzerhand abgebrochen und den Lehrgang in der Wohlgelegenschule besucht, der die Erlangung der Mittleren Reife zum Ziel hatte. Der Lehrplan entsprach dem der früheren Mittelschule. Lediglich der Geschichtsunterricht war ausgespart, angeblich deshalb, weil es dafür nach dem Ende des „Tausendjährigen Reiches" keine geeigneten Geschichtsbücher gab. Da jedoch auch für die anderen Unterrichtsfächer keine Bücher verfügbar waren, kann dies nicht der einzige Grund für den Ausfall des Geschichtsunterrichts gewesen sein. Durch das Fehlen von Schulbüchern war es notwendig, dass viel Text zum Lernen diktiert werden musste. Eine erhebliche Zeit des Unterrichts wurde darauf verwendet.

Da wegen Brennstoffmangel die Schulräume mitunter nur unzureichend geheizt werden konnten, war es in den Wintermonaten an manchen Tagen bitterkalt. Der Unterricht wurde trotzdem abgehalten. Wir saßen an solchen Tagen mit Mänteln, Mützen und Handschuhen bekleidet in den Schulbänken. Die Verpflegungssituation war in den ersten Jahren nach Kriegsende sehr schlecht. Die Lebensmittelzuteilung reichte nicht aus, um jeden Tag satt zu werden. Wer keine Verwandten auf dem Land oder Beziehungen hatte – so nannte man jede Möglichkeit der Beschaffung knapper Güter –, der musste hungern. Als von den Amerikanern ab Ende 1946 die Schulspeisung der Hoover-Stiftung organisiert wurde, nahm auch ich daran teil. Die Zusatzverpflegung bestand meistens aus süßem Haferflocken- oder Reisbrei, der im Keller der Wohlgelegenschule ausgegeben wurde.

Im Januar 1947 erreichte ich wie alle Teilnehmer das Lehrgangsziel, nämlich die Bestätigung der Mittleren Reife in einem Zeugnis. Allerdings hatte ich noch keine klaren Vorstellungen darüber, was ich nun tun sollte. Der Vater meines Neckarauer Freundes Kurt Szudrowicz erzählte immer wieder mit Begeisterung von seiner Tätigkeit als Elektroingenieur. Es war daher kein Wunder, dass wir beide uns für diesen Beruf entschieden. Freund Kurt war von diesem Berufsziel voll überzeugt, wogegen ich ein Mitläufer war. Da es damals viele arbeitslose Ingenieure und Akademiker gab, haben uns übrigens einige Leute von einem Studium abgeraten. Handwerker waren dagegen sehr gefragt.

Durch die gerade bestandene Prüfung war eine wichtige Voraussetzung für den Besuch einer Ingenieurschule erfüllt. Es fehlte nur das zuvor noch erforderliche Praktikum, das ich beim Großkraftwerk Mannheim ableisten konnte. Da ich mit dem Studium erst im Oktober 1948 hätte beginnen können, bat ich um die Verlängerung des Praktikums. Gleichzeitig durfte ich, obwohl das für Praktikanten nicht vorgesehen war, die Berufsschule besuchen. Es kam hinzu, dass mir die Handwerkskammer Mannheim eine Sondererlaubnis für die Zulassung zur Gesellenprüfung als Betriebselektriker erteilte. Was für ein Glück, denn damit hatte ich bereits etwas, das zuvor nicht abzusehen gewesen war: einen Beruf, nämlich den des Elektrikers. Im Mai 1949, ein Semester später als ursprünglich vorgesehen, begann ich mit dem Studium an der Ingenieurschule Mannheim. Das Berufsziel entsprach nunmehr durchaus meinen Vorstellungen.

Die nun folgenden Jahre waren für mich nicht gerade einfach. Mein Vater war immer noch nicht vom Krieg zurückgekommen, und meine Mutter bekam keine Rente, da sie sich weigerte, ihn für tot erklären zu lassen. So musste ich für meine Ausbildung und für Sonderwünsche alleine aufkommen. Durch meine Beschäftigungen in den Ferien als Werkstudent, durch Arbeiten beim Studentenhilfsdienst Quick und durch die bezahlten regelmäßigen Blutspenden kam ich jedoch über die Runden. Ich erinnere mich noch gut daran, dass ich während eines Fußballspiels, das in Ludwigshafen stattfand, Dropse und Dr. Hillers Pfefferminze verkaufte. Das Stadion war nach dem Krieg unter Nutzung von Trümmern aus Mannheim gebaut worden. Dieser Sondereinsatz und auch die Tätigkeit als Verkäufer von Eintrittskarten und als Kontrolleur bei den ersten Motorradrennen auf dem Hockenheimring führten zu weiteren Nebenverdiensten.

Motorradrennen auf dem Hockenheimring 1950

Die Einnahmen durch die Freizeitbeschäftigung trugen dazu bei, dass ich, natürlich zusammen mit meinem Freund Kurt, einen Tanzkurs bei der in Mannheim sehr beliebten Tanzschule Helm besuchen konnte. Auch für die von der Tanzschule angebotenen Sonntagsveranstaltungen und für den Besuch der Coca-Cola-Bälle im Rosengarten hat mein Geld gereicht, zumal ich, wie viele andere, mit einigem Erfolg versuchte, das Eintrittsgeld zu sparen und ohne Verzehr über die Runden zu kommen.

Abschließend möchte ich sagen, dass ich die erlebten Entbehrungen eigentlich nie als große Last, sondern nur als Schritte auf dem richtigen Weg in eine bessere Zukunft empfunden habe. Nach dem Examen im März 1953 begann ich einen neuen Lebensabschnitt, zwar mit ein paar Schulden, aber doch mit etwas Stolz und viel Zufriedenheit.

Versorgungsängste

Mein Vater kehrte von seinem Kriegseinsatz nicht zurück. Tag für Tag verging, ohne dass wir wussten, ob er tot oder in Gefangenschaft geraten war. Wie in vielen Familien musste das Leben auch bei uns ohne den Ernährer weitergehen. Für meine Mutter ergaben sich bei Kriegsende viele Probleme, aber auch viele Ängste über die zukünftige materielle Versorgung der Familie.

Neben meinem Großvater, einer Tante und deren Tochter lebten in unserem Haushalt nach dem Krieg außer meiner Mutter und mir noch meine Geschwister Elisabeth, Heiner, Werner und Dora. Alle fünf Kinder satt zu bekommen und auch für die nötige Kleidung zu sorgen, war unter den damaligen Umständen nicht leicht. Mein älterer Bruder Erich befand sich in Gefangenschaft, und so war ich mit meinen 16 Jahren so etwas wie der Mann im Haus. Ich war der Berater meiner Mutter, obgleich meine Schwester Elisabeth vier Jahre älter als ich war. Zwangsläufig wurde ich in alle zu treffenden Entscheidungen eingebunden, so auch in der Frage, wie es mit den Finanzen weitergehen sollte. Als wir bei den zuständigen Behörden die von uns erwarteten Versorgungsansprüche anmeldeten, glaubten wir, dass es damit keinerlei Schwierigkeiten geben würde. Mein Vater hatte als Beschäftigter bei der Städtischen Sparkasse Anspruch auf Pensionsbezüge, also waren wir sicher, dass meine Mutter Anspruch auf Witwenrente hatte. Hinzu kam, dass mein Vater aus religiösen Gründen kein Parteimitglied gewesen war, also bestand auch von dieser Seite her kein Grund für eine Ablehnung des Antrags meiner Mutter. Unsere Überraschung war daher groß, als wir erfuhren, dass eine Witwenrente nur dann genehmigt werden konnte, wenn der Tod des Ehegatten nachgewiesen war. Dazu aber bedurfte es für Vermisste eines Antrags auf Todeserklärung beim Amtsgericht. Einen solchen Antrag zu stellen, lehnte meine Mutter kategorisch ab, da sie fest mit der Rückkehr meines Vaters rechnete.

Seit dem Kriegsende hatten wir keinerlei Nachricht über seinen Verbleib. Der letzte Brief war im Februar 1945 aus Wiesloch eingetroffen, wo mein Vater als Sanitäter eingesetzt war. Durch diesen Brief hatten wir erfahren, dass seine Einheit mit der Verlegung nach Wiesloch von der Waffen-SS übernommen worden war, was jedoch kein Grund war, nicht an sein Überleben zu glauben.

Meine Eltern waren strenggläubige Mitglieder der evangelischen Kirche in Neckarau. Zusätzlich waren sie aber auch noch Mitglieder der Neckarauer pietistischen Gemeinde, die in der Fischerstraße ihren Betsaal hatte. Daher war es für meine Mutter nicht nur aus moralischen, sondern auch aus religiösen Gründen unmöglich, meinen Vater für tot erklären zu lassen. Hinzu kam, dass für sie der Tod meines Vaters unvorstellbar war.

Ihre Hoffnung auf ein gutes Ende wurde immer wieder durch die Rückkehr von Kriegsteilnehmern aus der Gefangenschaft und von Vermissten bestärkt. Sie blieb daher eisern bei ihrer Weigerung, den notwendigen Antrag zu stellen. Bei allen möglichen Organisationen, die sich um die Suche nach Vermissten kümmerten, war sie um die Klärung des Schicksals meines Vaters bemüht. Immer wieder klammerte sie sich an vage Meldungen über späte Heimkehrer, und solange noch Erspartes da war und die Familie einigermaßen versorgt werden konnte, war sie nicht bereit, die Hoffnung aufzugeben, dass mein Vater noch leben und zurückkehren würde.

Eine Unterstützung ihrer Beharrlichkeit war die Tatsache, dass nach dem Krieg das Wirtschaften relativ einfach war. Außer den zugeteilten Rationen für Lebensmittel und Kleider konnte man, abgesehen vom Schwarzmarkt, kaum etwas kaufen, und Luxus kannten wir ohnehin nicht. Ich höre noch immer auf die von uns Kindern geäußerten Wünsche die Antwort, dass wir sparen müssten. Wir hatten allerdings damals alle ständig Hunger.

Die meisten Lebensmittel waren noch immer bewirtschaftet, und das, was man nach dem Krieg auf die Lebensmittelmarken kaufen konnte, war weitaus geringer als zuvor. Für Jugendliche waren die Rationen unzureichend. Wir hatten im Vergleich zu vielen anderen den Vorteil, über einen kleinen Gemüsegarten hinter dem Haus und über einen Schrebergarten an der Neckarauer Fohlenweide zu verfügen. Das dort gezogene Gemüse und Obst war eine zusätzliche Nahrungsquelle. Wir Kinder waren – nicht immer zu unserer Freude – an der Bewirtschaftung der Gärten beteiligt. Zusätzliche Ernährung für die Familie verschaffte ich einige Male durch die Fahrt mit dem „Milchzug" in den Odenwald zusammen mit einem Freund. Der Zug verkehrte an allen Werktagen von Mosbach nach Mannheim und zurück. Wir bettelten bei Bauern um Kartoffeln und waren froh, wenn wir außerdem auf deren Getreideäckern Ähren einsammeln durften.

Eine etwas bessere Situation ergab sich für unsere Familie, als ich als Praktikant beim Großkraftwerk tätig wurde und meine beiden Brüder eine Lehre begannen. Durch die Lehrlingsvergütung und meinen ähnlich geringen Lohn ergab sich ein Beitrag zur Haushaltskasse, wenngleich ein bescheidener. Auch dies war für meine Mutter ein Grund, ihre Bereitschaft zum Handeln immer wieder hinauszuschieben. Allerdings kam dann doch der Zeitpunkt, an dem das Sparbuch leer war.

Einer der Grundsätze meiner Mutter war, dass nur das gekauft wird, was man auch bar bezahlen kann. Und nun reichte das Geld nicht mehr für den Einkauf des täglichen Bedarfs. Damals machte ich eine bittere Erfahrung. Ich stieß mit der Bitte um Zahlungsaufschub in einigen Geschäften auf taube Ohren. Wir waren zu Bittstellern geworden, und ich hatte mitunter das Empfinden, ein Bettler zu sein. Das Sprichwort, dass Geben seliger ist als Nehmen, hatte nach meinen damaligen Erfahrungen nur bei den Armen Gültigkeit. Viele der Wohlhabenden, die sich teilweise mit fraglichen Mitteln durch die Schwierigkeiten des Krieges gemogelt hatten, waren nicht hilfsbereit. In Notzeiten kommt der wahre Charakter eines Menschen zum Vorschein. Die damaligen Erfahrungen bleiben einem lebenslang erhalten.

Verständlicherweise gab es in der Familie mit zunehmendem Notstand immer wieder Diskussionen über das unverständliche Verhalten meiner Mutter, was die Todeserklärung anbelangte. Mitunter ging es dabei sogar lautstark zu. Mein Hauptargument war, dass – wenn unser Vater der sei, den sie uns immer schilderte – er auch Verständnis haben würde für die notwendigen Schritte zur Erlangung der ihr zustehenden Versorgungsbezüge. Aber erst, als es um die schulische Weiterbildung meines Bruders Werner ging, bröckelte ihre ablehnende Haltung. Sie spürte, dass ihre Auffassung „in Sachen Hoffnung" im Hinblick auf das Wohlergehen ihrer Kinder einfach nicht mehr verantwortbar war. Hinzu kam das Argument, dass im Falle der Rückkehr meines Vaters alles zurückgenommen werden konnte, und dass der Verwaltungsablauf von der Todeserklärung bis zur Auszahlung der Witwenpension noch längere Zeit dauern würde.

Schließlich stellte meine Mutter unter dem Druck der Verhältnisse und in Anerkennung der Argumente ihrer Kinder im Spätjahr 1947 endlich den Antrag auf die Todeserklärung. 1948 konnte sie dann ihre, wenn auch durch viele gesetzliche Einschränkungen gekürzte, Altersversorgung in Anspruch nehmen. Wir Kinder atmeten auf, denn von nun an ging es aufwärts in unserer Familie.

Die kleine Hoffnung auf eine Rückkehr unseres Vaters war bei meiner Mutter noch jahrelang vorhanden. Selbst als eine zerfledderte Brieftasche mit nichts als einem Familienbild von irgendeiner Suchstelle eintraf, waren für meine Mutter noch nicht alle Zweifel am Tod meines Vaters in aller Endgültigkeit ausgeräumt. Man sagt ja, die Hoffnung stirbt zuletzt.

Meine Mutter hat später nie darüber gesprochen, ob sie es bereute, dass sie so lange gezögert hatte, an den Tod ihres Mannes zu glauben und ihn für tot erklären zu lassen. In ihrem Verhalten glaube ich jedoch gespürt zu haben, dass sie meinte, einiges gutmachen zu müssen, was sie uns Kindern in den ersten schwierigen Nachkriegsjahren zugemutet hatte. Sie war eine starke, aber auch eine gütige Frau. Wir haben sie alle sehr verehrt.

Ihre Einstellung und ihr Lebensmotto ist aus den Worten zu erkennen, die sie mit 82 Jahren wenige Minuten vor ihrem Tode sagte: „Ich glaube, ich muss doch noch mal in die Stadt und mir neue Schuhe kaufen."

Wohnverhältnisse

Schon vor dem Krieg hatten meine Eltern mit ihren sechs Kindern das Haus Rheingoldstraße Nr. 70 in Neckarau bezogen. Es handelte sich um ein typisches Arbeiterhaus mit Hof und Garten, Baujahr etwa 1850. Die Miete betrug vor dem Krieg 40 Reichsmark. Das ursprünglich nur für eine Familie gebaute einstöckige Haus gehörte vier Schwestern, die es von ihrem Vater, Herrn Waldmann, geerbt hatten. Die Frauen waren im doppelten Sinne des Wortes Schwestern, denn alle vier waren als Diakonissinnen tätig gewesen. Nur eine von ihnen wohnte ständig im Haus, da sie wegen ihrer kritischen Gesundheit nicht mehr dienstfähig war. Sie war für uns Kinder die „Tante Waldmann" und war allmählich zu einem Teil unserer Familie geworden.

Im Krieg war das Haus zum Glück nicht zerstört worden, und so wohnten wir nach meiner Rückkehr aus dem kurzen Kriegseinsatz auch in der Nachkriegszeit zusammen mit „Tante Waldmann" in diesem Haus. Einer meiner älteren Brüder ist im September 1944 in den Ardennen gefallen. Über den Verbleib meines Vaters hatten wir seit Februar 1945 keine Information mehr. Von meinem ältesten Bruder wussten wir, dass er sich in französischer Kriegsgefangenschaft befand. 1942 war meine jüngste Schwester Dora als Nachzüglerin zur Welt gekommen. Am Kriegsende wohnten somit außer Frau Waldmann sechs Personen in unserem Haus. Allerdings ergab sich, kurz nachdem meine Mutter aus dem Kraichgau zurückkam, wohin sie in den letzten Kriegstagen geflüchtet war, eine neue Situation. Einige Tage nach ihrer Rückkehr stand nämlich mein Großvater mit einem kleinen Koffer vor der Tür und kurze Zeit danach auch meine Tante Sofie mit ihrer achtzehnjährigen Tochter. Großvaters Wohnung in R 6 war bei einem Bombenangriff zerstört worden, und Tante Sofie musste ihre Wohnung in der Langen Rötterstraße für die Amerikaner räumen. Somit war es notwendig, in unserer Wohnung neun Leute unterzubringen.

Das Haus hatte wie damals noch viele andere alte Neckarauer Häuser lediglich ein Erdgeschoss und ein ausgebautes Dachgeschoss mit Gaubenfenstern. Außer dem Eingang in der Rheingoldstraße gab es noch einen weiteren Eingang vom Garten her, der an einen Feldweg grenzte. Dieser befand sich an der Stelle der heutigen Sedanstraße. Wenn man das Haus von vorne betrat, sah man vor sich gleich rechts eine schmale Treppe und daneben eine Tür, die zu zwei hinter-

Das Haus in der Rheingoldstraße Nr. 70

einander liegenden Räumen führte. Durch den schmalen Gang an der Treppe vorbei erreichte man links eine weitere Tür, die zu zwei weiteren Räumen führte. Nach etwa vier Metern wurde aus dem Gang dann ein breiter Raum mit einem Ausgang in den Garten. Dies war unsere Küche mit dem Herd und einem Spülbecken, das natürlich, wie damals in fast allen Häusern üblich, nur einen Kaltwasserzulauf hatte. Hier wurde jedoch nicht nur gekocht und die

Wäsche gewaschen, sondern es fanden in diesem Raum auch die morgendliche Toilette und das Bad am Wochenende statt.

Zum Baden wurde eine Zinkwanne hervorgeholt und mit warmem Wasser gefüllt, das aus dem „Schiff", einem im Herd eingebauten Wasserbehälter, entnommen wurde. Die Reihenfolge der Benutzung bestimmte meine Mutter. Erst die Knaben, dann die ältere Schwester und zuletzt die Erwachsenen. Das Wasser wurde für uns Kinder keineswegs gewechselt, es wurde nur durch Zugießen von warmem Wasser auf angenehmer Temperatur gehalten.

Die Toilette, ein damals in alten Häusern noch übliches Plumpsklo mit darunterliegender Grube, lag in einem Schuppen außerhalb des Hauses. Man konnte sie nur über den hinteren Ausgang, also durch unsere Küche erreichen. Immer wenn „Tante Waldmann" oder ihre Besucher in den Garten oder zur Toilette wollten, mussten sie durch unsere Küche gehen. Da Frau Waldmann eine liebenswerte und auch hilfsbereite Person war, wurde das jedoch problemlos hingenommen.

Von der Küche aus gab es einen Zugang zu dem links liegenden, kaum mehr als zwölf Quadratmeter großen Wohnzimmer, „der guten Stube", die gleichzeitig Esszimmer, Arbeitszimmer und Aufenthaltsraum war. Hier hielten sich nicht nur die Familienmitglieder, sondern oft auch Besucher und Freunde von uns Kindern auf. Allerdings spielte sich der Tagesablauf der Kinder so viel wie möglich im Hof und im Garten ab. Bei gutem Wetter waren wir immer im Freien. Nach der Ankunft meines Großvaters und meiner Tante waren Küche und Aufenthaltsraum überfüllt, wenn alle anwesend waren. Durch die Enge und die körperliche Nähe von Erwachsenen und Kindern ergaben sich immer wieder Reibereien. Mitunter wurde um einen Platz gekämpft. Dadurch war verständlicherweise die Stimmung oft stark getrübt.

Die Tür neben der Treppe führte zu zwei hintereinanderliegenden Räumen, in denen das Schlafzimmer meiner Eltern und ein Kinderzimmer untergebracht waren. Mit dem Einzug meiner Tante mussten meine beiden Schwestern ins Elternschlafzimmer umquartiert werden. Die Tante und ihre Tochter erhielten das Kinderzimmer. Für meine Mutter, die täglich mit der Rückkehr ihres Mannes rechnete, für den sie gern sein Bett freigehalten hätte, war die Situation sehr bedrückend.

Wenn man vom Erdgeschoss über die Treppe in den zweiten Stock hinaufging, stieß man auf der rechten Seite auf die zwei Räume, in denen Frau Waldmann wohnte. Sie waren um mindestens die Hälfte größer als der eine Raum, der für uns auf der linken Seite des Dachgeschosses zur Verfügung stand. Dieser Raum war der Schlafraum für uns Buben. Die beiden Kleineren mussten zu zweit ein Bett benutzen, ich als der Ältere genoss dagegen den Luxus eines eigenen Bettes. Probleme hatten wir Kinder damit keineswegs. Das Bett meines in Gefangenschaft befindlichen Bruders wurde meinem

Großvater zugeteilt. Ob er sich bei uns Buben wohlfühlte, vermag ich nicht zu sagen.

Einen Vorteil hatte unser Haus gegenüber moderneren Gebäuden. Es war dies der Gewölbekeller, in dem Gartenfrüchte, Kartoffeln und selbstgefertigtes Sauerkraut eingelagert werden konnte. Er war zu jeder Zeit recht kühl.

Seitens meines Großvaters, eines ehemaligen Berufssoldaten, und meiner Tante, einer Beamtenwitwe, hatte zu meiner Mutter, einem einfachen Bauernmädchen, noch nie ein gutes Verhältnis bestanden. Nun mussten sie, die Bessergestellten, mit der nicht so sehr geachteten ärmeren Verwandtschaft zusammen wohnen und essen. Gelegentlich kehrten sie ihre vermeintlich bessere soziale Stellung hervor, was verständlicherweise das Zusammenleben in der Enge unseres Hauses belastete. Wie meine Mutter all dies verkraftet hat, ist mir heute noch ein Rätsel, zumal sich immer wieder zusätzlicher Konfliktstoff durch das gemeinsame Kochen ergab. Die Lebensmittel waren noch lange nach dem Kriegsende bewirtschaftet, wobei die Bezugsrechte der Erwachsenen und der Kinder unterschiedlich waren. Die dafür ausgegebenen Lebensmittelmarken wurden zwangsläufig alle in den gemeinsamen Haushalt eingebracht, was zu Konflikten führte, wenn sich der eine oder andere beim Essen für benachteiligt hielt. Es gab unschöne, zum Teil verletzende Diskussionen bei der Geltendmachung von Ansprüchen. Ich erlebte damals, was das Wort „Futterneid" bedeutet.

Bei den durch die Enge und die schlechte Versorgungslage bedingten Belastungen der im gemeinsamen Haushalt lebenden Erwachsenen, die mitunter zu weniger schönen verbalen Äußerungen und gelegentlich auch zu Ausbrüchen führten, spürten wir Kinder immer wieder das nichts Gutes verheißende Knistern. Wenn es mir möglich war, dem, was da folgen konnte, aus dem Weg zu gehen, dann tat ich dies. Der Weg in den Garten war ja nicht weit.

Im Sommer 1947 war es dann endlich so weit, dass die ungeliebten Verwandten in ihre Wohnungen zurückkehren konnten. Dankbarkeit und vielleicht auch etwas Anerkennung und Herzlichkeit hat meine Mutter von ihnen leider nicht erfahren. Sie hat das vermutlich auch nicht erwartet. Man war sich zwangsläufig etwas näher gekommen, denn schließlich musste man sich arrangieren, aber die Kluft ist doch erstaunlich groß geblieben.

Durch den Auszug der Verwandten hatte sich die Wohnsituation zwar verbessert, aber aus uns Kindern waren inzwischen Erwachsene geworden, was zu neuen Problemen führte. 1948 kam mein Bruder aus der Gefangenschaft zurück, und selbstverständlich wohnte er bei uns. Es waren harte Zeiten für meine Mutter und uns Geschwister. Wir haben sie gut überstanden. Geholfen hat uns dabei, dass es bei der damals herrschenden Wohnungsnot viele gab, die unter ähnlichen Bedingungen wie wir leben mussten. Es gab zwar auch andere, die gar nicht darunter zu leiden hatten, aber die kannten wir damals zum Glück nicht.

Manfred Bittlingmaier

Heimkehr, Mangeljahre, Hungerjahre

Im Juni 1945 kamen wir, mein Freund und Klassenkamerad Karlheinz Wollinger und ich, knapp vierzehnjährig, nach etwa achttägigem Fußmarsch aus der Kinderlandverschickung des Lessing-Gymnasiums nach Mannheim zu unseren Eltern zurück. Wir hatten zu diesem Zeitpunkt seit einigen Monaten keine Verbindung mehr mit ihnen und wussten nicht, wie und ob sie überhaupt das Kriegsende überstanden hatten.

In Münchingen bei Bonndorf war ich nach der Auflösung des KLV-Lagers Bad Boll in der Familie eines Forstbeamten untergekommen, die zugleich eine kleine Landwirtschaft betrieb. Im gleichen Dorf fand auch der oben erwähnte Freund bei einem benachbarten Bauern ein Unterkommen. Wir beschlossen, dass wir uns so bald wie möglich auf den Heimweg nach Mannheim machen wollten, obwohl in der französischen Besatzungszone, wo wir bis zu unserem Aufbruch lebten, zur damaligen Zeit noch strenge Reisebeschränkungen der Militärregierung galten. Man brauchte zumindest für etwas weitere Reisen einen Passierschein, den wir erst gar nicht beantragten. Wir wussten auch nicht, welche Papiere man brauchte, um von der französischen in die amerikanische Besatzungszone zu wechseln.

Im Juni 1945 war es dann so weit, wir zogen los. Versehen mit etwas Verpflegung von den Gasteltern und ihren guten Wünschen, machten wir uns auf den langen Weg nach Mannheim, ohne Landkarte, ohne sichere Unterkunft für die Nacht, quer durch die Wälder des südlichen Schwarzwaldes. Die Orientierung war kein Problem, die Einheimischen wussten immer, wo und wie es weiterging. Um nicht von Militärpatrouillen aufgegriffen zu werden, bewegten wir uns fast ausschließlich auf Wald- und Feldwegen, bis wir nördlich von Offenburg die Rheinebene erreichten. Wir mussten nur einmal im Wald schlafen, weil wir an diesem Tag aus dem Wald nicht mehr herauskamen. Ansonsten fanden wir immer Menschen, die zwei abgerissene Jungen verpflegten und ihnen Nachtquartier gewährten.

Eine große Hilfe war in Karlsruhe der Fahrer eines Milchautos, der bereit war, uns bis Heidelberg mitzunehmen. So kamen wir bei Linkenheim nahe Karlsruhe problemlos und unkontrolliert über die Zonengrenze. Von Heidelberg liefen wir an einem glühend heißen Tag auf der Autobahn nach Mannheim. An der Autobahnausfahrt in Mannheim hatte eine amerikanische Militärkolonne mit ihren Trucks Rast gemacht. Es waren die ersten amerikanischen Soldaten, die wir zu sehen bekamen. Die Fahrer saßen auf den Trittbrettern und verpflegten sich. In unserer Sorge, so kurz vor dem ersehnten Ziel mangels Ausweisen vielleicht festgenommen zu werden, begrüßten wir jeden einzelnen

Soldaten mit Handschlag, was uns manchen verwunderten Blick, aber keine Scherereien einbrachte. Die Soldaten waren sehr freundlich zu uns, sodass wir unbehelligt unseren Weg fortsetzen konnten.

Wir waren am Ziel. Alle unsere Ängste und Sorgen waren vergessen. Die geduldigeren Kameraden aus dem Lager kamen erst im September 1945 mit amerikanischen Militärtrucks nach Mannheim zurück, wo ich sie am Karl-Friedrich-Gymnasium begrüßen konnte.

Irgendwo in der Stadt haben wir zwei uns dann getrennt. Meine Eltern wohnten nach der Zerstörung des Hauses, in dem wir bis September 1943 zur Miete gewohnt hatten, in K 1. Ich fühle noch heute die Erleichterung, als ich beim Einbiegen in die Straße zwischen K 1 und K 2 feststellen konnte, dass das Haus noch stand. Es bedarf wohl keiner weiteren Erläuterung, dass meine Eltern über meine unversehrte Heimkehr überglücklich waren, nachdem sie seit Monaten nichts mehr von mir gehört hatten.

Mannheim war bei unserer Rückkehr nicht wiederzuerkennen, die Innenstadt eine einzige Trümmerlandschaft.

Die Mietwohnung meiner Eltern kannte ich ja noch. Wir hatten sie im Oktober 1943 kurz vor meinem Abgang in das KLV-Lager Überlingen bezogen. Sie bestand aus fünf Räumen, einer Toilette und einem die ganze Wohnung durchziehenden Flur. Mit uns zusammen musste eine weitere Familie aus dem Mietshaus leben, in dem wir bis zu dessen Zerstörung gewohnt hatten. Nachdem mein älterer Bruder im Herbst 1945 aus britischer Gefangenschaft heimgekehrt und auch die andere Familie wieder komplett war, lebten sieben

Personen aus zwei verschiedenen Familien in dieser Wohnung, die ich auf etwa 75 Quadratmeter schätze. Eine individuelle Lebensgestaltung war unter diesen Umständen nicht möglich. Vielmehr war von beiden Familien äußerste gegenseitige Rücksichtnahme erforderlich. Das aber gelang hervorragend, ja es entwickelte sich ein durchaus freundschaftliches Verhältnis, das oft auch zu abendlichen Zusammenkünften führte, bei denen es mitunter recht lustig zuging. Ich kann mich nicht an irgendwelche Spannungen erinnern, oft genug aber an abendliche Gespräche mit dem Tenor: Seien wir froh, dass wir das Inferno überlebt haben und alle Familienangehörigen wieder gesund heimgekehrt sind. Das Leben, das wir damals führten, war in jeder Hinsicht entbehrungsreich.

Es fehlte praktisch an allem, was man zum Leben brauchte oder zu brauchen glaubte. Nahrungsmittel waren das Wichtigste, denn ohne sie war kein Überleben möglich, aber die Zuteilungen reichten gerade aus, um am Leben zu bleiben. Improvisation war Trumpf. Dazu ein kleines Beispiel: Streichhölzer gab es nicht. Wie machte man denn Feuer, wie konnte man den Gasherd in Gang setzen? Brennglas, also eine stark vergrößernde Lupe, war eine Möglichkeit, aber erstens musste man die Lupe besitzen, zweitens musste die Sonne scheinen. Ein Freund meines Vaters, der etwas von Elektrizität verstand, verhalf uns zu einer Vorrichtung, bei der ein Stecker in eine Steckdose geführt wurde. Ein Draht führte vom Stecker zu einem gezackten Kupferblech, der andere in ein kleines Behältnis mit Salzlösung. Führte man ein Stück Metallrohr, aus dem oben Watte heraushing, über die Kupferriffel, dann entstanden Funken, die die Watte entzündeten. Wenn die ein bisschen mit Benzin getränkt war, funktionierte das ganz gut. Allerdings betrug damals die Stromspannung noch 110 Volt; ob das auch bei 220 Volt gefahrlos funktioniert hätte, weiß ich nicht.

Im Herbst 1945 fuhr meine Mutter beinahe täglich mit der OEG nach Heidelberg, von da nach Wiesloch, wo sie im Wald Bucheckern sammelte. Einmal musste ich sie begleiten und erlebte selbst, wie ungeheuer mühsam das Aufsammeln dieser winzigen Früchte vom Waldboden ist. Deshalb war ich froh, dass ich davon befreit wurde. Anscheinend stand mein Sammelergebnis in keinem akzeptablen Verhältnis zum erforderlichen Fahrgeld. Bucheckern sind sehr ölhaltig. In Heidelberg gab es irgendwo eine Sammelstelle, wo man gegen eine bestimmte Menge der ölhaltigen Früchte einen Liter Öl eintauschen konnte. Da das Tauschverhältnis vermutlich nicht besonders gut war, baute mein Vater ein Gerät, mit dessen Hilfe wir die Bucheckern selbst auspressen konnten. Neben dem höheren Ertrag fielen steinharte Ölkuchen an, die man zum Ausreiben der Pfanne verwenden konnte, wenn man Bratkartoffeln machen wollte. Wir fanden schnell heraus, dass man die Ölkuchen auch essen konnte. Wenn man einen der harten Brocken in den Mund nahm, ihn fest kaute und mit viel Speichel versah, konnte man ihn schlucken, und es stellte sich bald ein sehr angenehmes Sättigungsgefühl ein.

Den Mangel an Nahrungsmitteln habe ich am schwerwiegendsten empfunden. Im KLV-Lager war das Essen zuletzt zwar eintönig, aber ausreichend gewesen, und bei meiner Gastfamilie hatte es gar üppig zu essen gegeben. Hier in Mannheim war die Versorgung mit Lebensmitteln fortan streng reglementiert. Beziehen konnte man nur, was vom zuständigen Ernährungs- und Wirtschaftsamt aufgerufen wurde. Ohne Lebensmittelmarken und den Kleiderkarten gab es buchstäblich nichts zu kaufen. Lediglich manche Gemüsearten und Obstsorten konnte man je nach Marktlage gelegentlich ergattern, wenn man bereit war, bei bestimmten Geschäften zu erkunden, ob diese etwas ohne Marken abzugeben hatten. *Gehrmanns Markthalle* in der Fressgasse etwa war so ein Geschäft, das meine Mutter fast täglich aufsuchte, in der Hoffnung, irgendetwas Essbares zu bekommen. Dabei waren wir noch etwas besser dran als viele andere, weil mein Vater als Handwerker eine zusätzliche Lebensmittelkarte als „Schwerstarbeiterzulage" bekam.

Weite Bevölkerungsschichten waren damals stark unterernährt. Das rief humanitäre Organisationen auf den Plan, vor allem in Amerika. Berühmt und begehrt waren die CARE-Pakete. Auch die Hoover-Speisung für Schüler kam in Gang, von der ich wie viele andere profitierte. Eines Tages kamen große Mengen Kernbohnen aus Amerika nach Deutschland. Daraus ließ sich eine gute Bohnensuppe bereiten, die wir alle gerne aßen, bis uns auffiel, dass in der Suppe kleine schwarze Punkte schwammen, die sich bei näherer Untersuchung als Käfer herausstellten. Das war jedoch kein Grund, die Bohnen wegzuwerfen. Künftig suchte man halt aus dem Teller die Käfer heraus, bevor man die Suppe aß. Zu einem anderen Zeitpunkt gab es jede Menge Maisgrieß. Ich habe wochenlang dicken, aus stark chloriertem Wasser bereiteten Mais-Grießbrei gegessen, der mir irgendwann fast zu den Ohren herauskam.

Damals zogen viele Städter an den Wochenenden zu den Bauern aufs Land, um ihre entbehrlichen Habseligkeiten gegen etwas Essbares einzutauschen. Hamstern nannte man das, es war verboten. Begehrt war vor allem der Zug nach Lauda, denn Mannheims unmittelbares Umland war bald abgegrast. Scherzhaft sprach man davon, dass die Bauern ihre Ställe mit Teppichen auslegen könnten. Bitter war für die Hamsterer, wenn sie bei der Heimkehr am Bahnhof in eine Razzia gerieten und das mühsam Beschaffte konfisziert wurde.

Während des Krieges hatte oberhalb der Rheinbrücke am Rheinufer eine Batterie mit schweren Flakgeschützen gestanden. Beim Rückzug hatten die Soldaten die Munition in den Rhein geworfen. Extremes Niedrigwasser im Sommer 1946 führte dazu, dass die nahe am Ufer liegende Munition zum Vorschein kam. Für uns Buben war das ein toller Fund, denn nach Entfernung des Geschosses von der Kartusche kam Stangenpulver zum Vorschein, mit dem man wunderbar zündeln konnte. Wertvoller war jedoch die Messinghülse, denn Messing war ein sehr gesuchtes Material. Einmal nahm ich eine leere Kartusche mit nach Hause für meinen Vater, der sie in die Firma mitnahm. Dort spannte er sie in eine Drehbank und fuhr mit der Spindel auf das noch unbeschädigte Zündhütchen. Es muss einen gewaltigen Schlag gemacht haben, denn er kam schreckensbleich nach Hause.

Aus heutiger Sicht kommt es einem Wunder gleich, dass keine Granate explodiert ist, als wir sie auseinandernahmen. Damals verging keine Woche, ohne dass spielende Kinder von explodierender Munition verletzt, verstümmelt oder auch getötet wurden. Unser Schutzengel war der Zünder der Flakgranaten, denn er musste auf die Höhe eingestellt werden, in der die Granate explodieren sollte.

Es war nicht nur der Mangel an Nahrungsmitteln, der das Leben schwer machte. Als ich, wie anfangs geschildert, aus der Kinderlandverschickung zurückkehrte, brachte ich an Kleidung nur mit, was ich am Leibe trug, es war bald verwachsen. Vieles, was ich mal mitgenommen hatte, war mir schon im Lager zu klein geworden und wurde, wenn möglich, in der lagerüblichen „Brotscheiben-Währung" an Kameraden verscherbelt.

Im Frühjahr 1946 sollte mein Jahrgang der evangelischen Trinitatisgemeinde zur Konfirmation gehen. Diese „Stärkung im Glauben" war wohl auch dringend nötig, denn während der Nazizeit war auf Religion kein Wert gelegt worden. Da die Trinitatiskirche zerstört war, fand die Feier in der katholischen Marktplatzkirche statt. Gemessen an dem, was Konfirmanden heute zu ihrem Festtag an Ausstattung bekommen, waren die meisten von uns armselig gekleidet. Ich trug ein geliehenes weißes Hemd, das mir am Kragen bestimmt zwei Nummern zu groß war, eine schwarze knöchellange HJ-Überfallhose und dazu ein grünes Sakko, dessen Ärmel mir viel zu kurz waren.

Die bei diesem Anlass übliche Familienfeier beschränkte sich auf die in Mannheim ansässigen Verwandten. Was es zu essen gab, weiß ich nicht mehr, aber in Erinnerung ist mir der nachmittägliche Kaffeetisch geblieben. Es gab tatsächlich Bohnenkaffee und einen Kuchen. Die Zutaten dazu kamen von meiner Patentante, die zu der Zeit als Rotkreuz-Schwester in amerikanischem Gewahrsam in Königstein im Taunus stationiert war. Etwas Zucker, etwas Mehl und der von den Erwachsenen so sehr begehrte Bohnenkaffee trafen freitags vor dem Fest bei uns ein. Wie sie das organisiert und auf welchem Weg sie die Sachen zu uns transportiert hat, blieb ihr Geheimnis.

Mangeljahre und Hungerjahre endeten ziemlich bald nach der Währungsreform im Juni 1948. Plötzlich waren viele Nahrungsmittel und Waren aller Art verfügbar, die man vorher vergeblich gesucht hatte oder nur auf dem Schwarzmarkt bekommen konnte. Für diejenigen aber, die nur mühsam die schwere Zeit überstanden hatten, war der Weg zu einem bescheidenen Wohlstand noch sehr weit. Wir zählten dazu.

Der Neubeginn nach der Währungsreform

Die Währungsreform war das bis dahin einschneidendste Ereignis der Nachkriegszeit. Ab dem 21.06.1948 war die Deutsche Mark das allein gültige Zahlungsmittel. Pro Kopf wurden 40 D-Mark ausgezahlt, einen Monat später gab es noch einmal 20 D-Mark. Betriebe wurden anders behandelt, denn sie mussten ja Löhne und Gehälter bezahlen. Die augenfälligste Veränderung war, dass fast über Nacht Waren aller Art und auch Nahrungsmittel verfügbar waren, die man vorher allenfalls auf dem Schwarzmarkt gegen weit überhöhte Preise hatte bekommen können.

Schon ab 1946 wurden in der stark zerstörten Innenstadt Schienen für eine dampfbetriebene Kleinbahn zwecks Enttrümmerung der Straßen und Grundstücke verlegt. Die von großen, ebenfalls dampfbetriebenen Baggern gefüllten Loren wurden zum Waldpark gezogen. Ich erinnere mich, dass das Gelände um den Mannheimer Ruderclub von 1875 große Mengen Schutt aufnehmen musste. Auch nach Ludwigshafen wurde Schutt transportiert, mit dem das Südwest-Stadion gebaut wurde.

Der Aufbaudienst bei der mühevollen Trümmerbeseitigung

Mein Vater trug sich schon vor der Währungsreform mit dem Gedanken, sich selbständig zu machen, denn die ungeheure Zerstörung vor allem der Innenstadt versprach beim Wiederaufbau Arbeit und Verdienst. Das für die Einrichtung einer Werkstatt in Betracht gezogene Anwesen, in dem wir bis zu seiner Zerstörung gewohnt hatten, musste enttrümmert werden. Deshalb ließ mein Vater abends drei bis vier Loren vor das Haus stellen, und wenn er von der Arbeit als Schlossermeister bei der Fa. Maschinenbau Emil Schwab in der Lortzingstraße heimkam, belud er zusammen mit meinem älteren Bruder und mir die Loren, bei großer Hitze damals eine elende Schufterei. Wir kamen ausgedörrt und mit Bärenhunger nach Hause. Aus der Geschäftsgründung wurde aber nichts, weil meinen Vater der Mut verließ. Ohne Kreditaufnahme wäre die Einrichtung einer Werkstatt nicht möglich gewesen, aber Schulden hasste mein Vater wie die Pest. So können wir drei uns zugutehalten, dass wir mehr als andere zur Enttrümmerung der Stadt beigetragen haben, denn zum Aufbaudienst, den alle Männer und auch ältere Schüler leisten mussten, wurden wir trotzdem herangezogen.

Am 29. Februar 1946 nahmen Lessing- und Tulla-Gymnasium unter der Bezeichnung „Vereinigte Realgymnasien" den Schulbetrieb nach Genehmigung durch die Militärregierung wieder auf. Zum Leiter wurde Herr Schulze-Diesdorf berufen, der kein Mitglied der Nazipartei gewesen war. Allerdings konnte unser Schulgebäude am Neckarufer für Schulzwecke nicht genutzt werden. Eine Zeit lang waren deutsche Soldaten als Kriegsgefangene der Amerikaner darin untergebracht, und nach der Beseitigung der Bombenschäden wurde es von der Wirtschaftshochschule genutzt. Wir hatten eine Woche vormittags und eine Woche nachmittags im Gebäude der Tullaschule Unterricht, wo aufgrund schwerer Gebäudeschäden zunächst nur acht Klassenzimmer zur Verfügung standen. Bei den Lehrern gab es viele neue Gesichter, was sicher auch von der Tatsache beeinflusst war, dass alle Erwachsenen, also auch alle Lehrer, entnazifiziert werden mussten. Ein Fragebogen mit mehr als 100 Fragen musste ausgefüllt werden. Sogenannte Spruchkammern wurden eingerichtet, die praktisch jeden Erwachsenen auf seine Rolle während der Nazizeit überprüften und ihn je nach seiner Betätigung in der Nazizeit in unterschiedliche Kategorien einstuften. Solange das Verfahren nicht abgeschlossen war, durften Lehrer meines Wissens nicht unterrichten. Ich denke, dass man den dadurch entstandenen Mangel an Lehrern durch Reaktivierung pensionierter Lehrer auszugleichen versuchte.

Im Laufe des Jahres 1947 wurde die Hoover-Speisung eingeführt. Alle Schüler erhielten während des Unterrichts eine Mahlzeit, meistens eine Suppe oder einen Brei. Man brachte von zu Hause ein Essgeschirr mit, häufig eine Konservendose und Besteck. Die Essenzeiten für die einzelnen Klassen waren genau eingeteilt. Die Lehrer waren oft verärgert, wenn mitten im Unterricht jemand sagte: „Herr Professor, Schülerspeisung." Dann konnte man die restliche Stunde des Unterrichts meist vergessen.

Im Sommer 1947 wurde ich in die Untersekunda versetzt. Ich ahnte damals nicht, dass dies meine letzte Klasse sein würde und die Schulzeit mit der Versetzung in die Obersekunda zu Ende ging, denn auch für mich brachte die Währungsreform einschneidende Veränderungen. Mein Vater machte mir klar, dass er das Schulgeld von 200 D-Mark pro Jahr wohl nicht aufbringen könne und meinte, ich solle eine Berufsausbildung beginnen. Kurz vor Beginn der großen Ferien im Juli 1948 war in der Schule eine Mitteilung der Stadt Mannheim ausgehängt, dass Verwaltungslehrlinge gesucht würden. Das kam wie gerufen. Ich bewarb mich, musste zwei schriftliche Tests machen, mich persönlich vorstellen und wurde mit vier anderen Bewerbern zum 1. September 1948 eingestellt. Die Lehrzeit wurde auf zwei Jahre festgesetzt, an deren Ende uns eine Gehilfenprüfung erwartete. Als Vergütung erhielt ich während der ersten drei Monate nichts, für die folgenden neun Monate 30 D-Mark und danach, wie es im Lehrvertrag hieß, bei befriedigenden Leistungen 60 D-Mark im Monat. Später abzulegende Verwaltungsprüfungen eröffneten den Zugang zur mittleren und zur gehobenen Beamtenlaufbahn.

Der Abgang von der Schule mit Beginn der Sommerferien 1948 fiel mir nicht leicht. Trotz widriger äußerer Umstände hatte ich mich bis zur Versetzung nach der Obersekunda und damit zur Mittleren Reife durchgeboxt. Dazu hatte ich mich kurz nach der Wiederaufnahme des Schulunterrichts einer sogenannten Aufstiegsprüfung unterzogen, deren Teilnahme freiwillig war, und die ich auch bestand. Damit hatte ich eine Versetzungsstufe übersprungen und konnte gleich in der Obertertia weitermachen. Bedingt durch die familiären Umstände musste ich nun auf die Fortsetzung der Schule bis zum Abitur verzichten.

Am 1. September 1948 fanden sich die fünf neuen Verwaltungslehrlinge beim Personalamt der Stadt im Rathaus ein. Dieses war damals noch im Amtsgebäude K 7 untergebracht. Zunächst wurden wir dem damaligen Oberbürgermeister Dr. Cahn-Garnier vorgestellt, der uns freundlich begrüßte und uns alles Gute für unsere berufliche Zukunft wünschte. Danach wurden wir den verschiedensten Ämtern zugeteilt. Ich wurde in die Hauptkanzlei abgeordnet. Während der Lehrzeit wurden die Verwaltungslehrlinge alle drei bis vier Monate in andere Ämter versetzt, damit sie einen möglichst breiten Überblick über die Tätigkeiten der Stadtverwaltung bekamen. Ich habe während der Lehrzeit auch das Maschinenamt, das Besatzungskostenamt, das Gemeindesekretariat Seckenheim und schließlich die Stadthauptkasse kennengelernt, wo ich längere Zeit bis über das Ende der Lehrzeit hinaus blieb.

Zum 1. Januar 1955 wurde ich zu den „Stadtwerken Mannheim-WGE-Betriebe" versetzt. Inzwischen hatte ich die erste Verwaltungsprüfung abgelegt und durfte mich außerplanmäßiger Stadtsekretär nennen. Die Stadtwerke waren unter den jungen Beamten nicht gerade die begehrteste Dienststelle. Es hieß, wer Vater und Mutter nicht ehrt, kommt zu den Stadtwerken, die damals noch in der K 5-Schule ihre Büros hatten. Nach ein paar Monaten im Hebedienst, so hieß die Abrechnungsstelle, wurde ich in die Betriebsbuchhaltung versetzt. Dies war eine neue Abteilung, die man brauchte, weil die gesamte Buchführung zum 1. April 1955 von der in der Hoheitsverwaltung verwendeten kameralistischen Buchführung auf die in der Wirtschaft übliche kaufmännische Buchführung umgestellt wurde.

Nie hätte ich gedacht, dass ich bis zur Pensionierung Mitarbeiter der MVV sein würde, die durch Umgründung in handelsrechtliche Gesellschaftsformen aus den Stadtwerken Mannheim-WGE-Betriebe und den Stadtwerken Verkehrsbetriebe hervorgegangen sind.

Inzwischen war ich Beamter auf Lebenszeit und Stadtoberamtsrat geworden, nachdem lange Jahre hindurch die Berufung zum Beamten auf Lebenszeit durch die Unterbringung der „131er" – das waren in der Hauptsache ehemalige Berufssoldaten – behindert wurde. Ich habe 1977 meine Entlassung aus dem Beamtenverhältnis beantragt, weil Beamtenrecht in einem Wirtschaftsbetrieb nicht anwendbar zu sein schien. Am 31.12.1994 endete meine Berufstätigkeit bei der MVV, ich ging in Rente. Letztendlich ist der durch die familiären Verhältnisse erzwungene vorzeitige Abbruch meiner Schulbildung kein Nachteil für mich gewesen.

Werner Brehm

Ein erlebnisreicher Neubeginn für Jugendliche

Während in anderen Teilen Deutschlands noch heftige Kämpfe stattfanden, war für uns, die wir in Mannheim lebten, nach der Besetzung der Mannheimer Innenstadt durch die US-Truppen die furchtbare Kriegszeit vorbei. Wir und meine versprengte Familie lebten noch immer in der Neckarstadt West. Es gab kein Sirenengeheul mehr, keine Luftangriffe. Wir mussten zwar immer noch mangels anderer Möglichkeiten die Nächte im Bunker verbringen, aber wir wurden nicht mehr von Fliegerangriffen dorthin gejagt.

Der Drahtfunk, ein Sender, der bei drohender Gefahr Nachrichten über Bewegungen im Luftraum sendete, und den man bisher mittels eines an der Wasserleitung angeschlossenen Drahts über Radio empfangen konnte, war verstummt. Wir hörten nicht mehr die beängstigenden Nachrichten, dass sich ein feindlicher Kampfverband über der Eifel oder der Kölner Bucht befand und sich in südwestlicher Richtung auf unseren Raum zu bewegte, und dass mit Bombenangriffen zu rechnen sei. Den Tickel-Tackel, wie der Volksmund den örtlichen Sender wegen seines klopfenden Geräuschs bezeichnete, das vor Beginn der Luftlagemeldungen zu hören war, vermisste man genauso wenig wie das Sirenengeheul bei Fliegeralarm.

Wenn ich mich richtig erinnere, war der 27. März 1945 der Tag, an dem amerikanische Truppen mit kleinen Sturmgewehren und Schuhen mit dicken Gummisohlen durch den Bunker durchzogen, der schon seit Monaten unser sicheres Nachtquartier war. Bisher hatten für mich Soldaten in meiner Vorstellung große Karabiner und Knobelbecher mit Stahlnägeln und Hufeisen an den Sohlen. Viele der ersten einziehenden Kampftruppen waren dunkelhäutig und lösten Furcht und Angstgefühle aus. Aber sie waren es auch, die den wenigen Kindern, die noch in Mannheim geblieben waren, auf der Straße Schokoladetäfelchen oder Kaugummi schenkten. Dies geschah, obwohl Fraternisation verboten war und diese ersten in Erscheinung tretenden US-Soldaten vielleicht auch noch durch mögliche Werwolf-Aktionen und durch den Volkssturm verunsichert waren.

Schnell war die Panzersperre vor unserem Haus in der Waldhofstraße beseitigt. Die von Norden her kommenden amerikanischen Truppen wollten die Innenstadt schnell einnehmen, wozu es erforderlich war, eine Pontonbrücke zur Stadt zu schlagen. Alle Mannheimer Brücken waren ja gesprengt, und ihre Reste lagen im Wasser. Die Tore der Feuerwache standen weit offen, und wir Jugendlichen konnten dort probieren, wie das im Alarmfall ging, wenn Feuerwehrleute vom Obergeschoss an den für Kinderhände doch recht dicken Stangen nach unten rutschten.

Amerikanische Soldaten beim Durchkämmen einer Straße

Durch die Waldhofstraße zogen ständig Fahrzeugkolonnen mit Waffen, Soldaten und große amerikanische LKWs mit deutschen Kriegsgefangenen. Einmal ist die Bordwand eines großen Trucks, voll beladen mit aufrecht stehenden deutschen Kriegsgefangenen, bei der Kurve am Messplatz durchgebrochen, und die Soldaten stürzten auf die Straße. Es gab Verletzte, aber Hilfeleistung wurde nicht zugelassen. Wir waren ja noch im Krieg, und vielleicht könnten die Gefangenen zu fliehen versuchen. Die Verletzten wurden am Straßenrand versorgt und mit anderen Fahrzeugen weitertransportiert.

Freigelassene Gefangene aus früheren deutschen Gefangenenlagern und KZ-Häftlinge in gestreiften Uniformen zogen durch die Straßen. Bei manchem entstanden Schuldgefühle, die meist schnell verdrängt wurden. Es gab Angst vor eventuellen Übergriffen der Freigelassenen, die nicht unberechtigt war. Amerikanische Soldaten machten Hausdurchsuchungen nach versprengten Soldaten und versteckten Waffen. Die Militärregierung verhängte Ausgangssperren, und man durfte anfangs nach 19 Uhr die Straßen nicht mehr betreten. Auch morgens war ein Zeitlimit gesetzt. Es dauerte nicht lange, und es musste nicht mehr verdunkelt werden.

Schon bald nach dem Ende der Kampfhandlungen stellte das Bekleidungshaus, das sein Geschäft im selben Haus hatte, in dem sich unser Laden befand, uns einen Wohnraum zur Verfügung. Es war der Raum, den zuvor jede Firma für Pausen und Freizeit ihres Personals vorhalten musste. Er wurde nun nicht mehr benötigt, jedenfalls vom Gesetz her, und meine Mutter und ich waren sehr dankbar dafür, dass wir nicht mehr im Bunker schlafen mussten.

Es waren nicht viele Jugendliche auf den Straßen zu finden. Die meisten waren noch in der Kinderlandverschickung und versuchten, sich nach Hause durchzuschlagen. Einige meiner um zwei Jahre älteren Schulkameraden waren bei der Heimatflak im Einsatz gewesen, andere wurden noch im KLV-Lager zum Militär eingezogen, und auch in der Kriegsgefangenschaft sind einige von ihnen gelandet. Nach Mannheim kamen bald viele der in den letzten Kriegstagen Geflohenen aus dem Odenwald und dem Kraichgau zurück, unter ihnen auch Jugendliche. Es entwickelte sich langsam Leben unter den Lausern auf der Gass'. Statt Jungzug und Jungenschaft gab es nun „Banden". Buben müssen sich in Gruppen erleben und bestätigen. Ich war gerade 14 geworden und noch klein und dünn, auf Mannemerisch ein richtiger „Dormel", war aber gleich bei allen wichtigen Unternehmungen dabei.

Herrliches Frühlingswetter wärmte den Neckar, in dem man schon bald wieder schwimmen konnte, ohne mit Fliegeralarm oder Tieffliegern rechnen zu müssen. Es war interessant zu sehen, was ständig an Panzern, Sturmbooten, Lastwagen, Schlauchbooten und anderem Kriegsgerät durch die Waldhofstraße zur neuen Pontonbrücke fuhr. Das musste man ja erleben, da mussten wir „Männer" dabei sein. Manchmal fiel ein Kaugummi oder ein Täfelchen Schokolade von den Fahrzeugen herunter oder sogar Bestandteile der Kampfrationen der Soldaten, in Wachspapier verpackt und nach Breakfast, Dinner und Supper getrennt, mit Crackers, Nescafé, Ham and Eggs, Hershey und Chewinggum.

Die zerstörte Friedrichsbücke

An den gesprengten, tief im Neckar liegenden Brücken sammelten sich Boote, meist unbrauchbare. Klar, dass man sich davon mindestens erst überzeugen musste. Mit etwas Geschick konnte man die im Wasser liegende alte Friedrichsbrücke erklimmen und so die andere Neckarseite erreichen.

Dazu musste man teilweise schwimmen oder mindestens waten. Ein alter Schleppkahn, auf Mannemerisch ein „Schlappe", lag am rechten Neckarufer auf Grund. Dort konnte man sich auf dem Dach des Steuerhauses sonnen, wenn man es schaffte hinaufzuklettern.

Es gab kein politisch vorgeschriebenes Antreten mehr am Mittwoch und Samstag, kein Tornisterpacken, kein Zeltebauen, kein Marschieren nach Marschzahl und keine Geländespiele mehr. Auch das Sammeln mit der WHW-Sammelbüchse war vorbei. Aber viele Trümmergrundstücke waren da, die untersucht werden mussten, und unzählige Stellen, wo man sich treffen, sich messen und Mut beweisen konnte.

Unser Spielraum konzentrierte sich auf Messplatz, Feuerwache, Waldhof- und Schimperstraße sowie auf die Neckarwiese. An der Friedrichsbrücke zogen wir einmal die Haut eines Faltboots ohne Querspanten und Spritzdecke aus dem Neckar. Mit einigen Drähten versuchten wir, das Oberdeck zusammenzuhalten, stellten aber schnell fest, dass die Fortbewegung nur gelang, wenn einer im Boot saß, die oberen Holme zusammenzog und der andere das Paddeln übernahm. Es war Hochwasser, und wir hatten unseren Spaß. Auf der Höhe des Krankenhauses beendete ein farbiger Soldat, leicht betrunken und mit Whiskyflasche und Sturmgewehr bewaffnet, unser wackeliges Vergnügen. Nachdem er Gewehr und Flasche neben sich ins Boot gepackt hatte, wollte er in tieferes Wasser geschoben werden. Wir beiden Amateurpaddler, nur mit Badehose bekleidet, die im Sommer unsere Alltagskleidung war, schoben kräftig an, und während wir uns schon auf und davon gemacht hatten, saß unser Eroberer ohne einen „Wantenhalter" bis zum Oberkörper im braunen Neckarwasser und suchte nach Gewehr und Flasche.

Hinter der Feuerwache war eine Zeltstadt für die amerikanischen Soldaten entstanden. Ein hoher Stacheldrahtzaun schirmte unberechtigte Besucher ab. Dort versuchte ich mein Fahrtenmesser an den Mann zu bringen. Von dem Abzeichen, dem Hakenkreuz, erwartete ich allein schon einen hohen Tauschwert. Versteckt unterm Hemd trug ich das Messer zum Zaun und bibberte, bis sich endlich ein Handelspartner zeigte. Ich zeigte mein Handelsobjekt und sagte nur: „Corned Beef." Er nahm mir das Messer durch den Zaun ab und verschwand zwischen den Zelten. Angst und kalter Schweiß wechselten sich ab. Mein Messer war fort, mein Partner verschwunden, und am Zaun durfte ich ja auch nicht stehen bleiben. Nach langer Zeit kam er mit einer relativ großen olivgrünen Dose zurück. Ich griff zu und lief davon. Daheim habe ich dann die Aufschrift zu übersetzen versucht und stellte fest, dass der Inhalt meiner Dose eine Art Wurst auf Gemüsebasis war und mit Beef überhaupt nichts gemein hatte. Es war kein gutes Geschäft, aber es war mindestens etwas zu essen, und das Fahrtenmesser hatte ich auch noch los. Das musste ich vor einer möglicherweise nochmals kommenden Hausdurchsuchung schon nicht mehr verstecken.

US-Panzer am Neckarufer, im Hintergrund die Pontonbrücke

Der weitgehend zerstörte Neckarstadtbahnhof, ohne Dach und nur auf Außenmauern reduziert, hatte an seiner Frontseite eine etwa fünf Meter lange Trennwand zwischen den beiden Türmchen, die das frühere Eingangsportal des Gebäudes darstellten. Auf diesem Mäuerchen ohne Halt und Stange von der einen auf die andere Seite zu laufen, war der Beweis von Mut. Den konnte man nur übertreffen, wenn man auch noch den oberen Steg der Neckarbrücke erklommen und überquert hatte. Es war ein großes Glück, dass nie etwas passiert ist, glücklicherweise brachten nicht alle den Mut auf, sich diesen sinnlosen Aufgaben zu stellen. Einfacher war es, an der Neckarschleuse in Feudenheim, die ja außer Betrieb war, von den relativ hohen Wänden tief in die Schleusenbecken zu springen. Und toll war es, später im Jahr dann noch von den Beeren auf der Maulbeerinsel zu bengeln. Sie schmeckten zwar nicht besonders gut, aber es war ein Erlebnis, dort herumzutoben. Unsere Ausflüge dorthin konnten wir leider nicht wie früher mit bergwärts fahrenden Schleppkähnen machen; es gab keine Schifffahrt mehr, sondern wir mussten mindestens einen Weg zu Fuß gehen. Den Heimweg konnten wir schwimmend erledigen.

Eines Tages fanden wir neben der Pontonbrücke einen olivgrünen Armee-Benzinbehälter, der offensichtlich noch nicht ganz leer war. Einer von uns, der es genau wissen wollte, untersuchte diesen mit einem brennenden Streichholz und erlebte, als er dabei kontrollierend in die Einfüllöffnung des Kanisters blickte, eine mittlere Verpuffung. Am nächsten Tag besuchten wir ihn im Krankenhaus. Er trug eine Papiermaske im Gesicht und war mit viel weißer Salbe eingeschmiert. Zum Glück hat er keine bleibenden Schäden davongetragen.

In der Schimperstraße fanden wir einige noch benutzbare Kellerräume, in die wir über Kellerfenster und zerstörte Treppenhäuser kletternd einstiegen. In einem früheren Waschkeller, der gut begehbar war, räumten wir einige Trümmer zur Seite, und schon hatten wir eine Räuberhöhle. Die Beschriftung „EINSTURZGEFAHR" störte uns nicht, die war ja sowieso nur für die Erwachsenen gedacht. Eines Tages kam einer von uns auf die Idee, in unserer Bude eine Zirkusvorstellung zu veranstalten. Dazu brauchten wir aber Sitzmöbel. Bei strömendem Regen trugen wir aus dem unbewachten Luftschutzraum hinter der Feuerwache eine Sitzbank in unsere Höhle. Ein alter Zimmerofen mit rostigem Ofenrohr fand sich auch. Leider wurden die äußeren Umstände zum Nachteil für unsere Aufführung. Um interessierte Zuschauer herbeizuholen, mussten wir nämlich zwangsläufig unsere Schleichpfade durch die Trümmerlandschaft veröffentlichen. Hinzu kam, dass die aus unserem Ofen stammenden Rauchsignale in der Nachbarschaft auffielen. Daher ging leider nur eine einzige Vorstellung über die Bühne, denn die Nachbarschaft und unsere Eltern achteten danach darauf, dass wir unsere Freizeit nicht mehr in den Kellern einsturzgefährdeter Häuser verbrachten. Und das war auch gut so.

Der Neckarstadt-Bahnhof war nicht nur Abenteuerspielplatz für uns Buben. In einer Holzbaracke entwickelte sich, von einer Achtzehnjährigen initiiert, ein Eros-Betrieb für farbige US-Soldaten. Ein Koffergrammofon mit alten Platten war der akustische Aufreißer. Bezahlt wurde mit allem, was der Soldatenmarkt hergab. Dort hatten wir Buben nichts zu suchen. Wir wurden von den fröhlichen Mädchen und ihren Verehrern vertrieben und hatten irgendwann auch keine Lust mehr, Näheres kennenzulernen. Schließlich sorgte die Militärpolizei für die Einstellung des „Lustbetriebes".

Schon bald wurde das Capitol zum Kino für die in der Umgebung einquartierten Soldaten. Am Abend fuhren unzählige Jeeps, Dodges und große Trucks in der Waldhofstraße und auf dem Messplatz vor. Die unbekümmerten GIs ließen alles in ihren Fahrzeugen liegen, die keine verschließbaren Türen hatten. Unter den Sitzen war aller amerikanische Überfluss deutlich sichtbar untergebracht. Das lud natürlich zu Diebstählen ein. Großzügig verhielten sich die Soldaten beim Diebstahl von Lebens- und Genussmitteln. Als aber Benzinkanister gestohlen und sogar Ersatzreifen abmontiert wurden, war kein Verständnis mehr vorhanden. Schließlich wurden die Fahrzeuge von Hilfspolizisten bewacht, die aus der Gruppe „displaced persons", ehemaligen Kriegsgefangenen aus Polen und dem Baltikum, rekrutiert waren. Sie waren in schwarz gefärbte Armeeuniformen gekleidet und nahmen ihr Amt sehr wichtig.

Es dauerte nicht lange, und es zog langsam wieder geordnetes Leben in der Neckarstadt ein. Für uns Jugendliche ging eine erlebnisreiche Zeit zu Ende.

Unterbrochene Lehre und Schulabschluss

Kurze Zeit nach dem Kriegsende stand für meine Mutter und mich fest, dass ich, statt herumzustromern, meine freie Zeit besser mit einer Ausbildung füllen sollte. Nach dem Tode meines Vaters hatte der Gärtner Alois unsere drei Gärten übernommen und seither selbst genutzt. Für mich mit meinen 14 Jahren war er eine interessante Gestalt. Er war nicht größer als ich, ging immer etwas gebeugt, trug einen großen Hut, am Hutband verschwitzt, und immer eine Weste mit Taschenuhr. Statt Brille hatte er einen Zwicker zum Lesen. Sein Gesicht war braungebrannt und von vielen Falten durchzogen. Von seinen Fingern hatte ich den Eindruck, dass er sie wie kräftige Zangen verwenden konnte. Er lehrte mich, Knollen- und Zwiebelgewächse auszugraben und zu zerteilen. Für das, was er von Hand machte, brauchte ich ein Werkzeug. So gab er mir einen kleinen Spaten und ein großes Gärtnermesser mit gebogener Klinge. Knollen und Zwiebeln wurden gereinigt, die Zwiebeln danach zur Aufbewahrung aufgehängt. Während unserer Arbeit lehrte er mich die botanischen Begriffe, die ich ja auch schon teilweise aus den Druckschriften in unserem Laden kannte. So hat sich bei mir eingeprägt, dass Viola tricolor maxima nicht ein dreifarbiges großblühendes Veilchen ist, sondern das beliebte Stiefmütterchen, dass der Phlox drummondi ein einjähriger Phlox und Miosotis alpestris das Vergissmeinnicht ist und auch Augentrost genannt wird. Eingeprägt hat sich mir die schwarz-rotgoldene Kokardenblume mit dem lateinischen Namen Gallardia grandiflora.

Mit drei großen Rüttelsieben lehrte mich Alois das Absieben, Trennen und Einordnen von Samen in unterschiedliche Korngrößen. Ich verbrachte nur kurze Zeit bei ihm. Eine richtige Lehrzeit mit Besuch der Berufsschule und einem Abschluss hätte er mir, mangels einer Eintragung in der Handwerkskammer, nicht vermitteln können. So gingen wir nach drei Wochen in gegenseitigem Einvernehmen auseinander.

Anfang 1946 bewarb ich mich in einer großen Gärtnerei in Käfertal. Die Straßenbahn fuhr schon ziemlich regelmäßig. Ab der Endhaltestelle war noch ein langer Fußweg zurückzulegen. Die Arbeitszeit war von 7 bis 12 und von 14 bis 18 Uhr. Ich war immer noch nicht zum Athleten geraten, sondern nach wie vor ein kleines Kerlchen. Aber ich war froh, dass ich an meiner neuen Lehrstelle ganz andere und bessere Verhältnisse antraf als bei Alois. Der Sohn meines Lehrherrn war ein oder zwei Jahre älter, und mit ihm war eine gute Zusammenarbeit zu erwarten. Unsere erste gemeinsame Arbeit bestand darin, kleine Blumenkohlpflänzchen, die auf einem Pikierbrett schon im Gewächshaus gediehen waren, einzeln zu pikieren und in kleine Blumentöpfchen umzupflanzen. Diese wurden dann zum weiteren Wachstum wieder in Frühbeete eingesetzt und sollten dort bis zu verpflanzungsfähigen kleinen Blumenkohlpflanzen heranwachsen.

Über den Winter wurden die Frühbeete zum Erhalt der Innenwärme mit Laub umhüllt. Das musste jetzt aber, zum beginnenden Frühling, entfernt werden. Mit einer Schubkarre fuhr ich zwischen die Mistbeete und belud mit einer großen Gabel mein Fahrzeug. Ich wusste nicht, wie schwer nasses Laub ist und versuchte die Schubkarre mit Laubabfall abzutransportieren. Schon beim zweiten Schritt verlor ich das Gleichgewicht und stürzte mit Schubkarre und Laub in die Glasabdeckung des Mistbeets. Ergebnis: altes Laub im Mistbeet, Pflanzen dort zugedeckt, Glasscheibe zerbrochen. Der blöde Lehrling blieb allerdings unverletzt. Damals eine große Scheibe kaputt zu schlagen, das war kein Pappenstiel. Mir hat es sehr zu schaffen gemacht.

Meine nächste Sünde ließ nicht lange auf sich warten. Die Sonne schien, und die kleinen Pflänzchen sollten in den Genuss des direkten Sonnenlichts kommen. Dazu musste man nur die in Holz gefassten Glasscheiben leicht auf einer Seite anheben, zur Seite ziehen und auf einer danebenliegenden Scheibe obenauf legen. Das ging das erste Mal ganz gut. Die nächste Scheibe hatte aber schon eine höhere Stufe zu überwinden. Und das war schwer. Ich stürzte und fiel mit dem ganzen Fenster in das offene Beet. Holzrahmen und Glasscherben im Mutterboden des Beetes waren zwar schnell entfernt, aber der Schaden blieb. Mein Kollege hat gefeixt und gelacht, mein Chef war nachsichtig, aber ich litt unter meinem Ungeschick und zweifelte an mir und meinen gärtnerischen Fähigkeiten.

Als ich nach diesem erneuten Missgeschick abends nach Hause kam, erfuhr ich, dass laut einer Veröffentlichung im Amtsblatt ehemalige Mittelschüler ihre Schulausbildung in einem besonderen Lehrgang zum Abschluss bringen könnten. Das war der Wink des Schicksals. Am nächsten Tag bat ich meinen Lehrherrn, mich aus meiner Probezeit zu entlassen, und dankte noch einmal im Rückblick für sein großzügiges Verhalten. Für den von mir verursachten Flurschaden musste ich noch nicht einmal Ersatz leisten.

Seit Oktober 1944 hatte ich schon keine Schulbank mehr gedrückt, und nun bot sich die Chance, meine Ausbildung in der Mittelschule zu Ende zu bringen. Auf Initiative des Stadtschulamtes hatte man für die ehemaligen Mittelschüler zwei Abschlusslehrgänge eingerichtet, welche die Erlangung der Mittleren Reife zum Ziel hatten. Zu Beginn des Lehrgangs trafen sich viele Interessenten in der Wohlgelegenschule. Die älteren unter den Bewerbern, von denen die meisten noch bei der Heimatflak oder beim Militär gewesen waren, konnten in einem schnellen Durchgang zum Abschluss kommen. Von den jüngeren etwa 120 Schülern war ich einer der Jüngsten und Kleinsten. Ich machte in beiden

Disziplinen jeweils nur den zweiten Platz und kam mir nicht nur klein und unscheinbar vor, ich war es auch.

Wir haben damals mit Begeisterung gelernt. Alle wussten, dass es um etwas ging. In 14 Monaten den Stoff von zwei oder gar drei Jahren nachzuholen, war schon eine Aufgabe. Die für den Unterricht vorgesehenen Lehrer mussten zum Teil erst noch eine politische Überprüfung überstehen. Aber dann lief es ganz erfolgreich. Durch das Fehlen von Schulbüchern war es notwendig, dass viel Text zum Lernen diktiert wurde. Darauf wurde eine erhebliche Zeit des Unterrichts verwendet. Wir hatten auch im tiefen Winter Unterricht, wenn die Schüler der Grundschule frei hatten. Er fand im unbeheizten Schulraum mit Mantel, Mütze und Handschuhen statt. Nachdem die etwa 30 Schüler des Einschulungsjahrgangs 1939 im Januar 1947 die Prüfung hinter sich hatten, gab es für die übrigen Schülerinnen und Schüler noch drei Klassen, eine reine Mädchenklasse und zwei gemischte. Drei Lehrer standen zur Verfügung, die sich viel Mühe gaben, uns nicht nur den für eine erfolgreiche Prüfung notwendigen Wissensstoff zu vermitteln, sondern darüber hinaus für die Erweiterung unseres Horizonts zu sorgen.

Wir erlebten eine von unserer verehrten Frau Wagenknecht organisierte Exkursion nach Wiesbaden, wo Weltkulturbesitz ausgestellt war. Dort konnten wir Rembrandt, Dürer, Franz Hals, Caspar David Friedrich und sogar Nofretete bestaunen. In Heidelberg bewunderten wir die ägyptologische Sammlung und die Manessische Liederhandschrift. Frau Wagenknecht war als Lehramtsanwärterin zusätzlich zu den beiden ehemaligen Mittelschullehrern Fritz Beck und Walter Heitzelmann für unseren Unterricht zuständig. Alle drei waren engagierte Lehrkräfte.

Fritz Beck stellte aus den drei Klassen einen gemischten Chor auf. Wir lasen das Nibelungenlied und klassische Theaterstücke mit verteilten Rollen. Bei der Rollenverteilung ging der Tell'sche Stier von Uri, welch ein Zufall, an den großwüchsigen Wolfgang Schweizer.

Geschichte war noch ein etwas verdrängtes Gebiet, aber wer wollte, konnte mit Hilfe von Ausbildungsliteratur für die Soldaten der US Army auch griechische Geschichte in englischer Sprache lernen. Von der neueren deutschen Geschichte wollten damals weder Lehrer noch Schüler etwas wissen. Sie galt als ein Tabuthema.

Wir wurden in Mathe mit Gleichungen vollgepackt, bewunderten Pythagoras, wandten den Höhensatz an, Euklid und Thales waren mit uns per Du, Winkelfunktionen und Logarithmen lasen wir aus geliehenen kleinen Heftchen heraus, nämlich aus damals noch nicht kaufbaren Logarithmen-Tafeln. Wir waren aber auch aufnahmefähig für den Feldhasen und das Rasenstück von Dürer, Picassos frühe Zeit und die Impressionisten sowie auch für Musik. Mensch, waren wir damals gut und vor allem an vielem interessiert!

Die Verpflegung war in den ersten Jahren nach dem Krieg sehr dürftig. Ein Brot und ein Apfel für die Pause waren schon viel. Da war die Hoover-Speisung ein Segen, die von den Amerikanern eingerichtet worden war. Sie bestand meistens aus süßem Haferflocken- oder Reisbrei, der im Keller der Wohlgelegenschule nach der vierten Schulstunde ausgegeben wurde. Es geschah mitunter auch, dass ein Mitschüler mittels einer Kopfbedeckung seine Glatze versteckte, da ein Schnellgericht wegen eines Zugriffs in den Überfluss der amerikanischen Armee ein deutlich sichtbares Urteil gefällt hatte. Einer meiner Klassenkameraden war als Dolmetscher bei den Amerikanern tätig und schrieb Artikel für die „Stars and Stripes". Er hatte im Englischunterricht allerdings Schwierigkeiten wegen seines nicht zu überhörenden Slangs.

Unsere Kleidung bestand überwiegend aus alten Klamotten, oft aus gefärbten Uniformteilen oder aus mittels Decken hergestellten Kleidungsstücken. Ich besaß eine aus weißem Betttuchleinen genähte Jacke. Die alten Turnschuhe färbte ich mit Zahnpasta blendend weiß. Wenn man das Glück hatte, an eine echte Uniformhose der US Army zu kommen, konnte man diese nach Färbung mittels eines Silver-Tex, eines Kondoms, in eine Überfallhose umgestalten, was in der Weise geschah, dass das Gummi zusammengeknotet und um den Knöchel gelegt wurde. Die Hosenbeine wurden darübergeschlagen und nach innen geklappt. So machten es die GIs. Die hatten dazu auch noch die begehrten hohen, für uns leider nicht erreichbaren Schnürstiefel.

Während unserer Schulzeit wurde im Eichbaum-Brauhaus ein Jugendzentrum eingerichtet. Im Erdgeschoss konnte man sich zu Spiel und Gespräch treffen, im Obergeschoss waren Tischtennisplatten aufgestellt. Später wurde dort auch getanzt, aber von der Teilnahme an diesem Vergnügen war ich damals noch meilenweit entfernt. In der Neckarstadt entwickelte sich langsam Leben. Auf dem Alten Messplatz hatte sich schon die Fasnachtsmesse wieder eingerichtet. Bei fünf Fahrten auf der Schiffschaukel war man mit zwei Reichsmark dabei. Es machte Spaß, den Schaukelburschen durch heftige Bewegungen bis nah am Überschlag zu ständigem Abbremsen zu bewegen. Den Geruch von heißem Holz habe ich noch in der Nase.

Während all dieser Zeit der allmählichen Aufwärtsentwicklung arbeiteten wir in der Schule konzentriert und eifrig an unserem umfangreichen Lehrstoff. Wir büffelten, bildeten Lerngemeinschaften und fieberten dem Ende unseres Lehrgangs entgegen. Im Juli 1947 wurden an drei Tagen die Prüfungen in den einzelnen Fächern abgehalten. Mit einer Ausnahme bestanden alle die Prüfung, die nach Auffassung unserer Lehrer extrem gut ausgefallen war. Am 17. Juli 1947 fand in der Aula der Wohlgelegenschule die Abschlussfeier statt, bei der die Ringparabel von Lessing vorgetragen wurde und der gemischte Schülerchor einige Lieder sang. Mit Freude und Stolz übernahmen wir unsere Entlassungszeugnisse.

Für die männlichen Schüler gab es nach der Prüfung als Dreingabe noch die Aufforderung, sich zum Aufbaudienst der Stadt Mannheim zu melden. Zur Mithilfe bei der Beseitigung von Trümmern wurden damals alle Männer herangezogen. Doch bevor wir zur Schaufel griffen, fand noch eine große Abschlussfeier mit Tanz und Programm in Seckenheim im Saal des Turnvereins statt, an dem auch die Lehrer teilnahmen. Tanzen war damals für mich noch kein Thema. Für meine Klassenkameradinnen war ich noch viel zu klein. Flüchten konnte ich allerdings auch nicht, das verhinderte die Sperrzeit. Erst am folgenden Morgen durfte man wieder auf die Straße gehen. Fünf Jahre später habe ich die damaligen Versäumnisse nachgeholt und aktiv Tanzsport betrieben.

Aufforderung zum Aufbaudienst mit Bescheinigung der geleisteten Arbeit

Den auf eine Woche festgelegten Aufbaudienst absolvierte ich bei Grün und Bilfinger. Ich wurde einem Bautrupp zugeteilt, der für das Verlegen der Feldbahngleise in der Innenstadt verantwortlich war. Wir legten Schienen vom Quadrat N 1 am Paradeplatz vorbei in die Planken bis etwa Q 4. Außer meinem dabei ersten selbst verdienten Arbeitslohn – ich glaube, es waren etwa 30 Reichsmark – erhielt ich eine Zusatzlebensmittelkarte als Schwerarbeiter, deren materiellen Gegenwert ich fast auf einen Sitz aufgegessen habe. Manchmal denke ich noch heute bei einem Stadtbummel an meine damalige Arbeit.

Schuttbeseitigung an der U-Schule

Mein Einstieg in den Beruf

Während des Krieges hatte meine Mutter unser Sämereien- und Zoogeschäft in der Waldhofstraße 1 weitergeführt, allerdings mit deutlich reduziertem Warenangebot. Das bei einem Bombenangriff zerstörte große Schaufenster und der dazugehörige Rollladen waren noch in der Kriegszeit durch eine Bretterwand ersetzt worden. Meine Mutter hatte das Angebot eines Werbeunternehmens angenommen, auf der Bretterwand eine schön gestaltete Werbefläche einzurichten. Neben der Werbung für Firmen entstand dadurch auch eine Anlaufstelle für private Interessenten, die ein Zimmer mieten oder vermieten, etwas verkaufen, Rollschuhe gegen einen Kindersportwagen tauschen oder einen alten Teppich gegen Bohnenkaffee umsetzen wollten. Meine Mutter erhielt für die Überlassung der Werbefläche sowie für ihre Arbeitsleistung einen Betrag, der ihr half, die Ladenmiete zu begleichen. Der erste Zirkus, der auf dem Messplatz seine Zelte aufschlug, war der Zirkus Holzmüller. Ich kann mich noch an die

Besuche des Verantwortlichen in unserem Laden erinnern. Er gab Anzeigen bei uns auf, mit denen er Wohnraum für seine Künstler und Arbeiter suchte. Ob er alle in den gesuchten möblierten Zimmern unterbringen konnte, weiß ich nicht. Es war immer Leben in unserem Laden.

Im Lichtspielhaus Müller in der Mittelstraße, von uns „Neckarstädtlern" liebevoll „Müllerle" genannt, entwickelte sich das Astoria-Theater. Dort gab es ein ständig wechselndes Artistenprogramm, das großen Zuspruch beim Publikum erfuhr. Von den damals verpflichteten Moderatoren waren Helmut Schattel und Wolfgang Neuss zur Wohnraumsuche auch bei uns im Geschäft. Ihr Engagement wurde, was bei ihrer Qualität nicht verwunderlich war, wiederholt verlängert. Wolfgang Neuss war später in vielen Filmen zu sehen, unter anderem in dem in Mannheim gedrehten Film „Wer fuhr den grauen Ford", einem der ersten deutschen Krimi-Filme der Nachkriegszeit, und in dem sehr erfolgreichen Film „Wir Wunderkinder".

Nach dem Kriegsende war ich für meine Mutter eine große Hilfe im Geschäft. Ich half beim Wiegen und Abfüllen von Vogelsand und Katzenstreu und mit dem Eintüten von Samenkörnern. Schon in der Kriegszeit waren die früher bunten Samenverpackungen mit schönen Abbildungen des nach der Aussaat zu erwartenden Ergebnisses gleichmäßig braunen Tütchen gewichen. Der Inhalt wurde durch aufgeklebte Beschriftungen wie „Blumenkohl – Erfurter Zwerg" oder „Karotten Nantaiser" kenntlich gemacht. Blumenkohl war der teuerste Gemüsesamen. Das Päckchen kostete damals 40 Pfennige, und meine Mutter achtete darauf, dass in dem verwendeten Abfüllmaß nicht mehr und nicht weniger als 80 Samenkörnchen enthalten waren. Um meine monatliche Lebensmittelkarte zu bekommen, musste ich eine Beschäftigung von mindestens vier Stunden täglich durch Stempeleindruck in meiner Meldekarte von meiner Mutter bestätigen lassen, was natürlich kein Problem war.

Sehr schnell entwickelten sich bald nach Kriegsende ein Schwarzmarkt und ein blühender Tauschhandel. Der tägliche Bedarf an Lebensmitteln war rationiert, das Geld war nicht viel wert. Durch Tausch war es möglich, sich von weniger wichtigen Dingen zu trennen und andere zu erwerben, die man haben zu müssen glaubte. Am Marktplatz wurde sogar eine Tauschzentrale eingerichtet. Im Laufe der Zeit kamen immer mehr Frauen mit Kindern aus ihren Kriegsquartieren und Männer aus der Kriegsgefangenschaft zurück. Es war in Mannheim viel zu tun. Es wurde enttrümmert, Halbzerstörtes abgerissen, Schutt und neues Material transportiert, und es wurde wieder aufgebaut. Die Veränderungen waren allmählich zu erkennen.

Die amerikanischen Truppen gaben bald das von ihnen benutzte Capitol wieder frei. Dort wurden die ersten Filme mit Untertiteln gezeigt. Das Bachlenz-Theater aus Handschuhsheim brachte auf der viel zu kleinen Bühne die Operettenwelt in die Neckarstadt. Ly Brühl und Gerd Martienzen, die Stars des Theaters, begeisterten das Publikum immer wieder. Lieder aus „Land des Lächelns", „Saison in Salzburg" und dem „Weißen Rössl" wurden auf der Straße gesungen und gepfiffen. In den Wintermonaten trug das Publikum wegen fehlender Heizung Winterkleidung, und mitunter gab es entsprechende Kommentare von der Bühne herab, wenn die Schauspieler in kurzen Hemden und knappen Lederhosen den Sommer in den Bergen darstellen mussten.

Kurt Edelhagen und auch andere große Bands begeisterten ihr Publikum, auch die damals erfolgreiche Boxstaffel des SV Waldhof sah ich mit vielen anderen im Capitol. Bei diesem Freizeitangebot auch noch zu lernen und an die berufliche Zukunft zu denken, war schon schwer. Aber als ich das Zeugnis der Mittleren Reife in der Tasche hatte, war ich für den Beruf bereit. Mit dem Abschlusszeugnis bewarb ich mich bei der Firma „Anker – Kohlen & Brikettwerke" im Industriehafen und erlernte dort den Beruf des Groß- und Einzelhandelskaufmanns. Die offizielle Berufsbezeichnung hieß Handlungsgehilfe.

Es ging in meiner Lehrfirma um Kohlen-, Klein- und Großhandel, Waggon- und Schiffsumschlag, Lagerwesen, Versand und Brikettfabrikation. Zwei Wochen nach dem Schulabschluss trat ich am 1. August 1947 meine Lehre an. Dazwischen lag noch eine Woche harter Arbeit beim Aufbaudienst. In der Firma ging es gleich richtig zur Sache. Die begleitende Handelsschule war noch nicht in Betrieb, dafür aber hatte ich als der neue Stift sofort zu allen Behörden Kontakt, denn schließlich war alles noch bewirtschaftet. Die Vorlage der Frachtbriefe für die ausgehenden Waggons bei der Güterabfertigung gehörte am frühen Morgen zu meinen Aufgaben. Täglich war die Bankpost zu erledigen. Schecks und Überweisungen mussten zu den Hausbanken gebracht werden.

Das Gaswerk auf dem Luzenberg versorgte Mannheim nicht nur mit Gas, sondern auch mit Gaskoks. Ich kann heute noch die unterschiedlichen Kohlesorten und deren Körnungen aufzählen, denn auch damit hatte ich zu tun. Über die Zusammensetzung der Kohlen und ihre flüchtigen Bestandteile musste ich ja für die bevorstehende fachliche Prüfung Bescheid wissen. In unserer Fabrik produzierten wir Eierbriketts mit 17 und 50 Gramm und Kissenbriketts mit 270 Gramm. Erstaunlich, was einem selbst heute noch so alles einfällt.

Ständige Anlaufstellen waren für mich das Versorgungsamt für Hausbrand, die Ausgabestelle für die Lebensmittelzusatzkarten, die Seifenstelle für die Versorgung der Mitarbeiter mit Waschmitteln, also alle Ämter, die mit der Versorgung knapper, bewirtschafteter Güter zu tun hatten. Im Kleinhandel waren die Lieferungen per LKW einzuteilen, beim Versand vom Lager oder ab Fabrik die entsprechenden Frachtbriefe und Waggonzettel zu erstellen.

Auf unserem großen Lagerplatz, der von zwei Kranen bedient wurde, mussten die Bestände jeden Monat durch Schätzung überprüft und mit dem Buchbestand verglichen werden. Die Prüfer hatten dazu verschiedene Techniken. Der Verkäufer schätzte nach der bedeckten Grundfläche und der Höhe der

Kohlenberge, der Lagerleiter mit dem Daumen, der Kranführer mit dem Inhalt seiner Back, der Kranschaufel, und der Betriebsleiter, ein Bergbauingenieur, mit dem Schatz seiner Erfahrung. Zu der ersten Schätzung, an der ich teilnahm, sollte ich zuvor noch im Magazin das „messingene Augenmaß" ausfassen. Heute weiß ich zwar nicht mehr, wie ich auf diese Anweisung reagierte, aber ich habe mich damals nicht reinlegen lassen.

Meine Lehrfirma hatte 20 Angestellte und 50 Arbeiter. Die Auszahlung des Lohns an die Arbeiter zählte für mich als Lehrling zu meinen besonderen, aber nicht regelmäßigen Aufgaben. Mit einer Liste zur Empfangsbestätigung und den entsprechenden Lohntüten ging ich in den Betrieb. Es wurde wöchentlich „Schuss", so wurde der Vorschuss genannt, gezahlt und einmal im Monat war Abrechnung. Wenn ich mich richtig erinnere, war die Vorschusszahlung je nach Arbeitsleistung 30, 40 oder 50 Reichsmark. Das entsprach etwa meiner Erziehungsbeihilfe pro Monat im ersten Lehrjahr. Mit der Währungsreform erfuhr ich 1948 eine Aufbesserung auf 45, ein Jahr später auf 60 D-Mark.

In besonderer Erinnerung blieb mir der Tag nach der Währungsreform, an dem ich die Gelder für die erste Lohn- und Gehaltszahlung in D-Mark bei der Bank abholen musste. Lauter nagelneue Scheine, bereits zur Auszahlung sortiert, hatte ich mit dem Fahrrad vom Paradeplatz bis in den Industriehafen zu bringen. Jeder Mensch in der Bundesrepublik erhielt damals ein sogenanntes Kopfgeld von 40 D-Mark, und ich als Stift mit Minimaleinkommen hatte Tausende in einer Tasche auf der Fahrradlenkstange liegen. Ich hatte eine Riesenangst, weil ich glaubte, das würde man mir ansehen.

Während meines ersten Lehrjahrs hatte die Handelsschule ihren Betrieb wieder aufgenommen, was ich aber nicht erfuhr. So musste ich erneut, wie zuvor in der Mittelschule, entgangenen Lehrstoff nachholen. Es gab noch keinen Blockunterricht. Wir hatten zweimal in der Woche vormittags von 8 bis 13 Uhr Unterricht in der Schule in R 2. Als Wegezeit zwischen Schulende und Arbeitsbeginn an der Lehrstelle wurden 90 Minuten eingeräumt, sodass ich um 14:30 Uhr wieder an meiner Arbeitsstelle sein musste.

Für den Unterricht war unser Klassenlehrer Krejci zuständig. Es wurde intensiv gearbeitet und auch geprüft. Bei den schriftlichen Arbeiten wurden die Möglichkeiten, abzuschreiben und zu tricksen, ebenfalls intensiv genutzt. Mein Abschlusszeugnis stellte sich sehr gut dar. Nur Fräulein Kühn war mit meiner Leistung in Stenografie nicht zufrieden und strafte mich mit einer „5/80" ab. Als ich mein Zeugnis meinem Lehrherrn vorlegte, wollte er wissen, was das denn bedeute. Ich erwiderte, dass diese Benotung einer Diktatzeit von 5 Minuten bei 80 Silben entspreche. Die fünf Minuten Diktatzeit waren zwar zutreffend, aber die Fünf im Zeugnis war die Benotung für meine Leistung. Ich hatte bei dieser Umdeutung kein schlechtes Gewissen, denn die Beherrschung der Stenografie schien mir nicht wichtig zu sein. Am Tag unserer Abschlussprüfung, die schon früh am Tag zu Ende war, zogen wir geschlossen in die Palast-Lichtspiele, in Kurzform Pali genannt, zur Erstaufführung vom Schwarzwaldmädel.

Damals galt noch das Sprichwort: Lehrjahre sind keine Herrenjahre. Das war auch so. Am 31.10.1950 war meine Ausbildung zu Ende. Mit einem Anfangsgehalt von 96 D-Mark als kaufmännischer Angestellter lag eine aussichtsreiche Zukunft vor mir. Es konnte nur aufwärts gehen, und es ging nicht nur mit der Wirtschaft, sondern auch in meinem Beruf und mit meinem Gehalt aufwärts. Am 31.12.1950 wechselte ich die Firma. Statt mit Kohlen und Briketts zu handeln, begann ich bei einer privaten Krankenversicherung und konnte mein Gehalt auf 150 D-Mark steigern. Zusammen mit zwei anderen, ebenfalls neu eingestellten Mitarbeitern übernahm ich statistische Arbeiten. Unser Zimmer war neben unseren Schreibtischen fast bis zur Decke reichend mit hauchdünnen Durchschlägen von Abrechnungsblättern angefüllt. Die verschiedenen Krankheits- und deren Nebenkosten wurden mit Additionsmaschinen auf endlosen Papierrollen erfasst. Sie bildeten damit die Grundlage für spätere Planungen. Es war eine schöne, kollegiale und angenehme Zeit, aber die Arbeit befriedigte mich nicht.

Meine Bewerbung bei der Firma Daimler-Benz AG war erfolgreich, und so begann ich am 19.02.1951 dort im Einkauf mit einem Anfangsgehalt von 200 D-Mark meine Tätigkeit. 43 Jahre lang war ich in vielen Bereichen tätig. Es war eine sehr erfolgreiche, manchmal turbulente, aber auch sehr befriedigende Tätigkeit, vor allem deshalb, weil ich in all den Jahren an der Gestaltung von viel Neuem beteiligt war.

Michael Caroli

Unbeschwerte Kindheit in Ruinen

Streng genommen bin ich in Mannheim kein „Eingeborener" – ich kam in einer Geburtsklinik in Heidelberg zur Welt. Wenig später, im Frühsommer 1949, gaben meine Eltern ihre Studentenbuden in der Universitätsstadt auf und zogen ins Haus meiner Großeltern auf den Lindenhof. Von dem Gebäude standen lediglich noch Erdgeschoss und ein Obergeschoss mit Notdach. Das Dachgeschoss war bei einem Luftangriff 1943 ausgebrannt. Von den 13 Einfamilien-Reihenhäusern am Kalmitplatz befanden sich vier in gleichem Zustand, sechs waren völlig zerstört; lediglich zwei waren weitgehend unbeschädigt. Bei uns wohnten zwei Mietparteien in Erd- und Obergeschoss – für meine Eltern blieb so nur das Souterrain: ein Kellerraum mit Gartenfenster, eine unbeheizte Küchennische unter der Erdgeschossterrasse, das Klo unter der Kellertreppe. Immerhin gab es auch eine fensterlose Zelle mit Badeofen und Wanne – ein Luxus! Erst nachdem das Nachbarhaus wiederaufgebaut war, zogen die Mieter vom Erdgeschoss dorthin, und wir konnten aus dem Untergrund emporsteigen. Zuvor war das Haus umgebaut worden. Das Treppenhaus wurde in die Mitte verlegt, aus der großen Eingangsdiele wurde ein schmaler Gang, von dem die Türen zu den drei Zimmern, der Küche und dem Klo abgingen. Zusätzlich sprang dabei ein Kinderzimmer für mich und meine jüngere Schwester heraus. Das Bad im Keller war noch jahrelang in Benutzung. Das Obergeschoss blieb vermietet.

Direkt hinter dem Haus lag der große Garten mit Obstbäumen, einem Birnenspalier, Beerensträuchern, Gemüse- und Salatbeeten sowie einem Hühner- und Hasenstall. Allerdings fühlte sich ein benachbartes Architekturbüro von dem Gegacker gestört. Als entsprechende Beschwerden fruchtlos blieben, lagen die Hühner eines Tages tot im Freilaufgelände – ein Schelm, wer Böses dabei dachte. Später wurden dann die Hasen für ein Festessen geschlachtet. Die Stallgebäude blieben noch einige Zeit für uns Kinder als Spielhäuschen erhalten. Gerne denke ich auch an die herbstlichen Feuer in dem zweiten Garten meiner Eltern im Niederfeld. In der heißen Asche durften wir einige der frisch geernteten „Grumbeere" rösten – nach meiner Meinung das Beste, was die Gärten boten. Ansonsten sind meine Gartenerinnerungen sehr zwiespältig.

Als Spielfläche gab es lediglich einen Sandkasten, wo man mit Hilfe einer Gießkanne herrlichen „Babaratsch" herstellen und Klickerbahnen anlegen konnte. Ansonsten sollten wir natürlich auf den Wegen bleiben und nicht durch die Beete trampeln. Samstags war in der Regel „helfen" angesagt – Unkraut jäten, häckeln, gießen, Beeren ernten, Obst pflücken. Das wäre ja noch gegangen

Der Sandkasten im Garten

– aber die „herrlichen Früchte" mussten ja verzehrt werden, soweit sie nicht eingeweckt bzw. versaftet wurden. Und das bedeutete in der Reifezeit: morgens Johannisbeeren, mittags Stachelbeeren, abends Rote Grütze. Im Winter gab's dann Eingemachtes und Saft, aber da die Vorräte den Konsum weit übertrafen, bald nicht bloß aus dem vergangenen Sommer, sondern aus den Vorjahren. Birnen wurden vorwiegend als Fallobst zu Kompott verarbeitet. Die gepflückten Früchte bekamen andere, denn ein Gutteil der Ernte wurde an Nachbarn und ein Altersheim abgegeben. Später habe ich Jahre gebraucht, um wieder unbefangen Obst zu genießen.

Mit dem selbst hergestellten Beerensaft verbinde ich eine frühe Bekanntschaft mit dem Lanz-Krankenhaus auf dem Lindenhof. An einem Spätsommertag hatte sich mein Vater, der den Saft am meisten von unserer Familie mochte, eine Flasche offen bereitgestellt und nahm während der schweißtreibenden Gartenarbeit immer wieder einen Schluck aus der Pulle. Unglücklicherweise hatte er nicht bemerkt, dass inzwischen auch eine Wespe Geschmack an dem sauren Getränk gefunden hatte. Mein Vater schluckte das Insekt mit hinunter und erhielt einen Stich in den Rachen. Zum Glück war das Krankenhaus ganz in der Nähe, wo ihm eine Calcium-Spritze verabreicht wurde. Ich selbst wurde später wegen eines Verkehrsunfalls ins „Lanz" gebracht. Mit meinem Ballonreifen-Kinderrad aus einer Garageneinfahrt herausschießend, war ich von einem dreirädrigen Lieferwagen erfasst und auf die Straße geschleudert worden. Der bestürzte Fahrer trug mich zunächst bewusstlos nach Hause zu meiner Mutter. Im Lanz-Krankenhaus diagnostizierten die Ärzte dann eine Gehirnerschütterung. Einen zweiten Krankenhausaufenthalt – ich war inzwischen acht Jahre alt – habe ich in überwiegend positiver Erinnerung: Mein Nabelbruch sollte operiert werden. Am Abend vor der OP kam ich ins Lanz und durfte bis spät in die Nacht lesen. Sehr schade fand ich, dass es mir am folgenden Tag nicht gelang, trotz der Narkose wach zu bleiben – zu gerne hätte ich den Ärzten bei der Arbeit zugeschaut. In den folgenden Tagen blieb mir dann nicht nur die Schule erspart, sondern ich stand offenbar im Mittelpunkt allseitigen Interesses und bekam von den zahlreichen Besuchern auch noch Geschenke mitgebracht.

Als Dreijähriger kam ich zu „Tante Anneliese" und „Tante Liese" in den Kindergarten. Der war zuerst in Souterrain-Räumen eines teilbeschädigten Hauses untergebracht. Am schönsten war es, wenn wir uns bei gutem Wetter im Garten aufhalten konnten. 1954 zogen wir Kinder in einen Neubau mit hellen, großen Räumen und modernen Toiletten. Es muss dort gewesen sein, wo auch die technische Ausstattung einen Sprung machte: Wir bekamen einen Diaprojektor. Die Lichtbilder zu den Märchen aus Tausendundeiner Nacht sind mir unvergesslich. Höhepunkte der Kindergartenzeit waren die Aufführungen auf der Bühne im großen Saal des Vereinshauses der Amicitia am Neckar. Als wir dort die „Vogelhochzeit" aufführten, erlebte ich eines der typischen Kindermissverständnisse. Ein Mädchen hatte ein farbiges Tuch als Schwanz in den Rockbund gesteckt bekommen. Während sie die „Braut" an der einen Hand nahm, schwenkte sie mit der anderen das Tuch an ihrer Seite zu dem vermeintlichen Text „Frau Seitenschwanz, die führt die Braut zum ersten Tanz ..."

Zum Spielen gingen wir am liebsten auf die Straße. Da zu den 13 Häusern am Kalmitplatz vier Garagen gehörten, war damals lediglich ein draußen parkendes Auto im Weg. Praktisch fuhren auch nur die fünf Anwohner, die ein Auto besaßen, in den Platz hinein. In der Platzmitte gab es zwar eine von einer Ligusterhecke umzäunte öffentliche Rasenfläche. Jedoch untersagte ein Schild mit der Aufschrift „Bürger, schützt Eure Anlagen!" das Betreten oder gar Fußballspielen strengstens. Das hielt uns zwar nicht von ordnungswidriger Nutzung ab – nur kam regelmäßig der „Schütz" vorbei, um uns zu verjagen; gelegentlich auch herbeizitiert von Anwohnern, die sich durch unser Geschrei gestört fühlten. Dann blieb nur die Flucht in eines der Trümmergrundstücke.

Überhaupt lösten die Ruinen bei uns Kindern keine negativen Kriegsassoziationen aus – auf dem Lindenhof gehörten Trümmer zum gewohnten Stadtbild und waren für uns reine Abenteuerspielplätze. An Ruinenfassaden hochklettern war eine beliebte Mutprobe, bei der nur blöde Erwachsene mit Mahnrufen oder hysterischem Geschrei störten. Aus den Resten von Betonkellerwänden ließen sich mit Hammer und Meißel aus dem väterlichen Werkzeugschrank „Edelsteine", das heißt Kiesel herausschlagen. „Leider" gelang es uns nie, durch Entfernen von Holzstützen eine Decke zum Einsturz zu bringen. Im Unterschied zum Helfen bei der elterlichen Gartenarbeit machte das Anlegen eigener Beete in den Trümmern richtig Spaß. Aus losen Backsteinen, Holzresten und Zweigen errichteten wir Häuschen – später auch mit Material von den Baustellen zur Wiedererrichtung der Wohngebäude, nicht gerade zur Freude der Handwerker.

Wir Kalmitplatz-Kinder und einige Freunde im Alter von sechs bis sechzehn beherrschten „unsere" Trümmer als „Bande" und verteidigten sie gegen „Feinde" aus den Parallelstraßen, die aus „ihren" Trümmern durch die Gärten bis in unser Gebiet vorstießen. Eine „Falle" auf einem der Hauptwege – eine rund 80 cm tiefe, mühsam ausgehobene Grube, die anschließend mit Ästen überdeckt und getarnt wurde – blieb zu unserer Enttäuschung leer. Aber „Gefangene" gab es gelegentlich schon, die dann in unseren „Häuschen" einen Nachmittag inhaftiert und bewacht oder schon auch mal von den Größeren an Händen und Füßen gepackt und über einem Feuerchen geschwenkt wurden. Zum Glück passierte dabei nichts Ernstes, und auch die Funde von ausgebrannten Stabbrandbomben blieben folgenlos.

Eine echte, gefürchtete Jugendbande auf dem Lindenhof war die Schwinne-Bande, deren Mitglieder angeblich in Gartenhäuschen im Niederfeld wohnten. Diebstahl und Gewalt gegen andere Jugendliche wurden ihr nachgesagt. Wir Kalmitplatz-Kinder kamen allerdings niemals direkt mit dieser Bande in Kontakt – man hörte nur mit ängstlichem Respekt von ihr. Einmal hatte mein Vater, der bei der Rheinischen Gummi- und Celluloid-Fabrik, der „Schildkröt", in Neckarau beschäftigt war, eine Puppe für Nachbarn besorgt. Abends von der Arbeit zurück, hatte er das Fahrrad mit dem Karton auf dem Gepäckträger abgestellt und war kurz in unser Haus hineingegangen. Als er wenig später zurückkam, um die Puppe zu Nachbarn zu bringen, war die Schachtel mit der Puppe verschwunden. Von dem Dieb keine Spur – aber für uns war klar: Das konnte nur die Schwinne-Bande gewesen sein. Denn sonst kam auf unserem Platz nichts weg. Tatsächlich wurde der Fall trotz Anzeige bei der Polizei nie aufgeklärt.

Als gefährlicher Ort gemieden wurde von uns Kindern der nahe Pfalzplatz. Denn den dortigen riesigen Tiefbunker nutzte anfangs die US Army als Materiallager. Entsprechend waren die Zugänge von amerikanischen Militärposten bewacht. Und die bewaffneten fremden Soldaten flößten uns schon ein wenig Angst ein. Später gaben die Amis den Bunker auf, und die Nutzung der dunklen, feuchten unterirdischen Räume zur Champignonzucht konnte uns keinen Schrecken mehr einjagen. Suspekt blieb der Hochbunker in der Meerfeldstraße, wo Obdachlose untergebracht waren, denen wir nach den Mahnungen unserer Eltern ungern begegneten.

Neben Klickerles, Hickel (in einer mit Kreide gezeichneten Fläche durch acht Felder hüpfen, ohne eine der Linien zu betreten), Kicken und anderen Ballspielen vergnügten wir uns auch mit Rollhockey auf den glatt asphaltierten Garageneinfahrten. Hierfür genügten als Spielgeräte ein alter Tennisball und ein gebogener Holzprügel – und natürlich die Rollschuhe, damals noch zum Anschrauben an die Schuhe und mit laut rasselnden Metallrädern. Obwohl wir deshalb die Mittagspause zwischen 13 und 15 Uhr strikt einhielten, dämpften wegen des Lärms Anwohner unseren unermüdlichen Eifer häufig durch lautes

Schimpfen. Und gelegentlich ging von einer „Maßflanke" auch ein Fenster zu Bruch – dann hieß die Parole erst mal abhauen. Aber einer musste den Ball ja wieder abholen ... Manchmal gab es auch blutige Zwischenfälle: Die Stürze beim Spielen endeten oft mit Schürfwunden oder einem „Loch im Kopf", wie wir die stark blutenden Platzwunden dramatisch nannten. Am meisten erschrocken waren unsere Mütter, wenn wir blutverschmiert zu Hause abgeliefert wurden.

Wenn das Wetter nicht nach draußen lockte, eröffneten wir in der Wohnung ein „Büro" bzw. eine „Bank" mit Hilfe nicht mehr benötigter Karteikarten, Rechnungs- und Quittungsblocks und Briefbögen, die mit wichtiger Miene vollgekritzelt wurden. Am liebsten sammelten sich die Kalmitplatz-Kinder jedoch im „Mickymausclub", dem leeren Geräteschuppen unter einer der Garagen. Irgendwoher hatten wir alte Matratzen organisiert, und jeder brachte seine Mickymaus- bzw. Akim- und Sigurd-Hefte dorthin mit, sodass mit der Zeit eine kleine Bibliothek entstand. Für mich war das besonders attraktiv, denn solche „Schundheftchen" bekam ich von meinen Eltern grundsätzlich nicht gekauft. Außer in unserem Club konnte ich die nur noch beim Friseur lesen, was dazu führte, dass ich dort gerne hinging, wenn viel Betrieb war, und großzügig auch Spätergekommene vorließ.

1962 Unsere Fastnachtstruppe am Kalmitplatz

Fasching spielte bei uns in der Familie kaum eine Rolle. Natürlich gingen wir Kinder vom Kalmitplatz an den Fasnachtstagen als Trapper oder Indianer, wozu uns unsere Mütter rote Filzstreifen mit Fransen an die Hosennaht nähten und wir uns einen Bart bzw. Kriegsbemalung ins Gesicht pinselten. Ein alter Hut oder ein improvisierter Federkopfschmuck ergänzten die Verkleidung. In einer Saison waren auch mal Fantasiekostüme aus Altkleidern bis hin zum Chapeau Claque meines verstorbenen Opas angesagt. Eigentlich war Fasching für uns die Fortsetzung der alltäglichen Spiele mit anderen Mitteln an zwei schulfreien Tagen – das war natürlich willkommen. Ein einziges Mal war ich als Kind beim Fastnachtszug in der Stadt. Die Tochter der Mieter in unserem Haus war Sekretärin von IHK-Geschäftsführer Hans Reschke, dem späteren OB. Sie lud uns ein, dem Vorbeimarsch der Narren am Fenster ihres Büros in der IHK in M 1 beizuwohnen. Dass uns hier die Gutselwürfe entgingen, schmerzte mich wenig; ich war sowieso kein Freund von Süßigkeiten.

Der Gesichtskreis weitet sich

Bis zur Aufgabe ihres Vertretungsgeschäfts für Schuhfabrikbedarf und ihrer Übersiedlung nach Mannheim waren Besuche bei der mütterlichen Oma in Pirmasens Höhepunkte meiner Kinderjahre. Das begann schon mit der Hinfahrt im Überlandbus: Ich wurde am Hauptbahnhof dem Fahrer übergeben und bei der Ankunft in Pirmasens von der Oma abgeholt. Ich war mächtig stolz, mit meinen knapp vier Jahren ganz allein eine so weite Reise machen zu dürfen, und es gab nichts Spannenderes, als vom Platz in der ersten Reihe den Fahrer beobachten zu können.

Pirmasens – das sind für mich vor allem Geruchserinnerungen. An der Spitze das Materiallager des Vertretungsgeschäfts mit Lederproben und tausenderlei Applikationen für Schuhe, dann die Küche mit der Handkaffeemühle an der Wand, das Sofa, auf dem ich schlafen durfte, das Schlafzimmer der Oma und der Staub beim Saugen. Pirmasens, das war aber auch der abendliche Gang zum benachbarten Wirtshausschalter, wo der Knirps selbständig einen halben Schoppen „Parkbräu" im Glas sowie Hausmacher Wurst und Gurken aus dem Fass für die Oma einkaufen durfte. Der vormittägliche Gang zum Markt auf dem Exerzierplatz wurde häufig gekrönt von einer Bratwurst mit Brötchen und Senf oder im Sommer von einem Erdbeereis in der Waffeltüte. Nur einmal erlebte ich eine herbe Enttäuschung: Die rosafarbene Kugel erwies sich als Himbeereis – nach meinem Geschmack entsetzlich. Und empörenderweise behauptete die Oma auch noch, das schmecke doch wie Erdbeereis!

Pirmasens – das war aber auch der Mitarbeiter im Geschäft meiner Oma, ein großer, massiger Mann, der mir immer etwas unheimlich war. Wenn ich sein Büro betrat, ergriff er mich, schwenkte mich einmal im Kreis und setzte mich dann auf sein rechtes Bein, auf dem ich reiten durfte. Das Besondere daran war: Der Mann trug aufgrund einer Kriegsverletzung rechts eine Beinprothese. Der

Ritt auf dem Holzbein bereitete mir stets einen kleinen Schrecken. Außerdem war er ein ausgeprägter Franzosenhasser; es gab kaum etwas Schlechtes, wofür nicht „der Franzos" die Schuld trug. Jahre später wunderte ich mich, wie freundlich und korrekt die französische Grenzkontrolle war, als ich mit den Großeltern zum Campen ans Mittelmeer fuhr.

Die väterlichen Großeltern wohnten in Aglasterhausen am Rand des Kleinen Odenwalds, wohin sie als Mannheimer Fliegergeschädigte evakuiert worden waren. Der Großpapa war Direktor des Gymnasiums in Sinsheim und besaß schon früh in den fünfziger Jahren ein Auto, einen VW. Mit dem wurde ich gelegentlich abgeholt und verbrachte dann einige Tage, häufig mit meinem etwas älteren Vetter, auf dem Land. Besonders eindrucksvoll fand ich das Plumpsklo in dem schlichten Siedlungshaus. Und natürlich das samstägliche Bad in der Zinkbadewanne im Keller, dessen Boden lediglich aus gestampftem Lehm bestand. Spannend waren auch der mit Lebensmittelvorräten und zahlreichen rätselhaften Kartons vollgestopfte Lattenverschlag im angebauten Schuppen und der geheimnisvolle zweite Schuppen, der als Garage diente und in dem neben Brennholzvorräten auch noch Fluchtgut von der Evakuierung eingelagert war. Ein Hauptspaß war einmal das Füttern der Hühner mit Brotwürfeln, die mein Vetter und ich vorher mit einem alkoholischen Getränk präpariert hatten. Wie die Hühner nach wenigen Bissen wie tot umkippten, fanden wir außerordentlich spaßig – im Unterschied zu unserer Großmama, die uns gehörig zusammenstauchte.

Von Aglasterhausen aus unternahmen wir häufig heimatkundliche Ausflüge mit dem VW, die zu Burgen, Kirchen, Dörfern der Umgebung führten. Vor dem Start wurde mit der Großmama, ebenfalls einer Lehrerin, der Weg auf der Karte studiert – und anschließend war eine Kartenskizze zum Mitnehmen zu zeichnen. Unterwegs musste man immer wieder Auskunft geben, wo man sich gerade befand, und wohin es als Nächstes weiterging. Mir hat das wirklich Spaß gemacht, meinem Vetter und meiner Schwester weniger – die fanden, die Großeltern könnten ihren pädagogischen Ehrgeiz auch mal zügeln. Geografisches Interesse weckte früh meine Begeisterung für Philatelie. Anfangs durfte ich natürlich nur die Alben meines Vaters durchblättern. Die Herkunft der kleinen bunten Marken aus aller Welt faszinierte mich. Auf einem Globus oder im Atlas herausfinden, wo so merkwürdige Länder wie Uruguay, oder Bosnien-Herzegowina lagen, oder die unlesbaren Schriftzeichen Ländern wie China, Japan oder Persien zuzuordnen, konnte mich stundenlang fesseln.

Der Großpapa hörte regelmäßig die Nachrichten im Radio. Die begannen mit dem Zeitzeichen, was jeweils Anlass zum Überprüfen der Uhren in der Wohnung gab. Die politischen Meldungen fand ich damals meist wenig spannend. Ganz schwach erinnere ich mich noch an die sorgenvollen Gesichter bei den Berichten über die Suezkrise und den Ungarnaufstand. Irgendwie fühlte ich, dass die Erwachsenen wieder Angst vor einem Krieg empfanden. Das kannte ich sonst nur von meiner Mutter, wenn sie Flugzeuggeräusche hörte. Richtig vorstellen, was Krieg bedeutet, konnte ich mir damals natürlich nicht. Viel interessanter fand ich die kryptischen Wasserstandsmeldungen von Rhein, Main und Neckar. Plochingen 195, Gundelsheim 175, Heilbronn 185, Mannheim 203 ... Es war einfach toll, vor der Ansage zu schätzen, ob Mannheim die höchste Zahl erhalten würde – was immer das bedeutete. Leider gab's für eine zutreffende Schätzung keinen Preis.

Bedrohlicher war dann der Wasserstand bei der großen Rheinüberschwemmung im Frühjahr 1956. Die trüben Fluten standen im Waldpark binnen kurzer Zeit am Damm, einige Spaziergänger waren von dem rasch ansteigenden Wasser überrascht und eingeschlossen worden. Am Strandbad hatten sich Tiere auf das Flachdach der Umkleide- und Restaurantgebäude geflüchtet und mussten mit Booten gerettet werden. Die nahen Treppen hinunter zur Rheinpromenade endeten schließlich nach drei bis vier Stufen im Wasser. Die Jugendherberge im Schnickenloch war bis zum Dach verschwunden. Glücklicherweise hielt der Damm im Bereich des Lindenhofs, weiter südlich an der Schäferwiese wurde er zum Teil unterspült und musste notdürftig abgedichtet werden. Später wurde hier der Dammsockel verstärkt. Eine ganz große Katastrophe blieb jedoch glücklicherweise aus. Noch Monate später markierten Spuren des getrockneten Lehms an den Bäumen den Wasserstand.

Der frühe Sonntagnachmittag war reserviert fürs Kinderfunk-Hören. Drei einschlägige Sender konnten wir in Mannheim empfangen. Die Sendungen des damaligen Süddeutschen Rundfunks, des Südwestfunks und des Hessischen Rundfunks waren zeitversetzt, sodass man bis zu eineinhalb Stunden vor dem Radio verbringen konnte. Viele Jugendbücher lernte ich so als Fortsetzungs-Hörspiele kennen. Fernsehen spielte dagegen kaum eine Rolle. Anlässlich der Fußball-WM 1958 in Schweden fuhren einige Kalmitplatz-Kinder in die Stamitzstraße in der Neckarstadt. Dort lebte unsere Putzfrau mit einem Benz-Arbeiter zusammen, unverheiratet, um ihre Kriegerwitwenrente nicht zu verlieren – für uns gutbürgerliche Kinder ein etwas fragwürdiger Zustand. Aber sie hatte einen Fernseher, und wir durften zu Spielen „unserer" Mannschaft, dem amtierenden Weltmeister, zu Besuch kommen. Ich erinnere mich noch an unsere Empörung, als die deutschen Fußballer vermeintlich nur wegen des Fan-Geschreis „Heja Sverige" gegen den Gastgeber verloren. Immerhin schlugen sie Frankreich im Spiel um den 3. Platz. Meine Familie hatte auch später kein Empfangsgerät, sodass ich Nachbarkinder besuchen musste, um gelegentlich eine Kindersendung zu schauen. Übrigens hatten wir auch lange kein Telefon – bis heute ist Telefonieren für mich eine eher ungeliebte Notwendigkeit.

Zu meinen frühesten Kindheitserinnerungen gehört das Fahrradfahren. Dem Dreirädchen folgte das rote Pucky-Kinderrad mit Ballonreifen und Stützrädern. Auf die wollte ich wie die Großen bald verzichten, also musste mein Vater mit mir einige Runden im Laufschritt um den Kalmitplatz drehen und mein Gleichgewicht durch Festhalten am Sattel stabilisieren. Da er brav hinter mir herlief, bemerkte ich zuerst gar nicht, wenn er einfach losließ. Später bekam ich ein 26-Zoll-Jugendrad mit Dreigangschaltung. Mit unseren Rädern erkundeten wir Kalmitplatz-Kinder den Waldpark bis zur Silberpappel, die benachbarten Stadtteile und später sogar den Hafen. Selbst die Innenstadt gehörte bald zu unserem Revier – damals war das wegen des geringen Autoverkehrs kein Problem. Auch zum Karl-Friedrich-Gymnasium fuhr ich ab 1959 selbstverständlich mit dem Fahrrad durch den „Suezkanal" über die Bismarckstraße und den Kaiserring. Einen nachhaltigen Dämpfer erhielt meine Begeisterung fürs Radfahren bei Ausflügen mit den Pfadfindern. Denn bei den Anstiegen im Odenwald entwickelte sich das Fahrrad, vollbeladen mit Packtaschen, Schlafsack und Zelt, zum verhassten Folterinstrument, besonders wenn's pfadfindermäßig von der Straße ab durch den Wald ging. Wenn ich dann schwitzend das schwere Fahrrad über Stock und Stein eine Steigung hinauf bugsieren musste, dachte ich oft: Man könnte doch so schön nur mit Rucksack wandern ...

Das Fahrrad zum Vergnügen und das zum beschwerlichen Fahrradwandern

An Musikunterricht in der Volksschule habe ich keine gute Erinnerung. Soweit er stattfand, bestand er aus Singen. Das war für mich kein Problem, denn ich sang schon länger bei der Kurrende, dem Kinderchor an der Johanniskirche. Gerade deshalb war es für mich quälend, wenn der Lehrer zur Geige griff und mehr schlecht als recht ein Lied vorstümperte. Ich litt mit denen, die dann nachsingen sollten und es nicht konnten, aber nie erklärt bekamen, wie man singen lernen kann. Entscheidende musikalische Impulse erhielt ich von dem jungen Kirchenmusiker Rolf Schweizer, bei dem die Kurrende-Kinder Stimm- und Gehörbildung sowie Blockflötenunterricht erhielten. Höhepunkte waren die mehrstimmigen Liedsätze, meist von Schweizer selbst gesetzt oder komponiert, sowie kleine Singspiele wie „Struwwelpeter", die im Gottesdienst bzw. bei Gemeindefesten zu Gehör gebracht wurden. Beim alljährlichen Krippenspiel konnte man seine Stimmsicherheit als Hirte, Engel oder sogar Joseph und Maria unter Beweis stellen. Das Größte war dann der Quempas, ein altes Weihnachtslied, das am Heiligen Abend von vier Jungen von je einer der Emporenecken der wiederaufgebauten Johanniskirche solistisch intoniert wurde.

Bei so viel eigenem Singen und Musizieren war es nicht schwer, mein Interesse für klassische Musik zu wecken. Schon als Kind wurde ich zu Konzerten mitgenommen, und bald nach Eröffnung des neuen Hauses auf dem Goetheplatz erlebte ich im Nationaltheater meine erste Oper: „Hänsel und Gretel" von Humperdinck. Von dem strahlenden Foyer, dem holzvertäfelten Raum und den mit altrotem Samt bezogenen, drehbaren Stühlen des Großen Hauses war ich tief beeindruckt – einen Vergleich mit dem kriegszerstörten Logentheater in B 3 hatte ich ja nicht. Es folgten bald die „Zauberflöte", weitere Mozart-Opern und „Fidelio", wenig später sogar die in Mannheim uraufgeführte Hindemith-Oper „Das lange Weihnachtsmahl". Schließlich durfte ich auch die Werke von Verdi, Puccini und Wagner besuchen.

Meine ersten Theatererfahrungen sammelte ich allerdings noch in der Schauburg in K 1: Beim Weihnachtsmärchen „Rumpelstilzchen" faszinierte mich besonders das Goldspinnen aus Stroh. Dass der goldgierige König davon immer mehr haben wollte, fand ich ziemlich schofel, und letztlich bedauerte ich das arme Rumpelstilzchen, das doch nur seinen vereinbarten Lohn forderte, der Königin Kind. Blöd, dass es sich dann auf das Spiel mit seinem Namen einließ und sich am Ende zerreißen musste. Bereits im neuen Haus auf dem Goetheplatz gab es Kästners „Pünktchen und Anton"; meines Erinnerns war ich damit erstmals im Kleinen Haus. Schauspielbesuche kamen für mich jedenfalls sehr viel später als die Oper. Auch Kino blieb für mich eine seltene Ausnahme. Damals durften wir nur für Kinder als geeignet angesehene, „wertvolle" Filme ansehen wie „Emil und die Detektive". „Dick und Doof" und ähnliche Streifen gehörten nach Meinung meiner Eltern dagegen nicht zum Kulturgut; dafür gab's dann kein Eintrittsgeld. Filmvorführungen fanden sonst vor allem unterrichtsbegleitend statt, unter anderem jeweils im Vorfeld des „Tags der deutschen Einheit" am 17. Juni. Unvergesslich ist mir die Szene aus einem der bei diesen Gelegenheiten im Musensaal des Rosengartens gezeigten Filme, wo Berlins Regierender Bürgermeister Ernst Reuther voller Pathos forderte: „Seht auf diese Stadt!"

Schulpflicht und Ferienvergnügen

Ostern 1955 kam ich in die Schule. Am ersten Schultag marschierte ich mit Schultüte und Ranzen, begleitet von meiner Mutter, zu dem großen Schulgebäude an der Meerfeldstraße. Ab dem nächsten Tag war es aber Ehrensache, den Schulweg alleine bzw. mit Schulkameraden zurückzulegen. Die Klasseneinteilung erfolgte im Schulhof. Dann suchten wir, der Lehrer an der Spitze, in Zweierreihe das Klassenzimmer auf. Dort angekommen, wurden wir rund 40 Jungen auf die fest installierten Schulbänke verteilt. Tische und frei bewegliche Stühle gab es zwei Jahre später. Mädchen kamen erst im Gymnasium in meine Klasse. Als Kleiner – ich war bei der Einschulung fünf Jahre – wurde ich in eine der vorderen Bänke platziert.

Unser Lehrer Gäng war ein gutmütiger, geduldiger Mann, den viele Schüler tief verehrten. Noch Jahre, nachdem wir in der dritten Klasse einen neuen bekommen hatten, brachten wir unserem ersten Lehrer einen Blumenstrauß zum Geburtstag nach Hause, wie auch immer wir den Termin herausbekommen hatten. Anfangs schrieben wir nur mit Bleistift. Allerdings kam es mir ziemlich albern vor, erst mal Kringel, Dächlein, Spazierstöckchen und Ähnliches zeilenweise zu malen, um dann zu erfahren, dass es sich eigentlich um Vorübungen zu Buchstaben bzw. Ziffern handelte. Wochen später durften wir endlich mit Federhalter und Tinte schreiben. In der ersten Klasse gab es jedoch noch keine Schulfüller. In unseren Mäppchen hatten wir einen Holzgriffel, in den eine Stahlfeder einzustecken war. Jeder brachte sein Tintenglas mit, in das die Feder eingetaucht wurde. Danach musste man die Feder etwas abstreichen, um nicht zu klecksen. Nach wenigen Strichen war die Tinte zu Ende, und der Vorgang musste wiederholt werden. War man

Am ersten Schultag mit Ranzen und Schultüte

am Zeilenende, musste man ablöschen, um das Geschriebene nicht zu verwischen. Die Gefahr, mit der Hand zu schmieren, wurde auch als Hauptgrund angeführt, warum Schreiben mit links verboten war – Linkshänder hatten seinerzeit einiges zu erdulden. Nach dem Schreiben musste die Feder gereinigt und ins Federkästchen zurückgelegt werden.

Ein Erlebnis meines ersten Schuljahrs habe ich bis heute im Gedächtnis. Als ich eines Tages nach dem Mittagessen meine Hausaufgaben machen wollte, fehlte das Schreibmäppchen im Ranzen! Ich musste es unter der Schulbank liegen gelassen haben. Was tun? Meine Mutter bestand darauf, dass ich zur Schule gehen und das Mäppchen holen sollte. Das wäre nicht weiter schlimm gewesen, wenn nicht nachmittags in unserem Klassenzimmer eine siebte oder achte Klasse von dem gefürchteten Lehrer Hacker unterrichtet worden wäre. Als ich schließlich vor der Klassenzimmertür stand und drinnen den Lehrer mit lauter Stimme sprechen hörte, schlug mir das Herz bis zum Hals. Schließlich klopfte ich beherzt genug an und vernahm ein energisches „Herein!" Ich brachte mein Anliegen unter dem kritischen Blick des Lehrers und dem Gefeixe der großen Schüler vor und fand auch unter meiner Bank das Mäppchen. Streng ermahnt, aber gnädig entlassen, konnte ich die Höhle des Löwen verlassen. So erleichtert und fröhlich bin ich wohl selten nach Hause und den Schulaufgaben entgegengesprungen.

Die vierte Klasse der Diesterwegschule auf dem Lindenhof mit Lehrer Haufe (Autor 2. Reihe 1.v.r.)

Prügelstrafe habe ich in den ersten beiden Jahren nicht erlebt. Allerdings gab es Tatzen – die Anlässe sind mir nicht mehr erinnerlich. Jedenfalls musste man nach vorne kommen und die Hand, Handfläche nach oben, ausstrecken, um sich einen Klaps mit einem Rohrstöckchen abzuholen. Der Lehrer, den wir in der dritten und vierten Klasse hatten, war dagegen noch ein Pädagoge alten Schlags: Die Delinquenten wurden aus der Bank gezerrt und eigenhändig verhauen. Ließen sich die Betroffenen auf den Boden fallen, um den Schlägen zu entgehen, wurden sie mit Tritten traktiert. Ich habe das nicht selbst erlitten und nur wenige Male erlebt – beeindruckt hat es mich tief, da Prügel bei mir zu Hause absolut tabu waren.

Meine erste und einzige Schul-Ohrfeige erhielt ich im Gymnasium. Wir Sextaner kamen aus der Turnhalle zum Klassenzimmer zurück. Dieses war jedoch noch besetzt und der Unterricht nicht beendet. Beschwingt von der Sportstunde tobten wir auf dem Gang herum, und dabei wurde schon mal der eine oder andere gegen die Tür geschubst. Aus der schoss plötzlich der Lehrer, griff sich den Nächstbesten und gab ihm eine hinter die Ohren. Das Opfer war ich – und fühlte mich zutiefst ungerecht behandelt. Jahrelang hegte ich eine tiefe Abneigung gegenüber jenem Lehrer, bis wir ihn in der Oberstufe in Physik und Chemie bekamen und ich ihn als kompetenten, humorvollen Mann kennenlernte und ihm verzeihen konnte.

Sportunterricht fand bei uns in der Volksschule nur stark reduziert statt: Eine Turnhalle gab es nicht, sodass gymnastische Übungen und Ballspiele im Schulhof stattfinden mussten – bei Regen fiel das aus. Daher meldeten mich meine Eltern beim TSV 1846 an. Das Turnen hat mir aber nie wirklich Spaß gemacht, zumal der Turnlehrer ein Schleifer alter Schule war. Nur eine Begebenheit ist mir in heiterer Erinnerung: Für eine Vorführung sollten wir zu Musik – live vom Klavier – gymnastische Übungen vollführen. Dazu zählte der Turnlehrer laut: „Eins, zwei, drei, vier!" Dabei war jeweils eine bestimmte Bewegung auszuführen. Dann kündigte er „Dreiertakt" an: „Eins, zwei, dra-hei!" Diesmal waren bei „eins" und „zwei" kurze Bewegungen fällig, bei „dra-hei" folgte eine langsamere – tatsächlich handelte es sich also nach wie vor um Vierertakt!

Mehr Spaß hatte ich früh am Schwimmen. Meine Mutter fuhr häufig mit Freundinnen und der zugehörigen Kinderschar mit dem Fahrrad durch den Waldpark ans Rhein-Strandbad. Das Spielen am Ufer füllte ganze Nachmittage. Allerdings: Mit Schwimmen war's für uns Kinder dort nichts – zu stark war die Strömung. Erste Schwimmübungen unternahm ich in dem Flussschwimmbad am Stephanienufer, einem im Sommer fest am Ufer vertäuten Pontonschiff mit zwei Holzbecken im Innern. Allerdings fanden meine Eltern die Wasserqualität des Rheins immer unzumutbarer. Ich hatte stets Angst, von der Dreckbrühe versehentlich einen Schluck in den Mund zu bekommen. Zum Glück wurden in dieser Zeit die Schwimmbäder am Stollenwörthweiher eröffnet. Richtig schwimmen lernte ich im Sommer 1957, nicht zuletzt in Konkurrenz zu meinem älteren Vetter. Im Herschelbad erwarb ich dann die Jugendschwimmabzeichen, die außer Dauerschwimmen auch Strecken- und Tieftauchen sowie Springen vom Ein- bzw. Dreimeterbrett verlangten.

So kam der Schwimmunterricht im Gymnasium für mich eigentlich „zu spät". Bei den Bundesjugendspielen war das Schwimmen wenig beliebt, was jedoch an den äußeren Umständen lag. An einem Sommervormittag ab 7:30 Uhr sollten alle Klassen ihre Prüfungen im Herzogenriedbad ablegen. Meist war es ein kühler Tag, und man wartete unendlich lange frierend in Badekleidung am Beckenrand, bis man endlich ins Wasser durfte. Dennoch blieb Schwimmen neben Leichtathletik im Sommer und Ballspielen in der Halle meine liebste Schulsportart. Zum Turnen habe ich nie eine Liebe entwickelt, sehr zum Verdruss meines Sportlehrers, der fand, dass ich mir, angesichts meiner Leistungen im Sommer, im Winter an den Geräten und auf den Matten doch mehr Mühe geben könnte.

Klimabedingt trieben wir in Mannheim kaum Wintersport. Zwar lag in meiner Kindheit fast jeden Winter einmal für 14 Tage am Stück Schnee, aber die Qualität der Rodelstrecken hielt sich sehr in Grenzen: Der Rheindamm war der steilste und längste Hügel in erreichbarer Nähe. Außerdem bekam ich trotz Handschuhen rasch kalte Hände, was das Vergnügen trübte. Beliebter war bei mir das Eislaufen. Allerdings bin ich nie mit meinen Schlittschuhen ins Eisstadion gegangen. Denn ich hatte nur an die Winterstiefel anschraubbare Kufen – peinlich. Außerdem wurde auf dem nahen Meeräckerplatz bei anhaltendem Frost ein durch Sandhäufchen begrenztes Areal mit Wasser besprizt und so eine Eislauffläche hergestellt. In besonders langen Frostperioden fror der Bellenkrappen im Waldpark zu, da waren dann ideale Eislaufbedingungen. Für uns Jungs war dabei Eishockey – ohne große Ausrüstung – die beliebte Fortsetzung des Rollhockeys aus dem Sommer.

Das Beste an der frühen Schulzeit waren natürlich die Ferien. Ich hatte das Glück, dass ich in den Sommerferien auch immer einige Zeit wegfahren konnte. Noch bevor ich in die Schule kam, war meine Mutter im Sommer mit uns Kindern nach Mülben am Katzenbuckel gereist, wo wir beim Bauern Schmidt untergebracht waren. Mein Vater kam erst später nach; er hatte nicht so viel Urlaub. Hier erlebte ich die erste Schlachtung – eine Ziege – und durfte beim Bauern sogar, auf dem Schoß sitzend, den Traktor lenken! In den folgenden Jahren war ich in den Sommerferien mit meinen Großeltern zweimal in der Schweiz. Bergwandern mit einem dort gekauften Wimpel vom Brienzer See am Wanderstock, der den Träger um einiges überragte, hat mir großen Spaß gemacht. Eines Morgens im August aufzuwachen und frischen Schnee auf den Bergen zu entdecken – als Kind fand ich das toll. Und natürlich die Autotouren über die Alpenpässe, die Wanderung durch die Aareschlucht und den Besuch einer Gletscherhöhle. Am beindruckendsten waren jedoch die Feierlichkeiten zum 1. August, dem Schweizer Nationalfeiertag – ein Seenachtfest mit Illumination und Feuerwerk.

In den Folgejahren war mit den Großeltern Camping am Mittelmeer, einmal in Frankreich, einmal in Italien geboten. Bei diesen Reisen war auch mein älterer Vetter dabei. Beim Herumstromern am Sandstrand spielten Sprachprobleme mit dem internationalen Publikum der Zeltplätze keine Rolle – irgendwie verständigte man sich. Dazwischen legten die Großeltern immer wieder Wert auf „Bildungserlebnisse" – die Arena in Nîmes, der Pont du Gard, der Hafen von Toulon oder das Schloss in Mantua mit den Zwergengemächern, die Mosaiken von Ravenna und das dortige Grabmal des Theoderich. Mich hat das meist interessiert, auch die zugehörigen Geschichtserzählungen meines Großvaters; mein Vetter fand's eher langweilig. Dafür hatte er umfangreiche Campinglektüre dabei: Kleine Taschenbüchlein mit gekürzten Versionen der Romane von Jules Verne sowie andere Abenteuer- und Indianergeschichten, die wir nachts im Zelt verschlangen, solange die Taschenlampenbatterien durchhielten.

Ende der fünfziger Jahre verbrachten wir mit der Familie jeweils drei Wochen in Oberbränd im Schwarzwald. Es waren zwei eher kühle, regnerische Sommer, was unsere Stimmung als Kinder kaum trübte. Ein Freund meines Vaters, der auch mit Familie dabei war, hatte dagegen eine Regenversicherung abgeschlossen, die ab einer bestimmten Niederschlagsmenge fällig geworden wäre. Aber trotz gefühlten Dauerregens reichten die bei der Wetterwarte in Neustadt gemessenen Werte nie aus. Für uns Kinder brachte nach Pilzesammeln und seltenem Baden der Abend das Highlight: Das Pensionsgasthaus hatte eine Kegelbahn, bei der wir durch Aufstellen der Kegel ein kleines „Trinkgeld" verdienen konnten – allerdings weniger zum Trinken von Limo, sondern zum Einwurf in die ebenfalls vorhandene Musikbox. Es war die erste Form von Musikkonserve in meinem Leben. Erst später bekam ich einen Kofferplattenspieler geschenkt, vor allem für Kinderhörspiel-Platten und erste Klassik-Singles wie ungarische Tänze von Brahms.

Rudolf Clausing

Hunger und Erniedrigung

Meine Gefangenschaft begann am 11. Mai 1945 in Iglau in der Tschechoslowakei. Bereits auf dem Marsch von dort nach Brünn bekam ich einen Vorgeschmack auf den in Zukunft zu erwartenden Hunger, denn wir bekamen nichts zu essen und nichts zu trinken. Mit den Brotresten aus unseren Taschen hielten wir uns über Wasser. Auf dem Weg nach Brünn wurden wir wiederholt von betrunkenen Russen angegriffen, die uns mit leeren Wodkaflaschen, auch mit anderen Gegenständen und nicht zuletzt mit der bloßen Faust attackierten und wahllos auf uns einschlugen. Die tschechischen Wachmannschaften, die uns beschützen sollten, griffen nie ein, im Gegenteil, sie machten den anstürmenden und betrunkenen Russen noch Platz, wenn sie diesen im Wege standen. Ich hatte das Glück oder den Riecher, solchen Attacken ausweichen zu können, und blieb bei solchen Ereignissen unverletzt.

In Brünn wurden wir in Eisenbahnwaggons zum Abtransport nach Russland eingepfercht. Sie waren mit einer Notdurftrinne ausgestattet, welche durch die schmal geöffnete Tür nach draußen führte. 90 Mann befanden sich in einem Waggon. Es herrschte eine unbeschreibliche Enge, und es ist für denjenigen, der dies nicht erlebt hat, kaum zu glauben, was sich während unserer Bahnfahrt nach Woronesch abspielte. Im Zusammenhang mit den allzu menschlichen Bedürfnissen gab es Situationen und Szenen, die sich einprägten, und die ich nie vergessen werde. Die während des Krieges auf beiden Seiten begangenen Unmenschlichkeiten fanden in der Gefangenschaft ihre Fortsetzung.

In jedem Waggon stand ein Benzinfass, gefüllt mit etwa 150 Liter Wasser, auf dem noch Benzinspuren zu sehen waren. Der Durst konnte mit dessen Inhalt gestillt werden. Essen bekamen wir in unterschiedlichen Abständen, wenn der Zug hielt. Es wurde einfach ein Sack Hunde-Hartfutter deutscher Herkunft in den Waggon reingeworfen. Anfangs hielten wir diese Nahrung für ungenießbar. Das änderte sich jedoch mit dem zunehmenden Hunger sehr schnell. Ab und zu gab es einen Sack Trockenbrot, eine Art Notverpflegung, welche die russischen Soldaten während des Krieges bei sich hatten. Drei Wochen hat unsere Fahrt gedauert, und wir kamen vollkommen zerlumpt, verdreckt, teilweise mit Kot verschmiert und vollkommen ausgehungert in Woronesch an. Ob es in den anderen Waggons Tote gab, weiß ich nicht. In unserem Waggon war das nicht der Fall.

Das Gefangenenlager befand sich in einer ehemaligen Kirche, in die eine Zwischendecke eingezogen war. Auf jeder der beiden Ebenen waren 750 Gefangene in dreistöckigen Holzkästen ohne Stroh und ohne Decken untergebracht. Bei der Ankunft gab es nichts zu essen und zu trinken. Wir verkrochen uns in die Regale, wie wir waren, hungrig und durstig, jedoch froh, erstmals wieder ohne die beklemmende Enge und den Gestank von Kot und Urin schlafen zu können. Seelisch und moralisch waren viele, vor allem die Älteren, bereits am Ende. Manchem war bereits anzusehen, dass er die Gefangenschaft nicht überstehen würde. Mein Überlebenswille kam damals mit dem Satz zum Ausdruck, den ich gegenüber einem Kameraden äußerte: „Der Russe kann mich fahren, wohin er will, ich werde niemals in Russland begraben." Heute wundere ich mich darüber, woher ich damals meinen Optimismus nahm.

Am nächsten Morgen bekamen wir erstmals das, was uns auch in den folgenden Wochen geboten wurde, nämlich die lagerübliche Wassersuppe, dazu 300 Gramm Brot, die Tagesration für diejenigen, die nicht arbeiteten. Es war eine Art Kastenbrot, das aus etwa 50 Prozent Wasser bestand. Der Teig konnte nicht frei in einen Ofen gelegt werden, er wäre auseinandergelaufen. Man legte ihn deshalb in Blechkästen, in denen dann das Brot garen und sich festigen konnte. Welchen Nährwert dieses Brot hatte, bedarf keiner großen Überlegung. Endlich war dann auch Waschen angesagt, und alle stürzten sich auf die wenigen Wasserhähne, die über einem großen Auffangbecken angebracht waren. Nach all dem, was wir auf dem Transport hatten aushalten müssen – Dreck, Urin, Kot, Schweiß – war das frische und saubere Wasser eine unvorstellbare Wohltat, auch kalt und ohne Seife. Zu der körperlichen Reinigung kam die erste Säuberung der total verschmierten Klamotten, die am Körper trocknen mussten, da nur das verfügbar war, was man bei der Gefangennahme am Leib getragen hatte. Es folgte für alle die Massenrasur, der nicht nur das Kopfhaar, sondern auch die Bärte zum Opfer fielen.

Einmal pro Woche wurde diese Prozedur wiederholt. Da keiner ein Rasiermesser besitzen durfte, waren fünf Berufsfriseure ausgewählt worden, die diese Arbeit durchführten. Die Messer mussten nach getaner Arbeit wieder abgeliefert werden. Der Ablauf war folgender: Ein Tisch, darauf ein Stück russische Kernseife, fünf Rasierpinsel und fünf Stühle, auf denen man zur Rasur Platz nahm. Man bedenke: fünf Pinsel und fünf Rasiermesser für etwa 1.500 Mann, ohne Hygiene und ohne Desinfektionsmittel.

Nach der ersten Massenrasur erfolgte die ärztliche Untersuchung. Dafür zuständig waren ein russischer und ein deutscher Arzt. Es ging dabei mehr oder weniger um die optische Überprüfung des körperlichen Zustands auf Arbeitstauglichkeit. Da keiner der Sprache des anderen mächtig war, unterhielten sich die beiden Ärzte auf Lateinisch. Je nach optischer Beurteilung wurden wir in vier Arbeitskategorien eingeteilt. Zur vierten Gruppe zählten die Mitgefangenen mit dem schlechtesten körperlichen Zustand, die nicht mehr arbeitsfähig waren. Ihre Überlebenschancen waren gering.

Im Lager gab es dreimal täglich die erwähnte Wassersuppe mit geringen Inhaltsstoffen. Die Ausgabe der ersten Suppe begann morgens um 5 Uhr, damit die Frühschicht um 8 Uhr abmarschbereit war. Die nächste Essenausgabe erfolgte nach der Rückkehr von der Arbeit um 15 Uhr. Morgens gab es kein Brot, sondern nur etwa ein dreiviertel Liter Suppe. Jeder von uns hatte ein „Kochgeschirr", meistens war es eine Konservenbüchse aus deutschen Heeresbeständen, verbeult und mitunter auch verrostet, in welche die Suppe per Kelle eingefüllt wurde. Manche kratzten oft minutenlang auf dem Boden der Dosen, um jeden Tropfen Suppe mitzubekommen. Die morgens verabreichte Menge musste den ganzen Tag reichen, denn erst nach Rückkehr von der Arbeitsstelle gegen 16 Uhr gab es die Mittagssuppe.

Bereits am zweiten Tag unserer Ankunft in Woronesch begann der Lageralltag. Wir mussten morgens nach dem Empfang der Suppe getrennt nach den Arbeitsgruppen im Hof des Lagers antreten. Die alt einsitzenden Gefangenen des Lagers, die während des Krieges gefangen genommen worden waren und teilweise bereits bis zu drei Jahren Gefangenschaft hinter sich hatten, waren in Arbeitsbrigaden eingeteilt und stellten sich auch entsprechend im Hof des Lagers auf. Wir, die Neuen, wurden je nach unserer von den Ärzten vorgenommenen Gruppenzuordnung den Brigaden zugeteilt. Es folgte der Abmarsch zu den Arbeitsstellen. Ich gehörte zur Arbeitsgruppe eins.

Die Austeilung der Mittagssuppe erfolgte etappenweise, weil die einzelnen Arbeitsbrigaden zu unterschiedlichen Zeiten zurückkamen. Waren alle Arbeitsbrigaden im Lager, wurde zur Abendsuppe aufgerufen. Hierbei gab es dann endlich das Brot. 300 Gramm war die Mindestmenge. Sie wurde je nach der Erfüllung der Arbeitsnorm der einzelnen Brigaden mitunter etwas erhöht. Der abendliche Essensempfang erfolgte getrennt nach Brigaden unter Aufsicht des jeweiligen Brigadiers, der für die ordnungsgemäße Verteilung verantwortlich war. Wer von den Brigaden besondere Leistungen vorlegen konnte, bekam einen Essenszusatz, meist etwa 200 Gramm Hirsebrei. Streit gab es dann, wenn einzelne für besondere Arbeitsleistungen mehr zugeteilt bekamen als alle anderen. Wer nicht zu einer Brigade gehörte, die aus noch leistungsfähigen Gefangenen bestand, bei dem schwanden bei der beschriebenen Minimalverpflegung zusehends die Kräfte. Er rutschte in die Gruppe vier der nicht mehr arbeitsfähigen Gefangenen. Am Ende standen meist Dystrophie und Tod. Bis es jedoch dazu kam, waren manche den ganzen Tag über im Lager auf der Suche nach Essbarem. Sie stöberten in Abfallhaufen und standen bei der Essensausgabe herum, immer in der Hoffnung, doch noch etwas zusätzlich zu erhaschen. Aber keiner hatte etwas abzugeben. Es ging bei allen ums Überleben.

Ich werde den Anblick niemals vergessen, wie die vollkommen ausgehungerten Gefangenen der vierten Gruppe wie Eckensteher herumstanden, teilweise in zerlumpten und zerrissenen Klamotten, die aus russischen Heeresbeständen stammten und entsprechend aussahen. Meist mit der Schulter an die

Wand gelehnt, standen sie am Ausgabeschalter, mit ihrem Blick auf die verabreichte Suppe und auf die Brotportionen, die in diesem Moment wir erhielten, die Arbeitsfähigen und somit die in den Augen der anderen Begünstigten. Ihr einziger Gedanke war: „Wie komme ich da ran?" Alles andere Denken war ausgeschaltet. Sie verhungerten nicht nur körperlich, sondern auch im Kopf und dadurch, meine ich, auch seelisch. Was übrig blieb, waren lebende Wracks in einem extrem desolaten Körper. Durchfall hatte von ihnen fast jeder, auch viele andere, weil die Feststoffe im Essen weitgehend fehlten.

Es gibt ein altes Landsknechtslied, das wir früher in der katholischen Jugend gesungen haben. Sein Beginn lautet:

Wilde Gesellen, vom Sturmwind durchweht,
Fürsten in Lumpen und Loden,
zieh'n wir dahin, bis das Herze uns steht,
ehrlos bis unter den Boden.

Dieses Lied fiel mir damals immer wieder ein. Wir fühlten uns nicht als Fürsten in Lumpen und Loden, aber ehrlos bis unter den Boden. Jeder konnte mit uns machen, was er wollte. Wer nie Gefangener und der Willkür anderer ausgesetzt war, der weiß nicht, was es mit der Fremdbestimmung auf sich hat.

Läuse plagten uns von Beginn der Gefangenschaft an. Wenn wir Zeit hatten, zogen wir uns aus und knackten so viele, wie wir konnten. Los wurden wir sie aber nicht. Wir konnten lediglich ihre Anzahl geringfügig verringern und auch das nur für kurze Zeit. Auch Wanzen, die in großen Mengen in den Ritzen der Pritschenbretter und Kanthölzer unserer Schlafstätten auf uns warteten, quälten uns. Aber im Vergleich zum Hunger waren Läuse und Wanzen ein weitaus geringeres Übel. Ohne den Hunger, den die deutsche Zivilbevölkerung nach dem

Das einzige Foto aus den langen Jahren der Gefangenschaft entstand Anfang 1949. Es zeigt mich (1.v.l.) mit zwei meiner Mitgefangenen. So gekleidet sind wir zu Hause angekommen.

Krieg erlebte, zu schmälern oder in Frage zu stellen, so ist der Hunger, den wir Gefangenen zumindest in der Anfangszeit in russischer Gefangenschaft erlebten, um eine Dimension größer gewesen, vor allem deshalb, weil es hinter den bewachten Zäunen nicht die geringste Möglichkeit zur Änderung der Situation gab.

Nach meinen Erfahrungen mit dem Hunger habe ich mir geschworen und unserem Herrgott versprochen, nie wieder über Essen zu meckern und Essbares ohne triftigen Grund wegzuwerfen. Diesem Grundsatz bin ich bis heute treu geblieben.

Weihnachten im Krieg und in der Gefangenschaft

1941 war meine letzte Kriegsweihnachtsfeier zu Hause. Den Weihnachtsabend 1942 erlebte ich in einem Lazarett in Kursk, nachdem ich gerade eine Fleckfiebererkrankung auskuriert hatte, die für viele Soldaten im Russlandfeldzug zum Tod geführt hat.

Gegen 17 Uhr kamen alle Schwestern und auch die angestellten russischen Hilfskräfte in die Krankenzimmer und stellten jedem Kranken eine brennende Kerze und eine Flasche Sekt ans Bett. Dies war ein Weihnachtspräsent des Lazarettes. Anschließend wurde jedem, mit nur wenigen Ausnahmen, ein Weihnachtspäckchen von zu Hause auf das Bett gelegt. Auch ich bekam ein solches Päckchen. Alle haben sich gefragt, wie es möglich war, dass fast alle so pünktlich zu Weihnachten Post von zu Hause erhielten. Die Erklärung war einfach. Die ganze Post, die im Laufe des Dezembers im Lazarett eingetroffen war, war zurückgehalten worden und wurde erst an Heiligabend dem Empfänger übergeben. Die Freude war unbeschreiblich. Strahlende Gesichter überall, Tränen in den Augen bei einigen, in sich gekehrtes Nachdenken bei anderen. Friede und Freude waren trotz Krieg, Kriegslazarett und bitterer Kälte für ein paar Stunden eingekehrt.

1943 und 1944 befand ich mich in Russland im Kriegseinsatz. Die Weihnachtstage sind im Kriegsalltag untergegangen, und 1945 war ich an Weihnachten im Kriegsgefangenenlager Woronesch. Ich erinnere mich, dass unser damaliger deutscher Lagerkommandant für diesen Tag ein zusätzliches Stück Brot oder eine Extrasuppe bei der russischen Lagerleitung rausholen wollte, was jedoch kompromisslos abgelehnt wurde.

Weihnachten 1946 werde ich nie vergessen. Nach einem missglückten Fluchtversuch mit anschließenden vier Wochen im Karzer war ich in einer Strafkompanie im Gefangenenlager Woronesch, von wo aus ich meine Flucht angetreten hatte. Bis Kiew war ich gekommen, und wie es üblich war, um zu zeigen, dass kaum einer durchkam, hatte mich die Polizei in das Lager Woronesch zurückgebracht. Die Strafkompanie bestand aus etwa 20 Mann, überwiegend Deutschen, die abgetrennt vom Lager in einem kleinen Raum untergebracht waren. Wir hatten tagsüber härtere Arbeiten als alle anderen bei geringerer Verpflegung zu leisten. Mit den anderen Lagerinsassen durften wir keinen Kontakt haben. Das Essen wurde zu uns gebracht, und auch die ärztliche Betreuung fand in unserer Behausung statt.

Die Leitung der Krankenstube hatte eine junge russische Ärztin, die uns viel Verständnis und Menschlichkeit entgegenbrachte. Ich hatte damals im Genick einen sehr großen und schmerzhaften Furunkel, den sie täglich behandelte. So auch am 24. Dezember 1947. Die Ärztin wusste von der Bedeutung dieses Tages für uns Deutsche. Wir hatten für unseren Raum eine Kerze organisiert, die brannte, als sie zu uns kam. Nach meiner Behandlung hat sie uns über Weihnachten und seine Bedeutung für uns befragt. Unseren seelischen Zustand konnten wir dabei nicht verheimlichen. Jeder erzählte eine Besonderheit aus seinen Weihnachtserlebnissen zu Hause, wobei die Ärztin eine sehr aufmerksame Zuhörerin war. Wir saßen auf unseren Pritschen, die Ärztin neben mir. Wir erzählten und schwiegen, erzählten und schwiegen wieder, und schließlich haben alle geweint. Auch sie, die Ärztin, weinte.

Im Dezember 1947 war ich mit vielen Mitgefangenen von Woronesch aus ins Donezbecken transportiert worden, wo sich in der Gemeinde Wolodarka unser Lager befand. Wir wurden in den dortigen Kohlengruben Nr. 3 und 10 eingesetzt. Inzwischen waren die allgemeinen Ängste vor den Gruben zerstreut. Wir arbeiteten in drei Schichten: die erste Schicht von 6 bis 14 Uhr, die zweite von 14 bis 22 Uhr und die dritte von 22 bis 6 Uhr. Es wurde rund um die Uhr gearbeitet, das ganze Jahr hindurch, ohne Pause, ohne Feiertage. Lediglich am 1. Mai, am „Tag der Arbeit", ruhte die Kohleförderung.

Das nahende Weihnachtsfest war zu spüren, aber rechte Weihnachtsstimmung kam nicht auf, da wir alle wussten, dass an diesen Tagen genauso gearbeitet werden musste wie an jedem anderen Tag. Wir hatten in unseren Reihen einen evangelischen Geistlichen, der noch ein Gebetbuch besaß, das allerdings stark zerfleddert war. Ich habe mit ihm über Weihnachten gesprochen, dabei aber gemerkt, dass er für eine Spontanaktion nicht zu haben war. Er hatte Angst vor Repressalien durch die Russen. Also musste ich mein Vorhaben alleine durchführen.

Ich hatte am 24. Dezember Nachtschicht und somit am Vormittag frei, sodass ich Zeit hatte für die Vorbereitung einer Weihnachtsfeier, wie ich mir sie vorgestellt hatte. In unserem Lager außerhalb der festen Gebäude wucherten kleine, stachelige weiße Sträucher. Was für Gewächse das waren, weiß ich bis heute nicht. Diese Sträucher habe ich abgeschnitten und in unserem geräumigen Schlafraum, in welchem 12 Mann untergebracht waren, überall hingesteckt. Danach nahm ich mit einem Bayern Kontakt auf, der Mitglied der Musikkapelle des Lagers war und Zither spielte. Nachdem ich ihm erklärt hatte, worum es mir ging, fragte ich ihn, ob er mir bei meiner geplanten Aktion behilflich sein wolle. Er sagte ohne Zögern ja. Dann verlief alles wie geplant. Am 24. Dezember 1947 gegen 12 Uhr mittags erklangen aus dem von mir geschmückten Raum weihnachtliche Lieder. Wie erwartet kamen langsam von allen Seiten die Leute der ersten Schicht an. Anfangs zögerten noch einige, aber dann füllte sich der Raum. Wer keinen Platz mehr fand, der blieb vor der Tür stehen.

Als alle anwesend waren, die mit mir Weihnachten feiern wollten, bat ich den evangelischen Geistlichen um sein Gebetbuch, schlug das Lukasevangelium auf und las es den versammelten Lagerinsassen vor. Es war dabei mucksmäuschenstill. Bei den meisten kam die Botschaft an. Viele haben geweint, denn wer dachte an diesem Tag nicht an zu Hause, an seine Eltern, an Verwandte und Freunde. Anschließend spielte der bayerische Musikfreund weitere Weihnachtslieder, und fast alle sangen mit. Als ich dem evangelischen Geistlichen sein Gebetbuch zurückbrachte, saß er auf seiner Pritsche und weinte bitterlich, sodass ich ihn trösten musste.

Da unsere Schicht um 14 Uhr pünktlich zum Schichtbeginn zum Abmarsch in die Grube bereitstand, gab es keine Repressalien seitens der russischen Lagerleitung. Ich hatte, bedingt durch die Umstände, den Heiligen Abend auf die Mittagszeit vorverlegt, was keinen störte. Dass ich danach bei der Arbeit in der Grube mein Hochgefühl über die gelungene Feier nicht verdrängen konnte, ist sicher verständlich.

Auch das war Weihnachten in der Gefangenschaft, unvergesslich für mich und vermutlich für viele andere.

Letztmals habe ich 1948 Weihnachten auf russischem Boden erlebt. Wie zuvor wurde gearbeitet. Weihnachten ging im allgemeinen täglichen Arbeitsrhythmus unter und hatte keine erwähnenswerten Besonderheiten. Bis zu meiner Entlassung befand ich mich im Lager Wolodarka und arbeitete zuletzt als Reparaturschlosser in den dortigen Kohlengruben Nr. 3 und 10.

Auf meinem Entlassungsschein aus der russischen Gefangenschaft ist der 17. Oktober 1949 vermerkt.

Auf dem Telegramm an meine Eltern, das ich in Frankfurt an der Oder aufgegeben habe, stehen nur vier Worte: „Ich komme, Gruß Rudi."

Nach einem kurzen Zwischenaufenthalt im Durchgangs- und Heimkehrerlager Ulm kam ich am 19. Oktober 1949 abends um 19 Uhr im Mannheimer Hauptbahnhof an. Ich hatte den Krieg und die Gefangenschaft überstanden und war wieder daheim. 1949 konnte ich endlich wieder mit meinen Eltern den Heiligen Abend so feiern, wie es in Deutschland üblich ist.

Nach vielen Jahren endlich wieder daheim

Meine Nachkriegszeit begann eigentlich erst am 19. Oktober 1949. An diesem Tag betrat ich erstmalig nach dem 8. Mai 1945, der ja die Nachkriegszeit einläutete, abends um 21 Uhr am Hauptbahnhof Mannheim heimatlichen Boden. Ich kam damals von dem Auffanglager in Ulm, der letzten Station meines Daseins als Soldat und als Kriegsgefangener.

Doch so einfach, wie diese Beschreibung sich anhört, war meine Heimkehr für mich nicht. Je mehr sich der Zug Mannheim näherte, desto mehr steigerte sich in mir eine Unruhe fast bis zur Angst. Einen klaren Gedanken konnte ich nicht fassen. Der Zustand war ein Gemisch aus einer gewissen Freude und der Frage: „Was kommt jetzt und in Zukunft auf mich zu?" Bis dahin hatte ich mich nie direkt um meine Existenz kümmern müssen. Bevor ich eingezogen worden war, lebte ich in einer Familie, die sich um mein leibliches Wohl kümmerte. Beim Militär war es, allerdings unter anderen Vorzeichen, bis zu einem gewissen Grad das Gleiche. Auch hatte ich wahnsinnige Angst vor der ersten Begegnung mit meinen Angehörigen, besonders vor der mit meiner Mutter. Ich spielte sogar mit dem Gedanken, mich auf dem Rangierbahnhof in einen Güterwagen zu legen und die Nacht erst einmal dort zu verbringen. Eine eindeutige Meinung zu diesen Gedanken habe ich bis heute nicht gefunden.

Es kam letztendlich alles anders. Beim Aussteigen aus dem Zug habe ich auf dem Bahnsteig nach Angehörigen von mir gesucht, aber keine gefunden. Ich ging sehr zaghaft auf die Treppe zu, die zum Ausgang führte. Der Ausgang war damals zwischen dem Bahnhofshotel und den Güterumschlagshallen, die der Bahnpost gegenüber standen. In diesem Zwischenraum standen zwei Kabinen, in denen je ein Bahnbeamter die Fahrausweise kontrollierte. Als ich von der Treppe kommend auf diese Kabinen zuging, sah ich draußen meine beiden Schwestern stehen. In diesem Moment bekam ich eine gewisse Panik und trat den Rückzug an. Als ich mich umdrehte, stand meine Mutter hinter mir. Sie hatte mich auf dem Bahnsteig erwartet, auf dem ich ausgestiegen war, aber wir hatten uns verpasst. Die Begrüßung war herzlich, aber nicht stürmisch, ich konnte nicht mehr zurück, mit einem Schlag waren alle Fluchtgedanken von mir zunichte gemacht. Wir gingen dann beide durch den Ausgang, wo meine Schwestern mich stürmisch begrüßten.

Jetzt war ich wirklich zu Hause. Meine Unruhe, um nicht zu sagen Angst, ließ endlich etwas nach, obwohl eine gewisse innere Spannung blieb. Zu Fuß und nicht mit dem Auto oder Taxi ging es dann nach Hause in die Käfertaler Straße 56.

Der Abend verlief ziemlich ruhig. Es kam keine rechte Stimmung auf, in der ein Gespräch von der einen oder anderen Seite angeregt wurde. Bald waren alle Beteiligten bettreif, und es kam die Frage auf, wo ich schlafen sollte. Mein Zimmer war mit einem Flüchtlingsehepaar belegt, und so stellte meine Mutter mir ihr Bett zur Verfügung. Sie selbst hat auf einer Couch in einem anderen Zimmer geschlafen. Unsere Wohnung in der Käfertaler Straße 56 war eine Fünfzimmerwohnung, und wir hatten dadurch trotz der Beschlagnahmung von zwei Zimmern innerhalb der restlichen drei Zimmer immer noch eine gewisse Beweglichkeit.

Für mich war das Bett meiner Mutter eine Qual. Matratzen, warme Zudecken und Kopfkissen kannte ich seit Jahren nicht mehr. Meine Schlafunterlagen waren im Krieg der blanke Boden, Stahlplatten im Panzer und als Kopfkissen prall gefüllte Packtaschen mit schmutziger Wäsche, aber auch Backsteine gewesen, die ich mit meiner Mütze etwas angenehmer machte. In der Gefangenschaft waren es harte, rohe Bretter sowie Betonböden. Und so habe ich eine Stunde später das Bett meiner Mutter wieder verlassen und mich kurzerhand auf dem Bettvorleger schlafen gelegt. Dort habe ich dann bis zum anderen Morgen durchgeschlafen.

Die darauffolgenden Tage waren ausgefüllt mit Behördengängen wie Rückmeldung im Rathaus, bei der Polizei in L 6 und auf dem Gesundheitsamt, welches damals in dem weißen Gebäude der AOK an der Friedrich-Ebert-Brücke untergebracht war. Alle diese Gänge wurden von meiner Schwester begleitet, weil ich erstens die einzelnen Behörden nicht kannte und zweitens maßlose Hemmungen hatte, verbunden mit einer Angst gegenüber fremden Personen. Ich bin auch die ersten 14 Tage nicht alleine aus dem Haus gegangen, weil ich eben diese Hemmungen nicht verbergen konnte.

Bevor ich eingezogen wurde, hatte ich eine gute Freundschaft zu zwei Mädchen aus dem Nebenhaus. Sie waren katholisch wie ich, und wir hatten uns daher oft in der Kirche gesehen. Eines dieser Mädchen, das inzwischen seit 60 Jahren meine Frau ist, kam an unsere Tür und brachte mir im Auftrag der Familie Papsdorf ein Stück Kuchen als Begrüßung zur Heimkehr. Ich verschanzte mich in unserer Wohnung und war durch nichts zu bewegen, persönlich den Kuchen in Empfang zu nehmen. Solche unvorstellbaren Ängste und Hemmungen plagten mich. Es lag in dieser Situation überhaupt kein triftiger Grund vor, mich derart zu verweigern. Letztendlich hat dann meine Mutter den Kuchen angenommen. Auch erinnere ich mich, dass ich, der ich bereits 26 Jahre alt war, mit meiner Mutter in die Stadt gegangen bin, um Einkäufe zu tätigen. Alleine hätte ich das nicht geschafft. Es hat ungefähr zwei Monate gedauert, bis ich einigermaßen zurechtkam. Doch ein Rest dieser Hemmungen blieb noch jahrelang, um nicht zu sagen jahrzehntelang, in mir zurück.

Ich muss hier noch eine Episode erwähnen, die sich auf dem Polizeipräsidium bei meiner Rückmeldung ereignete. Wie bei jeder anderen Behörde legte ich auch dort meine Entlassungspapiere vor, die aber von dem Beamten so nicht ohne Weiteres akzeptiert wurden. Er stellte mir die Frage: „Sind Sie Deutscher?" – Ich fiel aus allen Wolken und konnte es kaum glauben, dass man einem Spätheimkehrer eine solche Frage stellte. Da war man als verhasster deutscher Gefangener im Ausland Schikanen und Repressalien ausgesetzt gewesen, und im eigenen Land wurde man als Deutscher angezweifelt. Meine Beteuerung, Deutscher zu sein, ließ er nicht gelten. Er bestand darauf, dass ein Deutscher mit Staatsangehörigkeitsnachweis für mich bürgen müsse, erst dann könne er mich als deutschen Bürger anerkennen. Auch die Beteuerungen meiner Schwester konnten den Beamten nicht überzeugen, und so blieb uns nur der Rückzug. Am nächsten Tag ist dann mein Vater mit mir nach L 6 gegangen und hat anhand seiner Papiere bezeugt, dass ich sein Sohn und somit Deutscher bin. So wurde ich auch ganz offiziell wieder „Mannemer", der ich immer war.

Noch heute kann ich nicht recht verstehen, warum ich diese Angstgefühle und die Unsicherheit hatte, und wo sie herkamen. Den Grund habe ich nie erforschen können. Auch der Zufall hat mir keine Fährte gezeigt. Während des Krieges war ich immer ein gut integrierter Soldat und Mensch gewesen, mit dem man reden und umgehen konnte. Angst hatten wir alle, besonders vor einem Kampfeinsatz. Diese Angst war allerdings eine andere als die, die ich nach meiner Heimkehr verspürte. Ich habe auch, sogar nicht gerade ungern, risikoreiche Einsätze ohne besondere Angstgefühle mitgetragen. Oft habe ich anderen geholfen, deren Angst zu beherrschen und zu überwinden. Das war auch in der Gefangenschaft so. Aber Krieg und Gefangenschaft haben mich im Laufe von knapp acht Jahren derart seelisch beeinflusst, dass ich nur mit Schwierigkeiten in das Zivilleben zurückfand.

Langsam, aber stetig kam bei mir die zivile Normalität zurück. Um Arbeit brauchte man sich keine Sorgen zu machen, denn diese gab es zu dieser Zeit an jeder Straßenecke. Da ich 1941 in den Motoren-Werken-Mannheim gearbeitet hatte und aus dieser Arbeit heraus eingezogen worden war, musste mich die Firma bei meiner Rückkehr wieder einstellen. Das war per Gesetz so geregelt. So habe ich am 1. Februar 1950 die Arbeit bei der MWM wieder aufgenommen. Der Alltag verlief letztendlich ohne Besonderheiten. Ich war weiterhin zu Hause. Auch hatte ich keine Hemmungen mehr gegenüber den vorgenannten beiden jungen Frauen. Bei der einen, die mir den Kuchen gebracht hatte, wurde dann aus unseren Zusammentreffen, wie bereits erwähnt, mehr als Freundschaft.

Eine Wohnung oder auch nur ein Zimmer zu bekommen, war in dem zerbombten Mannheim sehr schwer. So mussten wir auch nach unserer Heirat im Juli 1951 abends jeweils zu unseren Familien nach Hause gehen. Erst im März 1952 konnten wir in Feudenheim ein Zimmer mieten und somit erstmalig zusammenziehen. Zu der standesamtlichen Heirat hat uns damals ein Beamter auf dem Wohnungsamt geraten. Er begründete seine Empfehlung damit, dass Verheiratete sowie Spätheimkehrer mit entsprechendem Ausweis in der Wohnraumvergabe bevorzugt werden würden.

Die ersten Wahlen, die ich nach meiner Heimkehr erlebte, waren spanische Dörfer für mich, und ich ließ mich von meiner Umgebung beraten, um nicht zu sagen beeinflussen. Ich wählte damals die CDU, was ich noch heute bereue und bis dato nicht mehr getan habe. Der Grund hierzu ist die Einführung der Bundeswehr durch den damaligen Bundeskanzler Adenauer. Ich war empört und bin Sturm gegen dieses Vorhaben gelaufen. Ich konnte es nicht ertragen, dass wieder Menschen in Uniform für ihr Vaterland sterben sollten. Meine Erinnerungen an den Krieg und meine Erfahrungen waren noch derart frisch, dass ich jeden ansprach, der bei den folgenden Wahlen eventuell die CDU wählen könnte. Die Ablehnung der CDU hat bei mir bis zum heutigen Tag angehalten. Für mich war es ein Alptraum, wieder Kampfeinheiten in unserem Land zu wissen. Auch mit meiner Mutter, die eine notorische CDU-Wählerin war, habe ich wiederholt ernsthafte Gespräche geführt und dabei die Frage gestellt, ob wieder Frauen, Mütter und Geschwister um ihre Söhne und Angehörigen bangen und beten sollten, wie sie es für mich getan haben. Die Diskussionen mit meiner Mutter gehören für mich zu den eindrucksvollsten der Nachkriegszeit, und ich stehe auch noch heute zu meiner Auffassung.

Was noch für mich zur Nachkriegszeit gehört, ist ein Erlebnis auf dem Backfischfest in Worms im Jahre 1951, auf dem ich mit meiner damaligen Verlobten war. Wir wollten uns den dazugehörigen Umzug anschauen und hatten einen guten Platz am Straßenrand. Als die erste Musikkapelle in voller Lautstärke auf uns zukam, befiel mich eine derartige innere Bedrückung und Angst, dass ich darauf bestand, den Platz zu räumen und aus der Hörweite der Musikkapelle zu gehen. Da waren wieder diese unterbewussten Erinnerungen an meine Militärzeit und an ihre Folgen. Zum Glück hat sich diese Phobie dann doch gelegt.

Bei der MWM war ich bis 1956 auf dem Motorenprüfstand tätig, danach als Kundendienstingenieur für die Ausbildung eigener und externer Monteure zuständig. Meine neue Tätigkeit fiel in die Zeit der Motorisierung der Landwirtschaft. Der Schmied eines Dorfes oder einer ländlichen Gemeinde war der Alleskönner und wollte das auch bleiben. Die Motorisierung dagegen lief ihm den Rang ab. Er musste sich umstellen und die Wartung und Reparatur von Traktoren, insbesondere deren Motoren, erlernen. Und diese Umstellung und Ausbildung gehörten zu meiner Aufgabe. Es war fast ein Kunststück, einen Schmied mit großen muskulösen Armen von seinem Amboss wegzuholen, um ihn dazu zu bringen, an einer feingliedrigen Maschine Reparaturen oder Montagen vorzunehmen. Kleine Schrauben konnten mit den breiten Händen kaum gefasst werden. Es erforderte meinerseits sehr viel Geduld, eine solche Ausbildung erfolgreich durchzuführen. Trotzdem hat mir diese Arbeit viel Spaß gemacht.

Monteurausbildung bei der MWM (Autor 3.v.r.)

Krieg und Gefangenschaft in jungen Jahren sind für mein Leben prägend gewesen. Alles überstanden zu haben und ein zufriedener, glücklicher Mensch geworden zu sein, dafür bin ich dankbar.

DORIS DIAMANT DE SIEBERT, GEBORENE DIAMANT NORD

Angekommen in Deutschland als Tochter von zurückgekehrten Emigranten

Mein Name ist nicht der einer Adligen, sondern der einer Mexikanerin. Die jetzt auch Deutsche ist. Geboren wurde ich 1947 als Doris Diamant Nord. Mein Vater war Max Diamant und meine Mutter hieß mit Mädchennamen Anna Nord. Als ich Erich Siebert 1982 heiratete, wurde ich zu Doris Diamant de Siebert und zog nach Mannheim. Im Alltag in Deutschland sage ich immer, ich hieße Doris Diamant Siebert.

Wieso in Mexiko geboren? Max Diamant wurde bereits im März 1933 in Mannheim gesucht, er sollte in Schutzhaft genommen werden. Als Journalist, politischer Aktivist und Jude war er frühzeitig eine Person, die nach nationalsozialistischer Lesart aus dem Verkehr gezogen werden sollte. Freunde ermöglichten meinem Vater die Flucht. Sie hatten ja in den verschiedenen Zeitungen in Mannheim und in Ludwigshafen lesen können, dass er gesucht wurde. Er gelangte in einem Kohlekahn versteckt nach Straßburg, suchte sich Unterkunft und Arbeit und war politisch als Grenzsekretär tätig, der gedruckte Informationen für die Aufklärung in Reichsdeutschland herstellte. Meine Mutter ist in Ludwigshafen im März und April 1933 wiederholt von der Gestapo vernommen und belästigt worden und floh deshalb einige Wochen später nach Straßburg. Sie war lungenkrank. Eine tapfere Freundin und Nachbarin aus Ludwigshafener Zeiten, Pauline Mayer, besuchte beide in Straßburg, obwohl sie gewärtig sein konnte, es mit der Gestapo zu tun zu bekommen. Sie kam mit Nahrungsmitteln, weil sie wusste, in welch prekärer Situation Max und Anni waren. 1934 gingen meine Eltern nach Paris. Dort setzte mein Vater seine politische Arbeit bei der Auslandsleitung der Sozialistischen Arbeiterpartei (SAP) fort, und meine Mutter sicherte den Lebensunterhalt mit der Arbeit als Putzfrau. Eine Arbeitserlaubnis hatte keiner von beiden.

Es folgten viele Stationen, immer in politischer Zusammenarbeit mit der SAP, wobei es meinem Vater um die Bekämpfung der Nazis, aber auch um die Auseinandersetzung mit der Sowjetunion ging, in der seine Eltern lebten. Ende 1937 brach der Kontakt zu ihnen ab, und er war in Sorge, dass sie Opfer der stalinistischen Säuberungen geworden waren. Dass sein Vater bereits 1937 erschossen worden war, wusste er damals noch nicht. Über das Schicksal seiner Mutter ist bis heute nichts bekannt.

Hinzu kam der zähe Kampf um den Aufenthaltsstatus in Frankreich, denn das Bleiben in Frankreich war nicht so ohne Weiteres gegeben. Ende 1936 bis April 1937 ging mein Vater nach Barcelona und betätigte sich in der publizistischen Arbeit im Spanischen Bürgerkrieg. Zurück in Frankreich folgte 1939 die Internierung in einem Lager für die nunmehr Unerwünschten aus Reichsdeutschland, unabhängig davon, ob die Menschen in Frankreich Zuflucht gesucht hatten, oder ob sie Anhänger der Nazis waren. Dann folgte 1940 ein Aufenthalt in der nicht besetzten Zone in Montauban und in Marseille, und als es auch dort brenzlig wurde, gingen meine Eltern nach Lissabon und kamen im März 1942 schließlich mit dem Schiff Nyassa in der Hafenstadt Veracruz in Mexiko an. In Mexiko-Stadt bauten sie sich eine Existenz als Selbständige auf, zunächst als Restaurantbesitzer und später als Betreiber eines Delikatessenladens. Mit diesem verdienten sie ihren Lebensunterhalt, als ich 1947 geboren wurde. Endlich hatten meine Eltern das ersehnte Kind bekommen und eine Familie gegründet.

1950 kam der Bruder meines Vaters, mein Onkel Arnold, mit Frau und zwei Kindern aus Frankreich zu uns nach Mexiko. Seine Kinder sind richtige Mexikaner geworden und haben selbst Kinder. Von 1954 bis 1956 war auch ein Bruder meiner Mutter mit Frau und zwei Söhnen bei uns, der 1934 nach Palästina ausgewandert war. Auf diese Weise lernte ich Verwandte aus der mütterlichen und der väterlichen Familie kennen. Während in Mexiko Familienangehörige waren, hatten wir in Deutschland keine mehr. Erst 1964 lernte ich weitere Verwandte aus der mütterlichen Familie kennen, als ich von Frankfurt aus Israel als Teilnehmerin einer Schülerreise besuchte.

Die Familie bei einem Spaziergang (meine Mutter ganz links)

Ich lernte schon als kleines Kind Spanisch im täglichen Umgang mit den Menschen, die uns umgaben, und Deutsch mit meinen Eltern. In der ersten Klasse war ich in einer jüdischen Schule und ab der zweiten Klasse in der französischen Schule. Dort lernten wir alles in dieser für mich zunächst fremden, aber bald vertrauten Sprache. Meine Sprachkenntnisse in Spanisch und Französisch sind mir bis heute geblieben. Die letzten drei Schuljahre in Mexiko-Stadt besuchte ich eine öffentliche Schule, in der ich viele soziale Fähigkeiten erwarb. Die Lehrmethoden waren dort der Zeit weit voraus. Die Schule war angeschlossen an die Ausbildungsstätte für Lehrer der Sekundarstufe I. Ende 1961 habe ich diese Schule abgeschlossen, und noch heute bestehen Kontakte zu einigen Mitschülerinnen und Mitschülern.

Bis 1962 lebten wir in Mexiko-Stadt, deren Einwohnerzahl schon damals mehr als acht Millionen betrug. Das hatte Auswirkungen auf das Leben für mich als Kind und als Jugendliche, nichts ist gerade um die Ecke erreichbar gewesen. Relativ lange musste ich Physiotherapie-Behandlungen in Anspruch nehmen und lernte auch aus therapeutischen Gründen schwimmen, denn 1954 war ich an Kinderlähmung erkrankt. Ich war eines der Opfer der damaligen weltweiten Pandemie. Aber dank der Anstrengungen meiner Eltern, die alles zu meiner Genesung Notwendige taten, konnte ich nach ungefähr 18 Monaten ohne Schiene am Bein auskommen. Ich ging weiterhin jeden Tag schwimmen in einem Club, der von spanischen Republikanern gegründet worden war. 1958 bin ich Mitglied einer jüdischen Jugendorganisation geworden und verbrachte dort jeden Freitagnachmittag. In den Schulferien, in den drei Monaten November bis Januar, machten wir mit der Jugendorganisation Zeltausflüge in die wärmeren Landesteile Mexikos. Den Schlafsack dafür habe ich mir selbst genäht. In dieser Zeit war übrigens Elvis Presley auch in Mexiko sehr populär. Ich nahm damals sehr bewusst die politischen Auseinandersetzungen wahr. Die kubanische Revolution wirkte auf mich ebenso attraktiv wie auf die Jugend in Mexiko.

1962 bekam mein Vater das Angebot, in Deutschland zu arbeiten. Eine reizvolle, innovative Aufgabe mit gesellschaftlicher Wirkung. Er sollte, ausgehend von der Vorstandsverwaltung der IG Metall, ausländische Arbeitnehmer gewerkschaftlich organisieren und zu ihrer Gleichstellung mit deutschen Arbeitnehmern beitragen. Die Ausreise aus Mexiko musste vorbereitet werden. Einen großen Teil der praktischen Arbeit dafür leistete meine Mutter. Mein Vater war am Jahresende 1961 vorausgeflogen, und meine Mutter und ich sollten im Februar 1962 auf einem Frachtschiff aus Veracruz mit dem Umzugsgut nach Europa reisen. Eine Zwischenstation war Havanna. Die zwei Tage dort warfen viele Fragen für mich auf.

Der Abschied aus Mexiko war für mich nicht einfach, und eigentlich wollte ich nicht weg. Meine Mutter und ich mit meinen vierzehneinhalb Jahren fühlten uns in Mexiko wohl. Aber klar, wir gingen auch nach Deutschland. Wir reisten mit mexikanischen Pässen, in die eingetragen werden musste, welche Länder bereist werden würden. Ich gab die „fünf Kontinente" an, meine Mutter dagegen zählte Länder auf und hatte bezeichnenderweise „vergessen", dass die Bundesrepublik Deutschland eines der Länder sein sollte, wohin sie reisen wollte. Beim Grenzübertritt aus Holland – wir waren in Rotterdam vom Schiff gegangen – stellten das die Grenzbehörden fest. Es ist der Umsicht der holländischen Grenzbeamten zu verdanken, dass sie eine humane Lösung fanden; sie hatten offensichtlich verstanden, dass das Einreisen in Deutschland für meine Mutter angstbesetzt war. Während ich mit dem Zug zu meinem in Frankfurt wartenden Vater weiterfuhr, brachten die holländischen Grenzbeamten meine Mutter am Abend zu einem anderen Grenzübertritt, und dann konnte sie unbehelligt nach Frankfurt reisen.

Bei mir hat es lange gedauert, bis ich das Gefühl überwinden konnte, fremd in Deutschland zu sein. Ich hielt auch lange brieflichen Kontakt zu meinen Freundinnen und Freunden in Mexiko aus der Schule und der jüdischen Jugendorganisation. Sie fehlten mir und vor allem auch die gewohnte Art, in der Jugendorganisation miteinander umzugehen und in der mexikanischen Schule mit vielen anregenden Projekten trotz großer Klassen zu lernen. Mein mexikanischer Schulabschluss, der mir in Mexiko erlaubt hätte, nach zwei weiteren Schuljahren die Universität zu besuchen, wurde in Deutschland nicht anerkannt.

Zunächst besuchte ich in Frankfurt eine kaufmännische Berufsfachschule und anschließend bis 1966 das dortige Wirtschaftsgymnasium. Danach studierte ich Pädagogik. Mein Studium an der Frankfurter Universität fand in den bewegten Jahren der Studentenrevolte statt, und gerade in dieser Zeit konnte ich die in Mexiko erlernten Fähigkeiten der Zusammenarbeit mit anderen gut einsetzen. Schon während der Schulzeit in Frankfurt hatte ich begonnen, mir selbständig Kenntnisse zu verschaffen, damit ich ja nicht sitzen blieb. Diese Selbständigkeit hatte ich bereits in Mexiko erworben. Ich ging aus eigenem Antrieb zu verschiedenen Kursen in der Volkshochschule. Während des Studiums schloss ich mich einer Initiativgruppe an, die sich dafür einsetzte, den Kindern ausländischer Arbeitnehmer eine gleichgestellte Schulbildung zu ermöglichen und ihre fremdsprachlichen Kompetenzen anzuerkennen und weiterzuentwickeln. Diese Arbeit setzte ich dann in der Schule, in der Gewerkschaft Erziehung und Wissenschaft und bei der Lehrerfortbildung fort.

Kurz nachdem ich in den Schuldienst kam, veröffentlichte ich 1972 in einem Sammelband bei der Edition Suhrkamp einen Beitrag. Der Sammelband „Gastarbeiter – Analysen und Berichte" wurde von Ernst Klee herausgegeben, und mein Beitrag trug den Titel „Ausländische Arbeiterkinder in der deutschen Schule". Darin entwickelte ich Vorschläge zu einer Schulbildung, die auch die ausländischen Arbeiterkinder einschloss.

Das Leben der drei Mitglieder der Familie Diamant ab 1962 in Frankfurt war sehr unterschiedlich. Ich war Schülerin, bemühte mich mit verstärktem Einsatz, in möglichst kurzer Zeit die Schule abzuschließen. In dieser Zeit schloss ich Freundschaft mit einer Schulkameradin, die aus einem Elternhaus stammte, in dem Familienmitglieder wegen ihrer politischen Auffassungen von 1933 bis 1945 verfolgt worden waren. Mit Marion bin ich noch heute befreundet. Sie hat wie ich auch das Lehrerstudium in der ersten Phase an der Frankfurter Universität absolviert. Und wir beide waren 1969 knapp zehn Wochen in Mexiko, Marion mit einem Stipendium der Hans-Böckler-Stiftung. Sie schrieb danach eine Examensarbeit über die Stadtgeographie von Mexiko City, über die Megalopolis, und ich eine Arbeit über das mexikanische Schulwesen, wie es von einem konservativen Institut dargestellt wurde, das das private Schulwesen lobte. Ich setzte mich mit diesen Ideen kritisch auseinander. Meine Freundin

Vera lernte ich 1962 kennen; sie war die Tochter eines Kollegen meines Vaters in der IG Metall, der von den Nationalsozialisten verfolgt worden war. Mit ihr verbindet mich bis heute eine Freundschaft.

Meine Mutter hat es vermutlich von uns dreien schon immer am schwersten gehabt. Ihre Mutter und ihr Großvater wurden bereits 1938 nach Polen deportiert und sind dort umgekommen. Über ihr Schicksal ist nichts bekannt. Sie wurden nach dem Krieg für tot erklärt. Nun war meine Mutter in Frankfurt, und sie war plötzlich auf die Hausfrauenrolle beschränkt. Es fiel ihr sehr schwer, auf andere zuzugehen, und all die Krankheiten, die sie schon jahrelang hatte, wurden immer bedrohlicher. Es war offensichtlich, dass ihr etwas fehlte, nämlich das gewohnte Leben in Mexiko. Neben den Aufgaben im Delikatessengeschäft vermisste sie vor allem die vielen Kontakte mit Menschen. Mein Vater dagegen war in der IG Metall in seinem Element. Er konnte nämlich viel bewirken. Und er war sehr begierig auf Informationen aus dem Radio, dem Fernsehen und aus allen möglichen Periodika in verschiedenen Sprachen, mit denen er auch andere belieferte. Ihm ist die Umstellung nicht schwer gefallen.

Nach Mannheim bin ich erst 1983 gekommen, mit unserem Sohn Mischa auf dem Arm. Unsere Familie in Mannheim vergrößerte sich 1986. Bruno kam auf die Welt. Vermutlich hat sich mein Leben in Deutschland als Tochter von zurückgekehrten Emigranten ganz anders entwickelt, als wenn wir in Mexiko geblieben wären. Aber worin es anders gewesen wäre, ist Spekulation.

1978 Mit meinen Eltern in Frankfurt

Klaus Fischer

Das Kriegsende und die Heimkehr nach Mannheim

Ende August 1945. Ich bin sieben Jahre alt.

Wir stehen vor der Kirche von Altglashütten im Südschwarzwald. Um uns herum aufgeschichtet unser Gepäck. Viel zu viel, murren die anderen Fahrgäste, die mit dem gleichen Lastwagen mitgenommen werden wollen. In der Tat, mit der im Krieg entwickelten Mentalität, dass man alles irgendwann noch mal brauchen kann, hat Mutter auch einiges Unsinnige eingepackt, zum Beispiel zwei Paar Langlaufskier von über zwei Meter Länge, vorgesehen für meinen ältesten Bruder oder vielleicht vorausschauend als Tauschobjekt gedacht.

Auf einmal merke ich, dass ich mein Kuscheltier, das Plüschäffchen, im Garten habe liegen lassen. Ich eile zurück. Da sehe ich, wie eine mir bekannte Frau hastig unsere schönen dicken gelben Rüben aus der Erde reißt und in einen Deckelkorb wirft. Wir hatten die Möhren einer unserem Häuschen gegenüber wohnenden kinderreichen Familie aus Köln zugesagt. Ich, ein kleiner Junge, kann natürlich nichts gegen den Diebstahl unternehmen. Aber das Unrecht, das ich gesehen habe, vergesse ich nicht. Die Frau war wohlhabend und hatte beim Einmarsch der Franzosen an ihrer Haustür ein Dokument angeschlagen, das beweisen sollte, dass sie Schweizerin ist. Sie blieb daher von Hausdurchsuchungen verschont, was den Bauern die Gelegenheit eröffnete, all das in ihrem Keller zu verstecken, was sie den Franzosen gern vorenthalten wollten wie etwa die von schwarz geschlachteten Schweinen stammenden Speckseiten.

Da kommt endlich der Lastkraftwagen, ein Holzvergaser mit abgefahrenen Reifen, der uns aus der französischen in die amerikanische Zone bringen soll. Zunächst geht es nach Durmersheim bei Karlsruhe, noch in der französischen Zone gelegen. Unterwegs muss der Fahrer mehrere Male Holz nachlegen, einmal platzt ein Reifen. Aber er hat ein Ersatzrad dabei, wenn auch nahezu ohne Profil. In Durmersheim leben wir ungefähr eine Woche lang auf einem Bauernhof. Vermutlich ist das Lager in Karlsruhe überfüllt, das uns später eine Zeit lang aufnehmen soll. Bei dem Bauern fühlen wir uns wie im Schlaraffenland. In jeder Hinsicht werden wir liebevoll umsorgt, besonders wir drei Buben. Es gibt ausreichend zu essen, und es herrscht eine wohltuende Atmosphäre der Freundlichkeit und Hilfsbereitschaft.

Eines Tages führt mein Bruder mit einem marokkanischen Kolonialsoldaten ein denkwürdiges Gespräch. Er kann etwas Französisch radebrechen, und bei dieser bruchstückhaften Unterhaltung zeigt sich, dass der Marokkaner einen großen Hass auf die Franzosen hat. Er beteuert, dass er gern mit den Deutschen gegen sie kämpfen würde. Diese Aussage erinnert mich an einen Anblick, den ich nie vergessen werde: Französische Offiziere ziehen hoch zu Ross, die Reitgerte schwingend, an unserem Haus in Altglashütten vorbei. Zwischen ihnen marschieren wohlgeordnet in Reih und Glied Marokkaner, ihre Kriegskameraden. Tanzt einer aus der Reihe, bekommt er die Gerte zu spüren. Wie ist so etwas möglich, denke ich schon damals.

Endlich ist es soweit. Von Durmersheim aus fahren wir mit der wieder funktionierenden Eisenbahn nach Karlsruhe in die ersehnte amerikanische Zone. Ein vollgepfropftes Lager in einer Schule nimmt uns auf. Das Lager darf man für ein paar Stunden verlassen. Von dieser Gelegenheit mache ich einmal Gebrauch und spiele einen Nachmittag lang mit drei Karlsruher Buben. Offensichtlich halten sie sich für etwas Besseres, denn als ich mich für den nächsten Tag wieder mit ihnen verabreden will, sagt einer von ihnen, so etwas wie ihr Anführer: „Wir spielen aber nicht mit einem aus dem Lager." So bleibe ich also innerhalb der Mauern, wo es auch etwas zu sehen und zu hören gibt wie zum Beispiel, dass sich die Tochter eines Bekannten auf ihrem Strohsack Flöhe eingefangen hat. Interessiert beobachte ich meinen zwölfjährigen Bruder, der einen schwunghaften Handel mit Tabakresten und Zigarettenpapier treibt. Käufer sind unter anderem entlassene Soldaten, die an den Uniformteilen zu erkennen sind, die sie noch am Leib tragen.

Ein Blick auf das zerstörte Mannheim 1945

Im Schulhof lag ungeschützt ein Berg verschrumpelter, unansehnlicher gelber Rüben. Obwohl sie nicht sehr einladend aussahen, wurde der Haufen doch ständig kleiner, bis eine Lautsprecherdurchsage kam, man solle die Rüben schleunigst zurückbringen, sonst gebe es nichts zum Mittagessen. Das Erstaunliche geschah: Nach und nach bekam der Hügel nahezu seine ursprüngliche Höhe. Die Verpflegung war fleischlos, aber ausreichend bemessen. Außer den gelben Rüben kann ich mich noch an speckige Kartoffeln in einer bräunlichen Soße erinnern.

In Mannheim herrschte Wohnungsnot, weshalb der Zuzug genehmigungspflichtig war. Ohne den Nachweis einer verfügbaren Wohnung hätten wir noch lange im Lager bleiben müssen. Von dem ehemaligen Chef meines Vaters erhielten wir einen Wohnungsnachweis und damit auch die amtliche Zuzugsgenehmigung. In seiner Villa in Neuostheim stellte er uns zwei Zimmer und Küche zur Verfügung, die wir zunächst zu viert bezogen. Für die damaligen Verhältnisse war das ein Luxus, denn viele Mannheimer wohnten noch lange Zeit in Kellern und halb zerstörten Häusern.

Möbel hatten wir zunächst keine, aber wir behalfen uns mit Umzugskisten. Ein Geschäftskollege meines Vaters baute für uns Kinder ein Doppelbett, ein Kriegskamerad zimmerte eine Bank. Die gegenseitige Hilfe wurde damals großgeschrieben.

Wir waren froh, wieder in unserer Heimatstadt Mannheim zu sein. Dass mein Vater in Gefangenschaft war, wussten wir etwa ab Anfang Juni 1945. Sehnlich warteten wir auf seine Heimkehr.

Der Neubeginn in Neuostheim nach dem Krieg

Über den Mannheimer Stadtteil Neuostheim sagte man genau wie über Heidelberg, die Amerikaner hätten ihn nicht bombardiert, um nach Kriegsende in der Besatzungszeit komfortabel und gemütlich in den Villen dieses vornehmen Stadtteils wohnen zu können. Betrachtet man die Rethelstraße, könnte diese Vermutung stimmen. Haus für Haus war nach dem Krieg von Amerikanern bewohnt, die zumindest zu Beginn der Besatzungszeit einem strengen Fraternisierungsverbot unterworfen waren. Die Kontakte der Deutschen mit ihnen erstreckten sich allenfalls darauf, dass die Mütter ihre größeren Kinder losschickten, um aus den Mülltonnen der amerikanischen Familien Kaffeesatz herauszufischen, der dann wieder aufgebrüht wurde und eher trinkbar war als Kathreiners Malzkaffee, der normalerweise auf dem Tisch stand.

Selbstverständlich waren auch auf Neuostheim ein paar Bomben gefallen – vielleicht aus Versehen. Dementsprechend lagen große Schutthaufen vor einigen Häusern. Wir Kinder pflegten sie nach Brauchbarem zu durchstöbern. Ergebnis: Ich brachte meiner Mutter einmal ein paar Topfdeckel, die noch lange in Gebrauch waren. Verschiedene Pflanzen siedelten sich auf dem Schutt an wie

Huflattich und Königskerze, geeignet gegen Husten, sowie Brennnesseln und Gänseblümchen, willkommen als Beigabe zum Salat.

Als Folge der Inanspruchnahme unzerstörter Häuser durch die Sieger entstand eine große zusätzliche Wohnungsnot. So kam es, dass die Villa am Paul-Martin-Ufer 8, ein roter Klinkersteinbau, in der wir nach unserer Heimkehr wohnten, zum Mehrfamilienhaus ausgebaut wurde. Vier Parteien waren auf drei Stockwerken untergebracht. Im Souterrain wohnte ein Polizist mit seiner Familie, im Erdgeschoss Herr Chaim, ein älterer Halbjude mit seiner Frau. Wir wohnten mit fünf Personen in zwei Zimmern im ersten Obergeschoss. Darüber lebten drei Frauen mit einem erwachsenen Sohn, der Hilfspolizist in amerikanischen Diensten war. Mit Herrn Chaim verstand ich mich sehr gut. Er hatte wie durch ein Wunder die Nazizeit überstanden, war aber schwer krank und bettlägerig. Er und seine Frau ernährten sich durch einen Handel mit allem Möglichen, vor allem mit Besteck. Des Öfteren schickte er mich fort, Zigarren zu besorgen, und belohnte mich mit einem rosa 50-Pfennig-Schein des Besatzungsgeldes.

Die Reichsmark war damals nicht viel wert. Man konnte beispielsweise für zehn der grauen 10-Pfennig-Stücke nur eine schäbige Zuckerstange kaufen. Aber uns Kindern bereiteten die fast wertlosen Münzen großes Vergnügen. Wir legten sie nämlich auf die Schienen und erfreuten uns ihrer Plattheit, nachdem sie von der Bahn überrollt worden waren. Wertvoll war dagegen das Besatzungsgeld, das von den Alliierten eingeführt worden war.

Wo die Leiblstraße in das Paul-Martin-Ufer einmündet, hatte eine Bombe eine Bresche in die den Gleiskörper begrenzende Mauer geschlagen. Dort wurde für kurze Zeit eine Behelfshaltestelle der OEG eingerichtet, bequem für uns, aber auch gefährlich für uns Jugendliche, die wir dort häufig die Gleise überquerten. Ein Pole, der zu der Gruppe der Zwangsarbeiter gehörte, die von den Amerikanern befreit worden waren – man nannte sie „displaced persons" – riss mich einmal beherzt zurück, als ich die Gleise überqueren wollte und eine Bahn herankam, deren Annäherung ich überhört hatte. Ich denke, er rettete dadurch mein Leben. Viele der befreiten Zwangsarbeiter arbeiteten noch lange im „Labor Service" der amerikanischen Armee. Sie waren an ihren schwarzen Uniformen zu erkennen.

Wir Jugendlichen spielten viel an den Gleisen, die gesäumt waren von einer Vielzahl von Büschen. Zwischen den Steinen huschten Zauneidechsen umher. Wenn wir eine fangen wollten, mussten wir es vom Kopf her versuchen. Dann behielt sie nämlich ihren Schwanz, der an einer Bruchstelle abreißen konnte, anschließend, allerdings in verkümmerter Form, nachwuchs. Schon damals war der Neckardamm mit rot und weiß blühenden Kastanien gesäumt. In warmen Sommernächten waren sie von einer Wolke von Maikäfern umschwirrt. Die waren leicht zu fangen, und wir hatten unsere Freude daran, wenn wir sie eine Zeit lang in Kartons halten konnten.

Die Kälte war in jenen Jahren ein wichtiges Thema. Waren die Fenster undicht, holte man sich drahtdurchflochtenes Plexiglas als Notbehelf aus den Ruinen. Hell wurde es damit nicht, aber wenigstens etwas wärmer. Am Neckardamm standen auch viele Platanen. Warfen sie Teile ihrer Rinde ab, waren diese als Brennmaterial genauso begehrt wie die Zweige, die der Wind losbrach. Alles wurde sorgfältig für den Winter gesammelt. Aber man fror doch jämmerlich, vor allem im Winter 1947, der so kalt war, dass der Neckar teilweise zufror.

Die Riedbahnbrücke war ziemlich beschädigt, aber man konnte auf ihr noch den Neckar überqueren, allerdings unter Lebensgefahr. Näherte sich ein Zug, musste man den nächsten Brückenpfeiler umklammern und warten, bis die Wagen einen passiert hatten. Danach hangelte man sich weiter. Wegen der Brückenschäden mussten die Züge im Schritttempo fahren. Das nützten die Älteren von uns aus, wenn ein Kohlentransport die Brücke überquerte. Sie kletterten auf die offenen Waggons und warfen große Brocken von Anthrazit den unten Stehenden zu.

Die Riedbahnbrücke 1946

Auch Truppentransportzüge schlichen über die Brücke. Wir wussten ungefähr über ihren Fahrplan Bescheid, stellten uns im Vorfeld der Brücke auf und machten durch Winken und Rufen auf uns aufmerksam. Da gab es immer wieder amerikanische Soldaten, die uns hungrigen Kindern Kekse, Schokolade und Kaugummis zuwarfen. Manchmal fiel auch etwas von dem Segen in den Neckar oder auf die dort verankerten Pontons, mit denen man den Fluss überqueren konnte. Am Boden dieser Kähne lagen schwarze, schaumgefüllte Platten. Daraus fertigten wir Kinder uns Schwimmgürtel, deren Benutzung aber nicht ungefährlich war. Ein Junge, der nur mit Hilfe eines Gürtels schwimmen konnte, ertrank, als seine Schwimmhilfe auseinanderfiel.

Die allgemeine Not war groß. Aber man war erfinderisch und entwickelte allerhand Ersatzstoffe wie beispielsweise die aus Holzabfällen hergestellte Nährhefe, welche die Zellstofffabrik Waldhof auf den Markt brachte. Außerdem nutzte man, was einem die Natur bot: Pilze, Beeren und Wildgemüse aus dem Rheinauer und Käfertaler Wald. Der Gerechtigkeit halber muss man sagen, dass die Amerikaner zumindest die Kinder nicht verhungern ließen. Sie richteten die Schulspeisung ein. Das anfangs im „Brück", der einzigen Gaststätte in Neuostheim, ausgegebene Essen, häufig ein Brei, war nahrhaft und gesund – vielleicht nicht jedermanns Geschmack, aber wichtig zum Überleben. Gehasst haben wir den Lebertran, weil er scheußlich schmeckte. Erst als er mit Zitronengeschmack angereichert wurde, konnten wir uns mit ihm anfreunden.

Das letzte Haus am Paul-Martin-Ufer vor der Riedbahnbrücke, eine alte Villa mit einem verwilderten Garten, wurde von einer amerikanischen Familie bewohnt. 1947 zog sie aus, und die Hausfrau stellte alle Lebensmittel, die ihr noch brauchbar erschienen, an die Vorgartenmauer. Die Anwohner standen zunächst mit Stielaugen in einiger Entfernung unbeweglich davor. Endlich fasste sich einer ein Herz und griff zu. Im Nu waren alle Tüten verschwunden bis auf eine. Man glaubte, sie enthalte Salz, damals keine Mangelware. Als alle verschwunden waren, näherte sich mein Bruder, benetzte einen Finger und kostete. Siehe da, es war Zucker, ein kostbarer Schatz, den er nach Hause brachte. Meine Mutter hat daraus Rahmkaramellen zubereitet.

Der Schulunterricht hat erst 1947 wieder begonnen. Er fand zunächst in zwei übereinander liegenden großen Zimmern der Villa eines ehemaligen Kaffeegroßhändlers in der Böcklinstraße, später im Kasernengebäude der Deutschen Wehrmacht statt, das unmittelbar hinter der Riedbahnbrücke an der Seckenheimer Straße lag. Diese Kaserne hatte keinen Namen. Sie gehörte vermutlich zum nahe gelegenen Mannheimer Flugplatz. Neben der Nutzung als Schule diente sie einigen Familien als Unterkunft. Es waren anfangs ausschließlich alte Lehrer ohne „braune" Vergangenheit, die uns unterrichteten. Fast alle jungen Lehrer mussten erst entnazifiziert werden. Ohne Mitgliedschaft in der Partei hätten sie in der Nazizeit nicht Lehrer werden können.

Nach der Währungsreform verbesserten sich unsere Lebensbedingungen, und es konnte allmählich ein normales, mit weniger Sorgen belastetes Familienleben beginnen. Endlich ging es aufwärts.

Otto Flegler

Meine Odyssee

Nach der Grundausbildung bei der Marine und einem anschließenden Fachlehrgang fand ich mich 1940 abkommandiert auf dem Hilfskreuzer mit dem Decknamen „Schiff 10" in Hamburg wieder. Es handelte sich dabei um das umgebaute Handelsschiff „Santa Cruz", einen Früchtetransporter, der mit Kanonen, Torpedos und einem Flugzeug ausgestattet worden war. Mit diesem Schiff habe ich während des Krieges mit Ausnahme des nördlichen Eismeers alle Ozeane einschließlich der Antarktis befahren. Streckenmäßig waren es etwa 130.000 Kilometer, die ich ohne jede Unterbrechung auf dem Schiff verbrachte. Meine Odyssee dauerte insgesamt sechs Jahre, in denen ich nicht zu Hause war, davon fünf Jahre ohne jede Post.

Wie viele tausend Tonnen „feindlichen Schiffsraum" wir versenkt haben, darüber will ich nicht berichten, denn ich bin nicht stolz darauf. Wie viele andere in diesem verdammten Krieg habe ich in Todesangst in die Hosen gemacht und nach Vater, Mutter und Gott gerufen. In all den Jahren bis zum Untergang unseres Schiffes angesichts des Fudschijama hatten wir keinen einzigen Hafen angesteuert, da dies der englischen Admiralität sofort zur Kenntnis gelangt wäre und unser vorzeitiges Ende bedeutet hätte. Wir waren nicht auffindbar, weshalb man uns in den Kreisen der britischen Marine das Geisterschiff nannte.

Treibstoff erhielten wir durch ein Versorgungsschiff. Von den aufgebrachten Schiffen wurden vor ihrer Versenkung durch Sprengladungen regelmäßig die Matrosen als Gefangene übernommen. Wenn nach einigen Wochen ihre Anzahl größer war als die der Besatzung, wurden sie zu einem Ernährungsproblem. Deshalb wurden sie mit dem nächsten aufgebrachten Schiff als Prisenkommando entweder nach Deutschland oder nach Japan geschickt. Von den Schiffen, die wir versenkten, übernahmen wir die Lebensmittelvorräte und alles, was sonst für uns verwendbar war. Unser Schiffskoch war ein wahrer Künstler, denn in den heißen Gegenden waren die Rinder- und Schweinehälften nicht lange haltbar. Sie mussten schnell verarbeitet werden, weshalb es überwiegend „Zusammengekochtes" gab. Möglicherweise bin ich deshalb bis heute nicht zum Gourmet geworden, sehr zum Leidwesen meiner Frau.

Das Schicksal ereilte uns auf der Reede von Yokohama, dem ersten Hafen, den wir Ende 1942 in freudiger Erwartung angelaufen hatten. Eine gewaltige Explosion, deren Ursache nie geklärt wurde, führte zum Tod vieler meiner Kameraden. Ich hatte Glück und wurde aus dem Wasser gefischt. Es folgten einige Monate Aufenthalt in Japan, wo wir vorübergehend bei deutschen Familien untergebracht waren. Danach kamen wir in ein Sammellager, und schließlich wurden die Überlebenden unseres Schiffes außer dem technischen Personal, zu dem auch ich zählte, in Richtung Heimat verfrachtet. Nicht alle sind angekommen. Die meisten gerieten in Gefangenschaft.

Auf Irrwegen gelangten wir „Auserwählten" schließlich über Singapur zu einem U-Boot-Stützpunkt in Penang in Malaysia. Dort erlebte ich ganz unspektakulär das Kriegsende. Unser Kommandant übergab unseren Haufen an die Engländer, die uns nicht zu Kriegsgefangenen, sondern zu „surrendered personal" erklärten. Einzige Auflage: Ausgehverbot.

Natürlich fanden die Engländer heraus, dass wir inzwischen fünf Jahre von zu Hause weg waren und mit Belsen, Buchenwald oder Auschwitz nichts zu tun hatten. Die Folge war, dass wir eine Woche später mit den englischen Soldaten Fußball spielten. Umgang und Behandlung seitens der Engländer waren mehr als fair. Ich bin heute noch im Besitz von Fotos, auf deren Rückseite steht: „In peace and sincere friendship."

Unser größtes Problem war die Langeweile. Ich war deshalb froh, als ein englischer Offizier auftauchte und nach einem Motorenfachmann fragte, der ein Dieselaggregat reparieren und betreiben könne. Ich streckte den Finger und sagte: „I am your man, Sir", und so bekam ich einen Job beim Royal Signal Corps. Die Japaner hatten vor ihrem Abzug ein paar Stößelstangen und anderes an dem Dieselmotor beschädigt, was leicht zu reparieren war. Als das Aggregat einwandfrei lief, erhielt ich die Aufgabe, mit dem angetriebenen Elektromotor exakt 55 Hertz für die englische Funkstation zu liefern. Ich erhielt von den Engländern umgehend einen Jeep und fuhr nun täglich von unserer Unterkunft zur Funkstation, das heißt zur Arbeit. Von da an habe ich mit englischen Soldaten zusammen gefrühstückt, zu Mittag gegessen und auch ein Bier getrunken. Ich fühlte mich keineswegs als Gefangener. Geplagt hat mich damals nur die Unsicherheit. Keiner von uns wusste, wie es weitergehen würde.

Das Ganze dauerte einige Monate, bis Anfang 1946 ein Truppentransporter zur Reise nach England bereitstand. Als ich mich beim Royal Signal Corps verabschiedete, gab mir der dortige Kommandant ein Stück Papier in die Hand und wünschte mir viel Glück. Es war eine Art Zeugnis, in welchem sinngemäß geschrieben stand, dass ich ein anständiger Kerl und sicherlich kein Nazi sei.

Als unser Truppentransporter in Liverpool anlegte, sahen wir dort erstmals Stacheldraht und waren nun richtige POWs. Die nun folgenden Einzelverhöre durch deutschsprechende englische Offiziere entschieden knallhart über Fortdauer der Gefangenschaft oder Entlassung nach Deutschland. Ich legte bei der Befragung sofort mein Zeugnis vor, was jedoch nicht viel nützte. Der Offizier stellte mir folgende Frage: „Warum, glauben Sie, gab es sofort, nachdem Hitler an die Regierung kam, in Deutschland keine Arbeitslosen mehr?" Ich überlegte nicht lange und brachte meine Überzeugung wie folgt zum Ausdruck: „Hitler ließ Geld drucken, und zwar Milliarden, die nicht gedeckt waren. Arbeitsdienst, Autobahnbau und die Rüstungsindustrie wurden angekurbelt mit einem ungedeckten Scheck, der den besiegten Nationen nach dem Krieg präsentiert werden sollte." An dieser Stelle wurde ich vom Offizier unterbrochen mit der Bemerkung: „Weißes Schaf, Entlassung!"

Unser Transport nach Cuxhaven erfolgte wenige Tage später. Von dort ging es in einem Güterzug weiter in das Entlassungslager Dachau. Als wir an Hamburg vorbeifuhren, bekam ich einen regelrechten Schock, denn ich hatte Hamburg als blühende Stadt in Erinnerung, und jetzt sah ich einen Schutthaufen.

Es war an einem Sommertag im August 1946, als ich um 2:30 Uhr morgens im Mannheimer Hauptbahnhof aus einem Güterwagen ausstieg, meinen Seesack auf dem Rücken. Ich wollte mit der Straßenbahn nach Sandhofen fahren, wo meine Eltern, nachdem sie ausgebombt waren, in der Zellstoff-Siedlung eine Unterkunft gefunden hatten. Ihre Anschrift hatte ich als Antwort auf meine erste Feldpostkarte erfahren, die ich 1946 aus der englischen Gefangenschaft schreiben konnte. Eine Straßenbahn gab es aber nicht mehr, und es war Sperrstunde, eine Bezeichnung, die ich noch nie gehört hatte. Also lief ich los über den umgepflügten Kaiserring, am Stummel des Wasserturms vorbei durch das zerbombte Mannheim, das nicht wiederzuerkennen war. Die Brücken waren weg. Ich fand schließlich den Notsteg über den Neckar und marschierte in großer Vorfreude auf das Wiedersehen mit meinen Eltern in Richtung Sandhofen weiter.

Beim Immelmannbunker in der Zellstoffstraße blickte ich unerwartet in die Gewehrmündung eines amerikanischen Soldaten, der laut und deutlich „Hands up" schrie. In dieser Sekunde, als mein Gegenüber bereits den Finger am Abzug hatte, zuckte mir vieles gleichzeitig durch das Gehirn:

Die sechs Jahre von zu Hause weg, ohne dass mich jemals eine Feldpostkarte erreicht hatte.

Der Schiffsuntergang und die Rettung.

Das glückliche Überleben des Krieges.

Nach all dem, was ich erlebt hatte, sollte das nun hier kurz vor der Haustür meiner Eltern mit dem Tod enden? – Ich ließ meinen Seesack fallen und hob die Hände. Zum Glück konnte der Amerikaner meine Entlassungspapiere lesen und ließ mich ziehen.

Kurz danach klopfe ich an der Haustür, rufe „Mama" und höre den Schrei meiner Mutter. Im Türrahmen stehend sehe ich, wie meiner Mutter die Tränen herunterlaufen, und die feuchten Augen meines Vaters. Minutenlanges Schweigen und danach Freude pur. Endlich war ich zu Hause, und meine Odyssee hatte ein glückliches Ende gefunden.

Die Anfangszeit nach der glücklichen Heimkehr

Nach Jahren des Kriegseinsatzes und der Gefangenschaft ohne jede Verbindung nach Hause war ich endlich wieder in Mannheim. Meine Mutter war überglücklich, aber bei meinem Vater spürte ich sofort, dass er sich nicht mehr so richtig freuen konnte. Er war ein gebrochener Mann, denn sein Lebenswerk war vernichtet. Nach dem Ersten Weltkrieg war er nach Mannheim gekommen und hatte in der Zellstofffabrik in Waldhof als Schichtarbeiter Arbeit gefunden. Nach der Inflation hatte er seinen Erbteil, Ackerland bei Tauberbischofsheim, verkauft. Mit dem Erlös kaufte er in Mannheim ein Mehrfamilienhaus mit einem Kredit, den er mühsam abstotterte. 1938 hatte er es endlich geschafft, das Haus war schuldenfrei. Kurz danach kam der Krieg, in dem das Haus 1944 bei einem Bombenangriff vollkommen zerstört wurde. Inzwischen war er als Schichtführer im Kocherbau der Zellstofffabrik tätig. 66 Jahre war er alt, als er 1947 in Rente ging.

Was ich nach meiner Rückkehr aus der Gefangenschaft feststellte: Alle waren rank und schlank. Der Hunger war allgegenwärtig. Auffallend war aber auch: Alle waren glücklich und zufrieden. Der Krieg und die Angst der in Mannheim Verbliebenen vor den Bombenangriffen waren vorbei. Das war der Grund dafür, auch wenn kein Blümchen im Vorgarten unseres Arbeiterhäuschens blühte. Jeder freie Fleck war mit Kartoffeln und Gemüse bepflanzt; Zusatzernährung auf eigener Scholle war gefragt. Außerdem machte die Not erfinderisch und führte zu ungeahnten Kräften. Ich verspürte in meiner Umgebung die größte Zufriedenheit, und ich bin sicher, dass die Bereitschaft zur Nachbarschaftshilfe niemals größer gewesen ist als damals. Außerdem war das Anspruchsdenken sehr gering. Bei den Leuten, die ich kannte, gab es diese Denkweise damals überhaupt nicht.

Das Leben ging weiter, und ich arbeitete wieder in meinem erlernten Beruf als Motorenschlosser. Zu „Reichsmarkzeiten" verdiente man zwar viel Geld, aber man konnte dafür nicht viel bekommen, weil kaum etwas angeboten wurde. Während ich nicht einmal eine Schachtel Zigaretten kaufen konnte – die gab es nämlich nur zu extrem hohen Preisen oder durch den Tausch mit gefragter Ware auf dem Schwarzmarkt –, ließ sich mein Chef in Naturalien entlohnen. Die meisten Menschen zählten nicht zu den Nutznießern der damaligen Verhältnisse. Ich erinnere mich, dass meine Mutter mitunter weinte, weil sie meinen ölverschmierten Arbeitsanzug nicht mehr richtig waschen konnte. Es gab keine Schmierseife zu kaufen, geschweige denn andere Waschmittel. Da wir unser ganzes Hab und Gut verloren hatten, besaßen wir nichts mehr, um es auf dem Schwarzmarkt einzutauschen. Wir lebten wirklich von der Hand in den Mund. Erst mit der Währungsreform endete die Zeit der Schieber und derjenigen, die – auf welche Weise auch immer – auch damals besser als alle anderen lebten. Von da an ging es aber auch für die anderen aufwärts, die bereit waren zu arbeiten.

Sofort nach der Währungsreform versuchte ich meinen Vater davon zu überzeugen, unser in Trümmern liegendes Mehrfamilienhaus mit Hilfe der Marshallplan-Gelder wieder aufzubauen. Er war anfangs strikt dagegen und sagte, als es um die Aufnahme eines Kredits ging: „Nein, ich unterschreib nichts mehr." Für ihn war sein Lebenswerk vernichtet, und er konnte sich einen Neubeginn nicht vorstellen. Wochenlang habe ich ihn bearbeitet. Der öffentlich geförderte Wohnungsbau verlangte Eigenarbeit, die natürlich nur nach Feierabend und an den Wochenenden geleistet werden konnte. Mühsam haben wir den Schuttberg beseitigt. Mit Ochsenkarren wurde alles, was nicht mehr brauchbar war, weggefahren. Und dann ging es an den Aufbau, der teilweise unter Mithilfe von Verwandten und Bekannten vonstatten ging. Schließlich entstanden sechs Wohnungen, alle natürlich mit Ofenheizung und geringem Komfort. Endlich waren wir wieder in unserem eigenen Haus und hatten auch für andere Wohnraum geschaffen, die froh waren, ein Dach über dem Kopf zu haben. Heute wären die damals von uns geschaffenen Wohnungen nicht zu vermieten. Sie wurden Jahre später alle modernisiert, um den inzwischen gewachsenen Ansprüchen Rechnung zu tragen.

Bevor es jedoch so weit war, musste in der Nachkriegszeit nicht nur der Hunger überstanden werden, sondern auch die Kälte. Der Winter von 1946 auf 1947 war besonders hart. Kohle und Briketts gab es keine. Also fuhr man mit dem Schlitten und mit Karren über den zugefrorenen Altrhein und sammelte im Unterholz der Friesenheimer Insel jeden Zweig, jeden Ast und jeden Holzbrocken, der zu finden war. Diese Tour war zweimal täglich angesagt, denn nur so war wenigstens die einzige Feuerstelle im Haus zu betreiben. Es war der Küchenherd, wo Mutter ihre dünne Gemüsesuppe kochen und das Wasser für das Bad in der Zinkwanne heißmachen konnte. Die Küche war der Raum, in dem sich das häusliche Leben abspielte, ohne Radio, geschweige denn Fernsehen. Man redete damals mehr als heute miteinander, was dazu beitrug, dass man mehr voneinander wusste und Freud und Leid miteinander teilte.

Theo Frey

Heimkehr, ein Brief von damals und was dann folgte

Juni 1945. Endlich wieder daheim. In der Gefangenschaft hatte ich von der Bäckerei meiner Verwandten in der Rheingoldstraße in Neckarau geträumt. Warum wohl? – Weil ich großen Hunger hatte und an das Brot, die Brötchen, Schneckennudeln, Kuchen und Torten dachte, die in ihren Auslagen sogar noch mitten im Krieg zu finden waren. Dorthin, dachte ich, werde ich nach meiner Entlassung gehen. Und so geschah es auch. Ihr Haus stand noch, und es gab auch noch die Bäckerei. – Als erstes bekam ich etwas zu essen, aber dann steckte mich meine Tante sofort in die Badewanne. Die zweite Tante tauchte kurz danach auf, und bei ihr, bei Tante Frieda, wurde ich einquartiert.

Meine Eltern befanden sich in Wilhelmshaven, wo mein Vater als ehemaliger Marine-Offizier von den Engländern festgehalten wurde. Kurz vor Kriegsende war meine Mutter zu ihm gefahren, nachdem unsere Wohnung in L 8, 11 am 1. März 1945 bei dem letzten schweren Fliegerangriff auf Mannheim zerstört worden war. Am 28. November 1945 schrieb meine Tante einen Brief an meine Eltern, in welchem sie die damalige Situation in Mannheim schilderte. Dieser Brief liegt mir vor. Er wurde etwas gekürzt und, lediglich ergänzt um einige für das Verständnis notwendige Erklärungen, fast wortwörtlich übernommen.

Liebe Bertha!

Heute erhielt ich Deinen lieben Brief vom 21. November, der gegenüber Euren beiden letzten Briefen an Theo verhältnismäßig rasch hier war. Eigentlich erwarteten wir Euch schon seit einigen Tagen. Jeden Tag, wenn Theo vom Geschäft heimkommt, sieht er mich so fraglich an. Nun dauert es aber anscheinend doch noch länger, als Ihr angenommen habt. Wegen Theo brauchst Du Dir keine Sorgen zu machen. Er ist gut versorgt. Ich tue, was ich kann. Meine Hauptsorge ist die, ihn satt zu bringen, und bis jetzt ist es mir auch immer gelungen, obwohl es oft schwer fällt. Hier hat jeder drei Zentner Winterkartoffeln bekommen, weitere vier Zentner habe ich so beigeschafft. Theo muss als Zimmerergehilfe schwer arbeiten. Dass aus der Lehrstelle bei Frankl und Kirchner nichts geworden ist, haben wir alle sehr bedauert. Aber der Herr, der seinerzeit die Angelegenheit in die Hand nahm, war Parteigenosse und hat jetzt dort nichts mehr zu melden. Als wir sahen, dass es bei Frankl und Kirchner nichts wird, habe ich bei Herrn Carle wegen Theo gefragt. Er hat ihn auch gleich eingestellt. Theo arbeitete dort etwa vier Wochen als Hilfsarbeiter. Da musste er den ganzen Tag im Freien arbeiten und Maschinen putzen und kam ölig und schmierig nach Hause. Und alles für fünf Mark in der Woche. Mittags Punkt 12 musste ich das Essen auf dem Tisch mundgerecht stehen haben, da er nur eine halbe Stunde Pause hatte. Es gefiel ihm eben gar nicht und mir auch nicht.

Theo fuhr in den Schwarzwald wegen seiner Sachen und brachte auch noch etliches nach Hause. Seine guten Hemden waren nicht mehr da bis auf eines. Außerdem brachte er noch mit: einige Paar Kniestrümpfe, seinen blauen ärmellosen Pullover, eine Knickerbockerhose, die allerdings kaputt ist, seinen Wintermantel, den er nicht mehr anziehen kann, weil er zu eng und zu kurz ist, zwei Winterblusen, um die er sehr froh ist, ein Paar Halbschuhe, die ihm allerdings nicht gehören, aber sie passen ihm, zwei Hemdhosen, zwei Kniehosen und eine Unterjacke. Sein ganzes Hab und Gut ist in einem Koffer untergebracht.

Nachdem er von diesem Besuch in seinem Kinderlandverschickungslager zurückkam, traf er im Arbeitsamt auf einen Bekannten, der ihm sagte, er hätte nur eine Stelle entweder als Maurer oder als Zimmerer-Hilfsarbeiter. Er hat ihn dann zur Firma Eichin & Delp geschickt. Er meinte, da Du doch in Neckarau wohnst, ist das ganz praktisch für Dich. Und so kam er dann zum Delpe Karl. Der Eichin wohnt in Feudenheim. Keiner von beiden hat die Meisterprüfung, aber beide waren im KZ. Ich bin dann mit Theo selbst mal zu Delp und habe ihn gefragt, ob das nicht so gefährlich wäre, worauf er mir sagte, ich bräuchte keine Angst zu haben, es würde ihm nichts passieren. Da verdient er etwas mehr, wöchentlich 16 bis 17 RM netto. Zur Zeit arbeitet er bei der Rhenania-Schiffahrts- und Transportgesellschaft im Hafen. Er muss morgens um dreiviertel sechs Uhr aufstehen und kommt abends um fünf Uhr nach Hause, vollkommen ausgefroren und mit einem guten Appetit. Jeden Tag bin ich in Unruhe, bis er wieder zu Hause ist.

Von der Mittelschule hat man bis jetzt noch nichts gehört. Die Schüler der Oberschulen haben sich die letzte Woche melden müssen. Zu Theo kommt ab und zu ein Schulkamerad, der sagte, dass sich verschiedene Schüler seiner Klasse in der Oberschule angemeldet haben. Die müssten zwei Jahre Latein nachholen. Ob die Mittelschule überhaupt noch einmal aufgemacht wird? Ich würde Theo lieber von der Schule erwarten als von einer Baustelle. Theo erhält eine Schwerarbeiterkarte, das sind wöchentlich 750 g Brot, 100 g Fleisch und 62,5 g Margarine. Die Margarine reicht natürlich nicht die ganze Woche als Brotaufstrich. Oft habe ich ihm schon Marmelade mitgeben müssen. Jeden Tag gebe ich ihm ein Essenkännchen mit Essen mit, das er sich wärmen kann. So hat er doch wenigstens untertags auch etwas Warmes. Zur Zeit trägt er eine lange Hose von Schorsch (ihrem Mann), den Pullover mit langem Arm, eine Winterbluse und einen Stutzer von Otto (ihr Schwager, mein Vater), den er sich bei den Zieglers geholt hat. Auch sonntags hat er Sachen von Schorsch an. Er hat zwar vom Wirtschaftsamt Bezugsscheine für einen Straßenanzug, einen Hut, ein Paar Hosenträger, zwei Taschentücher, ein Paar Socken und eine Unterhose bekommen. Von all diesen Sachen hat er bis jetzt lediglich eine Unterhose zu kaufen bekommen. Alle die anderen Sachen sind nirgends zu bekommen, obwohl ich schon überall herumgelaufen bin.

Liebe Bertha! Von Schorsch habe ich immer noch nichts gehört. Diese Ungewissheit bringt mich bald zum Verzweifeln. Nur die Hoffnung, dass ich bald etwas von ihm höre, und die Pflicht Theo gegenüber halten mich noch aufrecht. Diese Sorgen zehren mehr an mir als die ganzen Fliegerangriffe. Ich wiege noch 118 Pfund. Dazu kommen noch die Sorgen um meine Möbel und Wäsche, die in Harthausen eingelagert sind. Wie ich aber gehört habe, bekommt man nur in ganz dringenden Fällen einen Passierschein für die Pfalz. Früher konnte man sich pudern lassen und dafür erhielt man einen Passierschein. Und mit diesem Schein konnte man über die Rheinbrücke und wieder zurück. Er war aber nur für einen Tag gültig. Das Pudern mit DDT war für uns Frauen mitunter sehr peinlich, aber die Amerikaner bestanden darauf. Amalie (ihre Schwester) war vor 14 Tagen hier. Sie ist morgens um 6 Uhr mit einem Nachen, der Arbeiter übersetzt, von Altrip rübergekommen. Das ist allerdings ein Wagnis. Abends ist sie wieder mit dem Nachen hinüber.

Die Ernährungslage ist hier nicht rosig. Wir bekommen wöchentlich 2.000 g Brot (bis vor 4 Wochen waren es nur 1.500 g), 100 g Nährmittel oder Graumehlteigwaren. Zweimal gibt es ein Viertel Margarine und zweimal ein Achtel Butter je Kartenperiode. Dieses Mal bekommen wir noch zusätzlich 40 g Öl in der letzten Woche der Kartenperiode. Zu Weihnachten bekommen wir pro Kopf 250 g Zucker, den wir jetzt vorbestellt haben. Dies ist seit März das zweite Mal, wo wir Zucker bekommen.

Theo und ich gehen fast jeden Abend zu Hubert (ihr Bruder). Da hören wir die Nachrichten im Radio, sparen Licht und Brand. Zu brennen haben wir fast gar nichts. Kohlen haben wir keine bekommen. Jede Haushaltung erhält fünf Zentner Holz, und die haben wir auch noch nicht. Dieses Holz müssen wir dann erst noch sägen, und dann muss es noch gespalten werden. Ich zünde erst nachmittags um 2 oder 3 Uhr Feuer an, wenn ich anfange zu kochen. Dann ist es wenigstens gut durchgewärmt, wenn Theo kommt. Ihm tut die Wärme so gut, wenn er den ganzen Tag über im Freien arbeitet.

Vor einigen Tagen bekamen Zieglers (Familie meines Onkels) von Martin seiner Frau einen Brief, in dem sie ihnen mitteilt, dass Martin (Bruder meines Vaters) am 26. April zehn Minuten von Zuhause weg beim Volkssturm in Berlin gefallen ist. Seine Frau erwartet ein Kind Ende dieses Monats. Sie hat ganz verzweifelt geschrieben. Von ihren Angehörigen weiß sie überhaupt nichts.

Hier gibt es Familien, die zu sechst in einem Zimmer hausen und viele, die in den Kellern wohnen. Zieglers wären froh, wenn Ihr so bald wie möglich kämt. Sie sollen nämlich vom Wohnungsamt aus zwei Räume abgeben. Und diese Räume wollen sie für Euch reservieren. Anna hat den letzten Brief von Euch, in welchem Ihr schreibt, dass, wenn alles klappt, Ihr in drei Wochen hier seid, an sich genommen, um ihn, wenn jemand vom Wohnungsamt kommt, vorzulegen. Also ein Dach hättet Ihr über dem Kopf, wenn ihr wieder hier seid. Darüber braucht Ihr Euch den Kopf nicht zu zerbrechen.

So, jetzt habe ich Dir ganz nach Wunsch einen ausführlichen Bericht gegeben. Dies hätte ich schon längst gemacht, wenn ich nicht angenommen hätte, dass Ihr bald kommt.

Sei nun herzlich gegrüßt von Deiner Schwester
Frieda (Unterschrift)

Wenn ich heute diesen Brief lese, auf den ich erst vor kurzem gestoßen bin, dann werden viele Erinnerungen wach an eine Zeit, in der ich wie viele andere von einem auf den anderen Tag gelebt habe. Es ging um das tägliche Brot, und da war immer noch die Angst um meine Eltern. Von ihnen erhielt ich Anfang Dezember 1945 in einem Brief die Aufforderung, nach Wilhelmshaven zu kommen. Ich zögerte nicht lange und ging mit der Bahn auf die große Reise, nicht ohne mich bei meinem Arbeitgeber vorher abzumelden.

Bei der Deutschen Reichsbahn, die bis 1949 noch diesen Namen führte, gab es keine festen Fahrpläne. Man musste schauen, welche Züge in die gewünschte Richtung fuhren. Am ersten Tag kam ich bis nach Frankfurt und an den folgenden Tagen erreichte ich Gießen, danach Hannover und schließlich Bremen. In jeder der genannten Städte übernachtete ich an einer etwas windgeschützten Stelle des Bahnhofs, zugedeckt mit meinem Mantel. Bei der Vielzahl der Menschen, die damals unterwegs waren, fiel ich nicht auf. Wie alle anderen wurde ich mehrmals in der Nacht von Kontrollen der Militärpolizei geweckt, musste meinen Ausweis vorzeigen und durfte dann, wenn klar war, dass ich nichts Böses im Schilde führte, weiterschlafen.

Am fünften Tag meiner Reise in den Norden kam ich abends in Wilhelmshaven an. Meine Überraschung war groß, als beim Verlassen des Zugs mein Vater vor mir stand. Er hatte vermutlich bereits an den Tagen zuvor auf meine Ankunft gewartet, die brieflich angekündigt war, allerdings ohne Ankunftsdatum. Es war ein freudiges Wiedersehen mit meinen Eltern, denen noch immer die Dienstwohnung meines Vaters zur Verfügung stand. Als Beschäftigter der Marineverwaltung musste er zwar täglich an seiner Arbeitsstelle in der Werft anwesend sein, konnte sich jedoch am Ort frei bewegen. Es bestanden damals sehr gute Kontakte zwischen den englischen und den deutschen Marineoffizieren.

Mein Aufenthalt in Wilhelmshaven dauerte nicht lange, denn als mein Vater seine Entlassungspapiere hatte, traten wir sofort die Heimreise an. Mit einigen anderen Heimkehrern bestiegen wir mit viel Gepäck auf dem Dach einen Kastenwagen der ehemaligen deutschen Wehrmacht, der uns nach mehreren Zwischenstationen vor das Haus der Bäckerei Ziegler in Neckarau brachte. Dort hatte man mit einiger Mühe ein Zimmer für uns reservieren können, von dem in obigem Brief bereits die Rede war.

Am 27. Januar 1946, dem Tag der Silberhochzeit meiner Eltern, waren wir endlich wieder zu Hause. Meinem Vater war es gelungen, sein Dienstfahrrad mitzunehmen, ein kostbares Gut damals, und ich profitierte von seinen Kleidungsstücken, die mir gleich passten. Das Leben ging nun in Mannheim unter den damaligen schwierigen Lebensverhältnissen weiter. Ich war wieder als Hilfsarbeiter tätig, allerdings nur bis zu dem Zeitpunkt, als ich wieder in die Schule gehen konnte. Am 13. Mai 1946 begannen in der Wohlgelegenschule die Abschlusslehrgänge für Mittelschüler, welche mir und meinen Klassenkameraden die Fortsetzung der Schulbildung und den Einstieg in den Beruf ermöglichten.

Mannheim ruft um Hilfe

Beim Stöbern in alten Unterlagen ist mir ein Faltblatt aus dem Jahr 1947 in die Hände gefallen, das die Notlage der Stadt Mannheim verdeutlicht. An wen dieses Dokument damals verschickt wurde, ist mir nicht bekannt. So sieht die erste Seite aus:

Die beiden Innenseiten enthalten Bilder. Auf der linken Seite ist der unten stehende Text in Englisch zu lesen. Zu den drei Bildern der rechten Innenseite werden nachstehende Angaben gemacht:
– Im Splittergraben (Wohnung einer Mutter mit zehn Kindern)
– Eingang einer Kellerwohnung
– Unterirdisches Schlafzimmer einer Mutter mit vier Kindern
Fotos der Titelseite: Arthur Pfau; Innenfotos: Mannheimer Morgen.

Das Mannheimer Wohnungselend

„Kleiner Elfen Geistergröße
Eilet, wo sie helfen kann,
Ob er heilig, ob er böse,
Jammert sie der Unglücksmann."
Goethe, Faust II.

Diese Schrift wendet sich an alle, die helfen wollen. Wer aber helfen will, dessen Augen sind nicht blind, dessen Ohren sind nicht taub und dessen Herz ist nicht verhärtet gegenüber der unsagbaren Not, in die das deutsche Volk durch den tragischen Ablauf seiner Geschichte mit mehr oder weniger Eigenschuld geraten ist. Wer ist frei von Schuld und wollte richten darüber, inwieweit ein so großes Elend selbstverschuldet ist, wen erbarmte nicht der Jammer der Kinder und Jugendlichen, die keinen Teil haben dürfen an den Fehlern und Sünden ihrer Väter?!

Nie ist die Not in der Welt so groß gewesen, daß sie nicht tatbereite Menschen vorgefunden hätte, die nach besten Kräften um deren Beseitigung gerungen hätten, und je größer die geistige und leibliche Not gewesen, umso opferbereiter war stets die Hingabe derer, die gleichsam als Werkzeuge Gottes das Unheil zu wenden und die Harmonie in der Ordnung der Dinge wiederherzustellen bereit waren. Die Auswirkungen des Krieges erstrecken sich zwar auf alle Lebensgebiete des ganzen Volkes, am meisten aber auf die Bevölkerung in den Städten, die unter den Geißelhieben des Krieges in Trümmer gesunken sind. Aus tausend Wunden bluten die vom Leid versehrten deutschen Städte, dort ist die Not am größten.

Mannheim, ehedem eine blühende, lebendige Stadt von 285 000 Einwohnern, die süddeutsche Handelsmetropole am Zusammenfluß von Rhein und Neckar, der zweitgrößte Binnenhafen Europas, zugleich Standort wichtiger industrieller Anlagen von anerkanntem Weltruf (Daimler-Benz, Lanz u. a.), befindet sich unter den Städten, die unter den verhängnisvollen Erschütterungen des Krieges am schwersten zu leiden hatten. Unsäglich schwer wird der neue Aufbau, steil und dornig der Weg sein zur einstigen Höhe des Wohlstandes und geordneter Freizügigkeit. Aber zäh und rastlos wird seit zwei Jahren daran gearbeitet, und wer die Menschen kennt, die in Mannheims Mauern leben, wird ihnen den energischen Willen zur aufbauenden Tat nicht absprechen. Kein müdes Resignieren kann hier sich breitmachen, wo seit altersher emsiger Fleiß zu Hause ist, der Handel und Wandel belebt. So ist denn auch — mit den großen Schwierigkeiten zum Trotz, die überall dem Wiederaufbau den Weg verlegen wollen — bei schlechtesten Ernährungs- und Bekleidungsverhältnissen der Bevölkerung in den verflossenen zwei Jahren ein gut Stück tatkräftiger Aufbauarbeit geleistet worden. Um die wirtschaftenden Kräfte am Leben erhalten zu können, gilt es vor allem, über die schweren Jahre der völlig unzureichenden Ernährung, die bei dem unvorstellbaren Wohnungselend die Bevölkerung aufs äußerste einschnürt, hinwegzukommen.

Die vorliegende Schrift kann in dem vorgezeichneten Rahmen nur ein paar Streiflichter der Not einer deutschen Großstadt, deren einst so schönes Antlitz durch die erbarmungslosen Schläge des Krieges bis zur Unkenntlichkeit entstellt ist, bringen; sie will werben um Verständnis für die Lage der leidenden Bevölkerung, deren sehnlichster Wunsch es ist, bei geordneten Verhältnissen in ehrlicher Arbeit ihr täglich Brot zu verdienen, Kinder und Kindeskinder einer besseren Zukunft zuzuführen und so dem Frieden und der Wohlfahrt der Menschen zu dienen.

Auf der Rückseite werden in Englisch und Deutsch statistische Angaben mit dem Vergleich von 1939 und 1947 gemacht.

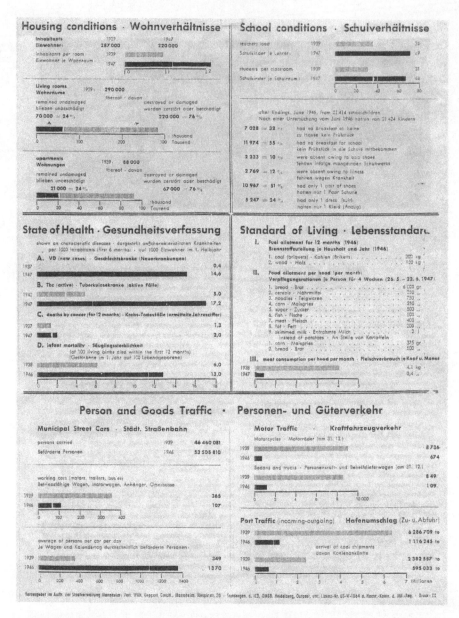

Aus dem Kleingedruckten am Ende dieser Seite ist zu entnehmen, dass die Stadtverwaltung Mannheim den Druck des Faltblattes veranlasst hat, und dass seine Veröffentlichung durch die Militärregierung genehmigt wurde.

Ich meine, dass die nüchternen Zahlenangaben die schlimme Notlage schildern, in der sich die Bevölkerung Mannheims nach dem Kriegsende befand. Sie bestätigen und verdeutlichen das, was Zeitzeugen persönlich mit vielen Einzelheiten berichten.

Der Führerschein

Im Anschluss an die bestandene Mittlere Reifeprüfung hatte ich eine der sehr begehrten Lehrstellen bei Daimler-Benz in Mannheim gefunden und war darum bemüht, mit einem guten Abschluss die Voraussetzung zum Besuch der Ingenieurschule zu schaffen. Ich war im November 1947 18 Jahre alt geworden, und da mein Vater auch damals noch immer stolzer Besitzer eines PKWs war, lag es nahe, so schnell wie irgend möglich den Führerschein der Klasse 3 zu machen. Es war fast ein Wunder, dass wir das Auto noch besaßen, als für viele schon der Besitz eines Fahrrads nicht selbstverständlich war. Der Adler-Trumpf mit seinen 30 PS, Baujahr 1933, war im Krieg wegen seines Alters von der Wehrmacht nicht konfisziert worden. Er stand während des Krieges ungenutzt in einer der beiden Garagen hinter unserem Wohnhaus in L 8, 11, das im März 1945 den Bomben zum Opfer fiel. Unversehrt blieben die Garagen im Hof, sodass unser Auto ohne einen Kratzer den Krieg überstanden hat.

Unser Adler-Trumpf nach dem Krieg mit unterschiedlichen Rädern

Zum Erwerb des Führerscheins benötigte man genau wie heute einen Fahrlehrer. Meine minimale Praxis durch heimliche, unerlaubte Fahrten nützte wenig. Fahrschulen gab es zwar, aber für die wertlose Reichsmark war kein Fahrlehrer bereit, mir das Autofahren beizubringen. Hinzu kam, dass es kein Benzin gab. Durch meine Cousine, die auch auf der Suche nach einem Fahrlehrer war, erfuhr ich, dass es doch einen Weg gab, zu dem ersehnten Dokument zu kommen. Ein Umweg war das zwar, aber warum sollte man den nicht gehen. Die Lösung des Problems sah so aus: Man musste einen Kanister Benzin besorgen, und dann musste man mit dem Treibstoff und einigen damals noch bewirtschafteten und daher sehr gefragten Lebensmitteln bei der Fahrschule vorstellig werden, die sie in der Neckarstadt ausfindig gemacht hatte.

Benzin zu beschaffen war für jemanden, der Beziehungen hatte – so hieß das damals –, kein Problem. Die US-Armee verfügte über große Bestände, aus denen auf krummen Wegen der Schwarzmarkt versorgt wurde. Eines Tages teilte mir meine Cousine mit, dass sie den Treibstoff für mich besorgt hatte. Wie und wo genau, das wollte ich nicht unbedingt wissen. Aber es war klar, dass die Beschaffung am Schwarzmarkt stattgefunden hatte. Sie selbst hatte inzwischen den Führerschein bereits in der Tasche. Was dann noch für die Anmeldung bei dem Fahrlehrer fehlte, war genauso problemlos zu beschaffen wie das Benzin, denn mein Onkel besaß eine Bäckerei. Brot war bewirtschaftet, aber wer an der Quelle saß, und das galt für alle Verkäufer von Lebensmitteln, der hatte es nicht schwer, mehr als das ihm über die Lebensmittelmarken hinaus Zustehende abzuzweigen.

So kam es denn, dass ich kurz vor der Währungsreform, bestückt mit einem Kanister Benzin und den geforderten Naturalien, zur ersten Fahrstunde ging. Zwei Fahrstunden absolvierte ich noch vor der Währungsreform. Dafür reichte das Entgelt, und damit war auch meine Ausbildung abgeschlossen. Bei der theoretischen Prüfung wurden nur einige wenige Fragen gestellt, und die Fahrprüfung dauerte höchstens eine halbe Stunde. Sie führte durch die Mannheimer Innenstadt, und ich kann mich daran erinnern, dass mitten auf der Kreuzung am Paradeplatz ein Verkehrspolizist stand, den ich mit Bravour ordnungsgemäß umfahren habe.

Dafür und für das Führerschein-Dokument musste ich in harter D-Mark bezahlen. Bei dem Kopfgeld von 40 D-Mark, das damals jeder erhielt, waren die geforderten 15 D-Mark ein hoher Betrag. Die Familie legte zusammen, und ich war glücklicher Besitzer eines Führerscheins.

Es gab damals sowohl in der Innenstadt als auch in den Vororten einige Kreuzungen mit Verkehrsregelungen durch Polizisten. An einer dieser Kreuzungen, nämlich der an der Schillerschule, der heutigen Ingenieurschule, fuhr ich eines Tages munter in Richtung des Polizisten, wobei ich aus Unachtsamkeit seine Haltung missdeutete. Er hielt mich an, aber statt des erwarteten Strafzettels ermahnte er mich mit den Worten: „Siehst du von Polizisten Brust und Rücken, musst du auf die Bremse drücken." – Die Polizei war damals mitunter Freund und Helfer, was an Weihnachten zum Ausdruck kam, als viele Fahrer den Verkehrspolizisten mitten auf der Kreuzung Weihnachtspräsente hinstellten.

Vom Erwerb des Führerscheins bis zu dem eines eigenen Autos sollte es noch einige Zeit dauern.

Wilma Gilbert-Winnes, geborene Gilbert

Kampf ums Überleben und um Bildung

Mein Vater arbeitete bei der BBC und wohnte am Ende des Krieges in unserer Zweizimmerwohnung, die nur leicht beschädigt war. Meine Mutter lebte noch mit meinem Bruder und mir in Steinsfurt bei Sinsheim. Als keine Bombenangriffe mehr zu befürchten waren, wollte sie natürlich zurück nach Mannheim. Aber in Mannheim herrschte Wohnungsnot, der knappe Wohnraum wurde bewirtschaftet. In unsere Wohnung wurden damals noch drei Personen eingewiesen. Die Evakuierten, zu denen wir zählten, durften noch nicht nach Mannheim zurück.

So versuchte meine Mutter zunächst, ihre Kinder weiterhin in Steinsfurt satt zu bekommen. Da es trotz Lebensmittelmarken fast nichts zu kaufen gab, half sie bei den Bauern auf dem Feld und wurde in Naturalien bezahlt. Wenn ein Tier notgeschlachtet werden musste, wurde das Fleisch als Freibankfleisch verkauft. Um etwas zu ergattern, musste man schnell sein und dann Schlange stehen. Kein Wunder, dass ich mich vor allem an Sauerbraten erinnere, denn zum normalen Braten war das Fleisch meist zu zäh. Es gab aber nicht nur keine Lebensmittel zu kaufen, auch Kleider, Stoffe und Schuhe waren nicht zu bekommen. Gut, dass meine Mutter eine Nähmaschine besaß. Aus alten Kleidern nähte sie uns neue, alte Pullover wurden aufgezogen und zu neuen verstrickt.

Als die Versorgungslage nicht mehr ganz so katastrophal war und die Wohnraumbewirtschaftung gelockert wurde, kehrten wir 1948 zurück nach Käfertal. Wir wohnten anfangs zu viert in einem Zimmer. Ich kann mich noch gut an die drangvolle Enge um einen Kanonenofen herum erinnern. Um uns mit Gemüse zu versorgen, hatten wir ein kleines Gärtchen auf dem Gelände der BBC. Heute stehen dort Bürogebäude.

Nach einer ziemlich lückenhaften Grundschulzeit besuchte ich ab 1947 das Gymnasium in Sinsheim, eine gemischte Schule. In Mannheim gab es außer dem Karl-Friedrich-Gymnasium nur nach Geschlechtern getrennte Gymnasien. Also musste ich in eine Mädchenschule, und so ging ich in das Liselotte-Gymnasium. Am Anfang fiel mir die Umgewöhnung schon schwer, da ich einen burschikosen Umgangston gewohnt war. Aber ich war froh, dass ich überhaupt ins Gymnasium gehen durfte. Mein Vater glaubte, dass wir uns das Schulgeld für zwei Kinder nicht leisten könnten, denn da war ja noch mein jüngerer Bruder. Außerdem war er der Meinung, dass zu viel Bildung für ein Mädchen schädlich sei. Sein Spruch „Ein Mädchen, das zu gut ausgebildet ist, bekommt keinen Mann" empört mich noch heute. Aber irgendwie schaffte es meine Mutter doch, dass ich weiter zur Schule gehen und das Abitur machen durfte.

Da die Schulen von den Bomben beschädigt waren, mussten sich zwei Schulen ein Gebäude teilen. Die Buben vom Tulla- und Lessing-, die Mädchen vom Elisabeth- und Liselotte-Gymnasium wechselten wöchentlich mit Vormittags- und Nachmittagsunterricht ab. Ich nahm mit Begeisterung an der Sprecherziehung bei Professor Peters teil. Er rezitierte mit blitzenden Augen Gedichte und verstand es, uns deutsche Dichtung nahezubringen. Er schickte mich zu Professor Ries, der an der Lessingschule eine Theatergruppe leitete und für die weiblichen Rollen Mädchen suchte. Das war genau das Richtige für mich. Wir spielten „Robinson soll nicht sterben" im wiederhergestellten Musensaal. Ein schöner Nebeneffekt war, dass ich es nun nicht mehr nur mit Mädchen zu tun hatte.

Ich hatte wie viele andere wenig Geld zur Verfügung. Mit 50 Pfennigen Taschengeld im Monat konnte man keine großen Sprünge machen. Deshalb beschränkte sich die Freizeitgestaltung von uns Kindern auf Treffen mit Freunden und viel Lesen. Gott sei Dank hatte meine Mutter einen gefüllten Bücherschrank und die Stadtbücherei eine Zweigstelle in Käfertal. Es gab noch kein Fernsehen. Das Telefon war für die Eltern meiner Freundinnen und für uns zu teuer. Aber wir versuchten in langen Diskussionen, wechselnde Probleme zu lösen und die Welt im Allgemeinen und bei uns zu verbessern.

Meine Glanzrolle in „Robinson soll nicht sterben"

Die Straßenbahngebühren in Mannheim wurden nach Entfernung berechnet. Auf unseren Schülermonatskarten war genau eingezeichnet, welche Strecke wir fahren durften. Wenn wir sonntags ins Strandbad wollten, liefen wir zur nächsten Station – dort war die Kostengrenze – und fuhren bis zur Endstation Neckarau. Von dort aus marschierten wir zum Rhein, denn der Bus kostete extra.

Ein wichtiger Punkt war die Kleidung. Je mehr wir Mädchen aus den Kinderschuhen herauswuchsen, desto weiter wurden die oft mit Petticoats unterstützten Röcke und desto enger die Gürtel. Konfektionsware zu kaufen war unerschwinglich. Da blieb nur eins: selber nähen. Um Geld für Stoffe zu verdienen, erteilte ich etwas jüngeren Mädchen Nachhilfeunterricht. Der Lohn betrug pro Stunde 50 Pfennige plus Straßenbahnticket. Meine Mutter entwickelte sich zu einer meisterhaften Schneiderin. Als ich älter wurde, durfte ich auch an die Nähmaschine und konnte die Röcke selber nähen.

Langsam machte sich das Wirtschaftswunder auch bei uns bemerkbar. Es gab wieder alles zu kaufen, und man musste nicht mehr jeden Pfennig zweimal umdrehen. Ich wurde über die Jugendbühne zur begeisterten Theaterbesucherin. Das Nationaltheater war damals in der Schauburg untergebracht, einem ehemaligen Kino in der Breiten Straße. Ich schaute mir so viele Vorstellungen wie möglich an und schwärmte für den „Jugendlichen Liebhaber".

1957 wurde das neue Theater eröffnet. Durch die Jugendbühne bekam ich eine Karte für die erste Vorstellung im Kleinen Haus. Erwin Piscator hatte Schillers „Räuber" inszeniert. Dass ich diese Vorstellung besuchen konnte, beeindruckte sogar meinen Vater. Er hatte sich inzwischen damit abgefunden, dass seine Tochter sich anders entwickelt hatte, als es seiner Vorstellung entsprach.

Nach dem Abitur suchte ich nach einer kostenlosen Ausbildung. Im Pädagogischen Institut in Heidelberg musste man damals keine Gebühren zahlen, im Gegensatz zur Universität. So ging ich zwei Jahre auf das PI und wurde Volksschullehrerin. Der Beruf war zwar anstrengend, aber er hat mir viel Spaß gemacht.

Helmut Graf

Kriegseinsatz und Gefangennahme

Im September 1944 war unser Kinderlandverschickungslager wegen der näherrückenden Front vom Elsass in den Schwarzwald verlegt worden. In der Jugendherberge von Titisee fanden wir ein neues Quartier, wo wir wie zuvor von den drei Lehrern unserer Schule, der Mannheimer Mittelschule, unterrichtet wurden, neben Englisch auch in dem unbeliebten Fach Französisch, mit dem fast jeder von uns Schülern wegen der Grammatik und der Aussprache seine liebe Not hatte.

Am 17. April 1945 war dann Schluss mit dem Unterricht, denn an diesem Tag wurden fast alle Schüler des Jahrgangs 1929, darunter auch ich, zum Militärdienst eingezogen. Zurück blieben nur die jüngeren und einige, die bei einer vorausgegangenen ärztlichen Untersuchung in Titisee als „wehruntauglich" eingestuft worden waren. Der Lagerleiter, einer unserer Lehrer, verabschiedete uns mit den etwas sentimentalen Worten: „Nun ziehet dahin und lebet wohl, kämpft tapfer für das Vaterland und kehret gesund wieder." Dabei trug er in seiner Eigenschaft als politischer Leiter der NSDAP die typische goldfarbene Uniform, deren Träger man hinter vorgehaltener Hand „Goldfasan" nannte.

Nach einer zweitägigen Ausbildung in Triberg, die in der Hauptsache darin bestand, uns mit der Handhabung von Karabiner und Panzerfaust vertraut zu machen, wurden wir am folgenden Tag, an Hitlers Geburtstag, dem 20. April, zusammen mit Gleichaltrigen aus dem Schwarzwald als Angehörige des „Panzervernichtungsregiments der Hitlerjugend Gebiet 21 – Baden" in Schonach auf Führer, Volk und Vaterland vereidigt. Noch in der Nacht erfolgte der Abmarsch zu Fuß in Richtung Bodensee. Man sagte uns, dass wir zur Verteidigung der Alpenfestung eingesetzt werden würden, was wir in dem unerschütterlichen Glauben an den Sieg mit Stolz vernahmen. Auf dem Weg dorthin befanden wir uns mehrmals hinter der Front, weil die französischen Truppen uns überrollt hatten.

In der Nähe von Donaueschingen zog ich mir beim Passieren einer Panzersperre Quetschungen zu, die mir das Laufen schwer machten. Ich durfte deshalb auf einem LKW unserer Einheit mitfahren, der mit Gegenständen aller Art, darunter Gewehren und Panzerfäusten, voll beladen war. Auf der Ladung saßen bereits zwei Fußkranke von uns. Transportbegleiter war ein mit Pistole bewaffneter und mit dem Eisernen Kreuz erster Klasse dekorierter Unteroffizier. Auf seinen Befehl mussten wir von einer Anhöhe aus ein Dorf beschießen, dessen Einwohner weiße Fahnen gehisst hatten. Die Fahrt war nicht von langer Dauer, denn schon am folgenden Tag, kurz vor Einbruch der Dunkelheit, blieb der LKW auf einem morastigen Waldweg stecken, auf den man aus Sicherheitsgründen gewechselt war. Notgedrungen mussten wir unter der Führung unseres Unteroffiziers, jedoch ohne den Fahrer, zu Fuß weiterziehen, meist im Wald und lautlos, um nicht französische Spähtrupps auf uns aufmerksam zu machen. Zu tragen hatten wir dabei nicht nur unseren um einiges leichter gemachten Tornister, sondern befehlsgemäß auch unseren schweren Karabiner samt Munition. Zum Glück wurde uns die Mitnahme einer Panzerfaust nicht zugemutet. Nach drei Tagen erreichten wir total erschöpft Singen, wo wir einquartiert wurden und einige Zeit danach zusammen mit Soldaten und Angehörigen des Volkssturms ins Allgäu transportiert wurden.

In Maierhöfen trafen wir schließlich wieder auf den Rest unserer Einheit, die der Spieß tags darauf in Sonthofen für aufgelöst erklärte, da der Krieg verloren sei. Jeder könne gehen, wohin er wolle, Entlassungspapiere gab es allerdings nicht. Wir waren schockiert und ratlos. Unser Spieß blieb dagegen ungerührt und beorderte nochmals dreizehn von uns zu einem Sondereinsatz in die Gegend von Tiefenbach bei Oberstdorf. Dieser bestand darin, Lebensmittel, Getränke und einige andere Dinge, die vermutlich allesamt von ihm requiriert waren, auf eine Almhütte zu schaffen, die er und einige andere Wehrmachtsangehörige als Zufluchtsort in Beschlag genommen hatten. Es war eine äußerst strapaziöse Arbeit, denn die mehrmals zu bewältigende Strecke war sehr lang und ziemlich steil, und zu allem Übel lag noch hoher Schnee. Gleichwohl erledigten wir den uns erteilten Auftrag, ohne groß zu klagen, weil wir glaubten, in dieser Hütte ebenfalls unterkommen zu können, was uns zuvor versichert worden war. Ein Trugschluss, denn wir wurden nach getaner Arbeit einfach vor die Tür gesetzt. Man händigte uns lediglich eine angemessene Marschverpflegung aus, verbunden mit dem Rat, uns in den Bregenzer Wald durchzuschlagen, der zu Österreich gehöre.

Unsere Verbitterung war verständlicherweise groß, wir fühlten uns wie heimatlose Waisen. Keiner hatte zunächst eine Idee zum weiteren Vorgehen. Schließlich kamen wir überein, nicht zusammenzubleiben, sondern uns in drei Dreiergruppen und eine Vierergruppe aufzuteilen, um leichter voran- und vor allem auch unterkommen zu können. Ich gesellte mich zu meinen Klassenkameraden Walter Müller und Albert Waas, und wir machten uns zeitversetzt auf den Weg. Wir drei stießen schon bald auf einen Mann, der einen Hörnerschlitten belud. Als Einheimischer konnte er uns eine Wegbeschreibung in Richtung Bregenzer Wald geben, bezeichnete unser Vorhaben allerdings unter Hinweis auf die Jahreszeit für undurchführbar, was wir jedoch in unserem jugendlichen Leichtsinn ignorierten. Uneinsichtig stapften wir weiter durch den hohen Schnee in die aufgezeigte Richtung. Noch vor Einbruch der Nacht kamen wir zu einem großen Heuschober, in den sich bereits eine Gruppe von SS-Männern einquartiert hatte, die zu ihrer Uniform Turbane trugen. Es handelte sich um Angehörige der Indischen Legion der Waffen-SS, die als Söldner der Engländer beim Afrikafeldzug in deutsche Gefangenschaft geraten waren.

Bei unserem Weitermarsch am nächsten Tag erblickten wir nachmittags an einer Lichtung, von der aus man ins Tal sehen konnte, eine Straße, auf der Panzer fuhren. In diesem Augenblick wurde uns bewusst, dass wir uns verfranzt hatten und eineinhalb Tage lang im Kreis gelaufen waren. Wie sich später herausstellte, handelte es sich um die Straße von Kempten nach Oberstdorf. Enttäuscht und mutlos überwanden wir unsere Furcht und gingen auf die Straße hinunter. Wider Erwarten konnten wir in umgekehrter Richtung als das französische Militär unbehelligt bis kurz vor Blaichach laufen. Dort wurden wir von bewaffneten Leuten in Sträflingskleidung festgehalten und französischen Soldaten übergeben. Dies war der Beginn unserer Gefangenschaft.

Wir wurden in einen mit Gefangenen vollgepferchten Keller einer Fabrik gesteckt, wo es wegen der Überfüllung fast unmöglich war, sich zu setzen, und liegen konnte man schon gar nicht. Die meiste Zeit verbrachten wir mehr oder weniger im Stehen. Bei unserer Einlieferung wurden wir gleich gründlich gefilzt, wobei man uns nicht nur die Tornister abnahm, sondern alles, was wir bei uns hatten. Mir ließen sie unerklärlicherweise nicht einmal meine Decke, was ich später zu spüren bekam. Am übernächsten Tag wurden wir alle aus dem Keller geholt und mussten uns in eine Kolonne von mehreren hundert Gefangenen einreihen. Unter schwerer Bewachung erfolgte der Abmarsch in nördlicher Richtung mit unbekanntem Ziel. Beim Passieren von Dörfern reichten uns am Wegrand stehende Frauen oft Brot und Schweizer Käse oder etwas zu trinken, unbeeindruckt von den Drohgebärden der marokkanischen Wachposten.

Gegen Abend des zweiten Tages wurden die Älteren, meist Angehörige des Volkssturms, und die ganz Jungen wie wir, auf LKWs verladen und nach Lindau in ein mit Stacheldraht umzäuntes Lager auf freiem Feld transportiert. Baracken oder sonstige Unterstände gab es keine. Am Tag war es verhältnismäßig warm, die Nächte waren dagegen bitterkalt. Ich fror jämmerlich und verfluchte die Typen, die mir in Blaichach meine Decke abgenommen hatten. Ein Luftwaffenoffizier hatte Mitleid mit mir und schenkte mir eine Uniformjacke. Sie war für mich Knirps zwar viel zu groß, aber mollig warm. Wo er die Jacke herhatte, blieb mir ein Rätsel, denn er hatte seine noch an. Vielleicht stammte sie von einem Verstorbenen, ich weiß es nicht. Diese Jacke, in die ich im Laufe der Zeit hineingewachsen bin, hatte ich fast bis zum Ende der Gefangenschaft in Besitz.

Wir waren noch immer zu dritt und erlebten in Lindau am 8. Mai 1945 die bedingungslose Kapitulation Deutschlands, was verständlicherweise bei unseren Bewachern einen wahren Freudentaumel auslöste. Mit allen möglichen Waffen schossen sie nicht nur in die Luft, sondern auch in bedrohlicher Weise über uns hinweg. Uns blieb nichts anderes übrig, als mehrere Stunden lang flach auf dem Boden liegen zu bleiben, um nicht getroffen zu werden. Wir wagten nicht einmal, den Kopf anzuheben.

Über die nun offenkundige Niederlage Deutschlands waren wir, die wir bis zuletzt noch an den Sieg geglaubt hatten, zwar unglücklich, gleichzeitig aber auch froh, dass der Krieg zu Ende war, weil wir hofften, bald zu unseren Eltern heimkehren zu können, von denen wir im Oktober 1943 getrennt worden waren. Unsere Hoffnung fußte auf einer immer wieder zu hörenden Parole, dass die Gefangenen unter 16 Jahren bald freigelassen werden würden. Dies war jedoch nur ein Gerücht, wie wir leidvoll erfahren mussten. Wir konnten nicht ahnen, dass der Krieg für uns persönlich definitiv erst in zwei Jahren mit unserer Entlassung aus der Kriegsgefangenschaft ein Ende haben würde.

Am Tag nach der Kapitulation wurden wir nach Tuttlingen in ein großes Sammellager mit mehr als 30.000 Gefangenen gebracht. Trotz der unüberschaubaren Menschenmenge stießen wir dort total überrascht und überglücklich auf vier Schulkameraden, mit denen wir bis vor der Auflösung unserer Einheit in Maierhöfen zusammen gewesen waren. Sie hatten noch einen kurzen Kriegseinsatz bei Blaichach gehabt und waren in Oberstaufen in Gefangenschaft geraten.

Der Eingang zum Durchgangslager Tuttlingen

Transport nach Frankreich und Ende der Hoffnung auf Entlassung

Einige Tage nach der Kapitulation wurden wir sieben Mittelschüler zusammen mit vielen hundert Gefangenen mit LKWs nach Kehl transportiert, von wo aus wir dann in einer langen Kolonne nach Straßburg marschieren mussten, oft verhöhnt von Schaulustigen am Straßenrand. Als wir auf der Behelfsbrücke den Rhein überquerten, wurde mir klar, dass sich unsere Hoffnung auf Entlassung endgültig zerschlagen hatte und uns eine ungewisse Zukunft in französischer Kriegsgefangenschaft bevorstehen würde. In Straßburg wurden wir in Güterwagen verfrachtet. Wir sieben befanden uns in einem offenen Güterwagen, der total verdreckt war, und wo es wegen der vielen Mitgefangenen fast keine Bewegungsfreiheit gab. Die Fahrt mit unbekanntem Ziel, während der man uns weder etwas zu essen noch zu trinken gab, dauerte drei Tage und zwei Nächte. Auch die Sonne hatte kein Erbarmen mit uns und brannte unerbittlich von morgens bis abends auf unsere Köpfe. Nur einmal ist man unserem ständigen Rufen nach Wasser auf kuriose Weise nachgekommen, indem man nach Auffüllen des Tenders der Lokomotive den Zug unter dem weiterlaufenden Wasserstrahl durchfahren ließ. Manche konnten ein wenig von dem kostbaren Nass auffangen, andere wiederum labten sich an dem am Boden verbliebenen unsauberen Wasser. Ganz unangenehm war das Fehlen einer sanitären Anlage zur Verrichtung der Notdurft, sodass nichts anderes übrig blieb, als eine Ecke im Waggon als Klo auszuweisen.

Auf der ganzen Strecke bekamen wir den Hass der französischen Bevölkerung zu spüren. Beim Halten des Zuges, was wiederholt geschah, kamen oft Leute an den Waggon, die uns verspotteten oder bespuckten. Den am Rand des Waggons Stehenden wurde manchmal auch ein Faustschlag verpasst. Häufig mussten wir den auf uns geworfenen Steinen oder Kohlebrocken ausweichen.

Als wir in der Nacht des dritten Tages in Tulle im Departement Corrèze ausgeladen wurden, war ich über die herrschende Finsternis und beruhigende Stille besonders froh, weil ich dachte, nun keinen Beschimpfungen und Übergriffen mehr ausgesetzt zu sein. Welch ein Irrtum. Am Bahnhof mussten wir uns in Fünferreihen zu einer Kolonne formieren, und dann ging der Abmarsch in die Stadt vonstatten. Kaum waren wir in die im Dunkeln liegende erste Straße eingebogen, gingen schlagartig überall die Lichter an, und eine riesige Menschenmenge empfing uns mit ohrenbetäubendem Geschrei. Die offensichtlich aufgehetzten Leute schlugen auf uns ein, nicht nur mit Fäusten, sondern auch mit Stöcken, Ketten und Peitschen, und scheuten sich auch nicht vor Tritten, wenn einer hingefallen war. Aus den an der anfangs engen Straße gelegenen Häusern warfen sie alle möglichen Gegenstände auf uns herunter oder gossen Wasser und sogar Urin auf uns. Unsere Wachposten hatten die Kontrolle völlig verloren und schossen, vielleicht zu ihrem eigenen Schutz, mit ihren Maschinenpistolen wie wild in die Luft. Im Dauerlauf rannte die ganze Kolonne die ansteigende Straße hoch, um so schnell wie möglich dem infernalen Treiben zu entkommen. Es war die reinste Hölle. Ich selbst fühlte mich recht matt, lief aber dennoch in wahnsinniger Angst um mein Leben. Viele Ältere konnten nicht mithalten und wurden besonders malträtiert, was sich am nächsten Tag zeigte. Von uns sieben wurde nur einer regelrecht verprügelt, wir anderen kamen mehr oder weniger glimpflich davon.

Die erste Nacht mussten wir vor dem auf einer Anhöhe gelegenen und mit doppeltem Stacheldrahtzaun gesicherten Lager kampieren. Anderntags wurden wir registriert, und jeder erhielt eine Gefangenennummer. Ich war nunmehr der Gefangene Nummer 216.079, was auf einem mir ausgehändigten Zettel dokumentiert wurde. Unsere Köpfe wurden kahlgeschoren, was mir besonders missfiel, und auf unsere Kleidung wurden mit weißer Farbe ganz groß die Buchstaben PG = Prisonnier de Guerre gemalt. Alle der rund 1.000 Neuzugänge wurden auf mögliche SS-Tätowierungen untersucht.

Die Baracken des Gefangenenlagers Tulle

Anders als die Durchgangslager verfügte das Lager mit dem Namen „Dépôt de prisonniers de guerre Nr. 123, La Trémouille" über Baracken für jeweils 200 Gefangene und als Schlafstätten dienende dreistöckige Holzgestelle mit Stroh, Obsthorden genannt. Die hygienischen Zustände spotteten jeder Beschreibung, doch war wenigstens eine Latrine vorhanden, wenn auch im Freien. Weil es im Lager kein Wasser gab, musste es mehrmals am Tag in einem

Tankwagen vom Tal heraufgeholt werden, eine kraftraubende Arbeit für die zehn dazu abgestellten „menschlichen Zugtiere". Auch wir, die Jüngsten, blieben davon nicht verschont. Als neue Erfahrung erwies sich der Umgang mit Ungeziefer, denn das ganze Lager strotzte vor Wanzen, Flöhen und vor allem Läusen, eine Plage, gegen die nicht anzukommen war. Das Essen war fast genauso miserabel wie in den Durchgangslagern. Mittags gab es zwei Schöpflöffel Rübenbrühe, manchmal mit Kartoffelstücken, und morgens ein Stück Brot.

Bei einem der ständigen Appelle erfuhren wir vom französischen Lagerkommandanten den Hintergrund für die schlimmen Ausschreitungen der Bevölkerung von Tulle, wobei er alle Misshandelten zu Opfern eines Irrtums stempelte. In Tulle hatte ein Gerücht die Runde gemacht, dass es sich bei dem angekündigten Transport um SS-Angehörige handle. An ihnen wollte man Rache nehmen für eine abscheuliche Untat, die eine Einheit der SS-Panzerdivision „Das Reich" am 9. Juni 1944 verübt hatte. An diesem Tag wurden von den Angehörigen der Einheit 99 meist unschuldige Männer im Beisein von Familienmitgliedern an Laternenpfählen und Balkonen mitten in der Stadt aufgehängt. Weitere 149 wurden deportiert, von denen nur 48 überlebten. Diese Unternehmung erfolgte als Vergeltung für einen unvorhergesehenen Überfall durch ein schwerbewaffnetes Kommando der Résistance, der französischen Widerstandsbewegung, auf ein mit 100 Soldaten der deutschen Wehrmacht belegtes Gebäude. Wie viele deutsche Soldaten bei dem Angriff gefallen oder Opfer des mir von Mitgefangenen, die Augenzeugen waren, berichteten Massakers geworden waren, ist bis heute ungeklärt.

Aus Zeitungen und bebilderten Schautafeln, die im Lager angebracht waren, erfuhren wir erstmals von der Existenz von Konzentrationslagern in Deutschland und vom Holocaust wie auch von den Strafaktionen der SS nicht nur in Tulle, sondern auch in Oradour-sur-Glane. Es dauerte lange, bis ich mich durchgerungen hatte, diese Geschehnisse als Tatsache zu akzeptieren und nicht mehr als Feindpropaganda zu betrachten, so wie es uns permanent eingebläut worden war.

Wie in allen französischen Gefangenenlagern herrschte auch im Lager „Nr. 123 Tulle, La Trémouille" Mangel an Nahrungsmitteln, an Artikeln für die Körperpflege und an Medikamenten. Bei einer Epidemie starben über einhundert Gefangene. Wer arbeiten konnte, meldete sich zum Arbeitseinsatz außerhalb des Lagers auf ein Kommando. So hieß das, wo bei Straßenbauarbeiten, dem Bau von Stauwerken, in der Industrie und bei Bauern zwar harte Arbeit zu leisten war, jedoch die Verpflegung sichergestellt und auch sonst bessere Bedingungen gegeben waren.

Anfang Juni wurden meine sechs Schulkameraden und ich zu einem „Bauernkommando" beordert, das aus 30 jugendlichen Gefangenen im Alter von 15 bis 17 Jahren bestand. Initiator war ein einflussreicher früherer Colonel der

Résistance namens Olive, der den Bauern rings um den Ort Pompadour, wo er herstammte, billige Arbeitskräfte verschaffen wollte. Während der reguläre Preis für einen Kriegsgefangenen 50 Francs pro Tag betrug, mussten die Bauern für uns Jugendliche nur 15 Francs berappen. Inwieweit er sich bei dieser Tat auch von humanitären Gründen leiten ließ, sei dahingestellt. Pompadour ist durch sein imposantes Schloss, das König Ludwig XV. für eine Mätresse errichten ließ, dem staatlichen Gestüt, auf dem Rennpferde gezüchtet werden, und seine Pferderennbahn ein Begriff. Madame de Pompadour soll angeblich nur einmal bei der Durchfahrt auf ihrem Schloss übernachtet haben.

Das imposante Schloss von Pompadour mit der Pferderennbahn im Vordergrund

In dem kleinen, etwas verschlafenen Marktflecken, wohin wir dreißig Gefangenen mit einem LKW gebracht wurden, wartete bereits eine Anzahl von Männern auf uns. Wir mussten uns in einer Reihe aufstellen, und dann ging es zu wie auf einem orientalischen Sklavenmarkt. Man musterte uns von oben bis unten, befühlte unsere Armmuskulatur, und wer groß war und breite Schultern hatte, war im Nu engagiert. Am Ende blieben nur zwei auf der Strecke, mein Schulfreund Walter Müller und ich. Uns „Hänflinge" wollte niemand haben. Die Nacht mussten wir in einem verschlossenen Schuppen verbringen, wo wir von den dort eingelagerten Äpfeln eine Unmenge gierig verschlangen. Wir hatten Angst, in die Trostlosigkeit des Lagers zurückkehren zu müssen.

Am nächsten Tag um die Mittagszeit wurden wir herausgeholt und standen unerwartet zwei Männern gegenüber. Der eine packte Walter Müller am Arm und ging mit ihm grußlos fort. Der andere, ein großgewachsener Mann mit rötlichem Haar und gar nicht der Typ eines Franzosen, gab mir mit einem Wink zu verstehen, auf einem mit verschiedenen Geräten und mehreren Zementsäcken beladenen Kleinlaster Platz zu nehmen. Wie ich später erfuhr, handelte es sich um den jüngeren Bruder meines künftigen Arbeitgebers, ein ehemals führendes Mitglied der Résistance, der eine feindselige Einstellung gegenüber uns Deutschen hatte. Die Trennung von Walter stimmte mich unendlich traurig und machte mir bewusst, dass von nun an jeder von uns sieben Mannheimer Mittelschülern sich mit seinem Einzelschicksal als Kriegsgefangener auseinanderzusetzen haben würde. An einer Baustelle angekommen, musste ich dem Mann beim Entladen helfen, wobei ich die Zementsäcke auf meinen Schultern zu einem einige Meter entfernten Lagerplatz zu tragen hatte. Ich glaube, dass es ihm dabei vor allem darum ging, festzustellen, ob ich meinen künftigen Aufgaben gewachsen sein würde. Aus Furcht, andernfalls erneut hinter Stacheldraht zu kommen, bewältigte ich mit letzter Kraft die schwere Arbeit. Anschließend ging die Fahrt über Wald- und Feldwege weiter zu einem abgeschiedenen und nur aus wenigen landwirtschaftlichen Anwesen bestehenden Weiler namens Villemeaux.

Arbeitseinsatz und Leben bei einem Bauern in der Corrèze

Als ich ziemlich verunsichert an meinem Arbeitsplatz, einem kleinen Bauernhof am Straßenende von Villemeaux, eintraf, waren einige Frauen zugegen, die mich kopfschüttelnd bestaunten und mit einem wahren Wortschwall überhäuften. Sie hatten wohl nicht damit gerechnet, einem schmächtigen Fünfzehnjährigen zu begegnen. Verstanden habe ich von dem, was sie sagten, kein Wort, denn sie sprachen das in der Corrèze damals noch weit verbreitete Patois, einen südfranzösischen Dialekt, der früher eine eigene Sprache war.

Frau Dumas, meine Bäuerin, bewirtete mich sogleich mit Weißbrot, Schafskäse und Wurst, eine köstliche Vesper, die ich mit Heißhunger restlos verzehrte. Unvergesslich ist diese Mahlzeit für mich nach der langen Zeit des Hungerns. Frau Dumas stand lächelnd daneben und versuchte mit mir ins Gespräch zu kommen, was leider nur unvollkommen gelang, obwohl sie nicht Patois, sondern Französisch sprach. Ich konnte mich nur radebrechend beteiligen und bedauerte sehr meine Abneigung gegen das Fach Französisch in der Schule.

Das Anwesen der Eheleute Dumas bestand aus einem Wohngebäude mit einer großen Küche und einem Schlafraum im Erdgeschoss. Im Dachgeschoss mit schrägen Wänden befanden sich der Getreidespeicher und eine kleine Kammer voller Möbel. Der Innenhof wurde auf der gegenüberliegenden Seite durch eine Scheune und die Stallungen begrenzt. Der auf allen Höfen vorhandene unverzichtbare Backofen war mit dem Wohngebäude unmittelbar verbunden. Eine

Toilette gab es weder innerhalb noch außerhalb des Hauses. Das war allerorts auf den Bauernhöfen so. Als ich mich am ersten Tag bei Herrn Dumas etwas schüchtern nach dem WC erkundigte, gab er mir mit einer weit ausholenden Handbewegung zur Antwort: „C'est partout", also überall.

Die beiden Dumas' mit mir, ihrem jungen Gefangenen

Die Küche verfügte nur über eine offene Feuerstelle, auf der das Essen zubereitet und Wasser erwärmt wurde. Einen Ofen gab es ebensowenig wie fließendes Wasser, und auch eine Uhr hielt man für entbehrlich. Man lebte nach dem Sonnenstand. Da kein weiterer Raum vorhanden war, musste ich das Schlafzimmer mit den Eheleuten teilen. Sie schliefen zusammen in einem Bett in der einen Ecke und ich in dem zweiten Bett in der anderen Ecke schräg gegenüber, was eine schon sehr gewöhnungsbedürftige Situation für mich war. Da sie meinen Namen Helmut nicht aussprechen konnten, nannten sie mich kurzerhand Pierre. Für meinen kahlgeschorenen Kopf erhielt ich die landesübliche Baskenmütze und anstelle meiner lädierten Schuhe ein Paar in Handarbeit gefertigte Holzschuhe mit einer Einlage aus Heu, wie sie alle Bauern trugen. Vom ersten Tag an durfte ich mit ihnen am Tisch sitzen, gemeinsam mit einem ortsansässigen Onkel von Herrn Dumas und dessen Frau, die mit „Père Louis" und „Mère Louise" angeredet wurden. Die beiden waren trotz ihres hohen Alters erstaunlich rege und halfen überall mit, wenn Not am Mann war. Ich bekam dasselbe Essen wie die anderen und konnte mir so viel nehmen, wie ich wollte.

Frau Dumas war eine gütige Frau, stets um mein Wohl besorgt. Sie wusch meine Kleidung, besserte sie aus und machte sich sogar die Mühe, mir für den Winter einen dicken Pullover aus Schafswolle zu stricken, den ich bei meiner Entlassung nach Hause mitnahm und noch ein paar Jahre lang trug. Auch meine geistige Entwicklung lag ihr am Herzen, denn eines Tages brachte sie mir ein älteres französisches Schulbuch mit Grammatikregeln, die sie ab und zu auch mit mir übte. Anders als alle anderen sprach sie mit mir ausschließlich Französisch und nicht das Patois, dessen sich alle Bewohner des Weilers einschließlich meines Patrons bedienten. Sie behandelte mich wie ihr leibliches Kind. Herr Dumas kümmerte sich dagegen wenig um mich, schikanierte mich aber auch nicht. Der Onkel, mit dem ich meistens zusammenarbeitete, und ich waren gut aufeinander eingespielt. Er machte mich mit allen anfallenden Arbeiten vertraut, lehrte mich, mit der Sense zu mähen, zu pflügen und einen Dreschflegel zu handhaben. Beim gemeinsamen Baumfällen in den Wintermonaten erklärte er mir, was dabei zu beachten ist. Obwohl wir uns gut verstanden, nannte er mich nicht wie alle anderen Pierre, sondern „petit boche". Das Schimpfwort „boche" könnte man mit „Drecksdeutscher" übersetzen. Ich vermute, dass er sich dessen nicht ganz bewusst war.

Bereits nach wenigen Tagen wurde mir nach einer nur kurzen Unterweisung der Dienst als Hirte übertragen, den ich stets allein ausgeübt habe. Ich musste in aller Frühe die Herde, die aus mehreren Kühen, zwei Zugochsen und über fünfzig Schafen und Ziegen sowie einem Esel bestand, auf wechselnde Weiden treiben und mehrere Stunden hüten. Mich haben dabei zwei Hunde unterstützt, denn die Weiden waren allesamt sehr weitläufig, unübersichtlich und auch nicht umzäunt. Mit den Hunden musste ich zwangsläufig Patois sprechen, da sie nur diese Sprache verstanden. Am Abend wiederholte sich dann das Ganze. Das Hüten war meine Hauptbeschäftigung.

Die Landwirtschaft machte mir als Stadtjungen viel Spaß, und ich verrichtete alle mir übertragenen Arbeiten gerne, allerdings mit zwei Ausnahmen: zum einen das sich über mehrere Wochen hinziehende Sammeln von Kastanien auf den Knien in den meinem Patron gehörenden Wäldern und zum andern

Im Hof mit dem Ochsengespann

das Gänsestopfen, weil mir die Tiere leid taten. Beide Arbeiten waren jedoch von immenser Wichtigkeit, denn mit dem Erlös aus dem Verkauf der Kastanien und der Mastgänse verfügten die Bauern, die weitgehend autark lebten, über die Mittel zur Deckung des über die Eigenproduktion hinausgehenden Bedarfs.

Trotz der guten Behandlung und der Ablenkung durch die tägliche Arbeit hatte ich immer großes Heimweh. Es war besonders stark, wenn ich alleine war. Beim Hüten kreisten meine Gedanken stets um zu Hause, anfangs vor allem um die Frage, ob mein Vater und mein jüngerer Bruder, der wie ich in einem Kinderlandverschickungslager im Schwarzwald gewesen war, daheim oder auch in Gefangenschaft waren. Vierzehn Monate lang blieb ich ohne Nachricht von zu Hause. Erst Anfang 1946 wusste ich, dass meine Eltern und mein Bruder den Krieg heil überstanden hatten. Sie hatten meinen einige Monate zuvor abgeschickten förmlichen Faltbrief für Kriegsgefangene mit einer Rückantwortkarte erhalten, der allerdings nicht mehr als 25 Wörter umfassen durfte. Danach erfolgte ein ständiger Briefwechsel, durch den ich auch erfuhr, wie es in Mannheim aussah.

Besonders schwer war es, Weihnachten weit weg von zu Hause zu erleben. Für Herrn und Frau Dumas war das Weihnachtsfest genauso wie für alle anderen Bewohner des Weilers kein Anlass zum Feiern. Ich erzählte ihnen von den Bräuchen bei uns in Deutschland, was sie zu interessieren schien. Auch davon, dass es Usus sei, am Heiligen Abend unter einem geschmückten Tannenbaum Geschenke auszutauschen. Gleichzeitig setzte ich sie davon in Kenntnis, dass ich den Heiligen Abend gerne mit zwei älteren Kameraden verbringen würde, mit denen ich mich angefreundet hatte. Damit waren beide sofort einverstanden. Als ich auf den Weihnachtsbaum zu sprechen kam und sagte, dass ich in der Schonung eines Nachbarn eine kleine Tanne entdeckt hätte, die ich holen wollte, widersprach mir Herr Dumas jedoch ganz entschieden. Sie abzuholzen und mitzunehmen sei Diebstahl. Als er jedoch sah, dass ich seine Worte in den Wind schlug und mich nach Anbruch der Dunkelheit mit einer Säge auf den Weg machte, begleitete er mich, wohl aus Furcht, ich könnte beim Absägen erwischt werden, und nahm an meiner Stelle die ihm sicherlich frevelhaft dünkende Handlung vor. Geschmückt habe ich den Baum mit Nüssen, die ich in schon Wochen zuvor gesammeltes Silberpapier eingewickelt hatte, und mit selbstgefertigten Sternen aus Stroh. Spärlich war allerdings die Beleuchtung, denn ich verfügte nur über zwei Kerzen aus Stalllaternen.

Für die Bewirtung meiner Gäste hatte ich einen kleinen Raum in einem Nebengebäude zur Verfügung. Ich hatte schon vorab einiges zum Essen auf die Seite geschafft, und Frau Dumas beschenkte uns zusätzlich mit einem großen Laib Weißbrot, Schafskäse und einigen Stücken Gänsebraten. Meine beiden Freunde, die in einem Straßenbaukommando bei miserabler Verpflegung arbeiteten und in einer halbverfallenen Baracke wohnten, hatte ich bei einer Ausfahrt mit meinem Esel kennengelernt. Der Heilige Abend verlief besinnlich und sehr bedrückt, denn jeder dachte an die Lieben daheim. Die beiden beschäftigte fast den ganzen Abend das Los ihrer Frauen und Kinder in Ostpreußen, das von der gefürchteten Roten Armee okkupiert worden war. Mit Tränen in den Augen sangen wir andächtig „Stille Nacht, heilige Nacht" und andere Weihnachtslieder. Das dargebotene Essen war für meine ausgehungerten Gäste ein Hochgenuss, was mich sehr freute. Diesen Heiligen Abend, der sich tief in meine Seele eingeprägt hat, werde ich in meinem ganzen Leben nicht vergessen. Dass ich noch ein zweites Mal Weihnachten in Gefangenschaft erleben sollte und zum vierten Mal hintereinander nicht zu Hause bei meinen Eltern, konnte ich an diesem denkwürdigen Abend allerdings nicht ahnen.

Eines Tages überraschte mich Herr Dumas mit der Nachricht, dass auf einem weiter entfernten Hof ein deutscher Kriegsgefangener meines Alters arbeite. Bereits einige Tage später machte ich mich auf den Weg und traf dort tatsächlich auf meinen Schulkameraden Walter, mit dem ich eng verbunden war. Ich war erfreut, ihn zu treffen, und zugleich entsetzt über seinen erbärmlichen Zustand. Er war abgemagert und ungepflegt, die Haare hingen ihm wirr vom Kopf, und seine Kleidung war zerschlissen und teilweise mit Draht geflickt. Er bekam weder Seife noch Handtuch und auch keinen Kamm. Schlafen musste er im Stall auf Stroh, fast immer von Hunger geplagt, denn er durfte sich nur selten sattessen. Mitunter hat er sich aus dem Schweinetrog zusätzliche Nahrung verschafft. Der Bauer wie auch seine Frau und die zwei erwachsenen Söhne waren von einem unglaublichen Hass beseelt. Die Männer ignorierten ihn völlig, die Befehle erhielt er von der Bäuerin. Schlimmer als den Hunger empfand er, wie er sagte, die trostlose Einsamkeit, denn keinem Menschen konnte er sich mitteilen. Als ich ihn sonntags darauf wieder besuchte und ihm etwas zu essen mitbrachte, erschien der Bauer, brüllte uns an und forderte mich auf, unverzüglich den Hof zu verlassen. Da ich mir etwas Zeit ließ, kam er zurück und bedrohte mich mit einer Schrotflinte, sodass mir nichts anderes übrigblieb als zu gehen. Aus Ängstlichkeit habe ich keine weiteren Versuche unternommen, was ich hinterher sehr bereut habe.

Walter und ich haben diametrale Erfahrungen gemacht, er extrem negative, ich außergewöhnlich positive. Während ich Familienanschluss hatte, wurde er wie ein Aussätziger behandelt. Als man uns beide nach unserer Ankunft in Pompadour als Letzte zum Arbeitseinsatz mitnahm, hat das Schicksal die Weichen gestellt, für mich zum Guten, für ihn zum Schlimmen. Es hätte genauso gut umgekehrt sein können.

Anfang Januar 1947 war zu hören, dass alle Kriegsgefangenen unter 18 Jahren entlassen werden sollen. Herr Dumas brachte mich in das Lager Tulle zurück, wo meine sechs Kameraden schon auf mich warteten. Nach einem Zwischenaufenthalt in einem Lager in Angoulême begann die lang ersehnte Fahrt mit der

Bahn in die Heimat, die in Bretzenheim bei Bad Kreuznach endete. Wir erhielten unsere Entlassungspapiere und traten am 21. Februar 1947 die Heimreise nach Ludwigshafen an. Gemeinsam überquerten wir die provisorische Rheinbrücke nach Mannheim. Jeder ging anschließend zu Fuß nach Hause. Erst als ich kurz nach Mitternacht dort eintraf und von meinen Eltern und meinem Bruder nach fast dreieinhalbjähriger Trennung überglücklich in Empfang genommen wurde, war der Krieg für mich wirklich zu Ende.

Wir sieben im Lager Tulle vor der Entlassung aus der Gefangenschaft (Autor 3.v.l.)

Bernd Greulich

Steine klopfen und Hockey spielen

Nach dem Besuch der Volksschule ging ich ab 1943 ins Adolf-Hitler-Gymnasium, das sich am Ring in der Nähe des Wasserturms befand. Als das imposante „Gebäude mit dem runden Eck" bei dem Bombenangriff vom 5. auf den 6. September 1943 zerstört und auch unser Haus am Gontardplatz ein Opfer der Flammen geworden war – der Anblick des brennenden Hauses, vor dem wir nach der Rückkehr aus dem Lindenhofbunker standen, hat sich fest in meiner Erinnerung eingeprägt –, ging ich mit meiner Mutter zu Verwandten nach Wittighausen bei Würzburg. Einige Monate besuchte ich dort das Gymnasium, überlebte im März 1945 als Patient im Krankenhaus den schweren Angriff auf die Innenstadt von Würzburg und ging dann noch einige Monate in die Volksschule von Wittighausen.

In Wittighausen erlebten wir den unspektakulären Einzug der Amerikaner. Das Erste, was ich von ihnen sah, waren ihre Lastkraftwagen, die mir riesig vorkamen, und ich erinnere mich noch gut an die Kaugummis, die wir Jugendlichen von den Soldaten zugeworfen bekamen. Es dauerte einige Zeit, bis ich auf den Geschmack dieses „amerikanischen Kulturguts" kam. Mit der Besatzungstruppe gab es keine Probleme, zumal der Pole, der bei Verwandten beschäftigt gewesen war, seine gute Behandlung nicht vergessen hatte. Eines Tages stand mein Vater in der Tür. Er war gleich beim Kriegsbeginn eingezogen worden, weil er trotz ständigem Drängen kein Parteimitglied geworden war. Als Chef einer Flakbatterie war er zuletzt in Köln im Einsatz gewesen, und es war ihm gelungen, der Gefangenschaft zu entgehen und sich zu uns durchzuschlagen. Im Herbst 1945 fuhren wir mit einem „Holzvergaser", einem Fahrzeug, dessen Energie aus glimmenden Holzspänen gewonnen wurde, mit unserer geringen Habe nach Mannheim zurück. Wir fanden in Feudenheim bei Verwandten eine erste bescheidene Unterkunft. Geschlafen haben wir zusammen mit ihnen in einem Zimmer, die Waschküche wurde von uns als Küche benutzt. Meine Schwester, die in einem Kinderlandverschickungslager das Kriegsende erlebt hatte, war damals noch immer bei Verwandten in Waldshut. Wir waren alle froh, den Krieg überlebt zu haben.

Wie für viele andere folgte nun nach unserer Heimkehr auch für uns der Wiederaufbau. Das Haus meiner Großeltern am Gontardplatz, in welchem wir gewohnt hatten, war total zerstört. Meine Eltern verkauften es und konzentrierten sich auf den Wiederaufbau unseres Hauses in der Meerfeldstraße 39. Dort hatte mein Vater bis zu seiner Einberufung ein Elektroinstallationsgeschäft betrieben, und es sollte auch da wieder entstehen. Das Vorderhaus, in welchem sich das Geschäft befunden hatte, war vollkommen ausgebrannt. Nur die Außenmauern standen noch. Das Seitengebäude war ein einziger Schuttberg, und nur im Hinterhaus konnte mit einigem Aufwand im ersten Stock eine Wohnung geschaffen werden, in die wir und meine Großeltern einzogen. Bevor jedoch mit dem Bau dieser Behelfswohnung begonnen werden konnte, mussten der Schutt weggeräumt und Backsteine zur Wiederverwendung vom Mörtel befreit werden. Steineklopfen nannte man diese Arbeit. Anfangs sind mein Vater und ich von Feudenheim aus bis in die Meerfeldstraße zu Fuß gegangen. Morgens hin, abends wieder zurück. Nach einiger Zeit konnte dann wenigstens streckenweise die Straßenbahn wieder benutzt werden.

Für die Firma meines Vaters gab es genügend Arbeit, wobei anfangs die Materialbeschaffung ein Problem war. Mein Vater stellte schon bald den ersten Gesellen ein, zwei weitere und auch zwei Lehrlinge folgten kurze Zeit später. Die wieder aufgebaute Garage diente als Werkstatt, und im Keller des Hinterhauses richtete mein Vater einen Verkaufsraum ein. Irgendwoher bezog er einige Lampen, die dort den Kunden gezeigt werden konnten. Transportmittel zu den Arbeitsstellen war ein Handwagen, erst 1949 kam ein gebrauchter VW mit einem Anhänger zum Einsatz.

Unser Haus in der Meerfeldstraße 39

Wenn Anschlussaufträge fehlten, wurden alle Arbeitskräfte zum Schuttabräumen und Steineklopfen eingesetzt. Sie waren sehr flexibel.

Der Schuttberg des Nebengebäudes blieb noch lange liegen. Auf ihm legten meine Eltern einen kleinen Garten an und pflanzten darin Tomaten. Außerdem wurde ein Hühnerstall dort eingerichtet, in welchem wir etwa zehn Hühner hielten. Um Eier aus den Nestern zu holen sowie zum Gießen, Ernten und Hühnerfüttern musste man eine Leiter benutzen. Wir waren nicht die Einzigen, die sich auf diese Weise zu helfen wussten. Wie es dazu kam, dass unser Struppi, eine kleine giftige Promenadenmischung, die zur akustischen Bewachung des Grundstücks angeschafft worden war, auf den Schuttberg gelangte, konnte nie festgestellt werden, wohl aber das Ergebnis seines Ausflugs dorthin. Er hat nämlich alle Hühner totgebissen.

Das erste Motorfahrzeug meines Vaters war ein 98-ccm-Motorrad der Firma Miele, mit dem er zu den Kunden und den Baustellen fuhr. Als meine Eltern einige Tage weg waren, nutzte ich die Gelegenheit, mit dem Motorrad in die

Stadt zu fahren. Ich hatte natürlich noch keinen Führerschein, aber warum sollte gerade ich bei den geringen Polizeikontrollen erwischt werden, dachte ich. Da ich mit den Verkehrszeichen nicht vertraut war, fuhr ich in die Bassermannstraße, die damals Einbahnstraße war, in falscher Richtung hinein. Es war Pech, dass mir genau da eine Polizeistreife entgegenkam. Absteigen und Motorrad zum Polizeipräsidium schieben, lautete die Anweisung der Gesetzeshüter, nachdem sie festgestellt hatten, dass ich keinen Führerschein besaß. Zum Glück war meine Schwester zu Hause, die mich und das Motorrad auf der Polizeiwache auslöste.

Die Schule besuchte ich nach unserer Rückkehr nach Mannheim gleich wieder. Ich hatte viel nachzuholen. Der Unterricht fand für die drei Mannheimer Gymnasien – unsere Schule mit dem Namen des Diktators bestand anfangs noch – im Gebäude der Tullaschule statt. Jeweils drei Stunden standen jeder Schule im wochenweisen Wechsel des Schulbeginns zur Verfügung. Dies ging einige Zeit so, bis dann zwischen dem nur noch bestehenden Tulla- und Lessing-Gymnasium der Wechsel zwischen Vormittag und Nachmittag stattfand. Wir hatten fast ausschließlich alte Lehrer, denn von den jüngeren waren viele gefallen, und einige durften wegen ihrer Nazivergangenheit nicht unterrichten. Ich erinnere mich an unseren Sportlehrer, vornehm angezogen mit Jackett und Krawatte den Sportunterricht leitend, der entweder in der nahegelegenen Turnhalle des TSV Mannheim von 1846 oder auf dem Planetariumsplatz stattfand. In guter Erinnerung habe ich den Chemielehrer Karl Becht, der seinen Unterricht sehr anschaulich gestaltete und uns mit seinen Sprüchen oft erheiterte. Als er eines Tages ein knallrotes Taschentuch aus der Hosentasche zog und ein Schüler zu der Farbe des Tuches eine Bemerkung machte, sagte er: „Wenn dich das stört, kannst du mir ja ein weißes Taschentuch schenken." Zu einem meiner Sportkameraden, der Hockey spielte, was er wusste, sagte er, als er ihm eine schlecht benotete Klassenarbeit aushändigte: „Du spielst so lange Hockey, bis du hocke bleibst." Der Französischlehrer antwortete einem Schüler, der zu ihm sagte, dass er etwas nicht verstanden habe: „Ich erkläre alles nur einmal, denn ich werde dafür auch nur einmal bezahlt." In Englisch hatten wir einige Zeit Professor Jülg, der gleichzeitig Rektor der Schule war. Er war Vorsitzender des Mannheimer Ruderclubs und hatte volles Verständnis für diejenigen – zu denen auch ich zählte –, die samstags darum baten, vorzeitig die Schule verlassen zu dürfen, um mit ihren Sportkameraden zu Auswärtsspielen zu fahren.

Während meiner Schulzeit unternahm ich in den Sommerferien mit zwei Hockey-Kameraden eine Fahrt ins Allgäu. Wir fuhren mit dem Zug bis Immenstadt und von dort aus mit den Fahrrädern weiter. Höhepunkt dieser Fahrt war der Aufstieg durch das Höllental auf die Zugspitze.

Die meisten meiner Mitschüler waren in der Kinderlandverschickung gewesen, wo sie bis zum Kriegsende Unterricht hatten. Für mich dagegen ergab sich das Problem, dass ich durch den Ausfall vieler Schulstunden während der Abwesen-

Der Aufstieg zur Zugspitze

heit von Mannheim das Pensum der Sexta, Quinta und Quarta in irgendeiner Weise in kürzester Zeit bewältigen musste. Wie ich das geschafft habe, ist mir heute noch ein Rätsel, aber 1953 hatte ich mein Abitur in der Tasche.

Mein Vater war 1936 als Hammerwerfer Olympiateilnehmer gewesen und nach dem Krieg zweiter Vorsitzender des TSV Mannheim von 1846, kein Wunder, dass mich meine Eltern bereits im Alter von fünf Jahren im Verein angemeldet hatten. Das Vereinshaus in der Stresemannstraße war bei dem Bombenangriff im September 1944 schwer beschädigt worden, das Dach der großen Halle völlig abgebrannt. Der Wiederaufbau des Gebäudes stand für die damaligen Vorstandsmitglieder im Vordergrund ihrer Tätigkeit. In Eigenleistung produzierten Mitglieder etwa 30.000 Zementziegel, die gegen hochwertige, gebrannte Dachziegel eingetauscht werden konnten. Damit konnte das Dach der großen Halle Ende 1947 gedeckt werden. Nun war es endlich wieder möglich, die große Turnhalle nicht nur für den Sport, sondern auch für alle möglichen Veranstaltungen zu nutzen, auch für Faschingsbälle. Was die Nutzung für den Sport anbelangt, so fanden in der Halle außer dem Geräteturnen auch Handball- und Hockeyspiele sowie Leichtathletikveranstaltungen statt. Ich erinnere mich an einen Wettbewerb im Stabhochsprung, was zwar außergewöhnlich, aber wegen der Höhe der Halle möglich war. Die Turnhalle des TSV war wirklich eine Allzweckhalle.

Der Verein konnte vor allem im Kunstturnen mit einer sehr guten Riege glänzen. Ein Vergleichswettbewerb mit dem Turnverein Luzern, zu dessen Riege der damals weltbeste Turner Seppl Stalder gehörte, der 1948 und 1952 mehrere Silber- und eine Goldmedaille bei den Olympischen Spielen gewonnen hatte, war zweifellos ein Höhepunkt der damaligen Sportveranstaltungen in Mannheim. Der Verein war sehr stolz darauf, dass seine Turner mithalten konnten.

Im Anschluss an die Schulzeit folgte mein Studium an der Technischen Hochschule in Karlsruhe. „Technische Volkswirtschaft" nannte sich damals meine Fachrichtung, zu der außer der Volkswirtschaftslehre Betriebswirtschaft und Recht sowie ein Wahlfach aus der Technik zählten. Ich wählte natürlich das Fach Elektrotechnik. Die ersten zwei Semester fuhr ich täglich mit dem Zug nach Karlsruhe. Abfahrtszeit, um rechtzeitig in der Hochschule zu sein, war 6:15 Uhr, was damit zu tun hatte, dass die Zuggeschwindigkeit gering war und an jeder Station gehalten wurde. Ab dem dritten Semester hatte ich dann ein Zimmer in Karlsruhe, dessen Mietpreis 41 D-Mark pro Monat betrug.

1957 hatte ich mein Studium abgeschlossen. Es folgten drei Semester in Wien zur Erlangung des Doktorgrades, und danach ging es in den Beruf. An der Uni Wien erhielten übrigens mein Schwager und ich, als wir dort gemeinsam aufkreuzten, nur dadurch die Zulassung zur Fortsetzung unseres Studiums, dass wir das große Latinum vorweisen konnten. Latein muss man können, scheint dort die Parole gelautet zu haben.

Der Hockeysport in der Nachkriegszeit

Den ersten Hockeyschläger hielt ich 1948 im Alter von 15 Jahren in der Hand. Für die Karriere eines Hockeyspielers ist das reichlich spät, aber mein sportlicher Ehrgeiz und wahrscheinlich auch mein Talent führten dazu, dass ich schnell zur ersten Mannschaft des TSV Mannheim von 1846 gehörte. Um das zu erreichen, war intensives Training notwendig, das auf dem Hockeyplatz des Vereins neben dem Ruderverein Amicitia stattfand, auf einem Ascheplatz, bei dem Schürfwunden nicht zu vermeiden waren. Trainiert wurde damals nur einmal in der Woche. Neben der Technik war Schnelligkeit gefordert, die ich mir durch mein Leichtathletik-Training erwarb.

Wie bei allem anderen fing es nach dem Krieg auch im Sport recht bescheiden an. Da mein Vater Hockey gespielt hatte, war ich einer derjenigen, die von Anfang an einen passablen Hockeyschläger besaßen. Neue Schläger gab es nicht, also mussten Hockeyspieler, die vor dem Krieg aktiv gewesen waren, zur Herausgabe ihrer mehr oder weniger guten Schläger bewogen werden. Irgendwie wurde dieses Problem gelöst, denn im Verein kannte man diejenigen, die man ansprechen musste. Zweites Problem waren die Bälle, die auf dem Schlackenplatz schnell ihre weiße Farbe einbüßten und immer wieder neu angemalt werden mussten. Anfangs waren keine einheitlichen Trikots vorhanden, aber schon bald hatte jeder bei den Verbandsspielen wenigstens ein weißes Hemd und eine rote Hose an. Bei den Socken nahm man es nicht so genau.

Hockeyspieler des TSV 1945 (Autor unten 1.v.l., sein Vater oben 5.v.l.)

Allmählich wurden vom Deutschen Hockeybund Meisterschaftsrunden organisiert. Hallenhockey wurde eingeführt, das man zuvor als Wettkampfsport nicht kannte, und es wurden Lehrgänge für talentierte Spieler unterschiedlicher Altersklassen eingerichtet. Erstmals wurde ich 1950 zu einem Lehrgang der deutschen Jugend-Nationalmannschaft eingeladen, worauf ich natürlich stolz war, und was mich zu weiterem Trainingseifer anspornte.

Unsere erste Mannschaft spielte zunächst in der Badischen Liga, dann in der Badischen Oberliga. 1953 überstanden wir als badischer Meister zwar die Vorrunde der Deutschen Meisterschaft, wurden dann aber in Goslar mit 8 : 4 geschlagen, nachdem wir bis kurz vor Spielende noch mit 4 : 3 geführt hatten. Wie das passieren konnte, ist mir noch heute ein Rätsel, aber es ist geschehen, und aus war der Traum von der Deutschen Meisterschaft. 1955 nahm ich an der Studenten-Weltmeisterschaft in San Sebastian teil, bei der wir die Silbermedaille gewannen.

Ein Spiel unserer Jugendmannschaft 1950 gegen eine englische College-Elf war Anlass dafür, dass in den folgenden Jahren Hockeyturniere der Mannheimer Gymnasien veranstaltet wurden.

1954 erhielten wir erstmals vom englischen Hockeyclub Ramsgate, Grafschaft Kent, eine Einladung zum Thanet-Hockey-Festival. Wir staunten über 15 gepflegte Rasenplätze, von denen wir damals nur träumen konnten. Durch die wiederholte Teilnahme an Turnieren lernten wir immer wieder ausländische Mannschaften kennen, die auch bei den von uns ausgerichteten Turnieren teilnahmen. Dadurch kamen rege Kontakte zustande, die zu Einladungen führten. Reisen nach Paris, Basel, Prag, Zürich und Wien führten uns etwa ab 1960 immer wieder ins Ausland. Ein Höhepunkt der Auslandsreisen war unsere zweite Teilnahme am Thanet-Hockey-Festival in England.

Zum Glück für die Hockeyabteilung des TSV haben die Amerikaner den Golfplatz, den sie auf der ehemaligen Rennwiese eingerichtet hatten, schon Ende der fünfziger Jahre aufgegeben, und der Verein konnte ein Stück des Platzes von der Stadt erwerben, womit zum Hockeyspielen endlich ein Rasenplatz zur Verfügung stand. In Mannheim gab es neben dem TSV damals noch eine Reihe weiterer Vereine, die Hockey spielten, so die MTG, den VfR, den MHC und die Germania. Sie hatten alle einen Hockeyplatz.

Als ich auf Wunsch meiner Eltern 1957 mein Studium in Wien fortsetzte, habe ich auch dort Hockey gespielt. Ich wurde Mitglied im AHTC Wien, dem Akademischen Hockey- und Tennisclub, bei dem ich nicht nur meinen Sport weiterhin ausüben, sondern auch duschen konnte. Die sanitären Verhältnisse in dem Haus, in welchem ich eine Studentenbude bezogen hatte, waren nicht besonders gut. Warmes Wasser konnte man sich nur mit Hilfe eines Kochtopfs verschaffen, daher meine Benutzung der Duscheinrichtung des Vereins.

Als ich 1958 in den Semesterferien zu Hause war, erhielt ich einen Anruf des Vereinstrainers, der mich bat, sofort nach Wien zu kommen, um die Hockeymannschaft des Vereins zu verstärken, die im Endspiel um die österreichische Meisterschaft gegen Post Wien stand. Ich sollte so schnell wie möglich mit dem Flugzeug anreisen, der Flug würde natürlich bezahlt werden. Als ich mein Flugticket lösen wollte, wurde mir mitgeteilt, dass nur in der ersten Klasse Sitze frei seien. Ein Rückruf bestätigte mir, dass dies keine Rolle spiele. Und so trat ich die Reise von Frankfurt nach Wien ganz vornehm in der ersten Klasse an. Leider hat mein Einsatz nicht zum Erfolg für den AHTC Wien geführt.

Hockey hat mich auch nach meiner aktiven Zeit nicht losgelassen. Ich spielte noch lange in Altherren-Mannschaften und engagierte mich im Verein und im Badischen Hockey-Verband. Die Jugendarbeit lag mir besonders am Herzen, und ich denke, dass ich einigen Anteil an den späteren Erfolgen der Hockeyabteilung des TSV hatte. Was die Abteilung stets auszeichnete, war und ist auch heute noch die dort herrschende familiäre Atmosphäre, die damit zusammenhängt, dass viele Eltern der schon oft sehr früh mit dem Hockey beginnenden Jugendlichen selbst einmal Hockey gespielt haben.

SASCHA GRIMMINGER, GEBORENE GLAS

Eine schwierige Reise nach München

Nach der Volksschule besuchte ich ab September 1942 die Höhere Handelsschule in R 2, die damals den Namen „Karin-Göring-Schule" trug. Bedingt durch die zunehmenden Bombenangriffe fanden es meine Eltern ratsam, dass meine Mutter zu meinem Vater nach Nicolajew in die Ukraine zog, wo er im Auftrag seiner Baufirma tätig war, und dass ich bei den Eltern einer Freundin ein möbliertes Zimmer in Aglasterhausen mietete. Von dort aus fuhr ich täglich nach Mosbach, wo ich die Höhere Handelsschule besuchte. Meine Schulbildung schloss ich 1944 in Mosbach ab.

Am Ende des Krieges wohnte unsere Familie wieder wie zuvor in der Zeppelinstraße. Wir waren nicht ausgebombt worden. Mein Vater hatte zuletzt im Auftrag seiner Firma, der Münchner Baufirma Macher und Preis, in Norwegen gearbeitet. Er war nach Kriegsende von dort nach Mannheim zurückgekehrt, wurde kurze Zeit später verhaftet und kam in das Internierungslager für Kriegsverbrecher in Ludwigsburg. Wir mussten danach unsere Wohnung räumen. Sie wurde von einem Anhänger der Kommunistischen Partei bezogen, und meine Mutter und ich fanden in der Waldhofstraße 116 in einer Mansardenwohnung eine bescheidene Unterkunft. Möglicherweise hing die erzwungene Räumung unserer Wohnung mit der Verhaftung meines Vaters zusammen, der vermutlich denunziert worden war. Dass er kein Kriegsverbrecher war, wussten wir, aber das zu beweisen war nicht einfach. Er war Statiker und im Krieg zur Leitung von Bauarbeiten von seiner Münchner Firma nach Nikolajew beordert worden. Wie viele andere war er ohne sein Zutun zum Sonderführer der Wehrmacht ernannt worden und gehörte zu denen, die wir Jugendlichen abfällig als „Schmalspuroffiziere" oder als „Offiziere auf Krücken" bezeichnet hatten.

Um seine Unschuld zu beweisen, machte ich mich im Herbst 1945 auf den Weg nach München. Als Verkehrsmittel diente die Bahn, allerdings fuhr ich nicht in einem Personenwagen, sondern in einem Güterwagen, der mit Eisenträgern beladen war. In Ulm holten mich amerikanische Soldaten von dem Waggon herunter in einen von ihnen belegten Personenwagen. Sie benahmen sich sehr korrekt, und ich erhielt von ihnen einige ihrer „Eisernen Rationen". Nach einigen Tagen kam ich schließlich in München-Laim an, wo mein Vater zuletzt gewohnt hatte. Als Erstes ging ich dort zu einem Zahnarzt, der mir gegen Abgabe der mir verbliebenen „Eisernen Rationen" einen Weisheitszahn zog. Der hatte mir in den Tagen zuvor sehr zu schaffen gemacht.

Die Vermieter, bei denen ich übernachten durfte, haben mir schriftlich bestätigt, dass mein Vater kein SS-Offizier war, und ich erhielt von ihnen die

Anschrift der Baufirma, in deren Auftrag mein Vater während des Krieges tätig gewesen war. Zu Fuß ging ich am nächsten Tag in die Münchner Innenstadt, wo sich in der Nähe des Rathauses die Verwaltung der Baufirma Macher und Preis befand. Problemlos erhielt ich Unterlagen, aus denen eindeutig hervorging, wo und in welcher Eigenschaft mein Vater in der Ukraine und zuletzt in Norwegen gearbeitet hatte. Ich war glücklich über den Erfolg meiner Reise, und zufrieden trat ich die Heimreise an, erneut mit einem Güterzug.

Mit Hilfe der von mir beschafften Nachweise wurde mein Vater schließlich entlassen. Fast ein Jahr lang hatte er unschuldig in dem Internierungslager gesessen. Es war schlimm für ihn. Er sah sehr schlecht aus und wog weniger als 100 Pfund, als er endlich bei uns ankam.

Zusammen mit meinem Bruder, der inzwischen die Prüfung als Maurermeister abgelegt hatte, gründete mein Vater nach seiner Rückkehr eine Baufirma. Arbeit im Wiederaufbau der Stadt gab es mehr als genug. Bauarbeiter waren sehr gefragt, sodass die Firma erfolgreich arbeiten konnte. Wichtig war für uns, dass alle den Krieg überlebt hatten und die Familie wieder zusammen war. Die Lebensmittelrationen waren bis zur Währungsreform knapp, aber die Angst war vorbei, und ich meine, dass die Zufriedenheit der Menschen weder davor noch danach größer gewesen ist als damals.

Die schnelle Entscheidung und was dann folgte

Eines Tages, als ich meine Freundin Hannelore Knödler bei ihren Eltern besuchte, traf ich dort auf einen jungen Mann, der kurz zuvor aus der Gefangenschaft zurückgekehrt war. Er war 1942 nach Abschluss seiner Lehre als Bäcker zum Militär eingezogen worden, war bei der Invasion 1944 in amerikanische Gefangenschaft geraten und hatte zwei Jahre in einem Gefangenenlager in North Carolina verbracht. Nun war er dabei, seine Meisterprüfung abzulegen, um den elterlichen Betrieb weiterführen zu können. Ich fand ihn gleich sehr sympathisch.

Im Verlauf unserer Unterhaltung sagte die Mutter meiner Freundin zu ihm: „Richard, ich meine, du solltest so bald wie möglich heiraten, und warum nicht Sascha, die du ja gerade kennengelernt hast?" Richard Grimminger protestierte sofort mit dem Hinweis darauf, dass er nun nach Militärzeit und Gefangenschaft erst einmal sein Leben etwas genießen wolle und so schnell nicht ans Heiraten denke. Es dauerte jedoch keine zehn Minuten, als er mich fragte, ob ich denn Brötchen verkaufen könne. Als ich das bejahte, merkte ich, dass er bezüglich seines Entschlusses, mit dem Heiraten noch zu warten, unsicher wurde. Nach weiteren zehn Minuten fragte er mich, ob ich ihn heiraten wolle. Und ich sagte spontan ja. Es war Liebe auf den ersten Blick.

Unser erstes Zusammentreffen nach dem Heiratsantrag war eine Einladung ins Nationaltheater, das sich damals in der Schauburg, einem ehemaligen Kino in der Breiten Straße, befand. Aufgeführt wurde das Theaterstück „Dr. med. Hiob Prätorius" von Curt Götz, das später verfilmt wurde. Ich hatte das Stück bereits gesehen, sagte das aber nicht, um meinem zukünftigen Mann die Freude nicht zu verderben. Wir trafen uns dann immer öfter, lernten uns kennen und schon nach kurzer Zeit stand unsere Planung fest. Sie lautete: Verlobung nach einem Jahr, Hochzeit nach zwei Jahren und Kinder zwei Jahre später. Genauso lief es dann auch ab.

Die Bäckerei Grimminger befand sich in der Eichendorffstraße 8a. Dort ist auch mein Mann geboren. Sein Vater war 1943 im Alter von 59 Jahren gestorben, lange vor der Rückkehr meines Mannes aus der Kriegsgefangenschaft. Das Haus war im Krieg in den oberen Geschossen zerstört worden. Die Backstube und der Verkaufsraum konnten jedoch weiterhin genutzt werden. Seine Mutter hatte das Geschäft verpachtet mit der eindeutigen Bedingung, dass es ihr Sohn gleich nach seiner Heimkehr übernehmen würde. Dies ist auch problemlos so geschehen.

Ein Foto aus unserer Anfangszeit

Mein Mann hat 1947 die Meisterprüfung abgelegt. Ich hatte inzwischen meine zukünftige Schwiegermutter kennengelernt, die mich sofort akzeptierte, und nach unserer Verlobung war ich auch gleich in der Bäckerei im Einsatz. Die erste Anweisung von meiner zukünftigen Schwiegermutter lautete: „Morgen früh um 6 Uhr sind die Brötchen auszutragen." Damit wusste ich Bescheid, wann Arbeitsbeginn für mich war. Ich hatte damit kein Problem, und in den folgenden Jahren bestand jeden Morgen meine erste Arbeit darin, die bestellten Brötchen in den Leinensäckchen bei den Kunden an die Haustür zu hängen. Außerdem musste ich die Firmen beliefern, was mit Fahrrad und Anhänger geschah. Danach stand ich als Bedienung von Montag bis Samstag im Laden. Nur dienstags nachmittags hatte ich frei.

Das Geschäft ging von Beginn an gut, und nach der Währungsreform und der Aufhebung der Bewirtschaftung stieg der Umsatz deutlich an. Am 18. Juni 1950 heirateten wir. Wir bezogen unsere Wohnung in der Eichendorffstraße 8 a. Selbstverständlich stand ich am Tag nach der Rückkehr von unserer Hochzeitsreise morgens um 6 Uhr zum Ausfahren der Brötchen bereit. Warum auch nicht, denn mein Mann war Stunden zuvor bereits in der Backstube tätig. Dass ich alles übernahm, was mit den Abrechnungen und den Steuern zu tun hatte, war selbstverständlich. Ich kümmerte mich nunmehr aber auch um die Erweiterung unseres Kundenstammes. Mit Beharrlichkeit konnte ich zusätzliche Firmenkunden gewinnen. Der Umsatz stieg deutlich an. Allerdings war das natürlich zu einem großen Teil auch der Verdienst meines Mannes, der von Beginn an großen Wert auf die Qualität unserer Produkte legte. Das Brot und die Brötchen von Grimminger waren in der Neckarstadt und bei vielen Firmen gefragt.

Wie geplant kamen 1953 unser Sohn Michael und 1957 unsere Gabi zur Welt. Eine große Auszeit vor der Geburt meiner Kinder und auch danach war nicht nötig, denn ich wurde ja gebraucht.

Der entscheidende Schritt zur Vergrößerung unseres Geschäftes geschah 1960, als ich die Idee hatte, eine Filiale in der Mannheimer „Fressgasse" zu eröffnen. Die Verhandlungen für die Anmietung eines geeigneten Ladens zogen sich einige Zeit hin, aber schließlich konnte es losgehen. Wir waren überrascht, wie gut das Geschäft in unserer ersten Filiale von Anfang an lief. Zeitweise stand ich mit sechs Verkäuferinnen hinter der Theke, und in der Herstellung mussten schnell die Weichen zur Vergrößerung des Betriebes gestellt werden. Mein Mann war da stark gefordert. Nach dem ersten Erfolg ging es unaufhaltsam weiter. Wir eröffneten neue Filialen. Die Ausdehnung unseres Betriebes erforderte nicht nur zusätzliche Räumlichkeiten, sondern auch die Einstellung von geeignetem und qualifiziertem Personal. Dass uns der Sprung in einen Großbetrieb gelungen ist mit heute 96 Filialen im Großraum Mannheim, einem Backbetrieb in München und der Belieferung unzähliger Restaurants, Hotels und Industriefirmen weltweit, verdanken wir nicht allein unserer Schaffenskraft, unserem Qualitätsbewusstsein und unserem Ideenreichtum, sondern auch den vielen Mitarbeitern, die zu uns gestanden haben. Gutes Personal zu haben war immer unser Anliegen.

Mein Mann hat sich bei der Ausdehnung unserer Aktivitäten nicht nur um die Herstellung gekümmert, sondern in immer stärkerem Maße auch um den finanziellen Teil unseres Geschäftes. Es ist nichts geschehen, was wir beide nicht zuvor besprochen hätten, und es gab stets gemeinsame Entscheidungen. Der Erfolg ist uns nicht in die Wiege gelegt worden und auch nicht in den Schoß gefallen. Er wurde hart erarbeitet, wobei uns zweifellos die Entwicklung in Deutschland entgegengekommen ist. Freunde haben uns nie gefehlt, und wir haben in all den Jahren nicht nur gearbeitet, oft auch gefeiert und versucht, unseren Beitrag zum Gemeinwohl zu leisten. Dass wir beide passionierte Waldhof-Anhänger sind, wissen viele Mannheimer. Die Verbundenheit zu unserer Heimatstadt war immer sehr groß und ist es auch heute noch.

Der Krieg und die Nachkriegszeit haben meinen Mann und mich geprägt und uns die Notwendigkeit des Zusammenhalts gelehrt. Heute blicken wir beide sehr zufrieden auf ein erfülltes Leben zurück.

Dorothee Haass, geborene Renz

Ein Märchen aus der Nachkriegszeit

In der Festschrift zum 125. Bestehen des Elisabeth-Gymnasiums habe ich unter dem Titel „Es war einmal!" nachstehendes „Märchen" veröffentlicht, in dem ich meine Gefühle im Krieg und beim Neubeginn nach dem Krieg zum Ausdruck brachte. Das Stipendium für einen einjährigen Studienaufenthalt in den Vereinigten Staaten, das ich eingehend schilderte, war märchenhaft für mich. Die Probleme, die es für ein gerade mal zwanzigjähriges Mädchen fern von der Heimat und den Eltern gab, habe ich in dem Märchen verschwiegen. Dazu gehörten Heimweh und auch fehlende Möglichkeiten der Kommunikation mit den Eltern. Telefongespräche waren extrem teuer. Drei Minuten kosteten 50 US-Dollar, das waren damals etwa 200 D-Mark, eine riesige Summe. Während des ganzen einjährigen Aufenthalts führte ich mit meinen Eltern nur ein einziges Ferngespräch. Es war ein Geschenk, für das meine amerikanischen Freundinnen zu meinem 21. Geburtstag zusammengelegt hatten. Unter all den amerikanischen Mädchen mit Pelzmantel und eigenem Auto kam ich mir, zugereist aus dem armen Deutschland, drei Jahre nach der Währungsreform arm wie ein graues Mäuschen vor.

Die Überfahrt ins „Land der unbegrenzten Möglichkeiten" erfolgte keineswegs in der Luxusklasse. Es war ein ausgemusterter Truppentransporter, in welchem ich im September 1951 mit anderen Stipendiaten aus ganz Europa die Reise über den Ozean antrat. Die einfachen Verhältnisse auf dem Schiff nahmen alle im Hinblick auf das, was wir erwarteten, klaglos hin. Die Schiffsreise dauerte acht Tage.

Der Truppentransporter „Anna Salén"

Es war einmal ein schüchternes, pummeliges Mädchen mit langen, schwarzen Zöpfen, das zog vor vielen Jahren in die Elisabethschule ein. Schon zwei Jahre herrschte Krieg in seiner Heimat, und so waren die Gesichter seiner kleinen Mitschülerinnen vielleicht etwas ernster, als es ihrem Alter entsprach. Dem kleinen Mädchen brach fast das Herz, als nach zwei Jahren glücklicher Schulzeit Mütter und Kinder wegen zunehmender Fliegerangriffe die Stadt verlassen mussten und die Klasse in alle Winde zerstreut wurde. Es weinte bitterlich, obwohl es nicht ahnen konnte, dass drei Jahre vergehen sollten, ehe es wieder in seine alte Schule zurückkehren konnte. Das Wiedersehen war nicht fröhlich, die Heimat war besiegt, zerstört, besetzt, gedemütigt, mit Schuld beladen, die Schulklassen hoffnungslos überfüllt mit armselig gekleideten, hungrigen Kindern. Viele Freundinnen waren nicht zurückgekehrt.

Mit Staunen erlebte das Mädchen, wie sich ganz allmählich wieder eine neue Gemeinschaft bildete, die mit geringen Mitteln großartige, lustige Feste feierte, in Schulkonzerte drängte, sich auf Thomas Mann stürzte, unter der Bank – man möge es uns verzeihen – den „Aufstand der Massen", „Über die Liebe", und „Um einen Goethe von innen bittend" von Ortega y Gasset las, sich aus dem Amerika-Haus mit Hemingway, Sinclair Lewis und anderen versorgte, und die einen selbstlosen täglichen Abiturvorbereitungskurs für die weniger begabten Schülerinnen aufzog. Alle schafften das Abitur.

Da erschien eines Tages eine gütige Fee im Klassenzimmer und versprach demjenigen ein großes Geschenk, der bereit sei, den steinigen Weg durch Fragebögen und entnervende Vorstellungsgespräche zu gehen: ein Stipendium für einen einjährigen Studienaufenthalt in den Vereinigten Staaten. Das Mädchen war hell begeistert und stand – wie im Märchen üblich – nach einem Jahr bei Sonnenaufgang auf dem Deck eines Schiffes überwältigt vor den Wolkenkratzern Manhattans, sechs Jahre nach dem verlorenen Krieg. Es zwickte sich fest in den Arm, nein, es träumte nicht, es befand sich wirklich im „Land der unbegrenzten Möglichkeiten", wie es damals genannt wurde, auf dem Weg ins Vassar College, das zu den drei berühmtesten der Ostküste zählte.

Es kam aus dem Staunen nicht mehr heraus, der Campus übertraf alle seine Vorstellungen, ebenso die Herzlichkeit der Aufnahme durch Professoren und Mitstudenten, auch durch andere Stipendiaten aus Europa, die zum Teil aus ehemaligen „feindlichen Ländern" stammten. Kurz entschlossen schüttelte „die Deutsche" ihre Angst vor Diskriminierung wegen ihrer Herkunft ab und stürzte sich ins Studium und Campus-Leben. Schon bald stellte sich heraus, dass die kleine europäische Gruppe den gleichaltrigen amerikanischen „Juniors", was den mitgebrachten Bildungsstand betraf, weit überlegen war und trotz der anfänglichen Sprachschwierigkeiten durchaus konkurrieren konnte. Und es wurde hart gearbeitet, so hart, dass ein Abschreiben bei den Klausuren als äußerst unfair galt, da nur allerbeste Noten einen Erfolg versprachen, den natürlich jeder für sich selbst verbuchen wollte.

Das Verhältnis zwischen Professoren und Studenten war hervorragend, das sehr aufwendige System der Aufarbeitung der Vorlesungen in kleinen Seminaren mit höchstens 20 Teilnehmern sehr fruchtbar, die Fähigkeit der amerikanischen Studenten, sich schriftlich und mündlich schnell, knapp und präzise auszudrücken und sine ira et studio zu diskutieren, äußerst lehrreich, das unkomplizierte, sehr offene Verhältnis der Studenten aus aller Welt und allen Gesellschaftsklassen zueinander sehr beflügelnd. In dieser erfrischenden Campus-Gemeinschaft vergaß das kleine Mädchen zeitweilig den bösen Krieg und seine schrecklichen Folgen, es fühlte sich eingebunden in das Internatsleben und genoss an Wochenenden oder in den Ferien die grenzenlose, großzügige Gastfreundschaft der Amerikaner. Natürlich drängten sich Vergleiche auf, die nie zugunsten der geschundenen Heimat ausfielen; in den Staaten war damals wirklich alles besser, schöner und größer. Aber das kleine Mädchen wollte trotzdem wieder nach Hause, dahin, wo es seine Wurzeln hatte, ins Abendland, dessen Kultur die Amerikaner des Ostens besser kannten als es selbst. Es konnte damals noch nicht wissen, dass die Anhänglichkeit an das College und die dort gewonnenen Freunde es ein Leben lang begleiten würden. Es hatte das einmalige Glück gehabt, von einem hervorragenden College aufgenommen zu werden, einem „Liberal Arts College",

dessen Ziel nicht die Abrichtung auf einen Beruf, sondern die Ausbildung des gesamten Menschen im humanistischen Sinne war, die Bildung eines Fundus, der den jungen Menschen befähigt, seine Identität zu finden und die Erziehung zur Freiheit in Verantwortung für den anderen.

Der Abschied fiel dem Mädchen schwer, doch die Hoffnung, einen Beruf zu finden, in dem es seine Erfahrungen einbringen konnte, der es ihm ermöglichen würde, an der Verbesserung der internationalen Beziehungen zu arbeiten, gab ihm neuen Auftrieb. Es kam natürlich nicht zur diplomatischen Karriere. Ob wieder eine Fee das Schicksal gütig in die Hand genommen hat?

Der einjährige Aufenthalt in den USA war für mich wirklich wie ein Märchen. Meine damals geschlossenen Freundschaften mit amerikanischen Mädchen halten noch heute an und wurden auf Kinder und Kindeskinder übertragen.

Eine Episode von damals möchte ich hier noch anführen. In New York war es üblich, dass die jungen Leute am Weihnachtstag Besuche bei ihren Freunden machten, um ein frohes Fest zu wünschen. Meine Freundinnen nahmen mich an Weihnachten 1951 zu ihren Bekannten mit, und wir kamen auch zu einem Mister Rosenthal. Mein Einwand, dieser ältere Herr sei doch sicher ein Jude aus Deutschland, und da wollte ich als Deutsche nach all dem, was vor 1945 in unserem Land geschehen war, lieber nicht mitgehen, wurde als unbegründet abgelehnt. Mister Rosenthal erkannte natürlich sofort, dass ich Deutsche bin und fragte mich: „Kind, kannst du Walzer tanzen?", was ich selbstverständlich bejahte. Die Walzermusik musste dann fast eine Stunde lang gespielt werden und Mister Rosenthal bekundete während des Tanzes, dass er riesiges Heimweh nach Deutschland habe. Es bestanden auch hier keine Ressentiments gegen das deutsche Mädchen.

Dr. Hans-Günther Haass

Die Jahre nach der Heimkehr

Schon nach zwei Wochen in amerikanischer Kriegsgefangenschaft bei Pilsen in der Tschechoslowakei wurde ich am Pfingstsonntag, den 20. Mai 1945 entlassen und mit einigen Mannheimern von den Amerikanern im LKW nach Hause bis Mannheim-Käfertal gefahren. Wir waren die ersten entlassenen Kriegsgefangenen, die Mannheim erreichten, ein Kamerad und ich waren auch bei den Ersten, die den Neckar auf der von amerikanischen Pionieren erbauten Pontonbrücke überschritten. Natürlich war die Freude bei meiner Ankunft groß, denn niemand hatte auf eine solch baldige unversehrte Rückkehr gehofft. Meine Mutter konnte ihr Glück kaum fassen, wohnte sie doch mit meinem sechzehnjährigen Bruder alleine in einer durch Fliegerangriffe ebenfalls ramponierten Ersatzwohnung in der Mannheimer Oststadt, nachdem mein Elternhaus in der Kantstraße bereits bei dem schweren Luftangriff vom 5. auf den 6. September 1943 abgebrannt und nicht mehr bewohnbar war.

Mein Vater, der als HNO-Arzt in den Mannheimer Planken eine Praxis betrieben hatte und außerdem im Diakonissenkrankenhaus tätig gewesen war, musste während des Krieges zusätzlich zu seiner zivilen Tätigkeit auch als Militärarzt Dienst tun und leitete die Hals-Nasen-Ohren-Abteilung des Wehrmachts-Lazaretts, die damals im Theresienkrankenhaus untergebracht war. Beim Einrücken der Amerikaner kam er in Kriegsgefangenschaft und wurde an die Franzosen ausgeliefert, da diese für ihre Gefangenenlager dringend Ärzte benötigten. Erst im März 1946 entließen ihn die Franzosen nach Hause. Seine Praxis in der Mannheimer Innenstadt war bei dem letzten großen Luftangriff am 1. März 1945 völlig zerstört worden, auch das Diakonissenkrankenhaus war nicht mehr benutzbar, es war in ein Schulhaus in Ladenburg ausgelagert worden. So mussten meine Mutter, mein Bruder, der 16 Jahre alt war, und ich mit meinen 19 Jahren sehen, wie wir alleine über die Runde kamen. Wir standen praktisch vor dem Nichts.

Nach zwei Jahren Militärdienst wollte ich so schnell wie möglich eine sinnvolle Tätigkeit verrichten, mein Ziel war das Medizinstudium, doch dies war im Frühjahr 1945 hoffnungslos. Sämtliche Universitäten und Gymnasien waren geschlossen, so stieg ich als eine Art Famulus in die Luisenapotheke ein, wo ich für meinen späteren Beruf recht viel lernen konnte. Ich war glücklich, nach der stupiden Militärzeit wieder eine den Geist anregende Tätigkeit ausüben zu können.

Im Spätherbst des Jahres 1945 erhielt ich die Mitteilung, dass mein Kriegs-Notabitur aus dem Jahr 1943/1944 nicht anerkannt wurde und demnach nicht mehr zum Studium berechtigte. Ich musste daher das Abitur wiederholen und nochmals die Schulbank drücken. Im Dezember 1945 eröffnete meine alte Schule, das Karl-Friedrich-Gymnasium, eine Oberprima für Kriegsheimkehrer, die uns an das ersehnte Abitur heranführen sollte. Wir waren ein bunt zusammengewürfelter Haufen, fast alle Schüler und ein Teil der Lehrer waren erst in den letzten Monaten nach Hause gekommen, laufend kamen alte Freunde aus einem Lager in Russland, Frankreich oder England hinzu und wurden mit lautem Hallo empfangen. Alle waren froh, endlich wieder etwas geistige Nahrung zu sich nehmen zu dürfen. Das Verhältnis von Lehrern zu Schülern war hervorragend, es herrschte eine ausgezeichnete Stimmung. Viele von uns mussten mangels Zivilkleidung abgeänderte und gefärbte Wehrmachtsuniformen tragen, und mit dem Essen und Trinken in den ersten Monaten nach dem Krieg war es äußerst schlecht bestellt. Schon im März 1946 konnten die Ersten von uns, darunter auch ich, die Abiturprüfungen beginnen.

Während des Beginns der Schulzeit im Dezember 1945 hatte sich bei uns zu Hause auch etwas getan. Meine Mutter, mein Bruder und ich beschlossen, unser Einfamilienhaus, die Ruine in der Kantstraße, bewohnbar zu machen, um dort wieder Fuß fassen zu können, bevor uns irgendwelche von den Behörden eingewiesene Leute zuvorkommen konnten. In mühseliger Kleinarbeit mit Hilfe von Tauschhandel, Schwarzmarkt und guten Beziehungen gelang es uns, das beschädigte Notdach abzudichten und die Wohn- und Kellerräume im Souterrain wieder bewohnbar zu machen. Aus dem Erdgeschoss musste der ein Meter hoch liegende Trümmerschutt beseitigt werden. Schließlich hatten wir es geschafft: Wir besaßen ein kleines Wohnzimmer und ein Schlafzimmer für meine Mutter. Mein Bruder und ich schliefen in Kellerräumen, auch eine Koch- und Waschküche existierte wieder, außerdem hatten wir eine Badewanne, die in der Küche stand, organisiert. Sogar die Heizung funktionierte, Koks war vor der Zerstörung des Hauses in ausreichender Menge eingelagert worden, und so konnten wir Weihnachten wieder in eigenen Mauern feiern. Besonders glücklich waren wir darüber, dass wenige Tage zuvor die erste Nachricht von meinem Vater aus einem französischen Kriegsgefangenenlager eingetroffen war. Es ging ihm den Umständen entsprechend gut, doch machte er sich große Sorgen um uns, da ihn noch immer kein Brief aus der Heimat erreicht hatte.

Im März 1946 klingelte plötzlich unser mit einer Schnur an der Haustür befestigtes Glöckchen besonders kräftig – eine elektrische Klingel besaßen wir nicht –, und mein Vater stand in seiner abgerissenen Uniform vor der Tür. Die Franzosen hatten ihn nach einem Jahr aus der Gefangenschaft entlassen, so waren wir wieder zu viert glücklich vereint. Unser Vater wollte natürlich möglichst rasch wieder seinen Beruf als HNO-Arzt ausüben, doch war seine Praxis restlos zerstört worden. Da kam zupass, dass mein Bruder und ich bereits einige Monate zuvor auf die Idee gekommen waren, aus dem ehemaligen Sprechzimmer der Praxis die verschütteten Instrumente ans Tageslicht zu befördern. Zu diesem Zweck mussten wir zunächst den ehemaligen Standort des Instrumentenschranks und des Instrumententischs orten und dann an der entsprechenden Stelle den Schutt beiseiteräumen; es gelang uns tatsächlich, eine relativ große Anzahl von Instrumenten zu bergen und anschließend von einer Heidelberger Firma wieder aufarbeiten zu lassen. Mangels eines anderen Transportgefährtes luden wir die Schachteln und Kisten auf ein kleines Leiterwägelchen, das wir hinter uns herzogen, wobei wir mehrfach die Gleise der kleinen Feldbahn überqueren mussten, die damals für die Enttrümmerung der Planken sorgte.

Der Blick in die Planken

Die Mannheimer Innenstadt lag weitgehend in Schutt und Asche. Mein Vater fand schließlich zwei Zimmer in einem halbwegs stehen gebliebenen Haus in der Nietzschestraße und konnte erst Ende 1948 wieder in die Planken in ein teilrenoviertes Haus umziehen. Seine Patienten im Diakonissenkrankenhaus in Ladenburg konnte er nur mit Hilfe der OEG besuchen, erst nach drei Jahren stand ihm wieder ein VW Käfer zur Verfügung. Wie primitiv die medizinischen Verhältnisse in den ersten Nachkriegsjahren waren, können sich die nachfolgenden Generationen kaum vorstellen.

Der VW meines Vaters mit mir am Steuer

Studium unter erschwerten Bedingungen und Berufsbeginn

Nachdem ich im Mai 1946 das Abitur geschafft hatte, wollte ich möglichst umgehend mit dem Medizinstudium beginnen. Dies war jedoch gar nicht so einfach. Da in den Jahren 1945 und 1946 ein Großteil der Kriegsgefangenen nach Hause zurückkehrte, strömten doch plötzlich etwa acht Geburtsjahrgänge – das heißt, was von ihnen übriggeblieben war – auf die Universitäten, die damals längst nicht so zahlreich waren wie heute. Sie hatten zudem auch noch große Aufbauschwierigkeiten und waren somit sofort völlig überfüllt. Ein Freund und ich machten uns im Mai 1945 gemeinsam auf die Suche nach einem Studienplatz. Die Verkehrsverhältnisse waren katastrophal, die Züge so überfüllt, dass wir manchmal das Fenster als Einstiegsluke benutzen mussten. Nachdem wir von den Universitäten Heidelberg, Freiburg, Erlangen, München, Tübingen und Frankfurt Absagen erhalten hatten, machten wir uns mit dem Zug nach Würzburg auf den Weg, wo wir nach einer vollen Tagesfahrt erst am Abend ankamen. Wir mussten also übernachten, aber Hotel, Jugendherberge oder Ähnliches gab es nicht. So suchten wir uns in einer nahe am Bahnhof gelegenen Grünanlage eine Parkbank zum Nächtigen und banden uns unsere kleinen Pappkoffer zum Diebstahlschutz mit einer Schnur ans Bein.

Leider erhielten wir auch in Würzburg eine Absage, wir seien noch zu jung, erst kämen die älteren Jahrgänge an die Reihe, hieß es. Zu unserem Glück vernahmen wir, dass in Mainz eine neue Universität gerade eben erst ihre Pforte geöffnet hatte, sie war in einer ehemaligen Flak-Kaserne untergebracht. Mainz lag aber in der französischen Zone, und um den Rhein überschreiten zu dürfen, benötigte man einen speziellen Pass, den die amerikanischen bzw. die französischen Streitkräfte ausstellten, jedoch nur bei dringendem Bedarf. Ein solcher lag bei uns vor, wir gelangten tatsächlich nach Mainz und wurden trotz bereits abgelaufener Frist noch immatrikuliert, da wir vom KFG Mannheim kamen; so gut war schon damals der Ruf unserer Heimatstadt.

Im Hinterhaus eines weitgehend zerstörten Wohngebäudes gelang es mir, in der Mainzer Innenstadt ein Zimmer zu mieten. Die schwierige Frage der Unterkunft war somit gelöst, doch war die Ernährung in der französischen Zone miserabel. Wer nur von seinen Lebensmittelmarken leben musste, konnte kaum existieren, und so zogen wir immer hungrigen Studenten nachts auf die Felder und stahlen an Früchten, was wir bekommen konnten. Außerdem aßen wir zusätzlich Waldhof-Nährflocken, ein kaum genießbares Nahrungsmittel, das die Firma Zellstoff auf dem Waldhof aus Holzabfällen herstellte. Während der Semesterferien mussten die Studenten in der teilzerstörten ehemaligen Flak-Kaserne mehrere Wochen Aufbaudienst leisten: Steine schleppen, Zementsäcke stemmen und einiges mehr.

Während der Weihnachtsferien 1946/47 erkrankte ich so schwer, dass ich umgehend stationär im Krankenhaus aufgenommen werden musste, das ich erst nach 13 Monaten im Februar 1948 wieder verlassen durfte. Ein schweres Lungenleiden als Kriegsfolge hatte mich befallen. Ich hatte großes Glück, mit dem Leben davonzukommen, denn gezielt spezifische Medikamente gab es erst einige Jahre später. Durch sie wurde ich dann völlig wiederhergestellt. Als ich im Februar 1948 wieder zu Hause in Mannheim ankam, konnte ich ein schönes sonniges Zimmer beziehen. Meine Eltern hatten in der Zwischenzeit trotz aller Widrigkeiten wie fehlendem Baumaterial und mangelnden Arbeitskräften den ersten Stock ihres Hauses wiedererrichtet. Bis zur Vollendung des völligen Wiederaufbaus sollten allerdings noch sieben weitere Jahre vergehen.

Im Wintersemester 1948/49 konnte ich mein Studium fortsetzen, jetzt in Heidelberg, nachdem ich durch meine Krankheit drei Semester verloren hatte. Schon im Juli 1949 brachte ich die erste Prüfung, das Physikum, hinter mich. Anfang der fünfziger Jahre besserten sich die Lebensverhältnisse in Deutschland deutlich, nachdem unser Geld nach der im Juni 1948 erfolgten Währungsreform wieder zu einem gewissen Wert gekommen war. Die bis dahin gültige Reichsmark hatte ja kaum noch irgendwelche Substanz gehabt. Nun war das Studentenleben in Heidelberg auch wieder etwas freier und lockerer als in den vorhergehenden Jahren. Allerdings hatten die meisten von uns durch die

Militärzeit und die öden Nachkriegsjahre so viel Zeit verloren, dass wir alle danach strebten, das Studium so schnell wie möglich zu Ende zu bringen, um in den Beruf zu kommen. So legte auch ich in der zweiten Hälfte des Jahres 1952 das Staatsexamen und die Promotion ab und trat im Februar 1953 als frischgebackener Arzt in das Mannheimer Klinikum ein, wo ich bis zum Frühjahr 1955 verblieb, um dann für die nächsten Jahre an die HNO-Universitätsklinik Mainz zur weiteren Ausbildung zu wechseln.

1953 – Die Assistenzärzte an der Chirurgischen Klinik (Autor 3.v.r.)

An dieser Stelle möchte ich einmal in Erinnerung bringen, wie schlecht wir jungen Ärzte an den Kliniken damals bezahlt wurden. Die ersten Monate als Medizinalassistent in Mannheim bekam ich überhaupt kein Gehalt. Wenn ich Nacht- oder Wochenenddienst hatte, musste ich das Essen bezahlen, das zu Hause bei meinen Eltern umsonst gewesen wäre. Ich erhielt dann im ersten Jahr 100 D-Mark im Monat und im zweiten Jahr 300 D-Mark. In Mainz musste ich zunächst wieder mit 100 D-Mark anfangen, schließlich durfte ich ja an einer Universitätsklinik arbeiten, und erst im Frühjahr 1956 erhielt ich eine normale, nach A 13 bezahlte Assistentenstelle. Zu diesem Zeitpunkt war ich bereits 30 Jahre alt.

Ende des Jahres 1960 kehrte ich – inzwischen Facharzt, verheiratet und Vater zweier kleiner Söhne – nach Mannheim zurück, um die HNO-Praxis meines Vaters und die Stelle als leitender Arzt der HNO-Abteilung des neu erbauten Diakonissenkrankenhauses in der Speyerer Straße zu übernehmen. Damit hatten die schweren, zeitweise von einer beinahe unheilbaren Krankheit gezeichneten Jahre ihren Abschluss gefunden, was ich bei meiner Rückkehr aus der Gefangenschaft im Mai 1945 kaum mehr zu hoffen gewagt hätte.

Gerhard Hartmann

Erinnerungen an meine Kindheit und Jugend

Wir schrieben das Jahr 1946. Der Krieg war vorbei, Ausbombung und anschließende Evakuierung in die Pfalz lagen hinter uns.

Als gebürtige und somit waschechte Mannheimer war es der dringlichste Wunsch meiner Eltern, so schnell wie möglich wieder nach Mannheim zurückzukehren. Dass dies nicht ganz so einfach werden würde, war ihnen schon klar, aber es ging ja vielen so. Obwohl seit 1940 bei der Polizeireserve eingezogen, war mein Vater stets in Mannheim kaserniert und eingesetzt gewesen. Letztlich ging er auch hier für knapp eine Woche in amerikanische Gefangenschaft. Über die lokale Situation war er also gut informiert.

Was wir, meine Mutter und ich, bei unserer Rückkehr vorfanden, war ein einziges Trümmerfeld. Alles lag in Schutt und Asche, die Brücken über Rhein und Neckar lagen gesprengt im Wasser. Für mich als Kind – ich war inzwischen neun Jahre alt – war das zwar erschreckend, aber nicht ganz so außergewöhnlich, denn ich hatte bis dato ja nur in Kriegszeiten gelebt. Hinzu kam, dass mir der Ernst des Lebens nicht bewusst war. Ganz anders hingegen war das für meine Eltern. Sie hatten alles verloren und mussten wieder ganz von vorne anfangen, und das mit allen erheblichen Schwierigkeiten. Wichtigstes Problem war die Wohnungssuche. Der wenige noch zur Verfügung stehende Wohnraum war bewirtschaftet und durch das Wohnungsamt kontrolliert. Glücklicherweise konnten wir bei einer Schwester meines Vaters in der Eichendorffstraße als Untermieter einziehen. Die Räumlichkeiten waren jedoch nicht ausreichend, sodass wir noch ein weiteres Zimmer in der Nachbarwohnung auf der gleichen Etage zugewiesen bekamen. So wohnten wir in zwei Wohnungen. Hauptsache, wir hatten ein Dach über dem Kopf. Die Beschaffung von Lebensmitteln, Kleidung, Hausrat und Hausbrand war das nächste Problem. Das Geld war nichts mehr wert, die wenigen Dinge, die es noch gab, waren bewirtschaftet und wenn überhaupt nur in Verbindung mit Marken erhältlich.

Trotz allem hatten wir Mannheimer aber auch Glück. Bei der Aufteilung Deutschlands in die vier Besatzungszonen wurde Nordwürttemberg/ Nordbaden amerikanische Zone, also auch Mannheim. Nicht so Ludwigshafen und die Pfalz. Obwohl ursprünglich von Amerikanern besetzt, wurde dieser Teil Wochen später zur französischen Zone erklärt. Von Mannheim nach Ludwigshafen gelangte man über eine von amerikanischen Pionieren installierte Pontonbrücke nur mittels Kennkarte und zuvor beantragtem und genehmigtem Passierschein. Die Kontrollstelle, mit einem amerikanischen GI besetzt, befand sich etwa 50 cm über der Wasseroberfläche in der Mitte des Rheins.

Die zerstörte Rheinbrücke mit der Notbrücke

Wie schon erwähnt, gab es gegen Geld allein nichts, gegen Geld und Marken nicht viel. Mit anderen Worten, es florierte der Schwarzmarkt. Als bewährte Währung galten hier amerikanische Zigaretten oder Bohnenkaffee. Wie man dazu kam, stand auf einem anderen Blatt. Junge Frauen oder Mädchen haben versucht, sich einen amerikanischen Soldaten zu angeln, wobei nicht jeder, der eine amerikanische Uniform trug, auch Amerikaner war. Somit war so manche Hoffnung auch schnell wieder verflogen. Eine weitere Variante, etwas gegen Naturalien zu ergattern, war der sogenannte „Ringtausch". Hier konnte so manches, was noch irgendeinen realen Wert darstellte, gegen Essbares verhökert werden. Von Vorteil war, wenn man einen „Onkel in Amerika" hatte oder als „Fräulein" eine Beziehung zur PX, der Versorgungseinrichtung der GIs. Eine solche Einrichtung befand sich in N 7 beim Ufa-Palast, dem ehemaligen Kino. Hatte man den bewussten „Onkel in Amerika" – wir hatten ihn –, kamen in ziemlich regelmäßigen Abständen die sogenannten CARE-Pakete. Traf ein solches Paket bei uns ein, durfte es nur im Beisein aller, die nun mal zur Wohngemeinschaft zählten, geöffnet werden. Verstöße dagegen endeten verständlicherweise oft in einem Drama. Besonderes Interesse nicht nur für mich als Kind, sondern auch für alle anderen galt da der 50-Gramm-Tafel Cadbury-Schokolade. Bekam ich mal eine, habe ich diese erst einmal zum Anschauen in die Glasvitrine gestellt und etwas später auf mehrere Tage verteilt Rippe für Rippe verzehrt. Dabei habe ich immer darauf geachtet, die Umhüllung nicht zu beschädigen, um alles wieder so zu verpacken, dass es wie neu aussah; man wollte ja recht lange was davon haben. Wir waren für alles dankbar, was wir bekommen konnten.

Beliebtestes Spielzeug war und ist immer der Ball. Aber den gab es zu dieser Zeit ja auch nicht. Aus der Not heraus hat man Lumpen zusammengebunden, fest mit Schnur umwickelt, sodass das Produkt einigermaßen rund aussah; das waren dann unsere Spielbälle. Na ja, zuwerfen und kicken war schon möglich, aber wie ein richtiger Gummiball haben sie halt nicht funktioniert.

Eine Ecke weiter von unserem Haus befand sich eine von Amerikanern beschlagnahmte Wohnung. Je nach Laune der GIs haben sie uns Kindern auch mal etwas zugeworfen, meistens ein Kaugummi oder ein Täfelchen Schokolade. Auf diese Weise kam ich eines Tages in den Besitz eines Tischtennisballs. Viel Freude damit hatte ich allerdings nicht. Beim Spielen rollte der Ball auf die Fahrbahn, ein farbiger GI kam mit einem riesigen Sattelschlepper und setzte alles daran, mein gutes Stück mit dem Fahrzeug zu erwischen. Der Ball war platt wie eine Flunder, der Ami hatte seinen Spaß, aber für mich ging die Welt unter. Seine leuchtenden Augen sowie sein Grinsen habe ich bis heute nicht vergessen. Vermutlich war ihm nicht bewusst, wie wichtig für ein Kind solch ein Bällchen gewesen ist, und was er damit in einem Kinderherz angerichtet hat.

Für uns Kinder gab es in den Schulen die sogenannte Hoover-Speisung. In der Regel war das Eintopf mit Würstchen oder Grieß- bzw. Haferflockenbrei, mal mit, mal ohne Kakaobeimischung. Geschmacklich war das recht gut und hat sogar Erwachsenen geschmeckt, weshalb ich mich eines Tages dazu verleiten ließ, mich noch einmal in die Schlange einzureihen. Leider hat man das sofort erkannt, und ich musste schnellstens das Weite suchen.

Die Quarta des Tulla-Gymnasiums mit Lehrer Rettig 1950
(Autor 3. Reihe 3.v.r.)

Inzwischen hatte ich die Volksschule verlassen und besuchte, wie man in Mannheim sagte, die „Owwerschul", gemeint ist das Tulla-Gymnasium. Zu jener Zeit war in diesem Gebäude auch das Lessing-Gymnasium untergebracht, weshalb der Unterricht abwechselnd eine Woche vormittags, eine Woche nachmittags stattfand. Weil die schuleigene Turnhalle fliegergeschädigt war, fand unser Turnunterricht beim benachbarten TSV 1846 statt.

Im Juni 1948 hat man uns dann die Währungsreform beschert; die Deutsche Mark wurde eingeführt. Jeder bekam ein Kopfgeld in Höhe von 40 D-Mark bar auf die Hand, und alle waren zumindest fürs Erste gleich reich. Die alte Reichsmark wurde später 1 : 10 abgewertet, und schon hatten wir wieder Arm und Reich. Ab dann hat sich die Situation sehr schnell geändert. Was bis dato nur „u.T.", nämlich unter der Theke, zu bekommen war, gab es plötzlich gegen harte Währung wieder ganz normal.

Ende der vierziger, Anfang der fünfziger Jahre hat man nach und nach ehemals bestehende Vereine wieder aufleben lassen. Mein Vater war in zwei Gesangsvereinen. Durch deren regelmäßige Jahresfeste wie Weihnachts- und Silvesterfeiern sowie Faschingsveranstaltungen kam man gesellschaftlich wieder unter die Leute. Aber auch familiär hat sich bei uns wieder einiges getan. Die Familie meines Vaters, es waren sieben Geschwister, hatte sich schon vor dem Krieg regelmäßig aus verschiedenen Anlässen getroffen. In der Hauptsache waren es die einzelnen Geburtstage, die Silvesterfeier oder auch Kappenabende im häuslichen Kreis. Da alle mehr oder weniger gut den Krieg überstanden hatten, führten sie diese schöne familiäre Tradition gerne weiter.

Besonders lustig waren immer die Kappenabende, die stets bei derselben Tante stattfanden. Sie hatte eine Wohnung im Dachgeschoss eines mehr oder weniger vom Bombenhagel verschont gebliebenen Hauses in den Quadraten. Die Wohnung war sehr klein, und man gelangte nur über eine steile Wendeltreppe nach oben. Das Wohnzimmer war, wenn alle kamen – das waren dann 14 bis 16 Personen –, schon ziemlich eng. Man setzte sich

Einer unserer familiären Kappenabende

irgendein lustiges Hütchen auf und war einfach fröhlich. Für das leibliche Wohl steuerte jeder etwas Eigenes bei. An der zugehörigen Stimmungsmusik hat es auch nicht gefehlt. Ein Onkel spielte Ziehharmonika, ein anderer Akkordeon. Das Repertoire bestand aus Schlagern der zwanziger bis vierziger Jahre, oder es waren geläufige Operettenmelodien, die jeder mitsingen konnte. Manchmal gab auch einer einen besonderen Schwank zum Besten. Die Stimmung war jedenfalls immer riesig, und man hat die Sorgen des Alltags für einige Stunden vergessen.

Mittlerweile wurde 1949 über Bi-Zone und Tri-Zone die Bundesrepublik Deutschland gegründet. Es ging aufwärts; wenn auch langsam, aber dennoch stetig. In Mannheim wurden die Trümmer beseitigt, Häuser und Brücken wieder aufgebaut bzw. instandgesetzt. Während in unserer Nachbarstadt Ludwigshafen, die wie erwähnt in der französischen Zone lag, noch sehr lange die Trümmer herumlagen, ging es in Mannheim wesentlich schneller voran. Auf Loren wurde der Schutt abtransportiert. Es wurde neu gebaut, modern und zweckmäßig, aber ohne Rücksicht auf Historisches. Wir waren in der amerikanischen Zone, und das Zauberwort hieß „Marshallplan". Kredite und Warenlieferungen haben der deutschen Wirtschaft Wachstumsimpulse gegeben, die für den Wiederaufbau dringend notwendig waren. So richtig gespürt haben wir, die kleinen Leute, das dadurch entstehende Wirtschaftswunder allerdings erst viel später.

Wie es etwas holprig, aber mit Zufriedenheit weiterging

Obwohl ich mich im Gymnasium sehr wohlfühlte und auch meine Freunde hatte, versuchte mein Onkel, ein Werkmeister bei BBC, bei dem wir zur Untermiete wohnten, meinen Vater zu überzeugen, dass der Bub doch „was Gescheites" lernen müsse. Aber als Firmenfremder eine Lehrstelle zu bekommen, war auch damals nicht ganz einfach. Außer einer bestandenen Aufnahmeprüfung war noch etwas „Vitamin B" erforderlich, nämlich die notwendigen Beziehungen, die wir leider nicht besaßen. Wir hatten nur unseren Onkel, der bei BBC arbeitete und der Meinung war, dass es von Vorteil sei, schon vor der Bewerbung um eine Lehrstelle Mitarbeiter der Firma zu sein. Diesen Rat hat mein Vater befolgt und mich sofort im Gymnasium abgemeldet. Im August 1951 wurde ich zunächst für die Ferienzeit als Bürobote bei BBC eingestellt, habe mich aber gleich um eine Lehrstelle beworben. Im September wurde ich dann zur Aufnahmeprüfung einbestellt, die ich bestand.

In diesen Jahren hat BBC jährlich 60 Lehrlinge der verschiedensten Lehrberufe eingestellt mit der Versicherung, dass jeder nach bestandener Facharbeiterprüfung von der Firma übernommen würde. Bedingt durch den Krieg fehlten ja die Männer. Elektrikerlehrlinge wurden allerdings nur zwei pro Jahr eingestellt, einer davon wollte ich sein. Da aber hat das Schicksal mir einen Strich durch die Rechnung gemacht. Es musste ein weiterer, wahrscheinlich der Sohn eines wichtigeren Mitarbeiters, eingeschleust werden. Das bedeutete: Einer, der schon die Zusage hatte, musste wieder raus. Da hat man bei mir einen triftigen Grund gefunden: Ich war einen Zentimeter zu klein. Die Mindestgröße betrug 1,50 Meter, ich maß nur 1,49 Meter. Dass man dies erst bemerkt hat, als der Neue eingeschleust werden musste, war schon etwas seltsam. Wie sagt man so schön, „wer gut schmärt, der gut fährt". Ganz genau wusste ich nicht, was geschehen war, aber nur so konnte ich mir das damals erklären.

Für mich wiederum bedeutete dies eine Ehrenrunde als Bürobote, denn aus der Schule war ich ja raus. Im nächsten Jahr war ich dann wohl den bewussten Zentimeter gewachsen und konnte meine Lehre als Betriebselektriker antreten. Trotz Zusage, dass mir eine erneute Aufnahmeprüfung erspart bliebe, musste ich sie der Form halber erneut über mich ergehen lassen, was kein Problem für mich war. Nach einem halben Jahr Grundausbildung mit Feilen, Sägen, Drehen, Schmieden, Schweißen wurden wir dann unseren eigentlichen Lehrberufen zugeführt, und da war man als Elektriker schon etwas Besonderes, was wir Lehrlinge dann auch genossen. Damals hatte man noch viel Respekt vor all dem, was mit Strom bzw. Elektrizität zu tun hatte.

Eine Besonderheit war das Alter der Lehrlinge. Verursacht durch den Krieg, differierte es zwischen 15 und 25 Jahren. Einige waren schon Soldat gewesen und kamen aus der Gefangenschaft. Mancher Lehrling war da älter als sein Lehrgeselle. Ein besonderes Problem war das Rauchen; es war für Lehrlinge grundsätzlich verboten, nicht nur in der Lehrwerkstatt, sondern im gesamten Betrieb. Für die Lehrgesellen und den Meister galt dies natürlich nicht. Ein Lehrling, der schon Soldat bzw. in Gefangenschaft war, ließ sich das natürlich nicht so einfach verbieten. Dass es da zu heißen Auseinandersetzungen kam, versteht sich wohl von selbst.

Obwohl ich der Schulzeit im Gymnasium noch lange nachtrauerte, war die Entscheidung, eine Lehre anzutreten, gar nicht so schlecht, wie sich später herausstellte, denn Elektriker zu werden, war für mich wirklich eine akzeptable Alternative. Wie bei vielen Großfirmen hat man sich auch bei der BBC viel Mühe mit den Lehrlingen gegeben. Neben der sehr guten fachlichen Ausbildung wurde auch gesteigerter Wert auf eine kulturelle Komponente gelegt. So hat man neben Werkschor und Werksorchester auch einen Lehrlingschor sowie ein Lehrlingsorchester unterhalten. Alles mit großem Erfolg, oftmals mit Auftritten auch bei Betriebsveranstaltungen der Firma im Rosengarten. Sogar die Theatergemeinde kam in sämtliche Großfirmen, um für die Gründung der Jugendbühne zu werben. Seinerzeit namhafte Schauspieler und Sänger des Nationaltheaters haben in kurzen Szenen ihren Beitrag dazu geleistet. Kurz und gut: Nicht alle, aber sehr viele, darunter auch ich, waren begeistert und traten der Jugendbühne als Gründungsmitglied bei. Das Nationaltheater in B 3 war ja zerstört. Unsere Theaterbesuche fanden deshalb in der Schauburg in K 1 statt, einem ehemaligen Lichtspielhaus, wo das Nationaltheater bis zur Eröffnung des Neubaus auf dem Goetheplatz untergebracht war. Als Mitglied der Jugendbühne hatte man jeden Monat eine Vorstellung quer durch das gesamte Spektrum mit Oper, Operette, Schauspiel und Ballett. Für den einen oder anderen war so ein Theaterbesuch schon ein besonderes Erlebnis.

Die schlechte Zeit hinter sich lassend, wollten sich die Leute wieder angenehmeren Dingen zuwenden. Man ging auch wieder ins Kino. Mit neu gedrehten Heimatfilmen hatte der deutsche Film Hochkonjunktur. In Mannheim besaßen wir schließlich sieben sogenannte „Erstaufführungshäuser", und alle waren große Theatersäle, keine „Flohkisten" wie später. Samstags und sonntags ging man gut gekleidet ins Kino, Hut und Mantel gab man an der Garderobe ab. Auch ich leistete mir hin und wieder diesen Luxus, meistens donnerstags, weil da Programmwechsel war und manche Hauptdarsteller sich ihrem Publikum persönlich vorstellten. Auf diese Weise konnte ich unter anderem Willy Birgel, Zarah Leander, Hans Albers und Marika Röck persönlich sehen. Ihr Auftritt bei Erstaufführungen war damals üblich. Günstigster Preis 1,10 D-Mark, Reihe 1 bis 4.

1955 war meine Lehrzeit zu Ende, und ich war Facharbeiter. Als solcher bewarb ich mich um eine Stelle im Prüffeld für elektrische Maschinen, was letztlich auch gelang. Weil zu der Zeit die Elektrifizierung der Deutschen Bundesbahn mit Hochdruck betrieben wurde, war ich die längste Zeit mit der Prüfung von Bahnmotoren betraut. Da diese Prüfungen in einem 20-stündigen Dauerbetrieb erfolgten, war Schichtdienst mit Frühschicht, Mittelschicht und Nachtschicht angesagt. Trotz allem war das sehr interessant, und ich war mit Freude bei der Arbeit.

Für die heranwachsende Jugend hat man auch von Seiten der Stadt Mannheim mit dem Stadtjugendring einen guten Beitrag geleistet. Als so mancher schon seinen ersten Auslandsurlaub unternommen hatte, konnte man als Jugendlicher, vom Stadtjugendring organisiert, an Ferienfreizeiten im Allgäu oder gar am Luganer See teilnehmen. Aus Sicht meiner Eltern war dies aber viel zu gefährlich. Wer weiß, was da alles passieren kann, und das noch im Ausland. So blieb für mich nur, davon zu träumen.

Aber auch lokal hat man etwas für Jugendliche geboten. Eine Jugend-Tanzveranstaltung, im Volksmund „Coca-Cola-Ball" genannt, weil alkoholfrei, fand monatlich sonntags ab 18 Uhr im Musensaal des Rosengarten statt, immer mit Livemusik lokaler Bands wie Astoria oder Limelights. Damit alles seine Ordnung hatte, wurde die Veranstaltung stets abwechselnd von einer der Mannheimer Tanzschulen betreut. Wenn es sich ergab, dass am Tag zuvor ein Tanzturnier stattfand, versuchte man seitens des Veranstalters, die Paare der Endrunde zu einer Darbietung zu gewinnen, natürlich mit dem dazugehörigen Tanzorchester. Für mich war das immer ein besonderes Erlebnis.

Weil durch den Krieg und die anschließende Gefangenschaft nicht genügend Fachkräfte – es fehlten die Männer – zur Verfügung standen, hat man versucht, durch ein Abendstudium an staatlichen Fachschulen schnellstmöglich Fachleute heranzubilden. Dies erfolgte nach der normalen Arbeitszeit. Auch ich bin diesen Weg gegangen und habe die Fachschule für Elektrotechnik besucht. Bedingt durch den Krieg, hat sich der Altersdurchschnitt zwischen 20 und 40 Jahren bewegt. Für mich bedeutete das Studium in der Regel bis 16 Uhr Arbeit, ab 18:Uhr Schule. Sehr zu meinem Vorteil für das Studium war meine Arbeit im Prüffeld. Für mich war das Learning by Doing. Einige Kollegen haben mich darum beneidet. Einen Haken hatte die Sache aber trotzdem. Da das Arbeiten dort, verursacht durch die Dauerprüfungen, nur im Schichtbetrieb passieren konnte, bekam ich Probleme mit den Arbeitskollegen. Ich konnte nicht für die Mittelschicht eingesetzt werden. Unschöne Bemerkungen waren die Folge. So habe ich mich zu einem Kompromiss bereiterklärt und wie folgt arrangiert: Nur montags, also zu Wochenbeginn, Früh- und Nachtschicht, dazwischen Abendschule, die anderen Tage dann Früh- oder Nachtschicht. Kam man morgens von der Nachtschicht nach Hause, war schlafen auf Kommando meistens nicht möglich. Das ging drei Jahre so. In den Kleidern allein blieb das nicht stecken. Gesundheitliche Probleme im Nachhinein waren die Folge.

Im März 1959 war auch diese Hürde genommen, und ich durfte mich „Staatlich geprüfter Elektrotechniker" nennen. Als solcher wurde man dann für ingenieurmäßige Tätigkeiten eingesetzt. Jetzt ging auch für mich der Ernst des Lebens los, ich musste mit dem Erreichten einen geeigneten Arbeitsplatz finden. Zum Glück fand ich ihn bei meiner Lehrfirma, wo ich im Geschäftsbereich Industrieanlagen mit der Konstruktion und Steuerung von Schaltanlagen hauptsächlich für Zementfabriken befasst war.

Die Absolventen der Fachschule für Elektrotechnik vor der Gewerbeschule in C 6 (Autor 1. Reihe 3.v.l.)

Obwohl man nach dem verlorenen Krieg geschworen hatte: „Nie wieder Krieg, nie wieder Soldaten", änderte man auf politischer Ebene ganz schnell seine Meinung. 1956, also zehn Jahre nach Kriegsende, wurde die neue Bundeswehr gegründet. Ab jetzt gab es den „Bürger in Uniform". Wir Kriegskinder mit all unseren eigenen Erlebnissen waren davon natürlich alles andere als begeistert, wie man sich lebhaft vorstellen kann. Erster Jahrgang, der zur Musterung aufgerufen wurde, war der Jahrgang 1937, somit war ich dabei. Zum Glück gab es noch nicht genügend Kasernen, so galt als Einzugstermin für besagten Jahrgang erst der Monat Juli. Alle davor Geborenen zählten zu den „weißen Jahrgängen" und waren somit von der Wehrpflicht nicht betroffen. Wegen meines Geburtstags vier Tage vor dem Stichtag zählte auch ich dazu, dadurch ging der Kelch an mir vorüber.

In Mannheim ging derweil die Entwicklung weiter. Man verdiente Geld und wollte nach Möglichkeit bei allem mithalten. Nach dem tollen Fahrrad während der Lehrzeit strebte ich jetzt schon etwas Motorisiertes an. Der Führerschein war der nächste wichtige Schritt. Mit in der Regel 12 bis 15 Fahrstunden war das kein Problem. Es dauerte nicht lange, dann hatte auch ich mein eigenes Auto, klein aber fein, einen FIAT 600, wegen seiner besonderen Bauform auch „Kommissbrot" genannt.

Von nun an konnte auch ich meine Freizeit bzw. die Wochenenden ganz individuell gestalten. Es folgten viele Fahrten in die nähere Umgebung sowie auch eine Urlaubsfahrt über die Großglockner-Alpenstraße nach Südtirol. Hierbei habe ich besonders genossen, dass mein Fiat 600 an mehreren größeren Karossen, die mit offener Motorhaube am Straßenrand standen und dampften, problemlos vorbeizog, nicht schnell, aber verlässlich. Mit meinem Auto stand ich auf Du und Du. Diese innige Freundschaft war jäh zu Ende, als mir ein größeres Fahrzeug am Ende der Waldhofstraße, damals Einbahnstraße, verkehrswidrig entgegenkam.

1963 habe ich geheiratet, womit für mich ein neuer Lebensabschnitt begann. Im Rückblick waren es harte Zeiten, wobei es aber auch viel Erfreuliches im Zeichen des Aufschwungs in Deutschland gab. Jedenfalls ging es immer aufwärts.

Der Fiat 600, genannt „Kommissbrot"

Sylvia Hartmann, geborene Stiasny

Meine Teenagerzeit in Mannheim

Geboren wurde ich 1942 in Leoben/Steiermark, wo meine Eltern zu dieser Zeit gewohnt hatten, also im „Großdeutschen Reich". Meine Eltern waren gebürtig aus Czernowitz, damals Rumänien, heute Ukraine. Die Mutter war Rumänin, der Vater Volksdeutscher, hatte also deutsche Wurzeln und ging in Czernowitz auch auf das deutsche Gymnasium. Er sprach dadurch sehr gut deutsch, während meine Mutter damals kein Wort Deutsch konnte. Als junges Ehepaar, Mutter 17, Vater 19 Jahre alt, kamen sie 1940 als sogenannte Rückwanderer „heim ins Reich". Bei der Deutschen Reichsbahn fand mein Vater als Reichsbahninspektor eine Anstellung in Lörrach/Baden, hier wurde mein Bruder geboren. 1942 wurde er als Bahnhofsvorsteher nach Leoben in der Steiermark versetzt. Hier kamen ich und später meine Schwester zur Welt. Nun waren wir eine Familie mit drei Kindern, wobei meine Mutter mit ihren wenigen Deutschkenntnissen sich regelrecht durchbeißen musste, denn der Vater war ja tagsüber bei der Arbeit. Als Beamter bei der damaligen Reichsbahn war versetzungsbedingt auch öfter mal Umziehen angesagt. Nach einigen Jahren in der Steiermark wurde er nach Neuenburg/Baden und später nach Freiburg im Breisgau versetzt. Dort verbrachte ich meine Schulzeit.

Inzwischen bei der Deutschen Bundesbahn, folgte 1958 die Versetzung in den Norden Badens nach Mannheim und zwar als Bahnhofsvorsteher des damaligen Bahnhofs Mannheim-Waldhof. Für die Familie bedeutete dies natürlich wieder mal Umzug, der dann im März 1959 erfolgte.

Der Umzug nach Mannheim in die Altrheinstraße 26 war für die ganze Familie eine große Umstellung. Wir bekamen zwar wieder eine Vierzimmerwohnung, doch in Freiburg war das alles wesentlich großzügiger gewesen. Das vierte Zimmer, welches mein Bruder bekam, befand sich eine Etage höher und wurde für uns von der dortigen Wohnung abgetrennt. Auch hier bekam ich wieder ein Zimmer mit meiner Schwester zusammen. Aber auch das war viel kleiner als das zuvor. Das Bad war auch nicht komfortabel, es hatte eine frei stehende Badewanne, aber der Ofen musste mit Holz oder Briketts befeuert werden. Wenn es bei unserer fünfköpfigen Familie Badetag gab, war dies schon ein größerer Akt. Zuerst wurde mal verhandelt, wer denn mit dem Feuermachen dran war. Dazu fällt mir ein, dass zwei Tage vor Heiligabend die Badewanne blockiert war, denn da schwamm der Karpfen, unser traditionelles Weihnachtsessen, in der Wanne. An Heiligabend hat ihn dann mein Vater ausgenommen und geteilt. Ein Teil kam abends als Festmahl auf den Tisch, der andere Teil wurde am 2. Weihnachtsfeiertag als Karpfensülze, eine rumänische Spezialität, serviert.

Durch ihren Sport – meine Eltern waren beide sehr gute Tennisspieler – hatten sie viele Freunde und Bekannte. Im TC Rot-Weiß Freiburg hatten sie in der ersten Mannschaft gespielt. Dies alles mussten sie durch die Versetzung und den damit verbundenen Umzug aufgeben und in Mannheim wieder von Neuem beginnen. Ganz nebenbei war mein Vater begeisterter Hobbyfotograf, und das mit großem Erfolg. Er war Mitglied der Fotografischen Gesellschaft Freiburg und dadurch auch sehr gut vernetzt. Die Versetzung brachte zwar eine Beförderung und somit auch etwas mehr Geld in die Familienkasse, warf aber andererseits wieder Probleme auf. Das war aber das Los eines jeden, der auf der Karriereleiter weiterkommen wollte.

Mein Bruder hatte in Freiburg, weil französisch besetzte Zone, im Gymnasium Französisch als erste Fremdsprache. Hier in Mannheim, in der amerikanisch besetzten Zone, war das natürlich Englisch. Wenn man kein Primus war, gab das schon Probleme. Er verließ deshalb auch das Gymnasium mit der Sekundareife, da er den Anschluss nicht so richtig gepackt hat. Meine Schwester hatte in Freiburg die Handelsschule begonnen, dies hat man aber in Mannheim nicht anerkannt, und sie musste noch einmal von vorne beginnen.

Ich selbst hatte noch am meisten Glück, denn ich hatte meine Handelsschule in Freiburg abgeschlossen und konnte in Mannheim gleich mit meiner beruflichen Laufbahn beginnen. Bei Bopp & Reuther bekam ich eine Stelle als Kontoristin und habe dort im Betriebsbüro gearbeitet. Ich verdiente damals 219 D-Mark und freute mich über mein erstes eigenes Geld. Wie damals so üblich, gab ich zu Hause 50 D-Mark Kostgeld ab, den Rest durfte ich behalten, musste aber auch meine Kleidung sowie all meine Extrawünsche selbst bezahlen, wenigstens größtenteils. Übertrieben kleinlich waren meine Eltern aber nicht, obwohl man mit drei Kindern schon ganz schön rechnen musste.

An meinem Arbeitsplatz gefiel es mir eigentlich ganz gut, aber so richtig wohl fühlte ich mich dennoch nicht, es war alles so fremd für mich. Da war zunächst einmal die neue Umgebung, die Menschen mit ihrem für mich sehr fremden Zungenschlag. Viele Kollegen kamen aus dem Ried oder waren waschechte Mannheimer. Sie sprachen alle Dialekt, mit dem ich mich anfangs ziemlich schwertat. Da meine Eltern aus Rumänien kamen, sie also nicht im Dialekt redeten, sondern nur einen etwas fremdartigen Akzent hatten, wurde bei uns zu Hause sehr darauf geachtet, dass wir Kinder Hochdeutsch sprachen. Das heißt, mich verstand jeder gut, aber ich verstand halt nicht immer alles, was die anderen sagten.

Dadurch gab es oft auch sehr lustige Episoden. Zu meinen Aufgaben gehörte es, die Unfallkartei zu führen, Unfallplakate in den Werkstätten aufzuhängen sowie Sicherheitsschuhe und Sicherheitskleidung an die Arbeiter auszugeben. Für die Arbeiter in den Werkshallen war es natürlich ein Spaß, wenn ein junges Mädchen kam und Plakate aufhängen sollte, wozu sie manchmal auf einen Stuhl oder gar eine Leiter steigen musste. Da ich dialektbedingt nicht alle Bemerkungen verstand, die auch mal schlüpfrig waren, wurde ich schnell verlegen und rot. Es war aber keiner bösartig, sie hatten alle ihren Spaß, nur für mich war es halt nicht ganz so lustig. Mit der Zeit hat sich das aber gelegt. Später haben sie die hoch hängenden Plakate sogar selbst ausgewechselt. Nicht so einfach war das Telefonieren, ich musste immer zwei-, dreimal fragen, was gemeint war. Aber auch das ging vorbei, und ich fühlte mich letztlich ziemlich wohl unter den Kollegen.

Da anfangs die Freunde fehlten, unternahmen wir Kinder halt so einiges mit der Familie. Da wir kein Auto besaßen, beschränkten sich unsere Aktivitäten auf Mannheim, mitunter fuhren wir nach Heidelberg, natürlich per Bahn. Der Altrhein, fast vor unserer Haustür, war ein beliebtes Ziel für uns. Das Wasser hatte eine große Anziehungskraft und bot immer wieder neue Motive für das größte Hobby meines Vaters, das Fotografieren, das er mit großer Leidenschaft betrieb. Da er zunächst ein Jahr lang als Strohwitwer in Mannheim war, hatte er Zeit und fotografierte sehr viel. Entwickelt wurden die Bilder dann zu Hause. Da wurde die Küche öfter mal zur Dunkelkammer bzw. zum Fotolabor umfunktioniert. Alle Familienmitglieder durften ihm dabei helfen, die Bilder im Entwicklungsbad zu schwenken. Anschließend mussten sie im Wasserbad ordentlich gewässert und schließlich getrocknet werden. Die kleinen Bilder bekamen einen Büttenrand, die großen wurden randlos mit der Schlagschere geschnitten. Das machte uns sehr viel Spaß.

Durch seine guten Kontakte zu den amerikanischen Streitkräften konnte mein Vater einmal sogar im Hubschrauber mitfliegen und Mannheim von oben fotografieren; darauf war er natürlich besonders stolz. Seine Lieblingsmotive waren aber der Hafen und vor allem alles rund um die Eisenbahn. Seinerzeit kam der Zirkus noch mit der Eisenbahn in Mannheim-Waldhof an. Nicht nur für uns war es ein besonderes Ereignis zuzuschauen, wenn die Tiere ausgeladen und durch die Waldhofstraße stadteinwärts zum Messplatz in der Neckarstadt geführt wurden. Mein Vater als Chef des Bahnhofs konnte da natürlich sehr nahe dran und richtig tolle Fotos machen. Auch hier in Mannheim hat er sich der Fotografischen Gesellschaft angeschlossen. Seine Bilder wurden auf vielen Ausstellungen gezeigt, wofür er auch einige Preise bekam. Des Weiteren wurden sehr viele Bilder im Mannheimer Morgen, in der Rhein-Neckar-Zeitung sowie in diversen anderen Publikationen veröffentlicht. 1963 gestaltete er sogar einen Kalender mit Mannheimer Motiven in Schwarzweiß-Fotografie.

Er zeigte uns dann auch Mannheim aus seiner fotografischen Sicht, das heißt, er führte uns an die Plätze, die er besonders schön und fotogen fand. Mir persönlich hatte es der Wasserturm besonders angetan. Er war für mich das schönste Fotomodell von Mannheim, obwohl ihm noch die ursprüngliche Kuppel fehlte. Mit der teuren Fotoausrüstung meines Vaters durften meine Schwester und ich

Mannheim von oben Mitte 1956

auch mal auf Fotosafari zum Wasserturm oder an den Altrhein gehen. Da wurden die neuen Kleiderkreationen, die ich alle auf einer alten Nähmaschine nähte – übrigens noch mit Handbetrieb –, bildlich für die Nachwelt festgehalten.

Da ich sehr gerne nähte und stickte, bekam ich zum Geburtstag eine moderne elektrische Nähmaschine, mit der ich so richtig loslegen konnte. Dies war meine Freizeitbeschäftigung; ich nähte für mich und meine Schwester Kleider, oftmals in doppelter Ausführung. Meine Schwester hatte weniger Talent zum Nähen, dafür bemalte sie Rohkeramik. Es entstanden Blumenvasen, Schüsseln, Teller und so weiter, natürlich alles Unikate. Zum Brennen musste sie die Gegenstände in ein Spezialgeschäft bringen. Hin und wieder bekam ein Stück einen Sprung und musste neu angefertigt werden.

Unsere Modeschau am Wasserturm (Autorin links)

Das Tennisspielen haben meine Eltern in Mannheim in der Tennisabteilung des SV Waldhof weitergeführt. Sie spielten auch hier in der ersten Mannschaft und sind öfters auf Turnieren im näheren Umkreis unterwegs gewesen. Das eine oder andere Mal konnten wir mitfahren und so auch die Umgebung von Mannheim kennenlernen. 1960 verbrachten wir unseren ersten gemeinsamen Italienurlaub in Catolica an der Adria.

Aber so ganz entschädigten meine Arbeit und mein Hobby den Verlust der Freunde aus Freiburg nicht. Ich wollte halt auch unter junge Leute kommen, etwas mit ihnen unternehmen und nicht immer mit der kleinen Schwester oder den Eltern die Freizeit verbringen. Als Mädchen in meinem Alter, ich war jetzt 16 Jahre alt, war es nicht so einfach, wieder den richtigen Kontakt zu bekommen. In meinem Umfeld war ich nun mal die „Neue" und deshalb mit Vorsicht zu genießen. Zudem war ich noch ziemlich schüchtern.

Tanzen und Nähen, meine Leidenschaften

Die Kollegen bzw. Kolleginnen bei Bopp & Reuther waren alle nicht in meinem Alter, und so hatte ich anfangs nur meine Schwester als Kontaktperson. Eines Tages kam unsere Mutter mit einer tollen Idee: „Ich weiß jetzt, wo ihr junge Leute kennenlernen könnt. Von der Straßenbahn aus konnte ich die Reklame der Tanzschule Geisert sehen – das wäre doch etwas für euch." Natürlich war das etwas. Tanzen wollte ich ja schon immer. Schon als kleines Mädchen hatte ich davon geträumt, in eine Ballettschule zu gehen, aber leider war das damals finanziell nicht drin. In Freiburg hatte ich bereits einen Tanzkurs für Schüler absolviert, aber dann kam der Umzug nach Mannheim.

Im September 1959 habe ich mich dann zusammen mit meiner Schwester bei der Tanzschule Geisert für den nächsten Anfängerkurs angemeldet. Ich war damals 17, meine Schwester 16 Jahre alt. Bevor der eigentliche Tanzkurs begann, wurden wir Mädchen und Jungen jeweils separat zu einer Benimm-Lehrstunde einbestellt. Was haben wir damals gelernt? So genau weiß ich das nicht mehr. Ich kann mich nur erinnern, dass die Geiserts sehr viel Einfühlungsvermögen hatten und mit uns jungen Leuten fabelhaft zurechtkamen. Sie hatten ja auch eine Tochter in unserem Alter und kannten daher die Probleme der jungen Leute.

Anschließend begann der eigentliche Tanzkurs. Sich die Schritte zu merken, sich zudem immer wieder auf neue Partner einzustellen, dabei das Lächeln nicht zu vergessen, das musste man alles nach Möglichkeit auf die Reihe bringen. Mir hat es aber trotz all dieser Probleme sehr viel Spaß gemacht. Nach der Hälfte des Tanzkurses wurde ein sogenannter „Mittelball" in den Räumen der Tanzschule veranstaltet. Danach hatte man meistens einen Partner gefunden, mit dem man sich ein wenig eintanzen und dann auch den Abschlussball machen konnte. Neben der Suche nach einem Partner für den Abschlussball war es mindestens genauso wichtig, das richtige Ballkleid zu finden. Damals waren die Auswahl und auch der Geldbeutel nicht so üppig. Man musste schon suchen, bis man etwas Geeignetes fand.

Zum Abschlussball, der im Rosengarten stattfand, wurden auch die Eltern eingeladen, damit sie sehen konnten, was wir gelernt hatten. Für mich war das ein besonderes Ereignis: die vielen schönen Kleider, die gut angezogenen Eltern und den ganzen Abend tanzen. Wir, meine Schwester und ich, waren so begeistert, dass wir uns gleich für den Fortgeschrittenenkurs anmeldeten. Da waren die Schritte schon etwas schwieriger, aber man hatte ja bereits etwas Übung und war auch nicht mehr so aufgeregt wie zu Anfang.

Abschlussball im Saal des Palast-Hotels Mannheimer Hof

Die Ballkleider für den Abschlussball nähte ich selbst. Wir hatten so unsere Vorstellungen aus den Hollywoodfilmen, doch solche Kleider gab es nicht zu kaufen. Meine Schwester bekam ein Kleid mit einem Chiffon-Schweif und Strass-Steinchen um den Halsausschnitt. Für mich nähte ich ein Kleid aus zartgrünem, geblümtem Jacquardstoff mit dünnen Trägern und großen Kellerfalten, dazu ein passendes Bolerojäckchen. Das Oberteil und den Rock besetzte ich mit zartlila Pailletten-Applikationen. Auf den üppig aus den Falten springenden Stoff nähte ich Hunderte von zartlila Perlen. Passend dazu trug ich zartlila Pumps mit sehr hohen Absätzen. Alle waren begeistert von unseren schönen Kleidern, die mit Sicherheit einmalig waren. Ich war natürlich besonders stolz auf mein gelungenes Werk. Auch Frau Geisert war ganz begeistert; so schöne Abschlussballkleider hatte sie noch nicht gesehen und dann auch noch selbst genäht, fast wie Turnierkleider. Meine Schwester hat das Tanzen dann aufgegeben. Ich selbst bin aber Dauergast bei der Tanzschule geworden.

Ich habe mehrere Fortgeschrittenenkurse belegt und bin bei Bedarf auch immer wieder als Aushilfsdame eingesprungen. Samstags ging ich regelmäßig zur Perfektion, so nannte man den Tanzabend in der Tanzschule. Nach einiger Zeit durfte ich schon am Stammtisch vor dem Tanzsaal Platz nehmen, darauf war ich ganz besonders stolz, denn jetzt gehörte ich zum engeren Kreis. Der nächste Schritt war die Lateinformation, an der ich teilnahm. Wir waren vier bis sechs Paare aus den Fortgeschrittenenkursen, die in Extrastunden diese Formation einübten, um sie als Einlage auf den Abschlussbällen darzubieten. Wir kamen uns wie richtige Stars vor. Die Anfänger und unsere Eltern machten große Augen, wir hingegen waren sehr aufgeregt, angespannt und darum bemüht, dass ja nichts schiefging. Die Abschlussbälle fanden mal im Rosengarten, mal im alten Pfalzbau und einige auch im Palast-Hotel Mannheimer Hof statt. Durch die Mitwirkung bei der Formation lernte ich all die schönen Säle kennen.

Beim Abschlussball meines Bruders habe ich wieder in der Formation mitgetanzt. Das war für mich ein besonderes Erlebnis, denn wer war damals schon bei einem Ball im Mannheimer Hof! Einige Zeit danach habe ich mich für den Turnierclub der Tanzschule Geisert angemeldet, denn ich träumte nun davon, so schön wie die Turnierpaare zu tanzen und so ein schönes Kleid zu tragen. Leider hat sich kein geeigneter Tanzpartner gefunden, der bereit war, die Strapazen eines Turniertrainings auf sich zu nehmen. Den Partner, den ich in der Formationsgruppe hatte, konnte ich nicht dazu gewinnen, er war schon zu weit fortgeschritten und wollte nicht wieder von vorne beginnen. In den Tanzschulen waren auch damals mehr Mädchen als Jungs, und so wurde aus diesem Traum nichts.

Inzwischen war ich über 18 Jahre alt und durfte mit Erlaubnis der Eltern, wohlbemerkt nur zusammen mit Freundinnen, zum Tanzen ausgehen. Volljährig war man damals erst mit 21 Jahren. Gut tanzen konnte ich ja, sodass ich den Mut hatte, das Gelernte auch außerhalb der Tanzschule in Mannheims Tanzlokalen wie im *Café Wasserturm, Café Paris* und im *Alster-Café* zu praktizieren. Besonders gerne bin ich sonntags mittags zum Tanztee im Mannheimer Ruderverein Amicitia gegangen. Dort spielte eine Live-Kapelle mit sieben bis zehn Musikern, und die Tanzfläche war im Vergleich zu den Tanzcafés riesengroß. Das Publikum war ausgesprochen gut.

So ergab es sich, als ich mit meiner Schwester und einer Geschäftskollegin zum Tanztee ging, dass der Kellner zwei junge Männer zu uns an den Tisch setzte.

Zuerst verhielten sich die beiden ganz ruhig und zeigten wenig Interesse an uns, ihren Tischdamen. Ein junger Mann vom Nachbartisch war da mehr interessiert und forderte mich ständig auf. Er war sehr nett und tanzte auch ganz gut. Na ja, wenigstens blieb ich nicht ständig sitzen, denn das konnte passieren. Es verging eine ganze Weile, bis einer der jungen Männer an unserem Tisch mich aufforderte. Ich war so überrascht, dass ich vor Schreck oder Aufregung, das kann ich nicht mit Bestimmtheit sagen, beim Aufstehen mit der Hand meine Kaffeetasse umkippte und mein schönes Kleid versaute. Ich entschuldigte mich bis zum nächsten Tanz, denn ich musste nun erst mal mein Kleid reinigen. Zum Glück war das Kleid anthrazitfarben, natürlich eine Eigenproduktion, sodass nach der Reinigung mit fließendem Wasser die Flecken nicht mehr sichtbar waren.

Den nächsten Tanz und den Rest des Nachmittags habe ich ausschließlich mit dem Tischherrn getanzt. Der junge Mann vom Nachbartisch hatte keine Chance mehr. Der zweite junge Mann hat mit meiner Schwester getanzt. Nach dem Ende der Veranstaltung haben uns die beiden für den Abend eingeladen, sie waren mit dem Auto da und nahmen uns mit in die Stadt. Ein kurzer Anruf zu Hause, denn ich musste selbstverständlich die Erlaubnis einholen, zumal meine Schwester noch jünger war als ich. Meine Eltern fragten natürlich, ob das auch anständige junge Männer seien, und es folgte der Rat: „Pass ja auf deine Schwester auf, und bleibt vor allem immer zusammen." So war das damals. Die beiden jungen Männer haben sich beraten, und sie beschlossen, mit uns zum Tanzen auf die Strahlenburg nach Schriesheim zu fahren. Im Auto haben wir uns bekannt gemacht. Den beiden fiel natürlich an unserer Aussprache auf, dass wir keine gebürtigen Mannheimerinnen sind, und sie fragten, wo wir herkämen, worauf ich aus voller Brust sagte: „Gott sei Dank nicht aus Mannheim", denn ich mochte den Mannheimer Dialekt damals gar nicht.

Die beiden Herren verhielten sich vorbildlich, einfach wie Gentlemen, und es wurde für uns ein sehr schöner Abend, hoch über Schriesheim in einem eleganten Restaurant. Für mich sollten noch viele schöne Abende mit einem dieser Herren folgen, denn es war der Anfang meiner großen Liebe. Mit dem jungen Mann von damals, der Gerhard heißt und den ich 1963 heiratete, tanze ich nun bereits seit 50 Jahren durchs Leben. Die Mannheimer und ihren Dialekt habe ich inzwischen auch lieben gelernt.

Der Zirkus kommt

Als Bahnhofsvorsteher in Mannheim-Waldhof wusste mein Vater ganz genau, wann wieder ein Zirkus in unserer Stadt angekündigt und in „seinem" Bahnhof auszuladen war. Das Schauspiel habe ich mir nicht entgehen lassen und mich immer wieder darauf gefreut.

Es war damals üblich, derartige Transporte mittels Sonderzügen der Deutschen Bundesbahn abzuwickeln. Die Transporte fanden in der Regel nachts statt. Da zum Ein- und Ausladen der Tiere, der Zirkuswagen sowie der vielen Geräte und des Zirkuszeltes eine Rampe erforderlich war, galt der Bahnhof Waldhof als besonders geeignet dafür. Dies zeigte sich vor allem beim Entladen der Zirkuswagen. Hierfür reichte menschliche Kraft alleine nicht, es mussten Traktoren her, um die Wagen von den Waggons herunterzuziehen. Das Entladen und Beladen war eine sehr harte Arbeit für die Zirkusleute und sicher auch für die Tiere mit Stress verbunden.

Für uns Zuschauer war es natürlich eine ganz besondere Attraktion, wenn die dicken Elefanten, die großen Kamele und die Pferde ihr Haupt neigen mussten, um überhaupt aus den Eisenbahnwaggons aussteigen zu können. Dies erforderte sehr viel Kraft und vor allem großes Geschick der Zirkusleute. Mit viel Respekt und in gebührendem Abstand haben wir das Schauspiel verfolgt. Es war wie eine Parade, wenn die Tiere von ihren Pflegern geführt und letztlich der ganze Zirkus vom Bahnhof Waldhof über die Waldhofstraße zum Messplatz in der Neckarstadt geleitet wurde. Für alle, die zuschauen konnten, war es ein riesiges Erlebnis.

Die beeindruckenden Fotos auf der folgenden Seite hat mein Vater gemacht, der ein begeisterter Fotograf war. Es gibt unzählige Aufnahmen von ihm zum Thema Zirkus, aber auch zu allem, was die Deutsche Bahn betrifft. Viele wurden veröffentlicht und sind in Archiven zu finden.

Leider wurden die Transporte mit der Bahn irgendwann zu teuer. Man hat sie deshalb auf die Straße verlagert, wie das auch bei vielen anderen Gütern im Laufe der Jahre geschehen ist.

Ernst Helmstädter

Auf der Suche nach dem beruflichen Weg

Am 19. April 1945, drei Tage vor meinem 21. Geburtstag, ging für mich der Zweite Weltkrieg in Niederösterreich mit einem Durchschuss des rechten Ellbogens zu Ende. Nach einem Lazarettaufenthalt in Amstetten und kurzer Zeit im amerikanischen Kriegsgefangenenlager bei Bad Aibling sah ich am Donnerstag, dem 21. Juni 1945, in meinem Heimatdorf Mannheim-Friedrichsfeld in der Main-Neckarbahn-Straße Nr. 6 meine über den Krieg gekommene Familie wieder.

Ich war stark abgemagert. Um in dieser Zeit zu überleben, brauchte man Lebensmittelmarken. Die gab es, wenn man einer Arbeit nachging. Für mich lag es damals nahe, als „mithelfendes Familienmitglied" im Gartenbaubetrieb meines Vaters in der Neckarhauser Straße tätig zu werden. Hier wurde jede Arbeitskraft dringend gebraucht, denn die Treibhäuser und Frühbeete waren durch Fliegerbomben und Artilleriegeschosse zerstört worden. Da konnte ich mich auf vielerlei Weise nützlich machen. Meine Arbeit konzentrierte sich auf das Betonieren und das Schweißen von Rohren und Profilstahl. Doch die Mitarbeit in der Gärtnerei war nicht mein eigentliches Berufsziel. Immerhin erstreckte sich diese Tätigkeit über fast zehn Jahre. Im „Zentralblatt für den deutschen Erwerbsgartenbau" veröffentlichte ich 1955 den Artikel über unsere Treibhausbauten, „Beispiele für Kosteneinsparungen im Gartenbau".

Mein eigentliches Berufsziel lag damals noch im Dunkel. Nach abgeschlossener Maschinenschlosserlehre in den Motorenwerken Mannheim hatte ich mich im Jahre 1942 um einen Studienplatz an der Städtischen Ingenieurschule Mannheim bemüht. Doch im Oktober wurde ich zum Militär eingezogen. Die Ingenieurschule wurde nach dem Krieg erst 1947 wieder eröffnet. Von meinen ehemaligen Kollegen im Konstruktionsbüro der Motorenwerke hörte ich damals, bei Opel in Rüsselsheim sei es mit dem Konstruieren vorbei. Die fertigen Pläne kämen jetzt aus Amerika. Nicht zuletzt diese Aussicht veranlasste mich, mein ursprüngliches Berufsziel, Ingenieur zu werden, aufzugeben.

Mein Vetter Theo Gress, ein musikalisches Talent, hatte mich auf ganz andere Gedanken gebracht. Er war in jungen Jahren bereits Organist der Friedrichsfelder St. Bonifatiusgemeinde und Dirigent des katholischen Kirchenchors. Mit ihm zusammen besuchte ich damals viele Opernaufführungen und Konzerte im Mannheimer Raum. In meiner musikalischen Begeisterung habe ich mich als Gesangsschüler am Konservatorium in Heidelberg versucht. Zwei Jahre lang übte ich in der Klasse von Dr. Wassermann Lieder und Arien. Der höchste Erfolg in dieser Richtung war meine Teilnahme am Schluss-Chor „Alles ist Spaß auf Erden" in Verdis Oper „Falstaff" am Heidelberger Stadttheater. Später habe ich auch an den Proben des von Professor Poppen ins Leben gerufenen studentischen „Amerika-Chors" teilgenommen. Aber zur Reise in die Vereinigten Staaten ist es nie gekommen. Meine letztlich vergeblichen Gesangsstudien haben mich gleichwohl mein Leben lang begleitet und auch beglückt.

Mein Vetter Theo besuchte 1946 wieder die Tullaschule in Mannheim. So hatte ich die Idee, ebenfalls das Abitur anzustreben. Ich versuchte, mich dort anzumelden. Aber der Direktor des Tulla-Gymnasiums sagte mir, er wolle keine ehemaligen Soldaten in seiner Schule sehen. Ich suchte dann nach anderen Möglichkeiten, zum Ziel zu gelangen. So geriet ich im Juli 1946 an das Englische Institut in Heidelberg. Dort unterrichtete der Lehrer Schulder eine sogenannte Abiturklasse in sämtlichen Fächern selbst. Es gab die vage Hoffnung, dass in absehbarer Zeit das Ziel erreicht werden könnte. Ein Jahr später erfuhr ich, dass am Helmholtz-Gymnasium in Heidelberg ein Förderkurs für Kriegsteilnehmer eingerichtet würde. Diese Maßnahme löste die bisherigen Vorsemester der Universität ab, in die man mit dem Notabitur oder einem Reifevermerk aufgenommen wurde. Unter der gleichen Bedingung war nun der Eintritt in den gymnasialen Förderkurs möglich. Ich hatte jedoch nur die Mittlere Reife der Franz-von-Sickingen-Realschule Ladenburg vorzuweisen. So musste ich am 1. Oktober 1947 erst noch eine Aufnahmeprüfung bestehen. Es gelang, und ich ging für neun Monate wieder täglich zur Schule. Die schriftliche Prüfung begann am 14. Juni, und drei Wochen später hatte ich das Abitur in der Tasche.

Jetzt konnte ich mit dem Studieren beginnen. Ein technisches Studium an den Hochschulen in Karlsruhe oder Darmstadt schied aus, weil es nicht möglich war, nach der Währungsreform von 1948 eine auswärtige Unterkunft für mich zu finanzieren. Aus diesem Grund habe ich mich für die Universität Heidelberg entschieden. Ich konnte zu Hause wohnen und täglich mit dem Zug hinfahren.

Ich versuchte mein Glück in Germanistik mit dem Ziel, Gymnasiallehrer zu werden. Aber auch eine Laufbahn als Journalist hätte ich mir vorstellen können. Erste journalistische Erfahrung hatte ich schon als Lokalberichterstatter für den Mannheimer Morgen gesammelt. Ich sandte meine Berichte aus Friedrichsfeld an den Redakteur Cornel Serr, der für den Bereich „Zwischen Neckar und Ried" verantwortlich war. Sie betrafen das Vereinsleben und Ereignisse in Friedrichsfeld. Zudem haben sie mir etwas Taschengeld eingebracht. Als auf der Autobahn bei Friedrichsfeld Szenen zu dem damals Aufsehen erregenden Kriminalfilm „Wer fuhr den grauen Ford?" gedreht wurden, lieferte ich die Lokalstory dazu. Aber mit dem Germanistikstudium ging es nur langsam voran. Schließlich war ich in den Semesterferien nach wie vor mit dem Bau von Treibhäusern voll beschäftigt.

Da traf ich in Heidelberg einen Schulfreund. Der erzählte mir begeistert von seinem volkswirtschaftlichen Studium und nahm mich mit in eine Vorlesung zu Professor Erich Preiser. Dabei kam mir die Erleuchtung: Schluss mit

Germanistik, Wirtschaftswissenschaft ist für mich das Richtige! Zunächst arbeitete ich nebenbei ein halbes Jahr im Konstruktionsbüro der Motorenwerke Mannheim für gutes Geld. Dann ging es mit Schwung in das neue Studienfach. Der Heizkeller unserer Gärtnerei diente mir in der kalten Jahreszeit als Studierzimmer. Im April 1954 wurde ich Diplom-Volkswirt. Kurz darauf trat ich im Rahmen eines Forschungsprojekts die Stelle einer wissenschaftlichen Hilfskraft an.

Im Sommer 1956 erfolgte die Promotion, und zu Beginn des Jahres 1957 trat ich in das Bundesamt für die gewerbliche Wirtschaft in Frankfurt am Main ein. Schon bald hatte ich die Chance, in das Bundesministerium der Finanzen in Bonn zu wechseln. Doch so interessant die Tätigkeit dort auch gewesen ist, ich habe es nur gut zwei Jahre lang ausgehalten. Im Mai 1961 wurde ich wissenschaftlicher Assistent bei Professor Wilhelm Krelle, unter dem ich bereits in Heidelberg gearbeitet hatte, an seinem Lehrstuhl an der Universität Bonn. Das war ein recht gewagter Schritt. In vier Jahren sollte ich außer zwei bis drei wissenschaftlichen Zeitschriftenartikeln eine Habilitationsschrift verfasst haben.

Auf dem Weg zur Uni Heidelberg

Tatsächlich lief alles nach dieser Vorgabe. Nach einem ersten Ruf an die Technische Universität Berlin im September 1965 bot mir die Universität Bonn einen Lehrstuhl für theoretische Volkswirtschaftslehre an.

Damit war ich in meinem Traumberuf des Hochschullehrers angelangt. Im Rückblick frage ich mich oft, ob sich eine solche Laufbahn nur unter den offenen, aber auch unsicheren Bedingungen der Zeit nach dem Zweiten Weltkrieg erfolgreich entfalten konnte. Dafür spricht, dass die Entwicklung der deutschen Universitäten erst in der Mitte der sechziger Jahre des vergangenen Jahrhunderts mit einer Reihe von Neugründungen und dem Ausbau der personellen Hochschulstruktur in Gang gekommen ist. Dass sich in diesen Jahren an die Habilitation unmittelbar meine Berufung anschließen konnte, war gewiss diesem glücklichen Umstand zu verdanken.

Was ich von meiner Seite aus dazu beitragen konnte, war die Bereitschaft zu lebenslangem Lernen. Etwas Neues kann man nur auf der Basis einer bereits erworbenen Kompetenz erlernen. Ich erinnere mich an die Grundlagen der deutschen Grammatik, die mir in den vier Jahren der Friedrichsfelder Volksschule beigebracht worden sind. Aus dieser Zeit ist mir noch heute die Beugung der persönlichen Fürwörter geläufig: „Ich, meiner, mir, mich." Meine fünf Jahre in der Ladenburger Oberschule gaben mir die Grundlage in Mathematik und Physik. Darauf konnte ich später aufbauen. Im Konstruktionsbüro der Motorenwerke Mannheim lernte ich das Denken in räumlichen Zusammenhängen. Auf diesen Grundlagen hat sich meine erst später zu entdeckende Begabung zur selbständigen wissenschaftlichen Analyse entfalten können.

Schließlich kam auch zu uns das Wirtschaftswunder

Im Sommer 1951 läuteten für mich und meine Freundin Irmgard die Hochzeitsglocken. Wir hatten uns 1945, nur wenige Tage nach meiner Heimkehr aus dem Krieg, kennengelernt. Im Dezember 1950 verlobten wir uns. Irmgard hatte ihre Ausbildung am Heidelberger Fröbel-Seminar beendet und gerade eine Stelle als Kindergärtnerin in Schwetzingen angetreten. Ich war mit meinem Studium noch längst nicht fertig. Aber ich ging mit frischem Elan in den neuen Lebensabschnitt.

Unsere Ansprüche in jenen Jahren waren bescheiden. Dennoch bekam ich am Hochzeitstag einen nagelneuen schwarzen Anzug, maßgeschneidert vom Schneidermeister Karl Ludwig in der Rappoltsweiler Straße. Das weiße Brautkleid, das Irmgard trug, hatte ihre Mutter genäht. Schleier, Brautkranz und Schuhe waren von Freundinnen geliehen. Trotz magerer Zeiten gab es ein großes Hochzeitsfest, das in meinem Elternhaus stattfand. Es wurde üppig getafelt. Viele Helfer unserer beiden Familien haben finanziell und auch tatkräftig zum Gelingen des Hochzeitsfestes beigetragen.

An einem Werktag in der ersten Flitterwoche gingen wir auf Hochzeitsreise. Sie dauerte nur diesen einen Tag. Für unsere

Spritztour wurde uns der Geschäftswagen unserer Gärtnerei zur Verfügung gestellt, ein schwarzer Opel 1,6, viertürig, Baujahr Mitte dreißiger Jahre. Es gab unterwegs keine einzige Panne. Entgegen seinen sonstigen Gewohnheiten hat der Wagen nicht gestreikt. Ich hatte zuvor mit Reparaturen an diesem Auto, das meine Eltern einige Monate nach der Währungsreform gebraucht erworben hatten, nahezu jedes Wochenende verbracht, den Motor auseinandergenommen und gereinigt, Zündkerzen entrußt und gewechselt, Reifen geflickt und einiges mehr.

Unsere Hochzeitsfahrt führte in Richtung Odenwald, durch das Kraichgauer Hügelland, sinnigerweise über Helmstadt, einen Ort, den wir bewusst ansteuerten, schließlich zu dem berühmten und uns bis dahin unbekannten Zisterzienserkloster Maulbronn. Pfarrer Fuchs, der uns getraut hat, gab uns den biblischen Spruch mit auf den Weg: „Gott kann machen, dass allerlei Gnade unter euch weile, dass ihr Genüge habt in allen Dingen und reich seid zu guten Werken" (2. Kor. 9, 8).

Er interpretierte diese Verse in seiner Hochzeitspredigt recht anschaulich. In seiner Betrachtung nahm er Bezug auf den Römischen Brunnen von Conrad Ferdinand Meyer und sah den Vorgang des ständigen Aufnehmens und Wiedergebens, wobei jede Schale „nimmt und gibt zugleich", als Gleichnis für den Sinn der Ehe. In diesem Zusammenhang verwies er auf den Brunnen in der

Klosteranlage von Maulbronn. Dieser Hinweis war, wenngleich wir nicht besonders fromm waren, schließlich Grund genug, dass uns der Weg gleich nach der Hochzeit in den Kreuzgang eines Klosters führte. Das Bild des Römischen Brunnens in seiner tiefen Bedeutung und Schönheit hat uns auf unserem gemeinsamen Lebensweg begleitet und stets Hoffnung gemacht.

Eine richtige Hochzeitsreise konnten wir uns erst im September 1957 leisten. Von da an durften auch wir an dem sagenhaften Deutschen Wirtschaftswunder teilhaben. Das Land unserer Träume war Italien, unser bevorzugtes Reiseziel die Adriatische Rivieraküste. Die

Intertour-Gesellschaftsreise haben wir beim Mannheimer Reisebüro Stürmer gebucht und, wie sich heute noch feststellen lässt, pro Person dafür 223 DM bezahlt. Im Liegewagen mit dem „Alpen-See-Express" ging es von Mannheim Hauptbahnhof über die Alpen, durch den Gotthardtunnel nach Italien. Erstmals im Leben überschritten wir die deutsche Grenze in Richtung Süden. Im Zugabteil gab es sechs Schlafgelegenheiten mit beiderseits drei ausklappbaren Betten übereinander. Wir saßen mit wildfremden Personen im Abteil und warteten zunächst einmal ab, wie man sich im Liegewagen überhaupt verhält, das heißt, wie weit man sich beim Zubettgehen entkleidet. Nach dem Beispiel unserer Mitreisenden haben wir uns in voller Montur schlafen gelegt.

Die Pension *L'Avana* direkt am Lido von Rimini entsprach durchaus unseren damaligen Ansprüchen. Wir hatten fließendes Wasser im Zimmer, aber lediglich kaltes. Am Abend, wenn wir vom nahe gelegenen Strand zurückkehrten, durfte meine Frau sich in der Küche der Pension eine Kanne mit heißem Wasser holen. Eine Dusche oder gar ein Bad gab es im ganzen Haus nicht. Die Toilette teilten wir mit den Touristen der gesamten Etage. Dennoch hat es uns in Rimini gut gefallen. Daheim lebten wir ja auch nicht komfortabler.

Der Strand war in der Nachsaison keineswegs überfüllt, das Wasser zum Schwimmen angenehm warm, das Wetter nicht immer sonnig. Manchmal, wenn der Schirokko nicht allzu heftig wehte, sind wir auch mit einem Boot hinausgerudert. „Domani Sonne", tröstete Direttore Emilio seine deutschen Urlaubsgäste an regnerischen Tagen.

Die italienische Küche hatten wir uns allerdings etwas südländischer vorgestellt. Wir dachten vor allem an Nudeln und Spaghetti. Doch es gab täglich Bratkartoffeln mit Koteletts oder Kartoffelsalat und Würste. Wir drückten unsere Verwunderung gegenüber Signore Emilio aus, der zu den Mahlzeiten stets einen Rundgang durch den Speisesaal machte, um sich von der Zufriedenheit seiner deutschen Gäste zu überzeugen. Ob wir italienisch essen wollten, fragte er. „Si", antworteten wir, und er freute sich darüber. Er erklärte uns, dass seine Frau lieber italienisch koche, die Pension jedoch dem deutschen Geschmack entgegenkommen wolle. Von diesem Tag an servierte er uns nur noch Pasta mit Tomatensoße und viel Parmesankäse darüber. Damit traf er ganz unseren Geschmack. Täglich wurde uns eine neue Variante aufgetischt. Köstlich waren vor allem die Fleischfüllungen in den Teigwaren. Fisch haben wir dort, heute wundere ich mich darüber am meisten, so gut wie nie gegessen. Fische aller Art, die wir bei uns noch nie zu sehen bekommen hatten, haben wir auf dem dortigen Markt bestaunt.

Diese Sonderbehandlung war auch unserem stets Zeitung lesenden Tischnachbarn Gerd Mehl, einem damals sehr bekannten und überaus kompetenten Sportreporter des Südwestfunks, nicht entgangen. Er wunderte sich, dass wir auf unseren Tellern nicht das Übliche serviert bekamen, also eine Extrawurst erhielten. Wir klärten ihn auf. Daraufhin teilte er dem Direttore ebenso seine Vorliebe für die mediterrane Küche mit, und er durfte von nun an, genau wie wir, die italienische Küche genießen.

Auf diese Weise entstand eine unvergessene Urlaubsbekanntschaft. Der Sportjournalist war weitgereist, somit weltgewandter als wir, und er chauffierte uns in seinem sportlichen Auto durch die nähere Umgebung bis nach Urbino und San Marino. Ein Ziel lag uns ganz besonders am Herzen. Wir wollten unbedingt das Grabmal Theoderichs in Ravenna sehen. Der Geschichtsunterricht der Schulzeit muss demnach Früchte getragen haben. Die Exkursion dorthin machten wir mit dem Autopullman, einem Spezial-Omnibus, bei dem der Fahrer in einer Kabine saß, die von den Fahrgästen abgetrennt war.

An einem Tag hat Herr Stürmer aus Mannheim der Pension persönlich einen Besuch abgestattet und sich von der Zufriedenheit seiner Kunden überzeugt. Aus diesem Anlass spendierte er seiner Kundschaft ein alkoholisches Getränk. So gewann er uns noch jahrelang als stets zufriedene Kunden.

Für unsere Rückfahrt in die Heimat wurde uns ein Lunchpaket, auch so etwas kannten wir noch nicht, als Verpflegung mit auf den Weg gegeben. Die Zugreise wurde für einige Stunden in Mailand unterbrochen. Wir besichtigten den berühmten Dom mit seinen vielen Türmchen und die Mailänder Scala. In der vornehmen *Galleria Vittorio Emanuele* haben wir uns ein Eis geleistet für 420 Lire plus 80 Servicio und zu unserem großen Schreck noch 500 Lire extra für das nebenbei genossene Concerto. Wir fürchteten schon, nicht zahlungsfähig zu sein, und haben unsere allerletzten Reserven aus den Taschen geholt. Danach saßen wir völlig auf dem Trockenen. Denn mit Scheckkarte zu bezahlen oder ganz einfach an einen Automaten zu gehen, das kannte man noch lange nicht.

Wenngleich wir diese Reise in schönster Erinnerung haben, ist es bei dem einen Mal an der Adria geblieben. Wenn wir heutzutage Bilder vom Strand in Rimini sehen, so erkennen wir unseren Urlaubsort von damals kaum wieder.

Treibhausbau in Eigenleistung

Nach meiner Rückkehr aus dem Krieg im Juni 1945 war ich mehrere Jahre als „mithelfender Familienangehöriger" in der elterlichen Gärtnerei tätig. Meine Beschäftigung richtete sich auf alle Tätigkeiten beim Wiederaufbau und bei der Neuerstellung von Treibhausanlagen. Sie betrafen die Zeichnung der Pläne sowie die Beschaffung von Baumaterial und schlossen die Maurer- wie die Schlosserarbeiten ein. Unsere Anstrengungen waren in diesen Jahren darauf gerichtet, möglichst bald über eine größere Treibhausfläche zu verfügen.

Die Gärtnerei war im Jahr 1927 von meinen Eltern auf gepachtetem Boden gegründet worden. Später wurde das Grundstück gekauft. In den ersten Jahren versuchten meine Eltern es mit Schnittblumen vom Freiland, was leider nur wenig Ertrag einbrachte. In der zweiten Hälfte der dreißiger Jahre erfolgte im Rahmen der Vierjahrespläne der Hitler-Regierung die Umstellung auf Frühgemüse, wodurch die Einnahmen regelmäßiger flossen. Nach dem Krieg sorgte dafür auch der „Grüne Plan", der landwirtschaftliche Betriebe unterstützen und eine bessere Versorgung der Bevölkerung mit Lebensmitteln gewährleisten sollte.

Für die Anzucht hatten wir zwei kleine Treibhäuser und eine Anzahl von Frühbeeten. Sie wurden jedoch im Krieg durch Fliegerbomben und Artilleriebeschuss weitgehend zerstört. In den ersten Nachkriegsjahren fehlte es an sämtlichen Baumaterialien für den Wiederaufbau. Das eine oder andere konnte wohl im Tauschhandel beschafft werden. „Beziehungen" spielten eine große Rolle. Erst nach der Währungsreform von 1948 besserte sich die Lage. Aber dann fehlte es am erforderlichen Geld. In dieser Zeit war wiederum eine Umstellung der gärtnerischen Produktion notwendig. Jetzt ging es um die Vermarktung von Zierpflanzen für die Mannheimer Blumengeschäfte über den neu geschaffenen Blumengroßmarkt. Gummibaum und Philodendron kamen in Mode, Alpen- und Usambaraveilchen waren sehr beliebt. Um auf diesem blühenden Markt mithalten zu können, brauchten wir weitere Gewächshäuser.

In dieser Zeit gab es bereits Spezialfirmen, die fertige Treibhäuser lieferten. Aber solche Anlagen konnten wir uns aus finanziellen Gründen nicht leisten. Wir mussten sie kostengünstiger durch Eigenleistungen auf die Beine stellen. In der Gärtnerei waren außer mir unser Vater, mein Bruder und ein Lehrling beschäftigt. Die technische Seite dieses Treibhausbaus lag in meiner Hand. Dazu war ich nicht zuletzt dank meiner Erfahrung aus der Maschinenschlosserlehre in den Motorenwerken Mannheim und meiner Tätigkeit im dortigen Konstruktionsbüro in der Lage. Aber auch meine Erfahrungen als Kradmelder in einem Pionierbataillon in Russland spielten eine Rolle. Dort wäre man verloren gewesen, wenn man seine Maschine nicht in- und auswendig gekannt und sich in brenzligen Situationen nicht zu-

rechtgefunden hätte. Jedenfalls habe ich als Soldat den Umgang mit der Tücke des Objekts gelernt.

Unser erstes neu erbautes Treibhaus entstand 1950. Die Konstruktion mit Profilstahl war in diesem Jahr kein Problem. Doch ein Jahr später gab es wegen der Koreakrise keinen Stahl mehr. Deshalb mussten wir für die Sprossen anstelle von T-Stahlprofilen Holz verwenden. Zur Beschaffung des Kieses gruben wir ein riesiges Loch bis hinunter zum Grundwasser. Das Anmischen des Betons war recht mühsam, solange wir keinen Betonmischer besaßen. Aber schließlich konnten wir uns ein solches Gerät mit Motorantrieb gebraucht beschaffen. Auch ein gebrauchter Schweißapparat gehörte zu unseren Geräten. Das Bild von 1950 zeigt meine Eltern, meinen Bruder Siegfried und mich im ersten selbstgebauten Treibhaus aus Profilstahl. Auf dieses erste Treibhaus folgten in den nächsten Jahren größere Projekte. Statt der üblichen Heizrohre aus Stahl verwendeten wir dabei Rohre aus Aluminium, die leichter zu verarbeiten und billiger waren. Die Betonträger wurden mit vorgespannten Stahldrähten armiert. Zur Lüftung bauten wir nicht Fenster, sondern Kamine ein, was damals eine Neuheit war.

Als etwas Geld in der Kasse war und der „Grüne Plan" mit Kredit half, kauften wir als Ersatz für den alten Tempo-Vorderlader etwas vorschnell einen gebrauchten Personenwagen. Er musste erst noch für den Blumentransport umgebaut und gründlich überholt werden. Immer weitere beträchtliche Reparaturarbeiten machten mir in den folgenden Jahren viel zu schaffen. Alljährlich hatte ich mich auch um die Steuererklärung zu kümmern. Aber zugleich war ich ja auch noch Student an der Universität Heidelberg. Dort habe ich im April 1954 das Examen als Diplom-Volkswirt abgelegt. Dadurch erhielt ich ab Oktober eine Stelle im Rahmen eines Forschungsprojekts, das von der Deutschen Forschungsgemeinschaft finanziert wurde. Auf diese Weise kam meine junge Familie mit 350 Mark Monatsgehalt wirtschaftlich auf die eigenen Beine.

Der Treibhausbau in Eigenleistung hat mir, trotz mancher Mühe, auch viel Spaß gemacht. Ich habe ihn als eine Herausforderung angenommen und sehe darin bis heute meinen Beitrag zu unserem eigenen Wirtschaftswunder.

Irmgard Helmstädter, geborene Breiner

Ein Krieg ging zu Ende – ein neues Leben begann

Mit dem Beginn der letzten Märzwoche 1945 ahnte man bereits, dass die Front immer näher rückte und der Vormarsch der feindlichen Truppen nicht mehr lange aufzuhalten sein würde. Wir wohnten in der Calvinstraße in Friedrichsfeld. Um uns herum war es sehr einsam geworden. Frauen und Kinder waren dem Aufruf gefolgt, Mannheim und Umgebung zu verlassen und sich irgendwo im Odenwald oder Kraichgau in Sicherheit zu bringen. Meine Mutter und ich haben diese Anordnung nicht befolgt aus Rücksicht auf die im Haus lebenden betagten Verwandten, auch meinen Großeltern zuliebe, die ihre Wohnung unter keinen Umständen verlassen und lieber daheim sterben wollten.

Unser Nachtlager hatten wir wegen der nächtlichen Bomben- und täglichen Tieffliegerangriffe schon seit Wochen im Luftschutzkeller aufgeschlagen. Der einzig verbliebene Mann in unserem Haus war der unter panischer Angst leidende Onkel meiner Mutter. Er lag oben in seinem Bett und konnte sich nicht mehr rühren. Wir hatten nicht die Kraft, ihn in den Keller zu verlegen.

In einer der folgenden Nächte wurden wir durch einen ohrenbetäubenden Knall aufgeschreckt. Ein Artilleriegeschoss hatte das nachbarliche Wohnhaus der Familie Katzenberger getroffen. Das Gebäude drohte teilweise einzustürzen. Wir holten die achtzigjährige Mutter mit ihren erwachsenen Töchtern Luise und Melanie zu uns ins Haus und überließen ihnen den Luftschutzraum mit den Feldbetten. Meine Mutter und ich legten unsere Matratzen im Kohlenkeller zwischen Briketts, Nusskohlen und Kartoffeln aus.

Die Situation spitzte sich zu. Es war bereits der 30. März 1945, als es um uns herum plötzlich ganz still wurde. War das die Ruhe vor dem Sturm? Apropos Sturm: Da gab es ja den Volkssturm, Männer im fortgeschrittenen Alter, die für den Einsatz an der Front längst nicht mehr tauglich waren. Sie sollten uns hier an der Heimatfront verteidigen. Ich habe allerdings keinen einzigen mit einer Waffe in der Hand gesichtet. In der folgenden Nacht, als das Donnern draußen völlig verstummte, starb der Onkel, ganz einsam, niemand war an seinem Bett. Ich weiß nicht mehr, wer seinen Tod überhaupt feststellen konnte. Denn einen Arzt oder Pfarrer konnten wir nicht verständigen. Es gab nirgendwo ein Telefon, und das Haus konnten wir nicht verlassen.

Wir Überlebenden wussten überhaupt nicht, wie wir uns verhalten sollten. Die Frauen saßen auf den Pritschen und beteten. Ab und zu wagte ich mich aus dem Keller heraus ans Tageslicht. Jetzt sah man erst, wer zu Hause geblieben war. Auf der Straße gab es heftige Diskussionen, welche Strategien man zweckmäßigerweise anzuwenden habe, falls es zu einem Kampf mit dem Feind kommen sollte. Werden die Amis Haus um Haus erobern? Geht man dem Feind mit erhobenen Händen entgegen? Fragen über Fragen! Ob man eine weiße Fahne als Friedenssymbol an jedem Haus anbringen solle? Auf jeden Fall die Hakenkreuzfahne verschwinden lassen! In diesem Punkt hatten wir selbst nichts zu befürchten. Auf unserem Dachboden lag nur die verstaubte Fahne des deutschen Kaiserreichs in den Farben schwarz, weiß und rot.

Über dem Hutgeschäft von Fräulein Diana Blum in der Calvinstraße Nr. 6 wehte die erste weiße Fahne. Das war in dieser kritischen Situation kein geringes Wagnis. Schließlich folgten andere dem gewagten Vorbild und hängten Bett- oder weiße Tischtücher zum Fenster hinaus. Im Radio gab es weiterhin Durchhalteparolen. Es war immer noch vom großen Kampf, von Wunderwaffen und einem baldigen Endsieg die Rede, an den nur noch wenige glaubten. Von Stunde zu Stunde belebte sich unsere Straße. Von Mund zu Mund ging bereits das Gerücht, dass die Amerikaner alsbald hier sein könnten. Woher diese Informationen kamen, ist mir nicht bekannt. Doch muss es mutige Leute gegeben haben, die sich auch trauten, einen Feindsender abzuhören. Zu jenen Couragierten gehörten wir mit unserem Volksempfänger nicht. Am Himmel zeigten sich Flugzeuge, die nicht mehr auf uns schossen. Wir waren mutig und wagten uns immer weiter vor, hin zum Zentrum, bis zur Schillerapotheke. Von diesem Standort aus hatte man den besten Überblick in verschiedene Richtungen.

Mit zunehmender Spannung blickten wir die Straße entlang in Richtung Neckarhausen. Von dorther sollten die Amerikaner kommen. Wir entdeckten in der Ferne feldgraue Fahrzeuge, die sich uns im Schritttempo näherten und auf mich einen beängstigenden Eindruck machten. Schließlich war auch der weiße Stern auf den Panzerfahrzeugen deutlich zu erkennen. Jetzt gab es keinen Zweifel mehr. „Das sind die Amis!" Sie rollten ganz langsam auf uns zu, die Kanonenrohre geradeaus gerichtet. Die Spannung war groß. Man konnte nicht sicher sein, ob da nicht aus dem Hinterhalt ein Besessener doch noch auf eine dumme Idee kommen würde. Auf den folgenden Panzern war die obere Einstiegsklappe bereits geöffnet. Daraus guckten schwarze Gesichter. Das waren die ersten Neger, die ich in meinem Leben gesehen habe. So allmählich löste sich unsere Angst. Nachfolgende Soldaten kamen bereits zu Fuß, ihre Gewehre schussbereit. Einige lächelten und winkten uns sogar zu. Das machte uns etwas verlegen. Zurückwinken – durfte man das überhaupt? Dann taten wir's. Erst zaghaft und dann befreit und voller Begeisterung. Und plötzlich, na so was, das hatte ich noch nie gehört, auch nicht von unseren Soldaten: „Hallo, Frollein!" Ich war fünfzehn Jahre alt.

Die amerikanischen Truppen blieben die erste Nacht in ihren Panzerwagen vor den Häusern auf der Straße und wir, immer noch verängstigt, vorsichtshalber im Keller. Doch für die darauffolgende Nacht suchten sich die nachrückenden Besatzungssoldaten bereits komfortablere Quartiere. Jetzt, da wir glaubten, das Leben verliefe wieder normal und friedlich, mussten zahlreiche Familien es hinnehmen, dass die Amerikaner in deren Wohnungen einzogen. Sie wurden, mit dem nötigsten Hab und Gut versorgt, auf die Straße gesetzt und mussten nun ihrerseits sehen, wo sie Unterkunft fanden.

Zwei amerikanische Soldaten nahmen auch unser Haus in Augenschein, und alles schien „well". Dann gingen sie die Treppe hinauf. Ich begleitete sie. Dort sahen sie den Onkel im Bett liegen. Sie schauten mich fragend an. Ich sagte: „He is dead." Worauf unsere beiden Quartiermacher kehrt machten, das Haus in Windeseile verließen, als wäre der Teufel hinter ihnen her. Denn mehr als vor den Deutschen selbst fürchteten sie sich bekanntlich vor deren tödlichen Bazillen. Wir mussten unser Haus, dem Onkel sei Dank, daraufhin nicht räumen.

Unser größtes Problem war in diesem Augenblick allerdings die Leiche im Haus, die zwei Tage und Nächte da oben lag. Für alle Einwohner wurde ja eine Ausgangssperre verhängt, das heißt, wir durften uns in den ersten Tagen nur am späten Nachmittag zwischen 17 und 18 Uhr aus unseren Wohnungen hinaus auf die Straße begeben. Wie konnte der tote Onkel unter diesen Umständen überhaupt auf den Friedhof transportiert werden? Diese Aufgabe übernahmen meine tapferen Großeltern. Der Großvater nagelte aus alten Brettern eine sargähnliche Holzkiste zusammen. Dann beförderte er mit Hilfe meiner Mutter den starren Leichnam die Treppe hinunter und lud ihn auf einen vierrädrigen Leiterwagen. Der Großvater zog vorne an der Deichsel, die Großmutter schob hinten und musste dabei die Kiste fest im Griff behalten. Unsere größte Sorge war, wie die beiden alten Leute innerhalb einer knappen Stunde diese Aufgabe bewältigen könnten. Sie haben es geschafft und nie viel Aufhebens davon gemacht. Doch ich nehme an, dass ihnen der Friedhofswärter bei ihrer schweren Arbeit beistand.

Die amerikanischen Besatzungstruppen blieben. Sie waren uns gegenüber keineswegs feindlich eingestellt. Ihr Anblick gehörte nun zu unserem täglichen Bild. Wir gewöhnten uns an sie. So lebten wir auf und in den Tag hinein. Auch in den Tag der bedingungslosen Kapitulation am 8. Mai 1945. Doch dieses Ereignis haben wir kaum wahrgenommen. Wir konnten uns gar nicht vorstellen, dass zu diesem Zeitpunkt noch Krieg war, geschossen wurde und immer noch Menschen starben. Wir hatten bereits alle Ängste abgeschüttelt. Für uns war das „Tausendjährige Reich" schon längst zu Ende.

Die Beschaffung von Lebensmitteln war in dieser Zeit unser einziger Lebenszweck, denn wir hatten Hunger. Zahlreiche Friedrichsfelder, unter ihnen auch meine Großeltern, gingen nahezu täglich ins „Dreckloch" auf die Suche nach etwas Essbarem. Unweit vom Sportplatz, wo die amerikanischen Besatzungssoldaten ihre Abfälle hinkippten, wurde manch Hungriger fündig. Meine Großeltern kamen dann mit einem Stück angeschimmeltem Weißbrot oder auch dem Rest einer geöffneten Gemüse- oder Fleischbüchse nach Hause. Ich ekelte mich davor, aber sie haben es gegessen. Neben den sogenannten „Drecklochforschern" waren die „Kippenstecher" am Werk. Die von Amerikanern in lässiger Weise weggeworfenen Zigarettenkippen wurden vom Straßenrand aufgelesen, die Tabakreste gesammelt und neue Zigaretten davon gedreht. Einige Pfiffige haben sich dabei eines Spazierstocks bedient, an dessen unterem Ende einen Nagel angebracht und die Kippen, ohne sich danach bücken zu müssen, damit aufgespießt.

Manchmal bekam ich von einem amerikanischen Soldaten auf der Straße eine Zigarette geschenkt. Ich habe sie immer dankend angenommen, aber nie eine geraucht. Ich lieferte sie stets zu Hause ab. Denn hatte man davon fünf oder zehn Stück, so konnte dafür etwas Essbares eingetauscht werden. In dieser Zeit wurde ohnehin nur noch gehamstert, getauscht und geschoben.

Gelegentlich gab es für uns auch anderweitig eine besondere Überraschung. Mein Onkel Schorsch, der älteste Bruder meiner Mutter, hatte das seltene Glück, nie in seinem Leben Soldat gewesen zu sein. Er diente lediglich an der Heimatfront. Er war von Beruf Maschinenschlosser und „unabkömmlich". Er war überwiegend im Mannheimer Hafen beschäftigt. Er musste dort Ladekräne aufstellen oder sie abmontieren, auch zerbombte Teile soweit wie möglich zusammenfügen, um sie wieder benutzbar zu machen. Manchmal brachte der Onkel in seiner Arbeitstasche auch mit, was im Hafen so ganz nebenher abfiel. Es gab dort Sackträger, die es meisterhaft verstanden, einen Sack mit Mehl, Reis oder Zucker geschickt fallen zu lassen. Was aus dem Sack herausrieselte, wurde – wenn auch verboten – flink in die Hosen- oder andere Taschen verstaut. Dabei ist auch so manches Mal etwas für uns abgefallen.

Ich erinnere mich beispielsweise an Kakaobohnen, die wir, weil sie bei uns nicht wachsen können, in ihrem ursprünglichen Zustand noch nie gesehen hatten. Wir befreiten die rotbraunen Früchte aus der harten Schale und gaben sie wie Kaffeebohnen, die man schon längst nicht mehr zu mahlen hatte, in die Kaffeemühle. Was dabei herauskam, war erst einmal ungenießbar, es schmeckte bitter, sodass wir manchmal auch schon an Vergiftung dachten. Doch das Gemahlene mit etwas Zucker vermischt und mit dem Löffel gegessen war ein Leckerbissen, wenn auch nur ein kleiner Ersatz für die lange entbehrte Schokolade. Wir Kinder und Jugendlichen blühten auf, wenn wir das Glück hatten, aus der Hand amerikanischer Besatzungssoldaten manchmal, neben Kaugummi, auch ein Stück Schokolade geschenkt zu bekommen. Wir hatten diesen himmlischen Geschmack schon fast vergessen.

Mit Flüchtlingen unter einem Dach

Nach Kriegsende hatten wir keine Ahnung, wie unser Leben weitergehen würde, und wer in Zukunft für unseren Unterhalt sorgen sollte. Denn mein Vater ist aus dem Krieg nicht mehr heimgekehrt. Den Schmerz über seinen Verlust mussten wir ganz alleine bewältigen. Ich habe nach dem Tod meines Vaters im Juli 1944, genauso wie meine Mutter, ein ganzes Jahr lang Trauer getragen. Ich bin in schwarzer Kleidung täglich nach Heidelberg in die Schule gefahren. Ich habe meine äußere Trauer nicht nur als übliche Pflicht aufgefasst, sondern als ein inneres Bedürfnis empfunden. Erst ein Jahr nach dem Tod meines Vaters habe ich die Trauerkleidung abgelegt und mich allmählich wieder an die meinem Alter entsprechende Kleidung gewöhnen können. Damals war ich 15 Jahre alt.

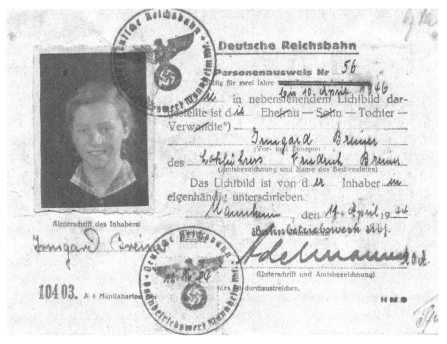

Mein Schüler-Fahrausweis, der auch nach dem Krieg noch gültig war

Es war Frühling. Draußen im Garten blühten schon die ersten Tulpen und Osterglocken. Das war zumindest Anlass zu neuer Hoffnung. Aber wir mussten uns neu besinnen, in manchen Dingen uns auch verändern und alte, eingefleischte Gewohnheiten ablegen. Meine Jungmädeluniform und mein Kriegstagebuch habe ich aus lauter Angst vor den Siegermächten im Garten vergraben. Wir Heranwachsenden waren in unserer Vergangenheit irregeleitet. Und von einem beginnenden demokratischen Zeitalter hatten wir noch nicht die geringste Ahnung. Meine Mutter, die mit der Partei zu keiner Zeit etwas zu tun hatte, musste trotzdem zu ihrer Entnazifizierung einen umfangreichen Fragebogen korrekt ausfüllen und sich durch die Spruchkammer Mannheim mit einer Urkunde bestätigen lassen: „Sie sind von dem Gesetz zur Befreiung von Nationalsozialismus und Militarismus nicht betroffen."

Erstaunlicherweise haben einige Zeitgenossen ihren politischen Sinneswandel im Handumdrehen vollzogen. Auch Parteimitglieder waren nicht verlegen und verstanden es, auf gesichertem Posten zu verbleiben. Sie brachten das Kunststück fertig, die Stellung zu halten, die sie auch schon vorher zu ihrem Vorteil eingenommen hatten.

Die Verwaltung des örtlichen Wohnungsamtes beispielsweise oblag einem Beamten, von dem ich mit Sicherheit sagen kann, dass er vor Kurzem noch stolz sein Parteiabzeichen am Revers getragen und sich „Verdienste" erworben hatte. Es lag weiterhin in seiner Hand, die Wohnungsnot am Ort zu lindern. Seine Hauptaufgabe bestand hauptsächlich darin, der großen Zahl von ausgebombten Mannheimern und den durch die amerikanische Besatzung aus ihren Wohnungen vertriebenen Einheimischen ein Dach über dem Kopf zu verschaffen. Niemand konnte sich dieser Pflicht entziehen.

Uns wurde zunächst ein taubstummer Kriegsheimkehrer zugewiesen. Wir erschraken, als er vor unserer Tür stand. Seine Uniform, die er am Leib trug, war zerfetzt und verschmutzt. Wir fürchteten uns vor ihm. Er hatte im Fronteinsatz Gehör und Sprache verloren. Die Verständigung mit diesem fremden Mann war für uns äußerst schwierig. Wir verstanden seine Gebärdensprache nicht. Wir kleideten ihn mit Wäschestücken meines gefallenen Vaters ein und gewöhnten uns allmählich an ihn. Anhand seiner Notizen haben wir wochenlang mit Hilfe der Polizei Nachforschungen angestellt, um dem hilflosen Soldaten auf den Weg in seine bayerische Heimat zu verhelfen. Denn er wollte nach Hause. Beim Abschied hat er mir deutlich gemacht, dass er mir ein Buch schenken wolle. Doch das Buch ist nie eingetroffen. Ich muss die Taubstummensprache demnach falsch verstanden haben.

Nach Kriegsende haben wir in Friedrichsfeld für uns bislang unvorstellbare Flüchtlingsströme erlebt. Dies kam dadurch zustande, dass die Eisenbahnbrücke zwischen Neckarhausen und Ladenburg in den letzten Kriegstagen gesprengt worden war. Sowohl für die heimkehrenden Obdachlosen aus der von Bomben zerstörten Stadt als auch für die große Zahl der aus den ostdeutschen Gebieten Vertriebenen war die Weiterfahrt mit dem Zug in Nord-Südrichtung in Friedrichsfeld unterbrochen. Hiesige Einwohner, die einen Leiterwagen oder sonstigen fahrbaren Untersatz besaßen, transportierten die Gepäckstücke jener Flüchtlinge vom Bahnhof Friedrichsfeld nach Neckarhausen. Sie setzten mit der Fähre über den Neckar und verfrachteten das Gepäck bis zum Bahnhof in Ladenburg. Von dort aus konnte die Zugfahrt in Richtung Weinheim-Darmstadt-Frankfurt fortgesetzt werden. Auf dem Rückweg übernahmen sie dann wieder eine neue Ladung für Menschen, die in umgekehrter Richtung unterwegs waren. Selbstverständlich erfolgten diese Transporte nicht ohne Entlohnung. Ein Teil der Flüchtenden, die im Westen keinerlei Familienangehörige besaßen und die vom Schrecken gejagt völlig ziellos unterwegs waren, versuchten hier eine neue Bleibe zu finden. So traurig dies heute auch klingen mag, die Heimatvertriebenen wurden bei uns nicht unbedingt willkommen geheißen, vielmehr eher als eine zusätzliche Last empfunden.

Meine Mutter und ich waren in unserer bescheidenen, kleinbürgerlichen Dreizimmerwohnung in der Calvinstraße 9a als Erste an der Reihe. Eine dreiköpfige Familie aus dem Sudetenland hielt bei uns Einzug. Zunächst protestierten wir heftig gegen die Einquartierung von drei erwachsenen Personen – auch noch mit Küchenbenutzung. Das konnten wir uns überhaupt nicht vorstellen. Doch letztendlich haben wir uns der behördlichen Anordnung gebeugt und die Flüchtlinge aufgenommen.

Herr Gasche, unser neuer Mitbewohner, noch nicht im Rentenalter, war von Beruf Ingenieur und ein ruhiger Vertreter. Ein Mann von Besonnenheit im Gegensatz zu seiner äußerst temperamentvollen Frau und deren Schwester, einer stets blass und kränklich wirkenden Person. Sie stammten aus Teplitz-Schönau, dem mir bis dahin unbekannten Badeort im Sudetenland.

Unsere neuen Mitbewohner nannten mich, die Fünfzehnjährige, „Fräulein Irmgard". Ich glaube ernsthaft, dass mir diese noble Anrede imponiert hat. Unsere Flüchtlingsfamilie hat allein durch andere Lebensgewohnheiten, auch durch ihre Sprache, frischen Wind in unser sonst so still gewordenes Haus gebracht. Zweifellos gab es auch Schwierigkeiten auf engem Raum. Selbst die Vereinbarung, wer zu welcher Zeit den Küchenherd benutzen durfte, musste täglich abgesprochen werden, denn jeder kochte sein eigenes Süppchen. Der Herd wurde mit Holz und Kohlen befeuert. Damit musste sparsam umgegangen werden, denn das Brennmaterial war knapp. Holz zum Anfeuern besorgten wir uns aus dem Wald. Einen Gas- oder Elektroherd besaßen wir nicht. Ich habe als junger Mensch – im Gegensatz zu meiner Mutter – diese Umstände, selbst die ungewohnte Enge, nie als bedrückend empfunden.

Ich schlief von nun an im Schlafzimmer meiner Mutter. Die drei Flüchtlinge bewohnten mein ehemaliges Mädchenzimmer, in dem sich ein weißer Kleiderschrank mit Spiegel und ein Tisch mit zwei Stühlen befanden, aber nur ein Bett. Aus unserem Wohnzimmer haben wir die Chaiselongue, in Mannheim ist dieses Möbelstück „das Schesslong", ins Nebenzimmer transportiert, um eine zusätzliche Schlafgelegenheit für die drei Flüchtlinge zu schaffen. In diesem Zimmer gab es keinen Wasseranschluss. Die Toilette, das heißt ein Plumpsklosett, befand sich, wenn auch nicht im Freien, jedoch außerhalb der

Wohnung im Treppenhaus. Selbstverständlich war jedes Schlafzimmer mit einem Nachtgeschirr ausgestattet, dem Pot de chambre, bei uns Mannheimern dem „Bottschamber". Ein Badezimmer oder eine Dusche gab es im ganzen Haus nicht. Das Wasser zur täglichen Körperpflege musste kalt und warm aus der Küche mit einem Eimer in das kleine Zimmer nebenan befördert werden. In der Küche räumten wir eine Schrankhälfte aus, in dem unsere Untermieter die wenigen Lebensmittel unterbringen konnten, die sie zur Verfügung hatten. Kochtöpfe, Geschirr und Essbesteck unserer Küche – alles, was zum täglichen Leben nötig war – standen ihnen zur Verfügung, denn sie waren völlig mittellos, sie besaßen nicht viel mehr als das, was sie am Leib trugen.

Im Küchenschrank stand auch unsere Ölflasche, deren Inhalt sehr übersichtlich war. Die kleine Ration Öl, die uns zugeteilt wurde, reichte allenfalls, um gelegentlich einen schmackhaften Kartoffelsalat zuzubereiten. Eines schönen Tages war der Hunger meinerseits mal wieder so groß, dass ich eine Scheibe Brot aus dem Brotkasten entnahm. Meistens wurde das Brot trocken, das heißt ohne Belag verzehrt – „trocken Brot macht Wangen rot". Brotaufstrich wie Butter, Margarine oder gar Wurst gab es ganz selten. Mein natürliches Verlangen nach ein wenig Fett muss an jenem Tag groß gewesen sein, als ich hinter dem Rücken meiner Mutter auf die Idee kam, mir aus der Ölflasche einige Tropfen auf mein Brot zu träufeln, was ich geradezu als Leckerbissen empfand. Natürlich blieb diese Heimlichkeit von Seiten meiner Mutter nicht unentdeckt. Sie hatte allerdings nicht mich, vielmehr unsere Mitbewohner in Verdacht, das Öl entnommen zu haben, und war schon bereit zu protestieren. Das musste ich freilich verhindern. Auch wenn sie diese Sache als Bagatelle gesehen und unausgesprochen übergangen hätte, wäre ein Misstrauen für immer geblieben. Ich habe mein Vergehen sofort eingestanden. Eine Ohrfeige, von Mutterhand nicht allzu heftig, habe ich verschmerzt.

Frau Gasche, sie erinnerte äußerlich an die Schauspielerin Grete Weiser, war eine unterhaltsame Person, gesegnet mit einem ausgeprägten Sinn für Humor. Sie brachte uns oftmals zum Lachen. Ich glaube, meine Mutter hat nach dem Tod meines Vaters überhaupt zum ersten Mal wieder lachen können. Mitunter mimte sie den „Böhmischen Wenzel", wen auch immer sie damit gemeint haben mag. Dabei steckte sie eine kunstvoll gebogene Haarnadel, die sie ihrer Frisur entnahm, in ihre Nasenöffnungen, die dadurch unförmig wurden und ihr allein schon deshalb ein erschreckendes Aussehen gaben. Die Nasenspitze ragte dadurch in die Höhe, sodass man als Zuschauer in die übergroßen Nasenlöcher hineinsehen musste. Mit dieser Gesichtsentstellung, zu der allerhand Mut gehörte, trug sie böhmische Geschichten vor. Gelegentlich gab sie unbefangen auch Zweideutiges von sich, wie es in unserem Haus noch nie geäußert worden war. Ich errötete, und meine Mutter wäre so manches Mal am liebsten in den Erdboden versunken.

Großen Ärger gab es allerdings, als Frau Gasche auf der Nähmaschine meiner Mutter aus einer militärischen Zeltplane einen Wintermantel für ihren Mann zu nähen gedachte. Bei diesem Versuch brach die einzige Maschinennadel ab, die wir besaßen. Ein Ersatz war schwerlich zu beschaffen. Und die alte Nähmaschine mit Trittbrett, das heißt mit Fußantrieb, die in der Küche unterhalb des Fensters stand, war in der damaligen Zeit für uns lebensnotwendig. Näharbeiten meiner Mutter wurden stets mit Naturalien entlohnt. Ich erinnere mich nicht mehr, welch guter Geist uns damals zu einer neuen Nähmaschinennadel verholfen hat, und was wir im Gegenzug zu leisten hatten. Aus dem Herrenwintermantel ist jedenfalls nichts geworden.

Von ihrer Heimatstadt Teplitz-Schönau haben unsere Mitbewohner uns oft erzählt. Aber über ihre Erlebnisse auf der Flucht ist nie ein Wort gefallen. Und wir haben keine Fragen gestellt. Das bedaure ich, weil ich erst heute ahne, was den beiden Frauen auf der Flucht widerfahren sein könnte. Aber damals hatte man wenig Gehör für die erlebten Grausamkeiten der aus ihrer Heimat Vertriebenen. Jeder hatte eine Last zu tragen und war nur mit sich und seiner eigenen Existenz beschäftigt. Einige der Flüchtlingsfamilien glaubten noch an das Wunder, eines Tages wieder in ihre alte Heimat zurückkehren zu können.

Auf diese Weise haben wir fünf Jahre lang recht harmonisch zusammen gelebt. Nachdem Frau Gasche zu Beginn der fünfziger Jahre im Heidelberger Hotel Schiess in der Nähe des ehemaligen alten Hauptbahnhofs notgedrungen eine feste Anstellung als Küchenhilfe oder Näherin gefunden hatte, ist die ganze Familie nach Heidelberg umgezogen. Ich habe sie, ehrlich gesagt, danach vermisst. Telefonverbindung besaßen wir nicht, und so blieb es bei gelegentlichen Kartengrüßen zu den Festtagen. Gesehen haben wir uns nie wieder, aber vergessen habe ich sie nicht.

Eine deutsch-amerikanische Freundschaft

Mit dem Kriegsende waren wir in der Tat an einem Tiefpunkt angelangt. Doch damit verbunden war auch die Hoffnung auf bessere Zeiten. Die Schulen im Lande waren allesamt noch geschlossen, die Schulbildung für uns Jugendliche mehrere Monate lang unterbrochen. Man hatte keine Ahnung, wann der allgemeine Schulbetrieb wieder aufgenommen werden konnte, denn wir mussten ja alle erst einmal umerzogen werden. Reedukation lautete das Zauberwort, mit dem die Besatzungsmächte versuchten, das politische Leben umzugestalten. Das ging nicht von heute auf morgen. Es dauerte bis zum 1. Dezember 1945, bis die Schulen wieder ihre Tore öffneten. Teilweise mit denselben Lehrern, die schon vorher dort unterrichtet hatten. Nicht alle hatten eine Nazivergangenheit aufzuweisen, und die weniger Belasteten stellten sich schnell um.

Ich hatte in jenen Tagen nicht die geringste Vorstellung davon, was aus mir einmal werden könnte. In dieser Zeit der Ungewissheit, auch wenn ich die Hände nicht gerade in den Schoß legte, kam auf mich unversehens eine besonders schöne Aufgabe zu. Wilma, die Frau von Albert Völker, einem Cousin meiner Mutter, kam einige Wochen nach Kriegsende aus dem Schwarzwald zurück. Sie war in Anbetracht der bedrohlichen Lage in den letzten Kriegsmonaten durch das NS-Mütterhilfswerk in Sicherheit gebracht worden und hatte im Februar 1945 in dem Schwarzwaldort Höhenschwand die Zwillingsbrüder Gert und Rolf zur Welt gebracht. Die drei älteren Kinder Heinz, Karl und Christa waren daheim in Friedrichsfeld bei den Großeltern Maaß im Gasthof *Pfälzer Fritz* zurückgeblieben.

Nach ihrer nicht ganz unkomplizierten Rückkehr aus der französischen Besatzungszone war Wilma Völker mit ihren fünf Kindern ganz auf sich allein gestellt. Sie wohnten in der Neckarhauser Straße. Albert, ihr Mann, der spätere Herausgeber der Friedrichsfelder Zeitung, war in tschechischer Kriegsgefangenschaft, was man allerdings zu diesem Zeitpunkt nicht wissen konnte. Er galt als vermisst.

Ich war von der Ankunft der Zwillinge äußerst beglückt. Täglich wickelte und fütterte ich die Säuglinge. An Nachmittagen fuhr ich, gewöhnlich in Begleitung meiner nachbarschaftlichen Freundin Erika Erdmann, den Zwillingskinderwagen durch die Friedrichsfelder Straßen spazieren und erregte dadurch manche Aufmerksamkeit. Nicht nur bei den Einheimischen, vielmehr auch bei kinderfreundlichen amerikanischen Besatzungssoldaten, die es sich nicht nehmen ließen, respektvoll einen Blick in den Kinderwagen zu werfen.

Was mir an den Amerikanern vor allem auffiel, war ihre unverkennbare Musik. Sie tönte Tag und Nacht aus den Lautsprechern in den besetzten Häusern. Es war eine Musik, wie ich sie bisher noch nie gehört hatte. Wir nannten alles, was dort gespielt wurde, „Jazzmusik", selbst die wohlklingende „Donkey-Serenade", die ich gerne gehört habe. Bei diesen Spaziergängen fiel uns ein junger GI besonders auf, der so manches Mal eine Tüte mit Zucker, Milchpulver, aber auch Schokolade und Kaugummi in den Zwillingswagen hineinlegte. Was diese Geste zum Überleben der Zwillinge bedeutet hat, kann man sich heutzutage kaum mehr vorstellen.

Dieser Soldat stellte sich uns höflich mit seinem Namen vor. „My name is Emmett Wayne, sorry, not John Wayne!" Heute wundere ich mich, dass der Name jenes amerikanischen Westernhelden uns Deutschen bereits ein Begriff war. Der damals neunzehnjährige Emmett Wayne war mit mehreren Kameraden nicht weit entfernt in dem Wohnhaus von Familie Kuhn in der Neckarhauser Straße 50 untergebracht, sodass wir uns zwangsläufig öfters begegneten. Wir beiden Mädchen hatten gegen die Begleitung des jungen Amerikaners nichts einzuwenden. Erika war bei diesen Unterhaltungen immer weitaus redefreudiger als ich. Über Politik haben wir uns dabei sicherlich nicht unterhalten. Aber wir haben auf seinen Wunsch hin öfters das Lied von „Lili Marleen" gesungen, und er hat uns zu unserer Freude den englischen Text dieses weltberühmten Soldatenschlagers beigebracht.

Im Herbst 1945 wurde Emmett in seine Heimat entlassen, und wir nahmen Abschied von ihm. Als Erinnerung hat er für jedes von uns Mädchen einen Armreif aus Aluminium gebastelt, mit Ornamenten verziert und mit unseren eingeritzten Vornamen versehen. Bei mir ist ihm der Name ein wenig misslungen: „IMGARD GERMANY 1945". Natürlich habe ich dieses Schmuckstück nie am Arm getragen, aber ich habe den Freundschaftsbeweis geschätzt. Daher besitze ich es heute noch als Andenken an eine ungewöhnliche Bekanntschaft. Beim Abschied haben wir unsere Adressen ausgetauscht. Aber ich habe nie damit gerechnet, jemals eine Nachricht aus der neuen Welt zu erhalten.

Wochen später kam der erste Brief von Wanda Wayne aus Cleves/Ohio, der schreibfreudigen Schwester von Emmett. Dieser Brief war nicht nur der Beginn einer nunmehr 65 Jahre anhaltenden Pen-Freundschaft. Es folgten CARE-Pakete aus Amerika mit abgelegten Kleidungsstücken und Lebensmitteln, die uns damals das Überleben erleichterten. Aus dieser Brieffreundschaft ist bis heute eine deutsch-amerikanische Verbundenheit entstanden, denn unsere Familien haben sich im Laufe der Jahrzehnte mehrmals gegenseitig besucht.

Im Jahr 1965 suchte ich mit meinem Mann unsere amerikanischen Freunde in der Nähe der Stadt Cincinnati zum ersten Mal auf. Emmett ist leidenschaftlicher Reiter und züchtet auf seiner Ranch Pferde. Man kann ihn beim Umgang mit Lasso und Pistole als echten Cowboy bewundern. Im Jahr 1969 verbrachten wir mit unseren drei Kindern nochmals einige Tage auf der Farm von Emmett und Wanda in Ohio. Emmett hat unser Land nach dem Krieg nicht mehr sehen wollen. Weshalb, weiß ich nicht. Aber seine Mutter und seine Schwester waren unsere Gäste. Sie waren erstaunt, als sie Deutschland betraten, denn sie hatten sich unser Land als Trümmerhaufen vorgestellt. Auf ihrer Reise haben sie auch das ehemalige Friedrichsfelder Quartier des ehemaligen amerikanischen GI von außen besichtigt. Kinder, Enkel und Neffen der Wayne-Familie waren uns in Deutschland immer willkommen.

Im Jahr 2005, genau 60 Jahre nach Kriegsende, habe ich Emmett schriftlich gebeten, seine Eindrücke als damaliger Besatzungssoldat niederzuschreiben. Aus seinen Aufzeichnungen will ich hier nur wenige Sätze in eigener Übersetzung zitieren:

Wir exerzierten bis zur Invasion im Juni 1944 in der Normandie. Die Front bewegte sich in Richtung Deutschland. Es dauerte nicht lange, und wir überschritten die holländisch-deutsche Grenze. Einige Tage später erreichten wir eine kleinere Stadt. Ich fiel auf die Knie, als ich über sie hinwegblickte: Die gesamte Stadt war völlig zerstört. Ich habe das meinen Eltern nach Hause geschrieben. Im Frühjahr 1945 war der Krieg mit Deutschland zu Ende. Die Armee sandte uns in kleiner Besetzung nach Friedrichsfeld, wo wir bis zu unserer Entlassung blieben. Ich wohnte dort in einem schönen Haus zusammen mit anderen Kameraden. An den Eigentümer des Hauses kann ich mich nicht mehr erinnern, und ich besaß auch keine Kamera, um Bilder zu machen. Dabei traf ich manchmal Irmgard, während sie die Völker-Zwillinge hütete. Sie war sehr nett zu mir, sprach ein wenig englisch und hat mich mit ihr spazieren gehen lassen. Es gab von amerikanischer Seite kein Verbot, mit Deutschen Freundschaften zu schließen. Eines Tages war ich mit einigen der jungen Leute in einem Haus, wo ich auch Erika kennenlernte. Sie hat mich immer etwas auf den Arm genommen, doch ich fand sie prima. Ich war bis Oktober 1945 in Friedrichsfeld. Dann wurde ich nach Hause entlassen, weil mein Vater erkrankt war. Das schönste Erlebnis meines Armeeaufenthaltes war Friedrichsfeld durch die Freundschaft mit Irmgard und Erika, mit ihrer Tante und noch anderen Leuten, die mir viel gegeben haben, während ich jung war und weit weg von meiner Heimat und Familie. – Glückliche Freundschaft, Emmett

In einem mich bewegenden Dankesschreiben hat er, sechzig Jahre danach, außerdem seine damaligen Gefühle mit einem beigefügten Bild symbolisch zum Ausdruck gebracht. Der junge Besatzungssoldat in Friedrichsfeld hatte damals Heimweh. Ihm in jener Zeit ein so tiefes Gefühl der Geborgenheit vermittelt zu haben, ist mir erst mit diesem Schreiben bewusst geworden.

WALDEMAR HILDEBRAND

Fuß fassen in den ersten Nachkriegsmonaten

Ende April, Süddeutschland war bereits von den Amerikanern besetzt, versuchte ich mich von Asbach bei Aglasterhausen nach Mannheim durchzuschlagen, obwohl es von den Amerikanern verboten war, sich mehr als sieben Kilometer vom Ort zu entfernen. Meine Eltern blieben mit meinen Geschwistern in Asbach zurück. Schon in Aglasterhausen wurde ich davor gewarnt, dass nach der Ortschaft eine Straßensperre der Amerikaner stehe. Mit meinem Fahrrad fuhr ich auf Schleichwegen über Felder durch unwegsames Gelände in Richtung Heidelberg. Mit Hilfe der Bevölkerung konnte ich eine weitere Sperre der Amerikaner bei Wiesenbach umgehen und kam nach zwei Tagen in Mannheim an.

Unsere Wohnung auf der Rheinau war noch in Ordnung, da die Hausbewohner aufgepasst hatten, dass nicht eingebrochen wird. Ich hatte 1944 eine Lehre als Maschinenschlosser bei der Firma Fox in Neckarau begonnen. Da der Betrieb noch nicht wieder in Gang gekommen war, vertrieb ich mir die Zeit am Rheinauhafen. Das einzige Schiff, das dort lag, war der Motorschlepper des von den Amerikanern eingesetzten Hafenkommissars, der die Hafenanlagen kontrollieren und die Kohlenschiffe zum Großkraftwerk bringen musste. Hier konnte ich einige Zeit anheuern, bis ich meine Lehre fortsetzen konnte.

In der Zwischenzeit hatten meine Eltern einen Passierschein beantragt, um wieder nach Mannheim zu kommen. Gerade rechtzeitig, denn einige Tage nach ihrer Rückkehr beschlagnahmten die Amerikaner den ganzen Wohnblock, um Platz für ihr Personal des in der Rheinauschule eingerichteten Krankenhauses zu haben. Eingewiesen wurden meine Eltern mit ihren fünf Kindern bei einer Familie in ein Zimmer mit Küchenbenutzung. Da wir alle Möbel in unserer Wohnung zurückzulassen hatten, mussten wir mit zugeteilten Betten und Liegen auskommen, je zwei Personen auf einer Liege. Meine Geschwister verbrachten tagsüber, da kein Platz in der Wohnung war, die meiste Zeit auf der Straße. Im April 1946 wurde mein sechsjähriger Bruder vor unserer Wohnung von einem amerikanischen Jeep überfahren und schwer verletzt in das amerikanische Krankenhaus eingeliefert. Trotz aller ärztlichen Bemühungen starb er nach drei Tagen an seinen schweren Verletzungen. Eigenverschulden hat zu seinem Tod geführt, denn er war in den Jeep hineingerannt.

Der Tod meines Bruders, der tägliche Hunger meiner jüngeren Geschwister sowie auch die depressive Stimmung in der Familie ließen mich den Entschluss fassen, Mannheim den Rücken zu kehren. Kurz entschlossen und ohne meinen Lehrherrn zu benachrichtigen, packte ich einen Rucksack mit meinen wenigen Habseligkeiten und marschierte in Richtung Schwarzwald mit dem Ziel, Ulm bei Renchen zu erreichen, wo ich 1940 in Kinderlandverschickung gewesen und 1945 zum Volkssturm ausgebildet worden war.

In Höhe von Schwetzingen traf ich eine junge Frau, die denselben Weg bis nach Karlsruhe hatte. Sie schlug vor, zusammen zu gehen, da dies für sie sicherer sei. Die junge Frau, eine Ostpreußin, sprach sehr gut polnisch und etwas französisch, was uns später sehr nützlich gewesen ist. In Hockenheim war Mitte 1946 noch der Grenzverlauf zwischen amerikanischer und französischer Zone, der einige Monate später bis nach Karlsruhe zurückverlegt wurde. Hier kamen uns die Sprachkenntnisse meiner Begleiterin zu Hilfe, und dass sie mich als ihren Bruder ausgab, um peinliche Fragen nach meiner Herkunft zu vermeiden. In Karlsruhe trennten sich unsere Wege. Unterwegs wurde ich von einem LKW bis hinter Baden-Baden mitgenommen, und von da aus lief ich dann zu Fuß bis nach Ulm bei Renchen.

Meine Bekannten vermittelten mich einige Tage später nach Stadelhofen zu einem Bauern, dessen Sohn gefallen und dessen Knecht noch in Kriegsgefangenschaft war. Die Arbeit im Freien und das gute Essen bauten mich wieder auf, und bald war ich für den Bauern eine vollwertige Kraft. Morgens um 5 Uhr aufstehen, Vieh füttern und den Stall reinigen, dann ab auf den Acker. Ich fühlte mich bald wie zu Hause. Zwischendurch fuhr ich nach Mannheim; mein Rucksack war voll mit Butter, Wurst und Schinken. Einfach war die Heimfahrt nicht, da in Karlsruhe die Zonengrenze war und man ohne Passierschein nicht in die amerikanische Zone kam. Da nur die Bahnsteige kontrolliert wurden, auf denen die Züge in die amerikanische Zone abfuhren, ging ich zwei Bahnsteige weiter und wartete, bis der Zug abfuhr, spurtete über die Gleise und schwang mich auf die Puffer zwischen den Waggons. Beim nächsten Halt konnte ich, ohne kontrolliert zu werden, in das Wageninnere umsteigen. So erreichte ich Mannheim und konnte meinen Eltern die mitgebrachten Köstlichkeiten überreichen. Zwei bis drei Tage blieb ich zu Hause und trat dann die Rückreise in umgekehrter Reihenfolge an. Bis eine Haltestelle vor Karlsruhe im Abteil, dann zwischen den Puffern nach Karlsruhe.

Wahrscheinlich wäre ich in Stadelhofen hängen geblieben, wenn nicht ein folgenschwerer Zwischenfall meinem Aufenthalt ein jähes Ende bereitet hätte. An einem Sonntag, ich musste an diesem Tag später als sonst das Vieh füttern und konnte mich anschließend wieder ins Bett begeben, hörte ich die Bäuerin um Hilfe rufen und röcheln, wie wenn sie gewürgt würde. Sofort rannte ich in den Stall, um zu sehen, was los war. Die Bäuerin saß auf dem Schemel, um die Kühe zu melken, der Bauer stand sturzbetrunken hinter ihr, umklammerte ihren Hals und würgte sie. „Lass sofort die Bäuerin los", sagte ich in ruhigem Ton, aber er reagierte nicht und würgte die Bäuerin weiter. Da ergriff ich die Mistgabel, richtete sie auf den Bauern und sagte: „Wenn du nicht sofort loslässt, steche ich dir die Gabel in den Leib." Er ließ los und verschwand ohne ein Wort ins Haus. Ich wusste zwar, dass der Bauer zum Jähzorn neigte, aber so hatte ich ihn noch nie erlebt. Nachdem ich die Bäuerin beruhigt hatte, packte ich meinen Rucksack und verabschiedete mich von ihr. So endete meine Zeit auf dem Land ganz abrupt.

Zu Hause angekommen, meldete ich mich bei meiner Lehrstelle, der Firma Fox in Neckarau, die ich ja verlassen hatte, ohne mich abzumelden. Ich hatte danach zwar schriftlich den Grund meiner Abwesenheit dargelegt, aber mein Lehrherr hatte den Lehrvertrag aufgelöst. Für mich war das kein Grund zur Panik, denn schon einige Tage später konnte ich in der Kunstglaserei meines Onkels, dessen Werkstatt sich in G 3 befand, eine neue Lehre beginnen, die ich 1949 abschloss.

Wie es bis zur Endstation weiterging

1948 kam die Währungsreform. Die Menschen hatten andere Sorgen, als sich Messing- oder Bleiverglasung in die Fenster einbauen zu lassen. Die Kirchen, der größte Auftraggeber meines Onkels, mussten damals kürzer treten und vergaben nur noch schleppend Aufträge an seine Kunstglaserei, in der ich nach meiner Lehre weiterhin arbeitete. Er konnte mich nicht weiter beschäftigen. Um nicht arbeitslos zu sein, nahm ich jede sich mir bietende Arbeit an. Als Maurerhelfer kam ich im rasant wachsenden Wohnungsbaubereich unter. Da im Winter die Bautätigkeit teilweise eingestellt wurde, wechselte ich zur Gipserfirma Schmid in Neckarau. Danach arbeitete ich längere Zeit in der Gießerei des Strebelwerkes in Schichtarbeit im Akkord.

Im Jahre 1952 bewarb ich mich bei den Verkehrsbetrieben der Stadtwerke Mannheim. Nach gründlicher Ausbildung zum Schaffner wurde ich an Ostern zum ersten Mal eingesetzt. Bei den Fahrscheinen gab es damals je nach Entfernung noch unterschiedliche Preisklassen: drei Teilstrecken zu 25 Pfennige, fünf zu 30, sieben zu 35 und ab acht Teilstrecken zu 40 Pfennige, die vom Schaffner beim Gang durch den Straßenbahnwagen bar kassiert wurden. Daneben gab es Monatskarten für Erwachsene und Schüler, die teilweise nur für bestimmte Fahrstrecken galten. Die Arbeit im Umgang mit Menschen machte mir Spaß. Die damals in den Morgenstunden meist überfüllten Straßenbahnen bereiteten mir keine Schwierigkeiten. Mit vielen der an Werktagen meist zur selben Zeit zur Arbeit fahrenden Fahrgäste freundete man sich mitunter an. Auf Schwarzfahrer hatte man als Schaffner natürlich zu achten. Ich erinnere mich noch gut daran, dass es Leute gab, die mit der Buslinie 75 von Neckarau West zur Kurpfalzbrücke über den Lindenhof fuhren, beim alten Lanz-Krankenhaus auf dem Lindenhof einen Fahrschein zum Hauptbahnhof für 25 Pfennige lösten und dann ungeniert im Wagen sitzen blieben, überzeugt davon, dass es der

Schaffner nicht bemerkte. Ich bin nicht sicher, ob ich alle diese Sünder erwischt habe, aber so manchen habe ich zum Verlassen der Straßenbahn oder zum Nachzahlen aufgefordert.

An den Endstationen gab es noch keine Wendeschleifen, sondern die Anhängerwagen mussten vom Motorwagen abgekoppelt und nach dem Umrangieren über eine Weiche wieder angekoppelt werden. Wenn eine automatische Weiche defekt oder eingefroren war, hatte der Schaffner die Aufgabe, sie mit dem Weicheneisen in die entsprechende Richtung zu legen.

1956 habe ich geheiratet. Ich wollte mich verändern und weiterkommen, und so meldete ich mich Mitte 1957 freiwillig zur Bundeswehr, wurde gemustert und als tauglich befunden. Mein Fehler: Ich erkundigte mich erst nach der Musterung, wie hoch mein Sold ist. Er war um einiges geringer als mein Lohn bei der Stadt Mannheim, was mich veranlasste, meine Bewerbung beim Bund zurückzuziehen. Da ich noch nicht gekündigt hatte, konnte ich als Schaffner weiterarbeiten. Nach einigen Jahren als Schaffner auf Bus und Straßenbahn machte ich eine Ausbildung zum Wagenführer. Mit dieser verantwortungsvolleren Tätigkeit war eine höhere Bezahlung verbunden. Am Ende der Ausbildung, die ein halbes Jahr dauerte, und nach bestandener Prüfung wurde ich für vier Wochen als Lehrwagenführer eingesetzt. Ein Ausbilder stand neben mir, korrigierte und überwachte meine Fahrweise. Nach einer erneuten Prüfung wurde ich dann Fahrer auf verschiedenen Linien. Es dauerte einige Monate, bis man die nötige Selbstsicherheit hatte und als „alter Hase" bei den Vorgesetzten angesehen wurde.

Die Lehrgangsteilnehmer mit den beiden Fahrlehrern (Autor oben, 2.v.r.)

Die Arbeit war keineswegs leicht, denn als Fahrer stand man ohne Abtrennung von den Fahrgästen während der ganzen Zeit am Fahrerpult, bei Überfüllung mitunter sehr bedrängt von den Leuten. Nur während der knapp bemessenen Aufenthalte an den Endstationen konnte man sich setzen. Bei Verspätungen, die durch den zunehmenden Verkehr in der Innenstadt immer öfter auftraten, gab es natürlich keine Erholungspausen. Man war am Ende der Schicht hundemüde. Während man im Winter mit schwerem Mantel, Stulpenhandschuhen und Filzstiefeln in der eisigen Kälte stand, war im Sommer das Fahren weitaus angenehmer. Damals gab es übrigens noch Sommerwagen – Anhänger mit einer offenen Plattform und ohne Fensterscheiben.

Nach zwei Jahren Tätigkeit als Wagenführer bewarb ich mich als Verkehrsmeister und schaffte nach zwei Prüfungen den Aufstieg, der mit der Übernahme ins Angestelltenverhältnis verbunden war. Danach ging es Schlag auf Schlag weiter. Erst Verkehrsmeister, dann Verkehrsobermeister und schließlich Verkehrshauptmeister. 1967 bei der Einführung des Funks in Straßenbahn und Bus wechselte ich in die Funkleitstelle. Es folgte dann noch einiges mehr, was sich vor allem aus meinem Engagement in der Gewerkschaft ergab, ich jedoch hier nicht dokumentieren möchte.

Mit Befriedigung blicke ich auf mein Berufsleben und auch auf die Vielzahl meiner späteren berufs- und ehrenamtlichen Tätigkeiten zurück. Nach den harten Nachkriegsjahren ging es wirtschaftlich stets nur aufwärts. Ich denke, ich habe meine Chancen genutzt, nicht ohne hart dafür gearbeitet zu haben.

Fritz Hönig

Nachkriegserinnerungen – Ein Fremder an meinem Bett

Ich wurde zwar 1937 in Mannheim geboren, da ich dort aber nur eine kurze Zeit mit meiner Mutter verbracht hatte, fühlte ich mich nie als Mannheimer, sondern immer als Neckarauer Bub. Bis zu meinem siebten Lebensjahr war das Leben in den Kriegsjahren für mich der Normalzustand. Was das Wort Waffenstillstand am 8. Mai 1945 bedeutete, konnte mir meine Mutter deshalb nur dadurch verbal begreifbar machen, indem sie mir erklärte, dass nun nicht mehr geschossen oder gebombt würde.

Bereits 1942 hatte meine Mutter mit mir, einem Einzelkind, Neckarau verlassen, um den beginnenden Bombardierungen zu entgehen. Ich erinnere mich noch stark an viele Nächte im Keller oder im Niederfeldbunker, den man oftmals nur noch während der Angriffe erreichte, oder wenn bereits die Leuchtkugeln, die „Christbäume" der vorausfliegenden Pfadfinder-Flugzeuge, am Himmel standen. Mein Vater war bereits 1940 eingezogen worden, sodass er erst Ende 1946 wieder in mein Leben trat.

Über verschiedene Aufenthaltsorte im Odenwald, Schwarzwald und dem Elsass waren wir Ende 1944 in Bad Dürrheim gelandet, wo wir das Kriegsende erlebten, nach heftigen Kämpfen im Ort und in der Umgebung und mit vielen Toten unter der Zivilbevölkerung. Wir hatten im Keller eines Hauses überlebt, dessen Obergeschoss durch einen Granateneinschlag schwer beschädigt worden war. Unter den marokkanischen Besatzern waren die Kriegsleiden für die Bevölkerung alles andere als beendet. Schlimm für meine Mutter war damals auch, dass sie seit Monaten keine Nachricht mehr von meinem Vater und der Neckarauer Verwandtschaft hatte.

Ende Mai 1945 mussten auf Befehl der französischen Besatzer alle Kriegsflüchtlinge Bad Dürrheim innerhalb von 24 Stunden verlassen. Zu Fuß und ein Stück weit mit einem amerikanischen Truppentransport erreichten wir Bruchsal, um uns von dort, nach einer Nacht im Freien, mit anderen Frauen und Kindern auf einem schwer beladenen Pferdefuhrwerk am frühen Morgen in Richtung Mannheim auf den Weg zu machen. Die Bezahlung des Bauern war im Voraus durch Schmuckstücke aus den unter großen Mühen mitgeschleppten Koffern der Frauen erfolgt. Wir kleineren Kinder saßen hoch oben auf dem Wagen, während die Frauen und die größeren Kinder zu Fuß neben dem Wagen her gingen. Ein Junge kam dabei mit einem Fuß unter die mit Eisenreifen beschlagenen hölzernen Speichenräder, wobei ihm dieser furchtbar zerquetscht wurde.

An der Autobahnausfahrt am Rangierbahnhof verließen wir die Reisegesellschaft, um von dort den Heimweg nach Neckarau in die sogenannte „Verlängerte Friedrichstraße" anzutreten. Wir wohnten damals in Nummer 132, die Großeltern schräg gegenüber in Nummer 173. Überall schauten Leute aus den Fenstern, die Straßen waren leer, da ab 8 Uhr am Abend Sperrstunde herrschte. So hörten wir gleich viele Ermahnungen, dass wir uns doch beeilen und die Straße verlassen sollten. Denn wer sich danach noch hinauswagte, lief Gefahr, einige Tage eingesperrt zu werden. Irgendwann kam uns ein Jeep mit zwei farbigen Militärpolizisten entgegen, die uns aber wohl absichtlich übersahen. Bangen Herzens näherten wir uns dem Haus der Großeltern, wo wir mit überschwänglicher Freude empfangen wurden. Welches Glück, zu erfahren, dass niemand in der ganzen großen Verwandtschaft körperlich zu Schaden gekommen war. Was zählten da schon die mehr oder weniger großen Verluste durch die Bombardierungen. Nur über das Schicksal meines Vaters wusste auch hier niemand Bescheid.

Die „Verlängerte Friedrichstraße" besteht heute noch aus einer Doppelreihe zweistöckiger Häuser und aus sogenannten Erwerbslosenhäusern, wie sie in den dreißiger Jahren des vergangenen Jahrhunderts mit staatlicher Hilfe und in gemeinsamer Eigenarbeit mit Nachbarn errichtet worden waren. Vor den Häusern befinden sich Vorgärten, ursprünglich als Ziergärten gedacht, nach dem Krieg jedoch meist mit Kartoffeln bepflanzt. Hinter den Häusern, wo sich im Krieg und in der Nachkriegszeit Gemüsebeete mit Hühner- und Kaninchenställen befanden, sind heute meist Blumengärten mit Rasenflächen angelegt. Die Gärten sind wesentlich kürzer geworden, da die Grundstücke hinter den Gärten bebaut wurden. Überall da, wo früher in Neckarau Wiesen, Felder und Gießengräben waren, entstanden nach dem Krieg neue Straßenzüge. Das Ortsbild hat sich vollkommen verändert.

Unsere Wohnung war bei unserer Heimkehr durch eine von Amts wegen einquartierte entfernt verwandte Familie belegt, was aber für uns kein allzu großes Hindernis bedeutete, man rückte eben zusammen. Außer dem ausgebrannten Haus der Familie Schneider, Nummer 163, war an den anderen Häusern unserer Straße kein allzu großer Schaden zu verzeichnen. Mit Planen geflickte Fenster und schadhafte Dächer gehörten zum Straßenbild. Im Haus meiner Großeltern war eine Stabbrandbombe durch Dach und Dachboden in einem eisernen Dampfnudeltopf im Küchenschrank des Obergeschosses gelandet, aus dem sie mitsamt dem Topf mit Hilfe einer Schaufel von meinem Großvater über den Balkon in den Garten geworfen worden war.

Kaum hatten wir uns zu Hause wieder eingerichtet, fuhr ein Lautsprecherwagen der US Army durch die Straße, der verkündete, dass alle Einwohner binnen 24 Stunden ihre Wohnung zu verlassen hätten. Mitnehmen durfte man pro Person lediglich zwei gefüllte Koffer. Die „Verlängerte Friedrichstraße" wurde zur Kaserne einer Kompanie GIs aus Puerto Rico. Nachdem ich in den siebziger Jahren einige Zeit in Honduras als Entwicklungshelfer gelebt habe, kann ich heute verstehen, warum die Wohnungen, nachdem die Burschen aus der Karibik Anfang 1946 wieder abgezogen waren, fast nicht mehr bewohnbar gewesen sind. Wir fanden zunächst bei Verwandten in der Wingertstraße Unterschlupf, um danach bis zum Spätherbst 1945 bei entfernten Verwandten in Möckmühl zu wohnen. Ich weiß heute nicht mehr, wie wir dorthin gelangt waren. Jedenfalls begann dort für mich auf dem Bauernhof an der Jagst ein herrlicher Sommer.

Mein Vater war noch immer nicht zu Hause. Wie viele Kinder, die das Glück hatten, wenigstens mit ihrer Mutter zusammen sein zu können, genoss ich mein Leben. Die Angst war vorbei. Allerdings war damals für viele Menschen der Hunger alltäglich. Betrachte ich Bilder von Personen aus der damaligen Zeit, so waren fast alle Leute überschlank. Ich hatte genug zu essen, wahrscheinlich auf Kosten meiner Mutter, die vermutlich oft hungrig ins Bett ging.

In Möckmühl erkrankte ich an Gelbsucht; wegen der besseren ärztlichen Versorgung kehrte meine Mutter mit mir nach Neckarau zurück. Dort fanden wir in dem um 1860 von meinem Urgroßvater erbauten „Häusel" in der Rheingoldstraße 70 bei einer Großtante Unterschlupf. Es war ein einfaches Nebenerwerbshaus mit zwei kleinen Ställen für die Sau und die Ziegen und einem Plumpsklo dahinter. Mit der Tante und uns wohnte noch eine siebenköpfige Familie unter dem spitzgieblingen, mit zwei Gauben versehenen Dach, unglaublich beengt, in vier kleinen Zimmern und einer gemeinsamen Küche.

Der Grubeninhalt des Plumpsklos wurde über den langen schmalen Garten dahinter entsorgt. Darmparasiten waren wohl deshalb in den Nachkriegsjahren nichts Ungewöhnliches. Jedoch einen Garten zu haben, eventuell noch ein paar Hühner und Hasen, bedeutete, dass man sicher nicht ganz so hungrig zu Bett ging wie die Stadtbevölkerung. Brennstoff für den Küchenherd und die einfachen Öfchen in den Zimmern besorgte man sich im Neckarauer Waldpark. Obwohl es streng verboten war, ein Beil oder gar eine Säge mit sich zu führen, hatte meine Mutter diese Werkzeuge bei den „Spaziergängen" stets gut unter ihrer Kleidung versteckt dabei, sodass manches Bäumchen dran glauben musste und etwas zur Erwärmung unserer Stube beitrug.

Im Frühjahr 1946 verließen die Amis die „Verlängerte Friedrichstraße", sodass wir wieder in unsere Wohnung zurückkehren konnten. Allerdings war es auch dort sehr beengt, da meine Großmutter, ein Onkel und zeitweise verschiedene andere Verwandte bei uns wohnten.

Eines frühen Morgens Anfang 1946 wurde ich etwas unsanft wachgerüttelt, und ein total abgemagerter, unrasierter und für mich unbekannter Mann beugte sich über mein Bett. Es war mein aus schlimmer französischer Gefangenschaft zurückgekehrter Vater. Endlich war die Familie wieder vereint.

Meine späte Einschulung und was danach geschah

Im Frühjahr 1946 wurde ich in Neckarau in der Wilhelm-Wundt-Schule erstmals richtig eingeschult und kam als Neunjähriger gleich in eine dritte Klasse. Da ich zuvor an verschiedenen Orten lediglich nur sechs Wochen eine erste Klasse besucht hatte und weder schreiben noch rechnen konnte, wurde ich in die zweite Klasse zurückversetzt, wo mir bei dem sehr strengen Lehrer Sturm der Unterricht dann viel Spaß machte. Endlich lernte ich lesen, schreiben und rechnen. Das Schreiben und Rechnen wurde damals allgemein auf Schiefertafeln geübt. Außen am Schulranzen baumelte ein feuchter Schwamm und ein Wischtuch. Drinnen hatte man in einem Holzkästchen die Schiefergriffel und den Griffelspitzer – eine kleine Spezialfeile. Sind auch die Schiefertafeln aus dem Schulalltag verschwunden, so befindet sich das Wort Griffelspitzer als Beschreibung eines pedantischen Neunmalklugen in meiner Generation immer noch im Sprachgebrauch.

Am Ende der vierten Klasse bestand ich die Aufnahmeprüfung am Mannheimer Tulla-Gymnasium, das ich von Anfang an nur mit sehr mäßigem Erfolg besuchte. Vielleicht auch deshalb, weil ein Großteil meiner Mitschüler erst nach der fünften Klasse dahin übergewechselt war.

Abenteuerlich war damals fast immer die Fahrt mit der Straßenbahn, der „Siebener". Morgens zur Fahrt in die Schule war sie stets überfüllt. Wenn trotz engem Zusammenrücken im Innern sich kein Platz mehr fand, war die Fahrt auf den Trittbrettern die einzige Möglichkeit, rechtzeitig zur Schule zu kommen. Die Neckarauer Endstation befand sich damals in der Rheingoldstraße vor der Evangelischen Kirche. Hatte man die Straßenbahn nur knapp verpasst, dann bestand die Chance, sie mit einem Spurt beim Neckarauer Marktplatz oder spätestens an der Ecke Neckarauer Straße/Friedrichstraße einzuholen. Auch ein langgezogener Sprint durch die Schulstraße führte notfalls zum Ziel, nämlich dem Zustieg an der Neckarauer Straße. Aber da musste man schon gut rennen können.

An der Endhaltestelle der „Siebener" musste die Bahn mit Anhänger in die andere Fahrtrichtung umrangiert werden. Die Anhänger wurden abgekoppelt, und über zwei Weichen gelangte der Motorwagen in Abfahrtrichtung wieder vor die Anhänger. Während der Schaffner von Hand die Weichen umlegte, blieben die Hänger unbewacht zurück. Hatte der Schaffner vergessen, die Handbremse zu betätigen, oder hatten böse Buben die Bremse gelockert, rollten die Anhänger zu unserer Gaudi auf der leicht abschüssigen Straße über das Ende der Schienen hinaus und rumpelten ein Stück weit auf der Rheingoldstraße entlang, die mit Kopfsteinen gepflastert war. Bald hatten dort die Räder ihr eigenes Gleisbett in die Steine geschlagen.

Unsere Clique in der „Verlängerten Friedrichstraße" bestand aus sieben mehr oder weniger Gleichaltrigen, die sich so oft wie möglich trafen. Im Sommer kickten wir auf der Straße, so wie das damals in fast allen Neckarauer Straßen bei dem geringen Verkehr möglich war. Autos waren in unserer Straße eine absolute Seltenheit. Nur wegen der Pferdefuhrwerke der Bauern und des Kartoffelmannes musste man schon mal das Spiel unterbrechen. Unterbrechen musste man auch dann, wenn die Pferde „knoddelten", da ihre Hinterlassenschaft von uns für die Gärten aufgesammelt wurde – streng reglementiert danach, wessen Garten gerade an der Reihe war.

Schmalere Abschnitte in den niederen Vorgartengeländern waren unsere Fußballtore. Da wir den Ball, einen alten, abgeschabten Tennisball, oftmals in den Vorgärten und manchmal auch in den hinter den Häusern liegenden Gärten suchen mussten, gab es oft Ärger mit den Nachbarn, denen es natürlich nicht gefiel, wenn wir ihre Beete durchwühlten. Ein Nachbar verstand es jedoch, uns auf die sanfte Art von seinem Grundstück fernzuhalten. Als Arbeiter bei der „Gummi", der Rheinischen Gummi- und Zelluloidfabrik, konnte er einen der ersten dort nach dem Krieg wieder hergestellten größeren Kinderbälle erwerben. Den schenkte er uns, nachdem wir ihm versprochen hatten, nie mehr vor seinem Haus zu kicken. Ein Versprechen, das wir dann auch gerne hielten, da sein Geländer ja nicht das einzige der Straße war.

Im Winter fuhren wir am Rheindamm Schlitten oder, was damals nicht ungewöhnlich war, liefen auf dem Altrhein oder dem Stollenwörthweiher Schlittschuh. Oft gab es danach zu Hause Ärger, da die losen, Absatzreißer genannten Schlittschuhe ihr entsprechendes Werk getan hatten. Wie viele Väter hatte auch mein Vater ein Schuster-Dreibein im Keller, sodass der Schaden mit etwas Leim und einigen Nägeln wieder zu reparieren war. Etwas zu lange Nägel waren mitunter an der Ferse zu spüren und hinterließen Spuren an den Socken. Im VfL-Stadion am Waldweg wuchsen die Ränge dank der Trümmer, die mit einer Schmalspur-Bahn dorthin transportiert wurden. Sie führte am Waldweg vor unserer Straße vorbei.

Meine Mutter fuhr mitunter aufs Land, um zu „fuggern", das heißt, mit begehrten Waren bei den Bauern Kartoffeln oder sogar Eier einzutauschen. Da wir eine Tante in Amerika hatten, erhielten wir ab und zu ein „CARE-Paket". Die von der Tante in Dollar bezahlten Pakete einer amerikanischen Wohltätigkeits-Organisation hatten alle den gleichen Inhalt, neben allerlei Konserven auch zwei Pfund Kaffee. Der Bohnenkaffee war fast einer Goldwährung gleichzusetzen. Er war neben Zigaretten der begehrteste Artikel auf dem Schwarzmarkt und natürlich besonders bei der Beschaffung von Lebensmitteln auf dem Land. Eines Tages kam auf Wunsch meiner Mutter ein großes Paket mit Wäsche-Durchziehgummi an. Von da an rutschten bei mir die Unterhosen nicht mehr bis an die Knie, und die gestrickten Wollstrümpfe, die man im Winter zur kurzen Lederhose trug, mussten nicht mehr wie bei Mädchen mit Strumpfhaltern an einem Leibchen befestigt werden. Die verschiedenen Gummibänder

Familientreffen unter beengten Wohnverhältnissen (Autor oben 3.v.r.)

waren als Tauschgut auf dem Land der absolute Hit, weshalb bald darauf ein zweites Paket angefordert wurde, das auch prompt eintraf. So kamen wir mit Hilfe unserer amerikanischen Tante und auch dank unseres Gartens sowie der beim Großvater gehaltenen Hasen und Hühner ganz gut über die Runden. Auf diese Weise hatte ich als Jugendlicher nie das Gefühl, arm zu sein. Wir hatten ja eine Wohnung, und wir hatten, abgesehen vom Hungerwinter 1945/46, stets etwas zu essen zusätzlich zu dem, was über die knappen Zuteilungen auf Lebensmittelmarken zu erhalten war.

Nach der Währungsreform am 20. Juni 1948 waren die Schaufenster plötzlich voll wunderbarer Dinge, die wir vorher kaum zu Gesicht bekommen hatten, allerdings zu Preisen, die sich ein kleiner Postlerhaushalt kaum leisten konnte. Das Geld war knapp, und es dauerte einige Zeit, bis es den Familien von Arbeitern und einfachen Angestellten wieder möglich war, neben dem täglichen Bedarf Dinge anzuschaffen, auf die man lange hatte verzichten müssen. Wichtig war das Gefühl, dass es aufwärts ging. Und es ging aufwärts.

Im Sommer ersetzte uns das Strandbad am Rhein den Mittelmeerurlaub. Jede Clique hatte dort ihren festen Platz, der auch entsprechend verteidigt wurde. Das Schwimmen hatten wir im Rhein gelernt. Anfänglich galt es noch als Mutprobe, hinüber zum Kiefweiher zu schwimmen oder gar auf einen langsam stromauf gezogenen Schleppkahn zu klettern und einige Kilometer mitzufahren, um dann mit der Strömung wieder zum Strandbad zurückzuschwimmen. Ich erinnere mich noch an manchen frisch geteerten Bauch, den man sich beim Aufentern auf den Kahn an dessen Bordwand holte.

1952 wurde ich von Pfarrer Kühn konfirmiert. Dank meines spendablen Patenonkels konnte ich mir von meinem Konfirmandengeld ein neues Fahrrad kaufen. Mein altes Rad würde man heute wahrscheinlich, statt es auf den Sperrmüll zu bringen, in einem Heimatmuseum ausstellen. Das neue Rad, ein Bielefelder Buschkamp, hatte weder eine Schaltung noch eine ordentliche Handbremse. Gebremst wurde mit dem Rücktritt, ergänzt um die Vorderradbremse, bestehend aus einem Gestänge, mit dessen Hilfe ein Gummiklotz auf den Mantel des Vorderrades gedrückt wurde. Längere Bergabfahrten waren mit Vorsicht zu genießen, wollte man den Rücktritt nicht zum Glühen bringen und dadurch die Bremse und die Lager ruinieren. Die Handbremse durfte man auf keinen Fall als Alternative benutzen, da sie leicht zum Blockieren des Vorderrades neigte.

Seit Herbst 1946 war ich Mitglied der evangelischen Jungschar, ebenso einige meiner Mitkonfirmanden. Frisch konfirmiert ging es dann im Sommer 1952 mit unseren Rädern am Rhein entlang nach Koblenz und von dort über den Taunus zurück nach Mannheim. Herr Bauer, unser Jungscharleiter, der die Fahrt organisiert hatte, begleitete uns auf seiner NSU Fox mit einem Anhänger im Schlepp. Darin befanden sich ein großes US-Army-Zelt, etliche Laibe Brot, ein Eimer Marmelade, Reis, Kartoffeln, etwas Zucker und mehrere Flaschen Essig, mit dem wir unter etwas Zuckerzusatz unsere eigene „Limonade" herstellten. Treffe ich heute mal einen, der damals dabei war, dann kommt irgendwann die Sprache auf die Abendeinladung bei den Amerikanern, die in einem alten Gutshof im Taunus logierten. Wir hatten gegenüber auf einer Wiese unser Zelt aufgebaut und beim Bauern, der noch auf dem Hof lebte, nach Stroh als Unterlage für unsere Schlafdecken gefragt. Einer der Soldaten, ein ehemaliger Boyscout, der uns aus Neugier besucht hatte, lud uns spontan zum Abendessen ein. Zu einem opulenten Festmahl konnte dann jeder so viel Pepsi Cola trinken, wie er wollte. Welch ein Erlebnis – unsere erste Cola! Und danach wurden uns sogar noch einige Mickymausfilme vorgeführt.

1954 verließ ich das Tulla-Gymnasium, besser gesagt, ich wurde mangels Leistung entlassen, um an der damals in Mannheim noch existierenden Berufsfachschule den Uhrmacherberuf zu erlernen. Die Ausbildung schloss ich 1955 nach zwei Jahren ab, um bei Juwelier Friedmann auf dem Lindenhof das zusätzliche dritte und vierte Lehrjahr zu verbringen. Nach bestandener Gesellenprüfung fuhr ich nun mit dem Rad statt auf den Lindenhof „auf die Rheinau" zu Juwelier Sommer. Arbeit für Uhrmacher gab es mehr als genug, weil sich doch kaum jemand eine neue Uhr leisten konnte. Da viele Ersatzteile nicht mehr im einschlägigen Handel erwerbbar waren, mussten diese von Hand angefertigt werden. Eine Arbeit, die mir viel Spaß machte.

1955 trat ich in die KGN ein, die Kanu-Gesellschaft Neckarau. Anfänglich verbrachte ich jedoch mehr Zeit beim Flicken meines Uralt-Faltbootes als auf

*Die Neckarauer Jungschar 1950 in der „Einheitskleidung Lederhose"
(Autor vorn 1.v.r.)*

dem Rhein. Mit finanzieller Unterstützung durch meine Großmutter konnte ich mir jedoch bald einen neuen Pionier-Einer leisten, sie hatte mir 600 Mark geliehen, die ich über mehrere Jahre bei ihr wieder abstotterte. Im vierten Lehrjahr erhielt ich als Lehrgeld 20 D-Mark und als Geselle dann 120 Mark Monatslohn. Eisernes Sparen war also angesagt. Mit dem neuen Boot erlebte ich herrliche Wochenenden auf der Kollerinsel. Samstags paddelten wir nach der Arbeit die zehn Kilometer zu unserem Zeltplatz stromauf, um am Sonntagabend mit den Kameraden Bord an Bord „im Paket" gemütlich wieder zum Bootshaus zurückzutreiben. Abenteuerlich war auch eine zweiwöchige Paddeltour über Salzach und Inn zur Donau und dann ab Passau hinunter bis Wien. Gezeltet wurde wild am Ufer, da es noch keine offiziellen Zeltplätze gab.

Bundeswehrzeit als Weichenstellung für meine Zukunft

Im Frühjahr 1958, ein Jahr, nachdem die ersten Wehrpflichtigen ihren Grundwehrdienst bei der neuen Bundeswehr angetreten hatten, arbeitete ich als Uhrmachergeselle auf der Rheinau. Gerade 20 Jahre alt, wohnte ich noch bei meinen Eltern in Neckarau. Eigentlich arbeitete ich gerne in meinem Beruf. Ich konnte mir allerdings nicht vorstellen, mein Leben lang als Uhrmacher an der

Werkbank zu sitzen. Traf ich ab und zu ehemalige Klassenkameraden aus dem Tulla-Gymnasium, war ich immer traurig darüber, dass ich nach der neunten Klasse wegen schlechter Leistungen vom „Tulla" geflogen war. Ich hatte mich deshalb gerade entschlossen, in Abendkursen das Versäumte nachzuholen, als mir Ende 1957 der Musterungsbefehl zur jungen Bundeswehr ins Haus flatterte.

Mein Vater, der aufgrund seiner pazifistischen Grundhaltung und seiner Nähe zur Sozialdemokratie kurz vor dem Krieg große Schwierigkeiten auf sich genommen hatte, war alles andere als begeistert, als ich ihm das Schreiben des Kreiswehrersatzamtes in Mannheim zeigte. An vorderster Front hatte er die Invasion in der Normandie nur knapp überlebt. Nach Monaten als Kriegsgefangener in Amerika war er vor seiner Entlassung noch in ein französisches Gefangenenlager gekommen, wo er den Winter 1945/46 in der Normandie in kleinen Zweimannzelten auf freiem Feld und blankem Ackerboden verbringen musste. Viele seiner Kameraden waren an Unterernährung und nicht versorgten Krankheiten gestorben. So glaubte er mit Recht erzürnt sein zu dürfen, dass „das Ganze schon wieder losgeht". Wie viele Sozialdemokraten war auch er damals der Meinung, dass man lieber auf eine Wiederbewaffnung verzichten solle, als den beiden Supermächten den Boden für ein potenzielles Kampfgebiet zu stellen. Ausgerechnet sein einziger Sohn war nun einer der Ersten, die wieder eine Uniform tragen sollten. Deshalb versuchte er hinter meinem Rücken, wie er mir später gestand, meine bestandene Musterung wieder rückgängig zu machen; ich sei ja das einzige Kind der Familie. Als dieses Argument nicht wirkte, verließ er das Amt mit der lautstarken auf „monnemerisch" geäußerten Bemerkung: „Wann isch eiern Wellesittisch verwisch, der den Zettel vun moim Bu gezoge hot, donn dreh ich dem de Hals rum."

Natürlich gab es schon die theoretische Möglichkeit, den Wehrdienst zu verweigern, was aber zumindest mir damals noch nicht bekannt war. So stand ich dann eines Morgens im Oktober 1958 etwas unglücklich mit einigen wenigen jungen Mannheimern, die wie ich nur einen kleinen Koffer dabei hatten, am Hauptbahnhof. Schnell bekamen wir heraus, dass wir alle dasselbe Ziel hatten, die Fliegerhorst-Kaserne in Böblingen, um dort bei den Luftlande-Panzerjägern unseren zwölfmonatigen Grundwehrdienst anzutreten. Tatsächlich waren wir fünf dann auch die einzigen Mannheimer in der Ausbildungskompanie – eine bunte Mischung aus allen Stadtteilen: ein Waldhöfer, ein Feudenheimer, ein Käfertaler, ein richtiger „Monnemer" aus dem Jungbusch und ich als Neckarauer.

Bis auf wenige Kameraden mit Realschulabschluss und einem Abiturienten aus Augsburg hatten alle lediglich die achtjährige Volksschule durchlaufen. Als exotische Ausnahme wurde der Abiturient auch gleich beim ersten morgendlichen Antreten von dem noch aus der Wehrmacht stammenden Kompaniefeldwebel, dem Spieß, nach alter Barrasart auf die Schippe genommen. Auf die Frage, wer unter den Angetretenen Abitur habe, meldete er sich natürlich, um dann zu erfahren, dass er der richtige verantwortungsbewusste Mann sei, der das Auto des Kompaniechefs putzen dürfe.

Das Wort „Vergangenheitsbewältigung" war nicht nur bei der Bundeswehr ein Fremdwort. So standen denn auch bei den allgemeinbildenden Schulungsstunden nie Themen des „Dritten Reiches" auf dem Stundenplan. Die Mehrzahl unserer Ausbilder, vom Unteroffizier aufwärts, hatte schon in der alten Wehrmacht bei den Fallschirmjägern gedient. Besonders erinnere ich mich an einen körperlich kleinen Stabsunteroffizier, der gerne von seinem heldenhaften Einsatz auf Kreta berichtete. Vergangenheitsbewältigung hieß wohl bei ihm wie bei vielen anderen auch Verdrängung aller schlimmen Kriegserlebnisse und Verfälschung der Geschichte, die zum Nazistaat mit all seinen üblen Folgen geführt hatte.

Es war daher nicht verwunderlich, dass wir beim Marschieren auch alte Fallschirmjägerlieder sangen mit Texten wie: „Narvik, Rotterdam, Korinth Stätten unsrer Siege sind ...", und dass wir im Herbst, als wir mit unseren Jagdpanzern in der Heide auf dem Truppenübungsplatz Bergen-Hohne waren, uns niemand auf das nahe gelegene ehemalige KZ Bergen-Belsen hinwies mit all den menschenverachtenden Dingen, die dort geschehen waren. Es war der erwähnte Abiturient Harald Glöckler, der mich auf die Stätte aufmerksam machte, die dann auch nur wir beide besuchten. Als Einzige unternahmen wir beide an dienstfreien Wochenenden ausgedehnte Wanderungen zu interessanten Zielen der jeweiligen Umgebung, zu den Sieben Steinhäusern in der Heide, vom Heuberg aus zum Donautal oder auch nur zu Zielen im Böblinger Schönbuch. Zumindest hiermit verbinde ich angenehme Erinnerungen an diese Zeit.

Außer uns fünf Mannheimern und Harald Glöckler waren mit wenigen Ausnahmen alle Kameraden „Freiwillige", die so schnell wie möglich nach der Grundausbildung einen Springerlehrgang absolvieren wollten, was damals zum schmalen Wehrsold eine beträchtliche Springerzulage von 50 D-Mark im Monat bedeutete. Jeder dieser Aspiranten versuchte sich deshalb so gut wie möglich sportlich hervorzutun, um bei den Ersten zu sein, die das begehrte Abzeichen tragen durften. Deshalb gab es auch von ihnen nie Beschwerden gegen übertriebene pseudosportliche Aktivitäten, wie zum Beispiel schon vor dem Frühstück in voller Montur singend um den Sportplatz zu rennen, oder auch „Volle-Deckung-Übungen" meist absichtlich mitten hinein in üble Schlammlöcher bei schwachsinnigen Befehlen wie „U-Boot von rechts".

Beim Marschieren während der Grundausbildung hatte ich mit 1,92 Meter Körpergröße als Längster der Kompanie das zweifelhafte Vergnügen, das Maschinengewehr tragen zu dürfen, was erst dann etwas leichter wurde, als das schwere amerikanische MG durch das leichtere alte deutsche MG 42 ersetzt wurde, das anfänglich sogar noch den Reichsadler der alten Wehrmacht auf dem Schlosskasten trug. Stets marschierte vor mir dieser kleine Stabsunteroffizier, genannt der „laufende Meter", der uns oft grundlos schikanierte. Für ihn war ich der „lange Lulatsch", der nie anständig marschieren lernen würde. Vielleicht kam ich deshalb des Öfteren außer Tritt, wobei ich ihm, zur Freude meiner Nebenmänner, regelmäßig in die Hacken trat. Er hatte mich also auf dem Kieker. So ließ er mich einmal in einer Freistunde auf dem Kasernenhof inmitten meiner Kameraden Haltung annehmen und stauchte mich zusammen, weil ich meine Dienstmütze, die nach dem Waschen zu klein geraten war, etwas verwegen auf meinem Kopf sitzen hatte. Ich versuchte natürlich geltend zu machen, dass ich ja nichts dafür könne, wenn das Sch...ding beim Waschen ständig einlaufe. Da er wohl merkte, dass er mir auch verbal unterlegen war, brüllte er lautstark los, dass ich umgehend verschwinden solle, da ihm mein Gesicht nicht gefiele. Um dieses nun buchstäblich vor meinen Kameraden nicht zu verlieren, entgegnete ich ihm spontan, dass mir seines schon am ersten Tag meines Soldatendaseins nicht gefallen habe. Als er sich entfernte, meinte er, dass er auch mich noch kleinkriegen werde, wovon ich dann allerdings später als sein direkter Untergebener nichts bemerkte.

Niemand außer uns fünf Mannheimern verweigerte den Befehl, sich in einem engen Loch von einem Panzer überrollen zu lassen, der als Bugwelle eine Schlammwalze vor sich her schob. Nach entsprechendem Gebrüll des Zugführers und weiterhin konstanter Weigerung unsererseits durften wir „als Belohnung" die circa zehn Kilometer zur Kaserne zurückmarschieren. Das stellte für uns insofern kein Problem dar, da wir unterwegs einen LKW anhielten, der uns kurz vor der Kaserne bei unserer Lieblingskneipe absetzte, wo wir dann unseren „Sieg" entsprechend feierten. Wo es auch sonst immer ging, versuchte ich die schikanöse Grundausbildung zu unterbrechen. Eine Gelegenheit dazu boten mir meine ständig entzündeten Mandeln, die ich mir bei einem HNO-Arzt in Böblingen ambulant entfernen ließ. Nach dem Eingriff wurde ich im offenen Jeep zurück in die Kaserne gebracht, wo ich dann fünf Tage gut versorgt im „Revier" verbrachte. Anschließend genoss ich noch eine Woche Heimaturlaub.

Wieder in die Kaserne zurückgekehrt, erfuhr ich bei einem der morgendlichen Pflichtgottesdienste, dass man als Repräsentant der jungen Wehr in Uniform am evangelischen Kirchentag in München teilnehmen dürfe. Gegen anfängliche Widerstände unseres Kompaniechefs gelang es mir dann doch, dass ich mit meinen Mannheimer Kameraden auf Staatskosten eine Woche in München verbringen durfte. Untergebracht waren wir bei unseren amerikanischen Waffenbrüdern, wo wir besonders deren ausgezeichnete Verpflegung zu schätzen wussten. Neben ein oder zwei besuchten Pflichtveranstaltungen des Kirchentags hatten wir viel Zeit, München und sein Nachtleben kennen zu lernen. Sich in Uniform damals in einschlägigen Münchner Kneipen herumzutreiben, wäre für einen Einzelnen sicher sehr problematisch gewesen. Da wir aber immer geschlossen auftraten und unser Jochen aus dem Jungbusch als Schwergewichtsboxer stets seine breite Figur in den Vordergrund schob, hatten wir jedoch nie größere Probleme. Sicher kommt man beim Lesen dieser Zeilen zu dem richtigen Schluss, dass ich kein mustergültiger Soldat war. Trotzdem war ich doch stets ein wenig stolz auf meine Uniform mit dem Fallschirm auf dem Ärmel und den Springerstiefeln an den Füßen, wenn ich an den Wochenenden mit dem Zug nach Hause fuhr. Eigentlich war es ein Etikettenschwindel, da ich zum Ende meiner Grundwehrzeit die Teilnahme an einem Springerlehrgang abgelehnt hatte, weil ich dann noch ein halbes Jahr länger das Leben in Uniform hätte „genießen" dürfen.

Da Bundeswehr-Uniformen damals höchst selten in der Öffentlichkeit zu sehen waren, war ich nach meinem 21. Geburtstag auch bei der offiziellen Volljährigkeitsfeier der Stadt Mannheim, die im Rosengarten stattfand, der einzige und extra erwähnte uniformierte Teilnehmer. Gerne habe ich an dieser Feier teilgenommen, da ich hierzu den folgenden Montag als Sonderurlaub erhielt.

Nach meiner Grundausbildung verbrachte ich die restliche Zeit in der Waffenkammer der Kompanie, wo ich für die Wartung der leichten Waffen zuständig war, für einen jungen Mann eine nicht uninteressante Arbeit, die mit entsprechenden Aufenthalten auf Schießplätzen verbunden war. Erhielt man nach der Grundausbildung eine feste Aufgabe in der Kompanie, so hatte man in der Regel auch ein angenehmes Soldatenleben.

Viel zu tun gab es in der Waffenkammer eigentlich nicht, sodass ich immer ein interessantes aufgeschlagenes Buch in der Schublade meiner Werkbank liegen hatte. Mein unmittelbarer Vorgesetzter in der Waffenkammer war der eingangs erwähnte kleine Stabsunteroffizier. Warum er nach der Grundausbildung gerade mich als Waffenmechaniker haben wollte, ist mir auch heute noch ein Rätsel, vielleicht deshalb, weil ich ihm ständig

den Rücken freihielt, wenn er morgens kurz nach dem Antreten in der Kantine verschwand und oft den ganzen Tag nicht mehr zu sehen war. Da ich so weitestgehend mein eigener Herr in der Waffenkammer war, konnte ich auch rechtzeitig zu Silvester 1958 mehrere schwere Böller „organisieren", die während Manövern Granateneinschläge simulierten und dann auch entsprechend in unserer Straße die Scheiben klirren ließen.

Als ich Ende Oktober 1958, von der Bundeswehr entlassen, wieder nach Neckarau zurückkam, war mir klar, dass ich mich nicht weiter mit der Uhrmacherei beschäftigen, sondern als junger Mensch für etwas Neues offen sein wollte. Heute betrachte ich meine Bundeswehrzeit als Weichenstellung für meinen weiteren beruflichen Lebensweg. Ein Kamerad, der kurz vor meiner Entlassung an meiner Stelle der Waffenkammer zugeteilt war, hatte mir erzählt, dass er nach seinem Wehrdienst an der Ingenieurschule in Furtwangen Feinwerktechnik studieren wolle. Dies war eine Ingenieurschule, die ehemals aus einer Uhrmacherschule hervorgegangen war. Anstelle der Idee, eine zum Abitur führende Abendschule zu besuchen, bewarb ich mich spontan um einen Studienplatz in Furtwangen, wo ich nach einer strengen Ausleseprüfung im Frühjahr 1960 mein Studium aufnehmen konnte und dieses im Frühjahr 1963 mit Erfolg abschloss.

Eine neuerliche zufällige Weichenstellung erfolgte, als mich nach zwei Jahren industrieller Tätigkeit als Ingenieur ein ehemaliger Studienkollege dazu motivierte, mit ihm zusammen ein einjähriges Zusatzstudium an der Berufspädagogischen Hochschule in Stuttgart zu absolvieren. Da man schon während des Studiums ein gut besoldeter Beamtenanwärter des Landes Baden-Württemberg und ich nach wie vor allem Neuen gegenüber offen war, bewarb ich mich dort und wurde nach einer Ausleseprüfung zum Studium zugelassen. Nun schloss sich endgültig der Kreis zurück zu meinem Erstberuf als Uhrmacher. Nach bestandenem Examen wurde ich als Gewerbeoberlehrer der Gewerbeschule 1 in Mannheim zugewiesen und war dort hauptsächlich für die Uhrmacherklassen der Berufsfachschule zuständig. Nach deren Schließung verbrachte ich als Entwicklungshelfer einige Jahre in Honduras. Da man nach meiner Rückkehr aus Mittelamerika gerade in der Gold- und Uhrenstadt Pforzheim einen sachkundigen Theorielehrer für die Uhrmacher- und Goldschmiedeausbildung suchte, wurde ich kurzerhand gegen meinen Willen – ich wäre gerne nach Mannheim zurückgekehrt – an die Goldschmiedeschule nach Pforzheim versetzt, an der ich auch wieder hauptsächlich für die Uhrmacherei zuständig war. 2002 wurde ich mit 65 Jahren als Studiendirektor pensioniert und fühle mich heute hier am Rande des Nordschwarzwaldes zusammen mit meiner Frau rundum wohl. Oft denke ich, dass ohne meine nicht sehr geliebte Bundeswehrzeit mein Lebensweg mit Sicherheit in anderen Bahnen verlaufen wäre.

Klaus Kirchert

Mannheim 1947 bis 1960 – Fakten und Eindrücke

Im Sommer 1947 kam ich nach vierjähriger Evakuierung nach Mannheim zurück. Als Kind vom Lande fand ich die Stadt faszinierend: Lichter, hohe Häuser mit Balkonen, Straßenbahnen und viele Menschen, wohin man kam. Dass von vielen Häusern nur noch Ruinen standen und die Fenster der Straßenbahnen teilweise durch Pappe ersetzt waren, fand ich eher interessant. Wir wohnten in der Rheingoldstraße 6 bei meinen Großeltern, die dadurch ihre große Wohnung halten konnten, was bei der damals praktizierten Wohnraumzwangsbewirtschaftung sonst nicht möglich gewesen wäre. Von unserem Erkerfenster aus hatte ich einen wunderbaren Ausblick auf den Marktplatz, die dahinter liegende Friedrichstraße und die Straßenbahn, die damals noch durch die Rheingoldstraße fuhr.

Als Sechsjähriger war ich schulpflichtig geworden, und dies war auch der Anlass für meine Rückkehr nach Mannheim. Im Herbst war es soweit; in der Wilhelm-Wundt-Schule in Neckarau begann für mich der Ernst des Lebens. Das bedeutete, dass ich für einige Zeit still dasitzen musste, aber dafür interessante Dinge erfuhr und meinen Horizont erweitern konnte. In der Pause konnte man beim Bäcker an der Ecke ein Tütchen Brausepulver für ein oder zwei Pfennige erstehen. Dieses aus der Hand aufzuschlecken war für mich ein Hochgenuss. Nach der Schule war Fußball angesagt. Schnell waren zwei Ranzen zu einem Tor zusammengestellt, und wir konnten uns gleich nach dem Unterricht ein bisschen austoben. Wenn es nicht zu spät wurde, nahm ich einen kleinen Umweg, da meine Mitspieler einen etwas anderen Nachhauseweg hatten. Dabei kamen wir an einer völlig zerstörten Häuserzeile vorbei. Von einem Haus war das Treppenhaus stehen geblieben, was eine ungeheure Anziehungskraft auf uns ausübte. Es machte einen Riesenspaß, dort hinaufzuklettern. Irgendwie war ich mir der Gefahr dabei aber bewusst, weshalb ich zu Hause vorsichtshalber nichts davon erzählte.

Fußball hatte damals für mich einen hohen Stellenwert. Nach seiner Rückkehr aus der Kriegsgefangenschaft nahm mich mein Vater hin und wieder zu Heimspielen des VfL Neckarau mit, die noch auf einem Ascheplatz an der Altriper Fähre ausgetragen wurden. Um zu erfahren, wie die anderen gespielt hatten, und was sonst noch so in der Welt des Sports passiert war, schickte er mich los, um die Sportzeitung zu holen, die sonntags ab 18 Uhr verkauft wurde. Fußballspiele wurden damals sonntags ausgetragen. Zu dieser Zeit begann ich auch mit dem Sammeln von Fußballerbildern, die einem Kaugummi namens Kiddy beigelegt waren. In den Schulpausen wurde eifrig getauscht. Das höchste Glück war, einen Neckarauer Spieler zu ergattern.

Anlässlich der Währungsreform wurde ich mein Sparbuch los, auf das ich mein wöchentliches Taschengeld von einer Mark eingezahlt hatte. Das nahm ich nur am Rande wahr, da ich davon sowieso nicht viel hatte. Die Bedürfnisse eines Schülers waren damals nicht sehr groß. Besser in Erinnerung blieben mir die 5- und 10-Pfennig-Scheinchen, die für kurze Zeit im Umlauf waren. Mein Großvater schenkte mir jeweils fünf davon, die ich lange hütete wie einen Schatz. Heute glaubt mir keiner mehr, dass es so etwas gab.

Als wir größer wurden, streiften wir auf den unbebauten Flächen in der Nachbarschaft herum. Die gab es noch reichlich im Aufeld, im Morchfeld und im Casterfeld. Sonntags besuchte ich den Kindergottesdienst in der Matthäuskirche, der von dem legendären Pfarrer Kühn abgehalten wurde, dem Gründer des Bach-Gymnasiums. Um 14 Uhr gab es im Palast-Kino in der Friedrichstraße eine Jugendvorstellung für 50 Pfennige, die ich häufig besuchen durfte. Neckarau hatte zwei Kinos, beide in der Friedrichstraße.

In der dritten und vierten Klasse hatten wir Herrn Gorenfloh als Klassenlehrer, den ich als wunderbaren Pädagogen mit natürlicher Autorität in Erinnerung habe. Für Religionsunterricht war Fräulein Arnold zuständig, an die ich mich ebenfalls gern erinnere.

Unsere Klasse mit Lehrer Gorenfloh

Ende der vierziger Jahre bekam ich als Weihnachtsgeschenk eine elektrische Märklin-Eisenbahn, die dank vieler Geburtstags- und Weihnachtsfeste immer weiter ausgebaut wurde. Gerne ging ich mit meiner Großmutter in die Stadt, um bei Komes in der Ruine des Alten Kaufhauses die neuesten Modelle zu bestaunen. Mit meinem Großvater bewunderte ich von der alten Lindenhofüberführung aus eine Drehscheibe vor einem Lokschuppen. Ich konnte mich nicht losreißen, und er musste mit mir geduldig warten, bis tatsächlich eine Lok angedampft kam und aufs richtige Gleis gedreht wurde. Manchmal ging es weiter über die damalige Behelfsbrücke nach Ludwigshafen, wo ich im nicht zerstörten *Kleinen Bürgerbräu* ein belegtes Brot bestellen durfte, das es in der Form nur dort gab. Der Wurstbelag ging nämlich weit über das Brot hinaus, was ich damals nicht kannte und was mich sehr beeindruckte. Ein weiteres Faible von mir war das Lesen. Es begann mit Karl May und setzte sich fort mit Abenteuerromanen. Glücklicherweise gab es um die Ecke in der Friedrichstraße eine Filiale der Stadtbibliothek, die eine reichhaltige Auswahl bereithielt.

1951 begann ich den zweiten Teil meiner schulischen Laufbahn am Lessing-Gymnasium, nachdem ich zuvor die Aufnahmeprüfung erfolgreich bestanden hatte. Ich war der Einzige aus meiner Klasse, der diesen Weg einschlug. Mein damaliger bester Freund, der Klassenbeste, durfte nicht aufs Gymnasium, was ich sehr bedauerte. Wie ich sehr viel später der Zeitung entnommen habe, hat er dennoch Karriere gemacht und eine leitende Stelle in der Stadtverwaltung eingenommen, was mich mit großer Genugtuung erfüllt.

Da das angestammte Gebäude der Lessingschule von der Wirtschaftshochschule, der Vorläuferin der Universität Mannheim, belegt war, fand der Unterricht im Tulla-Gymnasium im Schichtbetrieb statt: eine Woche vormittags, eine Woche nachmittags. Den Schulweg bewältigte ich mit der Straßenbahn, bei der es noch offene Plattformen gab, von denen man vor dem endgültigen Halten so schön abspringen konnte. Das war für mich besonders an der Haltestelle Friedrichstraße von Nutzen, weil ich dabei direkt vor einem Zeitungskiosk landete. Einmal in der Woche gab es dort das neue Billy-Jenkins-Heftchen, das ich mit Inbrunst verschlang. Einmal beobachtete mich beim Abspringen von der Bahn ein Polizist, was zu einer Vorladung im Revier führte. Ich hatte dabei ein mulmiges Gefühl und bat meinen Großvater, die Rolle des Erziehungsberechtigten zu übernehmen. Ich war heilfroh, als die Angelegenheit mit einer Ermahnung überstanden war.

Mein Schwerpunkt verlagerte sich bis auf den Klavierunterricht bei Fräulein Schirm allmählich in Richtung Innenstadt, wo meine neuen Schulfreunde zu Hause waren. Mit dem Umzug meiner Familie auf den Lindenhof zwei Jahre später war meine Neckarauer Zeit endgültig zu Ende. Straßenfußball war immer noch ein Thema. Geeignete Örtlichkeiten gab es auch dort zuhauf. Und da war ja auch noch die Weltmeisterschaft 1954, die die Fußball-Begeisterung in ungeahnte Höhen katapultierte. Die Spiele konnte man jetzt im Fernsehen verfolgen, was in vielen Gaststätten angeboten wurde und zu einem aufwühlenden Gemeinschaftserlebnis führte. Auf dem viel stärker zerstörten Lindenhof nahm ich nun bewusster die immensen Schäden wahr, die der Krieg hinterlassen hatte. Von unserem Balkon in der Haardtstraße aus konnte ich direkt auf den Rhein blicken, der dazwischen liegende Waldparkdamm war komplett ohne Häuser. In dem gesamten Karree, in dem sich unser Haus befand, waren nur wenige Häuser bewohnbar. Die Trümmerfelder boten auch hier ideale Spielmöglichkeiten. Ich fand neue Freunde, mit denen ich viel Zeit verbrachte.

Mit zunehmendem Alter änderten sich unsere Interessen. Die Sommer verbrachten wir hauptsächlich am Stollenwörthweiher, die Winter im Eisstadion, wo man mit den Mädchen beim Schlittschuhlaufen anbändeln konnte. Der nahe gelegene Waldpark bot ein vielfältiges Betätigungsfeld, beispielsweise konnte man mit den Mädchen aus der Nachbarschaft radeln und sich näherkommen. Die Tanzstunde, die ich mit meinem damaligen Busenfreund und einigen Mitschülern in der Tanzschule Lamadé absolvierte, und die anschließende „Perfektion" führten dann zu festeren Beziehungen. Aus uns wurden junge Männer mit all den Gefühlsregungen, die eben dazugehören.

Badevergnügen im Stollenwörthweiher

Die Welt und die Stadt veränderten ihr Gesicht. Adenauer, der ewige Kanzler, band Deutschland in die westliche Gemeinschaft ein, die Wirtschaft wuchs, die letzten russischen Kriegsgefangenen kehrten heim, und Deutschland bekam wieder eine Armee. Ich erinnere mich genau, wie ich die endgültige Entscheidung durch ein Extrablatt erfuhr, das am Kurpfalzkreisel verkauft wurde. Man konnte sich jetzt Autos, Fernseher und Urlaubsreisen leisten, auch mein Taschengeld wurde dank der Unterstützung meiner Großeltern üppiger. In Mannheim mussten die Wachhäuschen am Schloss einer großzügigeren Verkehrsführung Platz machen, die Baulücken füllten sich, überall entstanden moderne Gebäude, und wir bekamen ein neues Theater. Zur Einweihung des Schauspielhauses im Januar 1957 standen „Die Räuber" von Schiller auf dem Spielplan. Als Schüler konnte ich eine vergünstigte Nachmittagsvorstellung besuchen. Es war ein beeindruckendes Ereignis. Peter Ronecker spielte den Franz Moor. Vorne auf der Bühne agierten die Schauspieler auf einem von unten beleuchteten Gitterrost, und man konnte Roneckers sehr feuchte Aussprache sehen, sicher keine Freude für seine Kollegen.

Ich besuchte danach regelmäßig Schülervorstellungen, später auch Abendvorstellungen, wenn meine Eltern ihr Abonnement nicht wahrnehmen konnten. Vor dem Abitur, das in ein Schiller-Gedenkjahr fiel, durfte ich mit einem Schulfreund die Wallenstein-Trilogie besuchen, die möglicherweise ein Abitur-Thema werden würde. In der Pause zwischen dem ersten und zweiten Teil nahmen wir auf Einladung seiner Mutter ein Abendessen im *Holzkist'l* ein, was diesen Theaterbesuch zu einem besonderen Erlebnis machte. Wallenstein wurde tatsächlich ein Abiturthema, auf das ich dann glänzend vorbereitet war. Auch Malerei und Bildhauerei wurden mir durch von der Schule organisierte Besuche in der Kunsthalle nahegebracht. Insbesondere die Impressionisten und Rodin beeindruckten mich nachhaltig.

Ich ging gerne zur Schule. Kunst, Sport und die Naturwissenschaften übten eine große Anziehungskraft auf mich aus. Ein besonderes Ereignis waren die jährlichen Landheimaufenthalte in Schönau mit Wanderungen und Geländespielen. Das Erleben der Natur war und blieb für mich immer wieder eine reine Freude. Als Quartaner machten wir sogar eine Nachtwanderung nach Heidelberg, um die neue Attraktion „Schlossbeleuchtung" zu bewundern. Später kamen Kneipenbesuche und heimliches Rauchen dazu. Das führte dazu, dass eine besorgte Mutter bei einer Elternversammlung den in der Klasse unvergessenen Ausspruch tätigte: „In dieser Klasse gibt es Elemente, die schon trinken und rauchen." Insgesamt förderten die Landheimaufenthalte den Zusammenhalt innerhalb der Klasse, der sich bis auf den heutigen Tag erhalten hat. Auch die jährlichen Schulsportfeste bleiben mir unvergesslich als Staffelläufer und einmal als Mitspieler im Fußballspiel Lehrer gegen Schüler mit so prominenten Gegnern wie Fips Rohr. Ein weiterer Höhepunkt war eine Reise mit „Pro Juventute" ins bretonische Dinard via Paris, an der Primanerinnen und Primaner aus Mannheim unter der Aufsicht unseres Französischlehrers teilnahmen.

Im März 1960 hatte ich das Abitur in der Tasche. Mit dem Studium der Chemie begann zum zweiten Mal der Ernst des Lebens. Ganz so ernst gestaltete er sich auch diesmal nicht, doch das ist eine andere Geschichte an einem anderen Ort.

Greta Knecht, geborene Frauscher

Schule unter erschwerten Bedingungen, Lehre und Berufsleben

Nach ständigem Ortswechsel während des Krieges befand ich mich mit meiner Mutter und meinem Bruder am Kriegsende bei Verwandten im Böhmerwald. Alle Reichsdeutschen wurden kurz nach dem Kriegsende aus der Tschechoslowakei ausgewiesen. Wir wurden mit amerikanischen Militärfahrzeugen erst nach Winterberg und dann nach Bamberg transportiert. Von dort haben wir mit einiger Mühe in einem Güterzug den Mannheimer Rangierbahnhof erreicht. Erinnern kann ich mich, dass wir unterwegs wiederholt Nahrungsmittel und Getränke von amerikanischen Soldaten erhielten.

Wir fanden Aufnahme bei Verwandten, die im Hummelhorst auf der Rheinau wohnten. Es ging eng zu in dem kleinen zweistöckigen Haus, in dem es nur zweieinhalb Zimmer und eine Küche gab. Später kam noch mein Großvater dazu, der einige Zeit nach uns ausgewiesen wurde. Er fand Platz im Keller. Abends wurden im Wohnzimmer Matratzen ausgelegt, die neben dem vorhandenen Sofa unsere Schlafstatt waren. Ich weiß nicht, wie gut die Erwachsenen unter diesen Bedingungen geschlafen haben, mir und auch meinem Bruder machte das nichts aus, wir schliefen recht gut. Es gab zwar eine Toilette im Haus, jedoch kein Badezimmer. Wie morgens alle damit zurechtkamen, ist mir heute noch ein Rätsel. Als eines Tages von den Amerikanern eine Razzia in unserem Häuschen durchgeführt wurde – warum, weiß ich nicht –, war sie schnell beendet. Die Soldaten waren sicher erstaunt darüber, unter welchen Bedingungen wir lebten. Sie hatten immerhin mitleidige Blicke für uns übrig.

Ich sollte in Rheinau auf die Schule gehen, was mir ganz und gar nicht behagte, denn ich wollte unbedingt nach Neckarau in die Wilhelm-Wundt-Schule, wo ich 1939 eingeschult worden war. Seitdem hatte ich, bedingt durch die Evakuierung, eine Vielzahl von Schulen besucht. Es begann 1941 mit der Volksschule in Außergefild im damaligen Böhmen und Mähren. Weder hier noch in den Schulen, die ich danach durch die ständigen Umzüge besuchte, hatte ich Integrationsprobleme. Anpassung habe ich schon früh gelernt, denn als Fremde fiel ich natürlich überall durch meine Sprache auf. 1942 folgte die Volksschule in Rohr bei Straßburg, kurzzeitig dann die Wilhelm-Wundt-Schule in Neckarau, wohin wir zurückgekehrt waren, und nachdem unsere Wohnung in der Belfortstraße im August 1943 zerstört worden war, die Volksschule in Schönau bei Heidelberg, wo wir eine Unterkunft gefunden hatten. Dort erhielt ich auch meinen ersten Kommunionsunterricht.

Anfang 1944 befanden wir uns schließlich erneut im Elsass, nämlich in Krüth, das nördlich von Thann mitten in den Vogesen liegt. Dort wurde mein

Bruder eingeschult. Als nach der Invasion die Front immer näher rückte, waren wir erneut zu einem Umzug gezwungen. Erst ging es zu Verwandten nach Mattighofen bei Salzburg, danach nach Maria Schmolln. Die Aufenthalte dort dauerten insgesamt etwa sechs Wochen. Sie waren nicht mit einem Schulbesuch verbunden. Es folgte der erneute Umzug zu unseren Verwandten im Böhmerwald. Dort war die Schule für mich nicht neu, und hier wurde der Kommunionsunterricht fortgesetzt. Nach all diesen Schulwechseln hatten meine Eltern volles Verständnis, dass ich nun nicht wieder eine mir unbekannte Schule besuchen wollte, und sie schafften es, dass ich an „meine alte Wilhelm-Wundt-Schule" zurückkehren und schließlich 1946 in Rheinau zur ersten Kommunion gehen konnte.

An die nun folgende Schulzeit habe ich nur positive Erinnerungen. Wir waren 42 Kinder in einer gemischten Klasse. Wilfried Keller, der damals 23 Jahre alt war, habe ich in guter Erinnerung. Er war ein sehr guter, engagierter Lehrer. Die Auffassung, dass die Schüler früher nicht so wild und ungezogen wie heute waren, teile ich nicht, denn ich erinnere mich an einige Rabauken in meiner Klasse.

Im Frühjahr 1948 war meine Schulzeit zu Ende. Es bestand allerdings die Möglichkeit, die Schule noch drei Monate länger zu besuchen, was ich wahrnahm. Inzwischen waren wir nach Neckarau in die Katharinenstraße 76 umgezogen. Weil mein Vater beim Wiederaufbau des Hauses von Schuhmachermeister Essig mitgeholfen hatte, konnten wir dort endlich in eine größere Wohnung einziehen. Zuvor hatten wir vorübergehend noch eine Behelfswohnung in der Maxstraße bezogen. Nun ging es für mich um einen Lehrberuf. Ich wollte technische Zeichnerin werden, aber da gab es kaum Lehrstellen, für Mädchen schon gar nicht. Inzwischen hatte ich privat Stenografie und Maschinenschreiben gelernt, sodass es in Anbetracht dieser Vorbildung sinnvoll war, mich um eine kaufmännische Lehre zu bemühen. Also schickte ich an die vier unserer Wohnung am nächsten liegenden Firmen Bewerbungsschreiben. Es waren die Firmen Südkabel, Isolation, Sunlight und Stahlwerk, alle in der Rhenaniastraße gelegen. Es dauerte nicht lange, und ich wurde zur Vorstellung bei der „Stahlwerk Mannheim AG" eingeladen, und am 1. September 1948, an meinem 15. Geburtstag, begann ich dort meine Lehre als Bürogehilfin.

Meine Berufswahl habe ich nie bereut. Die Lehrzeit dauerte zwei Jahre, und ich lernte während dieser Zeit die wichtigsten Tätigkeiten in den kaufmännischen Abteilungen kennen. Als Urlaubsvertretung war man als Lehrling mitunter in einigen Abteilungen etwas länger als geplant eingesetzt. Aber das hatte auch seine Vorteile, denn es war gut für das Selbstbewusstsein. Zweimal in der Woche gab es Schulunterricht, der die praktische Arbeit ergänzte. Die Prüfung vor der Industrie- und Handelskammer war kein Problem, und danach wurde ich in der Einkaufsabteilung der Firma eingesetzt.

Mit dem Fahrrad, bei schlechtem Wetter mit der Straßenbahn, fuhr ich zur Arbeit. Die Straßenbahngleise lagen damals noch in der Rhenaniastraße, wo die Linie 16 bis zum Bahnhof Rheinau fuhr. Eine Haltestelle der Straßenbahn lag direkt vor dem Eingang zum Stahlwerk bei dem dort befindlichen Bahnübergang zum Casterfeld. Da ich auf Dauer nicht immer in der gleichen Abteilung arbeiten wollte, äußerte ich eines Tages gegenüber Herrn Dr. Esser, dem kaufmännischen Direktor und Teilhaber der Firma, den Wunsch nach Versetzung in eine andere Abteilung. Er sagte daraufhin, dass er darüber nachdenken werde. Einige Tage später teilte er mir die Versetzung in sein Sekretariat mit, die ich natürlich gerne annahm. Meine anfänglichen Bedenken, dass es vielleicht Schwierigkeiten mit seiner zwanzig Jahre älteren Sekretärin geben könnte, waren schnell zerstreut, denn Frau Margarete Runge war von Beginn an bemüht, mich mit allen Sekretariats-Arbeiten vertraut zu machen. Sie war äußerst loyal, und ich schätzte sie sehr.

Im Anschluss an eine Betriebsfeier überredeten mich einige Kolleginnen, mit ihnen zu der Nikolausfeier des Rheinauer Ruderclubs zu gehen. Dort lernte ich Siegfried Knecht kennen. Ich denke, es war Liebe auf den ersten Blick, denn schon kurze Zeit später haben wir geheiratet. Das war 1954, und der Wohnraum in Mannheim war immer noch knapp. Ohne Baukostenzuschuss war keine Wohnung zu bekommen. Wir überlegten nicht lange und nahmen das Angebot meiner alleinstehenden Schwiegermutter an, in ihre Wohnung zu ziehen. Das Zusammenleben war nicht immer einfach, aber als unsere Tochter zur Welt kam, war ich froh, jemanden zu haben, der sie tagsüber betreute, denn dadurch hatte ich die Möglichkeit, weiterhin als Sekretärin im Stahlwerk zu arbeiten.

Mein Mann arbeitete nebenan in der Sunlicht AG, sodass wir täglich den gleichen Weg von der Neuhofer Straße durch das Casterfeld zur Rhenaniastraße hatten. Er führte über den beschrankten Bahnübergang vor den beiden Firmeneingängen, wo der in dem dortigen Häuschen wohnende Bahnwärter die Schranken noch von Hand bediente.

Die Angestellten der Sunlicht trugen damals alle weiße Kittel, was in unserer Firma nicht üblich war. Wir fanden das ungewöhnlich, allerdings hat es die Kleidung geschont. In der Mittagspause traf ich mich mitunter mit meinem Mann zu einem Spaziergang jenseits der Bahnlinie, wo bei gutem Wetter einige Angestellte der Sunlicht und des Stahlwerks um die Häuser im Casterfeld flanierten. Schade, dass der ursprüngliche Firmennamen Sunlicht durch Lever-Fabergé abgelöst wurde, denn „Sun" und „Lischt" passen weitaus besser zu „Mannem" als der heutige Firmenname. Aber immerhin besteht diese Firma noch, wogegen das Stahlwerk, in welchem noch in den sechziger Jahren bis zu etwa 600 Leute tätig waren, geschlossen wurde.

1966 bin ich aus der Firma ausgeschieden, war aber danach immer wieder aushilfsweise beschäftigt, bis das Werk 1974 stillgelegt wurde. Die gesamte

Abwicklung der Firma übernahm mein früherer Chef, der damalige kaufmännische Geschäftsführer Herr Schreiner. Diese Tätigkeit dauerte ein ganzes Jahr. Während dieser Zeit hatten wir noch ein Büro im Verwaltungsgebäude, und ich erinnere mich, dass ich auch noch das Bedienen einer Buchungsmaschine erlernt habe.

Das Gelände des Stahlwerks hat die Sunlicht AG übernommen; die meisten Gebäude und Fabrikhallen wurden danach abgerissen. Der letzte Akt der Geschichte des Stahlwerks war die Sprengung des großen Schornsteins vom Elektro-Ofen der Gießerei. Mein Chef und ich standen am Fenster unseres Büros und sahen zu, wie der Schornstein planmäßig in sich zusammensank. Es war für uns ein sehr ergreifender Moment, wir waren beide sehr gerührt.

Durch meinen Mann, der ein begeisterter Tennisspieler war, kam ich später häufig auf das Werksgelände der Sunlicht, denn man hatte dort 1948 einen Tennisplatz eingerichtet und später noch ein Clubhaus gebaut, in welchem wir viele Feste feierten. Im Rückblick bleiben viele Erinnerungen an meine Berufszeit, an Kolleginnen und Kollegen, mit denen nicht nur gemeinsam gearbeitet, sondern auch gefeiert wurde. Meinen Chef, Herrn Dr. Esser, und meine Sekretariatskollegin Margarete Runge behalte ich in besonders guter Erinnerung. Sie waren in meinen jungen Jahren prägend für mich.

Alfred Kotter

Der Weg von der BASF zum Studium nach München

1943 war ich fünfzehnjährig als Flakhelfer eingezogen worden und erlebte die meisten Luftangriffe auf Mannheim und Ludwigshafen an einem der schweren Flakgeschütze in der „Großkampfbatterie Saumhof" bei Oggersheim.

Die gesamte Einheit vor einer der Unterkunftsbaracken
(Autor obere Reihe, 6.v.r.)

Im Februar 1945 kam ich zum Arbeitsdienst nach Sinsheim. Noch im April 1945 wurde ich zur Ausbildung nach Bad Mergentheim geschickt. Mit einem Marschbefehl zu einer Einheit des Arbeitsdienstes erreichte ich Füssen, kam dort in Gefangenschaft und landete schließlich in dem großen Gefangenenlager der Amerikaner bei Heilbronn. Dort wurde ich wie alle Gefangenen unter 18 und über 50 Jahren im September 1945 entlassen.

Wir hatten 1943 unsere Wohnung mit allem Hab und Gut bei einem Bombenangriff verloren und wohnten danach bei meiner Tante, deren Mann beim Militär war und später verwundet zurückkam. Sie bewohnte im Adamshof bei Rheingönheim ein kleines Haus. Ein einziges Zimmer stand meiner Schwester und mir zur Verfügung. Mein Vater war schwer verwundet aus dem Krieg zurückgekehrt. Er war in Monte Cassino durch Granatsplitter verletzt worden, hatte eine Beinversteifung und war arbeitsunfähig. Eine Zeit lang bemühte er sich, trotz seines Handicaps mit dem Fahrrad seine Arbeitsstelle in der BASF aufzusuchen, wozu er jedoch schon bald nicht mehr in der Lage war. Als ich zu Hause ankam, stand ich vor der Entscheidung, weiter die Schule zu besuchen oder eine Lehre zu beginnen. Ich entschloss mich für die Lehre als Chemiewerker in der BASF.

Die Ernährungslage war katastrophal. Allerdings hatten wir, die wir auf dem Land wohnten, viele Möglichkeiten, an Lebensmittel heranzukommen. Nachts konnte man auf den umliegenden Feldern einiges mit der Taschenlampe ernten. Über einige Wochen hinweg versorgte ich die Abteilung, zu der ich als Lehrling zählte, mit Kartoffeln, die ich auf dem Weg zur Arbeit früh am Morgen ausgrub. Es waren meist zwei große Taschen voll, die in der Gemeinschaft als Pellkartoffeln mit Salz verzehrt wurden. Vom Lehrling bis zum Doktor der Chemie saßen dazu alle an einem langen Tisch zusammen. Ich erwarb mir dadurch natürlich ein gewisses Ansehen, und wie viele andere war ich bemüht, mir die in der BASF verfügbaren Materialien zunutze zu machen. Am Werkstor fanden stichprobenweise Taschenkontrollen statt, bei denen jedoch von den Pförtnern ein Auge zugedrückt wurde, wenn sie auf Gegenstände von geringem Wert stießen. Nur größere Diebstähle wurden gemeldet. Als einem Pförtner eines Tages ein Mann auffiel, der sehr mühsam sein Fahrrad schob, hielt er ihn an und stellte fest, dass das Gefährt ein ungeheures Gewicht hatte. Kein Wunder, denn der ganze Rahmen des Fahrrads war mit Quecksilber gefüllt. Derartige Diebstähle führten natürlich zur Entlassung. Ich begnügte mich damit, mir Bahnen aus Folie um den Bauch zu wickeln, aus denen meine Mutter Taschen und Kaffeewärmer herstellte, die sie gegen Lebensmittel eintauschen konnte. Kerzen habe ich damals auch mit Materialien der Firma produziert. Schlosser stellten Tabakschneidemaschinen während der Arbeitszeit her, die bei den Rauchern sehr gefragt waren und im Tauschhandel einen großen Wert hatten. Und auf einer kleinen Papiermaschine produzierten wir Zigarettenpapier, das ebenso gefragt war. Ausgangsmaterial unserer Produktion war im Werk vorhandene Zellulose. Mitarbeiterinnen nähten aus Stoffresten kleine Beutelchen, in die „organisierter" Tabak gefüllt und mit unserem Zigarettenpapier auf dem Schwarzmarkt als begehrtes Tauschobjekt seine Käufer fand. Niemand hatte damals bei den vielen kleinen Diebstählen ein schlechtes Gewissen, denn es ging schließlich ums Überleben.

Mein Vater hat, nachdem er nicht mehr voll erwerbsfähig war, einen Färbereibetrieb in der Garage seines Elternhauses in Altrip eröffnet. Es standen ihm zwei große beheizbare Kessel zur Verfügung, die aus einer Feldküche des Arbeitsdienstes stammten. Das Geschäft ging sehr gut, denn es gab Jacken, Hosen, Mäntel und Decken aus Beständen der Wehrmacht und der US-Armee, die durch Färben in zivile Kleidungsstücke umzuwandeln waren. Da sein Betrieb angemeldet war, erhielt meine Mutter einen Passierschein für die amerikanische Zone, um bei der Firma Höchst in Frankfurt die benötigten Textilfarben zu besorgen. Die Möglichkeit, problemlos in die amerikanische Zone zu gelangen, wurde von meiner Mutter genutzt, um dort die von ihr gefertigten Taschen anzubieten. Der Radius ihrer Tauschgeschäfte reichte bis ins Allgäu. Im „Fuggern" war sie ein ausgesprochenes Talent. Das Färben wurde von meinen Eltern natürlich auch genutzt, um in den Besitz knapper Waren zu gelangen.

Die Kollegen und Vorgesetzten der „Anwendungstechnischen Abteilung Papier" (Autor obere Reihe, 1.v.r.)

Für mich war der Färbereibetrieb meines Vaters damit verbunden, dass ich an den Wochenenden zusammen mit meinem Onkel, der im Stahlwerk in Mannheim arbeitete und ein großer, muskelbepackter Mann war, Baumstümpfe im Wald ausgrub, um sie aufzuspalten. Es ging um die Beschaffung von Holz für die Beheizung der beiden Färbkessel. Bäume durften nicht gefällt werden, aber für das Ausgraben der Baumstümpfe erhielt man vom Förster eine Genehmigung. Wer jemals mit dieser Arbeit beschäftigt war, der weiß, wieviel Schweiß mit dem Ausgraben und Spalten der Wurzeln verbunden ist. „Wir gehen zusammen Ärsche ausgraben." Mit diesen Worten wurde ich von meinem Onkel an vielen Samstagen zur Mithilfe aufgefordert.

Es war am 27. Juli 1948, als ich meinen Lehrmeister um Urlaub für den nächsten Tag bat. Zusammen mit meiner Freundin, meiner späteren Frau, wollte ich bei dem schönen Wetter baden gehen. Der Meister lehnte ab – weshalb, weiß ich nicht mehr –, aber ich war nicht bereit, auf das geplante Badevergnügen zu verzichten, und am nächsten Tag fuhren wir mit den Fahrrädern zum Kiefweiher. Es war herrliches Wetter, ein Tag so richtig zum Baden und Faulenzen. Gegen 16 Uhr gab es einen fürchterlichen Knall und eine Erschütterung, die wir deutlich spürten. Auf dem Weg nach Hause hörten wir, dass es in der BASF eine Explosion gegeben hatte und dass alle BASF-Arbeiter aufgefordert wurden, zur Hilfeleistung ins Werk zu kommen. Als ich mit dem Fahrrad dort ankam, bot sich mir ein Bild des Schreckens. Der Ort der Explosion lag zwar ein gutes

Stück von meiner Lehrwerkstatt entfernt, aber fast alle meine Kollegen hatten Verletzungen erlitten, überwiegend Schnittverletzungen durch die bei der gewaltigen Explosion zersprungenen Scheiben. Mit großer Wahrscheinlichkeit wäre auch ich unter den Verletzten gewesen. Glück gehabt! Ich hatte meinen Eintagesurlaub richtig geplant und war ohne Schaden davongekommen. Mehr als 200 Menschen sind damals zu Tode gekommen, und man sprach von etwa 4.000 zum Teil sehr schwer Verletzten. Fast ein Jahr lang mussten alle Werksangehörigen einen Tag in der Woche bei den Aufräumungsarbeiten helfen.

Der abgeschlossenen Lehre als Chemiewerker folgte 1948 die Laborantenausbildung, die nach drei Jahren zur Meisterprüfung als Chemotechniker führen sollte. Während der Ausbildungszeit hatte ich viele Gespräche mit Vorgesetzten und Leuten, die kurzzeitig in der BASF als Praktikanten tätig waren. Immer wieder erhielt ich den Rat, dass die Weiterbildung auf einer Schule bessere Voraussetzungen für ein Weiterkommen als die Meisterprüfung biete. Als dann eines Tages einer der Praktikanten, mit dem ich mich anfreundete und dessen Vater eine Papierfabrik besaß, mich ermunterte, zusammen mit ihm in München das Oskar-von-Miller-Polytechnikum zu besuchen, um Papiermacher zu studieren, war ich nach kurzem Bedenken dazu bereit und brach 1950 meine Ausbildung in der BASF ab. Ich erfüllte damals mit meiner Mittleren Reife, der abgeschlossenen Lehre und den zwei Jahren Arbeit im Rahmen der Laborantenausbildung die Voraussetzungen zum Studium. Allerdings gab es ein Problem: Wie sollte ich das Studium finanzieren?

Das Geld zu Hause war knapp, sodass meine Eltern sich außerstande sahen, mir ein Studium in München zu finanzieren, denn damit war natürlich auch die Miete einer Wohnung verbunden. Inzwischen hatte ich mich verlobt, und meine zukünftige Frau, die nach ihrer Lehre zusammen mit ihrer Zwillingsschwester einen Schneidereibetrieb eröffnet hatte, erklärte sich sofort bereit, mein Vorhaben zu unterstützen. So fuhr ich am 1. Oktober 1950 nach München, wo in Sendling ein Zimmer für einen Studenten angeboten war. Auf der Suche nach der Wohnung von Frau Schwaiger, meiner zukünftigen Vermieterin in der Johann-Glanze-Straße, fragte ich in einem Wirtshaus nach dem Weg. Dort war eine Jagdgesellschaft am Feiern, und als ich beim Wirt stand, fragte einer der Jäger, worum es gehe, und ob ich junger Mann denn nicht vor der Wohnungssuche etwas Anständiges zu essen haben wolle. Dass ich diese Einladung nicht ablehnte, versteht sich. Es gab Rehbraten mit Knödeln und dazu natürlich auch Münchner Bier. Dies war mein erstes Zusammentreffen mit echten Bayern, zweifellos ein sehr positives Erlebnis. Ich war überwältigt von ihrer Gastfreundlichkeit. Danach fand ich die gesuchte Wohnung und habe dort während der ganzen Studienzeit gewohnt. Dass mein Zweitname Josef lautet, wurde mir erst bewusst, als ich von Frau Schwaiger am Josefi-Tag, dem Namenstag des heiligen Josef, großartig bewirtet und beschenkt wurde.

Studium, Berufseinstieg und Freizeitgestaltung

Das Studium am Oskar-von-Miller-Polytechnikum war auf die Ausbildung von Papieringenieuren ausgerichtet. Ich war da an die richtige Adresse geraten, denn mit Materialien zur Papierherstellung hatte ich in der BASF bereits zu tun gehabt, und so fühlte ich mich bei Studienbeginn sehr wohl. Mit meinem Studienfreund, den ich in der BASF kennengelernt und der mich zum Studium überredet hatte, bestand ein enger Kontakt. Als ich nach einiger Zeit Schwierigkeiten in der Höheren Mathematik hatte und fast bereit war, das Studium abzubrechen, war er es, der mich davon abhielt. „Das ist ganz einfach", meinte er, „ich bringe dir die Höhere Mathematik bei und du, der du in Chemie nicht nur theoretische, sondern auch praktische Erfahrung hast, bemühst dich um meine Chemiekenntnisse." So kam es, dass ich 1953 das Studium erfolgreich abschloss und mich Papieringenieur nennen durfte. Es war bei der knappen Kasse und dem Bemühen durchzuhalten eine harte Zeit, die ich natürlich im Nachhinein nicht missen möchte. Eine Studienfahrt nach Italien am Ende meines Münchner Aufenthalts zusammen mit meinen Studienkollegen war eine schöne Belohnung für all die Mühen. Aus der damaligen Zeit bestehen noch einige Freundschaften.

1953 habe ich geheiratet und 1954 kam unser Sohn Thomas zur Welt. Wir wohnten noch ein Jahr lang im Adamshof bei Rheingönheim, wo uns ein Zimmer zur Verfügung stand. Es gab noch immer keinen Stromanschluss, Wasser musste von Hand gepumpt werden, aber Gas zum Kochen und zur Beleuchtung war vorhanden. Wie die Jahre zuvor bestand auch 1953 kein Arbeitskräftemangel, und meine Stellensuche blieb einige Zeit erfolglos. Kurz vor meiner Hochzeit stand eine Annonce in der Zeitung, aus der zu entnehmen war, dass die Zellstofffabrik Waldhof Schichtassistenten suchte. Es war am Tag meiner Hochzeit, als ich zusammen mit meinem Studienkollegen und Trauzeugen Willi Hummel mein Bewerbungsschreiben abschickte. Wir wurden kurz danach zu einem Vorstellungsgespräch eingeladen und waren überglücklich, als wir einige Tage später erfuhren, dass wir beide angenommen waren. Mit 460 D-Mark pro Monat haben wir am 1. Oktober 1953 die Arbeit bei der „Zellstoff" aufgenommen.

Die Arbeit im Schichtbetrieb war hart. Der ständige Wechsel von Schlafen und Wachsein ist nicht leicht zu verkraften. Aber es gab ja für mich, der ich eine Familie zu ernähren hatte, keine andere Wahl. Während mein Freund Willi nach Südafrika auswanderte, war ich mehr als zwei Jahre lang im Schichtbetrieb tätig. Jeden Tag fuhr ich mit dem Motorrad meines Vaters, einer 200-ccm-Zündapp, vom Adamshof nach Sandhofen, bis wir 1955 endlich eine Werkswohnung am Freiheitsplatz im Almenhof erhielten. Der Weg von dort mit dem Bus und der Straßenbahn war gegenüber dem zuvor erheblich kürzer und angenehmer.

Als die ersten Fernseher auf den Markt kamen, konnten sich Leute wie wir ein solches Luxusgerät nicht leisten. 1954 wurden die Spiele der Fußball-Weltmeisterschaft im Fernsehen übertragen. Es gab damals einige wenige Wirtschaften, die sich ein Gerät angeschafft hatten und damit Gäste anzogen. In Mundenheim war es das Gasthaus *Zur Linde,* in dessen Nebenzimmer in der Ecke etwa auf 1,80 Meter Höhe auf einer Konsole ein 43-cm-Schwarzweiß-Fernseher stand. Ich als Fußballfan wollte am 4. Juli das Endspiel mit der Beteiligung der Deutschen Mannschaft, die als Außenseiter galt, unbedingt sehen und machte mich zwei Stunden vor dem Beginn der Übertragung vom Adamshof aus auf den Weg. Mit der Straßenbahn fuhr ich von Rheingönheim nach Mundenheim, wo in dem besagten ausgeräumten Nebenzimmer der *Linde* bereits viele Fußballfans dicht zusammengedrängt auf den Spielbeginn warteten. Endlich war es soweit, und alle gingen begeistert mit, obgleich die etwas weiter von dem kleinen Gerät entfernt Stehenden nur in etwa den Verlauf des Spiels verfolgen konnten. Als das Siegtor fiel und das Spiel kurz danach zu Ende war, gab es einige, die in ihrer Begeisterung hochsprangen. Damit lösten sie allerdings eine kleine Katastrophe aus, denn sie stießen an das unter der Decke quer durch den Saal verlaufende Ofenrohr, welches auseinanderbrach. Mit Ruß bedeckt, traten viele den Heimweg an, so auch ich. Der Begeisterung hat das schmutzige Ende keinen Abbruch getan. Wir hatten 3 : 2 gegen Ungarn gewonnen, den hohen Favoriten, und für mich und viele andere war das wie ein Signal zum Aufbruch in eine neue, bessere Zeit.

Wie jeder, der von der Schule kommt, musste ich im Betrieb Erfahrungen sammeln, wobei mir natürlich die Lehre und die Tätigkeit bei der BASF zugutekamen. 1956 wurde ich Betriebsassistent und war damit vom Schichtdienst befreit. Ich lernte alle Arbeitsabläufe des Betriebes kennen, war 1962 Betriebsleiter und hatte Freude an meiner Arbeit, bei der ich es nicht nur mit Fachkräften der Papierproduktion und den Meistern des Werkes zu tun hatte, sondern auch mit vielen Betriebsangehörigen, welche einfache Arbeiten verrichteten. Im Sortiersaal arbeiteten mehr als 100 Frauen. Sich mit einer von ihnen etwas länger zu unterhalten als mit ihren Kolleginnen, war nicht angebracht. Gleichbehandlung war angesagt, wenn man alle bei guter Stimmung halten wollte, und das musste sein.

Von den „erfahrenen Hasen" in der Produktion war nicht jeder bereit, den Anweisungen eines jungen Ingenieurs zu folgen. Ich erinnere mich noch gut an eine Auseinandersetzung mit einem Maschinenführer, der ein anerkannter Fachmann war und großes Ansehen in der Chefetage hatte. Eines Tages weigerte er sich, die Beanstandung zu akzeptieren, welche die Papierqualität auf der von ihm überwachten Anlage betraf. Als er meinen Anweisungen keine Folge leistete, schickte ich ihn nach Hause. Es war ein richtiger Eklat, und nicht nur ich, sondern alle seine Kollegen waren gespannt, was nun geschehen würde. Als er am nächsten Tag eine Abmahnung wegen Arbeitsverweigerung erhielt, war klar, dass ich den Machtkampf gewonnen hatte.

*Eine der Papiermaschinen der Zellstofffabrik Waldhof
aus den fünfziger Jahren*

Als die Produktion auf das Wochenende ausgedehnt wurde, war das nicht nur mit der Einstellung von neuen Mitarbeitern verbunden, sondern auch mit der Organisation eines Bereitschaftsdienstes für die Betriebsleiter. An den Wochenenden musste immer einer der Betriebsleiter erreichbar sein, was zwangsläufig zu einer gewissen Einschränkung der Freizeit führte und vor allem im Sommer lästig war, denn man durfte sich nicht allzu weit vom Werk entfernt aufhalten. 1958 waren wir in die Johannesmühler Straße 38 umgezogen. Die dortigen Werkswohnungen lagen in unmittelbarer Nähe der Firma. Mit drei Kollegen, die alle Betriebsleiter waren, ergab sich von Beginn an eine großartige Hausgemeinschaft. Als einer von ihnen sich einen Fernseher zugelegt hatte, trafen wir uns häufig bei ihm zum gemeinsamen Fernsehgucken. Die Kinder verstanden sich gut und spielten miteinander. Jeder Anlass zum Feiern wurde genutzt, und später gab es auch gemeinsame Urlaubsreisen.

Urlaubsreisen über die engere Umgebung hinaus konnten wir uns in den fünfziger Jahren nicht leisten. Anpassung an das bescheidene Einkommen war angesagt, und so fuhren wir in den Sommerferien schwer beladen mit unseren Fahrrädern von Sandhofen aus nach Brühl, um von dort aus mit der Fähre zur Kollerinsel zu gelangen, wo wir auf einem der dortigen Zeltplätze unser Zelt aufschlugen und mit Schwimmen, Fischen, kleinen Wanderungen und Faulenzen den Urlaub verbrachten. Als ich einmal bei meiner Urlaubsmeldung als Anschrift lediglich „unterwegs" angab, um mich der Erreichbarkeit zu entziehen, wurde ich zur Personalleitung bestellt. Es wurde mir erklärt, dass ich eine genaue Angabe meines Aufenthaltsortes zu machen hätte. Die Intervention war erfolglos, denn ich erklärte, dass ich nur angeben könne, auf Zeltplätzen und im Paddelboot zwischen Rheinkilometer 390 und 420 erreichbar zu sein. Kopfschüttelnd akzeptierte man schließlich meinen Eintrag „im Paddelboot unterwegs".

In der Firma hatte ich mich inzwischen mit einem Mitarbeiter angefreundet, der Angler war und mich dazu überredete, mit ihm im Altrhein am Biedensand angeln zu gehen. Ich merkte sehr schnell, dass Angeln das richtige Hobby für mich ist, verschaffte mir einen Kahn und wurde zu einem passionierten Angler. Rotaugen, Aale, Hechte,

Erholung auf dem Zeltplatz

Zander brachte ich nach Hause oder ergänzte den Speisezettel von Freunden und Bekannten. Als eines Tages die für alle vier Betriebsleiter zuständige Sekretärin davon berichtete, dass sie mit ihrem Mann ein Grundstück am Silbersee im Binsfeld bei Speyer pachten wolle, waren meine Frau und ich schnell bereit mitzumachen.

Inzwischen hatten wir uns eine Isetta angeschafft. Sie brachte uns viele Jahre lang treu und brav zu dem gepachteten Grundstück am Silbersee, wo wir ein Wochenendhaus erstellten und einen Steg bauten. Fast jedes Wochenende verbrachten wir dort, schwammen im See und angelten, feierten mit Freunden Feste und erholten uns. Es wurde unser zweites Zuhause.

1964 fuhr ich erstmals mit zwei Kollegen unserer Hausgemeinschaft, von denen einer einen Volkswagen besaß, in den Urlaub nach Südtirol. Von Tisens aus unternahmen wir einige Bergwanderungen. Tisens war dann jahrelang das

Die Isetta, bewundert von meinem Sohn

Urlaubsziel unserer Hausgemeinschaft und von Freunden. Ausgehend von einem harten Kern – den vier Betriebsleitern, die im selben Haus wohnten –, kam ein großer Freundeskreis zustande, mit dem wir zur Freude aller viele Feste feierten, sei es zu Hause, in Schrebergärten, Hausgärten oder in Wochenendhäusern. Anlässe zum Feiern haben wir immer gefunden.

Als 1972 die Zellstofffabrik Waldhof mit den Aschaffenburger Zellstoffwerken fusionierte und eine Versetzung nach Aschaffenburg drohte, habe ich gekündigt und mein Berufsleben bei meiner Lehrfirma, der BASF, fortgesetzt. Nach Jahren im Außendienst ging ich 1992 in Pension, fröhlich, reich an Erfahrungen und mit der Bereitschaft, mich in Freinsheim ehrenamtlich zu betätigen, wo wir 1985 ein Haus gebaut hatten. Als Pensionär bin ich damit voll beschäftigt.

Friedrich Krämer

Das Kriegsende mit der Heimkehr zum Muttertag

Altstätten im Allgäu, Anfang Mai 1945. Ein uns fremder Hauptsturmführer ließ uns antreten, und im Verlaufe einer kurzen Ansprache erfuhren wir: Der Führer ist in Berlin gefallen, unsere Ausbildungseinheit kann die Stammtruppe, die in Niederösterreich noch in Rückzugskämpfe verwickelt ist, nicht mehr erreichen, es werden bereits Waffenstillstandsverhandlungen geführt, wir werden entlassen und sollen versuchen, nach Hause zu kommen. Nach Abgabe der Waffen und Erhalt der Wehrpässe sowie für uns Sechzehnjährige zusätzlich mit einem Entlassungsschein vom Landdienst, ohne Stempel mit der Fantasieunterschrift eines angeblichen Landdienstführers aus Augsburg, standen wir da wie vor den Kopf gestoßen. Unsere ganzen Vorstellungen und Ideale waren zunichte, und wir konnten uns nicht vorstellen, wie es weitergehen sollte. Alles, woran wir in unserer jugendlichen Unbedarftheit geglaubt, nach dem wir gelebt und gestrebt hatten, sollte vorbei sein? Ein einziger momentaner Lichtblick waren zwei Büchsen fetten Schweinefleisches und eine Packung Zwieback, die wir noch empfangen hatten.

Der Pseudo-Entlassungsschein und der erste Passierschein

Die französischen Truppen waren noch nicht über Sonthofen hinaus vorangekommen. Ihnen entgegenzugehen erschien uns nicht gerade das Richtige zu sein, also beschlossen wir, mein Kamerad Hans und ich, uns von der Hauptstraße abzusetzen und uns in abgelegenem Gebiet überrollen zu lassen. Der von uns angepeilte Ort war Tiefenbach, ein kleines Dorf bei Oberstdorf, ziemlich versteckt in der Landschaft gelegen. Im Gasthaus *Alpenrose* unter dem Dach fanden wir ein Matratzenlager und quartierten uns dort ein.

Allerlei Gerüchte schwirrten herum, aber nur eines war für uns interessant: Am nächsten Morgen sollte es beim Bäcker Brot geben. Um fünf Uhr standen wir in der Schlange vorm Backhaus und waren um acht Uhr so weit vorgerückt, dass wir ein Brot empfangen konnten. Nach kurzem Frühstück erfolgte ein Besuch des Rathauses zwecks An- und gleichzeitiger Abmeldung, wodurch wir zu Lebensmittelmarken kamen. Bei dieser Gelegenheit habe ich auch gleich einen Passierschein zur Begehung der Straße von Tiefenbach nach Immenstadt beantragt und erhalten, amtlich gestempelt mit dem Gemeindesiegel und mit Hoheitszeichen. Um ganz als Zivilisten in Erscheinung zu treten, wurden noch die Kragenspiegel und Schulterklappen sowie der „Vogel" vom linken Uniformärmel entfernt. Ich tauschte, allerdings ohne Erlaubnis des Besitzers, einen alten Trachtenjanker, bei uns „Seppelkittel" genannt, der an einem Nagel hing, gegen meine Tarnbluse ein, und so zogen wir am nächsten Tag Richtung Fischen los. Gleich am Ortseingang war eine Kontrollstelle der Franzosen. Mit dem Vorzeigen des Passierscheines konnten wir die kontrollierenden Soldaten nicht beeindrucken. „Nix gut Papier, allez-hopp", war die Antwort, und so wurden wir französische Kriegsgefangene.

Die erste Durchsuchung erfolgte am Bahnhof in Fischen. Wir standen an einer Bahnsteigsperre, außerhalb an das Eisengeländer gelehnt zwei deutsche „Damen". Diese taten schlicht ihre Wünsche kund, und die uns filzenden Soldaten entnahmen aus unseren ausgebreiteten Sachen, was die „Damen" forderten. Danach fand der Abmarsch ins Dorf statt. In einer Gaststätte musste alles Gepäck und der Tascheninhalt auf einen Tisch gelegt werden. Es folgte im nächsten Raum die Leibesvisitation. Der größte Teil unserer Habe wurde einbehalten, aber meine Armbanduhr haben sie nicht gefunden. Ich hatte sie bis zum Ellbogen hochgeschoben und beim Abtasten hatte sie niemand bemerkt. Durch diesen Trick habe ich sie durch jede Filzung durchgebracht und besitze sie heute noch als Andenken an meine Schulzeit.

Auf einen LKW verladen, ging es in rasender Fahrt nach Sonthofen, wo wir in der dortigen Gebirgsjägerkaserne ausgeladen wurden. Nach Einteilung in Hundertschaften fand der Quartierbezug im einem ehemaligen Pferdestall statt. Auf dem dick mit Stroh eingestreuten Boden suchten wir uns einen Platz, der uns für die nächsten Tage als Schlafplatz dienen sollte. Aus deutschen Beständen und von deutschem Küchenpersonal gekocht und alles mit deutscher Gründlichkeit organisiert, war das Essen gut, und es gab sogar pro Tag fünf Zigaretten oder wahlweise für uns Jugendliche Fliegerschokolade. Am kommenden Tag nahm uns der Hundertschaftsführer, ein älterer Feldwebel aus Sachsen, zur Seite. Er meinte, wir sollten unsere Anwesenheit hier schnell beenden, wir könnten doch als Jugendliche leicht heimfinden. Die Bewachung war sehr lasch. Um unseren Stall patrouillierten zwei Posten, die sich jeweils einmal am vorderen und wieder am hinteren Tor des Stalls trafen. In etwa 20 Metern Entfernung war das Kasernengelände durch eine Mauer abgegrenzt. Stacheldraht war nicht vorhanden. Als es dunkel war, entließ uns der Feldwebel durch das hintere Tor und zwar in dem Augenblick, als die Posten am vorderen Tor zusammentrafen. Wir sprangen zur Mauer, kletterten darüber und legten uns direkt hinter der Mauer auf den Boden. Als die Posten sich wieder zu dem vorderen Tor bewegten, pfiff unser Feldwebel, und wir rannten vom Kasernengelände, so schnell wir konnten.

Es folgte ein Nachtmarsch, meist abseits der Straße, in Richtung Kempten. Am frühen Morgen wurde die Stadtgrenze erreicht. Da wir uns als Zivilpersonen betrachteten, gingen wir frech auf die Schranke zu, welche die Straße sperrte. Nach der Kontrolle unserer Papiere ertönte wieder das schon bekannte „nix gut Papier, allez-hopp", und man trieb uns im Laufschritt zu einem mit Stacheldraht eingezäunten Wiesengelände, in dem nach späterer Feststellung schon etwa 8.000 Mann eingesperrt waren. Wir waren erneut Kriegsgefangene. Den ganzen Tag hielt man uns in Bewegung, immer angetrieben von mit Peitschen bewaffneten Franzosen. Zu essen gab es zunächst nichts, aber wir hatten von Tiefenbach noch etwas Brot und auch von Sonthofen noch Essbares, sodass der Hunger auszuhalten war.

Am nächsten Vormittag wurde erst nach Waffengattungen, dann nach Alter, schließlich nach Herkunftsländern sortiert. Mit Peitschen jagte man wieder alle wahllos durcheinander. Im Laufe des Tages wurde von der Bevölkerung eine dünne Suppe gebracht. Sobald eine Waschwanne oder ein Eimer unsere Absperrung erreichte, stob die gesamte Meute unter Gebrauch der Ellbogen darauf zu, und rücksichtslos begann der Kampf um die Brühe.

Unsere Kameraden aus Österreich hatten plötzlich alle weißrote Fetzen an der Mütze oder auch solche Armbinden. Wer weiß, wo sie die so schnell herhatten. Ihr Spruch lautete: „Mir san ka Deitsche net, mir san Österreicher." Wir Deutschen fanden das äußerst befremdlich.

Am 8. Mai 1945, dem Tag der Kapitulation der deutschen Wehrmacht, herrschten bei unseren Bewachern große Freude, Jubel und Trubel. Es gab auch viel Alkohol. Als der Aufruf kam, Verwundete, Kranke und Jugendliche sollten sich melden, reihten wir uns in eine lange Schlange ein, und schließlich kam auch für uns der spannende Augenblick, einer hinter Tischen sitzenden Kommission vorgestellt zu werden. Neben einigen Franzosen saß ein deutscher Militärarzt, der uns zu begutachten hatte. Einige Worte zu den Franzosen, die wir nicht verstanden, und wir erhielten beide einen Entlassungs- und Passierschein.

Wo wir uns in der folgenden Nacht aufgehalten haben, weiß ich nicht mehr. Am nächsten Morgen Weitermarsch bis Memmingen. Auf der Suche nach einer Übernachtungsmöglichkeit hat uns eine Frau, ohne lange zu fragen, in ihr Haus mitgenommen, wir konnten uns nach langer Zeit erstmals richtig waschen, und im Gästezimmer durften wir schlafen.

Nächster Tag. Aufbruch in Richtung Ehingen. Unterwegs haben wir einem LKW gewunken, einem ockerfarbenen Opel Blitz mit einem Fahrerhaus aus Presspappe. Er hielt an, und es saß ein marokkanischer Soldat am Steuer, der uns bedeutete, dass wir mitfahren könnten. Plötzlich stieg er auf die Bremse, sodass wir beinahe mit den Köpfen durch die Scheibe geflogen wären, sprang auf die Straße, packte ein dort laufendes Huhn, drehte ihm den Hals um, warf es unter die Sitzbank und fuhr weiter. Irgendwo unterwegs hielt er an und ließ uns aussteigen. An einem Bauernhaus an der Straße fragten wir um Nachtquartier. Wir durften in der Küche auf dem Fußboden schlafen. Spätabends klopfte ein französischer Offizier an die Tür und wollte Eier gebacken haben. Die verängstigte Bäuerin tat ihm den Gefallen und schlug einige Eier in die Pfanne. Er aß, legte einen 10-RM-Schein auf den Tisch und ging wieder. Darauf sagte die Bauersfrau: „Wenn ich gewusst hätte, dass der 10 Mark zahlt, hätte ich mehr Eier genommen." Wir waren mit einigen Pellkartoffeln zufrieden gewesen.

Am nächsten Morgen ging es weiter in Richtung Donau. Da alle Brücken gesprengt waren, gab es nur die Möglichkeit, über eine militärische Pontonbrücke den Fluss zu überqueren, was jedoch für die Zivilbevölkerung nicht erlaubt war. Ein Stück vor der Brücke rastete eine französische Militärkolonne. Nach Kauderwelschen mittels Resten von Schulfranzösisch mit einem marokkanischen Fahrer verwies der uns in eine Gaststätte. Wir gingen hinein, und dort saß ein französischer Offizier, der uns erklärte, dass das Benutzen der Militärbrücke für Deutsche streng verboten sei, aber wir sollten draußen auf ihn warten. Nach einiger Zeit kam er heraus und gab Anweisung, die Plane eines kleinen LKWs zu öffnen. In diesem überquerten wir die Donau.

Weiter ging es dann zu Fuß bei brütender Hitze. Am Nachmittag, an einer Kontrollstelle in einem kleinen Ort, sollten wir Brennholz auf den Speicher tragen. Als uns nach einigen Körben die Bewachung für einen Augenblick verließ, waren wir schnell verschwunden. Am Spätnachmittag befanden wir uns in Unkenntnis des genauen Weges plötzlich auf dem Gelände eines Truppenübungsplatzes. Dort standen Hausruinen mit Schildern, auf denen zu lesen war: „Zum Häuserkampf freigegeben." In einer der Ruinen haben wir genächtigt. Nach einer unruhigen Nacht ging der Marsch weiter in Richtung Kirchheim/Teck. Am Straßenrand stand ein verlassener Sanitätswagen der Deutschen Wehrmacht. Er enthielt eine Menge Maggi-Suppenwürfel, die wir mitnahmen. Einige Kilometer weiter stand ein komplett eingerichteter Werkstattwagen der Luftwaffe mit allen dazugehörigen Werkzeugen. Wir haben nichts davon angerührt, denn wir wussten, dass der Besitz des Beuteguts schon an der nächsten Kontrollstelle zu Ende gewesen wäre. In einem kleinen Dorf durften wir nach Abgabe einiger der erbeuteten Suppenwürfel in der Scheune übernachten. Die Leute sagten uns auch, dass am nächsten Morgen ein Milchauto nach Kirchheim fahre.

Es war Montag, 14. Mai, als wir früh am Morgen an der Abfahrtstelle des angekündigten Milchautos standen. Der Fahrer des schon sehr betagten Wagens nahm uns nach Übergabe einiger Maggiwürfel, auf den Milchkannen sitzend, bis Kirchheim/Teck mit. Es folgte ein Fußmarsch bis Wernau, wo wir meinen Onkel und meine Tante, die dort als Verwalter eines Hofguts wohnten, mit unserem Besuch überraschten. Drei Tage ließen wir es uns gut gehen und wurden mit Essen sehr verwöhnt. Aber nachdem durch Aushang verkündet wurde, dass sich jeder ehemalige Soldat im Rathaus bei den französischen Besatzungsbehörden melden müsse, zogen wir es vor, uns unverzüglich auf den restlichen Heimweg zu machen. Frisch gestärkt und mit der nötigen Marschverpflegung im Rucksack, ging es in Richtung Heimat. Unser Weg führte zu Fuß und ein Stück mit der Straßenbahn nach Zuffenhausen. Bis sich unsere Wege kurz vor unseren Heimatorten trennten, waren wir von dort aus noch drei Tage unterwegs. Wegen der Sperrstunde und nachdem ich mit meinen Bitten um Nachtquartier einige Male abgewiesen worden war, übernachtete ich in Zuzenhausen, zehn Kilometer von meinem Heimatort entfernt, in einer halb abgebrannten Scheune. Auf einer stinkenden Matratze liegend, habe ich die Nacht vor Aufregung mehr wachend als schlafend verbracht.

Am nächsten Tag, dem 20. Mai 1945, war Muttertag. Mit einem Feldblumenstrauß, den ich unterwegs für meine Mutter gepflückt hatte, kam ich auf dem Bauernhof an, in welchem meine Mutter nach der Ausbombung in Mannheim mit meinem kleinen Bruder untergekommen war. Zuerst vom Hofhund Arno und dann von meiner Mutter freudig begrüßt, war ich wieder daheim. Noch vor dem Essen stieg ich in die Badewanne, um allen äußerlichen Dreck abzuwaschen. Um das seelische Gleichgewicht wiederzuerlangen, brauchte es allerdings länger.

Vom Bauernhof an die Hobelbank

Im Frühsommer 1945, aus französischer Kriegsgefangenschaft entlassen und danach von Kempten im Allgäu aus heimgelaufen, traf ich in Lobenfeld ein, dem Geburtsort meiner Mutter. Meine Eltern hatten hier nach ihrer Ausbombung am 18. November 1943 in Mannheim eine Unterkunft gefunden. Sie wohnten oder besser gesagt hausten zusammen mit meinem kleinen Bruder in einem Zimmer mit Dachgaube im Dachgeschoss eines Bauernhofes bei Verwandten. Unsere Einrichtung bestand aus einigen in Mannheim geretteten und wieder zusammengeflickten Möbeln. Das Wasser musste mittels Eimer aus der Bauernküche im Erdgeschoss heraufgetragen werden, und das Abwasser wurde in einer Rinne hinter dem Haus entsorgt. Eine gewaltige Umstellung nach dem Wohnen in einem 1936 von meinen Eltern neu gebauten, modernen Eigenheim in Mannheim, aber wir hatten wenigstens ein Dach über dem Kopf. Von meinem Vater, der Anfang 1945 nochmals zur Wehrmacht eingezogen worden war, hatten wir noch keine Nachricht. Der Sohn der Verwandten und Hoferbe war auch noch nicht heimgekehrt. Sein Vater war schon früh verstorben, und meine Tante und ihre Tochter haben unter Mithilfe einer Familie aus Polen den landwirtschaftlichen Betrieb allein geführt. Nach Kriegsende war die Polenfamilie weggelaufen, obwohl sie verbotenerweise vollen Familienanschluss hatte, und so blieb mir vorerst nichts anderes übrig, als in der Landwirtschaft mitzuhelfen.

Der Bauernhof in Lobenfeld

Zwei kräftige Pferde waren vorhanden, die Bewegung brauchten, und ein Stall voller Kühe wollte versorgt werden. In der Stadt aufgewachsen, hatte ich natürlich keine Ahnung von Landwirtschaft. Allein schon das Einspannen der Pferde war ein Abenteuer. Kam ich mit dem Kummet von rückwärts in den Pferdestand, traten die Biester mit den Hinterbeinen nach mir; so versuchte ich es unter gutem Zureden, auf dem Futtertrog stehend, von der Vorderseite aus, ihnen das Kummet überzustreifen, was meistens nach einigen Versuchen gelang. Nach einigen Tagen hatten wir uns aneinander gewöhnt und verkehrten friedlicher miteinander. Auch das Fahren mit „Hüst", „Hott" und „Harein", was links, rechts und rückwärts bedeutet, habe ich bald gelernt.

Das nächste Abenteuer war das Grünfutterholen für die Kühe. Eine Sense hatte ich noch nie in der Hand gehabt, und nun sollte Kleefutter gemäht werden. Nach einigen fachmännischen Anweisungen mitleidiger Nachbarn habe ich auch das wenigstens halbwegs begriffen. Zu meinem Glück kam nach einiger Zeit ein Mann aus dem Dorf auf den Hof, der in Mannheim Polizist gewesen war, dort aber keine Anstellung mehr fand. Er war in der Landwirtschaft aufgewachsen und brachte die nötigen Fachkenntnisse mit. So haben wir einige Wochen gut zusammengearbeitet, bis der Sohn des Bauern aus der Gefangenschaft zurückkam. Damit war ich zum großen Teil entlastet und konnte mich meiner weiteren Ausbildung widmen.

Ende Juni fuhr ein großer Truck auf den Hof, bewaffnete Amerikaner brachen die Kellertür auf und rollten unter Mithilfe von einigen abenteuerlich uniformierten Polen drei Fässer mit Most aus dem Keller. Als sich meine Tante vor das letzte Fass stellte und dies nicht herausgeben wollte, drohte einer mit dem Gewehr und schrie: „Frau pass auf, geh weg!" Wie wir erfahren konnten, wurde das Diebesgut zu einer Gaststätte im Nachbarort transportiert, die von Amerikanern besetzt war. Beim amerikanischen Ortskommandanten in Meckesheim versuchte ich in meiner Naivität mit meinem Schulenglisch zu protestieren, aber der Herr wollte davon nichts wissen. Es war übrigens der erste amerikanische Offizier, den ich mit den Füßen auf dem Schreibtisch sah.

Eine weitere Begebenheit aus dieser Zeit ist mir noch gut in Erinnerung. Die Mutter eines Kameraden aus einem Nachbarort war mit dem Fahrrad gekommen und wollte von mir etwas über den Verbleib ihres Sohnes erfahren. Unterwegs, am Langenzeller Buckel, hat ein Jeep neben ihr angehalten, und man hat sie von ihrer Armbanduhr befreit. Im Gegenzug dafür habe ich in der Nacht mit einem Freund ein eben dort verlegtes Feldkabel mit einem Spaten abgetrennt, ein längeres Stück aufgerollt, wieder abgestochen und die Rolle heimgebracht. Damit haben wir eine Lichtleitung bei seinen Eltern im Kuhstall installiert.

Etwa Mitte Juli fand eine große Durchsuchungsaktion der Amerikaner statt. Als wir frühmorgens in den Stall gehen wollten, standen im oberen Hof bewaffnete Soldaten an der Tür und ließen niemanden aus dem Haus. Ein Blick durchs Fenster zeigte, dass auch im unteren Hof bewaffnete Amis herumstanden und sich sehr wichtig vorkamen. Die Kühe brüllten und wollten gemolken werden, aber wir waren eingesperrt. Nach einiger Zeit rückte dann eine Gruppe ins Haus ein, durchsuchte jeden Raum, zog alle Schubkästen auf und wühlte darin herum. In unserem bei meiner Tante im Zimmer untergestellten Wohnzimmerbuffet fanden sie Schnellhefter mit Akten von Versicherungen und verschiedenen amtlichen Schreiben, die wie damals üblich mit „deutschem Gruß" unterzeichnet waren. Da sagte einer zu mir: „Du nehmen Shärre und sneiden weg, andere Kamerad kimmen, vielleicht slimm." Er meinte es anscheinend gut mit uns und wollte uns vor einem Menschen bewahren, der sich am Hitler-Gruß stören könnte. Dafür nahm er dann die Kriegsauszeichnungen meines Vaters und seines gefallenen Bruders aus der Schublade und steckte sie ein. Ein Protest meinerseits beantwortete er mit: „Du halten Maul, sonst ..." Was sollte man da noch sagen? Das waren so die kleinen Begebenheiten des Nachkriegsalltags.

Meine landwirtschaftliche Tätigkeit und das Herumgammeln befriedigten mich keineswegs. Ich hatte, bevor ich im Januar 1945 noch zum Wehrdienst eingezogen worden war, eine Lehrerbildungsanstalt besucht. Von dort mit dem Notabitur entlassen, kam ein weiteres Studium in Heidelberg nach Auskunft der dortigen Hochschulverwaltung nicht in Frage. Die Aussage lautete: „Diese Leute wollen wir nicht ..." Dazu kam noch, dass von meinem neuen Heimatort aus keinerlei Fahrtmöglichkeit bestand, ganz gleich in welche Richtung. Wer damals ein Fahrrad besaß, war beinahe als reich zu bezeichnen und hütete es, denn das Stehlen von Fahrrädern war groß in Mode.

Nach längerem Überlegen mit meiner Mutter und Beratung mit verschiedenen Bekannten, was aus mir werden sollte, gefiel mir der Vorschlag am besten, im nahe gelegenen Schreinerdorf Eschelbronn eine Lehrstelle als Möbelschreiner zu suchen. Durch eine gute Bekannte erfolgte umgehend die Anfrage bei einer renommierten Möbelwerkstätte. Auf die Aufforderung hin, mich an einem Sonntag bei dem Inhaber vorzustellen, machte ich mich zu Fuß auf den Weg nach Eschelbronn. Der etwas wortkarge alte Schreinermeister – sein Sohn war noch nicht heimgekehrt – sagte nach einigen Fragen nur: „Kummscht em Mundich in acht Dag un bringscht en Schorz un Schaffgaischt mit." Mit diesem Bescheid trat ich den Rückweg nach Lobenfeld an.

Mit gemischten Gefühlen trat ich dann am Montag, dem 8. August 1945 meine Lehre an. Es war eine harte, aber auch schöne Zeit. Die wöchentliche Arbeitszeit lag zwischen 50 und 60 Stunden, der Lohn betrug fünf Reichsmark in der Woche, und die Ernährung deckte bei Weitem nicht den Bedarf. Aber ich musste froh sein, überhaupt eine Lehrstelle bekommen zu haben. Von den fünf Reichsmark gab ich 4,50 R-Mark meiner Mutter, denn die Bankkonten waren wegen Parteizugehörigkeit meines Vaters noch gesperrt, und das Wenige, das es auf Lebensmittelkarten gab, musste ja auch bezahlt werden. So ging ich tagein, tagaus zu meinem Arbeitsplatz. Der Weg führte zum Teil quer über einige Äcker, die im Herbst umgepflügt wurden, und bei längerem Regen konnten schon einmal die gegen Bucheckern eingetauschten Offiziersstiefel im nassen Lehm stecken bleiben.

Ich hatte gute Lehrmeister und durfte schon im dritten Lehrjahr weitgehend selbständig arbeiten. Es wurden vor allem Schlafzimmermöbel hergestellt, und mir wurden so Kleinigkeiten wie Hocker, Küchentische, kleine Schränkchen und Radiogehäuse zugeteilt, welche dann vom Chef „verfuggert" wurden. Nach bestandener Gesellenprüfung erweiterte sich ab 1948 mein Arbeitsbereich auf Anbaumöbel, Wohnzimmerschränke und Buffets, also auf fast alles, was außer den Serienmöbeln bestellt wurde. Das machte mir sehr viel Freude, denn vieles durfte ich nach Direktverhandlungen mit Kunden und zum Teil auch eigenen Entwürfen fertigen. Nach Mannheim wurde viel geliefert, und vielleicht stehen noch heute einige der damals sehr stabil von mir gefertigten Möbelstücke in alten Wohnungen herum. Aus Holzabfällen baute ich in meiner Freizeit Puppenmöbel und kleine Autos, die ich gegen Lebensmittel eintauschte. Dies bedeutete mitunter eine Bereicherung meines Speisezettels, denn wenn zum Vesper meine Arbeitskollegen, die fast alle noch eine kleine Landwirtschaft nebenher hatten, ihre dicken Wurstbrote auspackten und ich mit einem Stück Brot und einem Apfel oder einer Möhre auf der Hobelbank saß, war das nicht immer leicht zu ertragen.

So verging die Zeit und nach fünf Gesellenjahren und der Fachschulausbildung legte ich die Techniker- und Werkmeisterprüfung ab, um später das Studium zum Fertigungsingenieur Holz erfolgreich zu beenden.

Wenn es auch während des Krieges und nach dem Krieg sehr schwer war, bin ich heute froh und dankbar, auch diese Epoche miterlebt zu haben. Sie ist für mich und meine Generation prägend gewesen.

Weihnachtserlebnis in Mannheim

Es war wohl im Jahre 1948, wir wohnten noch immer in dem kleinen Odenwalddorf Lobenfeld, dem Geburtsort meiner Mutter, wohin ich nach Entlassung aus kurzer Kriegsgefangenschaft zurückgekehrt war. Einen Besuch von hier aus in meiner Geburtsstadt Mannheim zu machen, war zu dieser Zeit ziemlich umständlich. Man musste mit dem Fahrrad, sofern man eines hatte, nach Neckargemünd fahren, wo man das Fahrrad für 20 Pfennige in einer Scheuer unterstellen konnte. Weiter ging es mit der Straßenbahn nach Heidelberg und dann mit der OEG nach Mannheim. Ich hatte dort noch Tante und Onkel wohnen, deren Haus fast unbeschädigt geblieben war, bei ihnen durfte ich übernachten.

Es war in der Adventszeit. Der Juni hatte uns die Währungsreform und somit die D-Mark gebracht, und ich wollte mit meiner Freundin, die in der Innenstadt wohnte, die Weihnachtsausstellung – oder hieß es damals schon Weihnachtsmarkt – im teilweise notdürftig wiederhergestellten Rosengarten besuchen. Gegen Abend holte ich sie in ihrem Elternhaus ab. Stolz führte sie mir ihren neu erworbenen Wintermantel vor, ich besaß nur einen umgearbeiteten Mantel meiner Mutter und hatte deswegen einige Minderwertigkeitsgefühle. Aber in der Freude des Wiedersehens waren diese bald überwunden. Es war ziemlich kalt, und so schlenderten wir untergehakt zum Rosengarten. Da, wo sich früher der Nibelungensaal befunden hatte, standen nur noch die Außenmauern. Im vorderen Teil waren dagegen die Schäden geringer und einige Räume konnten schon bald wieder genutzt werden. In einem Saal an der linken Seite des noch teilzerstörten Gebäudes sollte die Ausstellung sein.

Der hintere Teil des Rosengartens bei Kriegsende

Nach dem Erwerb der Eintrittskarten führte der Weg durch einen noch nicht hergerichteten Flur in einen von gleißendem Licht erstrahlenden großen Raum. So viel helles Licht war damals noch ungewohnt, und wir standen erst einmal geblendet von dieser Helligkeit in dem Saal. Hier waren nun all die Schätze aufgebaut, die es jahrelang nicht zu kaufen gegeben hatte. Ich erinnere mich an chromblitzende Kochtöpfe, Bestecke, Porzellangeschirr in den schönsten Formen und Farben, Tischlampen, Radioapparate in der damals schlichten Form und noch viele, viele andere schöne Dinge, die wir lange hatten entbehren müssen – und das alles angestrahlt von unzähligen Scheinwerfern. Wir waren einfach überwältigt von dieser Pracht. Ich erinnere mich noch gut an die dezente Musikberieselung durch Lautsprecher, es war aus „Balkanliebe" die Melodie „Leise erklingen die Glocken vom Campanile ..."

Wir waren jung und verliebt, und es ist eine Erinnerung, die ich nie vergessen habe. Sie löst in mir als mehrfachem Großvater in der heutigen, konsumüberladenen Zeit immer noch einen freudigen Schauer der Erinnerung aus. Wie war man damals doch so anspruchslos. Es war eine arme, aber doch auch eigenartig schöne Zeit.

WALTRAUD KUGLER, GEBORENE MERDES

Ein unerklärbares, unbestimmtes Gefühl

Meine Mutter heiratete auf dem Bauernhof ihrer Schwiegereltern in Weiler bei Pforzheim, wo sie auch wohnen blieb, als ihr Mann als Soldat in den Krieg ziehen musste. Im April 1942 brachte sie ihr erstes Kind zur Welt, meine Schwester Gudrun. Sie berichtete dies stolz ihrem Mann, der sich in Russland befand. Von ihm kam, noch bevor er als Mitglied der 6. Armee in Stalingrad eingeschlossen wurde, eine Nachricht, aus der zu entnehmen war, wie sehr er sich über die Ankunft seiner Tochter freute. Wie die meisten seiner Kameraden ist er Ende 1942 in Stalingrad gefallen, eines der vielen Opfer des sinnlosen Durchhaltebefehls Hitlers.

Am 29. Juni 1944 erblickte ich in Weiler bei Pforzheim das Licht der Welt. War ich ein erwünschtes Kind? Eher nicht.

Meine Mutter befand sich bei meiner Geburt noch immer bei ihren Schwiegereltern auf deren Bauernhof. Sie war tatkräftig im Stall und auf den Feldern bei der Arbeit, die nur kurze Zeit durch ihre Schwangerschaft und meine Geburt unterbrochen wurde. 1946 wurde ich als Eineinhalbjährige zur Stiefmutter meiner Mutter nach Edingen geschickt. Ihr Vater Jakob Merdes hatte nach dem frühen Tod seiner Frau wieder geheiratet. Seine zweite Frau Pauline war von da an meine Bezugsperson. Sie blieb es auch dann noch, als meine Mutter ein Jahr später mit meiner Schwester zu uns in ihr Elternhaus einzog, denn meine Mutter war mir gegenüber immer sehr verschlossen. Sie verhielt sich mitunter seltsam, weshalb, konnte ich mir nicht erklären. Seit meiner frühesten Jugend begleitete mich ein eigenartiges, rätselhaftes Gefühl, das immer wieder durch Anmerkungen von ihr und anderen hervorgerufen wurde, die ich nicht einordnen konnte. Meine diesbezüglichen Fragen wurden von meiner Mutter nie beantwortet. Sie hatte einen Wall um sich aufgebaut, der nicht zu durchbrechen war. Es war keineswegs so, dass meine Schwester bevorzugt worden wäre, aber sie wurde irgendwie doch anders behandelt als ich. Ich wurde den Verdacht nicht los, es werde etwas vertuscht, aber ich konnte dafür keine Bestätigung finden. Somit blieb das Gefühl, dass da etwas nicht stimmte, und es hielt an.

1948 hat meine Mutter wieder geheiratet. Ihr neuer Partner war Wilfried Merdes. Er war 1946 aus russischer Kriegsgefangenschaft zurückgekehrt und arbeitete zunächst in Edingen in der Landwirtschaft, bis er eine Anstellung als Streckenarbeiter bei der OEG fand. Da ich damals erst vier Jahre alt war, ist er für mich von Anfang an mein Vater gewesen. Er war zwar streng, jedoch ein gutmütiger Mensch, und er war meiner Schwester und mir sehr zugetan. Dass meine Schwester Gudrun Reister hieß, war für mich verständlich, denn sie stammte aus der ersten Ehe meiner Mutter. In meiner Geburtsurkunde stand der Name Merdes, und da mein Stiefvater den gleichen Namen, nämlich den Geburtsnamen meiner Mutter hatte, war für mich alles in bester Ordnung.

1971 ist Winfried Merdes, den ich bis dahin noch immer für meinen Vater hielt, im Alter von 68 Jahren gestorben. Da war ich 27 Jahre alt. Bei der Beerdigung würdigte der Pfarrer ihn als einen anständigen, guten Menschen und erwähnte dabei auch, dass er seine Frau mit ihren beiden Kindern freundlich aufgenommen und für sie gesorgt habe. Ich kann mich noch gut daran erinnern, dass ich das zunächst etwas ungläubig registrierte, dann aber nach kurzer Überlegung meine neben mir stehende Tante fragend ansah. Sie verstand meinen Blick sofort und sagte nur: „Wir reden morgen darüber."

Am nächsten Tag fand dann die versprochene Unterredung statt, bei der meine Tante und meine Mutter zugegen waren. Nur meine Tante redete, meine Mutter saß wortlos daneben. Weder im Augenblick dieser für mich ungeheuren Mitteilung noch später habe ich von meiner Mutter, auch auf drängende Fragen hin, irgendetwas von dem damaligen Geschehen in Weiler und von meinem leiblichen Vater erfahren. Nur meine Tante hat offen über alles, was sie wusste, mit mir geredet. Sie machte meiner Mutter massive Vorhaltungen, weil sie mich nicht schon in meiner Kindheit über die Hintergründe meiner Geburt unterrichtet hatte und bei mir über eine so lange Zeit das unbestimmte Gefühl wachgehalten hatte, dass mir etwas Wichtiges verheimlicht wurde.

Von meiner Tante musste ich erfahren, dass mein Vater, ein französischer Kriegsgefangener, seit 1942 auf dem Hof der Schwiegereltern meiner Mutter gearbeitet hatte. Er lebte in engem Kontakt mit der Familie, saß mit ihr beim Essen und wohnte auch auf dem Bauernhof. Nach dem Tod ihres Mannes hatte meine Mutter ein Verhältnis mit ihm, von dem ich lediglich weiß, dass er ein charmanter, stattlicher Mann war und André hieß. Der Nachname meines Vaters ist mir bis heute nicht bekannt. Die Schwiegereltern übten nach meiner Geburt offensichtlich Nachsicht mit meiner Mutter, denn sie konnte weiterhin mit ihren beiden Kindern, von denen nur eines ihr Enkelkind war, auf ihrem Hof verbleiben. Nur die Schwägerin meiner Mutter, die Schwester ihres Mannes, hat ihr den „Fehltritt" nicht verziehen. Sie soll mich, laut der Aussage meiner Tante, als ich etwa zwölf Jahre alt war, auf meine Herkunft angesprochen haben, was ich aber offenbar nicht einordnen konnte. Ich konnte mich an dieses Gespräch nicht erinnern.

Am Tag meiner Geburt, so wurde erzählt, stand, sichtbar für alle Vorübergehenden, am Haus der Schwiegereltern meiner Mutter ein Holzkreuz mit der Aufschrift: „In diesem Haus kam ganz geschwind ein unerwartetes Franzosenkind." Es wurde wortlos entfernt. Da in Fällen der Fraternisierung in Deutschland strafrechtliche Sanktionen durch Kriegs- und Sondergerichte drohten, wurde ich ohne Nennung des Vaters als uneheliches Kind mit dem Namen Merdes, dem Namen meiner Mutter, registriert. Mein Vater wurde noch vor meiner Geburt durch Einschaltung des Bürgermeisters, der ein guter Freund der Familie war, mit einer vermutlich fadenscheinigen Begründung in das für ihn zuständige Gefangenenlager zurückbeordert. Dort hat ihn der Schwager meiner Mutter, der als Bewacher in dem Lager tätig war, einige Zeit danach getroffen. Die beiden kamen ins Gespräch, und mein Vater erfuhr erst jetzt von meiner Geburt. Er soll darum gebeten haben, keine Nachforschungen anzustellen, da er verheiratet sei und zwei Söhne hätte. Zweifellos wären Recherchen möglich gewesen, denn meinem Onkel waren seine Daten zugänglich.

Auf dem Hintergrund seiner Aussage ist zu verstehen, dass mein Vater nach dem Krieg keinen Kontakt zu meiner Mutter gesucht hat. – Ob er vielleicht doch gelegentlich an seine Tochter dachte, von deren Existenz er ja wusste, sei dahingestellt. Offensichtlich hatte auch meine Mutter nicht das Bedürfnis, mit ihm in Verbindung zu treten, denn davon war nie die Rede.

Bis zum Tod meiner Mutter blieb es bei ihrem Schweigen. Ich weiß nicht, ob es bei ihr ein Gefühl der Schande war, das zu ihrem für mich auch heute noch unerklärbaren Verhalten geführt hat. Enttäuschung und vielleicht auch die Vorwürfe, die ihr von den Eltern ihres Mannes und von ihrer Schwägerin gemacht wurden, mögen vielleicht die Ursache dafür gewesen sein, dass sie sich so sehr gegen ein offenes Wort mir gegenüber gesträubt hat.

Wenn ich vielleicht auch ein unerwünschtes Kind war, so habe ich das „lange große Schweigen" mit dem anhaltenden unerklärbaren, unbestimmten Gefühl doch sehr gut verkraftet. Mit der Aussage meines Mannes, dass er sehr froh ist, dass es mich gibt, kann ich allen verzeihen, welche meine Gefühlswelt so lange beeinträchtigt haben und sich vielleicht schuldig fühlten.

Wie die meisten unehelichen Kinder ehemaliger Kriegsgefangener und Besatzungssoldaten hätte auch ich sehr gern meinen leiblichen Vater kennengelernt. Da ich erst spät von seiner Existenz erfuhr, sind mir jugendliche Träume von ihm erspart geblieben. Meine Tochter wurde auf den Namen Andrea getauft. Dies geschah zu einem Zeitpunkt, da ich noch keine Ahnung von dem Kriegsgefangenen mit Vornamen André hatte, der mein Vater ist.

Kindheit in Edingen

Meine ersten zwei Lebensjahre hatte ich mit meiner Mutter und meiner zwei Jahre älteren Schwester in Weiler bei Pforzheim auf dem Bauernhof der Schwiegereltern meiner Mutter verbracht. 1947 schickte sie mich zu ihrer Stiefmutter nach Edingen. Die hieß Pauline und war die zweite Frau meines Großvaters Jakob Merdes. Liebevoll hat sie sich meiner angenommen, und sie blieb meine Bezugsperson auch, als meine Mutter ein Jahr später mit meiner Schwester Gudrun nach Edingen zurückkam und die Familie wieder zusammen war.

Im Elternhaus meiner Mutter in der Oberen Neugasse 8 in Edingen bewohnten wir eine der beiden äußerst bescheidenen Wohnungen, von denen jede nur aus einer großen Küche und einem Schlafzimmer bestand. Durch die enge Bindung zu Pauline hielt ich mich tagsüber meistens bei ihr auf. Außerdem bemühten sich die Halbgeschwister meiner Mutter Gudrun, Rudolf und Werner, rührend um mich. Sie nahmen mich überallhin mit, und von ihnen habe ich schon mit fünf Jahren das Schwimmen gelernt. Die Verbundenheit mit ihnen hält noch immer an.

1948 heiratete meine Mutter ein zweites Mal. Ihr Mann hieß Merdes, genauso wie meine Mutter, als sie noch ledig gewesen war. Mit einem Mann in unserer Familie hatten wir Kinder keine Schwierigkeiten. Wir betrachteten ihn gern als unseren Vater und hatten dabei ein sehr gutes Gefühl, da er uns von Anfang an wie eigene Kinder behandelte. Zu viert in der Zweizimmerwohnung fühlten wir uns keineswegs beengt, denn in der Küche war reichlich Platz für einen Herd, neben dem eine Holzkiste stand, für einen großen Küchenschrank, einen Tisch mit vier Stühlen und dem damals üblichen Wasserstein. Im Schlafzimmer konnten mühelos vier Betten aufgestellt werden.

Die ersten Jahre der Nachkriegszeit waren auch für meine Mutter geprägt von den Sorgen um die Ernährung und die Kleidung. Dabei kam es zu einem Vorfall, an den ich mich gut erinnere. Sie erhielt nämlich bei einer amtlichen Ausgabestelle eine Gummiplatte, die vermutlich zum Besohlen von Schuhen geeignet war. Da meine Mutter damit nichts anzufangen wusste und es ihr um Lebensmittel ging, warf sie kurz entschlossen dem verdutzten Mitbürger die Platte mit den Worten an den Kopf: „Davon können meine Mädchen nichts abbeißen." Genützt hat ihre Reaktion nichts, aber sie hatte sich Luft gemacht.

Wie überall in den Landgemeinden war es auch in Edingen leichter als in der Stadt, neben den rationierten Lebensmitteln zusätzliche Nahrung zu beschaffen. Den Bauern ist es weder im Krieg noch danach schlecht gegangen. Meiner Mutter, die ja bereits auf dem Bauernhof ihres Schwiegervaters gearbeitet hatte, fiel es nicht schwer, nun auch bei Edinger Bauern zu arbeiten. Sie ließ sich mit Lebensmitteln bezahlen. Ich kann mich nicht daran erinnern, dass wir hungern mussten.

An den evangelischen Kindergarten in Edingen habe ich kaum Erinnerungen. Ich weiß nur, dass da jeden Tag sehr viele Kinder zusammenkamen, und dass immer ein Mordsradau herrschte. Dagegen erinnere ich mich sehr gut an die Volksschule, die ich ab 1950 besuchte. Die Mädchen wurden getrennt von den Jungen unterrichtet. Außer bei Religion war für alle Schulfächer der Klassenlehrer zuständig, auch für den Musikunterricht. Unser Lehrer war in den ersten vier Volksschulklassen sehr streng. Er hatte immer seinen Rohrstock parat, und als eine weniger harte Strafe teilte er „Kopfnüsse" aus. Das Schreiben haben wir auf einer Schiefertafel mit einem Griffel gelernt, für den es einen Griffelspitzer gab. Mit einem Schwämmchen, das man an der Tafel befestigte, konnte das Geschriebene weggewischt werden. Die Methode war praktisch, vor allem billig, da man weder Hefte noch Federhalter, Federn oder Tinte benötigte.

Ab der fünften Klasse hatten wir einen verständnisvollen Lehrer. Er hieß Fuchs, und auch seine Frau war als Lehrerin an unserer Schule tätig. Seine Methode, uns zur Ruhe und Aufmerksamkeit zu bringen, bestand darin, dass er uns versprach, ab einer Viertelstunde vor dem Unterrichtsende etwas vorzulesen. Darauf gingen wir immer ein, denn er hatte stets interessante Geschichten parat.

1958 ging ich zur Konfirmation. Die Strenge war auch hier vorherrschend. Immer wieder wurde im Konfirmandenunterricht mit Mitteilungen an die Eltern gedroht und damit, dass man von der Konfirmation ausgeschlossen werden würde. Davor haben sich natürlich alle gefürchtet.

Die Hausaufgaben wurden von meinem Stiefvater jeden Abend streng kontrolliert. Wehe, wenn sie nicht sorgfältig gemacht waren. Der Rohrstock lag immer in Reichweite, und mitunter kam es vor, dass meiner Schwester und mir damit der Hintern versohlt wurde. Meine Schwester wurde von ihm sogar einmal mit einem Lederriemen geschlagen. Unser Stiefvater war ein äußerst gutmütiger Mensch, aber was die Erziehung anbelangte, da war er übermäßig streng. Wenn ich ihm abends auf seinem Nachhauseweg ein Stück weit entgegenlief, was oft geschah, dann erhielt ich von ihm immer etwas zu essen, das er aus seiner Hosentasche zog. Ich bin sicher, dass er sich dies vom Mund abgespart hat. Verständlicherweise verehrte ich ihn trotz seiner Strenge. Zu Hause angekommen, gab es gegen 18 Uhr das Abendessen, danach nichts mehr. Für meinen Stiefvater war nach dem Essen eine halbe Stunde Schlaf zur Erholung angesagt, dann war er meist im Garten tätig. Einmal in der Woche ging er zur Singstunde.

Eintopf stand bei uns mehrmals in der Woche auf dem Speisezettel, und samstags gab es immer Kartoffelsuppe mit Kuchen. Fast in jeder Familie gab es am Wochenende Kuchen. Wenn ich den Streuselkuchen zur Bäckerei getragen habe, was ich mitunter auch für Nachbarn übernahm, dann konnte ich mich nicht zurückhalten, von den Streuseln zu naschen, was natürlich niemand bemerken durfte. Zu Hause hat damals im Sommer fast niemand gebacken, denn es lohnte sich nicht, dafür den Ofen anzuheizen. Man brachte den Kuchen zum Bäcker an der Ecke. Als Zwischenmahlzeiten gab es für uns Kinder Milch, Musebrot und Zuckerbrot. Butterbrote kannten wir nicht. Ein etwas ausgefallenes Gericht, an das ich mich erinnere, waren Nudeln mit Weinsauce.

Oft wurden wir Kinder von Nachbarinnen zum Einkaufen in die nahe gelegenen Lebensmittelgeschäfte geschickt. „Hol mir mal schnell", hieß es, wenn beim letzten Einkauf etwas vergessen worden war, das gerade in der Küche gebraucht wurde. Wir Kinder waren da immer zur Stelle, denn es gab dafür kleine Belohnungen. Sehr gern ging ich zu dem in Edingen ansässigen „Sodawassermerdes", einem Hersteller von Limonade und Sodawasser namens Merdes – ein Name, der in Edingen stark vertreten ist. Ich mochte den Geruch, der mit seiner Produktion verbunden war, und half mitunter beim Sortieren von Flaschen und bei anderen Arbeiten. Als Entlohnung erhielt ich meist eine Flasche Kracher, so hieß meine von Herrn Merdes hergestellte Lieblingslimonade, die es in drei Farben gab. Ich wählte immer die rote.

Am Ende der Oberen Neugasse, die zum Neckar hin abfiel, befand sich eine Bank, auf der an schönen Tagen meistens jemand anzutreffen war. Von unserem Haus aus war man schnell unten am Fluss, wo es fast immer etwas zu sehen gab. Ich erinnere mich daran, dass die Bauern ihre Pferde zur Tränke und zum Waschen an den Neckar führten. Sie kamen immer die Kuhgasse herunter, die parallel zu unserer Straße verlief, und für uns Kinder war das Schauspiel, das sich stets am Neckarufer bot, höchst interessant. An warmen Sommertagen saßen viele Leute auf Stühlen vor ihren Häusern, die übrigens nie abgeschlossen wurden. Man unterhielt sich laut über die Straße hinweg. Die Frauen waren dabei meistens mit einem Strickzeug beschäftigt. Dazwischen spielten wir Kinder auf der Straße, die, abgesehen von den Transporten mit Schubkarren und Leiterwägelchen, von keinem Verkehr belastet war. Meist war jedoch die Wiese zum Neckar hin unser Spielplatz, wo wir Mädchen vor allem „Verkäuferles" spielten. Die angebotenen Waren bestanden überwiegend aus dem, was gerade auf der Wiese gepflückt werden konnte. Wir Mädchen hatten beim Spielen meist unsere Puppen dabei.

Im Sommer waren wir Kinder immer barfuß unterwegs. Wenn wir über eine geteerte Straße gehen mussten, blieb häufig Teer an unseren Fußsohlen hängen, der vor dem Zubettgehen mühsam mit Waschbenzin entfernt werden musste. Schon früh habe ich im Neckar Schwimmen gelernt. An einigen seichten Stellen bei den ein Stück weit in den Fluss hinein verlaufenden Aufschüttungen mit Steinen, Zeilen genannt, konnte man gefahrlos die ersten Schwimmübungen machen. Im Sommer war der Fluss natürlich in unsere Spiele einbezogen.

Sonntags wurde die Wäsche gewechselt. Für den Kirchgang wurden die Sonntagskleider und Sonntagsschuhe angezogen, die an Werktagen nie getragen wurden. Dies galt für uns Kinder ebenso wie für die Erwachsenen. Am

Vergnügen mit zwei Freundinnen (links und rechts) im Boot auf dem Neckar

Sonntagnachmittag stand bei gutem Wetter fast immer ein Spaziergang auf dem Programm, der meist am Neckar entlang führte. Man traf dort Freunde und Bekannte, für welche dies auch zur Routine zählte. Gelegentlich ging ich mit meinem Vater zu einem Fußballspiel. Ich war eine begeisterte Zuschauerin. Im Sommer war meine Mutter sonntags im *Schwabenheimer Hof* in der Wirtschaft *Zum Anker* als Bedienung tätig. Unser Sonntagnachmittags-Spaziergang führte dadurch im Sommer stets dorthin. Zur Überfahrt auf die andere Neckarseite mussten wir den Kahn des „Jannekarl" benutzen, der unmittelbar am Neckar in einem alten kleinen Haus wohnte. Karl Jann war nicht nur Fährmann, sondern auch Angler, außerdem war er Künstler. Auf der überdachten Terrasse seines Hauses stellte er seine Ölbilder aus. Ein zusätzliches Einkommen verschafften ihm dabei eher die angebotenen Fische als seine Kunstwerke.

Die Geschenke zu Ostern und Weihnachten waren meist bescheiden. Aber wir Kinder freuten uns immer auf die Feste, die sich von den Wochenenden abhoben. Ich erinnere mich, dass ich mit meiner Schwester einmal an einem 6. Dezember ängstlich der Ankunft des Nikolaus entgegensah. Als er vor uns stand, spürte ich das Zittern meiner zwei Jahre älteren Schwester. Um sie zu trösten, raunte ich ihr zu: „Hab keine Angst, das ist doch der Onkel Willi." Obwohl ich etwas ahnte, war mir die Sache jedoch nicht ganz geheuer. Unter Tränen sangen wir das geforderte Lied und erhielten Nüsse, Äpfel und einen Schokolade-Nikolaus. In besonderer Erinnerung ist mir ein außergewöhnliches Weihnachtsgeschenk geblieben. Außergewöhnlich deshalb, weil es sehr teuer war. Meine Schwester und ich erhielten jede eine Schildkröt-Puppe, der Traum aller Mädchen unseres Alters. Dafür hatte meine Mutter eine Saison lang Tabak bei einem Bauern aufgefädelt, eine mühevolle Arbeit, die dem Trocknen der Tabakblätter vorausging.

In den Ferien waren wir oft bei den Schwiegereltern meiner Mutter in Weiler. Ich bin gern dort in dem großen Bauernhaus gewesen. Mitunter merkte ich, dass meine Schwester Gudrun, welche die Tochter des gefallenen Sohnes der Familie war, anders behandelt wurde als ich. Aber in kindlicher Unbekümmertheit habe ich das immer schnell verdrängt und mich an den Spielen mit anderen Kindern auf dem Hof und auf den Wiesen genauso so fröhlich beteiligt wie meine Schwester. Ich war eben ein fröhlicher Mensch und bin es geblieben.

Zwischen meiner Halbschwester Gudrun und mir bestand und besteht noch immer eine liebevolle Verbundenheit. Für sie war es eine schreckliche Vorstellung, als Einzelkind aufzuwachsen. Da unsere Mutter sehr streng sein konnte hatten wir ja immer noch uns gegenseitig als Trost. Gudrun, die ein eher ernstes Naturell hat, nahm schon immer alles sehr schwer und ernst, hatte in mir oft den ausgleichenden Pol. Wir wussten ja in unserer Kindheit nicht, dass wir Halbgeschwister sind. Als uns die Wahrheit bewusst wurde, traf dies Gudrun sehr. Sie hat unserer Mutter nie verziehen, dass sie uns über meine Herkunft nie aufgeklärt hat.

KARL KUMPF

Ein bewegtes, erfolgreiches Berufsleben

Da, wo sich in Feudenheim heute die Spinelli Barracks der US-Streitkräfte befinden, stand die im Dritten Reich gebaute Pionierkaserne, in deren Nähe wir in der Talstraße wohnten. Marschierende Soldaten, Kommandogebrüll, militärische Lieder und Marschmusik hörte ich bereits in meiner frühen Kindheit. Kein Wunder, dass ich Soldat werden wollte, obgleich ich auch erlebte, wie Soldaten auf dem Gelände bei der Kaserne herumgejagt und geschliffen wurden und Feudenheimer Bürgerinnen die Peiniger, meistens Unteroffiziere, mitunter beschimpften. Zum Glück ist mein Berufswunsch nicht in Erfüllung gegangen. 1939 war ich sechs Jahre alt und besuchte von da an bis 1943 die Volksschule in Feudenheim. Die Bombenangriffe veranlassten meine Eltern, mich mit meiner acht Jahre jüngeren Schwester zu meiner Tante nach Schiltach im Schwarzwald zu schicken. In der dortigen Schule waren mehrere Jahrgänge in einer Klasse zusammengefasst. Wir hatten einen strengen Lehrer, der ein strammer Nationalsozialist war. Oft betrat er kauend mit dem Satz „Gut gekaut ist halb verdaut" das Klassenzimmer. Es folgte dann der Gruß „Heil Hitler", der damals obligatorisch war.

Ende 1945 war ich wieder zurück in Mannheim und besuchte ab 1948 das Tulla-Gymnasium, das damals zusammen mit dem Lessing-Gymnasium in der Tullaschule untergebracht war. Der Unterricht fand wochenweise wechselnd am Vormittag und am Nachmittag statt. Da ich ein begeisterter Straßenkicker war, hatte ich für die Schule nicht viel übrig. Es war die Zeit, als der VfR Mannheim mit dem Gewinn der Deutschen Meisterschaft seinen größten Erfolg feierte, was mich und meine Freunde zu verstärktem Fußballspielen veranlasste. Da ich wie die meisten Jugendlichen nur ein Paar Schuhe hatte, gab es zu Hause mitunter Ohrfeigen, wenn diese durch das Kicken zu stark in Mitleidenschaft gezogen worden waren. Am Ende der Untertertia war dann sehr zum Ärger meiner Eltern Schluss mit der Schule. Ich begann eine Maurerlehre, die mir nach drei Jahren als Maurergeselle die Möglichkeit zum Architekturstudium an der Staatsbauschule in Darmstadt gab. Da mich meine Eltern wegen meines Schulabbruchs in meinem Vorhaben nicht unterstützten, gab ich das Studium nach zwei Semestern auf, um nach kurzer Tätigkeit bei der Hypobank mich bei der Firma Gervais als Verkaufsfahrer zu bewerben. Von da an hatte ich keine finanziellen Probleme mehr, denn ich entdeckte dort mein Verkaufstalent.

Mein Großvater mütterlicherseits hatte seit 1919 in der Mittelstraße ein Lebensmittelgeschäft, in dem es abgesehen von Fleisch und Wurstwaren alles gab, was für den täglichen Bedarf eines Haushalts benötigt wurde. Manche dieser Geschäfte wurden als Kolonialwarenläden bezeichnet. Daneben gab es die Metzgereien, Bäckereien, Milch- und Gemüsegeschäfte. An den Markttagen schlug mein Großvater auf dem Mannheimer Marktplatz seinen Stand auf und war dort mit allen seinen Artikeln präsent. Schon in jungen Jahren habe ich ihm beim Verkauf geholfen. Der Mannheimer Markt war für mich schon sehr früh ein Ort, den ich liebte. Es war vor allem der Kontakt mit den Leuten, den ich mochte und der mich beeindruckte. Auf dem Markt war immer was los. Nach dem Tod meines Großvaters hat meine Mutter den Stand übernommen. Dass ich auf dem Mannheimer Markt später selbst einmal präsent sein würde, war damals noch nicht abzusehen, denn zunächst war ich ja Verkaufsfahrer bei der Firma Gervais, deren Produktionsstätte sich in Rosenheim befand. Die Fusion von Gervais mit der Firma Danone ist erst 1967 erfolgt.

Der Mannheimer Markt (etwa 1948)

Das Auslieferungslager meiner Firma befand sich in B 7. Dort musste ich morgens um 7 Uhr die Ware übernehmen, für die ich am Abend zuvor eine schriftliche Bestellung abgegeben hatte. Mein Kundenkreis war festgelegt. Das Gebiet erstreckte sich bis nach Heilbronn, und es war mir überlassen, wie ich es schaffte, jeden Kunden mindestens einmal pro Woche aufzusuchen. Großbetriebe waren jede Woche mehrmals anzufahren. Dafür stand mir ein Kastenwagen zur Verfügung, in den ich die bestellte Ware einlud und losfuhr. Ich war mein eigener Herr und konnte, sofern ich den nötigen Umsatz für die Firma machte, meine Arbeitszeit frei bestimmen. Diese Freiheit lag mir. Ich erinnere mich an Sommertage, an denen ich die Fahrten durch den Odenwald so richtig genossen habe. Wenn ich einmal abends über den Durst getrunken hatte, dann übernahm ich morgens zwar meine Ware, aber ich fuhr dann erst einmal nach Hause, um auszuschlafen. Danach konnte der Arbeitstag beginnen. Wie lange ich täglich arbeitete und wie ich mir die Arbeit einteilte, danach fragte niemand, sodass ich mitunter, wenn Not am Mann war, meiner Mutter auf dem Mannheimer Markt helfen konnte.

Mein Fixum betrug nur 480 D-Mark, aber die Provision verschaffte mir je nach der Intensität meiner Verkaufsbemühungen ein gutes Einkommen, das deutlich höher lag als das von manchem Angestellten oder Beamten. Ich lernte schnell, wie ich die Filialleiter und Eigentümer von Geschäften von der Notwendigkeit der Abnahme der Gervais-Produkte, zu denen auch Butter und Käse aus Frankreich zählten, überreden konnte. Als ich einmal bei einer für den Einkauf zuständigen Dame gesagt bekam, dass sie diesmal nichts benötige, fiel ich vor ihr auf die Knie und jammerte: „Wie soll ich denn meine Kinder ernähren ..." Allerdings war ein solcher theatralischer Auftritt die Ausnahme, denn die Geschäfte liefen sehr gut. Ich hatte wirklich keinen Grund zur Klage.

Die Ware wurde entweder aufgrund meiner am Abend mit der Neubestellung abgegebenen Empfangsbestätigungen in Rechnung gestellt oder bar kassiert. Wenn es nötig war, Restposten an den Mann zu bringen, oder Gefahr für die nötige Frische der Ware bestand, dann wurden Sonderpreise eingeräumt, bei denen ich um die Preishöhe mit dem Leiter des Auslieferungslager feilschen konnte. Zu welchem Preis ich dann die Ware unterbrachte, war meine Sache. Übrigens gab es damals keine Verfallsdaten, die den Verkauf gestört hätten. Danach fragte kein Mensch.

Die Freiheit war zwar groß, aber wer erfolgreich sein wollte, der musste zupacken. Ich kann mich noch gut daran erinnern, dass ich bei der Belieferung der Mannheimer Krankenanstalten mehrmals auf eine junge Frau stieß, die mit einem Fahrrad und einem Anhänger dort vorfuhr, um Brötchen abzuliefern. Auch sie war genau wie ich erfolgsorientiert. Es war Sascha Grimminger, die damals mit ihrem Mann den Grundstein für ihr erfolgreiches Filialgeschäft legte. In den Schoß gefallen ist niemandem etwas, wenn er von unten anfangen musste.

1960 habe ich geheiratet. Meine Frau lernte ich im Schwimmbad von Ilvesheim kennen. Ungeniert wie ich war, fragte ich das junge hübsche Mädchen, das mir sehr gut gefiel, ob ich denn einmal in ihre Zeitschrift schauen dürfe, die auf ihrer Matte lag. Ich wolle das Horoskop sehen, war meine Begründung. Aus diesem ersten Kontakt ist mehr geworden, wobei wir nicht nach dem Horoskop gefragt haben. Sie war damals als Friseuse tätig, aber als ich mich 1968 selbständig machte, war sie bereit, ihren Beruf aufzugeben und mit mir gemeinsam ein Geschäft zu betreiben, das sich auf den Verkauf von Wild und Geflügel spezialisierte, und zu dem selbstverständlich auch ein Stand auf dem Mannheimer Markt gehörte. Es war harte Arbeit, bis wir über den Kundenstamm verfügten, der den nötigen Umsatz und Erfolg garantierte. Firmenküchen und Restaurants waren unsere Abnehmer, aber daneben auch viele Privatkunden, die neben denen, die zu unserem Stand auf dem Markt kamen, beliefert werden wollten. Einen Acht-Stunden-Tag, der damals üblich war, kannten wir nicht, auch keine 48-Stunden-Woche.

Der Mannheimer Markt an einem Wintertag

Im Rückblick haben meine Frau und ich alles richtig gemacht. Viele meiner langjährigen Kunden kann ich heute noch auf dem Markt begrüßen und meine Späße mit ihnen machen. Für einen guten Witz war ich immer zu haben, und das wird auch so bleiben. Wenn ich mich an meinem Stand mit ausländischen Kunden in deren Sprache unterhalte, dann kann niemand wissen, dass ich sie nur aus den Gesprächen mit ihnen gelernt habe, wodurch mein Wortschatz zwangsläufig begrenzt ist. Als Quelle für meine Fähigkeiten im Fach Fremdsprachen gebe ich den Bewunderern ungeniert das „Kleine Latinum" an, was natürlich nicht ernst gemeint ist. Es freut mich, wenn dann einige, die das „Große Latinum" haben, etwas erstaunt aus der Wäsche schauen.

Irmgard Laux, geborene Schuster

Erinnerungen eines Flüchtlingskindes

1939 wurde ich in Brünnlitz im Schönhengstgau geboren, einer deutschen Sprachinsel in der Tschechoslowakei. In unserem Ort lebten Tschechen und Deutsche gemischt Haus an Haus und haben sich in der Regel gut vertragen. Meine Eltern und meine zehn Jahre ältere Schwester Henriette beherrschten beide Sprachen. Ich sprach und verstand nur deutsch, da ich keine tschechischen Freundinnen besaß. Ich konnte lediglich bis 100 tschechisch zählen und einige Lieder singen. Meine Eltern haben sich ein schönes Haus gebaut, mitten in einem großen Garten. Wir hatten Bienenstöcke, Ziegen, Hühner, Gänse, Hasen und jedes Jahr wurde ein Schwein geschlachtet. Somit hatten wir eigentlich alles, was man zum täglichen Leben braucht.

Die Eltern mit meiner älteren Schwester und mir in unserem Garten

Mein Vater arbeitete als Tuchweber und meine Mutter half zeitweise auf einem Bauernhof mit. Mein Vater hatte drei Schwestern, die alle mit Tschechen verheiratet waren. Sein Bruder wohnte mit seiner Familie mit vier Töchtern zwei Häuser weiter, hatte eine Landwirtschaft und war zuletzt Bürgermeister in unserem Ort Brünnlitz, der später durch den Film „Schindlers Liste" bekannt wurde.

Der Ort wurde Anfang Mai 1945 von den Russen, die aus Krakau angerückt waren, besetzt. Kampfhandlungen fanden bei Brünnlitz nicht statt. Wir durften zunächst in unserem Haus bleiben.

Als ich einmal mit meiner Mutter unterwegs war, grüßte ich ganz stolz mit dem Hitlergruß. Erschrocken riss mir Mutter den Arm herunter und sagte, ich soll still sein. Offensichtlich hatte ich als Kind den Umschwung noch nicht mitbekommen. Am Kriegsende war ich sechs Jahre alt und sollte eigentlich den Unterricht besuchen. Die deutschen Schulen wurden aber geschlossen, und ich saß nun in einer tschechischen und verstand kein Wort. Das Problem löste sich durch die spätere Vertreibung.

In unserem Haus waren ein russischer Offizier und ein Koch einquartiert. Sie waren sehr freundlich. Meine Eltern sprachen tschechisch mit ihnen. Da ich nach Ansicht meiner Mutter zu dünn war, bat sie den Koch, mir etwas zuzubereiten, wovon ich zunehmen würde. Dieser mischte mir auch bereitwillig ein Tränklein aus Hefe, Milch und anderen Zutaten, welches ich mit Genuss trank, aber leider nicht zunahm.

Als Vater nicht mehr arbeiten durfte, half er auf einem Bauernhof in der Nähe mit. Wir Deutsche mussten weiße Tücher aus den Fenstern hängen. Eines Tages kam ein sogenanntes Flintenweib und ein Mann und sie durchsuchten unser Haus und die Schränke. Meine Mutter schickte mich den Vater holen, und ich bin noch nie in meinem Leben so gerannt. Außer Atem kam ich auf dem einen Kilometer entfernten Bauernhof bei meinem Vater an und konnte nur immer wieder in unsere Richtung zeigen. Vater packte mich und rannte los, unterwegs, als ich wieder zu Atem kam, berichtete ich ihm den Vorfall. Als wir daheim ankamen, verließen die beiden gerade unser Haus, unter ihren weiten Mänteln vieles verborgen. Mein etwas jähzorniger Vater wollte sich auf sie stürzen, wurde aber von Mutter mit dem Hinweis gehindert, dass sie bewaffnet seien. Schweren Herzens mussten wir sie ziehen lassen. Mutter stellte später fest, dass ihre schönsten Kleider weg waren.

In diesen unsicheren Zeiten machte meine Mutter im Garten eine Grube und versteckte darin eingewecktes Fleisch und andere wertvolle Lebensmittel. Obenauf kam ein Holzdeckel, auf welchem zur Tarnung Salat gepflanzt wurde. Wenn sie etwas brauchte, hob sie einfach den Deckel hoch und holte sich die Lebensmittel. An eine Fichte im Wald hinter unserem Haus hängten meine Eltern geräucherten Schinken und Dauerwürste für etwaige Notfälle nach einer erhofften Rückkehr. Dass wir aus der Heimat endgültig vertrieben werden könnten, daran wollten meine Eltern anfangs nicht glauben.

Am 1. März 1946 wurden die deutschen Männer, darunter mein Vater und Onkel, einige Wochen im Gefängnis von Chrudim eingesperrt. Meine Mutter röstete Brotwürfel in Speck und schickte diese durch einen tschechischen Nachbarn meinem Vater. Das beruhigte uns alle, denn wir konnten uns schon vorstellen, wie dort gehungert wurde.

Unser Haus in Brünnlitz

Welche Folgen der Umsturz im täglichen Leben hatte, sollte eines Tages meine Tante verspüren. Als sie beim Metzger einkaufen wollte, verstand dieser plötzlich kein Wort deutsch mehr. Da sie kaum tschechisch sprach, stellte sie sich hinten an und passte auf, was die anderen verlangten und sprach es nach. In ihrer Verzweiflung sprach sie damals nur noch mit ihrer Katze deutsch, so erzählte sie mir, als wir sie Jahre später besuchten.

Das Schlimmste stand uns jedoch noch bevor, denn Anfang Mai 1946 hieß es plötzlich, wir müssten am 15. Mai 1946 aussiedeln, sodass uns nur noch wenige Tage blieben. Mein Vater ließ drei große Kisten anfertigen, denn wir durften 50 kg pro Person mitnehmen. Federbetten, Kleider, Geschirr und viele uns wichtig erscheinende Dinge wurden eingepackt. Meine Spielsachen mussten zurückbleiben, und so machte ich mir aus einem Taschentuch eine Puppe, ein Knoten war der Kopf. Nachts kamen immer wieder tschechische Nachbarn, um sich zu verabschieden und brachten Würste und haltbare Lebensmittel mit. Sie versicherten uns immer wieder, dass wir keine Angst haben müssten, uns würde nichts passieren, unser gutes Verhältnis zu den Tschechen war ja bekannt. Tröstlich für meinen Vater war, zu wissen, dass sein ehemaliger deutscher Schulfreund, der mit einer Tschechin verheiratet war und deshalb nicht aussiedeln musste, sein Haus übernehmen würde. Besonders schwer war der Abschied von unserem Hund Waldi. Meiner Tante, welche mit einem Tschechen verheiratet war und dort bleiben durfte, übergaben wir unseren Schmuck, hauptsächlich Goldschmuck mit Granaten, da wir keinen Schmuck mitnehmen durften.

Am Abreisetag mussten wir uns alle im Schulhof einfinden. Ich trug wie die anderen einen schweren Rucksack, verlor unterwegs das Gleichgewicht und fiel in den Straßengraben, wo meine Mutter mich wieder herauszog. Mit unserem Gepäck ging es zum Bahnhof, wo wir in leere Waggons einstiegen. Diese wurden dann zugenagelt, sodass wir unterwegs nur durch Astlöcher hinaussehen konnten. Die Notdurft wurde in Eimer verrichtet. Für mich war dies alles ein großes Abenteuer, Angst hatte ich keine. Ich genoss es, mit anderen Kindern und Leuten zusammen zu sein, denn mein Leben verlief bisher sehr eintönig. Ich weiß nicht mehr wie viele Tage wir unterwegs waren, bis wir im Lager Iglau ankamen.

Nach einiger Zeit ging es bei Furth im Walde über die Grenze und weiter bis Regensburg. Von dort aus wurden wir über die einzelnen Ortschaften in der Oberpfalz verteilt.

Auf Heimatsuche

Mit unserer Habe, die in drei Kisten untergebracht war, kamen wir endlich in dem kleinen Ort Bernricht an, der aus fünf Bauernhöfen bestand. Dieser lag im Landkreis Sulzbach-Rosenberg. Wir sollten bei einer Kriegerwitwe mit zwei kleinen Buben und einer alten Großmutter einquartiert werden, waren aber keineswegs willkommen. Mit Polizeihilfe wurden wir schließlich auf dem Bauernhof in einem kalten Zimmer mit Schimmel an den Wänden untergebracht. Es war nur spärlich möbliert und enthielt für uns vier Personen nur zwei Betten. Mein Vater stellte die drei Kisten hintereinander, legte Decken darauf, und dies war vier Jahre lang sein Nachtlager.

Zur Bewirtschaftung des Bauernhofes waren ein Knecht und eine Magd vorhanden. Mein Vater kannte sich in der Landwirtschaft gut aus, er war von früh bis spät als Knecht auf den Beinen und bekam dafür das Essen. Da es für uns nicht reichte, half meine Mutter beim Nachbarn mit, welcher die Hilfe gerne annahm, und so kamen wir einigermaßen über die Runden. In dem Ort wohnte auch ein Flüchtlingsmädchen, welches zwei Jahre älter war als ich. Endlich hatte ich eine Freundin. Sie brachte mir das Stricken bei, und so fertigten wir uns dicke Schafwollstrümpfe, welche mit Walnussschalen braun gefärbt wurden. Meine Tante aus der Heimat schickte Baumwolle, ich gab auch meiner Freundin davon, und wir strickten uns Unterwäsche. Sie schickte uns außerdem Kleider, in welchen unser Schmuck eingenäht war, und bat uns in einem Brief, die Taille und den Saum etwas enger zu nähen. So wussten wir, wo der Schmuck versteckt war.

1946 kam ich endlich in die Schule, welche drei Kilometer entfernt in Edelsfeld stand. Ich musste durch den Wald laufen, dies war gerade im Winter bei hohem Schnee ganz schön anstrengend. Schnell schloss ich neue Freundschaften und lernte gerne in der Schule. Zur großen Freude bekamen wir Schulspeisung, dazu brachten wir unsere Essenkännchen mit. In den bayerischen Dialekt fand ich mich schnell hinein. Die Lehrer waren freundlich, und der Pfarrer gab mir immer Bücher zum Lesen mit und schenkte mir Heiligenbildchen.

Mein Onkel mit seiner Familie war in einer größeren Nachbargemeinde untergebracht, und wir trafen uns immer am Sonntag nach der Kirche. Meine Schwester half notgedrungen auch in der Landwirtschaft mit. Nach einiger Zeit bekam sie Asthma, was zu richtigen Erstickungsanfällen führte. Vor allem nachts riss sie sich die Kleider vom Leibe und schrie um Hilfe, wenn sie keine Luft mehr bekam. Meine Mutter weckte mich dann und bat mich zu beten. Da es im Ort kein Telefon gab, musste mein Vater mitten in der Nacht mit dem Fahrrad acht Kilometer durch den Wald fahren, um bei einem Bauern den Arzt anzurufen. Dieser war oft schneller da als er. Nach der Spritze ging es meiner Schwester wieder besser. Sie war sehr oft im Krankenhaus in Sulzbach-Rosenberg und Amberg. Manchmal nahm mich meine Mutter auf dem Fahrrad mit, wenn sie meine Schwester besuchte. Da ich nicht ins Krankenhaus durfte, saß ich davor und verkaufte kleine Sträußchen von selbstgepflückten Schlüsselblumen oder Vergissmeinnicht. Einmal überraschte mich dabei meine Lehrerin und kaufte mir sogar ein Sträußchen ab. Da es mit meiner Schwester nicht besser wurde, rieten die Ärzte, in eine mildere Gegend zu ziehen.

So wurden nach vier Jahren wieder die Kisten gepackt, und wir kamen nach Elmstein-Harzofen, Kreis Neustadt in der Pfalz. Da wurde es für meine Schwester etwas besser, auch war ein Arzt in der Nähe. Wir hatten eine geräumige Zweizimmerwohnung mit schönem Vorhof und Garten. In diesem Haus wohnten bereits sechs Flüchtlingsfamilien. Zur Schule ging ich durch den Wald in das drei Kilometer entfernte Elmstein, wo ich gut mitkam, allerdings erregte mein bayerischer Dialekt anfangs oft Heiterkeit.

Da im Elmsteiner Tal mehrere Tuchwebereien ansässig waren, hoffte mein Vater, wieder eine Arbeitsstelle in seinem Beruf zu finden. Doch wo er sich auch vorstellte, wurde er nicht

Weihnachten mit meinen Eltern in der Pfalz

genommen; er war bereits über 50 Jahre alt. Dies tat weh. So bot er in der Umgebung seine Hilfe beim Schneiden der Obstbäume und Gartenarbeiten an und war bald ein gefragter Mann. Er hatte eine schöne Stimme und sang bei der Arbeit, er war überall beliebt. Meine Mutter half im nahen Naturfreundehaus in der Küche und in den Zimmern. Meine Eltern bekamen eine kleine Rente und sparten Geld, noch einmal für ein eigenes Häuschen, in das sie 1958 einzogen. Wieder legten sie mit viel Fleiß einen Garten an, und jetzt waren sie endlich angekommen.

Meine Schwester saß oft mit dicken Socken und karierten Hausschuhen im Hof und hustete. Doch endlich lernte sie einen Mann kennen, heiratete und bekam zwei Kinder. Plötzlich war ihr Asthma weg – also wohl doch nur eine psychische Reaktion? Sie zog vorübergehend mit ihrer Familie nach Mannheim, und so war es für mich naheliegend, 1957 auch nach Mannheim zu kommen. Dies sollte meine vierte und somit endgültige, vor allen Dingen selbstgewählte Heimat werden. Endlich konnte ich Wurzeln schlagen. Hier fühlte ich mich wohl und wollte bleiben.

Das eigene Häuschen meiner Eltern in Elmstein

Da ich erst zu spät in die Schule gekommen war und inzwischen das Alter von vierzehn Jahren überschritten hatte, legten meine Eltern keinen Wert darauf, dass ich die Schule abschloss. Mit ihrer Meinung „sie wird ja später doch einmal heiraten" waren sie in der damaligen Zeit nicht allein.

Anfangs arbeitete ich als Platzanweiserin bei den Planken-Lichtspielen, danach im Büro eines Autohandels und machte den Führerschein. Gerne spazierte ich die Planken auf und ab und erinnere mich noch heute an viele längst verschwundene Geschäfte. Ich kaufte mit Vorliebe bei Neckermann in den Planken oder im Kaufhaus Vetter in der Kunststraße ein. Ich tanzte gerne im Kossenhaschen in P 5; unvergessen, das Neujahrsfeuerwerk oben von der Terrasse aus zu sehen. An Faschingsdienstagen tanzten wir durch die Planken, die Jungs bildeten Ketten und zingelten uns Mädchen ein, was wir uns nur zu gerne gefallen ließen. Mit einer Tüte Maronen wärmten wir die klammen Finger. Im Sommer ging es mit dem Fahrrad zum Strandbad oder zur Silberpappel. An den Wochenenden besuchte ich meistens meine Eltern in der Pfalz.

Im *Café Wasserturm* lernte ich meinen Mann Siegfried aus Heidelberg kennen. Endlich war ich auch menschlich angekommen, fand Liebe und Geborgenheit. Wir haben zwei Kinder, zwei Enkel und zwei Urenkel. Wenn ich auch jetzt in Heddesheim wohne, Mannheim ist und bleibt meine Wahlheimat, mein Lebensmittelpunkt.

Leider ist meine Schwester im Alter von nur 42 Jahren an Lungenkrebs gestorben. Ihre dreizehnjährige Tochter nahmen wir für mehrere Jahre in unsere Familie auf, der vierzehnjährige Sohn verblieb bei unseren Eltern.

Zusammen mit meinem Mann, meinem Sohn und meiner Mutter besuchte ich noch zweimal in der alten Heimat die dort verbliebenen Tanten und inzwischen erwachsenen Cousinen. Mein Vater wollte nicht mitkommen – es hätte ihm das Herz gebrochen.

Im Alter von 19 Jahren

SIEGFRIED LAUX

Meine Kriegsgefangenschaft in England – Die Anfangszeit

Vor mir liegt ein alter, vergilbter Brief meines Vaters, den er mir am Abend des 16.9.1947 geschrieben hat, nachdem ich bereits über drei Jahre von zu Hause getrennt war. Darin lese ich:

Die Fenster werden verhängt, das Licht angesteckt, und nun wird die Seele frei und wandert hin über Zeit und Raum, wo eine andere Seele sich für denselben Weg rüstet, nur in der umgekehrten Richtung. Also, ich komme zu Dir, lieber Bub, und plaudere mit Dir wie ehedem. So oft sind wir bei Dir und freuen uns, dass es Dir an Leib und Seele gut geht. Warte nur, wenn Du nach Jahren einmal zurückdenken wirst an Deinen Aufenthalt in England, wenn dann alles so schön friedlich verklärt zurückliegt, dann erst fängt es an zu dichten in Dir, denn alles Schöne tut das in der Menschenseele, nur hören es die meisten Menschen nicht. Du aber wirst es hören, das weiß ich.

Wie recht hatte er damit. Und nun sollen die Bilder vergangener Zeiten noch einmal aufleuchten, ehe sie verblassen.

Gerade 17 Jahre war ich alt, als ich im September 1944 in der Eifel in amerikanische Gefangenschaft geriet. Die Behandlung durch die Soldaten war gut, abgesehen von einer Begegnung mit Freischärlern, deren Anführer mit vorgehaltener Pistole Angaben über meine Einheit erpressen wollte, wobei ich mich nur mit falschen Angaben retten konnte. Dabei fiel mir die unmilitärische Aufmachung dieser Leute auf, besonders das deutsche Koppelschloss mit der Aufschrift „Gott mit uns", welches ihr Anführer trug. Erst eine Dokumentation von Bernhard Krämer über den Krieg in der Schneeeifel, die er 1996 als Buch herausbrachte, öffnete mir die Augen, dass wir damals mit ziemlicher Sicherheit dem Schriftsteller Ernest Hemingway gegenüberstanden. Er war nachweislich als Kriegsberichterstatter in unserem Kampfgebiet anwesend, zudem ist bekannt, dass er das oben genannte Koppel gelegentlich trug.

Von meinen wenigen Besitztümern ließ man mir lediglich einen Almanach mit Bibelzitaten und Gedichten für jeden Tag, den ich in meiner Brusttasche trug, dazu wenige Bilder meiner Lieben daheim. Doch diese Habe gab mir Kraft, als wir eng zusammengepfercht auf einem Lastwagen durch Luxemburg, Belgien und Frankreich fuhren, vom Pöbel an den Straßenrändern beschimpft und mit Steinen beworfen wurden. Auf Steinböden von Kasernen und kargen Wiesenböden verbrachten wir die Zeit in verschiedenen Lagern, litten großen Hunger, um endlich bei Cherbourg in einem Zeltlager mit verheerenden hygienischen Bedingungen auf ein Schiff für die Übersetzung nach England zu warten. Die

Amerikaner hatten uns zwischenzeitlich den Engländern übergeben. Nach wenigen Tagen bestiegen wir den Transporter und erlebten, wie die Matrosen mit uns einen schwungvollen Handel begannen. Besonders die Raucher unter uns litten unter Entzugserscheinungen, und so wechselten schweren Herzens Armbanduhren, Eheringe und sonstige Habseligkeiten die Besitzer. Währenddessen saßen wir auf dem nackten Schiffsboden, bis wir endlich bei Nacht Southampton erreichten.

Beim Verlassen des Schiffes hörte ich durch die Dunkelheit ein Glockenspiel mit der Melodie eines vertrauten Kirchenliedes, ich fühlte mich geborgen. Ein Wachsoldat gab mir eine Wolldecke und einen Becher heißen Tee und nannte mich dabei „comrade". Diese dem geschlagenen Feind erwiesene Menschlichkeit war der Beginn ähnlicher Erfahrungen, die ich in England machen durfte.

Bei London wurden wir in einem Auffanglager registriert und untersucht, wobei mein schlechter Ernährungszustand auffiel und mir eine Tüte mit Frühstücksbroten des Personals einbrachte. Ein Sonderzug mit gepolsterten Abteilen führte uns quer durch die Insel zu unserem Bestimmungsort, dem Lager 19 in Schottland. Dort wurden wir in großen Wellblechhütten untergebracht, den sogenannten Nissenhuts, ausgestattet mit Doppelbetten, einem Strohsack und zwei Wolldecken. Drei Kanonenöfen sorgten mit Koksfeuer für Wärme in den kalten Wintern. Das Lager befand sich an einem Abhang, und die Wege waren im Winter oft spiegelglatt, sodass man nur rutschend ans Ziel gelangen konnte. In einer Baracke befanden sich die Latrinen, wo bei langen „Sitzungen" Gerüchte ihren Ursprung hatten, zum Beispiel, wir würden den Russen ausgeliefert. Durch mein gutes Schulenglisch, das ich schnell aufbessern konnte, bekam ich Kontakt mit den englischen Wachen, die mir Zeitungen zusteckten, die ich meinen Kameraden übersetzte. Englische Kriegsdienstverweigerer hatten Zugang zum Lager und verteilten Neue Testamente. Um die verschiedenen Öfen in der Baracke bildeten sich Gruppen, in denen über alles Mögliche diskutiert wurde. Viele hielten dabei an NS-Vorstellungen fest, doch bildeten sich auch Gruppen, die der Demokratie gegenüber aufgeschlossen waren.

Solange noch der Hunger der letzten Wochen nachwirkte, wurde endlos über Kochrezepte palavert. Doch dies änderte sich, als die gute Lagerverpflegung anschlug und Thema Nr. 1 in den Vordergrund trat. Die Lagerbücherei war gut bestückt, mich faszinierte die Begegnung mit den Dichtungen des schottischen Nationaldichters Robert Burns. Ein besonderes Erlebnis hatte ich, als mir ein schottischer Wachsoldat von seinem Wachturm aus ein Buch mit Goethegedichten herunterwarf mit der Bemerkung: „Just a token of friendship" – nur ein Freundschaftsbeweis. Von ihm erfuhr ich auch, dass einige Kilometer von hier 1941 Rudolf Hess, Hitlers Stellvertreter, mit einem Fallschirm abgesprungen war und vergeblich versucht hatte, zwischen den kriegführenden Parteien auf eigene Faust zu vermitteln.

Was wir hier durch den Stacheldraht von der schottischen Landschaft sehen konnten, ließ uns deren herben Reiz empfinden, besonders wenn die schottischen Hochlandrinder um unser Lager grasten. Hier erlebte ich auch einen wunderbaren Sonnenaufgang, den ich in meinen Aufzeichnungen festhielt:

Es gibt in unserem Leben Eindrücke, die durch ihre tiefe Einwirkung auf das Gemüt zum Erlebnis werden und unauslöschlich in der Erinnerung bleiben. Solch ein Erlebnis war für mich ein Sonnenaufgang in der winterlichen Landschaft Schottlands. Der Stacheldraht ist da unsichtbar geworden. Ich trat aus meiner Baracke, eine schneidend kalte Morgenluft wehte mir entgegen, der Schnee knirschte unter meinen Füßen, wie feiner Rauch stieg mein Atem nach oben. Mein Blick ging in die Ferne, wunderbar hoben sich die silbern glänzenden, mit Schnee bedeckten Berge von der Landschaft ab. Das ganze Bild verkörperte die Ruhe, die eisige Stille eines Wintertages. Da – der Horizont begann sich leicht zu röten, und langsam in majestätischer Ruhe stieg der Sonnenball empor mit einer Farbe, einem intensiven Rot, wie ich es noch nie gesehen hatte. Lange sinnend war ich in diesen Anblick versunken. Mein ganzes Leid legte ich in dieses Stückchen Ewigkeit."

Froh waren wir, als sich die Gelegenheit bot, der Eintönigkeit des Lagerlebens durch Meldung zum freiwilligen Arbeitseinsatz zu entfliehen. Im Januar 1945 wurden wir in das Arbeitslager 653 bei Bicester nahe Oxford verlegt. Unser Arbeitseinsatz dort bestand unter anderem in Drainagearbeiten. Die versandeten Entwässerungsgräben mussten neu ausgehoben werden, eine schwere Arbeit, bei welcher der nasse Lehm am Spaten kleben blieb.

Im Lager erwachten während der Freizeit ungeahnte Talente. Erstaunliches kam zustande. Aus Holz wurde Spielzeug gefertigt, das uns die englischen Soldaten abkauften. Mir brachte ein Kamerad bei, wie man aus Milchdosen Zigarettenetuis herstellt, wobei als Werkzeug ein Messer genügte. Meine Produkte waren sehr gefragt. Kartoffelsäcke wurden in Streifen geschnitten, in Zöpfe geflochten und schließlich in

LAGER 653 - BICESTER -

Pantoffeln verwandelt. Höchste Preise erzielten Schachbretter mit eingelegten Feldern und kunstvoll geschnitzten Figuren. Englischkurse wurden eingerichtet, einen davon habe ich geleitet. Großen Anklang fand ein Mandolinenorchester. Die Instrumente wurden aus Sperrholz hergestellt, lediglich die Saiten besorgten die Engländer. Ein Kamerad machte mir einen stabilen Holzkoffer zum Geschenk.

Im April 1945 erlebte ich während des Arbeitseinsatzes eine der dunkelsten Stunden meiner Gefangenschaft. Der uns bewachende Soldat, ein alter Mann, war uns freundlich gesonnen und hatte sogar keine Bedenken, uns sein Gewehr zu überlassen, während er sich täglich sein Frühstück besorgte. Wie üblich kam er so eines Tages mit einer Zeitung zurück. Doch heute wurde die übliche Routine gestört, als er die Zeitung öffnete und ein Bild erblickte, das die Befreiung eines deutschen KZs zeigte, vor dem sich die Leichen stapelten. Der sonst so gelassene Mann wurde rot vor Zorn und spuckte vor uns aus. Es traf uns wie ein Donnerschlag, wir waren fassungslos von dieser Ungeheuerlichkeit, die sich da vor uns auftat.

An die Informationstafel unseres Lagers wurden laufend Zeitungsausschnitte englischer und internationaler Pressemitteilungen geheftet, die uns über das Kriegsgeschehen informierten. So erfuhren wir auch von der Ausweitung der Luftangriffe auf deutsche Städte. Wir hörten ja ununterbrochen, wie die schweren Rolls-Royce-Motoren der alliierten Kampfverbände über uns in Richtung Deutschland hinwegflogen. Mannheim, wo ich 1943/44 als Luftwaffenhelfer eingesetzt gewesen war, wurde oft in den Berichten als eine der am meisten angegriffenen Städte Deutschlands genannt. Doch was war mit Heidelberg, wo ich zuletzt bei meinen Eltern gewohnt hatte? Eines Tages, als ich wieder einmal die Informationstafel betrachtete, wollte ich meinen Augen nicht trauen. Hing doch da eine Nachricht aus der bekannten englischen Zeitung News Chronicle vom 31. März 1945 mit in Fett gedruckten Lettern „Heidelberg captured undamaged by 7th Army" (Heidelberg wurde unbeschädigt von der 7. Armee eingenommen), gefolgt von einem ausführlichen Bericht über die Einnahme und Fotos davon. Diese Nachricht wurde nur noch übertroffen, als ich über das Rote Kreuz erfuhr, dass unser Heim erhalten geblieben war und meine Eltern mit Sehnsucht auf mich warteten.

Im Oktober 1945 hatte ich die nachstehende Suchmeldung aufgegeben, da ich zu diesem Zeitpunkt noch immer nicht wusste, ob meine Eltern am Leben waren.

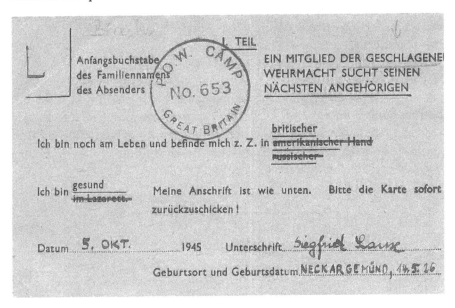

Meine Kriegsgefangenschaft in England – Im goldenen Käfig

Eines Tages hieß es für mich Holzkoffer und Seesack packen. Ich hatte das Glück, zu denen zu gehören, die aus allen Lagern Englands für das neugegründete Nortoncamp, einer Universität hinter Stacheldraht, bei Cuckney/Nottinghamshire, ausgewählt wurden. Eingerichtet wurde sie von der Kriegsgefangenenhilfe des Weltbundes der Christlichen Vereine Junger Männer mit Fakultäten für Theologen und Pädagogen, dazu Vorbereitungskurse für das Abitur und Jugendleiter. Im Gegensatz zu den erfolglosen Umerziehungsversuchen der militärischen Stellen wurde diese Arbeit ein Erfolg. Die Lehrkräfte wurden unter den über 200.000 Kriegsgefangenen gewonnen und die abgehaltenen Prüfungen in der britischen Zone Deutschlands anerkannt.

Das Camp lag in einem typisch englischen Park mit einem prächtigen Baumbestand, dazwischen waren zahlreiche Wellblechbaracken weiträumig gestreut. In der einen Hälfte befanden sich die Unterkünfte der Pädagogen, in der anderen die der Theologen. Zwei Baracken dienten als Kirchen für Protestanten bzw. Katholiken. In der Mitte des Lagers stand eine Freilichtbühne für diverse Veranstaltungen. Hier sprachen Besucher unseres Lagers, zum Beispiel Kardinal Frings aus Köln, der unser Lager treffend als goldenen Käfig kennzeichnete, Bischof Dibelius aus Berlin und Pastor Niemöller, denen wir gebannt lauschten, wenn sie uns von der Lage in Deutschland aus erster Hand berichteten. Auf der Lagerstraße fanden die zermürbenden täglichen Zählungen statt, dabei beäugten uns zahlreiche Vögel, die auf dem Stacheldraht saßen und auf die üblichen Brosamen von uns warteten. Bei solcher Gelegenheit entstand mein Gedicht:

Unser Wohn- und Schlafraum in der Baracke

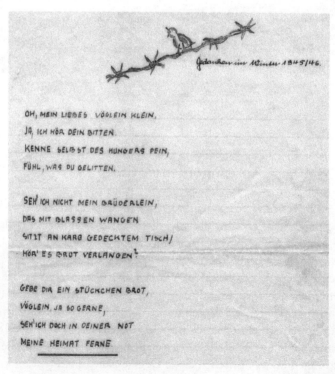

Die umfangreiche Lagerbibliothek fand mein größtes Interesse. Eine ganze Literaturgeschichte schrieb ich ab, da ich fürchtete, später im zerstörten Deutschland eine solche nicht zu erhalten. – Während wir so in Ruhe studieren konnten, bewegte sich ein Flüchtlingsstrom aus den Ostgebieten in die Besatzungsgebiete Restdeutschlands. Ich konnte damals nicht ahnen, dass in jener Zeit – es war am 16.5.1946, ein kleines Mädchen, es wurde später meine Frau, die Vertreibung aus ihrer sudetendeutschen Heimat im Güterzug erleben musste.

Ich selbst saugte gierig auf, was ich in den Büchern der Bibliothek an deutscher Kulturgeschichte vorfand; ich erkannte dabei, dass sie nicht nur aus Barbarei bestand, wie sie leider in unserer jüngsten Geschichte hereingebrochen war. In meiner damaligen Verfassung fand ich in Hermann Hesses Gedichten die Wegweisung, nach der ich suchte. „Schiffbrüchige Schiffer, Herden ohne Hirt", das waren wir doch alle in unseren Lagern geworden, als deren Freund er sich sah. Ernst Jünger bereicherte die Bibliothek mit seinem Bändchen „Atlantische Fahrt", das er uns Kriegsgefangenen in England mit dem Wunsche widmete:

Den deutschen Kriegsgefangenen in England. Aus meinen Manuskripten wählte ich dieses, weil es Erinnerungen an Sonne und Raum enthält. Die Erde ist groß. Möge es einladen zu geistiger Begleitung und Wanderschaft. Ich sende es nach drüben mit herzlichem Dank für die Briefe, die ich aus den Lagern erhielt, und mit dem Wunsche, dass recht bald die Stunde für die Rückkehr in die Heimat schlägt, die Euch entbehrt.

Aber das lange Warten darauf legte sich schwer auf unser Gemüt. Die Sehnsucht nach Freiheit ließ mich in meinen Träumen mit ausgebreiteten Armen fliegen, bis ich an die Barackendecke stieß, mit einem Schrei abstürzte und meine Kameraden aus dem Schlaf riss. Eines Nachts gelang es uns, Freiheit zu genießen, wenn auch nur für zwei Stunden. Wir passten den geeigneten Zeitpunkt zwischen den Rundgängen der Wachen ab, um durch ein vorbereitetes Loch im Stacheldraht zu kriechen. Kurz darauf tauchten wir hüllenlos in den angrenzenden See. Bei Mondenschein und eingehüllt vom Schweigen der Nacht durchströmte uns ein unbeschreibliches Glücksgefühl.

Die Zuschauer an der Freilichtbühne

Deutsche Emigranten besuchten die Lager und warben um Verständnis für die Vorzüge der Demokratie. Dazu gehörten Hermann Sinsheimer aus Freinsheim, Werner Milch, der an der Universität Breslau gelehrt hatte und uns aus Gerhard Hauptmanns „Hanneles Himmelfahrt" las, Dr. Wolff, zuletzt in London, referierte über Schiller und die Freiheit.

Zu meinen bleibenden Erinnerungen gehört auch ein Fußmarsch durch den Park des Duke of Portland zum Zahnarzt des Nachbarlagers. Da war zum einen sein vorsintflutlicher Bohrer mit Fußbetrieb, zum anderen las ich an der Wand der Essensbaracke den handgemalten Spruch:

Seh' ich die Sonn' am Himmel stehn,
tut mir das Herz im Leibe weh,
wie oft wird sie noch auf- und niedergehn,
bis ich die Heimat wiederseh.

Eine neue Zeit brach für uns an, als sich Ende 1946 die Lagertore öffneten und wir uns im Umkreis von fünf Meilen bewegen konnten, als später sogar der Stacheldraht verschwand. Auch das Fraternisierungsverbot wurde aufgehoben. Der Jude Victor Gollancz, er erhielt 1960 den Friedenspreis des Deutschen Buchhandels, hatte durch seinen Einsatz im britischen Parlament maßgeblich dazu beigetragen.

Kaum tauchten wir in unseren als Kriegsgefangene gekennzeichneten Uniformen in den Ortschaften auf, schon knüpften sich freundschaftliche Bande zwischen Deutschen und Engländern. So kümmerten sich Angehörige der Pentecostal-Mission und anderer Glaubensgemeinschaften in rührender Weise um uns, luden uns zu ihren Gottesdiensten und in ihre Wohnungen ein. Auch weniger religiös gebundene Menschen kamen uns entgegen. So wurden ich und mein Kamerad Helmut Wirth in Shierebrook, einem typischen Bergarbeiterort der Midlands, eingeladen. Wir waren Gast von Syd Humby und seiner Frau May mit ihrem kleinen Sohn John und saßen kurz danach vor dem prasselnden Kaminfeuer bei einer Tasse Tee. Mit der Zeit wurden wir echte Freunde. Sie mussten zwar sparsam leben, Lebensmittel waren noch rationiert, doch teilten sie das Wenige mit uns. Zu Weihnachten bekamen wir zwei Tage Urlaub und konnten bei Familie Humby englische Weihnacht erleben, wobei selbst der traditionelle Kuss nicht fehlen durfte, als May unterm Mistelzweig stand. Beim Aufstehen am nächsten Morgen hing an der Tür ein mit Süßigkeiten gefüllter Strumpf, dazu vom kleinen John für uns gesammeltes Geld. Zusammen mit Familie Humby sahen wir uns noch den Film „A Tale of Two Cities" nach einem Roman von Charles Dickens an. Zuvor wurde die englische Nationalhymne abgespielt, zu der sich die Besucher von den Plätzen erhoben.

Meinen Eltern schickte ich am 6.12.1946 einen Weihnachtsbrief, den sie leider erst am 17.1.1947 erhielten.

Meine Liebsten!
Wenn Ihr heute Abend diesen Brief lest, seid bitte nicht traurig. Lasst uns in Gedanken beisammen sein, und echte Weihnachtsfreude möge durch unsere Herzen ziehen. Vielleicht fehlt das Tannenbäumchen in Eurem neuen Heim, vielleicht auch der Glanz der Weihnachtskerzen. Dafür soll es aber umso heller in unserem Innern strahlen. Welch ein Zauber liegt in dem Worte Weihnacht! Glückvolle Stunden durften wir zusammen erleben an diesen Festtagen. Wie sehe ich mein liebes Mamserlein vor mir, als seine glänzenden Augen sich nicht von den Lichterlein und den bunten Kugeln trennen konnten. Ja, das Licht, die Helle ist es, wonach wir uns alle sehnen. Als Kind, da sind die grünen Zweige, die Kerzen und Geschenke das Erlebnis. Man ahnte nur, welchen tiefen Sinn dieses Fest in sich trägt. Doch je älter man wird, je mehr man die Welt kennen lernt, desto klarer und deutlicher offenbart sich uns das Weihnachtswunder. Nicht das Kürzerwerden der Nächte ist das letzte und tiefste Erlebnis, sondern der Ruf, uns gegenseitig zu lieben, an die Wahrheit und ans göttliche Licht zu glauben; das ist es, was uns singen lässt: „Stille Nacht, heilige Nacht." Wie am vergangenen Weihnachtsabend, so werde ich auch diesmal einen kleinen Gang durch die stille Nacht tun, und mein Herz wird ganz bei Euch sein. Die gleichen Sterne wachen über uns, der gleiche Wille lenkt unsere Geschicke und wird auch uns wieder zusammenführen. Lasst mich schließen mit heißen Wünschen für Euch. Dir, lieber Vättel, Dir, liebes Mutterle und Dir, mein liebstes Manilein, tausend Weihnachtsküsse und eine wirklich frohe Weihnacht. –
Euer Euch liebender
Siegfried

Inzwischen konnte ich von Januar 1946 bis Februar 1947 zwei Semester Pädagogik studieren und schloss die Prüfung mit einem guten Zeugnis ab. Mitte März 1948 schlug endlich die Stunde der langersehnten Heimkehr. Sie brachte einen schweren Abschied von liebgewordenen Menschen. Syd schenkte mir von Charles Dickens das Buch „A Tale of Two Cities". Unvergesslich, wie der kleine John keuchend neben dem Bus herrannte, bis wir uns aus den Augen verloren und weiter dem Hafen Harwich entgegenfuhren. Zuvor hatte uns noch unser englischer Lagerkommandant, der heimlich verehrte Major Boughton, mit dem Wunsch verabschiedet, uns möge die fruchtbare Zeit im Lager zum Segen für unsere Heimat werden und dazu beitragen, unsere „grand old world" zu einem Ort des friedlichen Zusammenlebens zu machen. In Ostende gingen wir an Land, und die Weiterfahrt per Bahn führte uns durch ein zerstörtes Land, wo uns Armut, Flüchtlingselend und ausgemergelte Menschen begegneten, alles hoffnungslos in Grau und Grau getaucht.

Schwieriger Neuanfang im Nachkriegsdeutschland

Am 18.3.1948 wurde ich offiziell aus dem Heer entlassen, erhielt 40 RM Entlassungsgeld und wurde mit Lebensmittelkarten versorgt. Als ich im Heidelberger Bahnhof ankam, erwartete mich mein sichtlich abgemagerter Vater. Eine Schar von Schwarzhändlern umkreiste mein Gepäck, gefüllt mit Kaffee, Zigaretten und Büchern.

Es fehlen mir die Worte, um das Wiedersehen mit Mutter und Bruder zu beschreiben, der inzwischen vom kleinen Brüderlein zum größeren Bruder herangewachsen war. Es fand statt in einer Zweizimmer-Mansarden-Notwohnung direkt unterm Dach, denn unser altes Heim war inzwischen von US-Besatzungsangehörigen in Besitz genommen worden. Hier fiel es mir schwer, mich in einer mir fremdgewordenen Welt einzuleben. Handel und Wandel lagen darnieder. Meine Eltern versuchten die spärlichen Rationen der Lebensmittelkarten durch Tauschgeschäfte mit den Bauern der Umgebung aufzubessern. Manch liebgewordenes Stück wurde gegen Kartoffeln, Eier und Butter eingetauscht. Erst die Währungsreform vom 20.6.1948 machte diesem Treiben ein Ende und legte die Grundlage für das sogenannte Wirtschaftswunder.

Erstaunlich, wie sich von heute auf morgen die Läden mit den zurückgehaltenen Waren füllten. Doch ich selbst stand da ohne Berufsaussichten, war nur noch der Schüler, als den man mich in den Krieg geworfen hatte. Was ich aus der Gefangenschaft an Abschlusszeugnissen mitbrachte, hier in der amerikanischen Besatzungszone wurde es nicht anerkannt. So drückte ich in Heidelberg nochmals die Schulbank, holte das Abitur nach und hätte gerne Germanistik studiert, ein Fach, das 1949 leider überlaufen war. Nun resignierte ich. In der jahrelangen Gefangenschaft hatte ich verlernt, mich gegen Widerstände zu behaupten. Auch wollte ich meinen Eltern nicht länger auf der Tasche liegen. Schließlich war ich froh, im mittleren Justizdienst unterzukommen, obwohl dies nicht meinen Neigungen entsprach. Immerhin verdiente ich mein erstes Geld und konnte nach Dienstschluss mein in England gewecktes Interesse an Literatur und Kunst weiter pflegen. Aber da war noch eine Leere in meinem Leben, die es auszufüllen galt.

Krieg und Gefangenschaft hatten mir verwehrt, eine unbeschwerte Jugend zu erleben und auf natürliche Weise Umgang mit dem anderen Geschlecht zu finden. Es war ein Glücksfall für mich, dass ich im Alter von immerhin 35 Jahren in Mannheim die Frau fürs Leben fand, die meine Interessen teilte.

Wir besuchten ihre sudetendeutsche Heimat mit dem Geburtsort Brünnlitz, der 1993 durch Spielbergs Film „Schindlers Liste" bekannt wurde. Josef Schuster, ein Onkel meiner Frau, hatte damals als Bürgermeister von Brünnlitz dienstlich mit Oskar Schindler zu tun, wie er in seinen Erinnerungen festhielt. Er kannte die Verhältnisse in Schindlers Betrieb, der von der SS in ein KZ umgewandelt worden war und zahlreiche Juden beschäftigte. Es war Schindlers Verdienst, dass er viele von ihnen vor dem sicheren Tod bewahrte, noch ehe die SS ein Blutbad anrichten konnte, als die Russen sich Brünnlitz näherten. – Und dann standen wir in Brünnlitz vor dem Geburtshaus meiner Frau, von ihrem Vater einst unter großen Opfern erbaut, wo sie glückliche Kinderjahre verbrachte. Bereitwillig und sehr freundlich zeigten die neuen tschechischen Besitzer, was sie aus den ach so vertrauten Räumen gemacht hatten, und luden uns zum Kaffee ein. Viel hatte sich verändert, doch die kleine Quelle floss noch, wo meine Frau einst als Kind gespielt und durch bunte Glasscherben die Welt betrachtet hatte.

Mehrere Fahrten nach England und Schottland ließen in Gesprächen mit noch lebenden Freunden alte Zeiten wieder wach werden, umgekehrt konnten wir manchen von ihnen in Heidelberg und Mannheim unsere Heimat erleben lassen, darunter May und ihr John, Syd war leider zuvor verstorben. Doch sein Wunsch war in Erfüllung gegangen, dass zumindest John eines Tages „the true friendship of German and Briton" erleben dürfte. Die Versöhnung zwischen Deutschen und Engländern, ein viel zu wenig beachtetes kleines Wunder, BBC London berichtete am 9.11.1999 in einer 45-Minuten-Sendung darüber. Dabei kamen zahlreiche Zeitzeugen, ehemalige Kriegsgefangene und deren englische Freunde, darunter auch ich und meine Freunde in Shirebrook, zu Wort. Es war, wie es in der Sendung hieß, „a story of friendship between former enemies" (die Geschichte einer Freundschaft zwischen ehemaligen Feinden). Es bewegt mich immer wieder, die Aufzeichnung dieser Sendung zu hören.

Mit Interesse verfolgte ich das Wachsen demokratischer Strukturen und die Aussöhnung mit ehemaligen Kriegsgegnern, wozu Willi Brandt mit seiner Ostpolitik wesentlich beitrug. Nicht zu vergessen Carlo Schmid, der von 1949 bis 1972 Bundestagsabgeordneter für Mannheim war. Wir hörten ihn, als er am 15.10.1967 im Rosengarten die Festrede zum hundertjährigen Jubiläum der Mannheimer SPD hielt. Wunderbar zu sehen, wie das zerstörte Mannheim samt dem kurfürstlichen Schloss wieder aufgebaut wurde. Auf dem Weg zum Schloss blieb jedes Mal mein Blick am Friedensengel von Gerhard Marcks hängen, der in B 4, nahe der Jesuitenkirche, bis zu seiner Verlegung in das Quadrat E 6 seinen idealen Standpunkt hatte.

Die beeindruckende Plastik wurde auf Anregung des damaligen Bürgermeisters Dr. Hermann Heimerich geschaffen und im November 1952 in Anwesenheit von Bundeskanzler Adenauer eingeweiht. Aufgrund meiner Lebensgeschichte sprach mich dieses Kunstwerk besonders an. Schade, dass es am jetzigen Standort nicht mehr recht zur Geltung kommt.

Als ich 1988 in den Ruhestand ging und im gleichen Jahr das literarische Erbe meines Verwandten, des Mundartdichters Hanns Glückstein (1988-1931) antreten konnte, erfuhr mein Leben eine ungemeine Bereicherung. Meine Vorträge über ihn und sein Werk sowie die Herausgabe mehrerer Bücher mit seinen wunderbaren Dichtungen ließen meine Freude an Literatur neu aufleben.

Der Friedensengel am alten Standort

So darf ich auf ein bewegtes und erfülltes Leben zurückblicken, bereichert durch Kinder, Enkel und Urenkel. Vielen Menschen bin ich zu Dank verpflichtet, voran meiner lieben Frau Irmgard, mit der mich 50 Jahre meines Lebens verbinden. Nach manch selbstloser Hilfe, die wir auf unserem Lebensweg erfahren durften, versuchten wir, durch ehrenamtliche Tätigkeiten bei der Bahnhofsmission Mannheim und in der Hospizhilfe unseren Mitmenschen etwas davon zurückzugeben.

KARL HEINZ MEHLER

Der Weg in die Kriegsgefangenschaft und das Erwachen

In der Hitlerjugend war ich ein begeisterter Mitmarschierer, ein gläubiger Anhänger des Führers. Dass wir, die Herrenmenschen, den Krieg verlieren könnten, war für mich wie für viele meiner Generation unvorstellbar. Durch die immer wieder verbreitete Ankündigung neuer Waffen war ich noch bis zum Kriegsende von unserem Sieg überzeugt. Eingezogen als Fünfzehnjähriger, weggeholt aus der Kinderlandverschickung, wurde ich zusammen mit etwa 30 Mitschülern zu dem neu aufgestellten „Panzervernichtungsregiment der Hitlerjugend 21 Baden" kommandiert. Wir zählten zum letzten Aufgebot und wurden am 20. April 1945, also an Führers Geburtstag, in Schonach im Schwarzwald vereidigt. Bewaffnet mit Karabinern und Panzerfäusten traten wir den Rückzug vor den anrückenden französischen Truppen an. Im Allgäu, wo wir die „Alpenfestung" verteidigen sollten, hatten wir eine kurze Feindberührung, bei der wir den Heldentod hätten sterben können. Es folgte die Gefangenschaft. Mit drei meiner Mitschüler befand ich mich schließlich am 6. Mai 1945 im Kriegsgefangenenlager Tuttlingen.

Am Abend des 8. Mai 1945 feierten die in Tuttlingen stationierten französischen Soldaten die Kapitulation Deutschlands. Dies geschah mit Feuerwerkskörpern und heftigen Gewehrsalven über unsere Köpfe hinweg. Wir schauten uns das Spektakel mit gemischten Gefühlen an. Der Krieg war endlich zu Ende, wir hatten ihn verloren. Meine Siegeszuversicht hatte ich spätestens bei der Flucht aus Blaichach verloren, als ich mit schlechtem Gewissen meinen Karabiner wegwarf.

Das Lager in Tuttlingen war ein Sammellager. Dass wir dort drei Mitschüler trafen, welche die Kapitulation in einem Lager in Lindau erlebt hatten, war bei der Belegung des Lagers Tuttlingen mit mehr als 30.000 Gefangenen ein Zufall. Es folgte für uns, die wir nun zu siebt waren, das Lager Kehl als Zwischenstation, danach der Marsch durch Straßburg, begleitet von hämischen Rufen der Leute, die am Straßenrand standen. Auf dem Straßburger Güterbahnhof wurden wir von den französischen Wachmannschaften in stark verschmutzte Güterwagen getrieben. Quer durch Frankreich ging die Bahnfahrt. Wir sieben befanden uns in einem offenen Waggon und die Sonne brannte den ganzen Tag über unerbittlich auf uns nieder. Verpflegung gab es keine, und der Durst nahm ständig zu. Von Brücken herab wurden wir mit Steinen beworfen, gelegentlich auch angepinkelt. Einmal wurde die Verachtung einer Frau für uns durch ihr entblößtes Hinterteil demonstriert. Drohgebärden, der Ruf „Hitler kaputt" und das uns bisher nicht bekannte Schimpfwort „boche", meist erweitert zu „sale boche", begleiteten unsere Bahnreise.

Wenn der Zug an Laderampen hielt, was mehrmals geschah, kamen Zivilisten an die Waggons und teilten Schläge aus. Sie wurden von den Wachposten nicht davon abgehalten. Die mit Erstaunen wiederholt an uns Jugendliche gerichtete Frage: „Petit, quel âge as-tu" – „Kleiner, wie alt bist du" – klingt mir noch heute in den Ohren. Wir waren stets froh, wenn sich der Zug wieder in Bewegung setzte und wir von den Peinigern befreit waren.

Irgendwann wurde der Durst unerträglich, und als einer beim Halt in einem Bahnhof sehr laut und durchdringend zu kreischen begann, stimmten alle anderen ein. Die Wachposten konnten das Geschrei mit ihren Drohungen nicht verhindern. Sie spürten unsere Verzweiflung. Als die Lokomotive mit Kohle und Wasser versorgt war, erbarmte sich schließlich jemand und ließ das Wasser beim Anfahren des Zuges weiterlaufen. Ein starker Wasserstrahl ergoss sich in die Waggons. In unserem Waggon hatte einer die Geistesgegenwart, eine Zeltplane auszubreiten, sodass wir eine größere Menge Wasser auffangen konnten. Wie Tiere beugten sich alle über die Plane und tranken gierig von dem köstlichen Nass.

Am 20. Mai 1945 kam unser Transport schließlich in Tulle an, der Hauptstadt des Departements Corrèze. Ich glaube, dass wir drei Tage ohne jede Verpflegung unterwegs gewesen sind. Die Ankunft dort wird keiner von uns je vergessen. Es war bereits dunkel, als wir den Befehl erhielten, die Waggons zu verlassen und uns auf dem Bahnsteig in Fünferreihen aufzustellen. Die Kolonne setzte sich in Marsch und wurde über einen Bahnübergang in eine Straße geleitet. Erst jetzt war eine schwarze Wand vor uns zu erkennen. Es war eine große Menschenansammlung, die da vor uns stand.

Zunächst herrschte eine geradezu beängstigende Stille. Aber dann ging ein markerschütterndes Gebrüll los, und die Menge fiel über uns her. Die Wachposten hatten keine Chance, die Bevölkerung der Stadt davon abzuhalten, uns mit Schlägen zu traktieren. Auch sie bekamen Schläge ab. Sie schossen in die Luft und trieben uns zur Eile an, damit wir und auch sie möglichst schnell aus der Stadt kamen. Jeder von uns Gejagten war zunächst darum bemüht, sich möglichst in der Mitte der Kolonne zu halten, denn vor allem die außen Laufenden bekamen die Schläge zu spüren. Nur jetzt nicht hinfallen, dachte ich, und dem Beispiel einiger Landser folgend hakte ich mich bei meinen Nebenmännern unter. Das Geschrei kam auch aus den Häusern, an denen wir vorbeirannten. Aus den Fenstern höhergelegener Wohnungen wurden Wasser und auch Urin auf uns herabgeschüttet. In panischer Angst rannten wir eine stark ansteigende Straße hoch. Es war ein wahres Inferno. Von uns sieben hat jedoch zum Glück keiner Schaden genommen.

Die Nacht über kampierten wir auf einer Wiese unmittelbar am Stacheldrahtzaun, hinter dem die Baracken des Kriegsgefangenenlagers „Nr. 123 Tulle, La Trémouille", lagen. Wir waren erleichtert, aber keiner von uns konnte sich erklären, warum uns die Bevölkerung der Stadt Tulle mit so viel Hass empfangen hatte.

Eingang zum „Dépôt de prisonniers de guerre Nr. 123 Tulle – La Trémouille"

Die Sonne hat uns früh geweckt. Erst jetzt konnten wir das Ausmaß der Blessuren, die viele erlitten hatten, richtig erkennen. Einige der Wachposten, die den Transport begleitet hatten, zeigten uns ihre blauen Flecken. Irgendwann tauchten dann auf der anderen Seite des Zauns Landser in Uniform auf. Sie hatten alle eine Glatze, was uns zu der Frage veranlasste, was sie denn angestellt hätten. Sie lachten nur und deuteten an, dass wir bald genauso aussehen würden wie sie. Es wurde sehr warm, und es stellte sich Durst ein. Einige der älteren Gefangenen aus unserem Transport fragten nach Wasser und bekamen von denen jenseits des Zauns zur Antwort, was sie denn dafür zu bieten hätten. Ich sah, dass einer für einen Becher Wasser seinen Ehering, ein anderer eine Uhr hergab. Als ich später erfuhr, dass im Lager kein Wassermangel herrschte, ist für mich eine Welt zusammengebrochen. Ich hatte wirklich geglaubt, dass ein deutscher Soldat so etwas niemals tun würde. Ein erstes Idealbild zerbrach.

Kurze Zeit danach erfuhren wir den Grund für den so schrecklichen Empfang durch die Bevölkerung der Stadt. In Tulle waren am 9. Juni 1944 nämlich 99 meist junge Männer durch Angehörige der SS-Division „Das Reich" vor ihren Angehörigen an Laternenpfählen und Balkonen aufgehängt worden. Mehr als 100 Männer hatte man deportiert, von denen nur wenige die Konzentrationslager in Deutschland überlebten. Es war dies eine Vergeltungsaktion für den einige Tage zuvor stattgefundenen Angriff einer Einheit der französischen Widerstandsbewegung auf eine deutsche Kaserne. – Vor unserer Ankunft in der Stadt war verbreitet worden, dass ein Gefangenentransport mit SS-Soldaten eintreffen würde. Der französische Lagerkommandant entschuldigte sich für das Verhalten seiner Landsleute. Mit seiner Erklärung erschien mir die Reaktion der Bevölkerung verständlich zu sein. Allerdings hatte ich zunächst Zweifel, ob denn die Geschichte der Wahrheit entsprach. Feindpropaganda, dachte ich zuerst. Und meine Kameraden dachten ebenso.

Strafaktionen wie die in Tulle, die Judenmorde und all die schrecklichen Gräueltaten erfuhren wir in den folgenden Tagen aus den im Lager angeschlagenen Zeitungen, auch das, was inzwischen in Deutschland geschehen war. Erste Bilder aus den Konzentrationslagern und Berichte über die Judenmorde und die Massaker von Oradour und Tulle vermittelten Geschehnisse, die für mich unvorstellbar waren. Andere können so etwas tun, wir Deutsche doch nicht, so hatte ich das gelernt. Jahrelang hatten wir stets nur eine Seite der Medaille gesehen. Wir kannten nur die Gräueltaten der anderen. Was Deutsche während des Krieges in ganz Europa angerichtet hatten, erfuhren wir erst jetzt. Für mich war es ein schreckliches Erwachen. Ich war zunächst sehr deprimiert, und es hat einige Zeit gedauert, bis ich versuchte, ein neues Weltbild zu finden. Es galt, den Verlust vieler Werte – vieler falscher Werte – zu verkraften und zu erkennen, wie wir Jugendlichen von einem politischen System verführt worden waren.

Der tägliche Appell im Lager Tulle, genannt Viehzählung

Geholfen haben mir dabei mein erster Patron und seine Frau, bei denen ich als Gefangener arbeitete. Von Anfang an waren beide darum bemüht, mich so zu behandeln, als gehörte ich zur Familie. Ich erhielt von ihnen Zivilkleidung und bekam täglich reichlich und gut zu essen. Am Ende der Mahlzeit stand immer die Frage, ob ich denn satt geworden sei. Ich werde Roger Soirat und seine Frau nie in meinem Leben vergessen, weil sie ohne große Worte Menschlichkeit zeigten, und das zu einem Zeitpunkt, als in Frankreich die Deutschen als Barbaren und Erbfeinde galten. Für sie war ich ein Mensch wie jeder andere.

Eine Episode aus der Anfangszeit meiner Gefangenschaft werde ich auch nicht vergessen. Es war am 14. Juli 1945, als mein Patron mich abends zum Feuerwerk auf den Platz vor dem Schloss von Pompadour mitnahm. „Wir gehen ein Glas Wein zusammen trinken", sagte er zu mir. Wir setzten uns zu einigen Leuten an einen Tisch, der vor einem Lokal stand, und ich bekam wie mein Patron ein Glas Rotwein eingeschenkt. Da ich Zivilkleidung trug und eine Baskenmütze auf dem Kopf hatte, fiel ich nicht auf. Reden musste ich nicht, das taten die anderen am Tisch.

Nach einiger Zeit setzte sich ein besser gekleideter Herr zu uns, der irgendwann fragte, wer ich, der stumme Teilnehmer in der Runde, denn sei. Roger Soirat antwortete ungeniert: „Das ist mein deutscher Kriegsgefangener, der seit einiger Zeit für mich arbeitet." Dies schien dem Herrn Bürgermeister, denn um diesen handelte es sich, jedoch überhaupt nicht zu gefallen, und er erklärte äußerst lautstark, dass es absolut unpassend sei, am Nationalfeiertag einen „boche" hier in der Öffentlichkeit zu bewirten. „Schick ihn sofort weg", schrie er aufgeregt, nachdem mein Patron auf seine Vorhaltungen nicht sofort reagierte. Ich war ziemlich verängstigt, denn ich hatte verstanden, worum es ging. Ich fürchtete auch den Zorn der anderen, die bei uns am Tisch saßen. Von ihnen kam jedoch keine Reaktion, und mein Patron erklärte schließlich ungewöhnlich ruhig, dass er nicht daran denke, mich heimzuschicken. Er sagte schlicht: „Mein Gefangener arbeitet mit mir, also feiert er auch mit mir. Wenn das jemandem hier am Tisch nicht passt, dann kann er ja gehen." Daraufhin verließ der Herr Bürgermeister wütend und unter heftigem Protest die Runde. Erstaunlicherweise ging nur er und keiner von den anderen, die bei uns am Tisch saßen. Auch an den umliegenden Tischen fand er offensichtlich kein großes Echo. Ich glaube, Roger Soirat hatte viele gute Freunde. Für mich war er nach diesem Erlebnis der Größte. Ich habe ihn sehr verehrt. Er ist ein Mensch mit Zivilcourage gewesen. Seine Humanität war beeindruckend, und er, ein kleiner Obsthändler, machte mir erstmals wieder Mut, nach Idealen zu suchen und danach auch zu leben.

Erst im Februar 1947 sind wir sieben Mannheimer Mittelschüler aus der französischen Kriegsgefangenschaft zurückgekehrt, um viele Erfahrungen reicher, die anderen unseres Alters erspart geblieben sind.

Der Neubeginn nach der Heimkehr aus der Kriegsgefangenschaft

Nicht ganz achtzehn Jahre alt war ich am Ende meiner Gefangenschaft. Im Februar 1947 war ich endlich wieder daheim in Mannheim bei meinen Eltern. Erst da war für mich der Krieg zu Ende. Meine Eltern wohnten nicht mehr dort, wo wir bis im September 1943 unsere Wohnung hatten, denn das Haus in der Neckarauer Straße 42 war vollkommen zerstört worden, und es wurde nicht wieder aufgebaut.

Meine Eltern hatten sofort nach Kriegsende bei einer befreundeten Familie in Rheinau eine Unterkunft gefunden. Zusammen mit meinem Großvater bewohnten sie in dem kleinen Siedlungshaus einer sechsköpfigen Familie ein Zimmer. Ohne das Entgegenkommen dieser befreundeten Familie hätten meine Mutter und mein Großvater nicht so schnell aus dem Bayerischen Wald nach Mannheim zurückkehren können. Hilfe kam jedoch nicht nur von dieser Familie, sondern auch von einem Freund meines Vaters, der ihm auf seinem Grundstück im Neckarauer Niederfeld einen Platz zum Bauen anbot. Meine Eltern zögerten nicht lange und begannen sofort mit dem Bau eines kleinen Backsteinhauses. Gegenseitige Hilfe wurde kurz nach dem Krieg großgeschrieben. Freunde in der Not waren damals unschätzbar. Sie haben manchem den Neubeginn und mitunter auch das Überleben ermöglicht.

Bei meiner Heimkehr wohnten meine Eltern in dem behelfsmäßig erbauten Haus. Es lag im Niederfeldweg I unmittelbar hinter dem großen Luftschutzbunker. Dieses Haus, eher ein Häuschen, war bei meiner Ankunft noch nicht verputzt. Es war auch nicht unterkellert, sodass im Winter Probleme mit der Feuchtigkeit und der Kälteisolierung auftraten. Die Wohnung bestand aus einer Küche mit einer Fläche von höchstens zehn Quadratmetern und einem Schlafzimmer der gleichen Größe. Es ging sehr eng zu, und die Möblierung war äußerst bescheiden.

Vor der Küche befand sich ein kleiner Anbau, in dem eine Wasserpumpe stand. Das Wasser wurde eimerweise von Hand gepumpt. Im Winter wurde die Pumpe mit Stroh und Jutesäcken umwickelt, um das Einfrieren zu verhindern. Der Anbau war gleichzeitig Windfang und ermöglichte die Unterbringung einer elektrischen Herdplatte und später, bei wachsendem Wohlstand, auch eines Kühlschranks. Strom war vorhanden. Der Anschluss war während des Krieges in das hinter unserem Behelfshaus stehende solide Haus der befreundeten Familie gelegt worden. Dort befand sich auch die gemeinsam genutzte Toilette, ein Plumpsklo. Als Toilettenpapier wurden zugeschnittene Tageszeitungen benutzt.

Vor dem Anbau befand sich ein Hühnerstall, in welchem vier Hühner und ein Hahn scharrten. Eier waren wie die meisten Lebensmittel bewirtschaftet und

Das Häuschen im Niederfeldweg I

konnten nur mit den zugeteilten Lebensmittelmarken gekauft werden. Meines Wissens war damals, als ich nach Hause kam, nur ein Huhn pro Familienmitglied zugelassen, ohne dass ein Zwang zur Ablieferung von Eiern bestand. Der Ertrag der äußerst bescheidenen Landwirtschaft und Viehhaltung war bei der damaligen Ernährungssituation wichtig, da er unserer Familie einige zusätzliche Kalorien verschaffte.

Äußerst bescheidene Wohn- und Lebensverhältnisse waren das damals. Es herrschte Wohnungsnot, und die Lebensmittelversorgung war auch 1947 noch immer erheblich eingeschränkt. In Mannheim waren am Kriegsende mehr als achtzig Prozent der Wohnungen zerstört, und es dauerte Jahre, bis alle, die zurückkehren wollten, eine Wohnung fanden. Mannheim war noch lange Zeit eine vom Bombenkrieg gezeichnete Stadt. Durch die vielen im Krieg zerstörten Wohnungen musste man zusammenrücken oder in unzureichend hergerichteten Räumen den Neuanfang wagen, in die es mitunter hineinregnete oder -schneite.

Wer eine Wohnung haben wollte, der musste sich betätigen, und das taten viele in ihrer Freizeit mit großem Eifer. Überall sah man am Abend und an Sonn- und Feiertagen Leute, die mit Bau- und Reparaturarbeiten beschäftigt waren. Bauhandwerker waren besonders gefragt. Kein Mensch lamentierte damals über die Wohnverhältnisse. Jeder, der ein Dach über dem Kopf hatte, war froh darüber.

Bei meinem Freund Gerd, der mit seiner Mutter in der Brahmsstraße 9 wohnte, konnte ich sehen, wie manche Leute ihre Wohnprobleme lösten. Die

Vorderseite des Hauses war dort total zerstört. Zugänglich über das noch vorhandene Treppenhaus waren nur einige zum Hof gelegene Räume. Gerds Mutter bewohnte eine notdürftig hergerichtete Küche, in der auch ihr Bett stand. Als Gerd nach unserer Heimkehr zusätzlich in dieser „Wohnung" untergebracht werden musste, wurde in einem nur noch teilweise vorhandenen Raum, der nach der Straße vollkommen offen, jedoch über einen Flur zugänglich war, mit Hilfe einer neu errichteten Backsteinwand eine Nische geschaffen. Sie wurde provisorisch nach oben mit Holzbalken, Brettern und Dachpappe geschlossen. In dieser dunklen Ecke wurde das Bett meines Freundes untergebracht, sodass er nicht mehr zusammen mit seiner Mutter in der Küche schlafen musste. Ein großer Fortschritt, wenn es auch bei starkem Regen mitunter recht feucht in seinem „Zimmer" war.

Ich fand nach der Heimkehr zunächst auf einem Sofa, das neben dem Herd, dem Küchenschrank und einem Tisch mit drei Stühlen in der kleinen Küche stand, eine Schlafstätte. Sofort nach meiner Ankunft wurden Pläne für eine Erweiterung des Hauses geschmiedet. Ein zusätzliches Zimmer sollte angebaut werden, und zwar mit Unterkellerung, damit Vorräte für den Winter eingelagert werden konnten. Der Freund meines Vaters war sofort damit einverstanden. Sein Verhalten und das seiner Familie dokumentiert die sehr gute Freundschaft zwischen den beiden Familien. Meine Eltern und ich waren dafür sehr dankbar.

Wie zuvor beim Bau des Häuschens wurde mein Onkel Hans, der Mann der jüngsten Schwester meiner Mutter, der als Maurerpolier tätig war, für die Bauarbeiten gewonnen. Auch da gab es kein Nein, obgleich er damals ein sehr gefragter Handwerker war. Mithelfen sollte der Sohn einer Bekannten meiner Mutter, der gerade das Maurerhandwerk erlernte. Als Hilfsarbeiter waren mein Vater und ich vorgesehen. Wir sollten den Aushub des Kellers bewerkstelligen, die Steine schleppen und den Mörtel rühren.

Damit war zunächst einmal die Personalfrage geklärt. Aber bevor mit den Arbeiten begonnen werden konnte, war das nötige Baumaterial zu beschaffen, das äußerst knapp war. Eine offizielle Zuteilung konnten wir für unseren nicht genehmigten Bau schwerlich erwarten. Erstaunlicherweise sahen meine Eltern darin jedoch kein Problem. Meine Mutter bekam von Bekannten schnell die Erlaubnis, von deren Trümmergrundstück Backsteine zu holen. Sandsteine für den Ausbau des Kellers beschaffte mein Onkel. Zement organisierte mein Vater in der „Anilin", der Badischen Anilin- und Sodafabrik, seinem Arbeitgeber. Er wurde von ihm in Tüten aus Ludwigshafen durch die Kontrolle beim Werkstor und auf der Rheinbrücke nach Mannheim geschmuggelt, genauso wie das Material für die Elektroinstallation. Mein Vater kam damals täglich mit dick ausgestopfter Kleidung vom Geschäft zurück. Das Leitungsmaterial hat er sich um den Körper gewickelt, die Zementportionen waren in seiner Tasche und in der Kleidung untergebracht. Das Material war natürlich gestohlen. Organisieren nannte man diese Art der Beschaffung, die von jedem, der dazu die Möglichkeit hatte, genutzt wurde.

Zum Thema Schmuggeln über die Rheinbrücke kursierte damals folgende Geschichte: Einem amerikanischen Soldaten, der an der Rheinbrücke seinen Dienst tat, fiel eine Frau wegen ihres besonders großen Busens auf. Er stellte sie zur Rede und sagte zu ihr, indem er auf ihren Busen deutete, sie solle das darunter versteckte Schmuggelgut herausgeben. Als sich die Dame weigerte, erlaubte er sich, auf ihre Bluse zu klopfen. Der aus dem Ausschnitt deutlich aufsteigende Mehlstaub führte bei dem Amerikaner zu dem Kommentar: „Oh, milk powder." Er ließ sie dann lachend mit ihrer Ladung Mehl passieren.

Die Behelfsbrücke über den Rhein

Bammel hatte bei der Schmuggelei jeder. Da jedoch die Kontrollen nicht sehr streng waren und nur selten jemand, der erwischt wurde, bestraft worden ist, riskierte man es immer wieder. Mein Vater wurde einmal auf der französischen Seite von einer Militärkontrolle mit einigen Tüten Zement erwischt. Die Strafe war bescheiden. Sie bestand darin, dass er sein Diebesgut schweren Herzens von der Brücke aus in den Rhein schütten musste.

Der Schwarzmarkt stand in voller Blüte. Zu bekommen war alles, sofern man etwas dagegen einzutauschen hatte. Da war das Talent meiner Mutter gefragt. Sie nähte damals alles Mögliche: Kleider, Taschen, Bettzeug, Anzüge, Hemden, Topflappen. Hinzu kam ihre Kontaktfähigkeit, mit der sie die richtigen Käufer fand, nämlich Leute, welche Dinge beschaffen konnten, die gefragt waren.

Sie hatte, als meine Eltern noch auf der Rheinau wohnten, einen jungen Mann kennengelernt, der bei der amerikanischen Armee als Platzmeister in einem Materiallager tätig war. Als sie zusammen mit anderen Frauen in diesem Lager Abfallholz holte, bot sie dem freundlichen Platzmeister an, ihm Hemden und Hosen zu nähen, wenn er Stoff beschaffen könne. Er konnte das und noch vieles mehr, denn wie sich schnell herausstellte, war er ein großes Organisationstalent. So ist es nicht beim Nähen von Hemden und Hosen geblieben, die von ihm mit knappen Gütern bezahlt wurden. Meine Mutter nähte schon bald Kleider für seine junge Frau und für einige seiner Bekannten. Von Aschaffenburg sind sie damals nach Mannheim zur Anprobe gekommen. Bezahlt wurde mit Materialien, die der amerikanischen Armee entzogen wurden, nämlich mit Fleischkonserven, Butter und Schokolade.

Es gab natürlich auch unvorhergesehene Zwischenfälle. Die erwähnte Genehmigung des Hausbesitzers zum Abholen von Backsteinen von dessen Trümmergrundstück in der Adlerstraße hatte insofern einen Haken, als grundsätzlich ein Verbot bestand, Baumaterialien ohne Behördengenehmigung von einem Trümmergrundstück zu entnehmen. Obwohl uns dies bekannt war, gingen mein Vater, meine Mutter sowie ich und meine Freunde an einem Wochenende daran, die benötigten Backsteine zum Abtransport vorzubereiten. Wir klopften Mörtelreste von den Steinen ab und schichteten sie am Straßenrand auf. Fast jeder einzelne Stein musste bearbeitet werden. Als wir die benötigte Menge bereitgestellt hatten und der für den Transport gecharterte LKW ankam, standen plötzlich zwei Polizisten da und verlangten die behördliche Genehmigung zum Abtransport, die wir natürlich nicht vorweisen konnten. Alles Lamentieren half nichts, wir mussten die bereits aufgeladenen Backsteine wieder abladen und unverrichteter Dinge abziehen. Die ganze Arbeit war umsonst gewesen.

Wie wir später erfuhren, hatte ein Nachbar die Polizei informiert. Er muss sich ins Fäustchen gelacht haben, als er die schön gereinigten Steine einige Zeit später für eigene Zwecke heimlich, still und leise zum Aufbau seines Hauses verwendet hat, was wir später ebenfalls erfuhren. Von wem wir letzten Endes die Backsteine geliefert bekamen, weiß ich nicht mehr. Irgendwann waren sie jedenfalls verfügbar, und wir konnten mit dem Bau beginnen.

Als der Rohbau fast fertig war, kam eines Tages ein großer amerikanischer Sattelschlepper im Niederfeld an und brachte eine Fuhre Bauholz, das bereits maßgerecht für den Bau des Dachstuhls zugeschnitten war. Darüber hinaus wurde noch ein Stapel Bretter angeliefert, der für den Fußboden, die Zimmerdecke und zum Eintauschen anderer fehlender Materialien gedacht war. Der erwähnte Bekannte meiner Mutter hatte all dies organisiert. Nicht umsonst natürlich. Eine Gegenleistung war nicht vereinbart worden, aber meine Mutter hat noch lange Zeit für die Aschaffenburger Kundschaft unentgeltlich Kleider genäht.

So lief das damals mit der gegenseitigen Hilfe. Basis waren teilweise Diebstähle überall dort, wo es etwas zu holen gab. Man darf allerdings nicht vergessen, dass es besonders schwere Zeiten waren. Es ging ums Überleben und um den Neubeginn nach den harten Kriegsjahren. Der Kölner Kardinal Frings sagte damals von der Kanzel herunter, dass in dieser Zeit Diebstahl in gewissen Grenzen erlaubt sei. Das illegale Organisieren wurde daraufhin zuerst im Rheinland, später in ganz Deutschland „Fringsen" genannt. Jeder kannte diesen Ausdruck.

Schule und verfehlter Einstieg ins Berufsleben

Meine Heimkehr aus der französischen Kriegsgefangenschaft im Februar 1947 ermöglichte mir gerade noch rechtzeitig den Besuch der Abschlusslehrgänge der Mannheimer Mittelschule und die anschließende Fortsetzung meiner Schulausbildung an der Wirtschaftsoberschule. Wäre ich einen oder zwei Monate später aus der Gefangenschaft entlassen worden, dann hätte ich diese Möglichkeit nicht gehabt. Mein Leben wäre ganz anders verlaufen.

Der Mittelschul-Abschluss war geschafft. Der Sommer 1947 war sehr heiß; ein Tag war schöner als der andere. Fast jeden Tag traf sich unsere Clique, zu der außer meinen Freunden noch einige Mitschüler des Abschlusslehrgangs zählten, zum Baden am Rhein. Unterhalb des Kraftwerks oder im Strandbad verbrachten wir damals die Nachmittage. Im Rhein zu baden war ein Genuss, denn das Wasser war glasklar. Es herrschte eine ausgelassene Stimmung, und nach den vorhergegangenen Anstrengungen bei den Prüfungsvorbereitungen glaubten wir, das Recht zum Faulenzen zu haben.

Abends besuchte ich damals Konversationskurse und Diskussionsveranstaltungen im Amerika-Haus, das zuerst im Parkhotel und später in einer Villa am Oberen Luisenpark untergebracht war. Das Amerika-Haus verfügte über eine kostenlos benutzbare umfangreiche Bibliothek. Außerdem boten die Veranstaltungen eine gute Möglichkeit der Erweiterung meiner damals noch recht bescheidenen Englischkenntnisse. Bei einem Diskussionsabend lernte ich einen jungen amerikanischen Leutnant kennen, der sich für die Verhältnisse in der Nazizeit sehr interessierte. Nachdem wir uns einige Male auch außerhalb des Amerika-Hauses getroffen hatten, lud ich ihn zu uns nach Hause ein. Er war etwa drei Jahre älter als ich, streng katholisch und hatte damals Ambitionen, beim Fernsehen zu arbeiten. Über unsere bescheidenen Wohnverhältnisse war er sicher verwundert, obgleich er sich nichts anmerken ließ. Noch größer war wohl das Erstaunen unserer Nachbarn, wenn er bei uns im Niederfeld mit seinem prächtigen Cadillac vorfuhr, den er außer Dienst benutzte. Eines Tages überredete ich ihn zu einer gemeinsamen Radtour nach Schwetzingen. Inzwischen hatte ich ein eigenes, gebraucht gekauftes Fahrrad. Für Freund Bill stand für den Ausflug das Fahrrad meines Vaters zur Verfügung.

Bei wunderschönem Wetter fuhren wir an einem Sonntag von Neckarau nach Schwetzingen. Bereits bei der Hinfahrt stöhnte mein amerikanischer Freund über die Anstrengung. Auf der Rückfahrt war er nicht mehr dazu zu bewegen, auf das Fahrrad zu steigen. Sein Hinterteil war bei der ungewohnten sportlichen Betätigung wund geworden, und so schoben wir beide nach dem Besuch des Schwetzinger Schlossgartens unsere Fahrräder zu Fuß nach Hause. Ich konnte John danach nie wieder zu einer Radtour überreden. Er kehrte einige Zeit später in die Staaten zurück. Möglicherweise sind ihm das Schwetzinger Schloss, die Moschee und der Schlossgarten in Erinnerung geblieben, obgleich sich damals alles in desolatem Zustand befand. Die beschwerliche Fahrt dorthin wird er sicher nicht vergessen haben. Er ist übrigens Priester geworden, und ich hatte noch lange Zeit Kontakt mit ihm.

Nach der Aufnahmeprüfung in die Wirtschaftsoberschule begann im Herbst 1947 für mich ein neuer Lebensabschnitt. Unsere Schule befand sich in der Innenstadt in R 2. Im Krieg war das an die Konkordienkirche anschließende Schulgebäude stark beschädigt worden. Wiederaufgebaut wurde es zum Domizil der neu gegründeten Wirtschaftsoberschule, die damals den Namen „Friedrich-List-Schule" erhielt. Wir waren der erste Einschulungsjahrgang des neuen Schultyps.

Mein erster Eindruck von den neuen Mitschülerinnen und Mitschülern war nicht gerade positiv. Sie kamen überwiegend von Oberschulen, einige wenige von der Höheren Handelsschule. Vier oder fünf kamen aus der Pfalz, wo es noch keine Wirtschaftsoberschule gab. Etwas problematisch war der Altersunterschied, vor allem aber der unterschiedliche Erfahrungshorizont. Hinzu kamen große soziale Unterschiede. Dass diejenigen von uns, die im Kriegseinsatz gewesen waren, selbstkritischer und nicht so unbekümmert waren wie die anderen, ist verständlich. Der Älteste von uns hatte bei der Kriegsmarine gedient. Er war für uns „der Seemann", der mit seinem wiegenden Gang und den breit auslaufenden Hosen dies auch stets nach außen hin zeigte. Einige Mitschüler kannte ich aus der Mittelschule, sie waren mit mir in der Kinderlandverschickung gewesen, einer von ihnen, Herbert Stehr, zusammen mit mir in der französischen Gefangenschaft. Die jungen Mädchen, von denen die meisten aus der Pfalz kamen, waren für mich „Gänse", mit denen ich nichts anzufangen wusste, sie vermutlich auch nichts mit mir. Ich habe unsere Klasse als eine bunt zusammengewürfelte Bande von Siebzehn- bis Zwanzigjährigen mit sehr unterschiedlichen Interessen in Erinnerung.

Meinen Eltern lag ich noch immer auf der Tasche. Schulgeld musste bezahlt werden. Hinzu kamen das Fahrgeld für die Straßenbahn und Ausgaben für Bücher und Hefte. Natürlich haben sie auch für Kleidung und Ernährung gesorgt. Meine eigenen Ansprüche waren zwar gering, aber zweifellos war die Fortsetzung meiner Ausbildung für meine Eltern mit großen Einschränkungen verbunden. Sie nahmen den gelegentlich zu hörenden Satz „Unsere Kinder sollen es einmal besser haben als wir" durchaus ernst.

Mein Taschengeld verdiente ich mir, indem ich in der Neckarauer Rheingoldhalle einmal in der Woche in dem Kegelclub, in dem mein Vater aktiv war, etwa zwei Stunden lang Kegel aufsetzte, eine schweißtreibende Tätigkeit. Vier Mark bekam ich dafür, was für mich viel Geld war. Außerdem erteilte ich einem Ehepaar Privatunterricht in Französisch. Dazu musste ich mit dem Fahrrad in die Neckarstadt fahren. Mit acht D-Mark für zwei Unterrichtsstunden pro Woche konnte ich mein Taschengeld erheblich aufbessern. Es hat mir für die gelegentlichen Kino-, Konzert- und Theaterbesuche durchaus gereicht. Der einzige in der Familie verfügbare Anzug diente sowohl meinem Vater als auch mir. Wir sprachen uns entsprechend ab. Im Zweifelsfalle hatte ich zurückzustehen, denn schließlich war es nicht mein Anzug.

Noch bevor ich das Abiturzeugnis in der Tasche hatte, war ich fest entschlossen zu studieren. Über das Studienfach bestand kein Zweifel. Mit meinem Wirtschaftsabitur kam nur die Betriebswirtschaftslehre in Frage, wobei die dafür geeignete Ausbildungsstätte vor der Tür lag, nämlich die Wirtschaftshochschule und spätere Universität Mannheim. Sie war damals noch in der Lessingschule untergebracht. Als ich mit meinen Eltern über meine Pläne sprach, kam von meinem Vater ein klares Nein. Dies war für mich insofern erstaunlich, als er es war, der 1947 nach dem Abschluss der Mittelschule darauf bestanden hatte, dass ich das Abitur mache. Ich hatte damals eher an eine Handwerkerlehre gedacht, allerdings ohne eine klare Vorstellung von meinem zukünftigen Beruf zu haben. Handwerker waren beim Wiederaufbau gefragt. Jetzt, da ich das Etappenziel mit dem Zeugnis der Reife erreicht hatte, meinten meine Eltern, dass es wohl an der Zeit sei, etwas zur Unterstützung der Familie beizutragen. Vielleicht wollten sie aber auch nur, dass ich zunächst einmal einen Berufsabschluss haben sollte, der ihnen Garantie für ein ordentliches Einkommen zu sein schien. Einen Beruf gelernt zu haben, der mit einer Prüfung abschloss, das zählte. Mit ihrer Meinung standen sie damals nicht allein. Ich verstand durchaus ihren Wunsch und akzeptierte sofort, mich um eine kaufmännische Lehrstelle zu bemühen. Dabei ließ ich jedoch meine Zukunftspläne nicht aus den Augen.

Meine erste Bewerbung um eine Lehrstelle schlug fehl. Zusammen mit zwei meiner Klassenkameraden hatte ich mich auf Empfehlung unseres Deutschlehrers bei der renommierten Firma Fendel-Schifffahrtsgesellschaft beworben. Wie ich erwartet hatte, erhielt der Primus unserer Klasse die Zusage. Über die Absage war ich nicht sonderlich traurig, denn es war meine erste Bewerbung, und ich hatte keine Angst, eine Anstellung zu finden. Bevor ich jedoch die nächste Bewerbung schrieb, erhielt ich ein Schreiben der Firma „Verein Creditreform", in welchem ich gebeten wurde, bei dieser Firma, einer Auskunftei, vorzusprechen. Wie ich zu dieser Einladung kam, war mir sofort klar, als mir im Büro dieser

Auskunftei der kaufmännische Direktor der Firma Fendel gegenübersaß, den ich zuvor bei meinem ersten Einstellungsgespräch kennengelernt hatte. Er war, wie sich herausstellte, nicht nur als Direktor bei der Firma Fendel tätig, sondern war auch Geschäftsführer der Auskunftei Creditreform. Und nun bot er mir einen Lehrvertrag in dieser Firma an. Verständlicherweise fühlte ich mich durch sein Angebot geschmeichelt, und ohne groß zu überlegen, sagte ich zu.

Meine kaufmännische Lehre begann ich am 1. September 1950. Morgens um 8 Uhr fand ich mich pünktlich in den Geschäftsräumen des „Verein Creditreform" in den Mannheimer L-Quadraten ein. Der erste Eindruck war verheerend, denn außer dem Prokuristen gab es nur eine Schreibkraft und einen Außendienstmitarbeiter, die an sehr antiquiert anmutenden Schreibtischen ihre Arbeit verrichteten. Entlang der Wände befanden sich Regale, die bis unter die Decke reichten und mit Ordnern gefüllt waren. In meiner Naivität hatte ich mir überhaupt keine Gedanken darüber gemacht, welche Art von Betrieb mich erwartete. Die Aufgaben einer Auskunftei kannte ich vage aus dem Unterricht, und nun fiel mir sofort unser Klassenlehrer ein, der den Kopf geschüttelt hatte, als ich ihm den von mir gewählten Arbeitgeber nannte.

Da stand ich nun, ein Lehrling, dem bereits nach wenigen Tagen das Unbehagen anzusehen war. Ich machte zwar zunächst gute Miene zum bösen Spiel, aber nachdem ich einiges von dem gehört und gesehen hatte, was täglich ablief, und nachdem ich an jedem der folgenden Tage mehrere Stunden lang Akten gesucht oder in Ordner einsortiert hatte, was teilweise in Zusammenarbeit mit der Schreibkraft in dunklen Kellerräumen geschah, war mir bewusst, dass dies nicht die richtige Lehrstelle für mich sein konnte. Mir war klar, dass ich meine Fehlentscheidung schnellstmöglich revidieren musste. Das genaue Lesen des Lehrvertrags brachte die Lösung, und ich zögerte nicht lange, um meinem Unbehagen ein Ende zu bereiten.

In der zweiten Woche meiner Lehrzeit bat ich um ein Gespräch bei meinem Lehrherrn. Drei Tage musste ich warten, bis ich abends nach Geschäftsschluss endlich mit dem Chef des Hauses über meinen Entschluss reden konnte. Über meine Kündigung war er äußerst empört. Ein Lehrling, der kündigt, so etwas hatte er noch nie erlebt. Unglaublich. Von meinem Hinweis, dass laut Lehrvertrag während der Probezeit beiderseits eine Kündigung ohne Angabe von Gründen möglich sei, wollte er zunächst nichts wissen. Er prophezeite mir in seiner Verärgerung, dass ich, da der übliche Einstellungstermin für Lehrlinge abgelaufen sei, keine Lehrstelle finden und meinen Entschluss noch bereuen würde. Meine Entscheidung vermochte er jedoch nicht zu ändern. Da ich weder eine Arbeitsbestätigung noch eine Entlohnung verlangte, war das Gespräch schnell beendet. Wir schieden keineswegs in Frieden.

Am folgenden Tag ging ich zum Arbeitsamt. Die für die Vermittlung von Lehrstellen zuständige Mitarbeiterin konnte ihr Erstaunen nicht verhehlen, als ich ihr von meiner Kündigung erzählte. Ich hatte den Eindruck, dass meine Handlungsweise auch ihr zuvor noch nie untergekommen war. Nervös blätterte sie zunächst in einer Akte. Nur zögerlich beantwortete sie meine Frage nach dem noch vorhandenen Lehrstellenangebot. Es komme eine Firma in Frage, meinte sie, aber dazu müsse sie erst mein Abschlusszeugnis sehen. Ich hatte es zur Hand, und als ich es ihr vorlegte, stand einem Anruf nichts mehr im Wege.

Dass ich mich sofort bei der Mannheimer Firma „Verein Deutscher Oelfabriken" vorstellen sollte, hatte ich allerdings nicht erwartet. Etwas aufgeregt und natürlich sehr gespannt fuhr ich vom Arbeitsamt aus mit der Straßenbahn in den Industriehafen. Meine Unterlagen hatte ich dabei, und für meinen Weg zum Arbeitsamt hatte ich meine besten Kleider angezogen. Bei der Vorstellung hinterließ ich offenbar keinen schlechten Eindruck, denn ohne eine schriftliche Bewerbung hatte ich umgehend einen neuen Lehrvertrag in der Tasche. Zufall, dass die Lehrstelle noch frei war, oder Glück, wer weiß. Vielleicht beides.

Bürogebäude und Silobau der Firma „Verein Deutscher Oelfabriken" 1950

Dass ich in einer sehr renommierten Mannheimer Firma gelandet war, um dort eine Lehre zu machen, wurde mir erst später bewusst. Die nunmehr beginnende Ausbildung zum Industriekaufmann habe ich nie bereut, genauso wenig wie den aus finanziellen Gründen erforderlichen beruflichen Umweg vor Beginn des Studiums. Dass ich mit diesem Einstieg in das Berufsleben meine Studienzeit stark abkürzen konnte, wusste ich allerdings bei der Einstellung noch nicht. Nach zweijähriger Lehre und dreijährigem Studium hatte ich mein erstes Berufsziel erreicht. Schneller war das kaum möglich. Die praktischen Berufserfahrungen, die ich als Lehrling sammelte, sind übrigens für meinen beruflichen Werdegang sehr nützlich gewesen.

Ursula Mehler, geborene Maier

Kriegsende und Neubeginn

In der Nacht vom 6. auf den 7. September 1943 wurde unsere Wohnung in L 15 durch Bomben zerstört, und zwei Wochen später befanden wir uns als Evakuierte im evangelischen Pfarrhaus in Eppingen. Zwei Zimmer hatte man uns dort zur Verfügung gestellt. Mein Vater hatte einen kurzen Sonderurlaub bekommen und half beim Umzug mit. Ende September befand er sich bereits wieder in Russland an der Front.

Für meine Mutter, meinen älteren Bruder, meine erst halbjährige Schwester und mich war die Eingewöhnung in der neuen Umgebung nicht einfach. Anfangs mussten wir gemeinsam mit dem Pfarrer, dessen gelähmter Frau und dem Hausmädchen die Mahlzeiten einnehmen. Erst als wir mit viel Mühe einen Küchenherd zugeteilt bekamen, konnten wir ein eigenes Familienleben führen, vor allem sehr zur Freude von uns Kindern. Kurz vor Kriegsende waren weitere Evakuierte ins Pfarrhaus eingezogen, das nun voll belegt war.

Eppingen wurde in der Nacht vom 3. auf den 4. April von den Franzosen besetzt. Zuvor soll es noch zu Kampfhandlungen gekommen sein, von denen wir jedoch nichts bemerkt haben, da das Pfarrhaus außerhalb des Stadtkerns lag. Von den Marokkanern, welche in der Stadt auftauchten, befürchtete man das Schlimmste, und alle Bewohner des Pfarrhauses hielten sich im Keller auf. Vermutlich waren wir schon beim Anrücken der Feinde dorthin umgezogen. Es hieß, dass alle jungen Mädchen in Sicherheit gebracht werden sollten. Ich erinnere mich noch gut daran, dass das hübscheste Eppinger Mädchen durch einen unterirdischen Gang ins Pfarrhaus gebracht und im Bett der gelähmten Frau Pfarrer versteckt wurde. Was der Flucht vorausgegangen war, weiß ich nicht. Allerdings hätte ich, was das Versteck anbelangte, nicht mit ihr tauschen wollen. Während unseres Kelleraufenthaltes, der einige Tage dauerte, gab es häufig Mehlbrei, der bei uns Kindern sehr beliebt war, weil er mit Marmeladetüpfelchen verziert war.

Was die Besatzungssoldaten anbelangt, so erinnere ich mich nur an braune, wild aussehende Gesellen mit Turbanen, die vor den Häusern ihre Gewehre zu Pyramiden aufstellten und an der Hausfront unserer Schule, die gegenüber dem Pfarrhaus lag, Kletterübungen machten. Bald machte die Besatzungsmacht Anspruch auf Räumlichkeiten im Pfarrhaus geltend. Die Pfarrersfamilie war davon nicht betroffen, wogegen alle anderen ein neues Quartier suchen mussten. Wir fanden Unterkunft im Haus einer befreundeten Familie, wo uns die Wohnung einer alten Dame zur Verfügung gestellt wurde, die aus mir unbekannten Gründen vorübergehend abwesend war. Wie lange wir dort wohnten, weiß ich nicht mehr. Die Wohnung war vornehm mit eleganten Stilmöbeln eingerichtet, und wir Kinder wurden ständig von unserer Mutter ermahnt, ja nicht herumzutollen und etwas kaputt zu machen.

Im Wohnzimmer stand eine besonders schöne Glasvitrine, die sofort meine Aufmerksamkeit auf sich zog. Hinter dem Glas standen Tänzerinnen und Tiere aus Porzellan, außerdem eine schön verzierte Dose. Als ich sie heimlich öffnete, fand ich darin bis zum Rand gefüllt die unterschiedlichsten Pralinen, eine Köstlichkeit für ein Kind. Ich konnte der Versuchung nicht widerstehen, nahm eine heraus und aß sie mit großem Vergnügen. Schon sehr lange hatte ich einen solchen Hochgenuss nicht verspürt. Mit dem Probieren von Pralinen war ich groß geworden, denn mein Großvater war Generalvertreter der Schokoladenfabrik Feodora, und immer, wenn ein neues Produkt dieser Firma ins Angebot genommen wurde, waren wir zum Probieren zur Stelle gewesen. Natürlich gab es auch sonst für uns Kinder immer wieder Pralinen zum Naschen, allerdings nicht mehr, als im Krieg die Schokolade aus den Regalen der Süßwarengeschäfte verschwunden war.

Ich hatte bei meinem Diebstahl, der eher als Mundraub zu bezeichnen ist, ein schlechtes Gewissen, aber es sollte ja bei der einen Praline bleiben. Wie es jedoch so mit den guten Vorsätzen geht, sie werden leicht vergessen. Immer wieder zog es mich zu der Vitrine hin, und der Inhalt der Dose wurde immer geringer. Allerdings stellte ich schon beim zweiten Zugriff fest, dass sich da noch jemand bediente. Da es unsere Mutter nicht sein konnte, war klar, dass mein Bruder dieselbe Entdeckung gemacht hatte und genau wie ich den Versuchungen nicht widerstehen konnte. Es kam, wie es kommen musste. Am Ende unseres Aufenthaltes in der fremden Wohnung war die Dose leer. Wir schämten uns zwar, aber nur ein kleines bisschen. Die Pralinen waren für uns ein Geschenk des Himmels.

Wie lange wir ausquartiert waren, weiß ich nicht mehr. Als wir schließlich wieder ins Pfarrhaus zurückkehrten, gab es mehrere Tage lang bei allen Hausbewohnern Eierspeisen. Der Pfarrer hatte in kluger Voraussicht vor der Ankunft der Franzosen seine stolze Hühnerschar in Sicherheit gebracht. Er hatte sie kurzerhand in den bereits erwähnten unterirdischen Gang verfrachtet, wo er sie fütterte, und wo sie natürlich an allen möglichen Stellen fleißig Eier legten, die nun verarbeitet werden mussten. Etliche faule Eier mussten aussortiert werden, aber die Freude über die unerwartete Zuteilung der Mangelware war selbstverständlich bei allen Bewohnern des Pfarrhauses sehr groß. Schließlich zählten Eier zu den bewirtschafteten Gütern, die streng rationiert waren.

Als die Möglichkeit bestand, nach Eberbach umzuziehen, wo unsere geliebten Großeltern evakuiert waren, wollten wir das unbedingt wahrnehmen. Der ältere Stiefbruder meines Großvaters hatte sich bereiterklärt, uns in seinem schmalen dreigeschossigen Haus in der Rosengasse aufzunehmen. Wir Kinder hatten in Eppingen in der Zeit unseres dortigen Aufenthalts Freunde und Spielgefährten gefunden, von denen wir nun Abschied nehmen mussten.

Der Umzug von Eppingen nach Eberbach fand im März 1946 statt. Er verlief nicht so einfach, wie wir uns das vorgestellt hatten. Transportmittel war ein LKW, der mit einem Holzvergaser betrieben wurde und dadurch nur langsam vorankam. Am Abend erreichten wir am Tag der Verladung Mosbach, wo der Fahrer des Wagens wohnte. Erst am nächsten Tag sollte es weitergehen. Meine Mutter hatte in Mosbach eine Bekannte, bei der sie mit meiner zweijährigen Schwester übernachten konnte. Der Fahrer war sehr nett und bot meiner Mutter an, meinen Bruder und mich bei sich für die Nacht unterzubringen. Mein „großer" Bruder jammerte jedoch: „Ich will beim Mamile bleiben" und hatte damit Erfolg. Also blieb nur ich übrig, die mit dem Fahrer nach Hause ging.

Dort angekommen, stellte ich fest, dass er eine große Familie hatte. Sechs Kinder saßen am Tisch. Seine Frau hatte einen großen Topf Gelbe Rüben gekocht, und ich bekam gleich eine Mordsladung auf meinen tiefen Teller gehäuft. Dabei hatte ich nicht die geringste Lust, etwas zu essen. Um es schnell hinter mich zu bringen, schlang ich mit Todesverachtung das Gemüse hinunter. Aber kaum hatte ich meinen Löffel hingelegt, bekam ich nachgeschöpft, weil die Gastgeber übergroßen Hunger hinter meinem Tempo vermuteten. Es war gut gemeint, aber für mich war es der Horror. Alle Kinder schliefen in einem Zimmer. Einer der Jungen musste sein Bett für mich räumen. In der Nacht hatte ich einen bösen Traum, bei dem meine Nase ständig lief. Beim Aufwachen entdeckte ich zu meinem Schreck einen großen Blutfleck auf meinem Kopfkissen. Ich hatte in der Nacht, wie peinlich, starkes Nasenbluten gehabt. Ich schämte mich so sehr, dass ich mich nicht traute, es meinen freundlichen Gastgebern zu gestehen. Heimlich drehte ich das Kopfkissen um und schäme mich noch heute dafür. Verständlicherweise war ich ziemlich sauer auf meinen „großen" Bruder, denn zu zweit wäre die Übernachtung bei fremden Leuten sicher leichter zu ertragen gewesen.

Am folgenden Tag sind wir dann alle mit unserem bescheidenen Mobiliar in Eberbach angekommen.

Eberbach, unsere neue Heimat

Nach unserem Aufenthalt in Eppingen wohnten wir ab Mitte März 1946 in Eberbach. Von Onkel Martin, so nannten wir den Stiefbruder meines Großvaters, bekamen wir die Küche im Erdgeschoss und zwei Räume im Obergeschoss seines Hauses in der Rosengasse 4 zugewiesen. Er wohnte in der mittleren Etage, in der sich auch das gemeinsam benutzte Plumpsklo befand. Seine Frau, die er liebevoll pflegte, war geistig verwirrt. Wir Kinder fürchteten uns ein wenig vor ihr.

Das Zusammenleben unter den engen Wohnverhältnissen war unproblematisch. Schließlich waren wir Einschränkungen gewöhnt, und die Lebensumstände waren weitaus besser als in Eppingen, zumal unsere Großeltern nun nah waren. Onkel Martin, ein schmächtiger kleiner Mann, war Schiffer gewesen. Er war ein liebenswerter Mensch und sehr zurückhaltend, sodass wir in seinem Haus schnell heimisch wurden. In der Rosengasse wohnten ausschließlich Schiffer. Sie hatten sich dort angesiedelt, weil die Entfernung zum Neckar und somit zu ihren Schiffen nicht groß war.

In Eberbach fühlten wir Kinder uns sehr wohl. Die Großeltern sahen wir oft, da sie in der Nähe wohnten. Meine Mutter fand schnell Kontakt zu den Nachbarn. Die Leute waren alle freundlich zu uns. Hinzu kam, dass die Rosengasse ohne jeden Verkehr und somit ein idealer Spielplatz war. Im Januar 1947 stand sie unter Wasser. Mami sah sich an ihre Hochzeitsreise nach Venedig erinnert, und wir Kinder beobachteten aus dem obersten Stock unserer Behausung die wenigen Erwachsenen, die aus beruflichen Gründen mit Nachen unterwegs sein mussten. Wir beneideten sie, töricht wie wir waren, denn das alles war nicht ganz ungefährlich. Wir hatten schulfrei und Glück, dass das Wasser nicht die Höhe erreichte, um unsere Küche zu überschwemmen. Die eingravierte Anzeige an der Rosengasse zeigt heute noch den damaligen Pegelstand von 8,90 Meter.

Meine kleine Schwester, damals vier Jahre alt, hatte ich oft zu beaufsichtigen, was nicht allzu schwer war. Im Sommer nahm ich sie immer mit ins Schwimmbad und brachte ihr dort, weil sie sehr talentiert war, ohne viel Mühe das Schwimmen bei. Damit war natürlich auch mein Interesse verbunden, nicht ständig Angst um sie haben zu müssen, wenn sie davonlief. Ich habe so manche Wette gewonnen, weil mir niemand glauben wollte, dass ein so kleines Kind schon schwimmen kann.

Mein Lieblingsplatz in der neuen Umgebung war die „Rosenbank" am Ende der Rosengasse mit Blick auf den Neckar. In der warmen Jahreszeit versammelten sich dort die Frauen, welche in der Nähe wohnten, zum Stricken und zu sonstigen Handarbeiten. Natürlich spielte auch die Unterhaltung eine Rolle. Damals habe ich meine große Leidenschaft fürs Stricken entdeckt. Allerdings gab es das Problem, dass es keine Wolle zu kaufen gab. Also trennte man alte Stricksachen auf. Um die Wolle glattzubekommen, waren einige Anstrengungen notwendig. Die aufgezogenen, nicht allzu langen Wollfäden wurden straff über ein Brettchen gewickelt, nass gemacht und zum Trocknen aufgestellt. Danach konnte die Wolle wieder zu neuen Kleidungsstücken verstrickt werden. Als Strickmaterial diente auch das weiße Garn, mit dem Zuckersäcke zusammengehäkelt waren. Es war ein bisschen rau, sodass einem beim Stricken die Finger wehtaten. Ich habe trotzdem mit diesem Garn viele Kniestrümpfe mit den kompliziertesten Mustern gestrickt und fühlte mich als Küken zwischen den meist älteren Frauen auf der Rosenbank sehr wohl.

Meine Großmutter hatte einen Bruder und eine Schwester, die schon vor dem ersten Weltkrieg in die USA ausgewandert waren. Warum man sie als die schwarzen Schafe der Familie bezeichnete, weiß ich nicht. Zwischen ihnen und meiner Großmutter müssen noch immer Kontakte bestanden haben, denn wir erhielten von ihnen kurz nach dem Kriegsende ein Paket mit wunderbarem Inhalt. Mir ist eine Dose mit blütenweißem Schweineschmalz in Erinnerung, eine Kostbarkeit in der damaligen Zeit. Dem Paket war ein lieber Brief beigefügt, in welchem unter anderem zu lesen war, dass jeder von uns sich etwas wünschen dürfe. Ich musste nicht lange überlegen und wünschte mir rein weiße Wolle für einen Pullover. Kaum konnte ich es erwarten, bis das nächste Paket ankam, und tatsächlich, ich bekam die weißeste und zarteste Wolle, die man sich denken kann. Verständlicherweise wurde ich von allen Rosenbänklerinnen dafür sehr beneidet.

Der amerikanische Großonkel war als Schaffner bei der Pullman-Schlafwagengesellschaft beschäftigt, die Großtante arbeitete im Haushalt einer begüterten Familie. Beiden ging es anscheinend sehr gut, und sie waren vermutlich stolz darauf, den deutschen Verwandten in der Notzeit helfen zu können. Sie verzichteten einige Jahre später großzügig auf ihre Erbansprüche. Wir waren damals nicht nur für die Lebensmittel, sondern auch für die abgelegten Kleider der Herrschaft unserer Großtante sehr dankbar. Ich erinnere mich noch gut an ein Kleid aus gelbem, mit Blüten bedrucktem Trikot, das an der Brust gerafft war und meinen kaum vorhandenen Busen besonders zur Geltung brachte. Freude pur in schweren Zeiten.

Im Oktober 1946 hatten wir von meinem Vater endlich ein erstes Lebenszeichen erhalten. Gott sei Dank, er lebt noch, war die erste Reaktion. Er befand sich in russischer Gefangenschaft. Danach gab es bis zum April 1949 in mehrwöchigen Abständen mit ihm eine Postverbindung. Während dieser Zeit war er in dem Gefangenenlager Stalinogorsk. Die Tage, an denen von ihm eine zensierte Karte mit angehängter Rückantwortkarte bei uns ankam, waren Feiertage. Sie gaben unserer Mutter die nötige Kraft. Es musste weitergehen, auch unter schwierigen Bedingungen.

> 19.8.47.
>
> Mein liebes Gerle.
> In den letzten 10 Tagen 15 Postsachen mit bestem Dank auch an Großmutter aus Bopfingen, Vater, Onkel Fritz, Erna und Männel erhalten. Habe für Euch alle nur die eine Karte. Eine große Freude war für mich das Bild der Kinder. Herzliche Grüße an alle
> immer Dein Gustel.

Zusammen mit meinem Großvater und ihrem Bruder wurde ein Garten gepachtet, und da meine Mutter schon immer gern gärtnerte, war sie dort natürlich die Hauptakteurin. Gemüse und Obst ergänzten im Sommer unseren Speisezettel. Im hinteren Teil unserer Küche wurden Küken großgezogen, die dann, als sie größer waren, im Garten ihren Stall und Auslauf hatten. Der Weg zum Garten zur täglichen Fütterung und zum Einsammeln der Eier war weit. Um die Ecke, im Aalhof, fütterten wir einige Hasen, die geschlachtet wurden, wenn sie groß genug waren. Von uns Kindern konnte es allerdings keiner übers Herz bringen, den Hasenbraten zu genießen. Ich erinnere mich daran, dass wir uns bei der Konfirmation meines Bruders mit den Nudeln begnügten.

Wir Kinder waren natürlich an der Futterbeschaffung für die Hasen beteiligt. Die Neckarwiesen lagen ja vor der Tür. Damals wurden auch fleißig Früchte des Waldes gesammelt. Ich erinnere mich, dass mein Bruder und ich einmal zusammen mit anderen Leuten mit einem LKW an einen Platz im Wald gefahren wurden, wo es besonders viele Heidelbeeren gab. Ich sammelte wie besessen – dummerweise, ohne auch nur eine Heidelbeere zu naschen. Mein Bruder pflückte ebenfalls eifrig, aber weil er so hungrig war, aß er die meisten Beeren gleich auf. So kam leider nicht sehr viel in unseren Eimer, von dessen Inhalt wir noch einen Messbecher voll als Naturallohn an den Lastwagenfahrer abgeben mussten. Wir schämten uns, und um gegenüber den anderen nicht aufzufallen, die mit vollen Eimern zurückkamen, hatte ich die Idee, unten im Eimer eine dicke Lage Heidelbeerkraut einzubringen.

Am unangenehmsten war das Sammeln von Bucheckern, weil das in der kalten Jahreszeit geschah. Ich fror erbärmlich, und die Ausbeute war nur gering. Die Bucheckern wurden bei uns nur für die Weihnachtsbäckerei als Mandel- und Haselnussersatz verwendet. Zum Pressen von Öl reichte unsere bescheidene Ernte nicht.

Als die Brombeeren reif waren, haben wir auch diese fleißig gesammelt. Es wurde Marmelade gekocht, aber einen großen Teil der Brombeerernte tat meine Mutter in ein Holzfass, das im Keller stand. Sie wollte Brombeerwein machen, der bei der Rückkehr meines Vaters als köstliches Getränk gereicht werden sollte. Dazu ist es leider nicht gekommen, denn der Wein war verdorben, als wir von Eberbach wegzogen, zu einem Zeitpunkt, als mein Vater noch längst nicht daheim war. Er ist erst 1953 aus der russischen Kriegsgefangenschaft entlassen worden.

Mein Bruder hatte bereits in Eppingen die Oberschule besucht und konnte nun in Eberbach auf das dortige Gymnasium gehen. Ich musste erst noch die Aufnahmeprüfung bestehen und war stolz, nun auch die höhere Bildung zu genießen. Die meisten Lehrer waren streng. An den Gesangslehrer habe ich eine ganz schlechte Erinnerung. Als ihm bei einer Chorprobe ein Schüler auffiel, der im Stimmbruch war, packte er ihn und zog ihn an den Haaren durch den ganzen Raum. Den Rektor der Schule erlebten wir nur als Vertretung im Fach Mathematik. Mitunter stellte er Rechenaufgaben, die mündlich zu beantworten waren. War das Ergebnis falsch, dann bekamen die Schüler links und rechts je eine schallende Ohrfeige.

Bei einer Theateraufführung erhielt ich die Rolle der Prinzessin nur deshalb, weil ich ein goldfarbenes Abendkleid meiner Mutter aus Seidentaft im Charlestonstil, mit goldenen Karos durchwirkt, in die erste Probe mitbrachte. Wieso das noch in unserem Besitz war, weiß ich nicht. Als Dornröschen wurde mir bei einer Aufführung bewusst, wie nah Weinen und Lachen beieinander liegen. Beim Stich mit der Spindel musste ich nämlich fürchterlich lachen, wo ich doch bitterlich weinen sollte. Kurz entschlossen schlug ich die Hände vors Gesicht, und mein Lachen wurde vom Publikum als überzeugendes Schluchzen mit Beifall belohnt.

Während all der Zeit, die wir in Eberbach lebten, blieb vor allem meiner Mutter, aber auch uns Kindern die Sorge um unseren Vater erhalten, der sich noch immer in russischer Gefangenschaft befand. Fleißig wurden immer wieder Briefe geschrieben. Ab Mitte 1949 brach die Verbindung durch eine Postsperre vollkommen ab. Meine Mutter war der Verzweiflung nahe, denn sie befürchtete das Allerschlimmste. Gelegentliche Informationen von Heimkehrern ließen jedoch immer wieder die Hoffnung aufkeimen, dass unser Vater noch am Leben war. Durch sie wussten wir, dass er sich in dem Straflager Workuta in Sibirien befand.

So schön die Zeit für uns Kinder in Eberbach auch war, sie musste ein Ende haben, denn sowohl meine Großeltern als auch meine Mutter wollten zurück nach Mannheim. 1950 wurde meine Konfirmation noch in Eberbach gemeinsam mit der ganzen Verwandtschaft gefeiert. Am Tag vor der Konfirmation mussten wir Konfirmanden die Kirche mit eiskaltem Wasser putzen, was zur Folge hatte, dass ich stockheiser war und die Prüfungsfragen nur mit krächzender Stimme beantworten konnte.

Die Konfirmanden mit Pfarrer Wallenwein vor der Michaelskirche

Kurze Zeit später zogen meine Großeltern nach Mannheim, und einige Monate später folgten wir zusammen mit der Familie meines Onkels.

Heimkehr

Mitte November 1950 zogen wir zusammen mit meinen Großeltern und der Familie des Bruders meiner Mutter von Eberbach nach Mannheim um. Mein Großvater hatte in U 3, 11 zwei Wohnungen gefunden, in denen nun das neue Leben in Mannheim beginnen konnte. Die Sorgen um den Verbleib meines Vaters waren noch immer vorhanden. Lange Zeit gab es für die Gefangenen eine Postsperre. Wir wussten nicht, ob er noch lebte. Ende November kam endlich eine Postkarte aus Stalinogorsk an, die nach Eberbach adressiert war und somit auf Umwegen nach Mannheim gekommen sein muss. Für uns war dies nach der 19 Monate dauernden Unterbrechung des Kontakts eine Erlösung.

> 6.11.1950. Mein Liebes Gertl.
> Nach langem Schweigen darf ich endlich wieder mal von mir hören lassen. Bin gesund und hoffe auch Euch alle wohlauf. Mein sehnlichster Wunsch: Ein Lebenszeichen sowie Fotos von Euch allen. Habe immer noch den fanatischen Glauben an ein baldiges Wiedersehen, den ich mir durch Nichts nehmen ließ. Schreibt mir bitte recht bald alle und oft und nehmt herzliche Grüße von mir; Dir, mein Liebes Gertl, besonderen Gruß und Kuss, immer Dein Gustel

Kurz danach trafen Geburtstagsgrüße zu meinem 15. Geburtstag ein. Die nächste Karte vom 9. Dezember 1950 war erneut an die alte Anschrift adressiert, also war unsere Post noch nicht bei meinem Vater angekommen. Er schrieb: *Bin glücklich, Euch schon wieder schreiben zu dürfen. Gedenke Mamis und Rudolfs Geburtstages, wünsche Euch ein gutes neues Jahr, verbunden mit dem Glauben an ein baldiges Wiedersehen, und schenke Euch die Versicherung meines steten Gedenkens und meiner ganzen Liebe und Treue bis zum letzten Atemzug.*

Der letzte Satz klang nicht gerade hoffnungsvoll, und sicherlich machte sich meine Mutter erneut große Sorgen. Es sollte noch zwei Jahre bis zu seiner Rückkehr dauern. Die Geduld aller wurde auf eine harte Probe gestellt, aber durch die nunmehr ständige Verbindung war das Warten leichter zu ertragen.

Das Leben ging weiter. Ich besuchte das Liselotte-Gymnasium bis zum Abschluss der Mittleren Reife. Nach all den Jahren in gemischten Klassen war der Unterricht in dieser reinen Mädchenschule gewöhnungsbedürftig. Das Anhimmeln von Lehrern fand ich dämlich, und auch die Klassengemeinschaft war ich ganz anders gewöhnt. Ich habe es überlebt, und nun stand die Berufswahl an. Naheliegend war für mich mein Traumberuf: Ich wollte Handarbeitslehrerin werden. Aber dem standen finanzielle Probleme im Wege. Mit der staatlichen Unterhaltshilfe und der Fürsorgeunterstützung des Wohlfahrts- und Jugendamtes konnte sich die Familie eine nochmals dreijährige Schulausbildung nicht leisten. Da mein Bruder inzwischen die einjährige Höhere Handelsschule mit Erfolg absolviert hatte, schickte man auch mich dorthin, obgleich ich auf keinen Fall eine Bürotätigkeit ausüben wollte. Ich konnte mich dagegen nicht wehren und versuchte das Beste daraus zu machen, indem ich mich um gute Noten bemühte. Es folgte die Einstellung bei der renommierten Mannheimer Baufirma F. & A. Ludwig. Die Auswahl fand unter 150 Bewerberinnen statt, was mir jedoch keine Genugtuung verschaffte. Ich hasste die Büroarbeit von Beginn an, hatte aber sehr nette Kollegen, und auch Fräulein Ludwig meinte es sehr gut mit mir. Immerhin konnte ich nun die Familie mit einem Monatseinkommen von 150 D-Mark unterstützen. Mein Traum war geplatzt, die Realität hatte gesiegt. Ich denke, dass es nach dem Krieg vielen anderen ähnlich wie mir erging.

Der Besuch der Tanzstunde machte mich nicht recht glücklich. Aus Sparsamkeitsgründen wurde ich wegen Geschwisterermäßigung mit meinem zwei Jahre älteren Bruder bei der Tanzschule Lamadé angemeldet. Freude machte mir schon immer das Nähen. Kleine Blüschen aus Resten der Mannheimer Firma Ciolina & Kübler waren meine ersten Kreationen. Kombiniert mit einem schwarzen Faltenrock, war mein Auftritt an jedem Tanzabend neu.

Nun war es aber auch wichtig, einen Tanzpartner für den festlichen Abschlussball zu finden. Die begehrtesten jungen Männer waren schon bald mit den oben herum besser entwickelten Mädchen verbandelt. Etwas romantischer hatte ich mir den Antrag meines Tanzpartners schon vorgestellt, der davon sprach, dass unsere beiden Mütter zusammen auf einer Schulbank gesessen hatten und dass deshalb ... Etwas zögerlich sagte ich zu, immerhin hatte mich einer gefragt. Nun musste der Arme ähnlich einem Heiratsantrag bei meiner Mutter vorsprechen. Er kam mit Alpenveilchenblüten und überzeugte durch seine Artigkeit.

Das Kleid für meinen Tanzstunden-Abschlussball wollte ich trägerlos aus champagnerfarbenem Taft nähen, aber meine Mutter bestand auf breiten Trägern mit Puffärmeln. Die Eröffnungspolonaise sollte mit einem von den Herren mitgebrachten Blumenstrauß getanzt werden. Zur Erheiterung aller trugen drei langstielige Chrysanthemen bei, die einer der Tanzschüler ausgesucht hatte, dessen Eltern ein Blumengeschäft hatten, und die beim Tanzen alle Paare überragten. Bei Lamadé waren von da an Biedermeiersträuße angesagt.

Die Teilnehmer der Tanzschule Lamadé am Abschlussball

Mein Bruder und ich (Mitte)

Am 5. Oktober 1953 erfuhren wir durch den Rundfunk, dass sich mein Vater unter den Heimkehrern befand, die im Entlassungslager Friedland eingetroffen waren. Die Unsicherheit, ob wir den Namen richtig verstanden hatten, war schnell verschwunden, als Bekannte, allen voran Fräulein Ludwig, anriefen, um mitzuteilen, dass sie den Namen Gustav Maier aus Mannheim deutlich gehört hätten. Wir waren alle völlig aus dem Häuschen und konnten unser Glück kaum fassen. Am folgenden Tag fuhren mein Onkel und mein Bruder nach Friedland, um den Heimkehrer abzuholen. Am 8. Oktober 1953 war mein Vater endlich wieder zu Hause.

Der Jubel war groß. Junge Ruderer der Amicitia hatten das Treppenhaus in U 3 mit Girlanden geschmückt, und als Überraschung hatte unsere Tante eine Blaskapelle bestellt, die bei der Ankunft meines Vaters das Lied „Das ist der Tag des Herrn" intonierte. Leider konnte weder die Mutter noch die Schwiegermutter meines Vaters seine Rückkehr erleben. Beide waren Anfang 1953 verstorben.

Ich erinnere mich, dass ich über das Aussehen meines Vaters sehr erschrak. Er war abgemagert, hatte etliche Zahnlücken, und man konnte ihm ansehen, dass er Schreckliches erlebt und erlitten hatte. Körperlich war er ein Schatten des Mannes, den wir in Eppingen im August 1944 bei seinem letzten Urlaub gesehen hatten. Das Einzige, was er mitgebracht hatte, war ein hölzerner Koffer. Zum Erstaunen meiner Mutter war er voller Papyrossen, den russischen Zigaretten. Sie hatte oft gesagt, dass ihr Mann alles nur deshalb durchhalten könne, weil er nicht rauche, und nun musste sie von ihm hören, dass er ohne die Zigaretten umgekommen wäre. So war jedenfalls seine Behauptung.

Unsere Gefühle sind nicht in Worte zu fassen. Als er nach einem Genesungsurlaub in Eppingen von uns Abschied genommen hatte, war meine Schwester erst etwas über ein Jahr alt gewesen. Mehr als neun Jahre waren inzwischen vergangen. Nicht nur er, sondern auch wir hatten uns verändert. Für beide Seiten war Anpassung notwendig. Ich wundere mich darüber, dass dies reibungslos verlief, was sicher an der großen Zuneigung lag, die meine Eltern füreinander und für ihre Kinder hatten.

Das erste Foto nach der Heimkehr

Von Anfang an stand fest, dass mein Vater wieder ein selbständiger Meister in einem eigenen Betrieb sein wollte. Das Angebot, die Leitung der Fleisch- und Wurstabteilung eines Kaufhauses zu übernehmen, lehnte er ab. Bald war ein geeigneter Laden am Ring gefunden, und ich wurde, ohne groß gefragt zu werden, als Metzgereiverkäuferin eingeplant. Bis der Laden renoviert und neu eingerichtet war, sollte ich bei dem Vermieter, der eine Metzgerei in der Gartenstadt betrieb, eine Kurzlehre als Verkäuferin absolvieren. Der Umbau verzögerte sich, sodass ich etwa sechs Wochen lang um halb sechs Uhr aufstehen musste, um spätestens um sieben Uhr bei meinem Lehrherrn einzutreffen.

Für den ersten Tag meiner Lehrzeit hatte man sich etwas Besonderes ausgedacht. Ich durfte Geschenkpakete für Hundebesitzer packen. In Zeitungspapier musste ich rohe und gekochte Gurgeln von Rindern, Fleischabschnitte und das Schlimmste, nämlich auch die Augen von Tieren, mit bloßen Händen einpacken und zu gleich großen länglichen Paketen formen. Ich merkte gleich, dass ich bei meiner ekelerregenden Arbeit von den Metzgergesellen heimlich beäugt wurde. Ich biss die Zähne zusammen und ließ mir nichts anmerken.

Nach einigen Tagen wurde ich auf die Kunden losgelassen. Ich war sehr schüchtern und hatte nicht die geringste Ahnung von meiner neuen Aufgabe.

Meine erste Kundin war eine nette weißhaarige Dame, die ein Viertel feine Mettwurst kaufen wollte. In meiner Unwissenheit fragte ich sie: „Wie viel ist das ungefähr?", und sie sagte: „Ach, halten Sie doch Ihr Messer an diese Stelle und schneiden Sie das Stück da einfach ab." Meine Überraschung war groß, als der Zeiger der Waage genau auf 125 Gramm stehen blieb. Ich hätte die Frau umarmen können und war glücklich. Sie ließ sich an den nächsten Tagen nur noch von mir bedienen und scheute später nicht den weiten Weg von der Gartenstadt in die Innenstadt, um in unserer Metzgerei einzukaufen, wo ich inzwischen die Arbeit aufgenommen hatte.

Wir fanden in der Nähe der Metzgerei eine Zweizimmerwohnung, in der wir nun unter beengten Verhältnissen leben mussten. Das waren wir gewohnt, und da wir in der Metzgerei eine große Küche und einen Aufenthaltsraum zur Verfügung hatten, war das auch zu ertragen.

Bei der Eröffnung unserer Metzgerei warteten wir alle gespannt auf den ersten Kunden. Es war ein kleiner rothaariger, etwa zehnjähriger Junge, der mit seinen Eltern in dem zerstörten Gebäude der gegenüberliegenden Schule in einer Notunterkunft wohnte. Er verlangte für 10 Pfennige Abfallwurst, womit wir natürlich nicht dienen konnten, denn unsere Wurst lag ordentlich und schön angeschnitten in der gekühlten Theke. Abfall gab es noch keinen. Was taten wir? Wir packten für ihn ein großes Paket mit bester frischer Wurst zusammen. Als unseren ersten Kunden betrachteten wir ihn einfach als Glücksbringer. Er ist uns als Kunde für immer treu geblieben.

Hundepakete musste ich nie wieder packen. Ich war alles andere als Handarbeitslehrerin geworden, aber die Arbeit im elterlichen Geschäft und der Umgang mit den Kunden bereiteten mir Freude. Für das spätere Leben hat es mir bestimmt nicht geschadet, dass ich durch meine Tätigkeit vieles über Fleisch gelernt habe, was meiner wachsenden Leidenschaft für das Kochen keineswegs abträglich gewesen ist. Ich war und bin heute noch anatomisch gut orientiert, was Rinder, Kälber und Schweine betrifft. Meine Leidenschaft für Basteleien und Handarbeiten wurde auf die späten Abendstunden und die Nacht verschoben. Richtig austoben konnte ich mich erst, als die Metzgerei meiner Eltern geschlossen und meine Kinder erwachsen waren.

Franz Motzko

Ein Neubeginn nach der Vertreibung

Das war vielleicht eine Überraschung für die siebenköpfige Motzko-Familie: eine eigene Wohnung mit Badezimmer, darin eine Wanne nebst Brause und WC. Drei Zimmer und eine Küche, und eine kleine Speisekammer war auch dabei. Welch ein Luxus im Jahre 1952 in dem von Bomben zerstörten Mannheim.

Die zweistöckigen Häuser in der Schönau-Siedlung im Mannheimer Norden waren gerade neu gebaut worden und wurden nach und nach bezogen von Flüchtlingen und Heimatvertriebenen aus der Tschechoslowakei, Ostpreußen, Schlesien, Ungarn und manchen Balkanländern. Vier Parteien bewohnten jeweils eines der Häuser im Tonderner Weg. Und Gärten rund um die Häuser, in denen vorwiegend Obst und Gemüse gepflanzt wurde, gab es auch.

Die drei Zimmer der Wohnung dienten eigentlich allesamt als Schlafzimmer. Ich selbst teilte mir ein Zimmer mit meiner Großmutter Aloisia, meine drei Schwestern schliefen im Wohnzimmer. Die riesige Couch, ein gigantisches Sitz- und Liegemonster, diente ihnen als Schlafstatt. Nur die Eltern hatten das Privileg eines eigenen Schlafzimmers. Und wo fand das Familienleben statt? Nun, damals gab es recht große Küchen. Am großflächigen Esstisch machten wir Kinder die Hausaufgaben, spielten Tipp-Kick, Mühle, Halma oder Karten, und Mutter rollte auch den Nudelteig darauf aus. Dieser Raum wurde ganz selbstverständlich für alles Mögliche genutzt, hier spielte sich das Familienleben ab.

Gemessen an heutigen Standards hielt sich der Komfort jedoch in Grenzen. Für wohlige Temperaturen im Winter sorgte ein Ofen im Wohnzimmer, geheizt wurde mit Holz, Kohle und Briketts. Samstag war obligatorischer Badetag. Aber den Hahn aufdrehen und einfach warmes Wasser haben? Fehlanzeige! Erst musste im Bad die im Wasserboiler integrierte Feuerstelle angeheizt werden, und nach einer gefühlten Ewigkeit und mehrmaligem Probieren, ob das Wasser endlich warm genug ist, nahm dann das samstägliche Baderitual seinen Lauf.

Kind für Kind und am Schluss die Eltern. Vater war wohl der Letzte, an Samstagen wurde nämlich bis ein Uhr gearbeitet, danach galt es noch Handwerkliches zu erledigen oder Freunde bei deren Arbeiten zu unterstützen. Jeweils zwei Kinder mussten sich wohl eine Wannenfüllung teilen, so meine Erinnerung. Großmutter Aloisia hat dieses Teufelszeug nie benutzt, sie zog ihr Leben lang eine klassische „Körperwäsche von Kopf bis Fuß" vor. Vielleicht war ihr auch der Ein- und Ausstieg aus der Wanne einfach zu beschwerlich.

Und da war noch der Riesenherd in der Küche, eine Art Allzweckwaffe damaliger Kochkultur. Befeuert wurde er ebenfalls mit Holz und Kohle. Der Herd diente nicht nur zum Kochen und Backen, sondern stellte im sogenannten Schiffchen auch ganztägig warmes Wasser zur Verfügung. Und ganz selbstverständlich diente dieses Kraftwerk im Winter zum Wärmen der Wohnung. Die Herdplatten bildeten ineinandergefügte Ringe aus Gusseisen, die man einzeln von innen her entfernen konnte, um so die Heizleistung zu variieren. Für mich hatte meine Mutter etwas Magierartiges, wenn sie so richtig virtuos auf dem Multigerät zauberte. Ein besonderer Reiz war es, unbeobachtet von der Mutter die inneren Ringe zu entfernen, um im offenen Feuer nach Herzenslust herumstochern zu können. Dass bei diesen Feuermanövern nie etwas passierte, will man kaum glauben.

Wir Kinder wurden zwischen 1941 und 1945 im südlichen Böhmerwald, einem Teil des Sudetenlandes, geboren. Budweis und Krummau an der Moldau waren die nahe gelegenen Zentren in der von Forst- und Landwirtschaft geprägten Kulturlandschaft. Meine Eltern bewirtschafteten in Neustift, einem Ort mit sechs Gehöften und einem Bahnhof, einen Hof mit 72 Hektar Ackerland und 12 Hektar Wald. 500 Jahre lang war der Hof im Besitz der Familie gewesen. Als Folge des Zweiten Weltkrieges mussten wir unsere Heimat verlassen.

Der Exodus begann im Sommer 1946 und führte uns zuerst ins Flüchtlingslager „Teufelsklinge" in der Nähe von Mosbach, danach nach Eschelbronn bei Sinsheim. Hier lebte unsere siebenköpfige Familie mehrere Jahre lang in einem Raum von 20 Quadratmetern mit einem winzigen Nebenraum, der als Elternschlafecke diente. Eigentlich unglaublich. Als Vater Franz Arbeit beim „Benz" in Mannheim gefunden hatte, zogen wir 1952 nach Mannheim-Schönau um, ich war gerade sieben Jahre alt.

In diesen frühen fünfziger Jahren hatte sich auf der Schönau bereits wieder ein gewisses gesellschaftlich-kulturelles Leben ausgebildet, überwiegend getragen von den Kirchengemeinden der beiden großen Konfessionen. Religiöses Leben dokumentierte sich auch im Bau der neuen evangelischen Kirche am Bromberger Baumgang. Für die Katholiken gab es seit 1947 eine recht erbärmliche, aus Holz gezimmerte Notkirche, gekrönt von einem winzigen Türmchen, in dem ein armseliges Glöckchen mit schrillem Ton die Gläubigen zum Gottesdienst mahnte. Sie stand auf einem freien Areal zwischen Elbinger und Apenrader Weg.

Für meine Eltern war es selbstverständlich, uns Kinder nach christlichen Grundwerten zu erziehen. Gleich nach dem Zuzug nach Mannheim 1952 hat sich die gesamte Familie in die katholische Kirchengemeinde eingebracht, und alle blieben stets lebendige Glieder der Pfarrgemeinde. Vor allem unsere Mutter Paula, einem religiös-bildungsorientierten Haus entstammend, hat uns mit ihrer gütigen, ebenso zurückhaltenden wie auch bestimmenden Art Werte wie Aufrichtigkeit, Demut, Hilfsbereitschaft und Bescheidenheit vermittelt. Die katholische Pfarrgemeinde „Guter Hirte" war ein ganz wichtiger Platz für unsere Familie. Der Neuanfang im für unsere Eltern fremden Land wurde dadurch nachhaltig unterstützt, die Integration deutlich erleichtert. Zum Zeitpunkt unseres Zuzugs waren die Bauarbeiten für den Neubau der Kirche „Guter Hirte" gerade in vollem Gange. So bot sich meinem Vater gleich die Gelegenheit, sich in den Dienst der Gemeinde zu stellen und tatkräftig bei den anfallenden Bauarbeiten mit anzupacken.

Nach Fertigstellung der Kirche Ende 1953 galt die tätige Unterstützung dem neu zu erbauenden katholischen Kindergarten und dem Gemeindezentrum am Karlsberger Weg. All diese Bauten und Einrichtungen wurden zu wesentlichen Teilen durch freiwillige Leistungen der Gemeindemitglieder realisiert. Oft nahm mich mein Vater mit, für mich als Kind hatten die Baustellen etwas Abenteuerliches, und ich erinnere mich, dass ich mir dabei wie ein vollwertiger Baugehilfe vorkam. Besonders spannend für mich war das Ausmalen der Fresken im Innern des Gotteshauses. Während dieser künstlerischen Ausgestaltung verbrachte ich zahllose Nachmittage damit, die beiden Künstler auf ihren gigantischen Gerüsten beim Malen der Motive des Kreuzganges sowie des Chores zu beobachten. Manchmal durfte ich sogar beim Mischen und Verrühren der aufwendig hergestellten Spezialfarben mithelfen, ein großartiges Erlebnis für mich. So gesehen kann ich „meine" Kunstwerke entlang der linken Seite des Hauptschiffes wie auch im Chor heute noch bewundern.

Auf der Schönau gab es für uns kaum Probleme mit der Integration. Zu viele Neubürger mit gleichem oder ähnlichem Schicksal prägten in diesen Jahren vermehrt die Einwohnerschaft des jungen Stadtteils. Schimpfwörter unter der Gürtellinie wie „Flüchtling" und „Rucksack-Deutscher" gab es selten; sie waren eher von denjenigen Einheimischen zu hören, die es selbst nicht leicht hatten im Leben. Wir Kinder gingen damit entspannt um, unsere Eltern mögen dies vielleicht anders empfunden haben.

Wir vier Geschwister durcheilten die Schulklassen, und in unserer Freizeit waren wir in der Katholischen Jugend aktiv. Mit viel Begeisterung nahmen wir an vielerlei Aktivitäten teil, spannende Gruppenabende mit Lagerfeuer, Gitarre und Gesang sowie zahlreiche Ausflüge standen auf dem Programm. Eine besondere Freude bereitete mir das Theaterspielen auf der Gemeindebühne, hier habe ich schon früh meine Liebe zur Schauspielerei entdeckt, ein nicht gering zu schätzendes Talent zum Vertuschen von harmlosen Vergehen, um elterlichen Rügen zu entgehen.

Dass ich als Zehnjähriger gleich nach der Erstkommunion Ministrant wurde, war irgendwie selbstverständlich. Messdiener war schon deshalb erstrebenswert, weil der Altardienst in meinen Augen eine Fortsetzung meiner Schauspielkarriere darstellte. Bunte Gewänder, lateinisch-kryptische Texte, feierliche

Prozessionen, das Hantieren mit Weihrauch, alles recht mystische Rituale, und das vor Publikum – das war genau mein Ding.

Mein ganz früher Berufswunsch war übrigens Bischof. Warum Bischof? Nun, als Kaplan oder Pfarrer wollte ich nicht ins geistliche Leben starten, da schien mir ein Seiteneinstieg in den höheren Klerus attraktiver, nämlich als Bischof, schon wegen des tollen Ornats mit krönender Mitra und dem reichlich verzierten, golden schimmernden Bischofsstab. Der Grund für diesen skurrilen Berufswunsch hatte auch einen Namen: Und der hieß August Olbert.

Wieso Olbert? Ende 1953 stand unsere neu erbaute Kirche „Guter Hirte" vor der Einweihung, der Freiburger Weihbischof August Olbert sollte die Einsegnung des Gotteshauses zelebrieren. Olbert war seit den dreißiger Jahren in China als Missionar unterwegs gewesen, wurde später von Papst Pius XII. zum Bischof von Tsingtau ernannt. Er war ein großer Missionar und Bekenner, der wegen seiner christlichen Überzeugungen zwei Jahre in chinesischer Gefangenschaft zugebracht hatte, wo er unter Folter fast zu Tode kam. Bischof Olbert umgab eine geheimnisvolle, spirituelle Aura, in meinen Augen wohl eine Art Märtyrer-Mythos.

Ende der Fünfziger habe ich begonnen, in der Schönauer Jugendarbeit mit „in die Speichen zu greifen". Pfarrer Ferdinand Veit und Kaplan Erlenbach gingen stets mit großem Engagement voran und haben die Jugendarbeit auf der Schönau nach besten Kräften unterstützt und gefördert. Dazu gehörte auch der abwechselnd von Pfarrer und Kaplan in kleinen Gruppen erteilte Lateinunterricht für die Ministranten, den ich regelmäßig und mit großer Freude besuchte. Beide Geistlichen waren für mich echte Vorbilder in jener Zeit.

In Schönau gelandet zu sein, war für mich und meine Familie kein Nachteil. Für mich selbst prägte ich mal den Ausspruch: „Wer die Schönau ohne Spätschäden übersteht, den kann im Leben so leicht nichts mehr irritieren." So gesehen war die „Schule Schönau" mit all ihren Facetten für mich eine außergewöhnliche Schule fürs Leben – in vielerlei Hinsicht. Dazu gehörte auch, dass draußen auf der Gass' keine gepflegte Umgangssprache oder gar Hochdeutsch angesagt waren, sondern ganz selbstverständlich Mannemer Dialekt gesprochen wurde.

Verschärfend kommt hinzu, dass auf der Schönau einer der härtesten Slangs der Kurpfälzer Mundart überhaupt gesprochen wurde. Der Begriff Vulgärsprache klingt in diesem Zusammenhang eher freundlich-wohlmeinend. Dass ich später einmal Mannheimer Berufsschüler im Fach Deutsch unterrichten würde, war zu dieser Zeit wirklich nicht vorauszusehen.

Im Laufe meines Berufslebens kamen mir meine Erfahrungen von der Schönau oft zustatten. Wahrscheinlich waren sogar typisch Mannheimer Eigenschaften in den Wesensmerkmalen vieler Alt-Schönauer zu finden, nämlich Offenheit, Direktheit, Toleranz und manchmal auch „e großi Gosch".

Die Motzko-Familie 1957 vor dem Mietshaus im Tonderner Weg 21

Schon Ende 1959 bezogen wir unser neu gebautes Eigenheim. Das nimmt nicht Wunder, denn beim Benz hat Vater sicher ganz gut verdient. Gleichwohl fragte sich manch einer: Wie konnte das so schnell gehen? Also: Viele Heimatvertriebenen trugen schon früh den Wunsch nach den eigenen vier Wänden mit sich herum. Dieser Wunsch konnte zeitiger verwirklicht werden, wenn man sich beim Häuslebauen gegenseitig unterstützte. Und das taten viele. Auf diese Weise ging der Traum vom eigenen Haus für viele tatsächlich schneller in Erfüllung, und die Häuser wurden durch die wechselseitige Hilfe für alle erschwinglicher.

Schule und Straßenfußball auf der Schönau

Zuerst gingen wir vier Kinder auf die Schönauschule in der Kattowitzer Zeile, ab 1955 ging's dann in die neu gebaute Kerschensteinerschule. Die Klassen hatten jeweils um die 35 Schüler, getrennt nach Mädchen und Jungen. Jeden Freitag um sieben Uhr war Schülergottesdienst, oft waren wir Motzko-Kinder die einzigen Besucher, ich als Messdiener, dazu meine drei älteren Schwestern, sozusagen als „Bet-Schwestern". Mädchen als Messdiener waren in jener Zeit außerhalb jeder Vorstellungsmöglichkeit.

Anfangs musste ich mich zwar gegen manche allzu rabiate Schulkameraden wehren, denn meine körperliche Konstitution war eher als zierlich zu bezeichnen. Außerdem hatte ich das Stigma eines Flüchtlingskindes. Aber mit der Zeit habe ich mich auf die Schönauer Verhältnisse eingestellt und fand mich schließlich im „Haifischbecken Schönau", in dem ich mir manchmal wie ein Goldfisch vorkam, ganz gut zurecht. Dabei kamen mir auch meine ganz ordentlichen Schulnoten zustatten, denn als guter Schüler konnte ich so manchen Muskelprotz in meiner Klasse mit Unterstützungsleistungen wie Hausaufgaben-Support froh stimmen und für mich gewinnen, quasi als Bodyguard.

Um mich auf dem Schulhof und in der Freizeit zu behaupten, halfen mir auch meine durchaus passablen verbalen Fähigkeiten. Als ahnungsloser Junge vom Dorf musste ich allerdings zuerst so einiges aufholen, was Cleverness und Raffinesse betraf. Die „Mannemer Buwe", echte Stadtkinder, waren mir um gefühlte Lichtjahre voraus. Aber schon bald war dieser Zustand von Unsicherheit und mangelndem Selbstvertrauen, wohl eine Art „Landei-Syndrom", überwunden.

An die Kerschensteinerschule und deren Lehrer denke ich sehr gerne zurück, aus der Lehrerschaft blieben mir einige in nachhaltiger Erinnerung. Als besonders vorbildlich erschien mir Physiklehrer Karger, ein Genie am Bunsenbrenner und absoluter Kenner der Materie. Karger mutete wie ein Alchimist an, der gerade an der Verwandlung von Kieselsteinen zu Gold arbeitete. Wie er mit den verschiedenen Chemikalien hantierte oder kunstvoll Flüssigkeiten miteinander mischte, die vom einen auf den anderen Augenblick die Farbe wechselten, das war schon großes Kino.

Für uns Schüler hätte Karger den Nobelpreis verdient gehabt, so beeindruckend waren seine Künste im Labor. Und dass Pauken nicht schadet, mag die Tatsache belegen, dass ich, einmal gelernt, heute noch mühelos die sechs Edelgase Helium, Neon, Radon, Krypton, Xenon und Argon aufzählen kann. Heutigen Pädagogen kommt ob solcher Trichter-Lehrmethoden wohl das kalte Grausen.

Aber da war auch Lehrer Bohaumilitzki, gefühlte zwei Meter groß und von Respekt einflößender Erscheinung. Seine fast unnatürlich aufrechte Haltung hatte etwas von einem Gutsherrn aus dem vorletzten Jahrhundert. Und so recht nach Gutsherrenart war auch seine Zensuren- und Notenpraxis. „Einen Einser hat der liebe Gott, einen Zweier kriege ich, und einen Dreier bekommt der Beste von euch", so seine uns Schüler überaus motivierende Sicht der Dinge. In dem einen Schuljahr mit Bohaumilitzki als Lehrer hatte ich das schlechteste Zeugnis meines Lebens, sogar einen Vierer hat er mir eingebrockt. Doch Schwamm drüber.

Was auch haften blieb: „Schlitzki", so unser Spitzname für ihn, trug stets Knickerbocker. Diese recht weit geschnittene seltsame Hosenmode, die direkt unterm Knie endete und dort mit kunstvoller Schleife gebunden wurde, unterstrich zusätzlich die Erscheinung dieses Herrenlehrers. Die eigenwillige Beinkleidung setzte sich in handgestrickten, mit aufwendiger Ornamentik versehenen Strümpfen fort, die in schweren, dunkelbraunen Halbschuhen steckten, deren Schnürsenkel nicht in der Mitte des Schuhs, sondern seitlich verliefen. Sicher prima geeignet für Auftritte von Trachtengruppen auf böhmischen Volksbühnen.

Besonders befremdlich kam mir Lehrer Bohaumilitzki auch deshalb vor, weil er Sudetendeutscher, also ein Landsmann von mir war, und ich – so meine naive Auffassung – eher eine besonders korrekte Behandlung durch ihn verdient hätte. So nach dem Motto: Als Heimatvertriebene sind wir ja schließlich „Schicksalsgenossen". Doch Fehlanzeige! Aber vielleicht tue ich ihm auch Unrecht, denn es könnte ja sein, dass er auf jeden Fall den Eindruck verhindern wollte, Landsleute womöglich bevorzugt zu behandeln. Das ist ihm jedenfalls gelungen – und ich war sein wehrloses Opfer.

Gottlob gab es Herrn Röhr, meinen Lieblingslehrer. Er hatte mehr Falten im Gesicht als die alte Mannheimer Ebert-Brücke Nieten und stand kurz vor seiner Pensionierung. Röhr war zwar streng, gleichwohl gab er sich aber gerecht und väterlich gegenüber uns Schülern. Ich selbst hatte ein ambivalentes Verhältnis zu ihm, denn gerade von ihm habe ich eine unzählige Menge an sogenannten Tatzen verabreicht bekommen. Tatzen waren eine Sofortstrafe, die es für Ablenkung vom Unterricht, Unaufmerksamkeit, Getuschel oder sonstige Nichtigkeiten gab.

Und was genau sind Tatzen? Nun, das sind schwungvolle, vertikale Striche des Lehrers mittels eines Rohrstocks von ca. einem Meter Länge auf die ausgestreckte, geöffnete Hand des Schülers. Eine schmerzhafte Angelegenheit, besonders wenn die Fingerspitzen getroffen wurden. Zuckte man mit der Hand zurück, wurde vom Lehrer Alarmstufe zwei gezündet. Dabei hielt der geschätzte Pädagoge den Arm des Delinquenten an dessen Handgelenk fest und sicherte damit die Ziel- und Treffgenauigkeit der herabrauschenden Schlagwaffe. Ich weiß heute nicht mehr, was schmerzhafter war: der nagelneue oder der durch seine inflationäre Benutzung stark ausgefranste Rohrstock.

Eine vordergründige Freude bereitete man sich und der ganzen Klasse dadurch, in dem man die Hand – trotz schraubzwingenartiger Fixierung durch den Lehrer – während der Vertikalbewegung des Stocks so zurückzog, dass der Schläger auch seine eigene Hand mit traf. Es bedarf keiner besonderen Erwähnung, dass diese Freude nur von kurzer Dauer war. Jedenfalls: Fünf Tatzen je Strafaktion waren die Höchststrafe, und ich habe oft bis fünf zählen müssen.

Mir ist bis heute unklar, womit ich mir diese Strafeinheiten immer wieder einhandelte. Eine Erklärung dafür mag sein, dass ich häufig Blickkontakt zu einer riesigen Europa-Landkarte suchte, die unweit von meiner Schulbank an der Seite hing und mir eine willkommene Ablenkung bot. Diese Landkarte faszinierte mich sehr, Geografie war schließlich mein Lieblingsfach. In meinen Zeugnissen war auch wiederholt der Hinweis „vorlaut" zu lesen, allemal Grund genug für kleinere Strafaktionen während eines langen Schuljahres. Und einfach nur brav dasitzen, das konnte ich wohl auch nicht. Wahrscheinlich wäre ich heute ein sicherer Kandidat für das sogenannte Zappelphilipp-Syndrom.

Aber meine Schulerinnerungen sind durchweg positiv, ich ging sehr gerne zur Schule und glaube noch heute irgendwie an null Fehltage, was aber kaum möglich sein kann. Zum Ende des Schuljahres und jeweils an den letzten Tagen vor den Ferien las uns Lehrer Röhr als Schmankerl immer wieder aus spannenden Büchern vor. So auch die Alaska-Abenteuer um „Point Barrow", die von romantischer Wildnis, gefährlichen Hundeschlittenfahrten, Wölfen und Bären handelten. Die Antike kam auch nicht zu kurz. Röhr schilderte uns Historisches über die Seevölker, Sumerer und Hethiter. Mein Interesse an der Orientalistik hat wohl dieser Lehrer geweckt.

Fazit: Lehrer Röhr war ein von gewisser Strenge, aber auch väterlicher Güte geleiteter Pädagoge alter Schule. Die Rohrstock-Attacken sind längst verziehen, sie waren wohl als besonders fürsorgliche Maßnahme dafür gedacht, einen rechtschaffenen und ordentlichen Menschen aus mir zu machen. Auch unser Religionslehrer wartete mit spannenden Bibel-Geschichten auf, worin Flavius Josephus, ein viel zitierter hebräischer Geschichtsschreiber des 1. Jahrhunderts, eine Hauptrolle spielte. Als Grundlage für diese frühe Bibel-Exegese diente der aktuelle Bestseller von Werner Keller „Und die Bibel hat doch recht" aus dem Jahre 1955.

Sport in der Schule gab es natürlich auch, aber Geräteturnen und sonstige körperliche Ertüchtigungen brachten mir nichts als Langeweile. Dagegen waren die Besuche im Mannheimer Herschelbad immer ganz tolle Erlebnisse. Noch heute kann ich den ganz speziellen Herschelbad-Geruch aus einer Mischung von Chlor, Reinigungszusätzen, Shampoo und Seifenschaum in meiner Nase verspüren. Schwimmen lernten wir ganz nebenbei auch. Ansonsten interessierte ich mich für Fußball.

Der damals übliche Straßenfußball war für uns Jungs ein absolutes Muss und wurde fast täglich gespielt. Dafür bedurfte es keiner Fußballschuhe oder besonderer Sportkleidung. Angezogen wurde, was gerade greifbar war. Und wie wurden die Mannschaften gebildet? Also, die vorher festgelegten Mannschafts-Kapitäne, meist erstklassige Fußballer und körperlich gut entwickelt, standen sich in etwa drei Metern Entfernung gegenüber. Nun begannen die beiden, aufeinander zugehend, abwechselnd einen Schuh vor den anderen zu setzen, bis kein quer gestellter Schuh oder eine Schuhspitze mehr dazwischen passte. Das Ganze hatte etwas von einem Showdown.

Der Gewinner dieses Rituals hatte das erste Zugriffsrecht auf den besten auszuwählenden Spieler. Das ging dann alternierend bis elf, wenn so viele mitgekickt haben. Bei diesem ebenso einfachen wie gerechten Auswahlsystem kam ich meist erst an sechster, siebter Stelle – die Muskelmonster unter meinen Freunden spielten hier klar ihre Vorteile aus. Zu allem Überfluss war auch noch ein ziemlich rustikaler Stil angesagt, für meinen schmächtigen Körper nicht gerade vorteilhaft.

Die Jugendmannschaft der DJK Schönau 1960 (Autor untere Reihe, Mitte)

Gleichwohl spielte ich mit viel Begeisterung und durchaus wechselndem Erfolg in diversen Jugendmannschaften der DJK Schönau, wohl bis ins Jahr 1960. Und als Schönauer wurde man zwangsläufig auch Fan des SV Waldhof. Zu den Waldhof-Spielen wurde man oft von Erwachsenen mitgenommen, Geld für den Eintritt hatte man in der Regel nicht.

Dass die „Schule Schönau" durchaus erfreuliche Auswirkungen haben kann, mag die Tatsache belegen, dass allein aus meiner Klasse später fast ein Dutzend Schüler ein Studium absolvierten und in Berufen wie Ingenieur, Theologe, Sozialarbeiter, Lehrer – um nur einige zu nennen – ihren Weg gegangen sind. Ich selbst begann 1959 beim Fernmeldeamt eine Ausbildung zum Fernmeldemechaniker. Über den zweiten Bildungsweg erwarb ich später den so richtig spannend klingenden Titel eines Diplom-Verwaltungswirtes, der die Grundlage für meinen Traumjob als Pressesprecher des Telekom-Konzerns war. Über diverse Lehrtätigkeiten an der Fachhochschule Ludwigshafen sowie der privaten Management-Hochschule in Mannheim schließt sich der Kreis bis in die heutigen Tage.

Das einfache Leben und die Gestaltung der Freizeit

Wir hatten in den frühen fünfziger Jahren eine sorgenfreie Kindheit. Dass es keine Bananen oder Orangen gab, empfanden wir nicht als Mangel. Ein kleiner Luxus war der Kauf einer Tüte „Waffelbruch", wobei es das Tollste war, wenn sich darin ein zerdrückter „Mohrenkopf", hochdeutsch „Negerkuss", versteckte – Begriffe, meilenweit entfernt von heutiger Political Correctness. Sogenannte Granatsplitter, mit Schokoguss überzogene Biskuit- und Tortenreste auf einem festen Mürbeteigboden, in Form und Anmutung eines Granatsplitters, befand sich im oberen Bereich der nach oben offenen Nasch-Skala. Zuckersüße Meringen zählten ebenfalls zu den Highlights jener Zeit. Diese waren zwar als echte Karies-Monster verschrien, aber deutlich billiger zu haben als die Schokoguss-Zumutungen im Kriegswaffen-Appeal.

Die anfangs 20 Pfennig Taschengeld, damals Sonntagsgeld genannt, die ich als Schüler erhielt, waren natürlich nicht geeignet, große Sprünge zu machen. Also verdingte ich mich auf dem Kirschgartshauser Hof vorzugsweise für einfache Feldarbeit, „Rüben verziehen" hieß diese anspruchsvolle Tätigkeit. Ziel dieser Arbeit war es, die frischen Setzlinge durch Aussonderung der weniger erfolgreichen Triebe in ihrem Wachstum zu stärken. Eine mühevolle Arbeit. Den drei Kilometer langen Weg zum Gutshof, der am Scharhof vorbeiführte, ging man selbstverständlich zu Fuß. Fahrräder waren Luxus, wir vier Kinder hatten zusammen nur ein einziges. Jedenfalls gab es für einen ganzen Nachmittag Feldarbeit eine Mark und zwanzig Pfennige, also richtig viel Geld. Kino kostete um die 50 Pfennige – und in Sandhofen gab es bereits ein Kino. Die Schönau musste noch bis in die sechziger Jahre warten.

Eine weitere Einnahmequelle sicherte mir meine Aufgabe als Messdiener. Die normalen Gottesdienste waren zwar wichtig, aber sie brachten auf meiner Einnahmeseite keine Bewegung. Ganz anders bei Hochzeiten und Taufen. Und, kaum zu glauben: bei Beerdigungen. Wir Ministranten „stritten" uns oft um diese lukrativen Jobs. Bei Bestattungen durfte man sogar mit dem Pfarrer im Taxi zum Friedhof Sandhofen fahren, ein außergewöhnliches Privileg. Und wie gesagt: Trauernde sind mit ihrem Messdiener-Obolus oft richtig großzügig.

Für Jungen und Mädchen gab's damals schon durchaus interessante Abwechslung. Tanzkurse im Schönauer Jugendhaus, *Tanz-Café Morgenstern* in Sandhofen, legendärer Cola-Ball im Rosengarten und Tanztee im *Café Wägele*, das waren so die Highlights Ende der Fünfziger. Ich selbst war von diesen Mega-Events wegen meines jugendlichen Alters ausgeschlossen – ein weiß Gott leicht zu ertragender Schmerz. Meine Zeit begann erst später mit den *Ring-Stuben* im Quadrat U 3, auch Sputnik genannt, und der Liveband Tielman-Brothers. Chuck Berry, Bob Dylan, Rolling Stones und Beatles prägten mich musikalisch. Aber auch für Klassik war ich immer zu haben.

Zu Hause gab's schon mal die Egerländer Musikanten zu hören, bevorzugte Musikrichtung meines Vaters. Meine Geschwister standen mehr auf Operette, erfreuten sich aber auch an deutschen Schlagern. Im Rahmen der Kunsterziehung waren wir vier Geschwister alle irgendwann mal im Nationaltheater, um Mozarts Zauberflöte oder die Entführung aus dem Serail zu sehen. Das waren überaus prägende, außergewöhnliche Erlebnisse für uns, mit dem Erfolg, dass wir auch später sehr häufig die Mannheimer Bühne besuchten, ob zur Oper, Operette, Schauspiel oder Konzert. Die ersten Aufführungen waren noch in der Schauburg im Quadrat K 1, später im neu erstrahlenden Nationaltheater, nach seinem Wiederaufbau im Jahre 1957 das modernste Theater der Welt, wie man hörte.

In der Familie vertrieben wir uns die Zeit mit verschiedenen Brett- oder Kartenspielen, aber absoluter Favorit bei uns Kindern war das Spiel Stadt, Land, Fluss. Oft las uns Mutter Paula religiöse Kindergeschichten oder Märchen vor, Großmutter Aloisia musste für Erzählungen aus der alten Heimat herhalten. Und Vaters Erzählungen von seiner Flucht aus tschechischer Gefangenschaft im Jahr 1948 hielten an Spannung jeden Vergleich mit heutigen James-Bond-Filmen aus. Ach ja, und gesungen wurde auch viel im Hause Motzko.

Abenteuerspielplätze oder Ähnliches gab es damals natürlich nicht. Und das brauchte es auch nicht, denn Käfertaler Wald und Karlstern waren nah. Das Bauen von Höhlen und Verstecken hatte großen Reiz, und Schnitzeljagden gehörten zu den bevorzugten Spielen im Wald. Aber der Truppenübungsplatz der US Army im Viernheimer Wald jenseits der Autobahn hatte es uns Buben besonders angetan. Speziell die sogenannte Panzerstraße, gesäumt von zahlreichen Bombentrichtern aus den letzten Kriegsmonaten, übte große Anziehungskraft auf uns aus. Ein Eldorado für Sammler von leeren Patronenhülsen, Resten von Splitterbomben und manch anderen militärischen Überresten der dort regelmäßig übenden US-Einheiten. Dazu muss man wissen: Für Metalle jeder Art gab es damals bei Schrotthändlern ordentlich Geld.

Natürlich ließ sich mitunter auch Übungsmunition finden, die nicht gezündet war. An den unversehrten knallroten Verschlusskäppchen war sie unschwer zu erkennen. Diese Papierpfropfen ließen sich leicht entfernen, das Pulver mehrerer Patronen wurde gesammelt und mit riesiger Stichflamme entzündet. Noch abenteuerlicher war das direkte Zünden der Patronen. Der Schraubstock im Keller eines Nachbarjungen musste dazu herhalten. Und das ging so: Senkrechtes Einspannen der Patrone mit dem Zündhütchen nach oben und dann ging's mit Nagel und Hammer an die lautstarke Zündung.

Und da waren noch diejenigen GIs, die lässig ihre Lucky Strike rauchten und die Zigaretten meist mit halber Länge wegwarfen. Ein „gefundenes Fressen" für uns Jungspunde. Wir sammelten diese Kippen auf, entfernten geschickt die Filter und drehten vom anfallenden Tabak mit Zeitungspapier neue Zigaretten, die wir dann – mit allen Nebenwirkungen – rauchten oder pafften. Natürlich ganz heimlich und in konspirativen Verstecken im Käfertaler Wald, geschützt vor Neugierigen und vor allem vor Geschwistern und Eltern. Um unseren – sicher zweifelhaften – Rauchgenuss zu kultivieren, stibitzten wir manchmal unseren Vätern den mechanischen Zigarettendreher, eine halbautomatisch funktionierende, viereckige Blechdose mit einem Zigarettenauswurf auf der Oberseite.

Obwohl wir uns auf militärischem Sperrgebiet bewegten und unsere Anwesenheit streng verboten war, gab's von den US-Soldaten, die uns ertappten, oft Kaugummis und Schokolade, also echte Luxusgüter in dieser Zeit. Bei den Motzkos zu Hause gab es eine Tafel Schokolade normalerweise nur alle Jubeljahre einmal, und auch nur eine Tafel für uns vier Kinder zusammen. Rippe für Rippe wurde mit großer Ehrfurcht genossen, noch heute fällt es mir schwer, in eine Tafel Schokolade einfach so reinzubeißen, ist die Verlockung auch noch so groß.

Ein besonderes Abenteuer war das Baden im Altrhein bei Sandhofen. Hier hatten wir richtigen Badespaß im ruhigen Rhein-Nebenarm, und schwimmen konnte man nach Herzenslust. Vorbeifahrende Frachtschiffe mit ihren erzeugten Wellen bereiteten dabei besondere Freude, da diese Wellen einem meterhoch vorkamen. Als richtig mutig galt man, wenn man es schaffte, dem Schiff entgegenzuschwimmen, sich unbemerkt an der Schiffswand hochzuziehen um danach mit cool-elegantem Kopfsprung – natürlich vor den Augen der Mädels – wieder in die trüben Fluten des Altrheins einzutauchen.

Um an unseren Badestrand neben der Altrheinfähre zu gelangen, musste erst der sogenannte Stink-Kanal überquert werden. Diese mehrere Kilometer lange, etwa drei Meter breite Betonrinne beförderte eine übelriechende braune Flüssigkeit direkt in den Rhein. Es handelte sich um Sulfitlauge aus der Papierproduktion der nahen Zellstofffabrik Waldhof. Erst jenseits der Theodor-Heuss-Rheinbrücke, rheinabwärts in Höhe von Lampertheim, verflüchtigte sich die schäumende Brühe im schnell fließenden Rheinstrom.

Im Sommer 1959, ich war gerade 14 Jahre alt, wollte mein Schulfreund Geza Milvich, aus Ungarn stammend und Flüchtlingskind wie ich, mit mir zusammen aller Welt beweisen, dass man mit dem Fahrrad in zwei Tagen die rund 300 Kilometer von Mannheim zum Bodensee fahren kann. Ich bekam das Damenfahrrad von meiner großen Schwester Gisela geliehen. Mit Zelt und Proviant bepackt, machten wir uns auf die große Tour. Geza transportierte die Hauptlast, nämlich das Zelt und das von ihm selbst hergestellte und imprägnierte Vorzelt, ich hatte nur meine Klamotten und ein bisschen Essensvorrat in den Satteltaschen. Nach zwei Tagen echter Strapazen und körperlich völlig fertig, schlugen wir um Mitternacht und bei strömendem Regen in Ludwigshafen am Bodensee unser Zelt auf. Es war geschafft, wir waren glücklich! Man möchte gar nicht an Eltern und Geschwister zu Hause denken, welche Ängste die wohl ausgestanden haben, Telefon hatten unsere Eltern nämlich nicht. Sicher war die Freude riesengroß, als wir zwei Wochen später wieder unversehrt zu Hause eintrafen.

Im Jahr darauf gingen wir wieder auf große Fahrt, diesmal zu dritt. Die Rundfahrt von Mannheim ausgehend über Mainz, Koblenz, Trier und Saarland mussten wir vorzeitig abbrechen, unser Geld war schlicht alle. Einer der Gründe war wohl auch, dass Mitfahrer Georg einen Appetit entwickelte, der jenseits unserer Vorstellungsmöglichkeiten lag. Der Schorschl brachte es fertig, einen Sandkuchen oder einen Einpfünder Laib Brot ganz alleine zu vertilgen. Dies und sicher auch anderes brachte unsere Proviantstrategie völlig in Schieflage, die Budget-Situation wurde prekär. Gegen Ende der Tour mussten wir sogar wiederholt „englisch einkaufen" gehen. Kaum ein Obstbaum am Rande unserer Tour war vor uns sicher, Erdbeerbeete und Karottenfelder waren plötzlich wichtige Basis unserer Überlebensstrategie.

Von Automobilen ging für mich eine besondere Faszination aus. Ich interessierte mich brennend für neue Modelle wie Mercedes 190 und 300 SL, Porsche 356, aber auch Opel, BMW oder Ford fanden mein Interesse. Allesamt brachten sie meine Augen zum Leuchten. Mühelos konnte ich sämtliche wichtigen Typen haargenau und detailgetreu zeichnen oder aufmalen. Da es auf der Schönau kaum richtig schöne Autos zu sehen gab, blieb mir nichts anderes übrig, als ab und zu mit Bus und Straßenbahn in die Mannheimer Innenstadt zu fahren. Kunststraße und Fressgasse waren meine Ziele, sie galten als das Mekka echter

Geza, Georg und ich beim Zelten (Autor 1.v.l.)

Auto-Narren. Hier konnte man sie alle aus der Nähe anschauen, die Mercedes, die Porsche oder auch manche Ami-Schlitten vom Kaliber Ford Thunderbird, Cadillac Eldorado oder Chevrolet Impala.

Ich sammelte damals kleine Blech-Spielzeugautos meiner Lieblingsmarken. Eine teure Angelegenheit, aber eine Passion, die mir lange geblieben ist. Exotische, rote Sportwagen aus Italien mit dem springenden Pferdchen im Wappen waren in der damaligen Szene nicht wirklich existent. Gleichwohl hatte ich damals schon die Vision, später einmal so ein flottes Auto zu besitzen, natürlich im Maßstab 1:1. Bis dahin dauerte es jedoch noch einige Zeit.

Theodor Müller
Berufsfindung in der Nachkriegszeit

Nachdem ich mit allen meinen Kameraden von der Hitlerjugend im Oktober 1944 von Altrip aus zum Schanzen ins Saargebiet geschickt worden war, wo wir Panzersperren errichteten, sind wir kurz vor Kriegsende vor der näherrückenden Front auf Umwegen in Lorsch angekommen. Als Ende März unsere Gefolgschaft aufgelöst wurde, trugen wir alle noch unsere HJ-Uniformen. In Weinheim wurden wir von einem Polizisten aufgegriffen und nach Mannheim mitgenommen. Unsere Befürchtung, dass er uns dort der Gestapo ausliefere, trat zum Glück nicht ein; er ließ uns einfach laufen, und wir versuchten nun so schnell wie nur möglich zu unseren Eltern zu kommen, was allerdings nicht einfach war, denn auf der anderen Rheinseite befanden sich bereits die Amerikaner.

Außer mir waren drei meiner Kumpane aus Altrip und sieben aus dem Limburgerhof dabei, als wir beim Kraftwerk an der Altriper Fähre mit einem Boot den Rhein überqueren wollten. Dort lag jedoch ein pflichtbewusster deutscher Feldwebel mit einem MG in Stellung, der uns erklärte, dass er auf uns schießen würde, wenn wir den Versuch wagen sollten. Was tun? – Wir verdrückten uns in das Gelände einer nahe gelegenen Fabrik, beteiligten uns in den folgenden Tagen an den Plünderungen auf dem Mannheimer Rangierbahnhof und fanden schließlich beim Umherstreifen an der Silberpappel eine Lösung für unser Problem. In dem am Rheindamm gelegenen Bootshaus befanden sich nämlich Kanus, die wir kurzerhand requirierten und mit denen wir mühelos und ohne Beschuss von Feind oder Freund den Rhein überquerten. Beim „weißen Häuschen" nahmen uns die Amerikaner in Empfang. Einige Tage später haben sie alle Zivilisten, zu denen wir zählten, in Schifferstadt entlassen, und am Ostersonntag 1945 kam ich zu Hause an.

Ich hatte 1943 in der „Anilin", so nannte man die BASF, in Ludwigshafen eine Lehre als Dreher begonnen, die ich im Herbst 1945 fortsetzen und 1946 abschließen konnte. Danach war ich in der Gummifabrik der BASF tätig, in der mein Vater ein sehr angesehener Meister war. Ich erinnere mich an einen Vorfall, der mir als junger Mensch zu schaffen machte. Eines Tages sollte ich im Büro des Betriebsleiters die Heizung in Gang bringen, was mir nicht gleich gelang und dazu führte, dass er mich ungeduldig zu meinem Vater schickte, der die Heizung im Handumdrehen durch Entlüften in Betrieb setzte. Ich hätte mich daraufhin am liebsten in ein Loch verkrochen.

Durch eine Stirnhöhlenvereiterung musste ich nach der Operation meine Tätigkeit in der BASF leider aufgeben. Mein Vater hatte inzwischen in Altrip eine Vulkanisierwerkstatt eingerichtet. Da er sich mit einer Erfindung, welche die Innengummierung von Rohren betraf, in der BASF ein großes Verdienst erworben hatte, bestand für ihn die Möglichkeit, das zum Vulkanisieren benötigte Ausgangsmaterial käuflich von seinem Arbeitgeber zu erwerben. Eine Prämie hat er übrigens für die Erfindung und auch einige andere Verbesserungen des Produktionsprozesses in der Gummifabrik der BASF nicht erhalten.

Während mein Vater weiterhin in der BASF arbeitete, fand ich nun in seinem kleinen Betrieb eine Beschäftigung. Der Nebenerwerb, den er eingerichtet hatte, und in dem ich mit dem Vulkanisieren von Autoreifen und der Herstellung, Reparatur und Montage von Fahrradreifen, Motorradhupen und Gummibällen mit Noppen beschäftigt war, ermöglichte uns neben dem zusätzlichen Einkommen in den Jahren der knappen Lebensmittelversorgung in der Nachkriegszeit eine problemlose Beschaffung von Lebensmitteln. Es fehlte uns an nichts, wir mussten im Gegensatz zu vielen anderen nicht hungern.

Schwierig war es lediglich, Kartoffeln in genügender Menge zu bekommen. Daher wurde meine Schwester eines Tages mit einem Wägelchen nach Waldsee geschickt, wo sie für den mitgenommenen Fahrradreifen, dessen Wert zu der damaligen Zeit etwa 700 RM betrug, bei einem Bauern das Wägelchen mit Kartoffeln gefüllt bekam. Vereinbarungsgemäß sollte ich ihr beim Transport helfen. Da ich spät dran war, benutzte ich das gerade in unserer Werkstatt stehende 98-ccm-Motorrad der Marke Presto, das dem Freund meines Vaters gehörte, zu ihrer Abholung. Führerschein hatte ich natürlich keinen, aber wen störte das schon. Meine Schwester hatte schon ein ganzes Stück des Weges auf dem Rheindamm zurückgelegt, als ich endlich ankam, das Wägelchen mit einer Schnur an das geliehene Motorrad band und mit meiner Schwester auf dem Rücksitz losfuhr. Kurz vor Altrip wurde unsere Heimfahrt unterbrochen. Die Schnur war gerissen und das Wägelchen mit den lose darin befindlichen Kartoffeln stürzte den Damm hinunter. Es dauerte einige Zeit, bis wir alle Kartoffeln zusammengelesen hatten und dann den Heimweg zu Fuß antreten konnten. Dass ich das Motorrad benutzt hatte, hat keiner bemerkt.

Knapp war damals Heizungsmaterial. Kohle und Briketts waren nur schwer zu bekommen. Daher haben viele im Wald das herumliegende Holz gesammelt. Da mein Vater wusste, wann der Forstverwalter nicht in der Nähe der Stelle war, wo wir einen Baum zum Fällen ausfindig gemacht hatten, bestand für uns kein Risiko, wenn wir bei Bedarf eine Pappel fällten. Mit der Trummsäge wurde der Baum in transportable Stücke geschnitten und nach Hause verfrachtet.

Unser Betrieb erhielt schon bald durch Großfirmen Konkurrenz, sodass er sich nicht mehr lohnte. Mir kam das gerade recht, und ich fand auch sofort Arbeit auf einer Baustelle der Firma MAN im Kraftwerk. Im Juli 1950 ging ich dann als Gummiwerker, einem anerkannten Anlernberuf, in die Rheinische Gummi- und Celluloidfabrik in Neckarau, die durch die Herstellung der Schildkrötpuppen weltweit bekannt war, und die in Mannheim jeder unter dem Namen „Gummi" kannte. Ein Produktionszweig der Firma war die Herstellung von Schläuchen aller Art, später auch von Kunststoffbällen. Es dauerte nicht lange, bis ich Vorarbeiter wurde.

Für die Bewohner von Altrip lag Mannheim schon immer näher als Ludwigshafen. Die meisten berufstätigen Altriper waren, sofern sie nicht in der BASF, dem größten Arbeitgeber der Region, oder bei den Firmen Raschig, Giulini oder Knoll arbeiteten, in Mannheimer Betrieben beschäftigt. Mein Großvater und zwei meiner Onkel haben im Stahlwerk gearbeitet. Sie sind bis etwa Mitte der dreißiger Jahre, um Geld zu sparen, nicht mit der Fähre, sondern mit einem Nachen auf die andere Rheinseite gefahren. Viele Altriper arbeiteten vor und nach dem Krieg in den Firmen Sunlicht, Stahlwerk, Kraftwerk, Isolation, Kabelwerk, Gummi, Rheinchemie und Johannes Stahl.

Probleme, zu ihrer Arbeitsstelle auf der anderen Rheinseite zu gelangen, gab es nur, wenn die Altriper Fähre ausfiel, von der aus man auf kurzem Weg die Mannheimer Straßenbahn erreichen konnte, die damals noch in der Rhenaniastraße fuhr. Die meisten benutzten jedoch das Fahrrad, um zu ihrer Arbeitsstelle und wieder zurück nach Altrip zu kommen. In wenigen Minuten war man damit an der Anlegestelle der Gierfähre, die mit fester Seilverankerung am Ufer und mittels Nutzung der Strömung den Rhein überquerte. Anfangs wurde der Fährbetrieb noch mit einer Winde von Hand betrieben, später mit einer Motorwinde und erst 1958 wurde die Gierfähre durch ein motorisiertes Fährschiff ersetzt. Damit wurden endlich die Wartezeiten bei regem Schiffsverkehr verkürzt. Wenn durch Schäden an der Fähre oder durch Eisgang der Fährbetrieb eingestellt wurde, dann war der Arbeitsweg von uns Altripern zu den Arbeitsstellen in Mannheim sehr lang und damit die Freizeit recht kurz. Man musste nämlich über Ludwigshafen fahren, wo sich wie auch noch heute die nächste Brücke befindet. Bereits vor dem Ersten Weltkrieg gab es Pläne für den Bau einer Brücke bei Altrip über den Rhein. Bis heute ist es bei der Planung geblieben.

Die Altriper Gierfähre

Im Juni 1950 hatte ich geheiratet, und nachdem ich bei der Schildkröt beschäftigt war, suchten wir eine Wohnung in den südlichen Vororten von Mannheim, was jedoch infolge des Wohnraummangels scheiterte. Erst 1960 erhielten wir dann endlich eine Werkswohnung in Rheinau. Mein Arbeitsweg war nun etwas kürzer und vor allem nicht mehr den Risiken der Rheinüberquerung ausgesetzt. Für unsere Kinder war der Umzug mit einem Schulwechsel verbunden, der nicht gerade einfach war, da das Schulsystem in Rheinland-Pfalz nicht mit dem in Baden-Württemberg übereinstimmte. Unsere Kinder hatten mehr Probleme, als wir dachten.

Als mir klar wurde, dass für mich in der „Gummi" kein berufliches Weiterkommen möglich war, und zudem die ersten Betriebsteile geschlossen wurden, bemühte ich mich um die Weiterbildung durch den Besuch von Abendkursen der Deutschen Angestelltengewerkschaft und des DGB. Von den Ausbildungsangeboten schien mir ein Einstieg in die Datenverarbeitung die besten Berufsaussichten zu bieten, und so besuchte ich bereits 1964 vom DGB organisierte Kurse über „Alphabetisch schreibende Tabelliermaschinen Typ IBM 421" und „Elektronische Rechenstanzer IBM 604/609 KU", die von der Privaten Handelsschule Krone angeboten wurden. Es folgten Programmierungskurse für die IBM 1401 und Lehrgänge in der Programmiersprache RPG für die IBM 360 und für die Siemens 4004.

Gut gerüstet mit dem, was ich in den Kursen gelernt hatte, bewarb ich mich bei verschiedenen Firmen. Bei Haniel fand ich meinen ersten Arbeitsplatz im Rechenzentrum. Von dort wechselte ich zur Firma „Delta-Datenverarbeitung", die in Betrieben der Region als Serviceunternehmen im Bereich der Buchhaltung tätig war. Ich war dort teilweise in der Programmierung, jedoch überwiegend im Operating tätig. Da die „Delta" keine eigenen Maschinen besaß, wurden die Arbeiten auf gemieteten Rechnern in allen möglichen Firmen und an unterschiedlichen Orten durchgeführt, sodass meine Arbeitstätigkeit mit vielen Ortswechseln einherging. Unter diesen Umständen war an eine geregelte Arbeitszeit nicht zu denken. Überstunden wurden nicht bezahlt, was bereits in meinem Arbeitsvertrag festgelegt war. Kurz nachdem die „Delta" verkauft wurde, wechselte ich 1970 zum Bauhaus, wo ich als Leiter des Rechenzentrums die Datenverarbeitung der Firma grundlegend organisierte. Zuvor war ich allerdings stark in die Bauarbeiten für die neu zu schaffenden Räume zur Aufstellung der Anlagen im Einsatz. Ich war an den Planungen beteiligt und habe sogar bei der Verlegung des Bodens meine handwerklichen Fähigkeiten unter Beweis gestellt. Anfangs wurden auch hier die Arbeiten auf fremden Rechnern bei Großfirmen in Mannheim und Umgebung durchgeführt. Wieder war an eine geregelte Arbeitszeit nicht zu denken.

Den Schritt vom Handwerk in die Computer-Technologie mit der Bereitschaft zum ständigen Dazulernen habe ich nie bereut. Ich kann sagen, dass ich die Entwicklung der Datenverarbeitung fast von Anfang an erlebt habe. Mit dem Füttern von Maschinen mit Lochkarten fing es an, mit immer leistungsfähigeren und schnelleren Großanlagen, die heute auch schon längst überholt sind, hat es für mich geendet. 1989 ging ich in den Vorruhestand und blicke heute auf ein arbeitsreiches, spannendes und erfülltes Berufsleben zurück.

Besucher im Rechenzentrum der Firma Bauhaus (Autor 2.v.r.)

Manfred Oestringer

Als Holzfäller im Odenwald

Als ehemaliger Angehöriger der Kriegsmarine wurde ich am 31.07.1945 aus der englischen Gefangenschaft nach meinem Geburtsort Mannheim entlassen. Letzter Aufenthaltsort in der Gefangenschaft war die Insel Fehmarn an der Ostsee. Vier Tage nach meiner Rückkehr starb mein Bruder Gerhard, Jahrgang 1930, im Klinikum. Die Blinddarmentzündung war vom behandelnden Arzt zu spät erkannt worden. Mein Bruder Günter, Jahrgang 1928, war noch in französischer Gefangenschaft. Bei meiner Heimkehr war ich 19 Jahre alt. Mitte 1941 hatte ich meine Lehre mit dem Kaufmannsgehilfenbrief beendet, aber das Arbeitsamt Mannheim konnte mir keinen Arbeitsplatz als Kaufmann vermitteln.

Damals war jeder zum Aufbaudienst für die Stadt Mannheim verpflichtet. Zur Wahl standen: Trümmerbeseitigung, wofür in den Planken Feldbahnen zum Abtransport der Trümmer eingesetzt waren, oder Holzfällarbeiten im Odenwald. Trümmer hatte ich genügend während des Krieges gesehen, so entschied ich mich zum Holzfällen. An einem Montag mussten wir uns früh beim Arbeitsamt einfinden; wir waren zumeist aus der Gefangenschaft entlassene Kriegsgefangene. Mit Sattelschleppern der Amerikaner fuhren wir nach Mückenloch bei Neckargemünd, wo wir im Gasthaus *Krone* einquartiert wurden. Im Obergeschoss, früher als Tanzsaal genutzt, hat man uns in Doppelbetten in einem Massenquartier untergebracht. Insgesamt waren wir etwa 20 Mann zwischen 19 und 30 Jahren. Als Waldarbeiter erhielten wir die Schwerstarbeiterzulagenkarte. Die Wirtin versorgte uns mit Verpflegung, es gab Frühstück und Abendessen. Das Mittagsmahl organisierte jeder für sich selbst. Nach Ende der täglichen Arbeitszeit halfen wir den Bauern beim Einbringen der Ernte. Bezahlung erfolgte mit Naturalien wie Milch, Dosenwurst und Eiern, was uns die geleistete Schwerarbeit erträglicher machte. Bei manchen Mitarbeitern entwickelte sich recht schnell ein sogenanntes Bratkartoffelverhältnis.

Unser Arbeitgeber war der Zimmermeister Haßlöcher aus dem Waldhof. Die nötigen Arbeitsanweisungen erteilte uns einer seiner Poliere vor Ort. Meine etwas außergewöhnliche Tätigkeit dauerte von August 1945 bis Mitte 1947. Von Montag bis Freitag war ich als Holzfäller im Einsatz. Die Arbeitszeit betrug in der Regel acht Stunden mit einer halben Stunde Mittagspause. Einsatzorte waren die Wälder im Finsterbachtal bei Hirschhorn und beim Langenzeller Hof.

Der zuständige Förster markierte die zu fällenden Bäume. In der Regel wurden pro Tag etwa 100 Stangen in Dachsparrenstärke gefällt. Unsere Werkzeuge waren Äxte, Beile, Bandsägen und sogenannte Wenderinge. Jeweils zwei Holzfäller schlugen mit der Axt im Wechsel eine Kerbe auf der Vorderseite des Baumes, damit er in die vorgesehene Richtung fiel. Ein anderer Trupp brachte den Baum dann mit Hilfe der Bandsäge zu Fall. Fiel ein Baum nicht zu Boden, weil andere Bäume dies verhinderten, wurden diese auch gefällt. Allerdings fand diese Methode nicht die Zustimmung des Försters. Die gefällten Bäume mussten von allen Zweigen gesäubert werden. Dazu verwendete man den Wendering. Danach wurden sie von Hand an den nächsten Waldweg gezogen, aufgeschichtet und vom Polier vermessen. Am Nachmittag kamen dann die Amerikaner mit ihren Sattelschleppern. Die gestapelten Bäume wurden per Hand aufgeladen und nach Mannheim-Waldhof transportiert. Die Handwerker des Zimmergeschäfts verarbeiteten das Holz zu den dringend benötigten Dachsparren. Viele Dachstühle waren durch Brandbomben zerstört und mussten neu gedeckt werden, um die Gebäude vor weiteren Schäden zu sichern. Dazu diente unser Holz aus dem Odenwald. In den ersten Wochen unseres Einsatzes waren die Hände und die Schultern durch die ungewohnte Arbeit schmerzhaft angeschlagen.

Der Abtransport erfolgte auch mit Schiffen. Eines Tages kam beim Beladen eines Schiffes am Neckarufer ein junger Waldarbeiter unserer Gruppe aus dem Gleichgewicht und fiel ins kalte Wasser. Ein Fischer, der dies von der gegenüberliegenden Neckarseite aus gesehen hatte, machte uns gerade noch rechtzeitig durch lautes Zurufen auf den Unfall aufmerksam, sodass wir ihn aus dem Wasser fischen konnten. Er war Nichtschwimmer, und zum Glück konnte dem Verzweifelten mit Hilfe einer Stange noch rechtzeitig geholfen werden. Ansonsten gab es zum Glück trotz der gefährlichen und sehr harten Arbeit keine Unfälle oder erwähnenswerten Zwischenfälle.

Beim Hofgut Langenzell wollten wir einmal gegen Bezahlung Äpfel kaufen. Der Verwalter ließ uns wissen, die Äpfel seien von den Amis beschlagnahmt. In den Abendstunden kehrten wir zur Apfelplantage zurück. Abgesichert durch Späher auf den am Waldrand aufgestellten Hochsitzen, haben wir unseren Bedarf gedeckt, kostenlos natürlich. Auf unserer Wegstrecke vom Quartier zum jeweiligen Arbeitsplatz in den Wäldern versuchten wir immer wieder, Äpfel für eine Zwischenmahlzeit und zur Ergänzung unserer Tagesration zu organisieren. Als uns der Besitzer eines Baumes verbot, ein paar Äpfel zu pflücken, fragten wir ihn, ob er das ernst meine. Die Antwort war, ja, das meine er so. Darauf legten zwei von uns die Axt an den Baumstamm. Der Bauer verstand sofort: Wenn wir keine Äpfel pflücken dürfen, fällen wir den schönen Baum. Darauf verlief die Diskussion für beide Teile relativ friedlich.

Bei einem Metzger, bei dem wir meistens unseren täglichen Bedarf deckten, machten wir eines Tages mal wieder einen Besuch. Die Metzgersfrau war im ersten Obergeschoss gerade beim Bügeln. Sie rief uns zu: „Habt bitte einen Moment Geduld, ich will gerade noch das Hemd bügeln." Nach einer kurzen Pause hatte einer von uns die Idee, die an einer Stange aufgehängten Würste um eine Wurst zu reduzieren und die übrigen Würste gleichmäßig zu verteilen. Die

Beute wurde vorm Eintreffen der Metzgersfrau unter dem Pullover verstaut und im Wald an alle gleichmäßig verteilt.

In einem Lebensmittelladen kauften wir Dinge für den täglichen Gebrauch. Einer von uns hatte beobachtet, welche Artikel im hinteren Raum des Ladens gelagert waren, und so verlangte man eben einen dieser Artikel. Die Bedienung musste in den anderen Raum, war also zunächst außer Sicht. Während dieser kurzen Zeit konnte man ungestört einen Würfel Margarine oder ein Glas Gurken entwenden, die auf einem Podest vor der Theke aufgestellt waren. Auch eine Gelegenheit zum Mundraub. Wir waren alle jung und kaum sattzukriegen. Selbsthilfe war angesagt. Am Wochenende fuhren wir nach Mannheim zurück. Jeder versuchte etwas Essbares wie Obst, Gemüse oder Eier mit nach Hause zu bringen, denn auch zu Hause waren die Nahrungsmittel Mangelware.

Einer unserer Kumpels hatte ein Schifferklavier über das Kriegsende gerettet. In den Abendstunden trafen wir uns mit einheimischen Mädchen im Gasthaus *Zur Linde* zum Tanz. Bedingt durch die vielen im Krieg gefallenen jungen Männer, bestand damals ein Mangel an männlichen Tanzpartnern. Auf Tanzveranstaltungen sah man viele weibliche Tanzpaare, wir waren daher sehr gefragt. Für unsere Bereitschaft zum Tanzen wurden wir Holzfäller von den Damen mit Odenwälder Most versorgt. Wenn der Mostkrug leer war, hat die Musik aufgehört zu spielen, bis Nachschub kam. Zwei von uns Holzfällern fanden ihre Lebenspartnerinnen in Mückenloch. Mit der Dorfjugend gab es auch mal Streit wegen der Schönsten im Ort. Durch die von der Schwerstarbeit gestählten Muskeln der Holzfäller waren die Dorfjungen natürlich benachteiligt. Mit ein paar blauen Augen war das Wortgefecht schnell beendet. Später vertrug man sich, und wir spielten mit der einheimischen Jugend Fußball.

Ein Mannheimer fragte mich in der Weihnachtszeit: „Du arbeitest doch im Wald, kannst du mir nicht einen Christbaum organisieren?" Natürlich konnte ich das, die gefällten Bäume hatten ja eine Spitze. Ein Hieb mit der Axt ergab bei guter Auswahl immer einen schönen Weihnachtsbaum. So getan, mit einer Schnur zusammengebunden, wurde der Wunsch des Auftraggebers erfüllt.

Bei unserer Arbeit im Wald wurden wir von starken Regengüssen nicht verschont. Eine Schutzhütte diente während der Arbeitszeit als Unterstand. Ungeduldige, die nach Schichtende gleich ins Quartier zurück wollten, kamen zuweilen völlig durchnässt dort an. Eines Tages, als es wieder einmal so richtig schüttete und ich als Einziger noch einige Zeit gewartet hatte, fand ich unterwegs eine Dachpappenrolle. Ich überlegte nicht lange, schnitt mit einem Messer etwa 80 cm im Quadrat davon ab und spießte die Fläche auf einen geeigneten Ast mit drei Zacken auf. So konnte ich mit etwas Verspätung trockenen Hauptes in die *Krone* zurückkehren. Unterwegs traf ich den Förster. Er meinte: „Ideen muss man haben." Von da an hatte ich einen Regenschirm.

So gemütlich ging es bei uns keineswegs zu

Im Juli 1947 war dann Schluss mit der Arbeit im Odenwald. Ich denke, dass meine Arbeitskameraden und ich durch unsere Holzfällertätigkeit etwas zum Wiederaufbau der Stadt Mannheim geleistet haben. Die Arbeit war hart, aber ich war dabei keineswegs unzufrieden.

Endlich wieder daheim und im Beruf

Als ich 1947 aus dem Odenwald zurück nach Mannheim kam, ging ich zu meiner Großmutter, bei der ich aufgewachsen war. Sie wohnte in der Gartenfeldstraße 37 im Wohnblock des Spar- und Bauvereins. Wir schliefen nebeneinander im Doppelbett der Großeltern. In den Wintermonaten wurde die Wohnung mit Briketts oder Steinkohle geheizt, wofür der Herd in der Küche genutzt wurde. Zum Anfeuern benutzten wir Zeitungspapier oder getrocknete Tannenzapfen aus dem Käfertaler Wald. Der Herd besaß, wie das damals üblich war, ein sogenanntes Schiff, einen eingebauten Wasserbehälter. Dadurch hatte man immer heißes Wasser zum Kochen und für die Bettflasche zur Verfügung, mit der im Winter das Bett beheizt wurde. Die Wäsche wurde einmal in der Woche eingeseift, in einem größeren Topf auf dem Herd in kochendem Wasser erhitzt, danach mit einem Stampfer bearbeitet und im Hof auf Seilen zum Trocknen aufgehängt.

Ein Badezimmer hatten wir wie die meisten Mannheimer nicht. Gewaschen hat man sich morgens mit Kernseife am Spülstein. Einmal in der Woche ging ich in das sogenannte Volksbad in der Mittelstraße, wo ein Wannen- oder Brausebad mit vorgeschriebener Nutzungszeit gegen eine geringe Gebühr verfügbar war. Beklagt hat sich über die recht einfachen Lebensverhältnisse niemand, denn es waren ja fast alle davon betroffen.

Für die Beleuchtung stand eine Gaslampe zur Verfügung. Die Elektrifizierung, für die jeder Mieter zahlen musste, was durch monatliche Ratenzahlungen geschah, erfolgte erst später. Der Fußboden bestand aus Holz. Er wurde mit roter Farbe gestrichen, gewachst und mit einem Blocker poliert. Die Möblierung war einfach. Ein Kühlschrank stand nicht zur Verfügung. Leicht verderbliche Speisen wurden bis zum Verzehr im Keller aufbewahrt. Für den Winter wurden dort auch Kartoffeln, Sauerkraut, saure Bohnen und Gelbe Rüben eingelagert. Eier wurden zur Bevorratung in Wasserglas eingelegt und ebenfalls im Keller gelagert.

Meine Oma hatte in der Humboldtstraße einen kleinen Garten, in dem verschiedene Gemüsesorten und Salate für den täglichen Bedarf gepflanzt wurden. Da das Gießen in den Sommermonaten für sie beschwerlich war, half ich ihr dabei. In der Elfenstraße gab es eine Spedition, die noch mit Pferdefuhrwerken arbeitete. Wer dort in der Nähe wohnte und einen Garten hatte, stand immer mit einem Eimer bereit, um die Pferdeäpfel aufzulesen, die einen guten Dünger abgaben. Meinem Großvater mütterlicherseits, der auf der Friesenheimer Insel einen Schrebergarten hatte, brachte ich die Gemüseabfälle meiner Großmutter für seine dort gezüchteten Hasen. Als Dankeschön hat er mir dafür an Weihnachten einen Stallhasen geschenkt, den er zuvor geschlachtet und abgezogen hatte. Als er mir im Jahr danach erneut einen Hasen schenkte, packte er das lebende Tier in eine Tasche mit der Bemerkung: „Du hast ja schon öfter beim Schlachten zugeschaut, das kannst du diesmal selber machen." Es war eine schreckliche Prozedur, die ich in der Waschküche im Keller vollzog.

Bei meiner Rückkehr nach Mannheim sah die Stadt noch immer verheerend aus. Neben Gebäuden und Fabriken waren viele Kirchen beschädigt und zum Teil total ausgebrannt. So auch unsere Heimatpfarrei „Herz Jesu" in der Mittelstraße. Beim Wiederaufbau haben einige ehemalige Ministranten sich auf den Turm gewagt und ihre Anfangsbuchstaben durch Einritzen im obersten Sandstein verewigt. Auf dem Gebälk der Kirchturmspitze, in schwindelnden Höhen, entstanden einige Fotos, eines mit Blick auf die Mittelstraße. Erstaunlich, bei einer dieser Klettertouren war mein Freund Kurt Lentz mit dabei, ein Kriegsversehrter mit nur einem Bein.

Im August 1947 konnte ich meine berufliche Tätigkeit als Kaufmann fortsetzen. Ich fand in einem Steuerberatungsbüro Arbeit, wo ich zunächst für Klienten die Buchführung übernahm, Abschlüsse machte und bei der Umsatz- und Einkommensteuer mitwirkte. Mein Chef war kein Freund der Nazis

Bilder aus luftiger Höhe vom Wiederaufbau der Herz-Jesu-Kirche

gewesen. Er hatte in der Tagespresse Artikel gegen die neuen Machthaber geschrieben. Darauf war er von einem amtlichen Gutachter entmündigt und in Wiesloch unter den Irren untergebracht worden, obwohl die Sachverständigen und auch die Aufseher genau wussten, dass dieser Mann keineswegs irre war. Er überstand diese Art der Internierung nur, indem er die dortige Bibliothek als einzige Abwechslung eingehend nutzte. Nach Kriegsende versuchte er, die ihm bekannten Gutachter zu entlarven. Seine Bemühungen blieben erfolglos, weil jeder der angeklagten Sachverständigen sich hinter dem Zwang durch die Machthaber verschanzte. Derartige Fälle waren nicht gerade selten, führten oft zu Empörung, die jedoch nicht viel nützte.

Mein Gehalt bei dem Steuerberater betrug 200 RM im Monat. Davon gab ich 100 RM meiner Oma für Kost und Wohnung ab. Durch meine Arbeit hatte ich gute Kontakte zu den Klienten, unter denen sich auch Metzger, Bäcker, Gemüsehändler und ein Schweinezüchter befanden. Von ihnen erhielt ich mitunter statt eines Trinkgeldes etwas Nahrhaftes, was in der Zeit der Bewirtschaftung der Lebensmittel von großem Vorteil war. Als ich eines Tages von dem Schweinezüchter einen ganzen Schinken erhielt, den ich mit meinem Chef teilen sollte, war ich natürlich sehr davon angetan, dass die Chefin aus Glaubensgründen die Annahme des Anteils ablehnte. Für meine Oma und mich war das natürlich ein großartiges Geschenk. Wir haben gemeinsam die Zeit bis zur Währungsreform auf die beschriebene Weise gut überstanden.

1950 trat ich als Kundenbuchhalter bei der Firma Siemens ein, und 1952 übernahm ich in Freiburg die Leitung des Lohnbüros des dortigen technischen

Büros. Während der Freiburger Zeit hatte ich ein möbliertes Zimmer und fuhr alle 14 Tage am Wochenende mit der sogenannten Arbeiterrückfahrkarte zu meiner Braut nach Mannheim. In den Wintermonaten war an vielen Wochenenden Skilaufen angesagt.

Am 14.08.1954 haben wir geheiratet und wollten nach Freiburg ziehen. Eine Wohnung konnte man nur als Verheirateter bekommen. Jeden Freitag war ich auf der Suche nach einer Zweizimmerwohnung, zunächst ohne Ergebnis. Eine größere Wohnung stand einem ohne Kinder nicht zu. Eines Tages habe ich den für die Vermittlung zuständigen Angestellten um ein persönliches Gespräch gebeten. Wir begaben uns in einen separaten Raum. Ich gab ihm zu verstehen, wenn er mir eine Wohnung verschaffe, würde ich ihm aus meiner Tasche zwei Monatsmieten bezahlen. Er nahm das Angebot ohne Kommentar zur Kenntnis. Schon am folgenden Montag erhielt ich die Mitteilung, dass ich mir drei verschiedene Wohnungen anschauen könne, um mich für eine zu entscheiden. Eine Woche später hatte ich den Mietvertrag in der Tasche. Die Bestechung hatte das Wunder bewirkt. Wir blieben bis 1977 in Freiburg. Dann wurde das Lohnbüro im Zuge der Zentralisierung aufgegeben und in Mannheim weitergeführt.

Eine Kollegin, deren Ehepartner eine neue Fahrschule eröffnet hatte, warb 1954 dafür, den Führerschein bei ihrem Mann zu machen. Nach den ersten drei Fahrstunden fuhr ich mit dem Fahrrad an den Kaiserstuhl, wo ein Bauer auf seinem privaten Gelände Unterrichtsstunden gab. Mehr oder weniger ein Feldweg stand als Fahrbahn zur Verfügung. Es gab Hindernisse und Steigungen, an denen man das Starten am Berg üben konnte, auch Parkplätze waren vorhanden mit aufgetürmten Reifen zum Einparken. Nach der zweiten Runde hielt mich der Bauer an, setzte sich neben mich und gab die Anweisung: „Starten Sie, fahren Sie los, und wenn ich sage ‚stopp', treten Sie so schnell wie möglich auf die Bremse." Nach dem ersten und zweiten Stopp hieß es: „Viel zu langsam, schneller reagieren." Der dritte Versuch mit bei der Vollbremsung viel aufgewirbeltem Staub entsprach seinen Vorstellungen. Auf meine Frage: „Was hat diese Übung für einen praktischen Sinn?" antwortete er: „Eine Vollbremsung lernen Sie in keiner Fahrschule, nur bei mir." Natürlich musste ich für die Übungsstunden etwas bezahlen, aber das war weitaus weniger als der Tarif in der Fahrschule. Als mir nach der Prüfung der Führerschein ausgehändigt wurde, sagte der Prüfer: „Geben Sie acht, wenn Sie auf die Autobahn kommen." Fahrstunden auf der Autobahn fanden damals nicht statt, daher diese Warnung.

Emil Röckel

Jugendjahre mit Schulspeisung und scharfer Munition

Am Ostersonntag 1945 trafen die Panzerspitzen der Amerikaner in Tauberbischofsheim ein, wohin ich seit Ende 1944 mit meiner Mutter und meiner Schwester evakuiert war. Bei meiner von uns Kindern sehr verehrten Großmutter mütterlicherseits hatten wir Unterkunft gefunden. Die Bombenangriffe auf Mannheim hatten wir gut überstanden, allerdings war unsere Wohnung in der Augartenstraße bei einem Bombenangriff bereits im August 1943 zerstört worden, einige Zeit später auch das Haus meines Großvaters in I 5, 11, wo wir zwischenzeitlich untergekommen waren. Einen Jagdbomberangriff, bei dem ich mich mit meiner Mutter ganz allein auf einer Straße am Ortsrand von Tauberbischofsheim befand, sodass nur wir das Ziel sein konnten, hatten wir mit der Angst im Nacken und viel Glück unverletzt überstanden.

Das Kriegsende war für uns alle eine große Erleichterung. Die Angst hatte ein Ende, aber wenn ich ein Flugzeug hörte, rannte ich wie zuvor schnell von der Straße weg.

Ich war noch nicht ganz sechs Jahre alt, als ich 1946 in Tauberbischofsheim eingeschult wurde. Eines Tages erschienen amerikanische Soldaten der Militärpolizei in unserem Klassenzimmer und verhafteten unseren Lehrer von der Stelle weg. Was er verbrochen hatte – vielleicht war er ein aktives Parteimitglied gewesen – habe ich nie erfahren. Sofern er sich während der Naziherrschaft schuldig gemacht hatte, hätte er wie alle anderen Parteibonzen vor der Ankunft der Amerikaner flüchten können. Für uns Kinder war seine Verhaftung vor unseren Augen natürlich eine Sensation, und den Erwachsenen bot sie für einige Zeit Gesprächsstoff. Den mehrtägigen Ausfall des Unterrichts haben wir keineswegs bedauert.

An eine schnelle Heimkehr nach Mannheim war wegen der dort herrschenden Wohnungsnot nicht zu denken. Hinzu kam, dass sich mein Vater in russischer Kriegsgefangenschaft befand. Bis 1948 sind wir daher in Tauberbischofsheim geblieben. Wir hatten ein Dach über dem Kopf, und hungern mussten wir nur selten, zumal meine Großmutter als Dolmetscherin bei den Amerikanern sehr gefragt war und mitunter von ihnen mit Lebensmitteln und auch mit Seife, damals ein Mangelartikel, entlohnt wurde.

Zum Frühstück gab es immer Haferflocken mit Milch oder auch mit Wasser, als Zwischenmahlzeit ein mit Zuckerrübensirup bestrichenes, selbstgebackenes Brot. Das Mittagessen bestand aus Gemüse und Kartoffeln. Oft gab es Eintopf, aber ohne Fleisch. Wir waren froh, als im Herbst Obst den Speiseplan bereicherte.

Als mein Vater 1948 endlich krankheitshalber aus der russischen Gefangenschaft entlassen wurde, hielt es uns nicht länger im Exil. Mein Großvater hatte inzwischen sein Wohnhaus in den I-Quadraten wieder aufgebaut, die Kontakte mit seinen alten Kunden wiederhergestellt und seinen Fuhrbetrieb zusammen mit meinem Onkel und den vorhandenen zwei Pferden und einer nicht vom Militär konfiszierten kleinen Zugmaschine mit etwas desolaten Anhängern aufgenommen. Nach seiner Heimkehr stieg mein Vater sofort wieder ins Geschäft ein, und ich erinnere mich noch gut an viele Firmen, die wieder zum Kundenstamm zählten. Einige fallen mir spontan ein: Lerch und Kruse, Weinhandlung Schrauth, Gottschalck & Dicker, Eisengesellschaft, Konsumgenossenschaft, GEG. Auch für die Bundesbahn waren wir tätig.

Allerdings ging es mit dem Betrieb erst so richtig los, als Entschädigungsleistungen für die vom Militär im Krieg beschlagnahmten Fahrzeuge gezahlt wurden. Das Pferdegespann war zwar noch immer im Einsatz, aber nun standen zusätzlich ein LKW der Marke Magirus, ein Büssing NAG und ein Opel-Blitz zur Verfügung, mit denen der Betrieb wieder richtig in Schwung kam. Es gab viel zu tun, und es ging nun aufwärts. Ich war auch eingespannt, denn ich musste oft die Frachtbriefe zur Vorprüfung in ein Büro der Bundesbahn bringen. Manchmal hatte ich auch Ladungen zu bewachen, um Diebstähle zu verhindern.

Die Wohnungsverhältnisse ließen allerdings noch immer zu wünschen übrig. Da eine Flüchtlingsfamilie einquartiert war, mussten wir zusammenrücken. Wir wohnten mit meiner Großmutter, meiner Tante und meinem Onkel zusammen in einer Wohnung mit Plumpsklo und ohne Bad. Unter ähnlichen Bedingungen wohnte damals Stadtrat Welcker im Erdgeschoss des Hauses. Zur Entleerung unserer Mistgrube, die sich, abgedeckt mit Bohlen, mitten im Hof befand, wurden Sträflinge aus der Mannheimer Haftanstalt angefordert. Wenn diese auftauchten, waren auch sofort deren Verwandte und Bekannte da, um ihnen etwas zuzustecken.

In der in unmittelbarer Nähe unserer Wohnung liegenden K 5-Schule befanden sich Dienststellen der Amerikaner. Einen Ersatz hatte man in K 2, 6 geschaffen. Dort ging ich nun zur Schule und wurde anfangs wegen meines fränkischen Dialekts von meinen Mitschülern gehänselt. Es dauerte allerdings nicht lange, und ich war auch sprachlich wieder ein Mannemer. Nach kurzzeitigem Unterricht in K 5 wurde unsere Klasse 1949 schließlich in die U-Schule verlegt. Fast während meiner gesamten Schulzeit hatte ich nur einen Lehrer, nämlich Herrn Zimmermann, der alle Fächer unterrichtete. Er war in der Zeit des Nationalsozialismus vermutlich höchstens ein Mitläufer gewesen und konnte dadurch schnell wieder in seinem Beruf Fuß fassen. Ich denke, dass er durchaus engagiert war, er wusste aber eine äußerst unangenehme Methode, uns zu bestrafen, wenn er dies für nötig hielt. Mit zwei Fingern packte er den zur Bestrafung ausersehenen Schüler an einer seiner Brustwarzen, was äußerst schmerzhaft war und nie ohne einen gellenden Aufschrei abging. Von derartigen Behandlungen und auch von Ohrfeigen hat keiner von uns Schülern etwas zu Hause erzählt, denn wir kannten den Kommentar dazu: „Du wirst es verdient haben."

Damals gab es in allen Schulen die von den Amerikanern eingerichtete Schulspeisung; ausgegeben wurden Suppe, Pudding oder Reisbrei. Für hungrige Kinder war das eine großartige Ergänzung der knappen Lebensmittelrationen. Von unserer Klasse war ich als Einziger davon ausgenommen, und zwar mit der Begründung, dass ich als Sohn eines Unternehmers genug zu essen hätte. Meine Empörung über die ungleiche Behandlung, die nicht gerechtfertigt war, nützte nichts. Zumindest bis Anfang der fünfziger Jahre hatten auch wir Probleme, satt zu werden. Mein Onkel nahm mich mehrmals auf seinem Fahrrad zu Bauern mit, um Lebensmittel gegen Schmuck und Bestecke einzutauschen und gegen Dinge, die man sonst nicht unbedingt benötigte. Ich erinnere mich, dass meine Tante mit meiner Mutter einmal nach Mosbach fuhr, um bei Verwandten, die dort einen Bauernhof hatten, um Nahrungsmittel zu bitten. Sie wurden abgewiesen, wie das viele Hungrige erlebten, die zum Hamstern, so hieß das damals, auf dem Land auf Nahrungssuche unterwegs waren. Erst als sie im Gehen laut und deutlich „Vergelt's Gott" sagten, erhielten sie doch noch einige Lebensmittel. Die Angst vor dem lieben Gott kam da anscheinend zu Hilfe.

Eine meiner Aufgaben bestand in der Beschaffung von Grünfutter im Unteren Luisenpark für unsere Ziege Liesel, deren Milch eine Zusatznahrung war, über die nicht jeder verfügte. Mit einem Sack und einer Sichel machte ich mich mehrmals in der Woche auf den Weg in den Park und kam, von Schnakenstichen geplagt, zurück nach Hause. Für mich waren jedoch die ersten Jahre nach der Heimkehr unbeschwert. Zusammen mit Schulkameraden und Freunden war ich nachmittags oft unterwegs. Wie Jugendliche einmal sind, haben auch wir Abenteuer gesucht und viel Unfug getrieben. Der Löschteich in K 6 am Ring ganz in unserer Nähe war ein idealer Spielplatz. Aber wir begaben uns auch in andere Stadtteile. Auf dem Lindenhof unmittelbar am Rhein fanden wir eines Tages nicht nur Brandbomben, sondern auch Maschinengewehrgurte mit scharfer Munition. Verstecken und vielleicht etwas damit machen, war unser erster Gedanke. Aber dann siegte doch die Vernunft, und wir begaben uns mit dem gefährlichen Fund auf die nächstgelegene Polizeiwache. Als der diensthabende Polizist uns mit der gefährlichen Ladung eintreten sah, ging er sofort hinter seinem Schalter in Deckung und rief: „Raus, alles draußen vor der Tür hinlegen." Etwas erstaunt kamen wir seinem Befehl nach und akzeptierten, wenn auch etwas verwundert, die anschließenden Beschimpfungen. Dass wir davon zu Hause nichts erzählten, versteht sich von selbst.

Die Neckarwiese jenseits der Innenstadt

Im Sommer schwammen wir oft über den Neckar und vergnügten uns dort. Damals befanden sich auf der Neckarwiese in der Nähe des hölzernen Behelfsstegs große eiserne Trichter. Sie dienten der Beladung von LKWs mit Kies, der mit einem Kran in die Trichter gefüllt und dann in die darunter fahrenden LKWs abgelassen wurde. Wenn diese Trichter, in die man über eine Eisenleiter einsteigen konnte, leer waren, dann konnte man im Inneren wunderbare Rutschpartien machen. Eines Tages, als wir wieder einmal das Rutschen im Trichter betrieben, tauchte unerwartet der Eigentümer der Anlage auf. Er stand unten und wartete, bis wir herunterkamen. Einer nach dem andern erhielt nach Verlassen der Leiter eine Tracht Prügel. Als ich dies sah, wagte ich den Sprung in die Tiefe. Ich kam zwar gut auf den Beinen auf, aber ich hatte im Sprung meine Zunge herausgestreckt, die ich beim Aufprall fast ganz durchbiss. Den Mund voller Blut rannte ich los, schwamm über den Neckar und rannte nach Hause. Als ich dort verschüchtert in der Küche saß, reden konnte ich nicht, bemerkte meine Mutter, dass da etwas nicht stimmte. Als sie schließlich das Blut sah, das aus meinem Mund kam, rannte sie sofort mit mir los ins Theresienkrankenhaus. Dort angekommen, wollte ich in der Notaufnahme meinen Mund nicht aufmachen. Als die Schwester meine Mutter, die im Wartezimmer saß, verzweifelt fragte, was sie denn tun solle, antwortete sie: „Sagen Sie einfach zu ihm, dass er sterben muss, wenn er nicht dazu bereit ist." Meine Mutter kannte mich gut, denn die Drohung hat mir schnell den Mund geöffnet. Der Riss in der Zunge wurde genäht, die Narbe ist mir geblieben.

Mein Vater war an dem Tag, an dem ich diesen Unfall hatte, im Theresienkrankenhaus von Dr. Menges am Darm operiert worden. Er hatte ein Leiden aus der Kriegsgefangenschaft mitgebracht, unter dem er stark litt. Als meine Zunge behandelt wurde, war er gerade aus der Narkose aufgewacht. Zufällig bekam Dr. Menges mit, dass auch ich zur Behandlung da war, und er meinte: „Heute ist anscheinend Röckel-Tag." Auf Grund meiner Verletzung erhielt ich eine Lebensmittelkarte einer besseren Versorgungskategorie. Leider war ich kein Nutznießer der Sonderzuteilung, da ich mehrere Wochen lang nur flüssige Nahrung mit einem Röhrchen zu mir nehmen konnte. Begünstigte waren die anderen Familienangehörigen.

Der Fuhrbetrieb war natürlich für mich von großer Attraktivität. Sooft ich konnte und durfte, bin ich als Beifahrer mitgefahren, allerdings ohne konkrete Aufgaben, denn dazu war ich noch zu jung und zu schwach. Ich erinnere mich an Kiestransporte in den Odenwald, an Fahrten nach Baden-Baden, um Lebensmittel aus den Mannheimer Mühlen dorthin zu bringen, und vor allem auch an wiederholte Fahrten in die Pfalz. Ich empfand die Fahrten auf die andere Rheinseite immer als eine Art Abenteuer, denn sie waren mit den Kontrollen durch französisches und amerikanisches Militär an der provisorisch wieder wiederhergestellten Brücke über den Rhein verbunden, welche die Pontonbrücke schon bald nach dem Kriegsende ersetzt hatte.

Die Behelfsbrücke über den Rhein

Wir holten damals für die Weinhandlung Schrauth Wein in Holzfässern ab, die in der Kunststraße in O 7 abgeladen wurden. Bei den Kiestransporten erfolgte zwar die Beladung ohne den Einsatz von Arbeitskräften über den oben erwähnten Trichter auf der Neckarwiese, nicht jedoch das Abladen, das mit der Schaufel zu bewerkstelligen war. Für meinen Vater und den Beifahrer war das eine harte Arbeit. Ich war dazu noch zu schwach.

Jugendliches Freizeitvergnügen

Die Vergnügungsmöglichkeiten waren für uns Jugendliche in den fünfziger Jahren recht bescheiden. Wir gingen in die Tanzstunde, besuchten die stets überfüllten Cola-Bälle im Foyer des Rosengartens und hörten Musik. Die einen neigten, was den Gesang anbelangt, mehr zu den unzähligen Schlagern, von denen mir die „Capri-Fischer", „Das Pferdehalfter an der Wand" und „Wer soll das bezahlen" spontan einfallen. Caterina Valente und Vico Torriani waren die großen Stars dieser Art von Musik. Es entstanden Jazzclubs, welche Konzerte organisierten, und die großen Tanzorchester von Erwin Lehn und Kurt Edelhagen brachten Schwung in die sich entwickelnden Freizeitvergnügungen. Auch die Sportvereine konnten sich nicht über Mangel an Zulauf beklagen. Das Geld war allerdings knapp. Ich kannte keinen jungen Mann in meinem Alter, der große Sprünge machen konnte. Aber wir waren fröhlich und spürten die ersten Anzeichen des Wirtschaftswunders. Es gab schon einige, die das Geld hatten, in Urlaub zu fahren. Ihr Reiseziel war vor allem Italien, später Jugoslawien. Die zunehmende Motorisierung war zu erkennen. Meine Freunde und ich konnten allerdings von all dem nur träumen.

Allerdings hatten auch wir unseren Spaß und waren keineswegs neidisch auf diejenigen, die sich mehr als wir leisten konnten. Unvergesslich ist für mich das Schwimmen im Rhein. Ich hatte im Rheinschwimmbad, das in der Nähe der Rheinbrücke lag, schwimmen gelernt. Im Kinderschwimmbecken machte ich im Alter von zehn Jahren die ersten Versuche. Einen Schwimmunterricht hatte ich nicht. Ich erinnere mich jedoch an den Ratschlag, der uns wiederholt erteilte wurde, nämlich dass man gegen den Strom am schnellsten schwimmen lerne. Irgendwann konnte ich es. Den Neckar zu überqueren, der vor der Haustür lag, war kein Problem mehr. Reizvoller dagegen war das Schwimmen im offenen Rhein. Das Wasser war klar, die Strömung allerdings kräftig. Gegen den Strom zu schwimmen, versuchte man wiederholt. Wenn es gelang, sich mit heftigen Schwimmstößen wenigstens einige Sekunden auf der Stelle zu halten, dann war das schon viel.

Bei gutem Wetter war das Mannheimer Strandbad für uns junge Leute während des ganzen Sommers ein besonderer Anziehungsort und ein allen bekannter Treffpunkt. Schon ab einer Wassertemperatur von 17 Grad war das Baden im Rhein angesagt. Eiserne Naturen waren auch bereits bei darunterliegenden Temperaturen im Wasser. Abends, an den Wochenenden und in der Urlaubszeit traf man im Strandbad immer auf Freunde und Bekannte. Man konnte mit dem Fahrrad gar nicht schnell genug über den Lindenhof und durch den Waldpark dorthin kommen. Die Fahrräder stellte man auf dem großen, bewachten Abstellplatz ab. Dafür war eine geringe Gebühr zu zahlen. Schnell ging es von dort zu den Liegeplätzen auf den Betonstreifen, wo man sein Handtuch ausbreitete, die Kleider auszog und als Erstes so schnell wie nur möglich über den davor liegenden Kies ins Wasser stürzte. Im Rhein zu schwimmen war herrlich. Es war ein reines Vergnügen. Wegen der Strömung ging man meist an dem rheinaufwärts liegenden oberen Ende der Anlage ins Wasser, um kurz vor dem Ende des Strandbads an Land zu gehen und an seinen Liegeplatz zurückzulaufen. Dass man dabei nach hübschen Mädchen Ausschau hielt, versteht sich.

Die guten Schwimmer, welche keine Berührungsängste hatten, balgten sich an den als Abgrenzung des Badebereichs aus dem Wasser ragenden Stangen, an denen man versuchte, sich so lange wie möglich anzuklammern. Bei Hochbetrieb wurde mitunter heftig um das Festhalten gekämpft. Dass man dabei von Stärkeren getunkt wurde, nahm man in Kauf. Mit zunehmender Routine wuchs das Vertrauen, sich über das abgegrenzte Strandbadgebiet hinauszubewegen. Die etwas Älteren machten vor, was es da an Vergnügungen gab. Als erste Bewährungsprobe galt es, den Rhein zu überqueren. Dazu lief man rheinaufwärts bis fast zur „Silberpappel". Weshalb, war jedem klar. Bei der starken Strömung des Rheins wollte man auf dem Rückweg vor dem südlichen Ende des Strandbads wieder an Land kommen. Die Empfehlung der Routiniers lautete: Ihr müsst vor dem auf der Ludwigshafener Seite liegenden Baumannshafen ankommen. Von dort aus schafft ihr es, ohne aus dem Wasser steigen zu müssen, am Ende des Strandbads anzukommen. Für einen guten Schwimmer stimmte das, weniger geübte mussten an Land gehen und ein stückweit rheinaufwärts laufen, bevor sie den Rückweg antraten.

Für das größte Vergnügen gab es die vorbeifahrenden Schiffe. Große Raddampfer schleppten meist vier oder fünf Schleppkähne, auf Mannemerisch „Schlappe", flussaufwärts. Diese hingen an Seilen, denen man tunlichst aus dem Weg ging. Auch die Nähe der Schaufelräder wurde natürlich vermieden. Da die beladenen Kähne meist tief im Wasser lagen, war es nicht schwer, sie zu entern. Man hielt sich einfach an der knapp über dem Wasser liegenden Kante fest, und durch die Strömung kam man ganz leicht auf den Schleppkahn. Hing an diesem ein Nachen, so wurde mitunter dieser bestiegen. Ziel war es, möglichst lange mitzufahren, wobei diese Art unseres Wassersports nie allein betrieben wurde. Spätestens in Höhe der Altriper Fähre ging es mit einem Kopfsprung ins Wasser, und nun ließ man sich in aller Ruhe rheinabwärts treiben. Bei dieser Art des Langstreckenschwimmens bedurfte es keiner Kraft. Mitunter haben wir dabei gesungen. Als eine Art Mutprobe galt das Entern eines Selbstfahrers, bei dem man, sofern man nicht an Bord kam, aufpassen musste, nicht in den Sog und damit in den Bereich der Schraube am Schiffsende zu kommen. Nur gut, dass unsere Eltern nicht wussten, was wir so alles trieben.

Raddampfer und Schleppkähne auf dem Rhein

Unsere Freude an dem geschilderten Vergnügen wurde durch die Schiffer beeinträchtigt, denn die meisten von ihnen wollten uns nicht an Bord haben. Kamen sie mit Geschrei und meist mit einem Prügel bewaffnet angerannt, dann galt es schnell zu verschwinden. Auch wenn ein Hund an Bord war, ist man gleich wieder ins Wasser gesprungen. Die bevorzugte Hunderasse scheint der Spitz gewesen zu sein, denn an eine andere bellende Bestie kann ich mich in diesem Zusammenhang nicht erinnern. Waren die Ränder der Schiffe frisch geteert, was man zuvor nicht sehen konnte, dann holte man sich teerverschmierte Hände. Das Risiko musste man eingehen, und wir dachten nicht im Traum daran, uns von irgendwelchen Misslichkeiten das „Schwimmen auf Schlappen" verderben zu lassen.

Manche Sonntage war ich den ganzen Tag über im Strandbad. Man konnte dort etwas zu essen und zu trinken kaufen, aber dafür hatte ich kein Geld. Ich nahm von zu Hause belegte Brote mit, und an den Brunnen konnte ich meinen Durst löschen. Das machten auch meine Freunde so. Auf der großen Wiese spielten wir manchmal Fußball. Dazu fanden sich immer einige junge Leute zusammen. Auch Ringtennis wurde gespielt. Eltern mit kleinen Kindern lagen etwas abseits unter den Bäumen. An einen Kinderspielplatz kann ich mich nicht erinnern. Zur Abkühlung ging es nach den sportlichen Betätigungen ins kühle Rheinwasser, das nur selten mehr als 22 Grad erreichte.

Es gab allerdings auch noch weitaus gefährlichere Freizeitvergnügen, denen wir recht unbekümmert nachgingen. Dazu fällt mir eine Episode ein, die zeigt, wie unvorsichtig Jugendliche sein können. Einer von uns Lehrlingen der Firma Heitger, dessen Eltern beim Zirkus waren, wohnte in einem Wohnwagen im

Gartengelände bei der Autobahnausfahrt. Eines Tages, wir waren zu viert, trafen wir uns dort, um ein Feuerwerk zu veranstalten. Wir machten ein Feuer und warfen aufgefundene MG-Munition hinein. Zuvor hatten wir Strohballen aufgebaut, hinter die wir uns in Deckung legten. Die Wirkung entsprach durchaus unseren Vorstellungen, denn es knallte immer wieder recht laut, wenn die Patronen platzten. Etwa eine Stunde lang lagen wir hinter den Ballen, bis das Feuerwerk zu Ende war. Der Spaß an Außergewöhnlichem war vermutlich der Anlass für diese Aktion. Es gab Fälle, bei denen ähnliche Spiele mit Munitionsfunden zu Verletzungen führten, und es hat auch Todesfälle gegeben. Wir waren allerdings fest davon überzeugt, dass uns so etwas niemals passieren würde.

Lehrjahre und Freizeitgestaltung bei den Pfadfindern

Ab dem zwölften Lebensjahr war ich Mitglied der Jungschar der Liebfrauenkirche, später der St.-Georgs-Pfadfinder. Wir kamen zum Singen und Wandern zusammen, nahmen an Wallfahrten teil, bewachten nachts vor Fronleichnam die geschmückten Altäre und Blumenteppiche, machten Fahrradtouren und waren an den Wochenenden oft zum Zelten im Steinbruch von Ziegelhausen. Einmal im Jahr fand an einem Sonntag ein Ausflug aller Mannheimer Ministranten statt. An diesem Tag wurden wir Pfadfinder als Ministranten eingesetzt, was mitunter zur Belustigung der Gläubigen führte, da wir während der Messe durch so manches Fehlverhalten auffielen. Zu einigen der notwendigen Verrichtungen mussten wir vom Pfarrer aufgefordert werden.

Im Spätherbst und im Winter fuhren wir an den Wochenenden manchmal mit der OEG nach Heidelberg und marschierten zum Stift Neuburg, wo wir an der Pforte den Schlüssel für den Schlafraum ausgehändigt bekamen. Der Bruder Pförtner kramte diesen stets aus der tiefen Tasche seiner Kutte, wobei er meist auch andere Gegenstände zutage förderte, gelegentlich auch sein Gebiss. Da ich mich ekelte, ließ ich bei der Schlüsselübernahme stets anderen den Vortritt.

Im Stift Neuburg hatte ich meinen ersten Rausch, denn eines Tages waren wir im Besitz des Schlüssels zum Weinkeller. Der dort gelagerte Apfelwein hat uns zwar allen nicht sonderlich gut geschmeckt, aber da die Mönche ihn offensichtlich gern tranken, meinten wir, dass zum Erwachsensein eine Eingewöhnung nicht verkehrt sei. Wir waren damals alle blau. Den Schlüssel bekamen wir nie wieder in die Hände.

1954 begann meine Lehre. Es stand von Anfang an außer Frage, dass ich im Hinblick auf unser Fuhrgeschäft den Beruf des Kraftfahrzeugschlossers erlernen sollte. Mein erstes Lehrjahr absolvierte ich in der Autofachschule, in der damals die Grundkenntnisse meines zukünftigen Berufs vermittelt wurden. Der Unterricht fand werktäglich, auch am Samstagvormittag, in der Kurfürstenschule in C 6 statt. Am Vormittag war meist theoretischer Unterricht, nachmittags standen wir am Schraubstock, an der Bohrmaschine oder an der Drehbank. Klassenlehrer war Herr Huhn, der sich leicht ablenken ließ. Wir mussten nur das Thema Nationalsozialismus ansprechen, und schon ließ er sich über Hitler und sein Regime langatmig mit rüden Worten aus. Werkstattlehrer war Herr Bönisch. Er war sehr streng, aber wir haben alle in diesem einen Jahr des Besuchs der Autofachschule sämtliche Grundkenntnisse unseres zukünftigen Berufs erlernt, was uns gegenüber den Lehrlingen, die gleich in einem Betrieb ausgebildet wurden, Vorteile verschaffte.

In den anschließenden zweieinhalb Jahren der Ausbildung in der Firma Aurepa in Neckarau musste ich nur noch einmal in der Woche in die Berufsschule gehen. Den Weg zur Lehrstelle legte ich mit dem Fahrrad zurück. Nur wenn es extrem kalt war, benutzte ich die Straßenbahn. Als Lehrling erhielt ich 5 D-Mark in der Woche, wie alle Beschäftigten in einer Lohntüte. Jeden Tag wurde ein Lehrling zum Frühstückholen nach Neckarau geschickt. Er erhielt eine Liste, auf der von jedem der Gesellen dessen Wünsche eingetragen waren. Wir mussten Brötchen, Wurst, Milch und Kakao beischaffen. Zum Transport diente ein Fahrrad mit großem Gepäckträger. Die Wahl der Geschäfte, in denen wir die Besorgungen machten, blieb uns überlassen. Im Winter war der Transport insofern problematisch, als der Kakao und die Milch, die in Beutel abgepackt waren, mitunter auf dem Weg gefroren, sodass diese Getränke erst wieder aufgetaut werden mussten. Dadurch reduzierte sich sehr zum Ärger der Betroffenen die verfügbare Zeit zum Einnehmen des Frühstücks. Die Reinigung der großen Werkstatthalle war Sache der Lehrlinge. Jeder hatte einen vorgegebenen Bereich nach Feierabend zu fegen.

In meinem Lehrbetrieb wurde ich mit allen Reparaturarbeiten an Lastkraftwagen aller möglichen Fabrikate vertraut gemacht. Es ging dabei oft rau zu, denn die Gesellen, denen man zugeordnet war, hatten nicht immer die nötige Geduld und das Verständnis für junge Leute. Ohrfeigen wurden häufig, jedoch nicht immer zu Recht ausgeteilt. Der Schmied, ein großartiger Fachmann, ist mir in besonderer Erinnerung geblieben, denn bei ihm waren Ohrfeigen vorprogrammiert. Ein leichtes Zittern beim Halten des zu bearbeitenden Gegenstandes, und schon rutschte ihm die Hand aus. Keiner blieb verschont. Alles in allem war es eine umfassende, sehr gute Ausbildung, die ich in meiner Lehrfirma erhielt. Am Ende der Lehre war ich nur noch ein halbes Jahr dort beschäftigt, denn mein Vater legte Wert auf meinen Einsatz im eigenen Geschäft.

Während meiner Lehrzeit war ich weiterhin bei den St.-Georgs-Pfadfindern aktiv. In den Ferien unternahmen wir größere Fahrten. In guter Erinnerung ist mir eine zweiwöchige Schwarzwaldtour geblieben, die wir 1958 zu fünft unternommen haben. Mit dem Fahrrad ging es zuerst nach Freiburg, wo wir unsere

Räder beim Dompfarrer einstellten. Von dort aus wanderten wir in mehreren Tagesetappen durchs Höllental hinauf über Hinterzarten und Bärental zum Schluchsee und weiter nach Menzenschwand. Wir waren ganz schön beladen und kamen uns manchmal wie Packesel vor. Aber das tat unserer Freude am Wandern, Sehen und Erleben keinen Abbruch. Abends schlugen wir unsere Kote auf. Dazu dienten uns die mitgeführten trapezförmigen Planen, die wir unter Verwendung von Stangen aufspannten. Geschlafen haben wir in unseren Schlafsäcken auf dem blanken Boden.

Tagsüber ernährten wir uns von Brot und Marmelade, abends wurde in dem mitgeführten großen Topf ein Essen gekocht, das meist aus Nudeln mit Tomatensoße, mitunter auch aus Erbswurstsuppe bestand, einem damals sehr bekannten Produkt für die schnelle Küche. Zum Kochen wurden immer zwei von uns eingeteilt, die auch das Feuer anzünden mussten. Große Ansprüche haben wir an das Essen nicht gestellt.

Im Schwarzwald mit Gepäck unterwegs

In Erinnerung ist mir eine Übernachtung auf dem Campingplatz am Schluchsee geblieben. Die beiden für das Abendessen zuständigen Kameraden hatten beschlossen, einen verfügbaren Elektroherd zu benutzen, um Reisbrei mit Dörrobst zu servieren. Sie hatten sich jedoch im Maß vergriffen, was zur Folge hatte, dass der Reis aus dem Topf quoll und um den Herd herum den Boden bedeckte. Lachend standen einige Frauen dabei, welche das Missgeschick und die erfolglosen Eindämmungsversuche unserer Köche beobachtet hatten. Wir waren sehr dankbar dafür, dass sie in den folgenden Tagen das Kochen für uns ungeübte Buben übernahmen. Sie verlangten als Gegenleistung abends an dem stets entfachten Lagerfeuer den Gesang unserer Fahrtenlieder. Dem sind wir gerne nachgekommen.

Den Rückweg nach Freiburg machten wir über den Feldberg und den Schauinsland. Von dort aus führte unser Weg mit dem Fahrrad über das Elsass nach Straßburg und von dort nach Hause. Als wir in einem elsässischen Dorf an einem Brunnen Wasser tranken, wurden wir von Erwachsenen und Jugendlichen mit Steinen beworfen. Die Elsässer waren damals noch nicht gut auf uns Deutsche zu sprechen.

1959 waren mein Freund Paul und ich per Anhalter nach Holland unterwegs. Nach einer ersten Etappe bis zu einer Raststätte in der Pfalz hatten wir das Glück, von einem Schweizer, der in Holland geschäftlich zu tun hatte, in seinem PKW mitgenommen zu werden. Statt nach mehreren Tagesetappen hatten wir den Ausgangspunkt unserer Holland-Rundfahrt bereits am zweiten Tag erreicht. In Breda sind wir spätabends im dortigen Kloster untergekommen. In Belgien erlebten wir in der Mittagspause die Ablehnung von uns Deutschen. Der Wirt war nicht bereit, uns zu bedienen, er warf uns kurzerhand hinaus und gab nur unserem Schweizer Fahrer etwas zu essen. Wir mussten uns mit einem Stangenweißbrot begnügen. Nach all dem, was in der Welt von Deutschen angerichtet worden war, konnten wir die Haltung von Menschen anderer Nationen durchaus verstehen. In Holland trafen wir allerdings nur auf uns freundlich gesinnte Menschen. Zu trampen war dort unproblematisch, denn kaum standen wir winkend an der Straße, hielt auch schon jemand und nahm uns mit.

Das Frühstück im Kloster Breda übertraf alle unsere Erwartungen. Aufgetischt wurden Marmelade, Wurst, Käse, Eier, Schokoladestreusel, Müsli und Weißbrot. So ausgehungert, wie war waren, fühlten wir uns wie im Schlaraffenland. Wir haben zugeschlagen, und die Mönche, die uns zusahen, amüsierten sich köstlich. Die nächsten Stationen, die wir in Holland alle per Anhalter erreichten, waren Rotterdam, Den Haag, Amsterdam, Harlingen und Arnhem. Übernachten konnten wir immer in Jugendherbergen. Es gab nur einen einzigen Zwischenfall. Als ich nämlich einmal sagte, dass Holländisch ein deutscher Dialekt sei, da war die Herbergsmutter stocksauer. Unsere Hauptnahrung

Mein Freund Paul in Warteposition

bestand in all den Tagen aus Pommes frites mit Mayonnaise, die es überall auf der Straße zu kaufen gab. Pommes frites kannte damals in Deutschland niemand.

Bei dieser Rundfahrt lernten wir viele Leute kennen und nahmen eine Menge Eindrücke mit nach Hause. Am Eingang zur Jugendherberge in Rotterdam trafen wir auf zwei Schotten, Jack und Eric. Einer von ihnen war von meiner Lederhose sehr angetan. Als er mir dafür seinen Dolch anbot, der mir sehr gut gefiel, war ich sofort zum Tausch bereit. Zu Hause fand meine Mutter, dass es ein sehr schlechtes Geschäft gewesen sei.

Der Rückweg führte über Essen, wo wir von den Eltern der Vermieterin meines Freundes zwei Tage lang mit gutem Essen verwöhnt wurden.

Eine weitere Tour mit dem Fahrrad ging 1960 mit einer Pfadfindergruppe erneut in den Schwarzwald. Es folgte eine große Radtour zusammen mit meinem Freund Horst über den Bodensee und das Allgäu nach München. Dies war die größte Radtour, die ich in meinem Urlaub unternommen habe. Das Reisefieber hielt an. 1962 war ich erneut mit meinem Freund Paul unterwegs. Wir fuhren mit einem „Eurobus" quer durch Frankreich nach Barcelona. Von dort aus ging es per Anhalter weiter über Tarragona, Granada, Malaga, Alicante und zurück nach Barcelona. Vor der Rückfahrt mit dem „Eurobus" mussten wir auf dem letzten Teilstück unserer Reise aus Termingründen die Bahn benutzen. Ich erinnere mich noch sehr gut daran, dass wir dabei von spanischen Mitreisenden aufgefordert wurden, das Lied „Lili Marleen" zu singen, dessen Melodie uns zwar geläufig war, jedoch nicht der Text. Wir erfanden einen ganz neuen Text mit Worten, die zur Melodie passten. Die Spanier waren hellauf begeistert.

Die erste Begegnung mit den beiden Schotten

Wir sammelten wir bei unseren Wanderungen und Fahrten viele Eindrücke und lernten dabei nicht nur Landschaften, sondern auch Menschen kennen. Mit einiger Anstrengung zwar, aber mit wenig Geld haben wir, wenn auch in bescheidenem Rahmen, einiges von der Welt gesehen.

Karlheinz Rödel

Ein Umweg bei der Heimkehr aus dem Kriegseinsatz

Als Fünfzehnjähriger war ich zusammen mit meinen Mitschülern aus dem Kinderland-Verschickungslager der Mannheimer Mittelschule in Titisee zum Militärdienst eingezogen worden. Wir wurden einem Panzervernichtungsregiment zugeteilt, alle Jahrgang 1929. Die Zugführer waren altgediente Unteroffiziere und die Kompanieführer junge Leutnants. Mit Karabinern und Panzerfäusten bewaffnet, ging es zunächst zum Bodensee. Von dort aus ins Allgäu, wo wir den letzten Zipfel des Deutschen Reiches verteidigen sollten. Wir waren nur noch kurz im Einsatz, ohne große Feindberührung. Amerikaner haben uns entwaffnet und uns empfohlen, Zivilkleidung zu organisieren.

Zu Fuß wollte ich zusammen mit meinem Schulfreund Egon Weufen über Titisee zurück nach Mannheim. Wir machten uns zunächst mit dem Sanitäter unserer Einheit auf den Weg. Als ich den ersten Jeep sah, dachte ich, es sei ein altes Auto. Nach den Amerikanern stießen wir auf französische Einheiten. Ein dunkelhäutiger Wachposten hielt uns an. Er war der erste Schwarze, den ich in meinem Leben sah. „Papier" rief er uns auf Französisch an. Wir zeigten ihm einen Abmeldeschein des Lebensmittelamtes, der viele Stempel aufwies. Er ließ uns weiterziehen. Auch bei den nächsten Kontrollen funktionierte das. Mit einem Abmeldeschein, einem kleinen Zettel mit französischem Stempel, sind wir danach durch mehrere Kontrollen gekommen.

Nach abenteuerlichen Märschen landeten wir schließlich kurz vor Kriegsende doch noch im Gefangenenlager Biberach an der Riss. Dort trafen wir auf Bruno Klump, einen Mitschüler, der schon im Januar zum Militärdienst eingezogen worden war, da er ein Jahr älter war als wir. Die erste Nacht war grausam. Obwohl Anfang Mai, war in der Nacht noch leichter Frost. Alle mussten auf einer Wiese im Freien kampieren. Wir drei lagen seitlich eng zusammengedrängt. Wechselweise durfte jeder nach einer halben Stunde in die Mitte, wo es am wärmsten war. Am nächsten Tag erhielten wir eine „feudale" Unterkunft: Unter einer großen Veranda durften wir auf Stroh nächtigen. Mit Läusen, Durchfall und sehr wenig Essen erlebten wir den Tag der Kapitulation. Der Krieg war zu Ende.

Nur wenige Tage später wurde über Lautsprecher verkündet: „Alle Jugendlichen antreten." Es wurde abgezählt, immer zehn Mann kamen auf einen Lastwagen. Wir fuhren nicht weit, nur zu einem Vorort auf der Anhöhe hinter Biberach-Bergerhausen. Die Kräftigsten kamen gleich weg zu den größeren Bauernhöfen. Egon war der Vorletzte, und plötzlich stand ich alleine da. Schließlich kam noch eine alte Bauersfrau, die mich mitnahm.

Ich bin beim Bauern Brodbeck gelandet, bekam ein relativ schönes Zimmer und gut zu essen. Ja, genügend zu essen, das war in dieser Zeit sehr wichtig nach all dem Kohldampf, den wir zuvor schieben mussten. Als Mitglied der SA befand sich der Bauer im Konzentrationslager. Im Bauernhof waren die Bäuerin, die Großmutter und die beiden Kinder Ilse und Karola. Emma, die Schwester des Bauern, kam hin und wieder zum Helfen. Von uns Kameraden hatte ich es damit noch am besten erwischt, glaube ich.

Die Arbeit im Freien gefiel mir auf Anhieb sehr gut. Im Stall standen Kühe, Kälber, ein Ochse und ein Pferd. Außerdem gab es Hühner und Schweine. Pferd und Ochse bildeten das Gespann, mit dem sämtliche Arbeiten auf den Feldern verrichtet wurden wie Gras mähen, mittels einer kleinen Mähmaschine die Frucht mähen und im Herbst die Kartoffeln herauspflügen. Im Spätherbst wurde mit diesem „Supergespann" gepflügt und geeggt. Da der Bauer fehlte, war für mich genügend Arbeit vorhanden. Gab es mal Leerlauf, durfte ich Holz hacken, was mir besonders gut gefiel. Bei dem kalorienreichen Essen war dies ein guter Muskelaufbau.

Eigentlich hatte ich nie Heimweh. Ich dachte, es werde schon die Zeit kommen, wo sich alles normalisiert. Da wir ausgebombt waren, wusste ich nicht, wo meine Eltern verblieben waren. Ich musste abwarten. Es sprach sich herum, dass sich in Biberach eine Rot-Kreuz-Stelle befand. Dort bekam ich zunächst genügend Unterwäsche, Hemden und eine Hose.

Der Tag begann morgens um 6 Uhr. Der Tagesablauf war bezüglich des Essens immer derselbe. Kaffee gab es erst nach der Stallarbeit. Da ich in jungen Jahren, bevor ich in die Schule ging, schon früh am Tag etwas zu essen bekommen hatte, erfüllte die Bäuerin meine vorgebrachte Bitte. Ich erhielt als Einziger nach dem Waschen eine Tasse Milch mit Weißbrot. Um 8 Uhr gab es dann für alle das Frühstück, meist ein Müsli aus grob gemahlenem, leicht angeröstetem Weizenmehl. Dann ging es aufs Feld. Gegen 11 Uhr gab es Vesper, meist Quellkartoffeln mit Wurst, Käse und Brot, manchmal auch mit Sauermilch. Früher hatte ich Sauermilch gehasst. Dort lernte ich die Sauermilch lieben, denn es war von der reinen Kuhmilch aufgesetzte Milch mit einer dicken Rahmschicht.

Das Mittagessen wurde gegen 13 Uhr eingenommen. Es gab immer eine schmackhafte, derbe schwäbische Hausmannskost. Nachmittags um 16 Uhr ging man zur Jause mit Wurst, Käse und Brot sowie einem ausgezeichneten Most. Am Abend zwischen 19 und 20 Uhr wurde noch mal gekocht, oder es gab wieder Wurst mit Käse und Brot. Im Vergleich zu dem, was ich in den letzten Kriegstagen zu essen bekommen hatten, waren das Schlemmermahlzeiten.

Das Schwarzbrot wurde alle 14 Tage im vor dem Haus gelegenen Backhäuschen gebacken. Die großen Laibe wurden im Keller auf besonderen Holzdielen gelagert. Schon Mitte Juni 1945 waren Egon Weufen und Bruno Klump zu mir gekommen. Sie hatten von einer abenteuerlichen Zugverbindung in Güterwagen gehört und wollten zusammen mit mir nach Mannheim zurück. Da ich nicht wusste, wo meine Eltern verblieben waren und es mir relativ gut ging, habe ich es vorgezogen, bei dem Bauern zu bleiben. Im Sommer war auf den Feldern viel zu tun. Die Heuernte stand vor der Tür, und ich war als Arbeitskraft gefragt.

Kurz nach der Heuernte kam der Bauer Karl Brodbeck vom Internierungslager zurück. Er war ein Tausendsassa, handwerklich sehr geschickt und zudem ein kleiner Volksphilosoph. Auch war er in vielen Dingen manchem Großbauern voraus. Er hatte als einer der Ersten im Dorf einen elektrischen Drahtzaun um die Viehweide. Während bei den anderen das Vieh die meiste Zeit im Stall stand, waren seine Kühe wochenlang im Freien und dadurch gesünder. Sie gaben mehr Milch als die der anderen Bauern.

Folgendes Geschehen sehe ich heute noch klar vor Augen. Eine Jungkuh kalbte erstmals. Der Bauer ahnte schon, dass es entgegen der normalen Kalbung diesmal schwieriger sein werde, und rief den Tierarzt. Dieser musste das Kalb im Mutterleib drehen und bekam zunächst nur ein Bein heraus. An das Bein wurde ein starkes Seil gebunden, und zu fünft haben wir nach Anweisung des Arztes vorsichtig gezogen, bis nach geraumer Zeit das Kalb vollkommen gesund aus dem Mutterleib kam. Große Freude bei allen, und für ein Stadtkind wie mich war das natürlich ein besonderes Erlebnis.

Es begann die Erntezeit. Gerste, Hafer, Roggen und Weizen wurden nach und nach geerntet, natürlich mit dem oben beschriebenen Gespann und der kleinen Mähmaschine. Danach wurde das Schnittgut zusammengerecht und anschließend zu Garben gebunden, eine mühevolle Arbeit. In der Tenne wurden die hochbeladenen Wagen bis spät in den Abend hinein abgeladen. An den heißen Erntetagen gab es viel Durst, aber wir hatten ja einen sehr guten Most. Nach der Getreideernte kam die Kartoffelernte. Die Kartoffeln wurden herausgepflügt und, nachdem das Kraut entfernt worden war, aufgelesen, in Eisenkörben eingesammelt und auf den Wagen geladen. Das Kartoffelkraut wurde Tage später auf dem Acker verbrannt.

Im Spätherbst wurden die Felder umgepflügt, später geeggt, alles mit Pferd und Ochse. Das Getreide wurde gedroschen, eine sehr staubige und mühevolle Arbeit. Und nach all diesen zum Teil recht harten Arbeiten ging es im Winter in den Wald zum Bäumefällen, was mit einfachem Handwerkszeug geschah.

Ich fühlte mich in meiner neuen Umgebung wohl, und es kam noch besser. Ein Tanzlehrer von Biberach organisierte einen Tanzkurs im Gasthaus *Zum Rössle,* oben im Saal. Vor der Tanzschule musste ich meine Stiefel vom Felddreck und Stallmist reinigen. Halbschuhe hatte ich noch nicht. Auch meine heimliche Liebe, eine Bauerntochter aus dem Dorf, hatte sich zur Tanzschule angemeldet. Wir Jungs saßen in einer Reihe auf einer Seite, die Mädchen 15 bis 20 Meter entfernt auf der anderen Seite des Saales. Beim Engagieren ging es im Laufschritt durch den Saal, um die Favoritin zum Tanze zu bitten.

Zu dieser Zeit bin ich unter abenteuerlichen Verhältnissen mit dem Bummelzug nach Titisee gefahren, um nach meiner restlichen Kleidung zu schauen und zu erfahren, wo meine Mutter gelandet war, die zuletzt mit meiner Schwester in Titisee war. Durch einen Zufall habe ich meinen Koffer mit der Wäsche und dem Konfirmationsanzug gefunden. Wo meine Mutter verblieben war, wusste niemand. Sie hatte Titisee schon im Sommer verlassen. Der Anzug war zwischenzeitlich viel zu klein. Aber ich hatte Glück. Die Mutter eines Mädchens unserer Tanzschule war Schneiderin. Im Eiltempo wurde mir der Anzug angepasst. Die Belohnung bestand aus ein paar Eiern und etwas Butter, die ich von der Bäuerin erhielt. Als ich zum Abschlussball meine Tanzpartnerin abholen wollte, fragte mich eine Nachbarin, ob ich für meine Partnerin denn Blumen hätte. Ich verneinte, denn mir hatte damals niemand etwas von diesem Brauch gesagt. Sie pflückte aus ihrem Garten zusammen mit mir einen Strauß Herbstblumen, mit dem ich voller Stolz dann meine Tanzpartnerin abholte.

Es wurde Winter, und einen Tag vor Weihnachten erhielt ich einen Brief von meinen Eltern. Sie hatten über das Rote Kreuz meinen Aufenthaltsort erfahren. Große Freude, denn da ich jetzt wusste, wo meine Eltern verblieben waren, war das Weihnachtsfest für mich besonders schön. Kurz vor Jahresende trat ich die Heimreise an.

Meine Eltern hatten zusammen mit den Großeltern, Tante, Onkel und Cousin bei einer Großfamilie zwischen Rheinau-Süd und Rohrhof eine notdürftige Bleibe gefunden. Als ich endlich in dieser neuen engen Behausung zur Freude der gesamten Familie eintraf, sagte mein Vater, der mich über 18 Monate nicht mehr gesehen hatte: „Ach Gott, du bischt jo en Mann!" Und das war auch so. Durch das gute Essen und die harte bäuerliche Arbeit war ich nicht nur größer, sondern auch etwas breiter geworden. An die Zeit meines Lebens auf dem Bauernhof im Schwabenland denke ich gern zurück. Für mich war es keine verlorene Zeit, denn sie ist lehrreich gewesen.

Wieder zu Hause – ein schwieriger Neubeginn

Endlich wieder zu Hause, aber welche Umstellung. Wir waren nun eine Großfamilie mit den Großeltern, Tante Anna, Onkel Hans, Cousin Peter sowie meinen Eltern mit Schwester Gerlinde und mir eng zusammen unter einem Dach. Es gab zu dieser Zeit noch sehr wenig zu essen. Nur mit Lebensmittelmarken konnte man die wesentlichen Güter wie Fleisch, Wurst, Butter, Fett, Zucker und diverse andere Lebensmittel sehr eingeschränkt erwerben. Küchenmeister Schmalhans war angesagt. Weder Zeitung, Radio noch Telefon hatten wir in dieser Zeit. Neuigkeiten erfuhren wir nur durch unsere Verwandten, welche etwa 250 Meter entfernt in einer etwas komfortableren Holzbaracke wohnten.

Der Onkel meines Vaters hatte vor dem Krieg eine Hühnerfarm in einem ungefähr 9.000 Quadratmeter großen Gelände erworben, mit Wäldchen und

Naturwiesen in der Nähe der alten Schütte-Lanz-Fabrik. Bis zum nächsten öffentlichen Verkehrsmittel, der Endhaltestelle der Linie 16 beim Rheinauer Bahnhof, mussten wir mehr als 20 Minuten gehen. Eine große Hühnerbaracke wurde von meinen Eltern und den Verwandten zu einigermaßen brauchbaren Wohnräumen hergerichtet. Zunächst ging es über einen Vorraum, in dem allerlei Gerümpel lagerte, in die Küche. Sie war etwa 25 Quadratmeter groß. Dort standen ein alter Kohleherd mit Wasserschiff, eine Spüle, eine kleine Anrichte, ein uralter Küchenschrank und zwei Tische mit Stühlen. Außerdem hatte Schneidermeister Opa Katz seine Nähmaschine in diesem Raum stehen. Die Küche diente der Großfamilie als Aufenthaltsraum. Von dort aus ging es in die beiden etwa 20 Quadratmeter großen Schlafzimmer. Die Toilette befand sich vor der Baracke, ein Plumpsklo ohne Wasserspülung.

An kalten Wochenendtagen hielt sich manchmal die ganze Familie in dem engen Wohnraum auf. Insbesondere durch die damals doch sehr ungewisse Zukunft, das wenige Essen und die schlechte Kleidung war genug Zündstoff für Reibereien gegeben. Obwohl unsere Familie in früheren Jahren und auch später sehr gut harmonierte, genügte manchmal eine unglückliche Bemerkung, und schon ging ein lauter Streit los. Oft habe ich als damals knapp Siebzehnjähriger den Streit geschlichtet.

Im Frühjahr gab es viel Arbeit in unserem Garten. Wir durften eine Fläche von mehr als 600 Quadratmetern zum Anbau von Gemüse und Salat nutzen. Da ich durch meinen Zwangsaufenthalt am Kriegsende in der Landwirtschaft etwas Erfahrung im Gartenbau hatte, konnte ich mich nützlich machen. Außer Gemüse und Salat wurden Kartoffeln gepflanzt. Selbst Tabak wurde hinter dem Haus angebaut, später getrocknet, fermentiert, wieder getrocknet und geschnitten. Durch die Gartenerzeugnisse konnten wir unseren Hunger im Sommer etwas lindern. Außerdem hielten wir neben dem Haus Kaninchen, vor allem „Belgische Riesen", die mehr Fleisch als andere Züchtungen abgaben. Das Futter holten wir von den Wiesen, und es wurden so viele Gelbe Rüben angepflanzt, dass der Vorrat auch für den Winter reichte.

Im Sommer 1946, ich war damals schon in der Lehre, fuhr ich zu „meinem" Bauern nach Biberach. Mein Urlaub betrug gerade mal 15 Tage. Nach Absprache mit meinem Chef durfte ich jedoch mehr als drei Wochen bleiben. Die Ernte stand vor der Tür, und ich war eine willkommene Hilfe. Das Wetter war schön, ich erlebte einen herrlichen Sommeraufenthalt. Mein Einsatz bei Bauer Brodbeck wurde für die damalige Zeit fürstlich belohnt. Ich erhielt einen großen Rucksack voll Mehl, Eier, Butter und Fett. Es bestand jedoch das Problem, diese wertvollen Güter über die zu der damaligen Zeit noch bestehende Grenze zwischen der französischen und amerikanischen Zone zu transportieren. Sie verlief zwischen Biberach und Ulm. Ich hatte von meinem früheren Aufenthalt glücklicherweise noch einen französischen Pass und einen von der amerikanischen Zone, sodass ich mich vor der Passkontrolle nicht fürchten musste. Aber was würde bei einer Kontrolle mit dem Inhalt meines Rucksacks geschehen?

Kurz nachdem der Zug in Biberach losgefahren war, erzählte mir ein Mitfahrer, der schon mehrmals die Grenzzone passiert hatte, dass an der Grenze teilweise streng kontrolliert werde. Was tun? Er schlug vor, in dem Ort vor der französischen Kontrolle auszusteigen und auf den Bahngleisen zum nächsten Bahnhof zu laufen, der etwa vier Kilometer entfernt war. Ich machte sofort mit. Meist dauerten die Kontrollen etwa eine Stunde, sodass genügend Zeit blieb, die nächste Station zu erreichen. Fast über die gesamte Strecke war beiderseits ein Wäldchen. Wären die Kontrollen schneller verlaufen als üblich, hätten wir uns im Wald verstecken können. Natürlich mussten wir ständig nach hinten schauen, ob nicht der Zug kommt, und das mit dem schweren Rucksack und einem kleinen Koffer. Glücklicherweise hat es geklappt; im nächsten Ort erreichten wir denselben Zug. Die Amerikaner schauten dort nur nach den Ausweisen.

Welche Freude, als ich wohlbehalten und schwer bepackt zu Hause ankam. Tante Anna hat sofort Dampfnudeln gebacken, darin war sie eine Meisterin, und wir hatten die nächsten Wochen einen guten Zusatz zu unserer kärglichen Nahrung. Genügend Lebensmittel, Kaffee, Zigaretten und vieles mehr an knappen Gütern gab es damals nur auf dem Schwarzmarkt zu ungewöhnlich hohen Preisen oder im Tauschgeschäft. Die Hauptwährungen waren Kaffee und Zigaretten. Bei Arbeiten in einer amerikanischen Kaserne reparierte ich einmal einem US-Soldaten ein Elektrogerät. Dafür erhielt ich Zigaretten. Die drei Zehnerpackungen Lucky Strike habe ich für je 100 RM auf dem Schwarzmarkt verkauft. Wenn ich mich recht erinnere, lag der Stundenlohn damals etwas über einer Reichsmark.

Mit Mühe haben wir den Winter 1946/47 überstanden, denn das Brennmaterial war rar. Es wurde Holz gesammelt, und in einem nahe gelegenen Wäldchen haben mein Vater und ich eine Robinie mit einem Durchmesser von etwa 40 Zentimetern gefällt. Nur durch solche Aktionen war genügend Feuer im Herd zum Kochen und um den Wohnraum zu heizen.

Bei all den Problemen, die im Alltag bewältigt werden mussten, gab es jedoch auch Lichtblicke. Ich besuchte die Tanzschule Helm in einem halbzerstörten Gebäude in B 6. Die Musik kam aus einem Grammofon. Wir lernten nicht nur Walzer, Foxtrott und Tango, sondern auch Rheinländer und sogar Française – einen Tanz, den heute kaum jemand kennt. Auch Anstandsregeln standen auf dem Programm. Ein großer Abschlussball wurde im Schlösschen in Seckenheim geplant. Tage vorher berieten wir mit dem Tanzlehrer, wer mit wem zusammen am Tisch sitzen sollte. Es wurde festgelegt, wer die Tischdecken, das Geschirr, die Bestecke und die Blumenvasen mitzubringen hatte. Die Damen waren für die Kuchen verantwortlich, die Herren für die Getränke. Da meine Tanzpartnerin keine Lebensmittel auftreiben konnte, besorgte ich neben drei Flaschen Wein noch Mehl und Eier für den Kuchen. Gemeinsam mit einem Freund habe ich im Rohrhofweiher Seerosen gepflückt, mit denen unser Tisch besonders attraktiv geschmückt war. Bei der Preisverleihung für den bestgeschmückten Tisch haben wir von 24 Tischen immerhin den zweiten Platz erreicht. Die ganze Nacht hindurch wurde das Tanzbein geschwungen. Zurück in die Stadt oder in die Vororte mussten wir zu Fuß gehen. Es waren schwierige Umstände, aber gerade deshalb bleiben solche Unternehmungen in Erinnerung.

Acht Tage nach unserem Abschlussball kam die Währungsreform. Über Nacht gab es zwar wesentlich mehr, aber noch immer nicht genügend Nahrungsmittel. Allerdings waren sämtliche Gebrauchsgüter, nach denen man vorher vergeblich Ausschau gehalten hatte, plötzlich da. Im Frühsommer 1949 war endlich das beengte Wohnen im „Hühnerhof" beendet. Durch Onkel Hans, der Maurerpolier war, sind wir zu einer einigermaßen vernünftigen Wohnung gekommen. Nun gab es hartes Geld, eine gegenüber vorher komfortable Unterkunft und einen neuen Hoffnungsstreifen am Horizont.

Lehre und Schulbesuch in der Nachkriegszeit

Wie viele Jugendliche meines Alters musste und wollte ich nach meiner Rückkehr ins heimatliche Mannheim eine Lehre beginnen. Mein Traum wäre Förster gewesen, ein Beruf in der freien Natur. Nur hatte meine Familie nicht die notwendigen Beziehungen für meinen Einstieg in diesen Beruf. Radiomechaniker, obwohl eine Tätigkeit in der Werkstatt und nicht an der frischen Luft, stand an nächster Stelle. Trotz mehrerer Bemühungen schlug das fehl. Da ich schon damals einen Hang zum „Elektrischen" hatte, lag der Beruf des Elektroinstallateurs nahe, ein Beruf, der die meiste Zeit in Neubauten, also in frischer Luft ausgeführt wird. Mein Vater und ich gingen in die Meerfeldstraße zu Elektromeister Greulich, der ein Schulkollege und Turnvereinsfreund meines Vaters war. Bernhard Greulich war ein Hüne von einem Mann, ein sehr guter Hockeyspieler und Hammerwerfer des TSV Mannheim von 1846, Olympiateilnehmer 1936 in Berlin. Es klappte auf Anhieb. Mein etwas revidierter Berufswunsch war erfüllt.

Der Handwerksbetrieb meines Lehrherrn war recht bescheiden. Das Vorderhaus in der Meerfeldstraße 39 war ein einziger Trümmerhaufen. Den Eingang zum Hof hatte man, wie auch den Hof selbst, freigeräumt. Im Hof stand eine Garage, die in den ersten Jahren nach dem Krieg als Werkstatt diente. Das zweistöckige Hinterhaus war bis auf die Mauern zum ersten Obergeschoss ebenfalls stark beschädigt, wie fast der ganze Lindenhof in Schutt und Asche lag. In der Meerfeldstraße standen nur noch einige wenige unbeschädigte Häuser.

Der Lindenhof bei Kriegsende

Zur Firma gehörten drei Gesellen sowie ein Lehrling, welcher ein paar Wochen vor mir die Lehre begonnen hatte; kurze Zeit nach mir kam noch ein dritter Lehrling dazu. Alle Elektromonteure waren von Kriegsbeginn an beim Militär gewesen und vom Krieg fast unversehrt heimgekehrt. Die Kriegserlebnisse hatten sie zu äußerst gewieften Burschen und durchtriebenen Füchsen gemacht. Da ich schon etwas älter und, wenn auch nur kurze Zeit, Soldat und in Gefangenschaft gewesen war, boten sie mir schon bald das „Du" an. Von den drei „Schlitzohren" habe ich nicht nur die Elektroinstallation, sondern auch einige Lebensweisheiten gelernt.

Ein besonderes Erlebnis hatte ich gleich zu Beginn meiner Lehre, als es darum ging zu prüfen, ob schon Spannung auf der Leitung war. Die damalige Prüfmethode war wie folgt: Man nahm Zeigefinger und Mittelfinger und tastete die Leitung nach Spannung ab. Mich kostete dies anfänglich viel Überwindung, da ich bei Elektroversuchen in der Kinderlandverschickung einmal an einer Leitung hängen geblieben war und nur durch die schnelle Reaktion eines Mitschülers vor Schlimmerem bewahrt wurde. Allerdings hatten wir während meiner Lehrlingszeit in Mannheim nur 110 Volt Spannung in den Haushalten. Es dauerte einige Zeit, bis wir alle eine bessere, allerdings sehr primitive Prüflampe hatten, eine einfache Fassung mit zwei Strippen und einer Glühlampe.

1946 hatten wir zunächst kaum Neubauten zu installieren. Wir haben in Kellern oder notdürftig hergestellten Wohnungen oft nur provisorische Leitungen verlegt. Erst später beim Wiederaufbau der Stadt gab es Installationsarbeiten in Neubauten. Damals wurden noch fast alle Leitungen in Rohre unter Putz verlegt, was zur Folge hatte, dass mühsam mit Hammer und Meißel Schlitze in die Wand geschlagen werden mussten. Für Elektrolehrlinge war das eine der ungeliebten Beschäftigungen am Bau. Wir lernten eben alles, was zum Handwerk gehörte.

Es gab aber auch anderes zu tun, nämlich Schutt zu beseitigen, Backsteine sauberzuklopfen, damit sie später wieder verwendet werden konnten, und schließlich durfte ich auch beim Aufbau des Hinterhauses, später auch des Vorderhauses als „Speisbub" von Maurermeister Kreideweiß tätig sein. Als sich einmal der Beginn der Installationsarbeiten in einem Neubau verzögerte, waren nicht nur wir Lehrlinge, sondern auch alle Gesellen mit den Aufräumarbeiten beschäftigt.

Der Aufbau der Stadt ging voran, und Meister Greulich erhielt mehr und mehr Aufträge. Wir Lehrlinge mussten das Material sowie auch Leitern und Werkzeuge mit einem Handwagen oft vom Lindenhof bis zu entfernten Vororten und wieder zurück in die Werkstatt fahren. Ein Fahrrad war zunächst noch Luxus. Es waren viele Kilometer, die ich damals im Dienst der Firma zu Fuß zurückgelegt habe. An den Weg bis zur Endhaltestelle der Straßenbahn auf der Rheinau und weiter bis zur IG-Siedlung, wo wir eine Baustelle hatten, und wieder zurück kann ich mich noch gut erinnern.

Das erste Motorfahrzeug kaufte unser Chef 1946. Es war ein 98-ccm-Motorrad der Firma Miele. Wenn unser großgewachsener Meister auf seinem kleinen Motorrad ankam, haben wir uns anfangs vor Lachen gebogen, was ihn keineswegs störte. 1949 leistete er sich dann einen gebrauchten VW. Erst 1954 wurde ein VW-Transporter angeschafft.

Meist gab mir meine Mutter in einem Essenkännchen eine recht gute Mahlzeit mit. Satt wurde ich allerdings nicht immer. Als einmal die knappen Vorräte ganz am Ende waren, bekam ich von zu Hause für den ganzen Tag als Verpflegung nur ein doppeltes Stück Brot mit, belegt mit braunem Zucker. Wie viele andere erfuhr ich damals, was Hunger bedeutet.

Als mir bekannt wurde, dass es einen Abschlusslehrgang der Mittelschule gab, fragte ich meinen Lehrherrn, ob ich die Lehre unterbrechen könne. Er hat ohne Weiteres zugestimmt, und so ging ich ab Mitte Januar 1947 nochmals zur Schule. Ziel war das Zeugnis der Mittleren Reife. Der Kurs bestand seit Mai 1946, und ich war nicht der Einzige, der bereits mit einer Berufsausbildung begonnen hatte. Wir waren ein buntgemischter Haufen junger Menschen im Alter von 15 bis 18 Jahren. Die meisten von uns hatten als Flakhelfer und als Angehörige des Reichsarbeitsdienstes, der Wehrmacht oder des Volkssturms das Kriegsende erlebt. Einige waren wie ich in amerikanische oder französische Gefangenenlager geraten.

Mit wenigen Ausnahmen waren alle Lehrgangsteilnehmer zumindest zeitweise in der Kinderlandverschickung gewesen und hatten somit bereits vier oder fünf Jahre Mittelschulunterricht gehabt. Ich gehörte zum zweiten Abschlusslehrgang, der dreigeteilt war – eine reine Mädchenklasse und zwei gemischte Klassen. Der Unterricht wurde in der Wohlgelegenschule abgehalten, die bei den Fliegerangriffen nicht allzu stark beschädigt worden war. Ich erinnere mich gern an diese Zeit. Was gab es für uns Schöneres nach all dem, was wir erlebt hatten, als die Fortsetzung der Schule. Jeder hat mitgezogen und eifrig gelernt. Wir mussten in einem halben Jahr den Stoff von eineinhalb Jahren aufholen. Die Prüfung haben wir im Juni 1947 gut gemeistert, nur eines der Mädchen ist durchgefallen.

Die Wohlgelegenschule beim Wiederaufbau

Damals musste jeder Mannheimer Bürger eine Woche lang an der Trümmerbeseitigung teilnehmen. Um eine Unterbrechung des Schulunterrichts zu vermeiden, hatte das Stadtschulamt bei der für die Enttrümmerung der Stadt zuständigen Dienststelle erreicht, dass die Lehrgangsteilnehmer den vorgeschriebenen Aufbaudienst erst nach Abschluss der Lehrgänge leisten mussten. Dieser war nun für mich nach der Prüfung fällig. Der Schutt vom Lindenhof wurde auf Loren mit einer Schmalspurbahn zum Rhein gefahren, wo das Stephanienufer verbreitert wurde. Die Trümmer aus der Innenstadt fanden in Ludwigshafen zum Bau des dortigen Stadions Verwendung. Die acht Tage körperlicher Arbeit waren schnell vorbei, und nun konnte ich meine Lehre fortsetzen.

Das einzige Verkehrsmittel im Stadtbereich war die Straßenbahn. Die Bahnen verkehrten überwiegend mit einem Anhänger und waren oft überfüllt. Wer unbedingt noch mit einer vollen Bahn mitfahren wollte, für den gab es das Trittbrett, das den Einstieg in die meist offenen Türen der Bahn ermöglichte. Als ich an einem Wochenende von der Rheinau zu einem Fußballspiel des

SV Waldhof fahren wollte, war die Anschlussbahn am Tattersall in Richtung Waldhof hoffnungslos überfüllt. Ich konnte gerade noch auf dem Trittbrett an der vorderen Tür einen Platz ergattern. Schon am Wasserturm wurde die Bahn von der amerikanischen Militärpolizei angehalten. Ich musste wie alle Trittbrettfahrer meinen Platz räumen, nutzte jedoch die Möglichkeit, mich in den Anhänger hineinzudrängen. Den Amis passte das jedoch nicht, denn sie wollten die Trittbrettfahrer nicht mit der gleichen Bahn weiterfahren lassen. Ich wurde von ihnen herausgeholt und umgehend ins Gefängnis eingeliefert. Erst am nächsten Tag hat mich ein amerikanischer Schnellrichter freigesprochen. – Die MP war schnell bei der Hand, wenn sie einen Anlass zum Handeln fand.

Ich fing an, wieder Sport beim TSV 1846 zu treiben. Zunächst spielte ich ein gutes Jahr lang Tischtennis, anschließend ging es zum Geräteturnen. Da ich durch die Kriegs- und Nachkriegsjahre fünf Jahre nicht mehr beim Turnen gewesen war, reichte es nur noch zur Mittelklasse. Doch mit der Zeit schaffte ich Riesenfelge, Salto vorwärts und rückwärts und auch Kippe zum Handstand am Barren wieder.

Im Frühjahr 1949 beendete ich meine Lehre frühzeitig. Das halbe Jahr Mittelschule musste ich durch das Entgegenkommen meines Lehrherrn nur teilweise nachholen. Mit ihm war ich viele Jahre später zusammen im Vorstand des TSV 1846 Mannheim tätig. Die Gesellenprüfung habe ich gut bestanden, besonders die theoretische Prüfung fiel mir durch den Mittelschulabschluss nicht schwer. Nach vier Gesellenjahren erweiterte ich dann meine Berufsausbildung. Ich besuchte zweieinhalb Jahre lang die Fachschule für Elektrotechnik in Abendkursen – neben der normalen Arbeitszeit viermal die Woche je drei Unterrichtsstunden. Es waren sehr harte Jahre. Von den anfänglich 32 Schülern machten nur 15 den Abschluss als staatlich geprüfter Elektrotechniker. Ein wesentlicher Teil meines Berufsziels war erreicht. Von nun an ging es bergauf.

Claus Schröder

Nachkriegskindheit zwischen Waldhof und Gartenstadt

Mannheim mit seinen Vororten Waldhof und Gartenstadt war der Rahmen für eine unbeschwerte Kindheit. – Hier stocke ich und wundere mich noch heute. Unbeschwertheit ist sicherlich nicht das, was man spontan mit Nachkriegszeit und Lebensmittelmarken in Verbindung bringt. Es war 1947, als mein Vater in der Lage war, seine Familie nachzuholen, meine Mutter mit meinem älteren Bruder Edgar und mir. Bislang als Ingenieur in der Flugzeugindustrie im Raum Frankfurt tätig, musste er sich nach dem Krieg nach einem neuen Wirkungsfeld umsehen. Er fand es schließlich bei den Armaturen der Firma Bopp & Reuther. Für meine kleine, sich entwickelnde Welt wurde es zu einem wichtigen Detail, dass mein Vater zunächst alleine nach Mannheim in die Gartenstadt kam, die, etwas vereinfacht gesehen, über das Firmengelände mit dem Waldhof verbunden ist. Er wohnte dort als möblierter Herr bei Julie Städtler, einer Kindergärtnerin, die aufgrund eines Nervenleidens Kinder nur privat betreute. Sie wurde zu unserer geliebten Tante Städtler.

Zu den Anfängen in Mannheim: Bei unserer Ankunft war ich wohl etwa dreieinhalb Jahre alt. Jedenfalls alt genug, um Erinnerungen zu entwickeln, die wir uns als eine Art Bilder speichern. Nur ein einziges meiner frühen Erinnerungsbilder ist nicht Mannheim zuzuordnen: Dunkle Gebilde, aufgereiht an einer langen Straße, waren wohl, wie meine Mutter später auf meine Fragen hin rekonstruierte, Militärfahrzeuge, die nach der Kapitulation in Bad Homburg dem Sieger übergeben worden waren. Zugezogen in Mannheim, fanden wir im Erdgeschoss der ehemaligen Werkskantine von Bopp & Reuther einen sehr großen Wohnraum, eine ebenfalls sehr große Küche und kleine Nebenräume. Nachteilig waren die beschränkten Möglichkeiten der Beheizung. Rein äußerlich hatte das Gebäude den Krieg gut überstanden. Kriegsschäden im Dach und Dachgeschoss ließen jedoch Wasser bis in unseren großzügigen Wohnraum passieren. In dessen Mitte stand bei entsprechender Wetterlage, insbesondere auch bei Schnee, vorsorglich eine Zinkwanne. Als Besonderheit der Küche ist mir ein riesiger Tisch mit gedrechselten Beinen und einer Platte aus weißem Marmor in Erinnerung. Auf der Rückseite des Gebäudes standen hohe Bäume, die mit Zunahme unserer sportlichen Fähigkeiten zu immer attraktiveren Kletterbäumen wurden.

Eingebettet in einen Eingangsbereich zum Werksgelände mit überdachten Fahrradständern, war das Kantinengebäude Teil eines größeren, wenig genutzten grünen Paradieses. In ihm fand mein Vater einen Garten, in dem er vielseitig den Beschränkungen der Zeit begegnete. Großflächig angebaut wurden Kartoffeln, Tabak, der die Pfeife meines Vaters am Glimmen hielt, und Kürbis. Letzterer wurde nicht nur als Gemüse genutzt, sondern stellte auch das Ausgangsmaterial für einen Hauswein und süßsaure Delikatesshäppchen, eine Spezialität meiner Mutter. Das blubbernde Gärröhrchen des werdenden Kürbisweins sehe ich noch heute vor mir. In kleinerem Umfang gab es im väterlichen Garten auch Schnittblumen und Kleingemüse wie Karotten und Rettiche.

Die erste Adresse, die mir bewusst wurde, war natürlich die des Kantinengebäudes in der Carl-Reuther-Straße 14. Sie führte Richtung Riedbahnstrecke und dann parallel zu den Bahngleisen am Garten meines Vaters vorbei, bis man den Übergang zur Station Waldhof erreichte. Instandhaltungsarbeiten an der Straße und seinen Rändern mit Meißel und Teer waren immer im Gange, insbesondere auch zwischen dem Kantinengebäude und dem Werkseingang, was nicht ohne Folgen für mich blieb. Mein Interesse war jedenfalls groß. Metallabbrüche von Meißelköpfen waren kleine Schätze, die als Silberklümpchen gehütet wurden. Noch heute bin ich den Arbeitern dankbar für das Einfühlungsvermögen, das sie für Kinder fanden. Ähnliches gilt für die Pförtner, die mit Geduld ertrugen, dass wir ihr geschlossenes Gitter passieren konnten, da die Abstände seiner vertikalen Eisenbänder uns Hänflingen ohne größere Mühe den Durchtritt gestatteten. Mit diesem Gitter verknüpft ist die Erinnerung an eine folgenreiche Katastrophe auf dem Gelände der BASF in Ludwigshafen. Im Sommer 1948 ereignete sich dort eine Kesselwagenexplosion. Ihre Wucht ließ noch in größter Entfernung Fensterscheiben zerbrechen. Selbst die Gitterstäbe, bei denen ich mich gerade mal wieder herumtrieb, waren etwas verbogen.

Ostern 1949 kam meine Schwester Mechthild zur Welt, wir waren nun drei. Das Foto zeigt uns im Herbst des gleichen Jahres vor der Carl-Reuther-Straße 14. Es stimmt überein mit meinem Erinnerungsbild.

Nun zur weiteren Umgebung. Beginnen muss ich dabei in der Gartenstadt bei Tante Städtler. Zu erreichen war sie im Parterre eines kleinen Siedlungshauses, das sie zusammen mit ihrem Bruder und dessen Familie bewohnte. Der Weg dorthin führte entlang des Werksgeländes, weg von der Riedbahnstrecke, um bei der ersten Gelegenheit nach links einzubiegen. Man erreichte so über die Alte Frankfurter Straße und Straßen mit Bezeichnungen wie Waldpforte und Langer Schlag schließlich den Waldfrieden als das gemeinsame Ziel der Kinder ehemaliger Mieter.

Angekommen bei Tante Städtler, ging es meist gleich in die Wohnküche, die ähnlich eingerichtet war wie die von Janoschs kleinem Bär und Tiger, nur dass das Sofa nicht an einer eigenen Wand stand, sondern gegenüber dem Küchenherd mit Rücken zum Garten. Der Herd hatte alle Attribute eines Modells aus dem späten neunzehnten Jahrhundert. Bei Tante Städtler gab es einfach alles: Klebstoff, und wenn es nur Stärke war, Buntstifte, Papier, Karton, Käseschachteln, transparentes buntes Papier mit der Spinnennetzprägung, wie es für die Ausstattung von Fotoalben noch heute verwendet wird. Einer der Mieter hatte ihr ganze Stapel überlassen. Er ist mir in Erinnerung geblieben wegen seines gelben Schals, den er häufig trug. Neben reinen Papierarbeiten entstanden komplexe Bastelarbeiten bis hin zu flugfähigen Drachen.

Natürlich hielten wir uns nicht nur in Tante Städtlers Wohnküche auf. Häufig ging es in den Käfertaler Wald. Häufig wurden dabei „Gockeles" gesammelt, Kiefernzapfen zum Anfeuern. Besonders beliebt war bei gegebener Gelegenheit das Sammeln von Maikäfern, die dann den Hühnern vorgeworfen wurden. Die waren ganz verrückt danach, ihre Eier waren allerdings infolge dieser Diät geschmacklich etwas beeinträchtigt. Im Wald fanden wir überall Krater von Bomben, die, wie uns Tante Städtler erklärte, Piloten absichtlich über unbewohntem Gebiet abgeworfen hatten. Wir hegten keinerlei Zweifel an ihrer Aussage, die jedoch vermutlich nicht der Wahrheit entspricht.

Im Herbst 1949 begann der Ernst des Lebens. Ich wurde eingeschult. Erinnerungen an die ersten Jahre habe ich nicht mit Ausnahme dessen, dass ich vor der Einschulung selbst mit Hilfe von Geldstücken meine Schulreife beweisen musste – ich meine noch die Kupferstücke zu sehen, die zum Einsatz kamen. Neu war der nun regelmäßig zu absolvierende Schulweg über den oben bereits erwähnten Bahnübergang, dessen Nutzung mit Schranken geregelt war. Daneben gab es eine Fußgängerbrücke, die das Queren der Gleise auch bei geschlossenen Schranken erlaubte. Die Möglichkeit, mich von durchfahrenden Dampfloks eindampfen zu lassen, ließ ich nur ungern aus. Das ergab schwarze Spuren, die meiner Lehrerin nicht verborgen blieben. Besonders massiv waren solche Spuren, wenn zuvor frisch geteerte Straßenabschnitte zu passieren waren. Jedenfalls hatte ich bereits früh meiner Mutter die Nachricht zu überbringen, dass ich besser gewaschen zum Unterricht erscheinen solle. Als Seiteneffekt des Schulgangs lernte ich den Speckweg mit seinen vielen kleinen Hausgärten kennen, der den Waldhof mit Käfertal verbindet. Ich war gerne dort, manchmal auch, ohne meine Eltern um Erlaubnis zu bitten, was mir einigen Ärger eintrug. Einmal war die Polizei schon gerufen.

Schwimmen war es, was uns den engeren Umkreis des Waldhofs sprengen ließ. Genutzt wurde hier die Straßenbahn der Linie 3, die uns über den Neckar in die Breite Straße führte, von wo es zu Fuß zum Herschelbad ging. Meiner Mutter ist zu danken, dass wir das Schwimmen für die damalige Zeit recht früh lernten. Als Kunst- und Turmspringerin – sie nahm als Mitglied des TSV 1846 noch 1953 mit 45 Jahren an Wettkämpfen teil – war ihr das ein Anliegen. Ich sprang auf ihrer Schulter schon vom Dreimeterbrett, bevor ich schwimmen konnte. Der Besuch des Herschelbads konnte zwanglos mit dem Ausleihen von Büchern verbunden werden. Gezielt für jugendliche Leser unterhielt die Stadt dort eine Leihbibliothek, die für mich jahrelang ein Anlaufpunkt blieb und dies, obwohl es attraktive Konkurrenz gab, nämlich das Amerika-Haus im Parkhotel am Wasserturm unweit des Gymnasiums, das ich später besuchte. Dort gab es nicht nur Bücher, sondern auch Filmvorführungen, häufig auch mit Anteilen aus der Produktion Walt Disney's. Noch heute sehe ich den hochgewachsenen Vorführer vor mir.

Ich besuchte die Schule bis 1953 auf dem Waldhof, obwohl wir in den letzten Monaten bereits nicht mehr dort wohnten. Es ging um den Übergang ins Gymnasium. Von weit mehr als hundert Schülern hatten weniger als eine Handvoll dies vor. Ich gehörte dazu, womit die Zeit der völligen Unbeschwertheit beendet war.

Umzug, Alltag und im Zickzackweg zur Schule

Mit dem Übergang von der Volksschule auf das Gymnasium ging meine Kindheit auf dem Waldhof 1953 zu Ende. Zeitlich überlappend gelang meinen Eltern der Umzug aus unserer behelfsmäßigen, von Mängeln der Nachkriegszeit geprägten Wohnung in eine nach den Standards der Zeit ordentliche Etagenwohnung mit Bad. Wir wohnten nun in der Neckarstadt, Langstraße 39a. Unverändert war es eine Werkswohnung der Firma Bopp & Reuther.

Der Vergleich mit der alten Wohnung, wo wir, was ein Bad anbelangte, lediglich über eine mobile Zinkwanne mit Füßen verfügt hatten, ließ die einfachste Ausstattung zum Besonderen werden. Dazu gehörte auch ein Set von Kohleöfen, ausgestattet mit Vorratseimern für das Einschütten von Eierbriketts. Letztere waren im Keller eingelagert und von dort nach oben zu schaffen. Geleise eines ehemaligen Transportsystems, die im Kellerbereich noch zu finden waren, wiesen auf die ursprünglich industrielle Verwendung des Geländes hin, auf dem erst später Werkswohnungen eingerichtet wurden. Um 1900 wohl war das Werk Bopp & Reuther von der Neckarstadt nach dem Waldhof umgezogen. Solche Betrachtungen waren damals natürlich nicht die meinigen.

Zunächst blieb es noch eine Weile wichtig, den Weg vom Waldhof zur Neckarstadt zu kennen: mit der Straßenbahn über den Luzenberg zum Messplatz mit Feuerwache. Weiter zu Fuß in der Langstraße bis zur Nummer 39a, einem Vorderhaus, auf dessen dritter Etage – außerhalb Mannheims gewöhnlich als zweites Obergeschoss angesprochen – unsere neue Wohnung lag. Weitgehend spiegelbildlich zueinander gab es je Etage zwei große Wohnungen. Als für uns Kinder spektakulärer Unterschied war in einigen Wohnungen die Toilette wie ein Thron über Stufen erreichbar.

So war das auch in der Wohnung einer älteren Dame, die uns Kinder ins Herz geschlossen hatte. Eine Ausgabe von Mark Twains „Reise um die Welt", die sie mir schenkte, bewahre ich als kleinen Schatz noch heute auf. In unserer Wohnung gab es jedenfalls keinen solchen Thron, dafür aber viel Raum für meinen Vater, seinem Hobby – der Fotografie und der damit verbundenen Dunkelkammerarbeit – wieder stärker nachzugehen. Seine Gartenarbeit hat er wohl damals eingestellt.

Der Hof zwischen Vorder- und Hinterhaus enthielt alle für solche Plätze typischen Attribute wie Teppichstange, Fahrradständer mit Überdachung und einen Schuppen. Dem Hof zugewandt waren in einer Eisenkonstruktion angefügte Balkons, die von den Mietern auf vielfältige Weise genutzt wurden. So hingen dort etwa die Fußballtrikots eines später bekannten Waldhöfer Fußballspielers. Meiner Mutter erlaubte das Kleinklima auf dem Balkon, Kraut zur Fermentation einzulegen. Sie erstand es auf dem nahen Markt, wo es auch gleich mit der denkbar einfachsten technischen Ausstattung gehobelt wurde. Regelmäßig entstand perfektes Sauerkraut. Bis heute, darf ich sagen, nachdem ich die Praxis des Einlegens übernommen habe, allerdings nun unter geeigneteren Bedingungen.

Der Hinterhof in der Langstraße 39a

Zurück zum Hof. Eine eigene Note bekam er durch wenige, aber große Bäume, die vielleicht etwas zu viel Licht wegnahmen. Hier traf sich die Jugend der Umgebung für gemeinsame Unternehmungen auf der Neckarwiese, von der uns die parallel zur Langstraße verlaufende Dammstraße trennte. Ihre erhöhte Lage bot einen guten Überblick über diese Freizeitwiese mit ihren Brennnesselinseln – ein Spielgrund, den wir uns mit Schafen und Schäfern teilten. Nur Hochwasser konnte die Wiese ganz in Beschlag nehmen.

In unmittelbarer Nähe unserer Wohnung gab es einen Milchladen, in dem offene Milch noch mit Messzylindern zugemessen wurde, eines jener Bilder, aus denen Erinnerung besteht. Beauftragt von meiner Mutter wurde ich dort zum Kunden. Betrieben wurde der Laden von einer Inhaberin, die ihre großen Sorgen nicht verbergen konnte – Sorgen um das Geschäft, Sorgen um ihren Sohn. Etwas weiter entfernt gab es einen Sattler, zeitweilig wohl der einzige in Mannheim. Häufig spielte er mit seinen Kunden Schach. Viele kamen anscheinend nur deswegen. Eine Zeitschaltuhr half ihnen, das Nachdenken zu begrenzen.

Mein Schulweg hatte 1953 mit dem Umzug in die Langstraße 39a einen neuen Anfang und mit dem Karl-Friedrich-Gymnasium ein neues Ziel in unmittelbarer Nähe des Wasserturms. Den Weg zum KFG teilte ich mit meinem Bruder, der aber als der Ältere natürlich auch eigene Wege ging. Es wäre ein Leichtes gewesen, diese Strecke mit der Straßenbahn zurückzulegen, was aber nicht ernsthaft in Betracht gezogen wurde. Es ging ja auch zu Fuß. So führte der Weg vorbei an gleichförmigen Hausfassaden zunächst zum Messplatz, der in regelmäßigen Abständen mit Jahrmarktbuden aller Art belebt wurde. In Erinnerung sind mir die Verkaufsstände der Töpfer aus dem Odenwald. Weiter am alten Riedbahnhof vorbei ging es dann vom Messplatz zu der Brücke, die später durch den Neckarbrückenblues von Joy Fleming als „Brigg vum Karl" bekannt wurde.

Nach Erreichen des anderen Ufers war der Weg nicht länger von monotonem Einerlei gekennzeichnet. Zum einen war das Ausmaß der Kriegsschäden hier noch deutlicher sichtbar als anderswo in Mannheim. Zum anderen eröffneten die Quadrate der Stadt eine Vielzahl alternativer Möglichkeiten, das Ziel des Schulwegs zu erreichen, ohne dabei allzu viel Zeit zu verlieren. Der Rückweg stand unter geringerem Zeitdruck, obwohl unsere Mutter mit dem Essen auf uns wartete. Allerdings gab es durchaus Gründe, sich auch da zu beeilen, zum Beispiel dann, wenn es Dampfnudeln gab, die unsere Mutter in einem mehrstöckigen Dampfdrucktopf produzierte. Sie lösten bei uns Kindern regelrechte Wettessen aus.

Der von Planken, Breite Straße und Friedrichsring gebildete Sektor, der die Quadratreihen U bis P umfasst, wurde zum Kernbereich unseres Schulwegs. Der Wasserturm war hier direkt erreichbar über den Friedrichsring, die bevorzugte Wahl für den Hinweg, über das bereits angesprochene Links-Rechts-Zickzack durch die Quadrate oder über Breite Straße und Planken. Der letztere Weg hatte den Vorzug, am Marktplatz und an den Kaufhäusern am Paradeplatz vorbeizuführen. An Markttagen waren es lebende Fische, unter ihnen Aale und Hechte, die am zentralen Brunnen des Platzes feilgeboten wurden. Fischschuppen überzogen dort den Boden mit einem Teppich glitzernder Punkte. Bei den Kaufhäusern galt unser besonderes Interesse ihrer sich ständig verbessernden Ausstattung. Hauptattraktion waren die in zunehmendem Umfang installierten Rolltreppen. Wir nutzten sie reichlich.

Ein besonderes Ereignis, das mir im Gedächtnis haften geblieben ist, war ein Brand im Kaufhaus Hansa, dem Gebäude gegenüber dem heutigen Kaufhof. Er erreichte auch die Spielwarenabteilung. Angeschwärztes Spielzeug wurde in der Folge stark verbilligt verkauft. Trotz geringer Mittel erstanden wir bei dieser Gelegenheit das eine oder andere Stück. Ein anderes völlig singuläres Ereignis war die Krönung von Elisabeth II. Der Zusammenhang zum Schulweg ergab sich aus der Auslage der Elektrohandlung von Rheinelektra an den Planken mit den ersten Fernsehapparaten. Eingeschaltet erlaubten sie den Passanten, an der Zeremonie teilzuhaben, und verwandelten sie in eine stattliche stationäre Zuschauergemeinde.

Die Kaufhäuser „Hansa" und „Anker" am Paradeplatz (etwa 1955)

Der direkte, kürzeste Weg von der „Brigg" zum Wasserturm auf dem Friedrichsring führte vorbei am Goetheplatz mit dem Tiefbunker unter seiner beeindruckend großen Fläche und den kennzeichnenden in die Tiefe führenden Treppen. Auf diesem Platz entstand 1957 das neue Nationaltheater. Ein zweiter solcher Tiefbunker entlang des Rings lag zwischen Wasserturm und Karl-Friedrich-Gymnasium vor der Kunsthalle. Er war bewohnt. Allgemein prägten Bunker, ob tief oder hoch, stark das Bild des zerbombten Mannheim. Am Friedrichsring reihten sich, wie anderswo in der Stadt auch, zum Teil bis auf die Grundmauern zerstörte Gebäude aneinander. Eines davon kurz vorm Wasserturm mit besonders eindrucksvollen Mauerresten war das Realgymnasium am Friedrichsring, das im dritten Reich zum Adolf-Hitler-Gymnasium avanciert war. Trotz Verbots betraten wir natürlich die Trümmergrundstücke. Für uns waren sie eine Art Abenteuerspielplatz. Der Zickzack-Weg irgendwie durch die Quadratelandschaft zwischen Breiter Straße und Planken glich immer wieder einer Entdeckungsreise und führte gelegentlich auch an mir schon bekannten Orten wie dem Herschelbad vorbei. Noch sehr lange blieben ganze Quadrate weitgehend zerstört. Etwas überraschend war es, mit der Konkordienkirche ein dem Anschein nach vom Krieg völlig unberührtes imposantes Bauwerk vorzufinden. Gewöhnt an das Nebeneinander von intakt und zerstört, haben wir uns natürlich nicht besonders darüber gewundert. Später habe ich dann aber erfahren, dass die Kirche auch teilweise zerstört gewesen war.

Allen beschriebenen Wegen zum KFG gemeinsam war lagebedingt natürlich der Wasserturm, damals mit seiner behelfsmäßigen Kappe. Hinzu traten die ihn umgebenden Anlagen mit ihren großen Wasserflächen und Fontänen, die den Hintergrund stellten für so manches unsinnige Treiben. Am Gymnasium selbst hielten sich die noch erkennbaren Kriegsschäden in Grenzen. Für den Neuling unerwartet waren die Skulpturen des KFG-Eingangsbereichs. An ihnen gingen wir ehrfürchtig vorbei, die durch sie verkörperten Erziehungsideale und -ansprüche erahnend.

Eine Erweiterung erfuhr der Schulweg in Ermangelung einer funktionsfähigen Turnhalle. Die KFG-eigene wurde erst 1955 wieder restauriert. So wanderten wir – hauptsächlich in der kälteren Jahreszeit – zum Vereinsgebäude des Turn- und Sportvereins Mannheim von 1846 in der Oststadt, um dort unsere Turnprogramme zu absolvieren. Der Weg dorthin führte durch die Wasserturmanlage vorbei an der Tulla-Realschule. Über die Mitgliedschaft meiner Mutter war mir das Vereinsgebäude bereits bekannt. Bis heute hat es sich mir durch seine Burgarchitektur und wegen stimmungsvoller Nikolausfeiern tief eingeprägt.

Zusammen haben die Schulwege von der Neckarstadt zum Wasserturm sicherlich dazu beigetragen, mich zu einem Mannheimer zu machen. 1957 zogen wir auf den Lindenhof. Der Kontakt mit den Quadraten der Stadt wurde weniger eng.

Schwimmwettkämpfe und familiäre Freizeitgestaltung am und im Wasser: Die Wiedergewinnung der Normalität

Der Krieg hatte viel privates Leben unterbrochen, so auch das Kunstspringen unserer Mutter. Die Übersiedlung unserer Familie aus dem Frankfurter Raum nach Mannheim hatte sie von ihrer sportlichen Heimat im Turn- & Sportverein Allianz e.V. getrennt. Die Leichtigkeit, mit der sie im neuen Umfeld sportlich wieder Fuß fasste, dokumentiert zum einen die große Offenheit ihres neuen Vereins, des Turn- und Sportvereins Mannheim von 1846, und seine sportliche Vielseitigkeit, zum anderen die Ausdauer, mit der meine Mutter ihren Sport ausübte. Der sportliche Wettkampf war es, der sie motivierte, und dem sie sich immer wieder stellte. Der TSV 1846 bot ihr dafür den Rahmen.

Als meine Mutter 1948 wieder in Wettkämpfe eintrat, war sie bereits 39 Jahre alt. Mit 18 Jahren war sie zum ersten Mal Deutsche Meisterin im Kunstspringen gewesen. Konstant hohe und höchste sportliche Leistungen – auch in der Disziplin Turmspringen erreichte sie den Meistertitel – hatten ihr schließlich 1936 die Aufnahme in die Olympiamannschaft eingebracht. Im Mannheim der Nachkriegszeit mit seinem bald wieder nutzbaren Herschelbad und der zunehmenden Zahl von Freibädern in der Umgebung ging es um weniger hohe Ziele: jurierte Sportfeste und Regionalmeisterschaften. Meine Mutter war jahrelang Badische Meisterin. Ihre letzten Wettkämpfe fielen in das Jahr 1953. Sie wurden vom Verein gesondert gewürdigt.

All dies habe ich natürlich erst später verstanden. Versuche, uns Kinder für den Springsport zu begeistern, gab es von Seiten meiner Mutter

Frau Anni Schröder
die mehrfache Bad. Meisterin im Kunstspringen bei einem Schraubensalto.
(Archivbild-AZ.)

nicht, auch wenn wir auf ihrer Schulter ins Wasser gesprungen sind. Sie hat uns das Wasser als Raum spielerischer Bewegung nahegebracht. Zusammen mit meinem Vater achtete sie aber darauf, dass wir einen passablen Schwimmstil entwickelten.

Es ist sehr wahrscheinlich, dass wir Kinder unsere Mutter mehr als nur gelegentlich bei ihren sommerlichen Wettkampfaktivitäten begleitet haben. Eigene Erinnerungen sind mir aber nur in spärlichem Umfang geblieben. Eingeprägt hat sich mir das Bild des hohen Sprungturms im Frankenthaler Freibad mit seinem tiefen Sprungbecken. Beeindruckend war es, dieses Becken ohne Wasser zu sehen. Allerdings habe ich keinerlei Erinnerung an den Weg nach Frankenthal. Wie wir dahin gekommen sind, ist eine offene Frage.

So etwas wie einen Sprungturm gab es in Mannheim nicht, weswegen Wettkämpfe dort ohne die attraktiven Springdisziplinen auskommen mussten. Das Herzogenriedbad wurde erst 1956 eingeweiht. Andere Konkurrenten Mannheims waren neben Frankenthal vor allem Heppenheim und Schriesheim. Damals entwickelte sich die fatale Idee, dass nahezu jede Gemeinde ihr eigenes Freibad haben müsse. Finanziell stieß der Unterhalt der Bäder in der Folgezeit hier und dort auf Probleme. Flächendeckend war er nicht durchzuhalten.

Eine andere sommerliche Aktivität, die nicht verknüpft war mit wettkämpferischen Aspekten am Zielort, war der Besuch eines Altrheinarms in der weiteren Umgebung von Waldsee auf der Pfälzer Seite des Rheins. Hier ist meine Erinnerung nahezu vollständig. Los ging es von der Neckarstadt im Hinterhof der Langstraße 39a. Dort standen unsere Fahrräder im überdachten Ständer – gewöhnlich fahrbereit. Meines war ein merkwürdig langgezogenes Vorkriegsmodell eines Kinderfahrrads der Marke NSU, ausgerüstet mit Ballonreifen. Teilnehmer der Unternehmung waren alle Familienangehörigen, Vater vorneweg, Mutter hintennach. Über den Messplatz mit Feuerwache, Neckarbrücke und Breite Straße ging es zum Schloss, von da zum Lindenhof und über den Almenhof nach Neckarau. Zwei Hochbunker wiesen zusätzlich den Weg. Bei Neckarau galt es, den Rhein zu überqueren. Dafür gab es eine Fähre, die uns nach Altrip übersetzte. Das letzte Stück des Wegs verlief auf dem Hochwasserdamm, vorbei an den als Blaue Adria bekannten Baggerseen, hin zu unserem bevorzugten Badeplatz im Altrheingebiet.

Wie der Name bereits vermuten lässt, war die Blaue Adria stets gut besucht. Bei unserem Platz dagegen handelte es sich der geringen Besucherzahl nach um eine Art Geheimtipp. Manchmal waren wir allem Anschein nach völlig allein. Ich war immer sehr glücklich, wenn wir dort eingetroffen waren. Die Fahrstrecke auf dem Damm hatte es nämlich in sich. Das lag daran, dass der Weg auf dem Damm eher als eine Fahrrinne anzusehen war. Zusammen mit der ungewöhnlich gestreckten Struktur meines Fahrrads beeinträchtigte dies meine Fahrsicherheit beträchtlich. So manches Mal fiel ich mit dem Rad um.

Nach einer Erholungspause blieb genügend Zeit für Individuelles, was von allen Beteiligten gerne und vielseitig genutzt wurde. Die Palette reichte vom Schwimmen und Tauchen bis zum Sammeln von Muscheln oder Dosen; dem Ballspiel galt jedenfalls nicht das Hauptinteresse. Die Wasserfläche beim Badeplatz war vielfältig gegliedert. Engere Bereiche des ursprünglichen Altrheinarms waren verknüpft mit größeren, durch Ausbaggern entstandenen Wasserflächen: ein Paradies, das zu Entdeckungstouren einlud und uns zu sicheren Schwimmern machte. Die Grundlage war ja bereits gelegt. Die Möglichkeiten des Umherstreifens habe ich gerne wahrgenommen. Als botanische Besonderheit waren die bizarr gehörnten Früchte der Wassernusspflanze zu finden. Inzwischen ist sie, mit dem Zurückdrängen der ursprünglichen Altrheinarme, zu einer Seltenheit geworden.

Auf dem Rückweg von unserem Ausflug in das Einzugsgebiet des Rheins machten wir gewöhnlich Station in Neckarau. Der Halt, von mir herbeigesehnt – lag dann doch das Radfahren auf dem Damm hinter uns – galt der Einkehr in ein bescheidenes Restaurant an einer langen Straße. Obwohl diese mir als Bild eingeprägt ist, bin ich mir nicht sicher, ob ich den Ort des Lokals heute noch finden würde. Damals war es jedenfalls ein himmlischer Platz, wo ich mir Wurstsalat bestellen durfte. Gestärkt ging es dann zurück zum Ausgangspunkt unserer Radtour in der Neckarstadt.

Norbert Stier

Lausbubengeschichten eines Bloomauls

Mannheim lag durch die Kriegswirren noch in Schutt und Asche. Ich war mal wieder bei meinen Großeltern, die ihre Wohnung in M 2, 17a mit Blick auf die Schlossruine hatten. Kinder und Jugendliche trafen sich zum Spielen in den nahe gelegenen Ruinengrundstücken. Man baute kleine Häuser aus überall zu findenden oder von Mauerresten abzureißenden Backsteinen und gründete Banden. Wir von den L- und M-Quadraten nannten uns „Schlossbande".

Um als kleiner Knirps in die „Schlossbande" aufgenommen zu werden, musste ich Mutproben bestehen. Eine davon bestand darin, Zigaretten zu rauchen, die nichts anderes als in Zigarettenlänge geschnittene Lianenstücke waren und nach dem Anzünden fürchterlich auf der Zunge brannten. Die gefährlichste Probe war zweifellos ein Mutsprung vom Balkon im Obergeschoss einer Ruine in L 2 auf einen Schutthaufen. Oder man musste einen Knallkörper in den Laden des Kolonialwarenhändlers Knödler an der Ecke werfen, was als Gruppenaktion geschah. Danach rannten die Täter nach allen Seiten davon, der Kolonialwarenhändler meist ergebnislos hinter uns her. Er verfolgte stets unseren Bandenführer. Der aber war schnell und verschwand flink durch ein Kellerloch in einer Ruine in L 2. Einmal hatte Herr Knödler aber Erfolg, zog seinen Ledergürtel aus und verprügelte unser Vorbild nach Strich und Faden. Der Bandenführer schwor Rache, und wir mussten in den Ruinen ein Mäuerchen abreißen und die Ziegelsteine abklopfen, das heißt von Mörtelresten befreien. Wenige Tage danach haben wir über Nacht dem leidgeprüften Kolonialwarenhändler die Haustür zugemauert. Den Laden nannten wir übrigens „Knoddel & Büchs", was nichts mit dem Namen des Händlers zu tun hatte, sondern damit, dass Herr Knödler eine kleine, gedrungene Figur hatte, also eine „Knoddel" war, und natürlich auch Büchsenkonserven verkaufte.

Manchmal verbündeten wir uns mit der „Zeughausbande" gegen die starke „Filsbachbande". Bei den Straßenkämpfen rannten wir eigentlich nur auf den Straßen hin und her. Dabei durfte man sich von den Gegnern nicht erwischen lassen, sonst wurde man gefangengenommen, und das war die Höchststrafe. Allerdings flogen mitunter auch Steine durch die Luft. Als ungeschriebenes Gesetz galt, dass man durch die feindlichen Reihen durfte, wenn man ein Loch im Kopf hatte und blutete. Das verpflichtete jeden zur Neutralität. Damit war alles viel harmloser, als es sich zunächst ansah und anhörte.

Einmal passierte es, dass die vereinigten „Zeughaus- und Schlossbanden" sich von der „Filsbachbande" in die Enge getrieben fühlten und in der Ruine des Nationaltheaters bis in das oberste Stockwerk flüchteten. Das Theater war total zerstört, aber die Treppen waren noch begehbar. Um nicht gefangen genommen zu werden, warfen wir ständig Quadersteine die Treppen hinab, damit die von der Filsbach nicht zu uns kommen konnten. Plötzlich entdeckten wir, dass da unten ja nicht mehr die Filsbachbuben standen, sondern Polizisten. Der Polizei ergaben wir uns, und mitten unter ihnen entdeckte ich meinen Opa, der sich große Sorgen gemacht hatte und mich erleichtert in Empfang nahm.

Die Ruine des Nationaltheaters

Im Ufa-Palast in M 7 war das Theaterstück von Gerdt von Bassewitz „Peterles Mondfahrt" der große Renner. Klassenweise durften wir in die Vorstellung – ein interessanter Höhepunkt für Mannheims Jugend. Unsere Kundschafter hatten beobachtet, wie die Häuptlinge der Filsbachbande ohne ihren gewaltigen Anhang nochmals die Vorstellung besuchten. Wir warteten das Ende dieser Vorstellung ab, nahmen die Filsbachhäuptlinge beim Verlassen des Theaters gefangen und verschleppten sie in die Schlossruinen. Das war ein gewaltiger Sieg, aber die Gegner hatten Mut und zeigten sich keineswegs ängstlich. Da entschied unser Bandenführer, sie an einen T-Träger aus Stahl anzubinden und sie erst bei Dunkelheit wieder freizulassen. Um sie zusätzlich zu demütigen, mussten sie die Größeren von uns anpinkeln, nachdem sie zuvor noch eine Menge Wasser getrunken hatten. Ja, so war das damals. Was die Bandenführung beschloss, musste durchgeführt werden.

Von nun an wurde es für uns verständlicherweise schwieriger, ungefährdet in die Quadrate unterhalb der Planken Richtung Neckar zu kommen. Aber dort hatten wir oft einen Besuch des Filmkinos Odeon eingeplant, was nunmehr ein spektakuläres Abenteuer war. Der Eintritt kostete 60 Pfennige, die wir zunächst nicht hatten. In M 2 gab es einen Altwarenhändler, der Metalle, Flaschen und andere verwertbare Materialien aufkaufte. Wir sammelten in den Ruinen eifrig Gussstücke, Blei und Kupfer und verkauften alles beim Eisenhändler Gärtner. Was wir ihm brachten, wog bei ihm weniger als zuvor auf unserer Waage, und so hatten wir das Gefühl, ständig von ihm betrogen zu werden. Eines Tages reichten unsere gesammelten Altmetalle nicht aus, um mit dem Erlös den Filmbesuch im Odeon zu bezahlen. Da entdeckten wir, dass er Flaschen in der Nähe seines Grundstückszaunes gelagert hatte. Um ihn abzulenken, gingen einige von uns durch den Eingang und verhandelten wegen eines zu verkaufenden Kupferdrahtknäuels, während ich und einige andere der Kleineren zum Zaun schlichen und 12 Glasflaschen durch den Maschendraht zogen. Mit unseren Flaschen konnten wir unentdeckt entkommen und bei dem späteren Verkauf bekamen wir, da es pro Flasche 5 Pfennige gab, gerade die 60 Pfennige für eine Kinokarte zusammen. Wie schon oft geschehen, kaufte sich unser Bandenhäuptling eine Eintrittskarte und ging ins Kino, während wir im Hinterhof warteten. Zwischen Wochenschau und Hauptfilm erleuchtete man das Kino nochmals für kurze Zeit. Nachdem die Wochenschau beendet war und der Hauptfilm begann, hatte sich das Kinopersonal zurückgezogen, und nun ging unser Chef in die Toilette. Dort gab es eine von innen verriegelte Nottür, die er entriegelte, und so konnten wir über die Toilette nach und nach ins Kino gehen. Eines Tages warteten wir allerdings vergebens im Hinterhof. Man hatte unsere Machenschaften entdeckt und Abhilfe geschaffen. Der gemeinsame Kinobesuch war damit zu Ende.

In der Konkordienkirche wurde ich von Pfarrer Weight konfirmiert. Danach saß die Verwandtschaft in der Wohnung der Großeltern bei Kaffee und Kuchen. Die Erwachsenen waren so ins Gespräch vertieft, dass sie gar nicht merkten, wie sich der Konfirmand Norbert aus der Wohnung entfernte. Ich hatte noch einen Auftrag zu erfüllen, denn in den Tagen zuvor war es mir nicht gelungen, mein Wochenpensum an abgeklopften Backsteinen zu schaffen, was den Ausschluss aus der Schlossbande zur Folge gehabt hätte. Nachdem man mein Fernbleiben entdeckt und mich gesucht hatte, war das Entsetzen groß: Man fand mich in einer nahe gelegenen Ruine, im Konfirmandenanzug auf einer etwa vier Meter hohen Mauer sitzend, in der Hand eine Bauklammer, mit der ich Backsteine abriss und sie nach unten warf.

In der U-Schule hatten wir einige Klassenkameraden, die kein Frühstücksbrot für die Pause mitbekamen, da es ja für jeden eine Flasche Milch gab. Es waren unsere Mitschüler aus dem „St. Anton", einer Kirchenstiftung für Vollwaisen. Mit ihnen teilten wir oft unser Brot oder gaben es ihnen ganz, wenn wir keinen Hunger hatten.

In M 2 befand sich das *Frankeneck*, die einzige noch vorhandene Wirtschaft in der ganzen Gegend. Oft saßen hier amerikanische Soldaten und tranken Bier. Eines Tages stand ein Armeelastwagen vor der Wirtschaft. Auf der Ladepritsche hatte er Fässer stehen. Unser Bandenhäuptling ordnete an, ein Fass abzuladen und im Ruinenkeller in L 2 zu verstecken. Gesagt, getan, denn Befehl war Befehl. Dass sich in dem Fass Rübensirup befand, damit hatten wir nicht gerechnet. Die Aktion hatte fatale Folgen. Wochenlang fuhr die Militärpolizei um das *Frankeneck* Streife, und wochenlang wollten unsere St.-Anton-Schüler kein Brot mehr von uns annehmen. Denn die tägliche Frage: „Was hast du auf dem Brot?" wurde stets mit „Sirup" beantwortet. Wir konnten keinen Rübensirup mehr riechen.

Die Eltern unseres Klassenkameraden Hansi Wäckerle galten als wohlhabend. Sie besaßen mehrere Wäschereien, waren also Geschäftsleute. Unser Hansi konnte toll Fußball spielen, ein Garant für Siege bei unseren Klassenspielen gegen andere Schulmannschaften. Im Oktober war ein Klassenspiel auf der Neckarwiese vereinbart. Unser Spielführer Hansi fand schon vor dem Spiel große Beachtung. Er hatte eine Seltenheit an den Füßen, nämlich nagelneue, echte Fußballschuhe. Hansi hatte in der elterlichen Wohnung entdeckt, dass auf dem Kleiderschrank eine Schuhschachtel stand, die da nicht hingehörte. Seine Nachforschungen ergaben: Es waren Fußballschuhe. Da konnte er nicht widerstehen, nahm sie für unser Klassenspiel mit und stellte sie anschließend geputzt wieder auf den Schrank. Er konnte ja nicht wissen, dass es sich um sein bereits im Oktober angeschafftes Weihnachtsgeschenk handelte. Später konnte man Hansi als Mittelläufer in der 1. Mannschaft des VfR Mannheim, in der Süddeutschen Oberliga spielend, bewundern.

Gegen Ende der Schulzeit in der U-Schule war ich Klassensprecher. Wir hatten in unserem Schulraum einen Schrank, zu dem ich den Schlüssel bekam. Es war gerade Mode, Cowboyhefte während des Unterrichts unter der Schulbank zu lesen. Zunächst gab es die fortlaufende Heftreihe Tom Mix, später kam noch die Heftreihe Tom Brox hinzu. Es entwickelte sich ein reger Tauschhandel. Wenn der Klassenlehrer jemanden beim Lesen während des Unterrichts erwischte, wurde ihm das Heft abgenommen und in den Klassenschrank gelegt.

Unser Lehrer schrieb zu Beginn des Unterrichts täglich einen anderen Sinnspruch an die Tafel. War jemand zu bestrafen, musste er als zusätzliche Hausaufgabe einen Aufsatz schreiben. Das Thema war der Inhalt des Sinnspruchs. Wer ein Heft oder sonst einen Gegenstand abgenommen bekam, musste den Aufsatz schreiben. Ich wusste nie genau, ob ich musste oder nicht, und schrieb daher täglich meinen Aufsatz. Meist musste ich, denn oft gab ich dem Drängen meiner Mitschüler nach und holte ihnen ihre Hefte aus dem Schrank. Lediglich meine Spritzpistole war nicht zu retten. Der Klassenlehrer sah täglich nach, ob sie noch im Schrank lag.

Schule und Sport mit Ehrgeiz

Mein Vater war kein Parteimitglied der NSDAP gewesen. Daher konnte er nach dem Krieg als ehemaliges Mitglied der Reichswehr, des 100.000-Mann-Heeres, problemlos Polizeibeamter werden. Als er zum zweiten Mal nach Wilferdingen bei Pforzheim und Heidelsheim bei Bruchsal die Dienststelle wechselte, holten mich die Eltern meiner Mutter nach Mannheim, und so kam ich 1950 in die Mannheimer Sickingerschule. Das Gebäude stand in U 2, und damit war das für Mannheimer die U-Schule. Was war das für ein Unterschied. Dort Langeweile und ich ein Fremdkörper in dörflicher Umgebung, in Mannheim pulsierendes Bubenleben für einen Zehnjährigen wie mich.

Von der Wohnung meiner Großeltern bis zur U-Schule waren es etwa 1.000 Meter, die ich jeden Schultag im Tempolauf zurücklegte. Ich war immer spät dran und hatte oft gerade noch die Gelegenheit, meinem Lehrer die Tür zum Klassenzimmer aufzuhalten. Im Nachhinein besehen legte ich hier den Grundstock für meine Leichtathletik-Karriere, die bei einem Turnfest in Plankstadt in der B-Jugend begann.

In meiner Schule gab es nur Bubenklassen. Entsprechend rau waren die Sitten. Wir hatten eine interne Stärkeliste. In den Pausen gab es im Winter Boxkämpfe, als Boxhandschuhe dienten Schals. Wenn beispielsweise der Fünftstärkste besser platziert werden wollte, forderte er im Laufe des Unterrichts den Viertstärksten zum Boxkampf auf. Dies geschah durch eindeutige Zeichen, indem er, zum Herausgeforderten hingewandt, seine Faust mehrfach leicht unter das Kinn schlug. Wurde die Herausforderung angenommen, wurde das Zeichen erwidert. Kam kein Erwiderungszeichen, bedeutete dies, dass es dem Herausgeforderten an diesem Tage nicht recht war. In solchen Fällen musste innerhalb der Klasse ein Termin vereinbart werden. In der Pause wurde dann gekämpft. War das Ergebnis nicht eindeutig, entschied die Klasse mit Mehrheit, oder der Kampf musste wiederholt werden.

Im Sommer wurde die große Pause zum Schwimmen im Neckar genutzt. Einige Waisenbuben aus dem Heim St. Anton hatten keine Badehosen. Da sie auch schwimmen wollten und dies nur nackt möglich war, mussten sie unter der Neckarbrücke baden, damit man sie nicht sah. Unsere Lieblingsbeschäftigung blieb ihnen dadurch verwehrt, denn wir bevorzugten es, Schleppkähne, wir nannten sie Schlappen, anzuschwimmen und uns dann an Bord zu ziehen. Das war im ruhigen Neckar lange nicht so gefährlich wie im Rhein, galt aber als gutes Vorbereitungstraining für dort, wo es eine echte Mutprobe war.

Ausgangspunkt für unsere abenteuerlichen Schwimmaktivitäten im Rhein war das „Schnickenloch", wo wir unsere Kleider in der Nähe der Pritsche des Mannheimer Ruderclubs ablegten. Von dort aus gingen wir ein Stück weit stromaufwärts und warteten, bis ein Dampfer mit anhängenden Schleppkähnen auftauchte. Manche dieser starken Raddampfer zogen drei, vier oder gar fünf Schleppkähne und verursachten hohe Wellen, die sich manchmal überschlugen. Man musste frühzeitig in den Bereich dieser Wellen schwimmen, um den ersten Schleppkahn zu erwischen. Diesen steuerte man möglichst spitz an, musste auf das auf- und abschlagende Zugseil aus Stahl aufpassen und wurde dann von der Bugwelle noch etwas weggetrieben. Es folgten einige schnelle Schwimmstöße, das feste Anfassen der Bordwand, dann das gefürchtete „Klavierspielen", das Rutschen entlang der gefassten Bordwand, wobei man sich die Hände verletzten konnte. Mit einem Ruck wurde man durch die starke Strömung nach oben gespült. Hatte alles geklappt, das Schiff war nicht frisch geteert, kein lästiger „Bordkläffer" oder gar der Schiffer selbst in der Nähe, konnte man ein Stück stromaufwärts mitfahren. Nach einiger Zeit sprang man wieder ins Wasser und steuerte manchmal sofort den nächsten Schleppkahn an.

Erst am oberen Ende des Strandbads gingen wir von Bord und schwammen zu den im Wasser verankerten Balken, welche als Abgrenzung zwischen dem Badebereich und der Fahrrinne im Wasser installiert waren. Es war ein großes Vergnügen, mit der starken Strömung von Balken zu Balken zu schwimmen, sich einige Zeit daraufzusetzen, um sich dann in der Strömung bis zum Schnickenloch talwärts treiben zu lassen. Spätestens am Schnickenloch musste man aus dem Wasser, denn etwas weiter unten konnte man in die gefährlichen Strudel an der Rheinbrücke geraten.

Wer als Junge in den fünfziger Jahren in Mannheim aufwuchs, schwärmte entweder für den meist in der Tabelle etwas besser stehenden VfR Mannheim, oder er war Fan des SV Waldhof. Zwischendurch spielte auch der VfL Neckarau mit seinem Nationalspieler Fritz Balogh in der höchsten Spielklasse. Die Spieler und Anhänger des VfR wurden von allen anderen verächtlich „die Hewwl" oder, ausgehend von dem Vereinsnamen „Verein für Rasenspiele", die „Rasehewwl" genannt. Den Fußballfans von damals wird noch in Erinnerung sein, wie am 22. November 1950 vor 100.000 Menschen im Stuttgarter Neckarstadion beim ersten Länderspiel nach dem Kriege gegen die Schweiz Fritz Balogh mit einer starken Leistung die deutsche Nationalmannschaft zum 1 : 0-Sieg führte. Nur wenige Wochen später, nach einer 3 : 5-Niederlage der Neckarauer bei

Bayern München, starb der Stürmer auf tragische Weise. Bei der Heimreise aus München am 14. Januar 1951 stürzte er aus dem Zug. Die Nachricht verbreitete sich am Tag danach in Mannheim, zunächst wollte sie keiner glauben.

Die meisten in meiner Schule schwärmten für den VfR Mannheim, der am 10. Juli 1949 im Endspiel gegen Borussia Dortmund Deutscher Meister wurde. Vor 90.000 Zuschauern zerstörten die Stürmer Löttke und Langlotz im Stuttgarter Neckarstadion mit drei Toren die Dortmunder Meisterschaftsträume. „VfR Mannheim" war der erste Vereinsname, den man in die „Salatschüssel" eingravierte, wie man die Meisterschaftsschale des DFB nennt. Für uns Mannheimer war das eine Sensation, die ausgiebig gefeiert wurde.

Der Empfang der siegreichen Mannschaft des VfR Mannheim

Wie Bloomaul Sepp Herberger, der unvergessliche Bundestrainer, war und bin ich auch heute noch „Waldhöfer". Der SV Waldhof galt in Mannheim als Arbeiterverein, seine Spieler waren die „Waldhofbuben". Warum ich als Bub der Innenstadt für die „Waldhöfer" schwärmte, bedarf einer Erklärung. Ich lebte bei meinen Großeltern im ersten Obergeschoss des Hauses M 2, 17a. Für die Mannheimer ist das der 2. Stock. Hier gab es in dem um 1900 im Jugendstil erbauten Haus zwei Wohnungen. In der Nachbarwohnung lebte das Ehepaar Bauer. Herr Bauer, Spezialist für Diesel-Schiffsmaschinen und Obermaschinist bei der Firma Fendel, galt als überzeugter Waldhofanhänger. Er ging zu allen Heimspielen des SV Waldhof. Auch ich hätte gerne Fußballspiele gesehen, aber Taschengeld kannte ich nicht. Als Herr Bauer das merkte, hatte er Mitleid mit mir und nahm mich mit auf den Waldhofplatz. Für mich bezahlen wollte er aber keineswegs. Es war ihm aufgefallen, dass die Platzordner bei kleinen Buben meist ein Auge zudrückten, und so spielte sich immer das gleiche Ritual ab. Vor dem Sportplatzeingang war stets ein großes Gedränge, die Kartenabreißer hatten alle Hände voll zu tun. Herr Bauer, ein Hüne von einem Mann, nahm mich vor sich. Wenn er dann seine Eintrittskarte zum Abreißen dem Ordner gab, erhielt ich einen Stoß und taumelte ins Stadion. Dabei rief Herr Bauer empört: „Frescher Bangert, geh vor meine Fieß weg!" Das war's dann, ich war durch. Und ich kann mich nicht erinnern, dass es jemals Probleme mit den Ordnern gegeben hätte.

Da ich auf diese Weise die Waldhof-Heimspiele immer sehen konnte, wurde ich Waldhofanhänger, freute mich über Siege und litt bei Niederlagen. Noch heute habe ich in den Ohren, wie an der Kurpfalzbrücke der Verkäufer der Mannheimer Sportzeitung, mit einem Fußball und kleinen Spielerfiguren als Hut auf dem Kopf, auf seine 10 Pfennig kostende Zeitung aufmerksam machte: „Sportzeitung! De Waldhof hot gewunne, die Hewwl hawwe grigt!"

1952 wurde ich zum Kinderturnen bei der SG Mannheim angemeldet, und am 3.6.1956 nahm ich in Plankstadt erstmals an einem Turnfest teil. Es war das Kreisvolksturnfest mit Alterswettkämpfen für den Turnkreis Mannheim Stadt und Land. Ich startete morgens beim Mehrkampf der Jugendturner. Mit nur einem halben Punkt Abstand wurde ich Zweiter hinter einem Sportkameraden aus Ketsch. Mein Freund Werner Stein belegte mit etwas Abstand den 3. Platz, also ein sehr erfreuliches Ergebnis für unseren Verein.

Bei der Siegerehrung gratulierten Werner und ich unserem Ketscher Sportkameraden. Für diesen war es offenbar selbstverständlich, dass er gewonnen hatte, obwohl ein halber Punkt Unterschied der knappste mögliche Abstand war. Über seine Selbstherrlichkeit ärgerten wir uns. Er prahlte: „Und heute Mittag gewinne ich noch die 1.000 Meter." Obwohl ich noch nie einen 1.000-Meter-Lauf wettkampfmäßig bestritten hatte, antwortete ich: „Und du gewinnst ihn nicht."

Daraufhin ging ich zu meinem Opa Leopold Helm, der 2. Vorsitzender der SG Mannheim und unser Betreuer beim Turnfest war, und teilte ihm mit, ich wolle nachher am 1.000-Meter-Lauf Jugend B teilnehmen. Mein Opa nahm mich mit zum Wettkampfbüro und fragte, ob man mich für den Lauf nachmelden könne. Nach kurzer Diskussion wurde das gestattet, Opa bezahlte die Meldegebühr, und ich hatte noch etwa eine Stunde Zeit bis zum Start.

Es war brütend heiß, als ich zum Startplatz ging. Die Teilnehmer wurden aufgerufen, die Trainingsanzüge ausgezogen, und der Startrichter stellte uns hinter einer auf der Aschenbahn aufgezeichneten Startlinie auf. Da ich keine Ahnung hatte, wie man seine Kräfte bei einem solchen Lauf einteilen muss, stellte ich mich gleich neben meinen Ketscher Sportkameraden. Als der Startschuss fiel, hörte ich die Lautsprecherdurchsage: „Und das war der Massenstart über 1.000 Meter der männlichen Jugend B." Besagter Kamerad übernahm sofort die Führung, ich hinterher. Nach einer Runde, also bereits nach 400 Metern, fiel er erschöpft ins Gras, und ich war in Führung. Ich lief nun einfach weiter und passte auf, dass mich niemand überholte. Nach dem Überlaufen der Ziellinie hatte ich meinen ersten Mittelstreckenlauf in der Zeit von 2:52,7 Minuten gewonnen.

Die Überraschung bei meinen Turnkameradinnen und -kameraden von der SG war groß, und Opa strahlte. Bisher hatte ich nur an Turn- und Schwimmfesten teilgenommen, weshalb niemand glauben wollte, dass ich eigentlich ein Leichtathlet war. Eine Reihe von Kampfrichtern sprach mich an, ich solle unbedingt zu den Leichtathleten gehen, mit dieser Zeit sei ich der beste B-Jugendliche im Sportkreis Mannheim Stadt und Mannheim Land, was dem heutigen Rhein-Neckar-Kreis ohne die Stadt Heidelberg entspricht. Ich folgte ihrem Rat und war danach ein recht erfolgreicher Leichtathlet.

Mein jüngerer Bruder und ich

Als ich bei einem Sportfest als Badischer Vizemeister der Junioren im Internationalen Fünfkampf geehrt werden sollte, verdrückte ich mich vor der Siegerehrung, denn ich wollte unter keinen Umständen die Tanzstunde verfehlen. Rechtzeitig kam ich in der Tanzschule Helm an, wo etwas später meine erfolgreiche Karriere im Tanzsport begann. Tanzen, das war für mich die konsequente Fortsetzung meiner Sportlerlaufbahn.

Durch meine Mutter, eine geborene Helm, und meinen Vater, der nebenbei in Stuttgart eine erfolgreiche Prüfung als Tanzlehrer abgelegt hatte, war ich erblich vorbelastet. Tänzer des „Blau-Weiß-Clubs" Mannheim wie Theo Derscheid und Werner Brehm sprachen mich an und überzeugten mich, Turniertänzer zu werden. Was folgte, waren zehn Jahre erfolgreicher wettkampfmäßiger Standardtanz, eine Tanzsport-Funktionärslaufbahn und ein weiteres Leben mit dem Tanzsport.

Meine Lehrjahre bei Benz

Nach einem einjährigen Fachschulaufenthalt für das KFZ-Handwerk in Karlsruhe hatte ich mich für eine KFZ-Schlosserlehre entschieden. Mein Berufswunsch war es, KFZ-Ingenieur zu werden, und da musste man zwei Jahre Praktikum nachweisen, sodass eine Lehre nahe lag. Damals zog es mich wieder in meine Geburtsstadt Mannheim. Hier fühlte ich mich wohl, viel wohler als im badischen Durlach, in dem meine Eltern lebten. So kam es, dass ich mich 1956 mit etwa 400 Bewerbern bei der Daimler-Benz AG auf dem Waldhof um eine Lehrstelle bewarb. Pro Lehrjahr wurden damals in allen Lehrberufen zusammengenommen etwa 60 Bewerber angenommen, die bei einer Aufnahmeprüfung ausgewählt wurden.

Mein Zimmer bei den Großeltern war noch frei, und das Angenehme konnte man ja mit dem Nützlichen verbinden. Benz war die erste Kraftfahrzeug-Adresse, die Aufnahmeprüfung habe ich bestanden, und so wurde ich Benz-Lehrling. Wie man im Schwabenland zum Daimler ging, war man in Mannheim halt beim Benz. Als Lehrling hatte ich sicher eine Nobeladresse erwischt.

Nun begann als Erstes die Eintönigkeit am Schraubstock. Lehrjahre sind keine Herrenjahre. Ich hatte es oft gehört, jetzt war es harte Wirklichkeit geworden. Die Lehrlinge aller Berufszweige begannen im ersten Lehrjahr mit einer gemeinsamen Grundausbildung am Schraubstock. Das anfängliche wochenlange Herumfeilen an einer U-Schiene war langweilig und ermüdend. Ich hatte dabei keine gute Laune. Gegen Ende der Grundausbildung mussten wir mehrere Werkstücke unter Prüfungsbedingungen nach einem Plan und vorgegebener Zeit fertigen. Die Arbeiten wurden wie bei Gesellenprüfungen bewertet, und die Ergebnisliste wurde am Schwarzen Brett ausgehängt. Zu meinem großen Erstaunen hatte ich bei der ersten Arbeit die beste Bewertung. Das brachte meine Lehrlingskollegen dazu, mich in den sogenannten Selbstverwaltungskörper der Lehrabteilung zu wählen. Hier wurden in wöchentlichen Sitzungen alle auftauchenden Probleme besprochen. Erst später stellte ich fest, dass man hiermit die sogenannte Jugendvertretung, die von der IG Metall für die Großbetriebe erstritten worden war, als überflüssig abtun wollte. Davon hatte ich keine Ahnung.

Weitere Prüfungsarbeiten folgten, und wieder war ich zweimal Jahrgangsbester. Eines Tages kam Karl Feuerstein, der damals genau wie ich seine Lehre bei Benz absolvierte, zu mir an den Schraubstock und forderte mich auf, für die Jugendvertretung des Werkes zu kandidieren. Ich war stolz, dafür vorgesehen zu sein, und sagte zu. Das war sicher auch im Sinne meines Großvaters, bei dem ich entscheidende Jahre meines jungen Lebens aufwuchs, und der aus der Arbeiterbewegung hervorgegangen war. Er war zweiter Vorsitzender der SG Mannheim, der früheren Freien Turnerschaft, aktiver Gewerkschafter der ÖTV und natürlich auch SPD-Mitglied. Das Gremium Jugendvertretung bestand aus fünf zu wählenden jugendlichen Werksangehörigen und war sozusagen der Betriebsrat der Jugend im Werk. Mit der dritthöchsten Stimmenzahl wurde ich gewählt. Erst jetzt offenbarte ich mich meinem Opa. Ein anerkennendes Schulterklopfen war die Folge, und das freute mich natürlich sehr. Bei der konstituierenden Sitzung habe ich das Amt des Schriftführers übernommen. Karl Feuerstein wurde Vorsitzender und verdiente sich hier die ersten Sporen als späterer Konzern-Betriebsratsvorsitzender.

In der Folge stellte ich fest, auf was ich mich eingelassen hatte. Die besondere Betreuung der Jugendvertretung erfolgte über die IG Metall und drei Betriebsräte. Hierbei wurde mir bald klar, dass auch Parteipolitik eine Rolle spielte. Der spätere Stadtrat Max Jäger, der SPD-Mann und spätere Gesamtbetriebsratsvorsitzende der Daimler-Benz AG und Stadtrat Herbert Lucy und der spätere Mannheimer CDU-Bundestags- und Europaparlaments-Abgeordnete Kurt Wawrzik wurden von der Einheitsgewerkschaft IG Metall ausersehen, uns zu betreuen.

Eines Tages wurde die Gruppe der KFZ-Schlosserlehrlinge, unter ihnen übrigens auch ein Graf Hubert Potstatzky von Liechtenstein, und unser Lehrmeister Hylla von Herrn Metzger, dem Leiter der Lehrabteilung, zu einem Gespräch gebeten. Hierbei sollte von den Lehrlingen ein Vertreter der KFZ-Schlosserlehrlinge in den von der Firma gebildeten Selbstverwaltungskörper neu gewählt werden. Dabei wurde von Herrn Metzger klargestellt, dass ich als Mitglied in der gewerkschaftlichen Jugendvertretung dafür nicht in Frage käme. Meinen Lehrlingskollegen passte das gar nicht, aber es wurde wiederholt betont, dass eine Mitarbeit von Norbert Stier im Selbstverwaltungskörper und gleichzeitig in der Jugendvertretung nicht geduldet werde.

Es sollten Vorschläge gemacht werden, aber es kamen keine. Daraufhin schlug ich einen Kollegen vor. Als bei der nun folgenden geheimen Abstimmung alle, natürlich außer mir, meinen Namen auf den Zettel geschrieben hatten, kam es zum Eklat. Herr Metzger war wütend, denn meine Kollegen verzichteten nunmehr geschlossen auf die Mitarbeit im Selbstverwaltungskörper. In der Folge hatten sich Betriebsrat Wawrzik und Abteilungsleiter Metzger in dessen Büro einiges zu sagen. In der ganzen Halle hörte man sie miteinander schreien. Ich hatte zwar ein mulmiges Gefühl, war aber mit der Entscheidung meiner Kollegen nicht unzufrieden. Das Beispiel zeigt, welche Schwierigkeiten damals die Betriebsräte hatten. Sich gegenüber der Firmenleitung zu behaupten, war nicht einfach.

Die meisten der ein Dutzend KFZ-Schlosserlehrlinge meines Lehrjahres benutzten wie ich ihre Lehrzeit nur als Praktikum für ein späteres Ingenieurstudium. So auch ein Inder, der offensichtlich einer besseren Kaste angehörte. Als er seinen Arbeitsplatz aufräumen sollte, weigerte er sich. Unser Lehrmeister Hylla war fassungslos. Wir kannten zwar nicht die Ursache des Verhaltens, waren aber eine verschworene Gemeinschaft. Wenn unser Kollege seinen Schraubstock nicht säubern und seinen Arbeitsplatz nicht putzen wollte, hatte das sicher Gründe. So begann ich mit der Reinigung seines Arbeitsplatzes, und die anderen halfen plötzlich alle mit. Unser Inder schaute mit verschränkten Armen regungslos zu. Danach legte er 5 D-Mark auf seinen Schraubstock und verschwand im Umkleideraum.

An mir war es nun, sein Verhalten zu ergründen. Unser fremdländischer Kollege erklärte mir, dass er aus hohem Hause stamme. Seine Kaste dürfe aus religiösen Gründen keine Putzarbeit leisten. Er wusste, wie man in Europa darüber dachte, aber er sei wohlhabend, und daher würde er für jeden Putzeinsatz von mir 5 D-Mark bezahlen. Ich hatte damals in der Woche 3 D-Mark Taschengeld. Wir besprachen das dann in der Gruppe. Außer dem Kollegen Fritz Kalk und mir kamen die übrigen Lehrlinge alle aus reichen Elternhäusern. Fritz und ich teilten uns schließlich die Putzeinsätze, und allen war geholfen. Wir beide hatten mehr Taschengeld, der Inder hatte sein Gesicht gewahrt, und der Arbeitsplatz war gereinigt, was unser Lehrmeister akzeptierte, wenn auch etwas zögerlich.

Die Lehrzeit eines KFZ-Schlossers betrug dreieinhalb Jahre. Als nach zwei Jahren die Frage anstand, die Lehre abzubrechen, da die Praktikumszeit für ein Ingenieurstudium erfüllt war, diskutierten wir, die studieren wollten, das Problem mit unserem Lehrmeister, Herrn Hylla. Ich hatte nebenher in meiner Freizeit bereits ein Vorsemester in der Gewerbeschule in C 7 absolviert. Unsere Noten in der Gewerbeschule waren gut, und daher erkundigte sich unser Lehrmeister, ob vielleicht eine verkürzte Lehrzeit in Ausnahmefällen möglich sei. Schließlich teilte er uns mit, man könne bei hervorragenden Gewerbeschulzeugnissen die Lehrzeit auf drei Jahre verkürzen. Daraufhin machten wir weiter und halfen uns gegenseitig bei den Aufgaben in der Gewerbeschule. Eifersüchteleien oder eigensinniges Strebertum gab es dabei nicht.

So konnten andere und ich die Gesellenprüfung bereits nach drei Jahren absolvieren. Natürlich hatten wir Benz-Lehrlinge die besten Prüfungsergebnisse in Mannheim, womit wir dem Anspruch unserer Lehrfirma gerecht wurden. Fritz Kalk und ich wurden bei der Überreichung der Prüfungszeugnisse mit einem besonderen Ehrenpreis bedacht: Inzwischen 18 Jahre alt geworden, durften wir auf Werkskosten bei der Mannheimer Fahrschule Hunold den Führerschein der Klasse 3 machen. Das war für einen jungen, nicht gerade wohlhabenden KFZ-Schlosser mit geringem Einkommen ein großartiges und sehr sinnvolles Geschenk.

Manuela Tardito, geborene Gualdi

Kindheit in Deutschland und Italien

Als ich im Januar 1946 zur Welt kam, befand sich mein Vater in seiner Heimat Italien. Er war während des Krieges Soldat in der italienischen Armee gewesen, deren Angehörige nach dem Waffenstillstand Italiens mit den Alliierten im September 1943 entwaffnet wurden. Zu diesem Zeitpunkt befand er sich in Frankreich, wo er wie alle seine Kameraden interniert und nach Deutschland transportiert wurde. Als Zwangsarbeiter kam er nach Mannheim, wo er in der Sunlicht AG als Hilfsarbeiter tätig war. Der Status der Zwangsarbeiter wurde Mitte 1944 geändert, sie wurden als Zivilarbeiter eingestuft, konnten sich frei bewegen, durften aber Deutschland nicht verlassen. In dieser Zeit lernte mein Vater meine Mutter kennen, die damals in einer Mannheimer Gewürzmühle arbeitete und zusammen mit ihren Eltern und ihren fünf Geschwistern in der Casterfeldsiedlung in der Fronäckerstraße 1b wohnte.

Meine Großeltern hatten dort in den dreißiger Jahren eines der kleinen Siedlerhäuser erworben, die teilweise unter der Mithilfe der Interessenten gebaut worden waren. Die Nachfrage nach diesen Eigenheimen soll sehr groß gewesen sein. Mein Großvater ist 1945 im Großkraftwerk bei einem Unfall ums Leben gekommen, und es war für meine Großmutter bestimmt nicht leicht, sich mit ihren sechs Kindern in der Nachkriegszeit durchzuschlagen. Nun war auch noch ich dazugekommen, Kind eines Italieners, der nach dem Krieg zur Aufrechterhaltung seiner Staatsangehörigkeit in seine Heimat zurückkehrte.

Mein Vater nahm nach seiner Ankunft zu Hause sofort wieder Kontakt mit meiner Mutter auf und wollte, dass sie mit mir nach Italien kam, was meine Mutter jedoch zunächst ablehnte. So bin ich als uneheliches Kind auf der Rheinau groß geworden, was im katholischen Kindergarten von St. Conrad, wo wir von Niederbronner Schwestern betreut wurden, kein Thema war, wohl aber in der Volksschule, die ich ab 1952 auf der Rheinau besuchte. Wie Kinder so sind, deren Eltern über andere gerne reden, wurde ich mitunter wegen meines „Makels" gehänselt. Spaghetti- oder Makkaronifresserin waren die eher gemäßigten Schimpfworte, die ich verkraften musste. Zum Glück war einer meiner Cousins in meiner Klasse, der mich stets verteidigte. Wenn ich von den Beschimpfungen zu Hause erzählte, dann fand ich bei allen Familienmitgliedern, vor allem bei meiner Großmutter und meiner Mutter, den nötigen Trost, und ich merkte bald, dass ich ebenso viele Qualitäten wie meine Mitschülerinnen und Mitschüler besaß.

Die beengten Wohnverhältnisse in unserem kleinen Häuschen störten niemanden. Im angebauten Teil für die Toilette und die Stallungen hielt meine Großmutter Hühner und Hasen, zeitweise auch ein Schwein; sie wurden mit den

Abfällen und dem gefüttert, was im Garten wuchs und nicht unserer Ernährung diente. Ich erinnere mich, dass auch Kartoffeln in unserem großen Garten angebaut wurden, und dass ich zur Vernichtung der Kartoffelkäfer beitrug. Es ging bei uns bescheiden zu, aber hungern musste niemand, zumindest nicht in der Zeit, die ich in Erinnerung habe. Da meine Mutter das nötige Geld verdienen musste, wurde ich weitgehend von meiner Oma großgezogen. Sie führte den Haushalt und hat sich liebevoll um mich gekümmert. Sie war eine gute Köchin; ihre Süßspeisen sind mir unvergesslich. Obst war im Sommer durch den Garten genügend verfügbar. Für den Winter wurde Marmelade gekocht und Obst in Gläsern eingemacht. Alles fand zusammen mit den geernteten Kartoffeln im Keller seinen Platz.

1953 besuchte ich mit meiner Mutter erstmals meinen Vater in Modena. Mehrmals waren wir auch danach bei ihm, und 1955 war es endlich so weit, dass meine Mutter bereit war, zu heiraten und mit mir in die Heimat meines Vaters zu ziehen. Es war für mich ein besonderes Erlebnis, bei der Hochzeit dabei zu sein. Im nächsten Jahr ging ich in der gleichen Kirche zur Kommunion.

Ich sprach zuvor kein Wort Italienisch, aber nach kurzem Privatunterricht und einem längeren Ferienaufenthalt in einem Lager für Kinder am Meer bei Rimini bestand ich die Aufnahmeprüfung in die Scuola elementare, die Volksschule, wo ich keine Probleme hatte, dem Unterricht zu folgen. Auch die Schulzeit danach bis zur Matura, dem Abitur, verlief erfolgreich. Latein war genauso Pflichtfach wie Französisch und Englisch. Alles lief glatt; ich wurde von meinen Mitschülerinnen und Mitschülern voll akzeptiert, zumal niemand an der Sprache merkte, dass ich ein „europäischer Mischling" war.

Schulklasse der Scuola elementare de la Madonnina in Modena
(Autorin oben 3.v.l.)

In Modena wurde ich natürlich mit den Verwandten meines Vaters bekannt. Seine Eltern waren schon früh gestorben, sodass ich meine Großeltern väterlicherseits nicht kennenlernte. Mein Vater hatte keine Geschwister mehr, sie waren alle verstorben, aber er hatte viele Cousins und Cousinen, mit denen wir bei den Familienfeiern Bekanntschaft machten. Sie waren sehr freundlich und hilfsbereit, sodass meine Mutter und ich keine Probleme mit dem Eingewöhnen in der neuen Umgebung hatten. Meine Mutter ging zu Anfang mit dem Wörterbuch einkaufen, versuchte immer mit mir die Hausaufgaben durchzugehen und damit auch etwas zu lernen, was ihr auch schnell gelungen ist.

In den Ferien war ich einige Male mit meiner Mutter und auch allein zu Besuch bei meiner Oma, die weiterhin das Haus in der Casterfeldsiedlung mit den beiden Brüdern meiner Mutter bewohnte. In den Sommerferien, die in Italien drei Monate lang dauern, konnte ich mehrere Wochen lang als Eisverkäuferin in einem Stand vor dem Kaufhaus Vetter in der Kunststraße tätig sein. Da Unterkunft und Verpflegung natürlich frei waren, konnte ich durch diese Arbeit mein Taschengeld deutlich aufbessern; es diente überwiegend der Anschaffung von Kleidung und von Büchern. Außerdem habe ich das Zusammensein mit meiner Großmutter so richtig genossen. Ich wurde von ihr bei meinen Aufenthalten in Mannheim immer verwöhnt. Bei einem der Ferienaufenthalte nahm ich eine meiner Schulfreundinnen mit, die zwar auch Arbeit fand, wegen der Sprachprobleme jedoch nicht im Verkauf von Speiseeis, sondern in der Kantinenküche des Kaufhauses. Weil sie Kartoffeln schälen und Geschirr spülen musste, war sie über unseren gemeinsamen Ferienaufenthalt nicht ganz so glücklich wie ich.

1963 erlitt mein Vater zwei Herzinfarkte, sodass er nicht mehr arbeitsfähig war. Er war längere Zeit im Krankenhaus, und als ich die Schule abgeschlossen hatte, beschlossen meine Eltern, wegen der besseren Verdienstmöglichkeiten nach Deutschland zurückzukehren. Wir zogen natürlich zu meiner Großmutter. Mein Vater war weiterhin arbeitsunfähig. Meine Mutter fand sofort Arbeit in der Nähe unserer Wohnung, bei der „Stahlwerk Mannheim AG". Ich konnte am 1. April 1964, nachdem ich Kurse in Maschinenschreiben und Stenografie besucht hatte, eine Stelle als Auslandskorrespondentin bei den Motorenwerken Mannheim AG (MWM) antreten. Mein Anfangsgehalt betrug 400 D-Mark, netto erhielt ich 320 D-Mark, was keine schlechte Bezahlung war. Meine Mutter hat bis zur Schließung des Stahlwerks in der Personalabteilung gearbeitet, ich bis 1970 bei der Firma MWM.

Mein Vater ist 1972 nach dem dritten Herzinfarkt gestorben. Zu diesem Zeitpunkt war ich bereits verheiratet. Ich hatte meinen Mann im Strandbad kennengelernt, wo ich zusammen mit italienischen Freunden und Freundinnen mitunter zum Baden war. Wir haben 1968 geheiratet, getraut wurden wir in St. Conrad, und wie bei meinen Eltern war es eine deutsch-italienische Ehe.

Gewohnt haben wir zusammen mit meiner Großmutter und meiner Mutter im Haus meiner Großeltern, das durch Umbau vergrößert wurde. 1969 kam unsere Tochter Simona zur Welt.

Mit bescheidenen Wohnverhältnissen und geringem Wohlstand fing alles an. Familiensinn bewiesen sowohl meine italienischen als auch meine deutschen Verwandten. Unsere Familie und das Haus meiner Großeltern waren für alle von uns ein fester Ankerplatz, und dies ist bis heute so geblieben. Unter welchen Bedingungen auch immer unser Leben vonstatten ging, alle sind immer zufrieden gewesen.

Hans Uehlein

Kriegsende, Flucht aus Mannheim, Heimkehr und was folgte

Nach dem Besuch der Volksschule begann ich am 1. April 1942 meine kaufmännische Lehre bei der renommierten Firma „Verein Deutscher Oelfabriken" (VDO) im Mannheimer Industriehafen. Sie wurde im Januar 1945 unterbrochen, als ich als noch nicht ganz Siebzehnjähriger zum Arbeitsdienst eingezogen wurde. Anfang April 1945, als die Amerikaner bereits jenseits des Rheins Stellung bezogen hatten, erhielt ich den Einberufungsbefehl zur Wehrmacht. Das Entlassungsdokument des Arbeitsdienstes sah so aus:

Mit meinem Freund Werner Spiegel, der wie ich bei der Flieger-HJ gewesen war, machte ich mich von Mannheim aus pflichtgemäß auf den Weg zu unserer Einsatzstelle, einem Flugplatz in Langendielbach bei Hanau, wo wir wegen der ständigen Tieffliegerangriffe mit zwei Tagen Verspätung ankamen. Dort waren im Wald neue Flugzeuge der Luftwaffe abgestellt, die wegen Benzinmangel nicht mehr eingesetzt werden konnten. Als man uns, nachdem wir wegen der Verspätung zurechtgewiesen worden waren, nach Würzburg beorderte, beschlossen wir, nach Mannheim zurückzufahren. Vier Tage nach unserer Abreise waren wir wieder zu Hause, wo ich gerade rechtzeitig ankam, um zusammen mit meinen Eltern, meiner Schwester und meinem jüngeren

Bruder wegen des Artilleriebeschusses die Flucht anzutreten. Mit einem vierrädrigen Leiterwagen, auf dem sich einige Haushaltsgegenstände sowie unsere in Jutesäcke verpackten Stallhasen und Hühner befanden, gingen wir bei Nacht und Nebel zu Fuß nach Weinheim und von dort weiter zu unseren Verwandten in Kröckelbach bei Fürth im Odenwald, wo wir eine Notunterkunft in deren Bauernhof fanden.

Vor dem Einmarsch der Amerikaner wurden in Fürth die Verpflegungslager der Wehrmacht für die Bevölkerung freigegeben. Zufällig war ich gerade vor Ort, als dies geschah. Sofort besorgte ich mir einen Leiterwagen und konnte ihn mit einem Sack Zucker, einem Sack Grieß und drei Paketen Tabak beladen. Die Freude über die Zusatzernährung und den Tabak als Tauschgut war bei meiner Ankunft in unserem Notquartier natürlich groß.

Den Einmarsch der Amerikaner überwiegend dunkler Hautfarbe beobachteten mein Onkel und ich von einem Hügel aus. Es gab keinerlei Kampfhandlungen mehr, die Besetzung von Fürth und den umliegenden Dörfern verlief ohne jeden Zwischenfall. Schon kurze Zeit später machten wir uns auf den Weg zurück nach Mannheim. Wie bei der Flucht war unser Leiterwagen wieder mit den Haushaltsgegenständen und unseren Tieren beladen. Die Überladung unseres Gefährts führte auf dem Weg nach Weinheim zu einem Radbruch. Was tun? Wir wollten natürlich nicht auf unsere mühsam gerettete Habe, vor allem nicht auf die Hasen und Hühner verzichten, und so lief ich zurück nach Fürth, um von unseren Verwandten einen Pritschenwagen zu besorgen. Begleitet von dem Cousin meines Vaters, ging es zurück zur Unglücksstelle, alles wurde umgeladen, und nach einem Zwischenaufenthalt bei den Verwandten in Weinheim waren wir Anfang Mai zurück in Mannheim.

Erstaunlicherweise fanden wir unsere Wohnung genauso vor, wie wir sie verlassen hatten. Nachbarn und Mieter, die Mannheim nicht verlassen hatten, weil sie weniger ängstlich als wir waren, hatten unser Anwesen gehütet. Die für unseren Transport geliehene Pritsche wurde natürlich wie versprochen dem Verleiher zurückgebracht. Dafür sorgten der Cousin meines Vaters und ich, indem wir uns zu Fuß auf den Weg nach Fürth machten. So habe ich innerhalb kurzer Zeit die Strecke von fast 40 Kilometern dreimal zu Fuß zurückgelegt. Heimwärts konnte ich ein von uns zurückgelassenes Fahrrad benutzen.

Zurückgekehrt erfuhr ich von der Mutter meines Freundes Hans Krampf, der ein Jahr älter als ich war, dass man ihren Sohn wegen Fahnenflucht erhängt hatte. Mannheim wurde bereits von der amerikanischen Artillerie beschossen, als er bei der Durchfahrt in der Innenstadt von einem Militärfahrzeug absprang und bei der Flucht ergriffen wurde. Ob der Exekution ein Gerichtsurteil vorangegangen war, wusste niemand.

Es gab zwar auch nach dem Kriegsende Lebensmittelmarken, aber die Verpflegungssituation war schlecht. Mit Tauschgeschäften und der Versorgung am Schwarzmarkt versuchte man, über die Runden zu kommen. Wer einen Garten besaß, der konnte den Speisezettel mit Gemüse, Salat und Obst aufbessern. Viele Mannheimer fuhren nach Heidelberg, um dort in den nahegelegenen Wäldern Bucheckern zu sammeln. Wegen der vielen Sammler war die Ausbeute jedoch meist gering. Für etwa vier Kilogramm Bucheckern erhielt man in meiner Lehrfirma einen Liter Speiseöl. Da kaum jemand die vier Kilogramm zusammenbrachte und dies die Mindestabnahme war, tat man sich mit Bekannten zusammen, um das Maß zu erreichen.

In den Firmen zeigte man damals viel Verständnis für kleine Diebstähle von Gegenständen und Waren, die auf dem Schwarzmarkt gefragt waren. Ich erinnere mich daran, dass einem der gewerblichen Lehrlinge des VDO der Einfall kam, seine ausladende Knickerbockerhose mit Haselnüssen zu füllen, die damals in der Fabrik verarbeitet wurden. Der Pförtner bemerkte zwar seinen etwas seltsamen Seemannsschritt, drückte jedoch beide Augen zu, nicht ohne eine Anmerkung über die eigenartige Gangart des jungen Mannes zu machen. Infolge der prall gefüllten Hose war der Abdruck der Haselnüsse nicht zu übersehen.

Aus den USA wurden Ölsaaten eingeführt, unter anderem auch Erdnüsse, die man in Deutschland noch nicht kannte. Sie waren zum Knabbern sehr begehrt, und die Versuchung, an sie heranzukommen, war bei allen VDO-Beschäftigten sehr groß, auch bei mir. Nur wenn der Siloverwalter bei einer Besprechung im Bürogebäude war, bestand eine Chance; mitunter gelang es dann, kleinere Mengen zu erbeuten. Als eines Tages eine Besprechung nur von kurzer Dauer war, wurde einer der Diebe im Lagerbereich ertappt. Es wurde viel darüber gelacht, dass er geistesgegenwärtig ein Metermaß aus der mitgeführten Aktentasche zog, die er hatte füllen wollen, und behauptete, er müsse im Lagerbüro die Schreibtische vermessen. Dies sei zur Inventur notwendig.

Dass unsere Familie kein Verständnis für den Raub von sieben mühsam großgezogenen Stallhasen hatte – nur einer spazierte noch im Garten herum – ist nachvollziehbar, obgleich sich dieser Diebstahl sicher auch in die Kategorie Mundraub einordnen ließ. Glück hatten wir, als eines Tages ein Feldhase an unserem Haus in der Erlenstraße vorbeihoppelte und es meinem Vater und mir gelang, ihn in den Hof des Nachbarhauses zu treiben. Dort übersprang er eine fast zwei Meter hohe Mauer zum nächsten Hof, wo wir in dem Treppenzugang zur Waschküche seiner habhaft werden konnten. Er wurde in einen der freien Hasenställe gesperrt. Seine Tritte mit den Hinterläufen gegen die Stallwand störten unsere Ruhe nur eine Nacht lang, denn der folgende Tag war sein letzter.

Neubeginn und der Wiederaufbau in der Firma

Als ich 1942 meine kaufmännische Lehre bei der Firma „Verein Deutscher Oelfabriken" (VDO) begann, gab es nur geringe Bombenschäden an dem im Industriehafen gelegenen Werk, das 1887 durch den Zusammenschluss mehrerer kleinerer Ölmühlen in Süddeutschland gegründet worden war und Anfang der dreißiger Jahre zu den größten Ölmühlen Europas zählte. Meine Lehrzeit beendete ich vorzeitig mit der Einberufung zum Arbeitsdienst am 15.1.1945. Ende 1944 hatte die vorgezogene Prüfung stattgefunden.

Die Firma VDO am Bonadieshafen vor der Zerstörung

Nach Kriegsende nahm ich Anfang Mai 1945 bei meiner Lehrfirma meine Tätigkeit wieder auf, jetzt als Industriekaufmann. Das Werk war zu etwa 75 Prozent zerstört. Wo man hinsah, überall Gebäuderuinen und überwiegend zerstörte Anlagen; man wusste gar nicht, wo man beginnen sollte. Nach den Aufräumungsarbeiten stand die Instandsetzung der nur geringfügig beschädigten Dampf- und Stromversorgung im Vordergrund, es folgte die Wiederherstellung der alten Presserei-Anlage, in der die angelieferten Ölsaaten auf einen Restölgehalt von acht Prozent in den Ölkuchen reduziert wurden. Der Aufbau weiterer Anlagen ging wegen Materialknappheit nur mühsam vonstatten. Die stark beschädigte Extraktionsanlage konnte erst 1946 wieder in Betrieb genommen werden.

Sie ermöglichte die Reduzierung des Ölgehalts im Futterschrot auf zwei Prozent. Schließlich wurde auch die Raffinerie wieder aufgebaut und stark erweitert, später dann durch einen Neubau mit erheblich verbesserter Technologie versehen.

Anfangs wurden nur deutsche Ölsaaten verarbeitet. Als dann aus dem Ausland wieder Kopra, Palmkerne und Sojabohnen angeliefert wurden, stieg die Produktion stark an. Die Arbeitszeit wurde auf den ganzen Samstag und später auf Sonntag ausgedehnt. Bereits 1948 hatte die Firma die Kapazität der Vorkriegszeit wieder erreicht. Dem Aufbau der Produktionsanlagen folgten die Erweiterung der Lagerkapazitäten und die Verbesserung der Infrastruktur. Die Produktion wurde in den folgenden Jahren kontinuierlich gesteigert. Neben dem Bahn- und LKW-Versand nahm der Schiffsumschlag sowohl auf der Eingangs- als auch auf der Ausgangseite ständig zu. Die Firma erreichte schließlich einen Anteil von 16 Prozent des Mannheimer Hafenumschlags.

Der Wiederaufbau des Werkes war mit viel Mühe und großem persönlichen Einsatz verbunden. Wenn es darauf ankam, wurden von den gewerblichen Arbeitnehmern und dem technischen Personal Überstunden ohne Murren geleistet. Wir Kaufleute waren davon weniger betroffen, zumal die Firma in kluger Voraussicht nicht nur im Betrieb, sondern auch in der Verwaltung schon früh für Nachwuchs sorgte. Dass es mit der Wirtschaft aufwärts ging, war zunächst nicht zu spüren. Es dauerte auch nach der Währungsreform noch einige Zeit, bis sich die materielle Situation der Arbeitnehmer deutlich verbesserte.

Für die in der Firma Beschäftigten war etwa ab Ende 1945 die monatliche unentgeltliche Abgabe von zwei Litern Speiseöl ein unschätzbares Geschenk. Zu Hause war man immer sehr froh, wenn ich mit dem gefüllten Zweiliterkännchen ankam. Das unraffinierte Öl wurde dadurch verbessert, dass man eine Kartoffel in Scheiben schnitt und diese in einen Liter Öl gab. Die Behandlung führt nicht nur zu einer starken Bräunung der Kartoffelscheiben, sondern auch zu einer helleren Farbe des Öls und einer deutlichen Geschmacksverbesserung. Das auf diese Weise behandelte Öl war nach der Prozedur für die Verwendung in der Küche besser geeignet. Es dauerte noch einige Jahre, bis das überwiegend aus deutscher Rapssaat erzeugte Öl durch Neuzüchtung erheblich verbessert und zu einer begehrten Ölsorte wurde.

In der Ölfabrik zu arbeiten, empfand ich als Privileg. Meinen Kollegen ging es nicht anders, und dementsprechend war natürlich unser Engagement. Vermutlich hatte „unsere Firma" wegen ihrer kostbaren, in der Nachkriegszeit sehr gefragten Produkte beim Wiederaufbau gewisse Vorteile. Tauschgeschäfte waren nämlich vor der Währungsreform an der Tagesordnung, und sie wurden nicht nur von Privatpersonen betrieben.

Das Verwaltungsgebäude des VDO war kurz vor Kriegsende durch zwei Sprengbomben beschädigt worden. Es standen jedoch schon bald genügend Büroräume und Schreibtische zur Verfügung. Sehr streng wurde auf die Pünktlichkeit geachtet. Im Erdgeschoss des Treppenhauses lag jeden Morgen eine Liste mit den Namen aller Angestellten, in die sich jeder mit Unterschrift eintragen musste. Punkt 8:30 Uhr wurde die Liste von einem Mitarbeiter der Personalabteilung abgeholt, und alle, die zu spät kamen, mussten sich beim Personalleiter melden. Da niemand auffallen wollte, kam nur selten jemand zu spät. Die Sitten waren streng.

Bei der Wiederaufnahme der Arbeit von Angestellten nach einer Krankheit war es Brauch, sich beim kaufmännischen Direktor zurückzumelden. Um die dabei meist vorgetragene Geschichte des Krankheitsverlaufs nicht bis zum Ende anhören zu müssen, wurde die Erzählung von Herrn Direktor Grünewald immer mit dem Satz unterbrochen: „Kenne ich, habe ich auch schon gehabt." Eines Tages meldete sich eine junge Angestellte nach der Geburt ihres Kindes zurück und wurde kurz nach Beginn ihrer Erzählung mit dem üblichen Satz unterbrochen, der zur Routine geworden war. Ihre Erzählung des Hergangs ihrer Rückmeldung machte schnell die Runde und wurde natürlich mit großem Gelächter aufgenommen.

Irgendwann wurde mit Unterstützung der Firma zum Ausgleich für die mühevolle Arbeit und zur Entspannung eine Gesangsabteilung, später auch eine Sportabteilung gegründet. Dem Kegelclub folgte in den fünfziger Jahren eine Tennisabteilung. Die Einrichtungen waren alle gut besucht und führten zu engen Kontakten zwischen den Angestellten und den Arbeitern. Die erste Weihnachtsfeier nach dem Krieg fand in den Räumen der Firma Bopp & Reuther auf dem Waldhof statt. Danach wurde im Rosengarten gefeiert, immer mit gutem Essen und Trinken. Im Gegensatz zu den meisten anderen Mannheimer Firmen waren bei unseren Weihnachtsfeiern auch die Ehepartner eingeladen. In besonderer Erinnerung ist mir und meiner Frau die Aufführung der Operette „Das Land des Lächelns" des Heidelberger Tolksdorf-Theaters bei einer der Weihnachtsfeiern geblieben. Geselligkeit wurde in der Nachkriegszeit besonders großgeschrieben. Es gab reichlich Nachholbedarf nach den vorangegangenen Jahren.

Fruchtjoghurt und andere Streiche

Auffallend war, dass verhältnismäßig viele jüngere Angestellte beim VDO beschäftigt waren. Dies hing sicher mit dem Krieg zusammen, aus dem viele Männer nicht mehr zurückgekehrt waren. Abgesehen von der Buchhaltung und dem Verkauf waren neben einigen Schreibkräften in den kaufmännischen Abteilungen fast nur Männer beschäftigt. Der Arbeitsdruck war nicht groß. Das Betriebsklima war ausgezeichnet, und die Stimmung war vor allem bei uns jungen Leuten sehr gut. Es gab immer wieder Anlass zu Späßen, an denen sich auch die jüngeren weiblichen Angestellten beteiligten.

Ich ging gern zur Arbeit und hatte nie Probleme mit den Leuten, auf die ich täglich traf. In einigen Abteilungen waren wir, die jüngeren Angestellten, für die Herbeischaffung des Frühstücks zuständig. Niemand fand das ehrenrührig, zumal wir uns bei dem Weg in die Kantine etwas Bewegung verschaffen konnten. Die Bestellliste enthielt Wurstwaren, Brötchen, Milchprodukte und Getränke. Dass wir, die Jüngeren, auch dabei um Spaß bemüht waren, zeigt folgende Geschichte.

Herr Spindler, ein älterer Angestellter der Rohwarenabteilung, die übrigens eine der größeren Abteilungen war, bestellte täglich einen Joghurt. Wir fanden das langweilig und meinten, dass wir ihm Abwechslung verschaffen sollten. Damals hatten die Joghurtbecher einen Deckel, der sich leicht abnehmen und wieder aufsetzen ließ. Als einer oder eine von uns Frühstücksholern auf die Idee kam, eine Frucht in den Joghurt zu geben, fanden das alle großartig. Die benötigten Früchte wurden von zu Hause mitgebracht, und so erhielt denn Herr Spindler täglich anstelle des einfachen Joghurts, den es damals ausschließlich gab, einen Becher „Früchtejoghurt". Wir hätten uns das patentieren lassen sollen, denn wir waren tatsächlich die Erfinder des Früchtejoghurts, der viel später zu einem Verkaufsschlager wurde.

Bei der ersten Auslieferung des neuen Produkts wartete natürlich jeder von uns auf die Reaktion unseres älteren Arbeitskollegen, den wir heimlich beobachteten, als er wie üblich sein Frühstück mit dem Joghurt eröffnete. Fast etwas erschrocken blickte er auf die Erdbeere, die sich unvermutet auf seinem Löffel befand. Sein Ausruf ließ jedoch keinen Zweifel darüber aufkommen, dass er die Frucht erkannt hatte. Mit Unschuldsmiene sagte einer von uns, dass es sich vermutlich um ein neues Produkt handele. Allerdings, so meinte er, sei es erstaunlich, dass es dafür keine Erklärung auf der Verpackung gab. Das einwandfreie Aussehen der Erdbeere veranlasste schließlich Herrn Spindler, diese mit Genuss zu verspeisen, was wir als ersten Erfolg verbuchten.

Weniger überraschend waren für ihn dann die folgenden Tage, als neben Erdbeeren andere Früchte im Joghurt auftauchten. Wir hatten natürlich einen mordsmäßigen Spaß mit unserer Erfindung. Als Herr Spindler eines Tages berichtete, dass seine Frau bisher vergeblich im Milchwarengeschäft und auf dem Markt nach dem in unserer Kantine angebotenen Produkt suchte, waren wir hell begeistert. Schließlich kam einer von uns auf die Idee, einen Fragebogen zu entwerfen, mit welchem die Mannheimer Milchzentrale um die Beantwortung verschiedener Fragen im Zusammenhang mit ihrem Testprodukt bat. Es wurde da unter anderem nach der Vorliebe für bestimmte Früchte gefragt und natürlich auch, ob das Produkt gut ankomme, also marktreif sei. Als Herr Spindler diesen Fragebogen am nächsten Tag ausgefüllt abgab, war dies zweifellos der Höhepunkt unserer Aktion. Mangels weiterer Ideen brachen wir sie danach jedoch ab und gestanden Herrn Spindler unseren Streich, als er nunmehr nur noch sein einfaches Joghurt erhielt. Eigentlich hatten wir nicht erwartet, dass er so sehr verärgert sein würde, dass er mehrere Wochen lang mit keinem von uns sprach. Er nahm es uns übel, dass wir ihn gefoppt hatten. In unserem jugendlichen Übermut und bei dem Spaß, den wir dabei gehabt hatten, konnten wir dies jedoch leicht verkraften.

Ein weiterer häufig geübter Scherz bestand darin, kurz nach der Mittagspause die Gangtür vor dem Büro des Direktors mit lautem Knall zufallen zu lassen und dann schnell zu verschwinden. Jeder wusste, dass Herr Direktor Kollmar um diese Zeit seinen täglichen Mittagsschlaf hielt. Wir hörten, dass er mitunter wütend aus dem Zimmer stürzte. Erwischt hat er niemanden.

Einige der jungen Frauen überbrückten freie Zeiten mit dem Stricken. Wenn sie den Raum verließen und ihr Strickzeug nicht mitnahmen, um auf stillen Orten weiterzustricken, dann konnte es geschehen, dass unser Kollege Richard Specht die Gelegenheit nutzte, seine Fähigkeit unter Beweis zu stellen, denn er führte die Strickarbeit einfach weiter, selbstverständlich nicht so, wie es sein sollte. Es gab immer Überraschungen, wenn die betreffende Kollegin ihre Strickarbeit fortsetzte. Das Gelächter war groß.

Von den älteren Angestellten gefiel uns Jüngeren einer ganz besonders gut, da er immer zu Scherzen und Unsinn aufgelegt war. Es war dies Emil Buckel, der ohne vorhergehende Ankündigung mitunter auf seinen Schreibtisch sprang, um dort einen Tanz oder eine Gesangseinlage darzubieten. Natürlich tat er dies nur, wenn kein Vorgesetzter in der Nähe war. Wir klatschten Beifall, was ihn zu immer ausgelasseneren Tänzen anspornte. Er war nebenbei ein eifriger Händler mit allen möglichen Gegenständen. Zweifellos war er ein sehr versierter Schwarzmarkthändler. Emil Buckel war der erste Angestellte, der sich ein Auto leisten konnte, einen zweisitzigen Kleinwagen von Gutbrod. Es gab niemanden in der Firma, der über dieses außergewöhnliche Ereignis nicht informiert war. Leider wurde ihm dieses Fahrzeug zum Verhängnis, denn er verunglückte bereits einige Monate nach dem Kauf des Wagens auf der Autobahn tödlich.

Wie unbeschwert und mitunter wenig sensibel wir jüngeren Angestellten des VDO waren, zeigt folgende Geschichte. Ein etwa dreißig Jahre alter Kollege, der Botendienste und einfachere kaufmännische Arbeiten verrichtete und von etwas schlichtem Gemüt war, wurde von uns immer wieder dazu aufgefordert, sich von den älteren Angestellten nicht alles gefallen zu lassen. Eine seiner Aufgaben bestand darin, täglich die eingegangene Post in der Postabteilung abzuholen. Er hatte dies bisher auch immer pünktlich getan. Der Spruch, den er von uns mit dem Hinweis zu hören bekam, dass er nicht den Dackel für die älteren Angestellten machen müsse, lautete auf gut Mannemerisch: „Ma muss aach ämol nä sage känne." Und tatsächlich verweigerte unser Herr Wahl eines Tages den gewohnten Gang in die Postabteilung. Als einer der Sachbearbeiter ihn aufforderte, wie gewohnt die Post zu holen, sagte er schlicht nein. Wiederholten

Aufforderungen kam er nicht nach. Auch die Drohung, dass seine Arbeitsverweigerung dem Direktor gemeldet werde, fruchtete nicht. Herr Wahl blieb standhaft, denn er wollte „aach ämol nä sage".

Wir Jungen beobachteten natürlich gespannt das Schauspiel. Was würde geschehen? Schließlich ging einer der Angestellten tatsächlich zu Herrn Grünewald, dem kaufmännischen Direktor. Dieser ließ den aufmüpfigen Herrn Wahl sofort „vorreiten", so nannten wir das, wenn jemand zu einem Vorgesetzten gerufen wurde. Von dem Ankläger, der bei dem Gespräch des Direktors mit dem Arbeitsverweigerer zugegen war, erfuhren wir den Hergang der sehr ernsthaft geführten Unterhaltung. Auf die Frage, warum er es ablehne, seine Aufgabe wahrzunehmen, die er doch bisher so gewissenhaft erledigt hatte, antwortete Herr Wahl, wie wir es ihm beigebracht hatten: „Ma muss aach ämol nä sage känne." Wenigstens einmal hatte er nein gesagt. Weder der Herr Direktor noch alle anderen – außer uns jungen, übermütigen Angestellten – konnten sich einen Reim darauf machen, wieso Herr Wahl ohne ersichtlichen Anlass eine solche Unbotmäßigkeit begangen und diese auf seltsame Weise begründet hatte. Er wurde natürlich wegen seines Verhaltens gerügt. Er hat danach bestimmt nie wieder die Arbeit verweigert. Bei seinem schlichten Gemüt kam er nicht auf die Idee, uns Vorwürfe zu machen. Schließlich hatte er den von ihm verlangten Mut bewiesen.

In der Gehaltsabrechnung war jahrzehntelang Fräulein Walter tätig, die, wie das damals häufig der Fall war, als „Fräulein" angesprochen werden wollte. Wegen ihrer starken Zurückhaltung gegenüber dem männlichen Geschlecht nannten wir sie die „eiserne Jungfrau". Es gab noch einige andere Titel, die wir jungen Angestellten uns damals für Kolleginnen und Kollegen ausdachten, die durch irgendwelche Besonderheiten auffielen. Die wenigsten wussten, wie wir sie unter uns nannten. Eines Tages tauchte einer meiner jungen Kollegen mit einem aufblasbaren Luftkissen in der Firma auf, das vermutlich nicht ganz dicht war, denn beim Draufsetzen entstanden Geräusche, die sich unanständig anhörten. Als Opfer für einen Spaß wurde die „eiserne Jungfrau" auserkoren. Als sie den Raum verließ, wurde unter ihr Sitzkissen das Luftkissen platziert, und wir erlebten dann sehr zu unserem Vergnügen, dass sich bei der Einnahme ihres Arbeitsplatzes die Gesichtsfarbe von Fräulein Walter stark veränderte. Über unseren Spaß war sie äußerst empört, und wir zeigten insofern Reue, als wir sie nie wieder in ähnlicher Weise in Verlegenheit brachten.

Einer der jüngeren Angestellten besaß schon früh ein Auto, das er wie seinen Augapfel hütete. Bevor er den Firmenparkplatz verließ, betrachtete er es stets wohlgefällig von allen Seiten, und er warf auch nach einigen Schritten immer noch einen Blick zurück auf seinen PKW. Eines Tages kam einer von uns auf die Idee, unter den Motorraum des so sehr geliebten Autos Öl zu schütten. Wie zu erwarten war, bemerkte unser Kollege dies sofort und fuhr, wie er uns berichtete, noch am gleichen Tag zu seiner Werkstatt, die allerdings keinen Schaden feststellen konnte. Das Experiment wurde an den folgenden Tagen wiederholt und führte, wie zu erwarten war, zu der gleichen Reaktion, nämlich jedes Mal zur Fahrt in die KFZ-Werkstatt. Das Ergebnis der Überprüfung war natürlich auch immer dasselbe. Als wir ihm nach einiger Zeit von unserer Untat berichteten, war er natürlich sauer. Wir erfuhren von ihm, dass die Meister der Werkstatt irgendwann geflüchtet seien, wenn sie seiner ansichtig wurden. Sie müssen ihn für verrückt gehalten haben.

Klaus Wagner

Von den Fronäckern in den Beruf

Meine Eltern wohnten am Kriegsende mit ihren Kindern, sechs Buben und drei Mädchen auf der Rheinau in der Fronäckerstraße 1a. Mein Vater war Schreinermeister, er hatte die Chance zum Erwerb eines Siedlungshauses des Reichsheimstättenwerkes genutzt, das 1934 teilweise mit Eigenhilfe erbaut wurde. 32 Häuser des gleichen Typs mit einer Wohnfläche von 65 Quadratmetern entstanden damals im Casterfeld. Kinderreiche Familien wurden bei der Zuteilung bevorzugt. Die Nachfrage muss groß gewesen sein. In einem anschließenden Nebengebäude befanden sich eine Waschküche, eine Toilette und Platz für Schweine-, Ziegen-, Hühner- und Hasenställe. Zur Wasserversorgung hatte man Brunnen geschlagen. Das Abwasser wurde in einer Grube gesammelt, die von Zeit zu Zeit ausgepumpt wurde. Verständlicherweise wohnten wir sehr beengt, aber als Kind machte ich mir darüber keine Gedanken. Irgendwie hatte jeder sein Bett und auch einen Platz am Esstisch.

Mein Vater arbeitete in Neckarau bei der Firma Stotz, die zu BBC gehörte. Als diese nach Heidelberg verlegt wurde, hat er sich selbständig gemacht und war überwiegend als Bauschreiner tätig. Die zuvor sehr nützliche Haltung von Hühnern und Hasen wurde eingestellt, denn es musste Platz geschaffen werden für den Bau einer Werkstatt, in der wir Kinder spielten, wenn es regnete. Der große Garten hinter dem Haus wurde zum Anbau von Gemüse und Obst benutzt. Das wenig beliebte Gießen und Unkrautbeseitigen gehörte zur Aufgabe von uns Kindern. Mein älterer Bruder erlernte das Schreinerhandwerk und war ab 1950 bei meinem Vater beschäftigt, ein Zeichen dafür, dass der Schreinereibetrieb gut ging. Die Werkstatt diente übrigens bei Familienfeiern wie etwa der Kommunion, zu der einige Verwandte eingeladen wurden, als Ausweichquartier. Dort wurde vorübergehend das Schlafzimmer untergebracht.

Aus der Zeit im katholischen Kindergarten habe ich nur die Erinnerung an eine äußerst strenge Schwester namens Waltreta. Ab 1948 besuchte ich die Volksschule in Rheinau, wo wir in den ersten beiden Schuljahren eine sehr gute junge Lehrerin hatten. Ihr Nachfolger war ein ausgesprochener Barraskopp, der vermutlich entnazifiziert worden war und uns mit Boxhieben traktierte, wenn wir Fehler machten. Meine Zeugnisnoten waren von da an deutlich schlechter. Die Klassenstärke nahm in meinen ersten Schuljahren durch den Zuzug von Flüchtlingen immer mehr zu. Ich meine, dass sie bei über 50 Schülern lag. Im Kommunions- und Religionsunterricht hat uns Pfarrer Egger übrigens ungehemmt an den Ohren gezogen, wenn er etwas zu beanstanden hatte. In den drei letzten Schuljahren war Herr Armbruster unser Lehrer, bei dem mir das Lernen wieder Spaß machte, was in den Noten zum Ausdruck kam. Der Werklehrer

Friedreich war Kunde meines Vaters, der sich mit ihm eines Tages über meine Berufsaussichten unterhielt. Meinem Vater war es klar, dass ich mich nicht für einen Handwerksberuf eignete, und mein Lehrer war der gleichen Auffassung. Aber keiner von beiden hatte eine Idee, welches denn der richtige Beruf sein könnte. Als dann im letzten Schuljahr ein Vortrag des Arbeitsamtes zum Thema Berufswahl stattfand, bei dem auch einiges über den Beruf des Kaufmanns gesagt wurde, dachte ich, das könnte der richtige Beruf für mich sein. Als ich zu Hause diesen Berufswunsch äußerte, war mein Vater sofort damit einverstanden. Mit dem Argument, dass die sitzende Tätigkeit nicht gesund sei, gab er mir gleich den Rat, Sport zu treiben, was dazu führte, dass ich umgehend in die TSG Rheinau eintrat. Außer mir haben aufgrund der damaligen Berufsberatung zehn meiner Mitschüler den Kaufmannsberuf gewählt.

Meine Klasse am Ende der Schulzeit im Hof der Rheinauschule
(Autor oben 3.v.r.)

Nun ging es um eine geeignete Lehrstelle. Ich hätte bei der MVV anfangen können, aber dann hätte ja die Arbeitsstelle in der Stadt gelegen. Sie war zwar mit dem Fahrrad zu erreichen, aber im Winter und bei extrem schlechtem Wetter wäre Fahrgeld für die Straßenbahn zu zahlen gewesen. Als mein Vater bei einem Kneipenbesuch von dem Geschäftsführer der Firma Gebrüder Braun erfuhr, dass er einen Lehrling suchte, fiel die Entscheidung zugunsten dieser Firma nicht schwer, denn sie hatte ihr Büro und die Produktionsstätte im Edinger Riedweg, also nicht allzu weit von unserem Haus entfernt. Beschäftigt wurden dort in der Produktion und den Reparaturen von Ketten und Hebezeugen etwa 40 Arbeiter. Im Büro waren fünf Angestellte tätig, zu denen ich nun als Lehrling dazukam.

Verständlicherweise war meine Ausbildung zum Industriekaufmann in der gewählten Firma mehr als bescheiden, denn es konnten mir dort nur einige Kenntnisse in der Auftragsannahme und -bearbeitung, im Versand, in der Buchhaltung und dem Schreiben von Briefen sowie dem Ausfüllen von Formularen vermittelt werden. Schon bald war ich alles andere als ein Lehrling, sondern wurde nach Bedarf auf den vorhandenen Arbeitsplätzen eingesetzt. Ab dem zweiten Lehrjahr war ich bestimmt eine billige vollwertige Arbeitskraft. Ich war schon damals entschlossen, die Firma sofort nach der Lehrzeit zu verlassen. Warum ich dies nicht bereits in der Probezeit tat, hing sicher mit meinem jugendli-

Als Sechzehnjähriger in unserem Garten

chen Alter zusammen, vielleicht auch, weil ich die Situation zu spät erkannte, oder wegen der Bekanntschaft des Geschäftsführers mit meinem Vater. Zum Glück war meine Ausbildung in der Berufsschule sehr gut, und mein Zeugnis konnte sich sehen lassen.

Aufgrund einer Anzeige im Mannheimer Morgen bewarb ich mich einige Monate nach dem Ende meiner Lehrzeit bei der Sunlicht AG, die drei Jungkaufleute suchte. Einer meiner Brüder, der in der Sunlicht als Werkzeugmacher arbeitete, riet mir zu, mich zu bewerben, und versprach, mir ein neues Fahrrad zu kaufen, wenn ich Erfolg mit meiner Bewerbung haben würde. Als ich die Zusage erhielt, war das Geschenk meines Bruders fällig. Es war eine Zugabe, die nicht nötig gewesen wäre, und am 1. Januar 1960 begann bei der renommierten Firma Sunlicht AG, die zum Unilever-Konzern gehörte, mein richtiges Berufsleben. Dass die Firma direkt vor der Haustür lag, war reiner Zufall.

In meiner neuen Firma sollte ich in der Abteilung Betriebsstatistik eingesetzt werden, in der am Jahresende viel zu tun war, weshalb der Abteilungsleiter, Herr Franz, die sofortige Einarbeitung mit der Begründung ablehnte, dass dafür niemand Zeit habe. Die Lösung des Problems war schnell gefunden, ich wurde für zwei Monate an die Abteilung Rechnungskontrolle überstellt. Dort lernte ich außer dem Abteilungsleiter Mosler noch zwei seiner männlichen Mitarbeiter und zwei weibliche Angestellte kennen, alles liebe Menschen, die mich als Neuling mit den Arbeiten vertraut machten, jedoch auch sofort zu erkennen gaben, dass ich als der jüngste Kollege das Frühstück in der Werkskantine zu besorgen hätte. Das war kein Problem für mich, allerdings war ich sehr erstaunt, dass auf dem Bestellzettel nicht nur Brötchen, Wurst und Käse standen, sondern auch Bier. Drei Flaschen Bier waren zu besorgen, für jeden der männlichen Kollegen eine Flasche, die täglich zu dem ausgiebigen Frühstück gehörten. Meine Anpassung ging nicht so weit, dass ich mich dem Brauch angeschlossen hätte.

Herrn Mosler, dessen Stelle als Abteilungsleiter ich einige Jahre später einnehmen sollte, lernte ich damals als einen sehr humorvollen, gradlinigen Berliner kennen, der recht deftige Sprüche parat hatte. Einer davon, der stets dann zu hören war, wenn sich jemand aufspielte, lautete: „Der macht aus jedem Furz einen Donnerschlag." Als er eines Tages zur Beantwortung einer Frage zum Werksdirektor gerufen wurde und dieser ihn beim Verlassen des Raumes bat, ein Schriftstück mitzunehmen, weigerte er sich mit den Worten: „Ich bin doch kein Bürobote." Zu einer solchen Verweigerung bedurfte es damals einer Menge Zivilcourage, und die hatte Martin Mosler, der – wie allen bekannt war – von seiner Frau „Männe" genannt wurde.

Wie ursprünglich vorgesehen, kam ich nach zwei Monaten in die Abteilung Betriebsstatistik, zu der acht Leute gehörten, die mit der Erfassung von Daten aus dem Betrieb und der Erstellung von Abrechnungen sowie dem Ausweis aller relevanten Verbrauchs- und Leistungsdaten des Werkes beschäftigt waren. Die maschinelle Ausstattung der Abteilung war bescheiden, sie war jedoch nicht viel anders als in den meisten Abteilungen der Großbetriebe. Während in der Kalkulationsabteilung bereits elektromechanische Rechenmaschinen im Einsatz waren – Computer gab es noch längst nicht – mussten wir uns mit Rechenmaschinen des Typs Thales bescheiden, bei denen mit Hilfe einer Handkurbel die Ergebnisse von Additi-

Meine Kollegen der Kalkulationsabteilung und der Betriebsstatistik mit den beiden Abteilungsleitern Grambitter (2.v.r. oben) und Franz (4.v.r. oben)

onen, Subtraktionen, Multiplikationen und Divisionen ermittelt wurden. Nach kurzer Einarbeitung war ich in der Lage, wie alle meine Kollegen die erfassten Betriebsdaten mit Hilfe der maschinellen Unterstützung zu verarbeiten. Die Ergebnisse dienten der Kontrolle der einzelnen Herstell- und Abpackbetriebe und waren Basis für die Arbeiten der Kalkulationsabteilung. Die Arbeit ist mir nicht schwergefallen, zu den Kollegen hatte ich ein gutes Verhältnis, und der Abteilungsleiter, Herr Franz, der neben guter Arbeitsleistung Wert auf Pünktlichkeit legte, hatte an meiner Arbeit nichts auszusetzen.

Der älteste Kollege der Abteilung war ein Sudentendeutscher, der bis zum Kriegsende bei der Konzernfirma Schicht in Aussig gearbeitet hatte und als Vertriebener nach Mannheim gekommen war. Er war der Stellvertreter des Abteilungsleiters und zog bei dessen Urlaub in das Zimmer unseres Chefs um, was von allen belächelt wurde. Meine Kollegen erzählten mir, dass er über das erste Spiel der Deutschen Fußballmannschaft gegen die Tschechoslowakei äußerst empört gewesen war. Er war nämlich der Auffassung, dass man mit Menschen, die an der Vertreibung der Deutschen schuld gewesen sind, nicht reden, geschweige denn Fußball spielen könne. Dass er in der Sunlicht sein 50-jähriges Jubiläum feierte, bedeutet, dass er ab seinem 14. Lebensjahr beim Unilever-Konzern tätig gewesen ist. An seine Jubiläumsfeier kann ich mich deshalb noch gut erinnern, weil er sich die Kaisersonate als musikalische Begleitung gewählt hatte und, nachdem die Melodie des Deutschlandliedes verklungen war, eine deutschnationale Rede hielt, an deren Ende das Gedenken an die für das Vaterland Gefallenen stand, wobei er die Anwesenden aufforderte, sich von den Plätzen zu erheben. Nur seine Tochter, die auch in der Firma arbeitete, kam dem nach. Es war eine äußerst peinliche Veranstaltung, die der Abteilungsleiter Mosler, ein aufrechter Sozialdemokrat, nicht bis zum Ende ertragen konnte. Mitten in der Rede des Jubilars stand er auf, stieß seinen Stuhl um und verließ laut protestierend den Saal.

Ich war mit der Atmosphäre und den Arbeitsbedingungen, die ich in meiner neuen Firma antraf, sowie auch mit der Bezahlung mehr als zufrieden, zumal die an den Quartalsenden notwendigen Überstunden gut bezahlt wurden. Zu Weihnachten gab es eine Gratifikation in Höhe eines Monatsgehaltes, es gab eine geregelte Urlaubszeit, einen Beitrag der Firma zur Pensionskasse, eine Betreuung durch einen Werksarzt und einmal jährlich einen Betriebsausflug und eine Weihnachtsfeier. Meine Freizeit war durch das Fußballtraining bei der TSG Rheinau und die Spiele in der Jugend- und Juniorenliga bis zu meiner Knieverletzung ausgefüllt. Nach der Verletzung konnte ich zu meinem großen Bedauern nicht mehr Fußball spielen. Immer mehr wurde mir die Enge zu Hause bewusst, und als ich meine Frau kennenlernte, die im Labor der Sunlicht arbeitete und der es ähnlich wie mir ging, was die Wohnungsverhältnisse betraf, waren wir schon bald entschlossen zu heiraten. Ich war 22 Jahre alt, als 1964 unsere Hochzeit stattfand und wir in eine Wohnung in der Nähe des Tattersall zogen. Täglich fuhren wir nun gemeinsam mit der Straßenbahn bis zur Haltestelle Casterfeldstraße, um von dort aus durch die Bahnunterführung unmittelbar am Werkstor der Sunlicht unsere Arbeitsstelle zu erreichen. Ein Auto haben wir uns erst 1971 geleistet. Wir hatten kurz zuvor beide den Führerschein gemacht.

Geschichten aus dem Berufsleben

Beim Kramen in Erinnerungen fällt einem vieles ein, was heute nicht mehr vorstellbar ist. Manches von dem, was ich hier berichte, habe ich selbst erlebt, einiges stammt aus Erzählungen älterer Kollegen der Firma Sunlicht, in der ich seit Januar 1960 als kaufmännischer Angestellter tätig war.

Die Arbeitszeit begann für alle Angestellten morgens um 7:15 Uhr, ganz gleich, ob sie in der Verwaltung oder im Labor beschäftigt waren, was für Langschläfer eine Zumutung war. Aber der Betriebsrat hatte die Meinung der Frühaufsteher vertreten, die Wert darauf legten, abends möglichst lange ihren Hobbys nachgehen zu können, und die Werksleitung hatte zugestimmt. Auf die strenge Einhaltung der Arbeitszeit bestanden alle Abteilungsleiter, denn Disziplin wurde großgeschrieben. Ausnahmen wurden nicht zugelassen, auch wenn ein Angestellter damit argumentierte, dass er die Verspätung abends nachholen werde. In der Kalkulationsabteilung machte der Chef kurz nach 7:30 Uhr seine Runde und begrüßte jeden Einzelnen mit Handschlag. Wenn er im Laufe des Vormittags in die Abteilung kam, dann wurde derjenige, der zu spät gekommen war, nun auch mit Handschlag begrüßt, und zwar ganz locker mit den Worten: „Guten Morgen, wir haben uns ja heute noch nicht gesehen." Mein Abteilungsleiter begrüßte uns jeden Morgen auch mit Handschlag. Er bestand darauf, dass man sich bei Verspätung bei ihm meldete und den Grund dafür nannte.

Der Chef der Kalkulationsabteilung legte Wert darauf, immer die qualifiziertesten Angestellten zu haben. Bei Neueinstellungen hatte er stets die erste Wahl. Selbstverständlich hatte seine Abteilung auch die beste Ausstattung, zu der ab Mitte der fünfziger Jahre ein „Wunderwerk der Technik", nämlich ein Friden-Automat gehörte, eine elektromechanische Rechenmaschine, die schnell und exakt sämtliche Rechenoperationen bewältigte. Er war so teuer wie ein VW, der damals für 4.000 D-Mark zu erwerben war. Die Entscheidung zugunsten des teuren Gerätes soll in der Weise gefallen sein, dass dazu mehrere „Wettkämpfe" stattfanden. Ältere, versierte Angestellte, die sehr gut im Kopfrechnen waren und mit den bisher benutzten mechanischen Rechengeräten, die mit einer Kurbel zu bedienen waren, umgehen konnten, traten gegen einige weniger geschickte Jüngere an, die sich mit dem probeweise zur Verfügung gestellten neuen Gerät vertraut gemacht hatten. Gesiegt haben die Jüngeren, und damit war die Entscheidung zugunsten des „Wundergerätes" gefallen. Lange Zeit standen nur der Kalkulationsabteilung, die als die kaufmännische Eliteabteilung angesehen wurde, die teuren Friden-Automaten zur Verfügung.

Wenn man für seine Arbeit Informationen aus dem Betrieb benötigte, konnte das nur in der Mittagspause des Werksdirektors geschehen. Warum? Weil der Werksdirektor keine Kaufleute im Betrieb duldete, da er sie als Spione betrachtete. Nur über ihn und die Produktionsleiter sollten Informationen weitergegeben werden. Kaum zu glauben, aber so war das damals.

Einer der älteren Kollegen, Herr Schuhmann, hatte stets guten Kontakt zu uns Jüngeren. Dies bewahrte ihn jedoch nicht vor einem Scherz mit von uns erwarteten Erklärungsschwierigkeiten gegenüber seiner Frau. Eine kleine Menge Parfüm im Betrieb zu beschaffen, war nicht schwierig. Die Innenseite seines Hutes damit einzureiben ging problemlos vonstatten, denn Herrn Schuhmanns Hut lag offen in einem der im Gang aufgestellten Garderobenständer. Am Tag nach dem Streich erzählte uns Herr Schuhmann lachend, dass er zwar den Geruch schon auf dem Heimweg in die Nase bekommen hatte, jedoch nicht feststellen konnte, wo sich die Duftquelle in seiner Kleidung befand. Bevor seine Frau den Geruch wahrnehmen konnte, hatte er ihr erklärt, dass der intensive Duft nicht von einer Dame stamme, sondern dass es sich vermutlich um einen Streich seiner jungen Kollegen handele, die ihn in Verlegenheit bringen wollten. Der Hut als Ausgangspunkt des Geruchs konnte von beiden nach einigem Schnüffeln eruiert werden.

Als ich zur Sunlicht kam, war mein Abteilungsleiter nicht mehr der Jüngste. Es wurde erzählt, dass er ein sehr guter Turner gewesen und dass ein Handstand auf einem Tisch oder einem Stuhl kein Problem für ihn gewesen sei, was er gelegentlich auch bei Zechgelagen nach der Arbeitszeit gezeigt habe. Mitunter sei er im Handstand aus dem Wirtshaus und einmal sogar auf die Altriper Fähre spaziert. Er war ein anerkannter Fachmann, was die Betriebsabrechnung anbelangte, hatte gute Kontakte zu den Betriebsleuten und genoss großes Ansehen. Ich mochte seinen trockenen Humor, den einige seiner Leute nicht immer verstanden. Manche fürchteten ihn sogar, was absolut unbegründet war.

Damals machten zwei Geschichten die Runde, welche Herrn Dr. Zimmermann, den Leiter des Betriebslabors, betrafen. Er war ein sehr musischer Mensch, der sich gern ausführlich mit allen Leuten unterhielt, die sich für Musik und Kunst interessierten. Darüber konnte er seine Aufgaben leicht vergessen. In die Firma kam er unabhängig von jedem Wetter mit einem Moped, einem kleinen Motorrad mit etwa 50 ccm Hubraum.

Folgende Geschichte machte die Runde: Eines Tages kam der Werksdirektor bei seinem täglichen Betriebsrundgang mit dem Produktionsleiter und zwei

Betriebsassistenten in das Büro von Dr. Zimmermann, um ihn wegen einiger Vorkommnisse in seinem Bereich zur Rede zu stellen. Dr. Zimmermann hörte sich die lautstark vorgetragene Anklage in aller Ruhe an. Statt darauf zu antworten, ging er an seinen Garderobenschrank, holte seine dort verwahrte Geige heraus und spielte das Lied „Du bist verrückt, mein Kind". Der Werksdirektor soll daraufhin mit seinem Anhang schimpfend den Raum verlassen haben.

Die zweite Geschichte erlebte einer der Betriebsassistenten. Sie hängt mit dem Fahrzeug zusammen, mit dem Dr. Zimmermann täglich ins Werk fuhr. An Samstagen musste immer ein Betriebsassistent im Werk Dienst tun. Damit waren Rundgänge mit Kontrollaufgaben verbunden. Dr. Zimmermann hatte damit nichts zu tun. Es war daher erstaunlich, dass er an einem Samstag mit seinem Moped ankam, es nicht wie üblich auf dem Parkplatz abstellte, sondern durch die Fabrikstraße in Richtung Betriebslabor fuhr. Bei dem Betriebsrundgang des Assistenten wollte dieser wissen, was denn den lieben Dr. Zimmermann ins Werk geführt habe. Als er die Tür zu dessen Büro öffnete, bot sich ihm ein ungewöhnliches Bild. Auf dem Boden lagen alle Teile des Mopeds verstreut umher, und mittendrin saß Dr. Zimmermann in seinem weißen Laborkittel. Der Besucher störte ihn keineswegs. Er erklärte ihm die einzelnen Teile, die er nach gründlicher Reinigung wieder zusammensetzen wollte, was ihm offensichtlich gelungen ist, denn einige Stunden später brauste er mit seinem überholten Gefährt davon.

Der Betriebsrat hatte in der Sunlicht eine starke Stellung. Sein Kampf gegen die Einführung von Getränkeautomaten ist mir noch in Erinnerung. Bier wurde in beachtlichen Mengen täglich in der Kantine verkauft und kastenweise in den Betrieb transportiert. Die immer wieder versuchte Durchsetzung eines Alkoholverbots lehnte der Betriebsrat strikt ab, denn keiner der Betriebsräte konnte sich vorstellen, dass jede einzelne Flasche aus einem Automaten gezogen werden sollte. Schließlich mussten sie aber dem massiven Druck der Hamburger Firmenleitung nachgeben. Die Kompromisslösung bestand darin, dass im Hauslager, in dem die Firmenangehörigen Unilever-Produkte zu Sonderpreisen kaufen konnten, nach wie vor Kastenbier verbilligt angeboten wurde. Der Kampf gegen das Alkoholverbot hielt lange an. Ich meine, dass ihn die Werksleitung erst in den neunziger Jahren gewonnen hat.

Eine Episode besonderer Art steht in diesem Zusammenhang. Sie betrifft das Rangierpersonal des Rheinauer Bahnhofs, das sich an den günstigen Einkäufen im Hauslager der Sunlicht beteiligte. Warum auch nicht, wenn es keine Transportprobleme gab? Und die gab es nicht, denn mit der Lokomotive wurde die Ware zum Ort des Verbrauchs bzw. der Verteilung oder des Weiterverkaufs transportiert. Eines Tages geschah Folgendes: Eine Lokomotive hielt ohne Wagen auf dem hinter dem Werk liegenden Gleis. Zwei Eisenbahner stiegen aus, jeder mit einem leeren Bierkasten in der Hand. Sie zogen an einer ihnen offensichtlich bekannten Stelle den losen Zaun hoch und liefen über das Werksgelände zum Hauslager. Bewaffnet mit zwei vollen Kästen des köstlichen Eichbaumbiers gingen sie seelenruhig zurück zu ihrem Fahrzeug und dampften in Richtung Bahnhof Rheinauhafen davon. Wie häufig dies zuvor geschehen war, konnte nicht festgestellt werden. Es handelte sich ganz bestimmt nicht um einen Einzelfall. Eingestellt wurde diese Art des Warenflusses quer durchs Werk erst nach der Reparatur des Zauns. Die Schilderung vermittelt einen Eindruck von den damaligen Sicherheitsmaßnahmen.

Die Löhne und Gehälter wurden bis in die siebziger Jahre bar ausgezahlt. Das dafür benötigte Bargeld wurde in der im Voraus ermittelten Stückelung von einem Pförtner bei der Bank abgeholt, der für diesen Dienstweg eine Pistole zur Verfügung hatte. Ich bezweifle, dass er damit umgehen konnte, denn geübt hat er damit bestimmt nie. Das gute Stück lag noch lange nach seiner Verwendung in einem Tresor beim Werkschutz.

Die Arbeiter erhielten jede Woche am Freitag ihren Lohn, den die Meister auszugeben hatten. Er wurde pfenniggenau eingetütet. Wenn beim Eintüten von den beiden in der Kasse beschäftigten Angestellten ein Fehler gemacht wurde, was mitunter geschah, dann konnte es einige Stunden dauern, bis er bereinigt war. Es musste nämlich in den Lohntüten so lange gesucht werden, bis der Fehler gefunden war. Bei den mehr als tausend gewerblichen Arbeitern musste der Fehler in einer der mehr als tausend Lohntüten stecken. Auch bei Pfennigbeträgen gab es kein Pardon. Das Prinzip galt natürlich auch in der Buchhaltung, wenn monatlich die manuell geführten Konten aufaddiert wurden. Fehlersuche war immer etwas Schreckliches, und Mitarbeiter, die beim Addieren zu Fehlern neigten, wurden von diesen Aufgaben ausgeschlossen.

Wir Angestellten wurden am Monatsende in das Büro des Personalleiters bestellt, um dort unser Gehalt in einer Tüte in Empfang zu nehmen. Die Sekretärin rief nacheinander in den Abteilungen an, wenn der Personalleiter zu dieser Aktion bereit war. Er führte dann bei der Aushändigung der Tüten je nach Laune mit dem einen oder anderen Angestellten ein Gespräch, sodass sich vor seinem Büro mitunter eine lange Schlange bildete, was ihn keineswegs störte.

Der Betriebsrat wehrte sich lange Zeit gegen die bargeldlose Zahlung der Löhne und Gehälter. Hauptargument: Nicht jeder habe ein Konto, auf das der Lohn überwiesen werden könne. Außerdem würden Kontogebühren anfallen, die allerdings die Firma übernehmen wollte. Andere näherliegende Gründe, zu denen die unmittelbare Verfügbarkeit von Bargeld zählt, vielleicht auch die Verheimlichung des ausgezahlten Betrages dem Ehepartner oder den Eltern gegenüber, wurden nicht genannt. Irgendwann kam aber dann doch der Durchbruch. Der Fortschritt lässt sich nicht aufhalten.

Vieles, was damals in den Firmen üblich war, ist heute nicht mehr vorstellbar.

Freizeitvergnügen mit Unterstützung der Firma

Als ich zur Sunlicht kam, kannte ich als langjähriger aktiver Fußballspieler der TSG Rheinau einige Betriebsangehörige, die zur Fußballmannschaft der Sunlicht gehörten, und ich kannte auch einen der Meister, der Schiedsrichter des Badischen Fußballverbands war. Leider war ich durch meine Knieverletzung nicht mehr in der Lage, mich dem Betriebssport zu widmen, den es damals in vielen Großfirmen gab. Dass der Meister des Fertigwarenlagers, der aktiver Fußballer war und die Firmenmannschaft trainierte, bei den Einstellungen Fußballspieler vorzog, war kein Geheimnis. Wenn es um die Konzernmeisterschaft ging, die unter Beteiligung aller deutschen Konzernfirmen ausgetragen wurde, dann waren an Wochenenden Reisen notwendig, die meist um ein oder zwei Werktage verlängert wurden. Das war vor allem dann der Fall, wenn die Mannschaft das meist in Hamburg ausgetragene Endspiel erreichte, was mehrmals geschehen ist. Der Einspruch des für den Lagerbetrieb verantwortlichen Managers gegen die mehrtägige Freistellung mehrerer seiner wichtigen Leute im Verladebetrieb nützte nichts. Die Verladungen mussten eben ohne Rücksicht auf Kundenwünsche dem verfügbaren Personal angepasst werden. Auf die errungenen Meisterschaften, von denen einige zu verzeichnen waren, sind nicht nur die Beteiligten, sondern ist auch die Mannheimer Personalleitung sehr stolz gewesen. Einige Pokale zierten die dafür angeschaffte Vitrine im Speisesaal der Firma.

Die Firmenmannschaft von 1956 (Autor unten 1.v.l)

Mit Fußballspielen war es für mich nichts, aber da war ja noch der Tennisverein, der die besondere Unterstützung des Personalleiters genoss, der selbst Tennisspieler war. Kurz entschlossen kaufte ich mir einen Tennisschläger und nahm Stunden bei einem von der Firma engagierten Tennislehrer, allerdings nicht bei den bekannten Tennisgrößen Feldbausch und Peter Graf, die auch als Tennislehrer zeitweise bei der Sunlicht tätig waren. Obwohl mir mein Knie bei der neuen Sportart häufig Schmerzen bereitete, bin ich ein eifriger Tennisspieler geworden. In den Sommermonaten waren die drei auf dem Werksgelände befindlichen Plätze bis spät in den Abend hinein belegt. Arbeiter aus der Frühschicht waren oft am frühen Nachmittag zugange, Frauen von Betriebsangehörigen am Vormittag. Als das bescheidene Tennishaus, das lediglich zum Umziehen diente, durch einen Neubau ersetzt wurde, entwickelte sich ein richtiges Vereinsleben. An den Wochenenden waren viele Familienmitglieder der Tennisspieler anwesend. Die Getränkeversorgung war problemlos aus der Werkskantine zu organisieren, und zum Kochen und Grillen fanden sich auch immer Experten, zu denen einige Frauen der Tennisspieler zählten.

Das neu erbaute Tennishaus hatte die für einen Verein nötigen Umkleideräume und verfügte auch über einen großen Aufenthaltsraum, in dem Feste gefeiert werden konnten. Als der Vorsitzende der Geschäftsleitung erstmals nach dem Bau des Tennishauses das von der Firma finanzierte Gebäude besichtigte, meinte er trocken, dass es für vier Mann zum Skat doch etwas zu groß sei. Woher er wusste, dass dort auch Karten gespielt wurde, ist nicht bekannt. Aber bestimmt hat er vermutet, dass für den Bau des sehr geräumigen Vereinshauses mit schöner Terrasse mehr Geld notwendig gewesen war als der dafür genehmigte Betrag. Wie man Beträge für Investitionen den Budgets für einzelne Projekte zuordnet, dafür gab es tennisspielende Experten in der technischen Abteilung. Die Zahl der Tennisspielerinnen und Tennisspieler nahm ständig zu, auch ihre sportlichen Fähigkeiten. Es lag somit nahe, eine Tennismannschaft aufzustellen, die sich alljährlich an Spielen des Badischen Tennisbundes beteiligte, wofür eine Vereinsgründung notwendig war, die problemlos erfolgte.

Es gab im Werk nicht nur eine Fußballmannschaft und einen Tennisclub, sondern auch einen Werkschor. Im Volksmund hießen die sangesfreudigen Sunlichter „die Suwa-Kosacken". Ein bezahlter Chorleiter kümmerte sich um die stimmliche Schulung und um die Einübung von Liedern. Die Chorproben waren nachmittags kurz nach dem Beginn der zweiten Schicht angesetzt. Jeder, der daran teilnehmen wollte – also auch die Angestellten – unterbrach seine Arbeit, um sich in der Kantine dem Gesang zu widmen. Dass dies von den Abteilungsleitern der kaufmännischen Abteilungen und der Labors nicht gern gesehen wurde, versteht sich. Das Ende der Arbeitszeit für die Arbeiter der Frühschicht bestimmte den Beginn der Chorproben, daran war nichts zu ändern.

Seine Auftritte hatte der Chor bei den Betriebsfeiern. Er war da nicht wegzudenken und erhielt immer viel Beifall. Es gab auch eine kleine Gruppe von Musikern, die sich regelmäßig zum Üben traf. Zu ihnen zählten ein Klavierspieler, ein Cellist und zwei Geiger, von denen einer der bereits erwähnte Musikfreund Dr. Zimmermann war. Das Quartett umrahmte die Jubilarfeiern, und man ging, wenn möglich, auf die Wünsche der Jubilare ein. Überwiegend kamen klassische Stücke zu Gehör. Aber ich erinnere mich noch gut daran, dass einmal der River-Kwai-Marsch gespielt wurde. Vermutlich war dies das modernste Stück, welches die Werksmusikanten jemals eingeübt haben.

Wie in fast allen Betrieben waren auch in der Sunlicht die Betriebsausflüge ein besonderes Ereignis. An ihnen nahm zumindest bis Anfang der siebziger Jahre fast die komplette Belegschaft teil. Anfangs waren zwei Züge notwendig, um alle zu befördern. Ein Tanzwagen durfte nicht fehlen. Ich kann mich daran erinnern, dass bei einem dieser Ausflüge ein großes Plakat mit dem Bild einer Filmschauspielerin vorne auf der Lokomotive prangte. Mit fast allen bekannten Filmschauspielerinnen wurde damals Reklame für die Lux-Seife gemacht.

Der Verlauf dieser Massenausflüge war immer gleich. Nach der Ankunft am Ausflugsort nahmen am Vormittag einige Mitarbeiterinnen und Mitarbeiter an organisierten Besichtigungen teil, manche machten kleine Wanderungen in der Umgebung, um dann die Lokale aufzusuchen, in denen für die ausgegebenen Bons Essen und Getränke bezahlt werden konnten. Dort waren diejenigen anzutreffen, die sich sofort nach der Ankunft zu fröhlichen Runden zusammengefunden hatten. Die Anzahl der Getränkebons war ausreichend, um auch einen größeren Durst zu löschen. Hinzu kam, dass viele Frauen ihre nicht benötigten Getränkebons an ihre Kollegen weitergaben. Es ging oft lautstark zu, und vermutlich waren – abgesehen von den Wirten – die meisten Bewohner der Gemeinden, die von einem Betriebsausflug heimgesucht wurden, froh, wenn abends wieder Ruhe einkehrte.

Bei einem der Betriebsausflüge hatte die Personalleitung bei der Festlegung des Datums nicht beachtet, dass an dem vorgesehenen Samstag die üblichen Quartalsinventuren stattfinden mussten, was für die Angestellten der Abteilungen Buchhaltung, Betriebsstatistik und Kalkulation zwangsläufig bedeutete, dass sie nicht am Ausflug teilnehmen konnten. Als der Personalleiter auf ihren Protest hin nicht reagierte, vermutlich weil das Datum nicht mehr zu ändern war, baten die Betroffenen beim Werksdirektor um eine Audienz, die ihnen gewährt wurde. Der Werksdirektor hatte Verständnis für ihre Verärgerung und akzeptierte sofort ihren Vorschlag, nach dem Quartalsabschluss einen Ausflug auf Firmenkosten zu machen. Daraufhin wurde eine Wanderung auf Firmenkosten geplant, wofür die Organisatoren einen Vorschuss für die Bahnfahrt und das Mittag- und Abendessen verlangten, den jedoch der Personalleiter strikt ablehnte. Er bot stattdessen 10 D-Mark für jeden an, damit sei Genüge getan, meinte er. Einige akzeptierten den Vorschlag und erhielten auch prompt den Betrag ausbezahlt. Die meisten jedoch waren damit nicht einverstanden. Was tun? Erneut wurde der Werksdirektor eingeschaltet, und der genehmigte gegen den Willen des Personalleiters den geplanten Vorschuss und gab einen Freibrief für alle Getränke und Mahlzeiten, für welche Belege vorgelegt werden würden.

Der Freibrief wurde natürlich ausgiebig genutzt; ich meine, dass etwas mehr als 30 D-Mark pro Person für Fahrtkosten, Speisen und Getränke ausgegeben wurden. Der Personalleiter schäumte vor Wut, als ihm die Belege präsentiert wurden, aber es half ihm nichts, er musste die Zahlungsanweisung unterschreiben. Mit diesem Ausflug begann eine Tradition, die auf privater Basis fortgesetzt wurde. Bis vor einigen Jahren wurden Pfalzwanderungen unternommen, an denen einige Jahre nach der ersten bezahlten Wanderung alle kaufmännischen Angestellten teilnehmen konnten, die dazu Lust verspürten. Natürlich gingen diese Ausflüge nicht wie damals zu Lasten der Firma. Sie waren jedoch stets genauso lustig wie der erste erzwungene Betriebsausflug in kleinem Kreis. Die Tradition hat sich über 50 Jahre erhalten. Ich hatte als Organisator vieler Wanderungen meinen Anteil daran.

Eine Weihnachtsfeier durfte bei der Sunlicht auch nicht fehlen. Sie fand meist am ersten Samstag im Dezember statt und begann mit dem Mittagessen in einem dafür geeigneten großen Saal. Nach der Ansprache des Werksleiters und des Betriebsratsvorsitzenden startete ein mehrstündiges Programm, an dem stets auch der Werkschor mitwirkte, und nach dem Abendessen wurde das Tanzbein geschwungen, selbstverständlich zur Musik einer engagierten guten Musikkapelle. Bezahlt wurde mit Getränke- und Essenbons. Wer am Ende der Veranstaltung noch Bons übrig hatte, konnte sie gegen Schokolade einlösen. Einige Betriebsangehörige, denen nichts am gemeinsamen Feiern lag, kamen zum Veranstaltungsort, um lediglich ihre Bons gegen Schokolade einzutauschen.

Es ist schwer zu sagen, in welchem Maße die Freizeitgestaltung auf Firmenkosten das Zusammengehörigkeitsgefühl der Mitarbeiter gestärkt hat. Aber alle Nutznießer waren ganz bestimmt davon überzeugt, dass die Firma richtig handelte. Dass ihr großes soziales Engagement vor allem durch ihre Beitragsleistungen zu einer Pensionskasse bei allen Zustimmung gefunden hat, darüber besteht kein Zweifel. Pensionäre, auf die ich in der aktiven Zeit und auch danach traf, waren stolz darauf, zur oft zitierten „Sunlicht-Familie" zu zählen. Im Vergleich zu denjenigen, die in kleinen Firmen arbeiteten, in denen es keine zusätzliche Altersvorsorge gab, standen sie alle gut da.

Walter Wassermann

Ohne die Guten hätte ich nicht überlebt

Ich kam 1924 als Sohn eines jüdischen Kaufmanns in Mannheim zur Welt. Meine Mutter war vor der Hochzeit zum jüdischen Glauben übergetreten und hatte nach dem frühen Tod meines Vaters dessen Freund geheiratet, der auch Jude war. 1933 zogen wir zu ihm nach Berlin. Als mein Stiefvater unter dem Druck der Nazis – man hatte 1938 in der Pogromnacht seine Geschäfte demoliert, und er war kurze Zeit in einem Konzentrationslager gewesen – nach China auswanderte, gingen meine Mutter und ich 1940 nach Mannheim zurück. Wir sind von unseren katholischen Verwandten sehr gut aufgenommen worden und haben bei meiner Großmutter gewohnt. Als Halbjude hatte ich ab 1936 keinen Schulunterricht mehr. Und ab 1938, als ich 14 Jahre alt war, wurde ich erst vom Berliner Arbeitsamt für Juden, danach von der Gestapo-Leitstelle in Mannheim als Hilfsarbeiter eingesetzt. Es war Zwangsarbeit. Vom Schneeschaufeln bis zu Arbeiten im Straßenbau, in Gärtnereien und in einer „Lumpenzwick", einer Lumpensortieranstalt, habe ich bis Februar 1945 getan, was mir aufgetragen wurde.

Dass bei den vielen Anpöbelungen, denen ich ausgesetzt war, immer wieder Angst aufkam und ich damals etwas geduckt durchs Leben ging, ist verständlich. Zum Glück hatten meine Mutter und ich bei meiner Großmutter ein Zuhause in guter Atmosphäre und wurden von allen Verwandten unterstützt. Meine Mutter war als Kontoristin in einem Lebensmittelgeschäft tätig, wo sie unbehelligt arbeiten konnte und von ihrem Chef regelmäßig Lebensmittel zugesteckt bekam. Die damalige uneigennützige und zum Teil gefährliche Unterstützung, die uns von Mitmenschen zuteil wurde, ist der Grund für meine Aussage: „Ohne die Guten hätte ich nicht überlebt." Da gab es den Vorgesetzten, der mir leichtere Arbeit zuwies, einen anderen, der mir etwas zu essen gab, und einen, von dem ich Kleidung erhielt. So kam ich über die Runden. Allerdings durfte ich weder ein Schwimmbad noch eine Arztpraxis oder einen Luftschutzbunker betreten.

Ich war unter den etwa 40 Mannheimern, die am 13. Februar 1945 in das Konzentrationslager Theresienstadt in der Tschechoslowakei deportiert wurden, als die Amerikaner bereits am Rhein standen. Am 8. Mai 1945, am Tag der Kapitulation Deutschlands, wurden wir von der Roten Armee befreit. Vierzehn Tage zuvor hatte die SS das Konzentrationslager an das Rote Kreuz übergeben. Ab da waren wir, die noch lebenden Insassen des Lagers, gerettet. Über Nacht waren alle Bewacher und Peiniger verschwunden. Einer von ihnen hatte aus nichtigem Anlass kurz zuvor einen neben mir stehenden Häftling mit der Pistole erschossen. Auch ich hätte das Opfer sein können.

Das Gefühl, das nach der Befreiung erst ganz allmählich hochkam, war überwältigend. Ich hatte überlebt, war tatsächlich frei, und nach der langen Zeit der Fremdbestimmung und der ständig vorhandenen Angst konnte das Leben nunmehr beginnen. Dass da mitunter spontan ein Freudensprung fällig war, ist verständlich.

Zunächst durfte wegen der Quarantänevorschriften niemand das Lager verlassen. Es bestand Typhusgefahr. Am 6. Juni 1945 machte ich mich zusammen mit zehn Mannheimer Jugendlichen, die mit mir nach Theresienstadt deportiert worden waren, auf den Weg nach Hause. Begleitet wurden wir von einem älteren Mitgefangenen, Adolf Frankfurter, der für uns eine Vaterfigur war. Probleme gab es nur zu Beginn, bis wir die deutsche Grenze erreicht hatten. Da wir Deutsch sprachen, hielten uns die Tschechen für Angehörige der Wehrmacht. Der Ausweis des Roten Kreuzes verhinderte jedoch unsere Gefangennahme. Zehn Tage lang waren wir unterwegs, bis wir endlich in Mannheim ankamen. Auf dem langen Weg kam bei uns allen immer wieder Freude darüber auf, dass wir es geschafft hatten zu überleben. Von dem, was in den Kriegsjahren in den Konzentrationslagern alles geschehen war, wussten wir noch nichts. Dass meine Großeltern väterlicherseits, die man nach Gurs deportiert hatte, später in Auschwitz umgebracht worden waren, war mir noch nicht bekannt, auch nicht, dass die Eltern meines Stiefvaters das gleiche Schicksal erlitten hatten.

Am 29. Juni 1945 kamen wir alle wohlbehalten in Mannheim an. Von meinen Verwandten erfuhr ich, dass sich meine Mutter im Allgäu befand. Sie hatte bei Bekannten Unterschlupf gefunden, die dorthin evakuiert worden waren. Post hatte man noch keine von ihr, also machte ich mich zu Fuß auf den Weg nach Bad Wurzach im Allgäu. Von dem langen Weg dorthin ist mir eine Episode in Erinnerung geblieben, die beweist, dass es glückliche Zufälle gibt. In Neckarelz kam ich ziemlich erschöpft und hungrig an. Ich erinnerte mich, dass wir dort Verwandte meiner Oma hatten, und fragte einen Mann, den ich als Ersten traf, ob er jemanden namens Weber kenne. Er schaute mich verdutzt an, und als er erfuhr, dass ich aus Mannheim bin, fragte er, ob denn meine Großmutter etwa

Käthe heiße. Als ich das bejahte, war klar, dass ich per Zufall den Onkel meiner Mutter getroffen hatte, der mich natürlich sofort mit nach Hause nahm. Er hatte bis dahin nicht gewusst, dass ich das Konzentrationslager überstanden hatte.

In Bad Wurzach fand ich dann tatsächlich meine Mutter, die seit meiner Inhaftierung nichts mehr von mir gehört hatte. Das Wiedersehen war überwältigend. Es war für uns beide mit Freudentränen und großer Emotion verbunden. Wir wollten nun so schnell wie möglich zurück nach Mannheim. Einige Koffer im Schlepptau, waren wir mit allen möglichen Fahrzeugen bis Ulm unterwegs, von wo aus wir auf dem Tender einer Lokomotive – wir saßen auf den Kohlen – bis zum Rangierbahnhof in Mannheim mitfahren durften. Im August 1945 waren wir endlich wieder zurück in unserer Heimatstadt, wo wir in der Mittelstraße eine erste Wohnung bezogen, bevor wir in einem Haus der jüdischen Gemeinde in B 6, 3 eine bessere Unterkunft fanden.

Wie sollte es weitergehen? Meine Mutter fand sofort wieder Arbeit bei ihrem vorherigen Arbeitgeber, und sie wollte, dass ich zur Schule gehen und eine ordentliche Ausbildung erhalten sollte. Alle Möglichkeiten standen mir damals offen, aber ich verlangte zunächst einmal Bedenkzeit. Für mich war der Neubeginn wie ein Rausch. Ich konnte mich frei bewegen, konnte überall hingehen, ins Kino, auf den Sportplatz, ins Schwimmbad, zu allen Veranstaltungen, und ich konnte mich mit Frauen treffen. Ich hatte genügend zu essen und zu trinken. Mitunter konnte ich das gar nicht so recht glauben. Der Zufall wollte es, dass ich eines Tages einen meiner Mitgefangenen traf, mit dem ich nach Mannheim zurückgekehrt war. Er erzählte mir von einem tollen Job, den er bei den Amerikanern in dem beschlagnahmten Seckenheimer Schulhaus hatte, und überredete mich dazu, mich dort zu bewerben. Es war natürlich nicht im Sinne meiner Mutter, dass ich leichthin zu ihr sagte: „Ich pfeife auf eine Ausbildung. Ich will mich nicht quälen, ich will leben." Und so kam es, dass ich bei den Amerikanern als „displaced person" meine berufliche Laufbahn – sofern man davon sprechen kann – begann. Ich wohnte in Seckenheim zusammen mit anderen, die in der Kaserne als Hilfskräfte arbeiteten, lernte allmählich Englisch und landete schließlich durch Vermittlung eines Freundes, der im amerikanischen Arbeitsamt tätig war, als Verkäufer in der „PX" in Sandhofen. Die Post Exchange Stores der Amerikaner kannte damals jeder. Nur US-Amerikaner durften dort die preiswerten, unverzollten Waren einkaufen. Die Arbeit und vor allem der Kontakt mit den Kunden gefielen mir von Anfang an sehr gut, und ich war mehr als fünf Jahre im Dienste der Amerikaner mit guter Bezahlung tätig.

Inzwischen hatte ich eine Frau kennengelernt. Sie kam aus Köln, und wir wollten so schnell wie irgend möglich heiraten. Bei meinen zukünftigen Schwiegereltern bemerkte ich anfangs einige Vorbehalte. Der Vater meiner Frau war ein treuer Soldat, jedoch kein Parteimitglied gewesen. Da wir von unserer großen Liebe von Beginn an überzeugt waren, ließen wir uns durch nichts beirren. Als 1948 unsere erste Tochter unterwegs war, war es an der Zeit, den Bund fürs Leben zu schließen. Vier weitere Kinder folgten in fast regelmäßigen Abständen, wie wir das gewollt hatten. Ein Foto, das meine Frau in der Uniform des „Bundes Deutscher Mädel" zeigt, halte ich ihr mitunter vors Gesicht, wenn sie gar zu übermütig wird.

Ich war später noch einige Zeit als Verkäufer in einer Getreidehandelsfirma beschäftigt und fand dann 1965 meinen Traumberuf als Wirt in der Gaststätte des Seckenheimer Schlosses. Meine Frau übernahm die Küche, und wir haben bis zu meiner Pensionierung überwiegend mit Freude unzählige Gäste aller Berufe, Gehaltsgruppen, Abstammungen und auch sehr unterschiedlicher Verhaltensweisen bewirtet, darunter recht bekannte Politiker. Die Arbeit war uns nie zu viel, und wir haben dafür viel Anerkennung erhalten.

1992 ging ich in Pension. Unsere Kinder waren inzwischen alle aus dem Haus. Wir verließen unsere geräumige Wohnung im Schloss und leben seitdem recht bescheiden, aber noch immer sehr glücklich in einer Zweizimmerwohnung in Seckenheim. Von den jungen Mannheimern, die mit mir aus Theresienstadt zurückkamen, bin ich der Einzige, der in Deutschland geblieben ist. Alle anderen sind nach Amerika oder Israel ausgewandert. Ich hätte mir nie ein Leben woanders als in Mannheim vorstellen können.

Bei meiner Mutter und mir sind viele Erinnerungen an unsere jüdischen Verwandten und an Freunde und Bekannte zurückgeblieben, die dem Nazi-Regime zum Opfer fielen. Trauer war nicht immer zu verdrängen, auch nicht der Gedanke an ihr schreckliches, gnadenloses Ende. Bis zum Tod meiner Mutter ist es ein Thema für uns beide gewesen. Etwas aus der schlimmen Nazizeit könnte in mir zurückgeblieben sein. Ich werde gelegentlich daran erinnert, wenn meine Frau zu mir sagt: „Geh aufrecht!"

Hans Weckesser

In der Provinz die schlimmen Zeiten überlebt

Undenkbar, noch länger in Mannheim zu bleiben, die Stadt glich in vielen Teilen einer Mondlandschaft. Der Lindenhof war zu 90 Prozent zerstört, Schloss, Kaufhaus, Jesuitenkirche, Nationaltheater und viele andere historische Gebäude – sie stammten meist noch aus der Kurfürstenzeit – wiesen nur noch rußgeschwärzte Fassaden auf. In den öden Fensterhöhlen wohnte das Grauen. Wer ausgebombt und ohne Bleibe war, blieb nicht in Mannheim.

Nur wenige Kilometer weiter, im ländlichen Raum und fern der Industrie der Großstädte, saßen fast Nacht für Nacht wegen der zahllosen Fliegeralarme gleichfalls viele Menschen in den Kellern, aber an ihnen ging zumeist der Kelch vorüber. Hier gab es nichts zu treffen, nur in den letzten Wochen des mörderischen Krieges jagten Tiefflieger in niedriger Höhe über die Ortschaften hinweg und schossen auf alles, was sich bewegte. Dann war Hitlers Krieg endlich vorbei. Dafür kam die Hungersnot. Die Sieger hielten die Deutschen kurz. Wer Bauern als Verwandte oder wenigstens etwas zu tauschen hatte, war weitaus besser dran als die mittellosen Ausgebombten. Wer einen Garten besaß, konnte wenigstens Kartoffeln und Gemüse pflanzen und auf eine gute Ernte hoffen, sofern sie ihm nicht von anderen Hungrigen als Mundraub gestohlen wurde. Auf den Güterbahnhöfen „fringsten" auch die Kurpfälzer wie ihre Leidensgenossen aus Köln, deren Erzbischof mit Namen Frings Diebstahl in Notsituationen und Mundraub von der Sünde freigesprochen hatte.

In dem damals noch kleinen kurpfälzischen Städtchen Wiesloch, wo wir wohnten, hatten nur wenige Leute einen kleinen Hausgarten. Wir wohnten in unserem eigenen Haus in der Hauptstraße 100, zwei Häuser weiter stand die noch immer dienstbereite Stadtapotheke mit der Hausnummer 96. Hier hatte im August 1888 eine gewisse Bertha Benz mit ihren Söhnen Eugen und Richard eine Flasche Ligroin für die Weiterfahrt mit dem ersten Automobil der Weltgeschichte eingekauft und somit den Apotheker und sein Offizin für alle Zeiten berühmt gemacht. Hinter unserem schönen Fachwerkhaus lag ein großer Hof, und danach kam unser Gärtchen mit zehn schmalen Beeten für Gemüse und Küchenkräuter.

Unsere Mutter machte natürlich meine beiden Geschwister und mich zu ihren Helfern bei der Gartenarbeit. Weil wir allmählich immer besser gärtnern konnten, waren wir auch gern gesehen bei meiner Tante Sophie, die neben uns in ihrem Möbelhaus wohnte, aber außerhalb der Stadt einen großen Garten besaß und für die fünfköpfige Familie Kartoffeln, Kraut und Rüben in langen Beeten hegte und pflegte. Ich war der gesuchte Spezialist für das Häckeln und Ausgrasen, ab und zu war auch meine „Gießkunst" gefragt, weil ich das kostbare Wasser aus dem Pumpbrunnen richtig sparsam dosieren konnte und nicht einfach im Gießkannenprinzip vergeudete.

Unser Fachwerkhaus aus 1832 im Blumenschmuck

Der Garten hatte auch ein größeres Gartenhaus am anderen Ende des Grünbereichs. Eines schönen Tages wohnten dort die Kaisers aus Mannheim. Sie stammten aus dem Lindenhof, waren ausgebombt und nunmehr froh, in dem Garten wohnen zu dürfen, obwohl das Gartenhaus mit Wohnzimmer, Schlafzimmer, Küche und Plumpsklo eng und spartanisch einfach eingerichtet war und zunächst nur einen Betonfußboden besaß. Karl Kaiser arbeitete als technischer Direktor bei der BBC in Mannheim, und als er bald nach der Währungsreform von 1948 in den Ruhestand verabschiedet wurde, hing fortan an der Wand des Wohnzimmers eine Karikatur, die ihn als den „Kaiser Karl" auf dem Thron mit Schwert und Reichsapfel zeigte, die Krone auf dem Kopf und angetan mit einem Hermelinmantel, den ich damals zur Freude der Zuhörer, denen ich das Bild erklärte, als Bademantel bezeichnete.

Seine Frau Susanne, liebevoll „Sannche" gerufen, erzählte uns Kindern Märchen und eigene Geschichten und vergaß so für einige Zeit die schlimmen Stunden in den Bunkern und den Tag, als ihr Haus ausbrannte.

Ob das Ehepaar Kaiser, das im Gartenhaus meiner Tante wohnte, schon vor dem Krieg mit ihr bekannt gewesen war, weiß ich nicht, aber es war eine echte Freundschaft. Als „Kaiser Karl" eines Tages einen ramponierten Bildband über

Mannheim mitbrachte, in dem die unzerstörte Stadt zu sehen war, konnten die Erwachsenen beim Anschauen der Bilder nur unter Schluchzen und Klagen über ihr „liewes Mannem" erzählen. Mehr als einmal haben wir Kinder sie getröstet und gestreichelt und ihnen treuherzig versichert, sie hätten jetzt doch auch wieder ein schönes Haus und bräuchten nie mehr dorthin gehen, wo alles kaputt sei. Dann lächelte Sannche leise und strich uns liebevoll über den Kopf.

Erst später, als unser Onkel mit uns an einem Sonntag in seinem alten DKW über die fast leere Autobahn nach Mannheim fuhr, um uns in der Schauburg in K 1 die Märchenaufführung von „Peterchens Mondfahrt" erleben zu lassen, sahen wir die Trümmerstadt mit dem Wasserturm und seinem Notdach. Ich fragte meinen Onkel, ob der Turm noch voll Wasser sei, was er verneinte. Wahrscheinlich wusste er nicht allzu viel von seiner Funktion. Er wollte nichts über den schlimmen Krieg und seine Auswirkungen auf die Menschen erzählen. Vermutlich war der damalige mir rätselhafte erste Eindruck vom Wasserturm der Auslöser dafür, mich später intensiver mit dem Mannheimer Wahrzeichen zu beschäftigen und seine Geschichte in einem Buch darzustellen.

Kurz nach dem Krieg waren vorübergehend Flüchtlinge bei uns einquartiert. Aus Mannheim kam eines Tages Frau Henny Lanius zu uns. Sie hatte nur einen Karton mit wenigen Habseligkeiten bei sich. Ein Koffer war ihr unterwegs in der Bahn gestohlen

Der Wasserturm mit dem Notdach

worden. Sie wohnte eine Zeit lang bei uns in der Hauptstraße. Nach meiner Erinnerung hat sie viel Gemüsesuppe gekocht und uns hohlwangigen Kindern manchmal zu essen gegeben. Mit unserer Mutter, die Witwe war und uns drei Kinder schlecht und recht ernähren musste, führte sie abends oftmals lange Unterhaltungen über Hitler, den „leibhaftigen Antichristen auf Erden". Obwohl wir Kinder eigentlich nicht zuhören und nach dem schmalen Abendbrot nur noch ein wenig spielen durften, bekam ich vieles von dem heimlichen Geflüster mit. „Wenn der den Krieg gewonnen hätte", pflegte sie zu sagen, „wären wir heute nicht hier, der hätte uns alle vergast." – Wusste Frau Lanius mehr als die anderen, die vorgaben, nichts zu wissen von dem, was in den Konzentrationslagern geschehen war? „Schlimme Sachen", so lautete nach dem Kriegsende die gängige Formel über die Judenverfolgung und deren Vernichtung in Europa. Den Ausdruck Holocaust kannte niemand.

Henny Lanius hat einiges zu meinem frühen unauslöschlichen Mannheim-Bild beigetragen. Sie war es, die uns Kindern von dem alten Dorf am Rhein erzählte und davon, dass der Kurfürst Friedrich IV. von der Pfalz die Dörfler vertrieben habe – „in den Jungbusch", sagte sie bedeutungsvoll. Da stellte ich mir vor, die Menschen hätten damals im Grünen wohnen müssen, wo sie sich Hütten bauten und in einem Garten wie Adam und Eva und wie nun auch die Kaisers lebten.

Viele, die damals die Furie des Krieges und ihre grauenhaften Begleiterscheinungen nicht ertragen konnten, wurden gemüts- und geisteskrank und kamen nach Wiesloch in die Heil- und Pflegeanstalt, heute das Landeskrankenhaus auf den Hügeln des auslaufenden Odenwalds. Nicht wenige Mannheimer, Frauen und Männer, waren dort im Gefolge der 151 Bombenangriffe auf die Stadt eingeliefert worden, und nur wenige wurden später als geheilt entlassen. Da eine Freundin unserer Mutter als Pflegeschwester in der Anstalt berufstätig war, durften wir sie dort oft besuchen und konnten uns sattessen. Sie durfte an Besucher Brot verteilen, wenn es älter als zwei Tage war. Es handelte sich um eine Art Kommissbrot aus der Anstaltsbäckerei, das wir dank des erdigen Geschmacks wohl nie vergessen werden.

In Wiesloch und auch oben in der Großanlage der Heilanstalt waren ebenfalls Bomben gefallen, obwohl die Dächer mit dem großen Roten Kreuz als Lazarett gekennzeichnet waren. Eine traf kurz vor dem Kriegsende das Schwesternhaus und verschüttete die Freundin meiner Mutter. Sie war zwischen Balken eingeklemmt und hing stundenlang zwischen Zimmerboden und der Decke darunter. Damals schwor sie, zeitlebens im Krankendienst zu bleiben und die ihr anvertrauten Menschen zu betreuen, solange sie die Kraft dazu habe. Sie hat ihren Schwur bis zur Pensionierung gehalten. Besonders ans Herz gewachsen waren ihr die Mannheimer, deren urwüchsige Art sie immer wieder in freudiges Erstaunen versetzte.

Wie ich als Jugendlicher das Kriegsende erlebte

Ende März 1945 rückten amerikanische motorisierte Einheiten von Walldorf kommend in Wiesloch ein. Ihre Panzer fuhren nachts bei uns die Hauptstraße hoch und mussten unterhalb unseres Hauses wegen der Steigung Zwischengas geben, um einen neuen Gang einzulegen. Dadurch wurden wir aus dem Schlaf gerissen und standen ein wenig ängstlich, aber auch staunend am Fenster. Für uns Kinder waren die Flammen aus dem Auspuff sehr beeindruckend; auch das Rasseln der Panzerketten auf dem Pflaster und das fühlbare Zittern der Häuser blieb uns lange unvergesslich.

Als es später hell wurde, kamen amerikanische Soldaten mit schussbereiten Gewehren durch die Straßen und durchkämmten die Häuser nach versteckten deutschen Soldaten. Wir Kinder lagen noch im Bett, als es morgens bei uns klingelte und ein baumlanger, freundlich blickender Schwarzer, ein Gewehr in der Hand, in unser Haus hereinkam. Als er in unser Zimmer trat, erschraken wir natürlich, da er der erste Schwarze war, den wir je gesehen hatten. Er fragte unsere Mutter: „Wo ist dein Mann", und meine Mutter sagte, dass unser Vater tot sei, was auch stimmte. Der Amerikaner gab sich damit zufrieden und verließ unsere Wohnung.

Ich erinnere mich auch noch sehr gut an den 8. Mai 1945, als meine Mutter in der Küche stand und beim Bügeln Radio hörte. Ich spielte im Hof vor dem Fenster, da rief meine Mutter mir plötzlich zu: „Komm schnell rein." Mit Tränen in den Augen fiel sie mir um den Hals und sagte, soeben sei die Durchsage gekommen, dass der Krieg aus ist. Es war ihr Geburtstag, und vermutlich war diese Nachricht das schönste Geschenk, das sie sich vorstellen konnte. „Wir müssen nun keine Angst mehr haben", war ihre frohe Botschaft. Diese Aussage hörte ich auch in den folgenden Tagen von vielen anderen Leuten.

Allmählich schien sich das Leben nun wieder zu normalisieren, es gab keinen Fliegeralarm mehr, und wir durften im Hof unbeschwert mit den Nachbarskindern spielen. Langsam trauten wir uns wieder auf die Straße, zumal US-Soldaten von den Lastwagen herunter uns Kindern Apfelsinen, Salzkekse und Kaugummis zuwarfen. Rasch begannen wir, uns mit ihnen anzufreunden. Ganz Mutige riefen ihnen zu: „Hey, Ami, Tschingummi", was sie für die richtige Aussprache hielten. Die Amis verstanden uns prompt, und trotz des strikten Fraternisierungsverbots warfen sie uns die begehrten Artikel zu.

Die ersten Nachkriegsjahre bis zur Währungsreform brachten für uns Deutsche schlimme Zeiten. Die Vorräte in den Kellern wie das Eingemachte in den Weckgläsern und die sauren Bohnen im großen Steingutfass hatte man bald aufgebraucht. Es gab keine Kartoffeln mehr und kaum noch Brot. Wer etwas zu „fuggern" hatte, war noch gut dran. Wir pilgerten mit dem Leiterwagen oft aufs Land zu den Bauern und erbaten Essbares im Tausch gegen Textiles. So gingen die Anzüge unseres verstorbenen Vaters und Teile der Aussteuer unserer Mutter dahin. Irgendwann kamen die ersten CARE-Pakete aus den USA mit der Aufschrift „Donated by the people of the United States of America" mit großen Dosen voll kleingeschnitzelten Süßkartoffeln, mit Keksen, Mehl und Zucker. Wie und weshalb unsere Familie in den Genuss dieser Gaben kam, ist mir nicht bekannt. Man teilte mit den Verwandten, so gut es eben ging. In der Schule gab es bald auch Schulspeisung. Man musste nur ein Essenkännchen und einen Löffel mitbringen. Das Kochgeschirr bekam ich von einem bei uns wohnenden ehemaligen Soldaten, der weiterhin seine Uniform trug und auf Nachricht von seiner Familie wartete, die als Heimatvertriebene noch unterwegs waren. Was bei der Schulspeisung in das Blechgeschirr kam, war entweder der sehr beliebte Kakao oder aber der Grießbrei mit Rosinen, den man schon bald nicht mehr ausstehen konnte, obgleich man Hunger hatte.

Dann kam eines schönen Tages ein schmales Päckchen von unserem Onkel Josef aus Liechtenstein mit bunten Briefmarken außen und zwei Tafeln Schweizer Schokolade nebst einem Brief. Darin teilte er uns mit, er habe den Krieg in der Republik Irland überstanden und wohne nun wieder in Vaduz, wo er als Ordensbruder und Lehrer die Fürstenkinder in einer Klasse unterrichtete. Bis sein erstes nahrhaftes Lebenszeichen bei uns in Wiesloch eintraf, waren nach dem Kriegsende schon Monate vergangen. Nun kamen seine Päckchen regelmäßig zu unseren Geburtstagen an, die für mich gedachte Post jedoch immer zu meinem Namenstag, dem Johannistag, am 24. Juni. Endlich durfte er uns erstmals besuchen, als meine Schwester 1948 acht Tage nach Ostern zur Erstkommunion ging.

Unser Haus in der Hauptstraße 100, Ende der fünfziger Jahre

Für den Festbraten, ein junges Zicklein, hatte meine Mutter ihre letzte Tauschreserve, zwei bestickte Tischdecken und einige andere Sachen, hergeben müssen. Die allerletzte Decke für die Festtafel hatte sie in weiser Voraussicht zurückgehalten. Das weiße Kleid meiner Schwester bestand aus Fallschirmseide, die Verwandte aus Saarbrücken für eine immer wieder aufgeschobene Hochzeit versteckt gehalten hatten. Ob später die avisierte Hochzeit mit oder ohne Seide doch noch zustande kam, entzieht sich meiner Kenntnis.

Wie ich 1965 nach Mannheim kam

In Mannheim war ich noch wie ein Fremder, als ich am 1. Dezember 1965 mit meinem Citroën 2CV über Deutschlands schönste Autobahneinfahrt und die Augustaanlage, vorbei am wiederhergestellten Wasserturm in die Planken einrollte und an der Kreuzung beim Paradeplatz vor dem souverän den Autoverkehr regelnden Polizisten mit den weißen Stulpenhandschuhen anhalten musste. Er stand mitten auf einem runden Podest und wirkte auf mich, der solche dirigistischen Maßnahmen nicht gewohnt war, etwas theatralisch wie ein Konzertdirigent. Als ich die Seitenscheibe meines Kleinwagens herunterklappte und ihn nach E 3, 10 fragte, lächelte er kurz, wies mich in die Richtung zum Rathaus E 5 und rief mir auf gut Mannemerisch zu: „Alla hopp."

Es begann schon zu dämmern, als ich meine Karosse am Straßenrand parkte und mich in die kleine Redaktion der Badischen Volkszeitung (BVZ) begab. Dort erfuhr ich zu meinem nicht geringen Schrecken, man habe mich schon den ganzen Tag vermisst. Die Zentralredaktion in Karlsruhe hatte es versäumt, die Nachricht weiterzugeben, man habe mir zum Umzug einen freien Tag gewährt – den ersten seit fast zwei Monaten, von einigen Sonntagen abgesehen. So war das eben bei kleineren Zeitungen.

Mein zweijähriges Volontariat bei der BVZ hatte indes schon am 1. Oktober 1965 im „Dörfl" begonnen, dem ältesten und etwas verrufenen Stadtteil von Karlsruhe, wo man uns in die vielseitigen technischen Geheimnisse der Zeitungsherstellung und der Redaktionsarbeit einweihte. Ich hatte den Vorteil, schon versiert in den Bereichen des grafischen Gewerbes zu sein, da ich nach dem „Einjährigen", der mittleren Reife, bei der „Heidelberger Reprographie" von Andreas Grosch den Beruf des Chemigrafen erlernt hatte und mit den Sparten Hand- und Maschinensetzerei, Buchdruck, Offset- und Tiefdruck sowie Buchbinderei und Reprofotografie in enge Berührung gekommen war. Zusätzlich hatte ich für örtliche Zeitungen schon seit fünf, sechs Jahren als gelegentlicher Berichterstatter gewirkt und den Redakteuren über die Schulter geschaut. Zuletzt hatte ich in der Schwetzinger Zeitung zwischen Redaktion und Technik pendelnd eine Mittelstellung eingenommen, doch bestand dort leider kein Bedarf für journalistischen Nachwuchs.

Doch wer Journalist werden wollte, musste sein Volontariat machen. Und das begann für mich am 1. Oktober 1965 bei der BVZ, und zwar in der Zentralredaktion, vis-à-vis dem von allen hochverehrten Chefredakteur Edwin Kraus. Er war uns Vorbild in allem, blitzgescheit, geschichtsbewusst und traumhaft sicher im Formulieren seiner Leitartikel und Kommentare. Für die Volontäre, auch solche mit Studium, nahm er sich viel Zeit und verwickelte sie nicht selten in längere Diskussionen, um den Fortgang ihrer Kritik- und Argumentationsfähigkeiten kennenzulernen. Erst nach fast zwei Monaten Grundausbildung durfte man dann selbst kommentieren, nachdem man zuvor schon die üblichen Zeitungsberichte und Reportagen geliefert hatte. Danach hatte der Volontär die „Entscheidung des Lebens" zu treffen. Die BVZ verfügte über drei Außenredaktionen: in Freiburg, Offenburg und Mannheim, und überall dort wurde dringend journalistischer Nachwuchs gewünscht und gefordert.

Dass ich mich für Mannheim entscheiden würde, stand für mich von vornherein außer Frage. Die Mannheimer Mentalität lag mir als gebürtigem Heidelberger und aufgewecktem Kurpfälzer weitaus mehr als die der Alemannen im Süden Badens, die mir zu bedächtig erschienen. Mir lag das von urbanem Leben durchpulste Mannheim, das einmal die Hauptstadt der Kurpfalz gewesen war und in weitem Umkreis als absoluter Mittelpunkt galt. Zudem war ich ja schon in früher Jugend mit mehreren Mannheimern bekannt geworden und hatte sie als patente Menschen kennengelernt. Fast unnötig zu sagen, wo meine Mutter uns drei Kinder mit neuer Kleidung ausstaffiert hatte. Im Kaufhaus Vetter im Turmhaus in N 7 konnte man bequem auf Raten kaufen, was auch bis Wiesloch bekannt war. Die Fahrt mit dem Zug oder meist über Heidelberg mit der Straßenbahn und der OEG war für uns Jungen ein Abenteuer sondergleichen und eine halbe Weltreise, zumal es zuletzt am Neckar entlangging und wir das große Krankenhaus am Nordufer, das heutige Klinikum, immer mit dem Schloss verwechselten.

In Mannheim gab es anno 1965 noch mehrere Zeitungen, unter den Kolleginnen und Kollegen florierte ein Wettbewerb um die besten Berichte, man kannte sich und half einander, wenn eine kleine Notlage wegen fehlender Informationen entstanden war. Wer neu in Mannheim war, musste sich rasch um das Verständnis des für die Innenstadt typischen Quadratesystems bemühen, wollte er nicht wie der sprichwörtliche „Ochs vorm Berg" stehen. Mir half damals Hugo Müller-Vogg auf die Sprünge, der spätere Kolumnist der Bildzeitung, der mir an einem Sonntag vom Balkon des Schlosses aus erklärte, ich solle mir wie weiland der Kurfürst von hier aus die Innenstadt vorstellen. Linker Hand die Quadrate A bis K, rechter Hand L bis U. Die Breite Straße sei die Achse, von der aus die Zählung der Quadrate ausgehe bis A 5 oder K 7, nur bei L sei es schwieriger, weil dort die Quadrate rechts und links der Bismarckstraße aufgeteilt seien. „Das musst du dir einfach einprägen", meinte der damalige Student der

Wirtschaftswissenschaften Müller-Vogg und fügte hinzu: „Am wichtigsten ist L 6, das Polizeipräsidium." Auch den von der Rheinau stammenden und inzwischen weithin bekannten Schriftsteller Wilhelm Genazino, der wie Müller-Vogg gleichfalls für die örtlichen Zeitungen in Mannheim schrieb, lernte ich bei der BVZ alsbald kennen. Er gestand seine Abneigung vor einer festen Anstellung und manifestierte diese Einstellung in seinem Erstlingswerk der Abschaffel-Trilogie, dem Roman des perspektivlosen Angestellten.

Also lernte ich dank solcher Helfer schnell, mich in Mannheim zurechtzufinden. Zumal in der Redaktion ein Stadtplan hing und es deshalb noch üblich war, alle Termine in der Innenstadt „fußläufig" wahrzunehmen. Der unaufhörliche Autoverkehr irritierte den Neuankömmling mehr als die seltsamen Adressen mit den Buchstaben und Nummern, mit denen man ganz auf die andernorts üblichen Straßennamen verzichtete.

Bald hatte ich heraus, was es in der Stadt besonders zu beachten galt. Es gab sieben Verwaltungssitze: das Rathaus in E 5, eine Dependance des Rathauses in E 4, das alte Rathaus in F 1 mit dem Standesamt, einige Ämter in K 7 und in O 4, das Stadtarchiv im Herschelbad und das Kulturamt in L 7.

Markant war das Quadrat N 1, an dessen Schmalseite zum Paradeplatz O 1 ein einsamer mächtiger Turm ohne Bedachung emporragte. Wenn ich danach fragte, was es mit ihm auf sich habe, erfuhr ich nur, er sei der Rest vom Kaufhaus, das letzte barocke Überbleibsel vom Rathaus, eine Art „unrettbare" Erinnerung. Hieß es nun Rathaus oder Kaufhaus? Die Mannheimer wussten es anscheinend selbst nicht mehr so genau. Und ehe ich mich recht versah und mich ganz genau erkundigen konnte, fiel der Turm des Barock-Architekten Alessandro Galli da Bibiena in N 1 nach 22 Jahren durch eben jenes Gewaltmittel in sich zusammen, das schon 1943 dem Arkadenbau zum Verhängnis geworden war, durch Sprengstoff. Die unüberhörbaren Proteste der Mannheimer Bürger gegen den Abbruch und für den Wiederaufbau des alten Kaufhauses hatten nichts genützt, denn bei dem Bürgerentscheid wurde das erforderliche Quorum von 30 Prozent nicht erreicht. Schade.

Türme bildeten für mich seit eh und je etwas Besonderes. Sie ragen zwischen ihrer Umgebung heraus, weisen in die Höhe, signalisieren Aufstieg, überragen alles und gewähren Überblick, Fernsicht und Einblick. So erlebte ich den 1946 mit einem Notdach versehenen Wasserturm als ein aus der urbanen Trümmerlandschaft sich erhebenden Meilenstein, so bewunderte ich den Turm der Konkordienkirche in R 2, erlebte die hochragenden Kuppeln der Christus- und der Jesuitenkirche, sah auch noch den Brauereiturm des Habereckl in R 4 und hatte den fast gläsern wirkenden Eckturm des Vetter-Kaufhauses in N 7 stets vor Augen.

Manche von ihnen sind leider unwiederbringlich verschwunden und als unverwechselbare Denksteine der Stadtgestalt verloren. Auch den Wasserturm hätten nicht wenige der Modernisten am liebsten aus dem Stadtbild eliminiert. Aber

Der Rest des alten Kaufhauses mit dem markanten Turm

neben der lebensnotwendigen Zweckbestimmung eines intakten Hochreservoirs stand der lange als sentimental verschriene Wunsch der Bürgerschaft nach Erhaltung des weitgehend intakten, als Wahrzeichen Mannheims bekannten, geliebten Wasserturms dagegen. 1963 war die Vollendung der Wiederherstellung des für den Friedrichsplatz unverzichtbaren Bauwerks des Gustav Halmhuber gefeiert worden. Nur zwei Jahre nach diesem Fest stimmte der Gemeinderat mehrheitlich für die würdelose Beseitigung der Turmruine in N 1, mit der die Stadt einen Teil ihrer durch die Geschichte geformten Identität für immer verlor.

Wer noch 1965 die vielen Ruinengrundstücke in Mannheim sah, wunderte und erregte sich darüber, mit welch geringer stadtgeschichtlicher Perspektive

Der Abbruch – Rückseite des Kaufhauses

manche Zeitgenossen ausgestattet waren, die über das weitere Schicksal von Mannheim zu entscheiden hatten. Erst die Aufwertung des Stadtarchivs durch seinen Umzug vom damals noch maroden Herschelbad ins Collini-Center brachte nach der Bundesgartenschau von 1975 den Umschwung und das Ende der Beeinträchtigung von Akten durch Luftfeuchtigkeit und Kakerlaken.

Für uns Zeitungsleute wurden endlich Dokumente zugänglich, die für unsere Arbeit wichtig waren. Nicht alles war verbrannt, wie mitunter zu hören gewesen war. Es war der geschichtsbewusste Oberbürgermeister Ludwig Ratzel, der die Bedeutung des Stadtarchivs für Mannheim erkannte und für eine adäquate Unterbringung mit der notwendigen räumlichen Ausstattung sorgte. Die heutige Zusatzbezeichnung des Stadtarchivs „Institut für Stadtgeschichte" trägt dem Rechnung und bringt zum Ausdruck, dass die Aufbewahrung von Akten nur ein Teil der dort zu leistenden Arbeit ist.

Im Rückblick auf die Jahre, in denen ich als Journalist und Redakteur in Mannheim tätig war, bin ich mit dem, was ich zur Information der Mannheimer Bevölkerung beitragen konnte, recht zufrieden. Immerhin konnte ich nacheinander bei drei Mannheimer Zeitungen mitwirken. Nachdem im Mai 1968 die Badische Volkszeitung (BVZ) eingestellt worden war, sorgten die Kollegen der Allgemeinen Zeitung (AZ) für ein rasches Unterkommen bei ihnen in R 3. Und als an Pfingsten 1971 die AZ ihrerseits den Geist aufgab, ebnete mir Rainer Schilling, der im Jahr zuvor als Feuerio-Prinz Rainer von Pressalien den Bloomaul-Orden gestiftet hatte, als Mitherausgeber des MM den Weg in die Redaktion des Mannheimer Morgen in R 1.

In Mannheim, das ich mir als Schicksalsstadt und „Bühne des Lebens" auserwählt hatte, fiel ich also immer wieder auf die Füße.

Helmut Wetzel

Kindheit auf dem Waldhof und in Buch am Ahorn

Kurz nach Kriegsbeginn, am 7. September 1939, kam ich in Mannheim zur Welt, und der Krieg hat zwangsläufig meine frühe Kindheit stark beeinflusst. Mit den zunehmenden Bombenangriffen musste meine Mutter mich immer öfter im Kinderwagen zu dem in der Nähe unserer Wohnung gelegenen Immelmannbunker fahren, wo wir Schutz vor den Bomben suchten, deren Ziel die Industriebetriebe im Norden Mannheims waren. Das Heulen der Sirenen war mir schon als kleines Kind vertraut, und aus den Erzählungen meiner Mutter weiß ich, dass zum Glück nicht ich, sondern nur mein Kinderwagen bei einem außer Kontrolle geratenen Ansturm auf den Bunkereingang beschädigt wurde. Ich kann mich auch an das Gedränge und das Stimmengewirr im Bunker erinnern.

Mein Großvater Christian Wetzel, der als Schlosser in der Zellstofffabrik Waldhof arbeitete, kam dort im September 1943 bei einem Einsatz als Feuerwehrmann während eines Bombenangriffs ums Leben. Dies geschah, als ich bereits mit meiner Mutter bei deren Eltern, Wilhelm Hofmann I. und Luise, in Buch am Ahorn im Bauland lebte, einer Landschaft zwischen Odenwald, Tauber, Jagst und Neckar. Gegenüber denjenigen, die zwangsweise aus den Städten evakuiert wurden, waren alle begünstigt, die bei Verwandten unterkamen, so auch wir, die wir in der bäuerlichen Großfamilie und im kleinen Dorf sehr gut aufgenommen wurden.

Meine Mutter Luise, die elf Geschwister hatte, war in jungen Jahren nach Mannheim gekommen und hatte im Haushalt bei Direktor Hartenstein von der „Zellstoff" eine Anstellung bekommen. In der Zeit vor und nach dem Ersten Weltkrieg kamen wie meine Mutter viele junge Leute auf der Suche nach Arbeit in die Großstädte. Chancen, einen Beruf zu erlernen, hatten damals die wenigsten Frauen. Wer aber keine Arbeit scheute, der fand für geringen Lohn einen Arbeitsplatz in einem Haushalt, mitunter mit einer Unterkunft verbunden. „In Stellung gehen" hieß das damals, und die Arbeit in einer Familie war keineswegs weniger anerkannt als die in einer Fabrik.

Im Heimatort meiner Mutter erlebten wir zu Ostern 1945 am Karsamstag beim Ostereierfärben den Einmarsch der US-Amerikaner. Da von den Dorfbewohnern niemand eine weiße Flagge gezeigt hatte, lautete die erste Anweisung der Militärbehörde, dass jeder, der sich auf die Straße begebe, ein weißes Taschentuch schwenken müsse. Bei den Kampfhandlungen im Ahornwald Richtung Osten nach Heckfeld, dem nächsten Ort hinter Buch, wurde eine Einheit deutscher Offiziersanwärter, die sich im Wald verschanzt hatte, durch amerikanische Panzer vollkommen vernichtet. Die jungen toten Soldaten wurden am Ostermontag mit zwei Pferdefuhrwerken zum Dorffriedhof gebracht und fanden an der Friedhofsmauer in einem Massengrab ihre letzte Ruhe. Verrat durch Zwangsarbeiter soll bei der gezielten Aktion der Amerikaner eine Rolle gespielt haben.

Mein Vater Christian, der noch im Frühjahr 1945 zu den Pionieren eingezogen worden war, konnte sich von seiner Einheit in Worms nach der unsinnigen Sprengung der Eisenbahn- und Straßenbrücke absetzen und bis zur Ankunft der Amerikaner im Elternhaus bei seiner Mutter Eva in der Zellstoffsiedlung verstecken. Er kam dann zu uns nach Ahorn, und zusammen mit ihm konnten meine Mutter und ich mit zwei Fahrrädern bereits wieder im Juli 1945 nach Mannheim zurückkehren.

Im Gegensatz zu einigen anderen Häusern in der unmittelbaren Nähe war unser Haus in der Zellstoffstraße 26 – genannt Schlafsaal, weil dort früher Saisonarbeiter untergebracht gewesen waren – zum Glück nicht zerstört worden. Mein Vater konnte seine Arbeit als Schlosser und später als Kranführer in der „Zellstoff" wieder aufnehmen, und ich besuchte ordnungsgemäß als Sechsjähriger ab September 1945 die bereits wieder eröffnete Volksschule auf dem Waldhof, wo uns im ersten Schuljahr Fräulein von Ost das Lesen, Schreiben und Rechnen beibrachte. Die genannten Fächer wurden mit dem von ihr sogenannten Fach „Geschichten erzählen" ergänzt, das unser Lieblingsfach war. Sie konnte unseren häufigen Bitten um immer wieder neue Geschichten zur Auflockerung des Unterrichts durch dieses Spezialfach meist nicht widerstehen. Unsere Klassenstärke lag bei über 40 Schülern. Um Strom zu sparen, saßen wir im Winter in den ersten Schulstunden mitunter ohne Licht im Klassenzimmer. Da man das auf der Tafel Geschriebene nicht hätte lesen können, wurden die Fächer Kopfrechnen und Singen auf die erste Stunde vorgezogen. Für das Heizen in den in jedem Klassenzimmer vorhandenen Öfen mussten wir den Koks aus dem Keller holen, und für das Nachfüllen waren wir Schüler natürlich auch zuständig.

Es gab damals in der großen Pause die von den Amerikanern organisierte Schulspeisung, ausgegeben in den Luftschutzräumen unter dem Schulgebäude – bei den knappen Lebensmittelrationen für uns Jugendliche eine segensreiche Einrichtung. Obwohl wir mitunter abfällig von „Negerschlamm" sprachen, wenn es Haferflockenbrei mit beigemischtem Kakao gab, sind wir froh um diese Ergänzung unserer Ernährung gewesen. Im Gegensatz zu der Kriegszeit, in der bis kurz vor dem Kriegsende niemand darben musste – wir bedienten uns ja mit Lebensmitteln aus den besetzten Gebieten – wurde in den Städten in den ersten Jahren nach Kriegsende gehungert. Der Schwarzmarkt und der Tauschhandel insbesondere mit Zigaretten und Tabak blühten; man sprach von der Zigaretten-Währung. Wer etwas anzubieten hatte, der fuhr zum Hamstern aufs Land. Nutznießer der Hungersnot in den Städten waren die Bauern auf dem Lande.

Die meisten Lehrer waren durch ihre NSDAP-Mitgliedschaft belastet, weshalb zunächst jüngere Lehramtsanwärter den Unterricht übernahmen. Nach einiger Zeit kamen jedoch auch die inzwischen entnazifizierten Lehrkräfte in den Schuldienst zurück, und sie führten das strenge Regime der Vorkriegs- und Kriegszeit sofort wieder ein. Hierzu zählten übertriebene Strafen bei kleinen Vergehen. Noch bis zum 6. Schuljahr bestand die Strafe nicht nur in Schlägen mit dem Rohrstock auf die Finger der ausgestreckten Hand; einige wurden über die Schulbank gelegt und erhielten mit dem Rohrstock ihre, wie die Lehrer meinten, verdiente Strafe.

Ich hatte mit meinen Kameraden einen weiten Schulweg, weshalb es nahelag, dass ich mich schon früh darum bemühte, in den Besitz eines Fahrrads zu kommen. Ich habe es mühsam aus altem Schrott zusammengebaut. Eigeninitiative wurde damals großgeschrieben, und an der fehlte es mir nicht. Der auch heute noch zu lesende Spruch über dem Haupteingang der Waldhofschule „Der fleißigen Jugend, die Gemeinde Käferthal" erinnert daran, dass der Waldhof früher zu Käfertal gehörte. Übrigens zählte die südliche Straßenseite der Zellstoffkolonie zum Waldhof und die nördliche zu Sandhofen. Heute noch sichtbar ist die Granitsäule am Altrhein mit der Aufschrift „Hauptstadt-Mannheim, Jubiläums-Grenzstein, 1907". Neben der Schule befand sich das sogenannte „Schlammloch", ein Brachgelände, auf dem wir neben Ballspielen auch alles andere spielen konnten. Die Bezeichnung wies wohl darauf hin, dass dort früher Produktionsschlamm von der „Spiegelfabrik", den Vereinigten Glaswerken, abgelagert wurde.

In den Ferien war ich immer bei unseren Verwandten in Buch am Ahorn. Wie überall auf dem Land gab es für alle reichlich zu essen, die mit der Landwirtschaft zu tun hatten. Ich bin dort zum Milchtrinker geworden, und Milch ist auch heute noch mein Lieblingsgetränk. Dass die Erwachsenen Kaffee bevorzugten, verstand ich nicht. Damals hat man keinen Bohnenkaffee bekommen. Die Leute stellten ihren Malzkaffee selbst her, indem sie Gerstenkörner unter ständigem Rühren in einem Spezialtopf auf dem Herd rösteten, danach wurden die Körner in der Kaffeemühle gemahlen. Damit der Gerstenkaffee auch richtig schwarz war, wurde Zichorie dazugegeben, den es in den Lebensmittelgeschäften zu kaufen gab.

Ich half auf dem Hof meiner Großeltern mit meinen Tanten und Onkeln gerne mit und lernte alle Arbeiten kennen, die es in der Landwirtschaft gibt. Nach dem Wecken um 5 Uhr mussten die Männer, zu denen ich mich zählte, die Kühe, Pferde und Schweine füttern und die Ställe ausmisten, die Frauen melkten die Kühe und bereiteten das Essen. Um 7 Uhr nach dem gemeinsamen Frühstück begannen im Sommer die Feldarbeiten, um 11 Uhr rief die Kirchturmuhr zur Pause mit Brot, Schinken, Wasser und Most, mittags um 3 Uhr war Vesperzeit und abends um 7 Uhr wieder die Stallarbeit an der Reihe.

Im Herbst waren Kartoffeln und Rüben zu ernten, es musste Mist und Jauche gefahren, gepflügt, geeggt und Getreide gedroschen werden.

Besonders interessant war für mich die Herstellung von Grünkern, einem vielseitigen Lebensmittel, für welches das Bauland bekannt ist. Mitte Juli schneiden die Bäuerinnen mit der Sichel die Dinkelhalme, die Männer trennen mit einem großen Stahlkamm, Reff genannt, die Ähren von den Halmen und werfen die Körner mit dem Spelz auf ein großes, von unten feuerbeheiztes Sieb, Darre genannt. Nach fünf Stunden bei 120 Grad Celsius und ständigem Wenden wird aus den grünen Dinkelkörnern der Grünkern. Es handelt sich dabei um ein in feuchten Jahren entstandenes Haltbarmachungsverfahren im „Badischen Sibirien", wie man das Bauland früher nannte.

Während es in den Ferien nicht ums Spielen ging, sondern um ernsthafte Arbeit, war ich zu Hause in der Freizeit wie alle meine Freunde mit vielem beschäftigt, das uns interessierte und Spaß machte. Wir spielten auf den Trümmergrundstücken der nahe gelegenen Häuser, sammelten Schrott und herumliegende Munition, aus der wir das Pulver für Feuerchen gewannen. Munition war auch beim Tauchen im Altrhein zu finden, wo mehrere versenkte Schiffe lagen. Passiert ist bei der Bearbeitung der Munition zum Glück nichts. Wir kämpften gegen die „Schönauer Bande", wenn diese auf dem Weg zum Baden im Altrhein an unseren Häusern in der Zellstoffstraße vorbeizog. Erfolgreich waren wir jedoch gegen den in Überzahl auftauchenden Gegner nicht. Nach einigen Steinwürfen mussten wir meist eilig den Rückzug antreten.

Vor unserem Haus in der Zellstoffstraße 22a (Autor rechts)

Teile der Zellstofffabrik, insbesondere die Garagen und der Fuhrpark in der Zellstoffstraße, waren von den Amis mit ihren großen Lastwagen belegt, sodass wir direkt Kontakt mit ihnen aufnehmen konnten. Wir erbettelten Weißbrot, Schokolade, Kekse, Trockenmilch und Konserven, manchmal zogen wir auch aus den reichlich gefüllten Mülltonnen Reste von Speisen und Zigaretten und sogar gebrauchte Kleidungsstücke wie Handschuhe, Unterhemden, Jacken und Schuhe.

Im Sommer war natürlich das Schwimmen im Altrhein und nach Überqueren der Felder und Wiesen auf der Friesenheimer Insel im „Neurhein" unser Hauptvergnügen. Auch das Anschwimmen der an Raddampfern hängenden Schleppkähne war ein allerdings nicht ungefährliches Vergnügen für uns, von dem unsere Eltern nichts wussten.

In den Ferien unternahmen wir Radtouren, von denen die erste zum Bodensee führte. Zu dritt waren wir unterwegs, geschlafen hat jeder mit einer Decke unter seiner Dreiecks-Zeltplane, da sich die Planen nicht zum Aufbau eines Zeltes eigneten; auch in Feldscheunen und Weinberghäuschen haben wir übernachtet. Verpflegt haben wir uns mit Feldfrüchten und Gerichten aus dem Inhalt von Ami-Dosen und anderen mitgeführten Konserven, die auf einem Trockenspirituskocher erwärmt wurden.

Ins Kino gingen wir auf den Waldhof ins *Scheirle*, das in einer ehemaligen Scheune betrieben wurde, oder in den *Saalbau*. Wir mussten dort im Winter neben dem Eintrittsgeld noch ein in Zeitungspapier eingewickeltes Brikett für die Heizung mitbringen. Am liebsten sahen wir uns samstagabends oder sonntagnachmittags Cowboyfilme und Kriegsfilme des US-Marinecorps an, bei denen es um die Kämpfe gegen die Japaner im Pazifik ging.

Erinnerungen an Fußball und Kanusport

Eigentlich hätte ich Fußballer werden sollen, was für einen jungen sportlichen Kerl nahe lag, der auf dem Waldhof wohnte. Hinzu kam, dass mein Onkel Dr. Otto Wollmann langjähriger Vorsitzender des SV Waldhof war, was meinen Vater jedoch nicht davon abhielt, Anhänger des VfR zu sein. Mit ihm war ich als begeisterter Zuschauer häufig an Sonntagen auf dem VfR-Sportplatz an den Brauereien, natürlich auf der „Essig-Haas-Seite". Mehrmals war ich mit meinem Onkel auf dem Waldhof-Platz, wo wiederholt zu hören war: „Paul, leg ihn um", eine Aufforderung an Paul Lipponer, damals einer der besten Spieler des SV Waldhof. In der Familie gab es wegen der Sympathie für den einen oder den anderen Verein mitunter Streitgespräche. Als der VfR Mannheim 1949 die Deutsche Meisterschaft gewann, war das für einen Waldhöfer wie meinen Onkel nur schwer zu verkraften. Wir Jugendlichen waren natürlich begeistert, aber bei mir ging diese Begeisterung nicht so weit, dass ich in einen der beiden in Frage kommenden Vereine eingetreten wäre. Schon früh entdeckte ich meine Leidenschaft für den Kanusport und trat in den Wassersportverein Sandhofen (WSV) ein, dessen Bootshaus nicht weit von unserer Wohnung entfernt am Altrhein lag. In der Nähe des Bootshauses befand sich ein Gebäude, in welchem die „Rhine River Patrol", die Pionierbrigade der Amerikaner, untergebracht war. Später fand dort die Grundausbildung einer Fluss-Pioniereinheit der Bundeswehr statt.

Ab 1953 war ich Mitglied des WSV und begeisterter Kajakfahrer. Unsere Idole waren die erfolgreichen Wassersportler des Vereins Helmut Noller, Ernst Steinhauer und Günter Krämer. Die Amerikaner waren mit ihrer Ausstattung für uns von großem Nutzen, denn sie waren immer bereit, uns und unsere Boote mit ihren Landungsbooten zu den Zeltplätzen rheinabwärts oder -aufwärts zu befördern.

Im Sommer waren wir oft zum Zelten auf der Kollerinsel oder auf der Petersau. Gepaddelt habe ich damals bei jeder sich bietenden Gelegenheit, das heißt auch auf Regatten in Kajaks mit unterschiedlicher Besetzung, auch im größten Kajak, dem K 4. Ein von uns Jugendlichen sehr geschätztes Vorbild war der Jugendleiter des Badischen Kanuverbandes Helmut Wolf.

Landungsboot der Amerikaner mit Kanuten des WSV Sandhofen

Hewo, so nannten wir ihn, war ein ausgesprochenes Organisationstalent; es hieß, dass er in der Nazizeit bei „Kraft durch Freude" für die Organisation von Ausflügen und Reisen zuständig gewesen sei. Er war es, mit dem wir europaweit Reisen unternommen haben. Mit einem alten Bus, einem Lastwagen für Kleidung und Proviant und einem großen Bootsanhänger waren wir in der Ferien- bzw. in der Urlaubszeit unterwegs. Die Lebensmittel hat er billig aus Beständen der US Army und später der deutschen Bundeswehr beschafft. Auf das Verfallsdatum hat damals niemand geschaut. Die Organisation war perfekt, allerdings war unser Jugendleiter sehr streng. Es ging militärisch zu. Disziplin wurde großgeschrieben, und wer sich der nicht unterwarf, hatte keine Chance, an den Fahrten teilzunehmen.

Jedes Jahr waren wir mit unseren Booten in der Ferienzeit unterwegs, wiederholt in Süd- und Westfrankreich, wo wir an der Ardèche in Vallon-Pont-d'Arc unsere Zelte aufschlugen. Wir waren dort mehrmals im Centre de sport de plein air, wo wir nicht nur mit Kajaks und Kanus fuhren, sondern Rad-, Kletter- und Höhlentouren mit jungen Franzosen unternahmen. Schöne Erlebnisse hatten wir auch mit den Kanus auf der Grande Leyre, die in das Basin d'Arcachon mündet, auf Mallorca und Korsika und natürlich auf deutschen Flüssen wie Rhein, Neckar, Kocher, Jagst, Wiesent, Wieslauter, Isar und Inn.

Unser Reisebus mit einem der Kanadier

1956 waren wir drei Wochen lang in Italien mit Einer- und Zweier-Kajaks sowie zehn Kanadiern unterwegs, mit je einem Steuermann und zehn „Spinatstechern" an Bord – so nannte man etwas abfällig die Kanadier-Fahrer. Die Fahrt ging von Meran aus auf die Etsch, dann durch den Gardasee und wieder auf der Etsch bis nach Ghioggia und weiter über die Lagune hinein nach Venedig. Wir erregten mit unseren großen außergewöhnlichen Booten auf dem Canale Grande viel Aufsehen. Venedig war ein großes Erlebnis für uns.

Unvergesslich ist unsere große Kanutour 1960, die mehr als sechs Wochen dauerte und unter dem Motto „Von Olympia zu den Olympischen Spielen" stand. Ich war schon 21 Jahre alt und besuchte die Staatliche Technikerschule. Im August ging es los mit einem Bus und großem Bootsanhänger sowie einem Lastwagen mit Anhänger. Die Bootsfahrt begann in Österreich und führte als Erstes von Lienz auf der Drau bis zur jugoslawischen Grenze. Dann ging es über Belgrad nach Skopje auf dem Vadar zusammen mit jugoslawischen Kanuten bis zur griechischen Grenze und weiter zu Lande nach Olympia. Am 12. August 1960 waren wir rechtzeitig bei der Entzündung des Olympischen Feuers im Hain von Olympia anwesend.

Nach dem Besuch der antiken Stätten Korinth, Delphi, Mykene und Athen gelangten wir mit der Fähre von Patras nach Brindisi, von wo es bis zum Albaner See weiterging. Dort wurden die Wettkämpfe der Kanuten und Ruderer ausgetragen. Wir waren in der Nähe des recht bescheidenen Quartiers der Olympiateilnehmer in einem Zeltlager untergebracht und fuhren von da aus nach Rom, wo wir bei der Entzündung des Olympischen Feuers im Stadion dabei sein durften.

Die erstmals und letztmals bei olympischen Spielen ausgetragene Kajakstaffel entschied eine gesamtdeutsche Mannschaft für sich. Therese Zens gewann im Einer und Zweier die Silbermedaille. Zwei Kanuten aus dieser Mannschaft, Friedhelm Wentzke (Westdeutschland) und Günter Perleberg (Ostdeutschland) haben vier Jahre später nach der Flucht Perlebergs in den Westen gemeinsam im Viererkajak Silber gewonnen. Großartig waren die Erfolge der deutschen Ruderer, die in sieben Bootsklassen drei Goldmedaillen und eine Silbermedaille gewannen. Verständlicherweise waren wir als Zuschauer hell begeistert. 1964 wiederholte Hewo die Fahrt mit dem Motto „Im Jahr der Olympiade nach Rom", bei der ich natürlich wieder dabei war.

Die Zeit der sportlichen Betätigung beim WSV Sandhofen möchte ich nicht missen. Ohne die Zugehörigkeit zum Verein und vor allem ohne Helmut Wolf hätten ich und meine Sportkameraden vieles nicht erlebt und gesehen. Ich hatte damals keine Probleme, die von ihm verlangte Disziplin zu akzeptieren, zumal ihr sein eigener großer Einsatz gegenüberstand. Mit dieser Meinung bleibe ich sicher nicht allein. Er ist für viele Kanuten ein großes menschliches und sportliches Vorbild gewesen.

Lehre und Berufszeit – immer unter Strom

1953 begann ich meine Lehre als Starkstromelektriker in der Firma, in der mein Großvater gearbeitet hatte und mein Vater noch arbeitete, der Zellstofffabrik Waldhof AG. Es gab damals noch die 48-Stunden-Woche, und wie alle anderen waren auch wir Lehrlinge am Samstag im Werk. Es war eine gute Ausbildung, die ich in den dreieinhalb Jahren dort erhielt, ergänzt um die theoretische Ausbildung in der Gewerbeschule, die sich in C 6 befand. Der Unterricht fand an zwei Vormittagen in der Woche statt. Einer unserer Lehrer, Herr Immenschuh, wollte uns mehr als nur berufliches Wissen vermitteln und übte mit uns Szenen von Werken Schillers ein. Die Räuber, Wilhelm Tell und Don Carlos standen auf dem Programm, das wir anlässlich des 150. Todestages von Schiller in einer Festveranstaltung in der Schule aufführten. Einige der Texte, die ich damals gelernt habe, vermag ich auch heute noch zu rezitieren. Das Engagement des Lehrers war außergewöhnlich, denn es hatte nichts mit unserer beruflichen Ausbildung zu tun. Vielleicht gerade deshalb hat mich die Beteiligung an dem Projekt begeistert.

In meiner Lehrzeit gab es einen Anlass, der für die damalige Zeit typisch war, in der auf die Hierarchie viel Wert gelegt wurde. Als eines Tages ein neuer Chef den Elektrobereich der Firma übernahm, ließ er alle seine Untergebenen zusammenrufen, um ihnen seine Vorstellungen über die Arbeitsabläufe zu vermitteln. Am Ende seines Vortrags fragte er nach Verbesserungsvorschlägen. Als sich niemand meldete, hob ich etwas schüchtern die Hand und erklärte, es gebe ein neues Arbeitsgerät, das für unsere Arbeit von großem Nutzen sein könne, nämlich den elektrischen Bosch-Hammer. Mein Vorschlag wurde von unserem neuen Chef wohlwollend zur Kenntnis genommen, und schon bald hatten wir das Gerät zur Verfügung. Bis es jedoch dazu kam, hatte ich schwere Zeiten zu überstehen, denn wie konnte es ein junger Spund wagen, in Anwesenheit aller erfahrenen Kollegen einen Verbesserungsvorschlag zu machen. – Ich habe das und einiges mehr überstanden. Den Satz, dass Lehrjahre keine Herrenjahre sind, habe ich oft gehört. Ich fand ihn nicht sonderlich treffend, denn auf die Idee, ein Herr zu sein, kam ich in meiner Lehrzeit nie.

Dass ältere Kollegen mit ihrer Erfahrung mir überlegen waren, ist für mich eine Binsenweisheit gewesen, auch nach meiner Lehrzeit. Dass Erfahrung aber allein nicht ausreicht, habe ich schon bald bemerkt. Ein typisches Beispiel dafür, wie es nicht sein sollte, erlebte ich bei einem zeitweiligen Einsatz in einer kleinen Arbeitsgruppe, die auf die Instandhaltung und

Die Versammlung in der Elektrowerkstatt der Zellstofffabrik Waldhof (Autor 3.v.r.)

Reparatur von Kränen spezialisiert war. Ich lernte dort viele Kniffe, die nicht jedem geläufig waren. Dass mir am Ende der Arbeit in dieser Gruppe eingeschärft wurde, mein Wissen für mich zu behalten, habe ich nie verstanden. Die Bewahrung von Herrschaftswissen war damals sehr verbreitet. Für die Firmen ist sie nicht von Vorteil gewesen.

Noch während meiner Lehrzeit ist mein Vater im Alter von 50 Jahren gestorben – der Anlass dafür, dass meine Mutter wegen der knappen Rente eine Arbeit in der Kantine der „Zellstoff" annahm. Im Anschluss an die Lehre war ich bis 1958 als Schichtelektriker in meiner Lehrfirma tätig. Der Elektromeister Reibold ging nicht gerade vornehm mit seinen Leuten um. Er konnte recht grob werden, wenn es nicht nach seinen Vorstellungen lief. Dass ich in Bluejeans herumlief und ein „Ami-Käppi" trug, passte ihm nicht. Ich habe mich jedoch geweigert, seiner Aufforderung nachzukommen, den „Ami-Kram" auszuziehen. Als ich eines Tages mit zwei Kollegen dabei war, einen schweren Motor aus einer Grube zu heben, war auch Meister Reibold zur Stelle. Als er sah, dass ich bei dieser Arbeit „Ami-Handschuhe" trug, die ich immer in der Tasche hatte, passte ihm das nicht. Mein Argument, dass ich mir keine Verletzungen der Hände zuziehen wolle, wurde nicht akzeptiert, und er verlangte von mir, die Handschuhe auszuziehen. Ich bin dem jedoch nicht nachgekommen. Verständlicherweise hatte ich nach Anlässen dieser und ähnlicher Art kein gutes Verhältnis mit meinem Vorgesetzten.

Da die Produktion rund um die Uhr lief, betrug die Schicht-Arbeitszeit regelmäßig 56 Stunden pro Woche, wobei an jedem dritten Sonntag 16 Stunden Anwesenheit gefordert wurden. Unter dem ständigen Wechsel von Tag- und Nachtarbeit habe ich sehr gelitten. Hinzu kam, dass die Freizeitgestaltung schwierig war, weshalb ich mich entschloss, die Firma zu wechseln, Ich fand sofort eine Anstellung als Elektromonteur für Schweißtechnik bei der Brown Boveri AG in Käfertal. Inzwischen war mir klargeworden, dass ich mehr wollte als nur die Handwerkertätigkeit. Von 1959 bis 1960 besuchte ich daher die Technikerschule, arbeitete danach noch ein Jahr bei der BBC als Elektrotechniker, um anschließend die Staatliche Ingenieurschule zu besuchen. Als ich dort eine Gewerkschaftsgruppe gründete, stieß ich anfänglich auf den Widerstand einiger Professoren. Weil ich auch da gute Noten vorweisen konnte, war dies jedoch nicht zu meinem Nachteil, und irgendwann störte sich niemand mehr an meinen Aktivitäten. Ich habe dann 1965 als frischgebackener E-Ingenieur im Großkraftwerk begonnen, war zunächst Betriebsingenieur, danach Abteilungsleiter für den Betrieb der Generatoren, Schaltanlagen und Transformatoren und dann Hauptabteilungsleiter der gesamten Elektrotechnik im GKM. Engagiert habe ich mich auch in der Gewerkschaft, dem Betriebs- und dem Aufsichtsrat.

Den Schritt zum Studium habe ich nie bereut, denn er hat mir den Einstieg in den beruflichen Aufstieg ermöglicht. Noch viele Ämter kamen hinzu, die mir Genugtuung und mehr Freude als Ärger verschafft haben, wobei ich das Mandat als Mannheimer Stadtrat von 1975 bis 2004 als einen sehr wichtigen Lebensabschnitt für mich hervorheben möchte. Möglicherweise sind bei all diesen Aktivitäten meine Frau Ursula und die Kinder Armin, Ingo und Ulrike etwas zu kurz gekommen. Sie haben mich jedoch bei allem, was ich angepackt habe, immer unterstützt.

Gudrun Wilhelms, geborene Mittrach

Einfach tierisch

In den Nachkriegsjahren lebte ich mit Mama, Papa, Oma, Onkel und Tanten im großelterlichen Haus in Feudenheim, denn damals ging es nicht ums Wohnen, sondern schlicht ums Unterkommen. Für mich war das eine wunderbare Zeit, da mich das enge Zusammenleben mit vielen Personen nicht belastete. Es gab mir im Gegenteil das Gefühl von Nähe, Geborgenheit, Wärme. Oma Margarethe, Mamas Stiefmutter, war eine begabte Köchin und Bäckerin. Heimgekommen von ihrer Arbeit als Nachtschwester, buk sie eben mal neben Waschen, Putzen und Kochen vier Blechkuchen für die hungrige Familie. Dazu wurde ein Feuer im gusseisernen Herd gemacht, und Margarethe standen Übernächtigung, Schweiß, aber auch Freude auf dem runden Gesicht.

Das Geld war sehr knapp; daher hatte Oma als Familienmutter und vorausplanende Köchin ganz besondere Versorgungsideen: In einer leeren Mansarde mit Dielenfußboden richtete sie eine Kükenkinderstube ein. Sie bestand aus einem mit feinem Maschendraht umzäunten Areal und einer soliden Holzkiste, an deren Decke Glühbirnen befestigt waren. Nach dem Ausschlüpfen wurden die Küken in dieser Anlage aufgezogen.

Anfangs lagen die Tiere zitternd unter den Glühbirnen, den elektrischen Glucken, um sich zu wärmen. Es dauerte aber nicht lange, dann bewegten sich die kleinen Wesen, mehr stolpernd und einknickend als laufend, kreuz und quer durch ihre Kinderstube. Stundenlang lag ich bäuchlings davor, den Kopf auf die Hände gestützt, wählte mein Lieblingsküken – es war meist das keckste – und schloss im Stillen mit mir Wetten ab, welches Küken das schnellste, welches das schönste werden würde. Leider währte das Kükenglück in der Mansarde nicht allzu lange. Waren die Tiere groß genug, siedelten sie um in Omas Hühnerhof, der sich in einem anderen Teil Feudenheims befand. Dort waren den Tieren Auslauf und gute Pflege beschert, bis sie sich genügend Körperfülle für Kochtopf oder Bratrohr angefressen hatten.

Mein Onkel Karl war der bewährte und geübte Schlächter. Mit Hackklotz und Beil machte er in Omas Waschküche manchem Huhn oder Gockel ein rasches Ende. Ich wartete stets am Treppenabgang zum Keller auf der Gartenseite, weil ich das grausige Schauspiel nicht aus der Nähe mitverfolgen wollte. Das tote Huhn, die umherfliegenden Federn und die vielen Blutspritzer auf Hackklotz, Boden und Karls Hose waren nach der Schlachtung noch schlimm genug!

Eines Spätnachmittags stand ich wieder an der Treppe und vernahm akustisch die letzten Lebenssekunden des Opfers. Ein wildes Gegacker, ein dumpfer Beilschlag, ein Fluch – was war das? An mir vorbei die Treppe hinauf rannte, stürzte, flatterte das kopflose Huhn! Ich stieß einen gellenden Schrei aus und stürzte – selber kopflos – zum Ende des Gartens, mir auf den Fersen das enthauptete Huhn! Ich schrie, als sei der Leibhaftige hinter mir her, und sah schließlich, nachdem ich hinter einen Busch gesprungen war, wie das Huhn seinen letzten Satz tat, wie vom Donner gerührt hinfiel, mehrfach zuckte und endlich mausetot liegen blieb.

Oben an der Kellertreppe stand Karl, das Beil noch in der Hand; er hatte, brüllend vor Lachen, die Szene verfolgt. Ich beschloss, dass er für diesen Tag nicht mehr mein Lieblingsonkel sei. Offensichtlich fühlte Karl, dass er mich mit dieser Geschichte überfordert hatte. Zur Versöhnung zeigte er mir, wie man durch Ziehen der Sehnen die von ledriger Haut umspannten Hühnerzehen bewegen kann. Ich verstand zwar seine Geste, konnte mich aber an der praktischen Lektion über Hühneranatomie nicht so recht freuen.

Die Hühnerszene war bald vergessen, weil sich noch etwas Aufregenderes ereignete. Oma hatte an den im Keller gelagerten Vorräten gemerkt, dass wir Mitesser hatten. Zuerst dachte man an Mäuse, doch dann besah man sich den Schaden näher: Nicht nur die Pfälzer Würste – Oma stammte aus der Pfalz – waren übel zugerichtet, sogar das dichtgespannte Pergamentpapier über der großen Kruke mit den eingelegten Eiern war kurz und klein gerissen, die Eier in der Lake aber unangetastet. Es musste sich um größere Tiere handeln. Welche

genau, darüber sprach man nicht in meiner Gegenwart. Eines Tages hatte Karl Jagdglück: Mit der flachen Schaufel erschlug er zwei große Ratten. Mir als Kind erschienen sie so groß wie Kaninchen, was sicher an der Perspektive lag. Stolz zeigte Karl jedem, der sie sehen wollte, seine Beute, bevor er sie schließlich tief im Erdreich des Gartens vergrub.

Mit dieser Tat hatte Karls Person für mich eine neue Dimension angenommen. Er war fortan nicht allein mein lieber Kumpel und unser beherzter Hühnerschlächter. Er war zum Rattentöter geworden und hatte sich damit um unser aller Wohl verdient gemacht.

Wir Gassenkinder

„Du bist ein richtiges Gassenkind", seufzte meine Mutter des Öfteren. Sie hatte recht. Doch sorgen musste sie sich nicht um mich: Die Gass' war damals ein relativ sicherer Ort, denn die Zahl der Autos und Motorräder war noch begrenzt.

Zu jeder Gelegenheit traf man sich auf der Gass'. Dazu bedurfte es keiner Formalitäten. Man stellte sich vor das Haus des Freundes und brüllte seinen Namen. Erst wenn er nicht reagierte, klingelte man ihn heraus.

Na klar, man ging auf die Gass'. Wohin sonst? Im Haus gab's zu wenige Spielmöglichkeiten, viele wohnten damals beengt, und die Nachkriegsmütter waren allesamt Putzteufel, denen die Sauberkeit ihrer Wohnung mehr am Herzen lag als das Spielvergnügen ihrer Kinder. Meine Mutter brauchte sich also nicht zu wundern, dass ich ein Gassenkind war, und noch dazu mit Freuden.

Meine Ohren waren nicht walkmangeschädigt. Ich hörte das geringste Geräusch und wusste, welcher Vogel sang. Meine Augen waren keine Sehlöcher für flimmernde Bilder. Sie nahmen wahr, unterschieden, filterten. Mein Kinderkopf war nicht angefüllt mit Terminen und Klamottenwünschen. Er war frei für Ideen, die auch sofort umgesetzt wurden. Meine Hände waren leer, was den Vorteil hatte, dass ich sie gleich gebrauchen konnte. Alles war so einfach!

Unsere Spiele auch. Für unser Leib- und Magenspiel brauchten wir ein Stück glatte Hauswand und einen Ball. Es hieß „Zehnerles" und bestand aus einer genau festgelegten Folge verschiedener Übungen. Zehnmal Ball an die Wand werfen, in die Hände klatschen, Ball auffangen; neunmal Ball an die Wand köpfen, auffangen; achtmal Ball an die Wand werfen, Pirouette drehen, auffangen, usw. Der Fantasie und Akrobatik waren keine Grenzen gesetzt. Die Ehrgeizigen übten heimlich, um beim nächsten Gruppenwettbewerb in Hochform zu sein.

„Klickerles" konnte man nicht direkt auf der Gass' spielen. Wir richteten uns lieber eine Bahn auf festgeklopfter Erde ein, die wir nach jedem Spiel mit den bloßen Handflächen von den kleinsten Unebenheiten befreiten. Jeder im Wege liegende Krümel oder Stein konnte die Bahn des Klickers beeinflussen. Das mit den Klickern war für uns Kinder ein ernstes Spiel, weil es um Geld ging. Jeder irdene, mit farbiger Lasur überzogene Klicker kostete einen Pfennig, die kleinen gläsernen fünf Pfennige, die großen Kugeln mit den farbigen Einschlüssen zehn Pfennige. Um unseren Schatz auch sicher und unverwechselbar aufbewahren zu können, hatten wir bunte Baumwollbeutel. Es war ein gutes Gefühl, wenn sich an erfolgreichen Tagen der Beutel praller füllte und die gläsernen Kugeln aufmunternd aneinanderschlugen, als wollten sie sagen: „Los, versuch's noch mal!" Allerdings passierte es auch, dass plötzlich nur noch ein paar Erdkrümel auf der inneren Naht des Säckchens lagen. Dann fing man eben auf Pump von vorne an.

Nichts aber kam an unsere Lehmkugelschleudern heran! Zwischen Lauffener Straße und Autobahn – wo heute in Feudenheim repräsentative Ein- und Zweifamilienhäuser mit geleckten Vorgärten stehen und die Umgehungsstraße das Restgrün unter Beton begräbt – lagen die Spiel- und Jagdgründe unserer Kindertage. Ganz besonders hatte es uns der schwere Lehmboden dieser Felder angetan. Irgend jemand von uns fand heraus, dass sich aus ihm hübsche Lehmfiguren machen ließen. Die Sportlicheren interessierte aber weniger die Herstellung von Kleinskulpturen, sondern von kleinen, glatten Lehmkugeln, die, auf die Spitze einer festen, aber beweglichen Gerte gespießt und weggeschleudert, unglaubliche Entfernungen zurücklegten. Wir bestimmten einen Schiedsrichter, der große Mühe hatte, die Siegerkugel zu bestimmen, weil ihm mindestens ein halbes Dutzend um die Ohren flogen.

Nach anhaltenden Protesten unserer Mütter, die es satt hatten, dass wir bei Regenwetter nach diesen Spielen wie Matschmännchen nach Hause kamen, verlegten wir uns auf Spiele, bei denen wir uns weniger schmutzig machten. „Mach dich nicht schmutzig!" war eine Ermahnung, die damals fast jedem von uns nachgerufen wurde. Wir haben gottlob nicht gefolgt und uns so nicht um ein Hauptvergnügen gebracht.

Bereit für den Start ins Fasnachtsvergnügen

Auch „Martiniweiwl" gehörte zu unseren Spielen auf der Gass'. Vergleicht man diesen nahezu vergessenen Brauch mit dem seelenlosen, mit Plastikkram überfrachteten Halloween und den heutigen Martinsumzügen, wird einem ganz wehmütig ums Herz. Damals schwebten keine gekauften Monde und keine raffinierten selbstgebastelten Laternen – womöglich mit elektrischer Beleuchtung – die Straßen entlang. Einen Sankt Martin zu Pferde gab es nicht, auch keine Straßenabsperrungen durch die Freiwillige Feuerwehr oder die Polizei. Warum auch? Wir feierten Sankt Martin mit unserem nächtlichen Martiniweiwl viel, viel schöner und vor allem aufregender als heute. Alles war ungeordnet, wilder, freier.

Tage vor Martini hatten wir uns dicke Futterrüben besorgt, was für uns Gassenkinder kein Problem war. Die Rüben höhlten wir aus und schnitten mit einem Messer furchterregende Fratzen in die feste Außenhaut. Ein Kerzenstumpen hinein, und fertig war das grinsende Mondgesicht! Vorausplanende hatten – zu der damaligen Zeit in den Haushalten noch wenig verbreitete – Konservendosen gesammelt. Mit Nagel und Hammer klopften wir Reihen von Löchern hinein, die im Gesamtbild dann Höhlen für Augen, Nase und Mund ergaben. Ein Drahtbügel oben, eine Kerze mit Wachs auf dem Boden befestigt und ein stabiler Stock – schon konnte man sie vor den Fenstern der Anwohner hin- und herbewegen, die sich dann sicher mächtig erschrecken würden!

Das Schönste an Martini war aber die Verkleiderei und das „Schelleklobberles". Streng genommen sollten die Martiniweiwl im Nachthemd oder im Schlafanzug durch die Straßen geistern. Da hatte ich aber die Rechnung ohne meine Mutter gemacht: Überängstlich kleidete sie mich ein wie zu einer Nordpolexpedition. Über die dicken Winterklamotten zog ich dann, als Zugeständnis an den Tag, meinen weißen Bademantel mit Kapuze und Bommel. Er passte kaum über die restlichen Kleider, was mich sehr ärgerlich machte. Ich sah aus wie eine Kugel, war aber keineswegs so beweglich. Aber an Martini beim Schelleklobberles ging es genau darum: Ein paar Kinder scharten sich um einen Hauseingang, wählten einen Klingelknopf und ließen den Finger so lange darauf, bis sich der Wohnungsinhaber näherte. Dann galt es, die Beine unter die Arme zu nehmen und unter Hohnlachen das Weite zu suchen.

Ein erklärter Martiniweiwl-Feind war Herr Müller aus der Eberbacher Straße. Ihm wurde nachgesagt, er warte mit einer Axt hinter der Haustür, um dann fluchend den verängstigten Kindern hinterherzurennen. Solche Geschichten machten unsere Aktionen erst richtig spannend, denn vor einer gutmütig lächelnden Hausfrau wegzurennen, das machte nun wirklich keinen Spaß.

Herr Müller stand also, es muss Anfang der fünfziger Jahre gewesen sein, ganz oben auf unserer Liste, und er enttäuschte uns auch dieses Mal nicht: Kaum war die Klingel ertönt, wurde schon die große Tür aufgerissen. Er musste tatsächlich im Hinterhalt gelauert haben, vielleicht waren wir aber auch nicht die erste Gruppe? In seiner Hand hielt er etwas Großes, Dunkles: einen Knüppel, eine Axt, einen Hammer? Ein Hohngelächter kam uns jedenfalls nicht über die Lippen. Mit lauten Entsetzensschreien stob jeder in eine andere Richtung davon. Ich war am langsamsten von allen und stolperte mehr, als ich rannte, denn ich verhedderte mich auch noch im Saum meines Bademantels. Mit einem Satz und einem Griff nach dem Bommel meiner Kapuze hatte mich Herr Müller schon gepackt:

„Na warte, du Bürschchen", knurrte er mich an.

Im Schein der Straßenlaterne besah er sich das Bürschchen näher:

„Nanu, du bist ja ein Mädchen. Du solltest dich schämen, die Leute am Feierabend zu stören. Pack dich nach Hause."

Das ließ ich mir nicht zweimal sagen. Ich stolperte Richtung Brunnenpfad, wurde aber an der nächsten Ecke von den Kumpels abgefangen.

„Hat er dir was getan?" – „Nee."

„Hast du Schiss gehabt?" – „Nee."

„Gib doch nicht so an!" – „Geb ja gar nicht an."

Nach dieser Erfahrung kam jemand auf eine glänzende Idee. Bei „gefährlichen Leuten" wollten wir nicht mehr dauerklingeln. Wir steckten zwei Streichhölzer zwischen Rahmen und Klingelknopf, verdrückten uns sofort und warteten in sicherer Entfernung auf die Reaktion des Herausgeklingelten.

Schade, dass wir dann nicht mehr Herrn Müllers Gesicht sehen konnten!

Stubenhocker waren wir auch nicht im Winter und gingen hinaus, solange wir trockene Kleidung hatten. Ja, solange wir trockene Kleidung hatten, denn meistens hingen die einzigen langen Wollhosen und der einzige Anorak triefnass da. Mit Eiszapfen an Arm- und Beinbündchen kamen wir regelmäßig vom Schneevergnügen nach Hause und waren während der Trockenzeit an die Wohnung gefesselt.

Es gab viele Rodelhänge im sonst flachen Feudenheim. Da war der steile Hang in der Nähe des Sportplatzes, der, oft vereist und rechts begrenzt von einer dichten Brombeerhecke, höchste Anforderungen an die Geschicklichkeit der Schlittenfahrer stellte. Besonders, wenn man „Bauchplatscher" fuhr! Ein klein wenig zu viel mit dem linken Bollenschuh am Boden gekratzt, und schon landete man, Gesicht voran, in den Dornen. Bei der Bauchplatscher-Kette rodelten gleich mehrere Kinder in die bedrohliche Hecke, schrien, rieben sich das zerkratzte Gesicht, entfernten die Dornen aus den Jackenärmeln und zogen dabei zum Entsetzen der Mütter lange Wollfäden heraus.

Für versierte Fahrer gab's aber nur einen Hang, den Kanaldamm. Wir hatten das Gefühl, in einem wahren Affentempo hinunterzurasen, um dann dopsend auf dem holprigen Acker zum Stehen zu kommen. Die Strecke war natürlich nichts für Angsthasen, und sehr Mutige machten auch Bauchplatscher und „Doppeldecker", das war für uns gar keine Frage.

Einmal war ich wieder den Kanalhang auf dem Bauch liegend hinuntergedüst, hatte aber die hoch aufgeworfene Ackerfurche nicht gesehen. Ich fuhr mit voller Fahrt darauf und flog vornüber vom Schlitten. Warum lag da ausgerechnet der blöde Stein? Ich knallte mit dem Kopf dagegen und blieb liegen. Als ich auf Zuruf nicht reagierte, rannten die Freunde herbei. Mir war so komisch! Sie glaubten mir, als sie die Riesenbaus mitten auf der Stirn sahen.

„Du siehst ja aus wie ein Einhorn!"

„Und mir ist sooo schlecht!"

Man zog mich auf den Schlitten.

„Bleib still liegen, wir bringen dich nach Hause."

Es gab keinen Schneeräumdienst zu jener Zeit. Auf einer geschlossenen Schneedecke fuhren sie mich bis zur Haustür.

Meine Mutter stieß einen Schreckensschrei aus, als sie mich sah. Ich wurde sofort aufs Sofa im Wohnzimmer gebettet, was nur zu außergewöhnlichen Anlässen geschah. Da lag ich, vor Behagen schnurrend, und ließ mir die Beule mit Umschlägen behandeln.

„Das wird eine kleine Gehirnerschütterung sein", sagte unser Hausarzt. „Liegenbleiben und beobachten."

Das tat ich gern.

Die 1. Klasse mit Lehrerin Ellen Quessel, Feudenheimschule
Autorin mit weißer Schürze

Oh du fröhliche

In unserer engen Mansardenwohnung gab es kein Kinderzimmer, aber eine Spielecke. Sie lag am Ende des Flurs, von wo aus eine kleine Treppe zum Speicher führte, und war ein wahres Paradies, wenn auch ein unbeheiztes.

Die Wochen vor Weihnachten waren eine Zeit voller Heimlichkeiten. Mit großen Papierbahnen und einer Wolldecke hatte man die Spielecke abgetrennt; für mich war der Zutritt streng verboten. Wenn ich abends im Bett lag, hörte ich ein Rascheln, Schaben und Knistern; Geräusche, die ich nicht richtig einordnen konnte. Ich wusste nur, die Eltern halfen dem Christkind bei den Weihnachtsvorbereitungen.

Ein paar Wochen vor Weihnachten war auch plötzlich meine geliebte Schildkröt-Puppe „Bärbel" verschwunden. Die mit den strahlend blauen Augen und dem Zelluloidkopf und Zelluloidkörper. Sie hatte an den Ohren aufgedrehte Zöpfe, von uns Schneckennudeln genannt. Bärbel war beim Christkind und sollte dort ein neues Kleid geschneidert bekommen. Es war zwar schwer für mich, so lange auf Bärbel zu verzichten, aber was nahm ich nicht alles in Kauf für eine neue Puppengarderobe!

Während der Vorweihnachtszeit fuhr ich einmal mit den Eltern nach Mannheim. Ich bewunderte die festlich geschmückten Schaufenster mit den Märchenszenen für Kinder und schaute mir das Riesenangebot an Spielsachen an. In der Spielzeugabteilung des Kaufhauses Anker am Paradeplatz war ein Puppenwunderland aufgebaut. Auf und über Stoffbahnen und weißen Wattewolken saßen, lagen, schwebten Puppen. Puppen in Hosen, kurzen und langen Kleidern, Puppen als Prinzessinnen, Puppen als Engel mit Engelsflügeln. Ich sog diese Szene förmlich in mich ein – doch was sah ich da? Auf der alleruntersten Wolke saß – meine Bärbel!

Ich zupfte meinen Vater am Ärmel und teilte ihm, stotternd vor Aufregung, meine Entdeckung mit. Was suchte meine Bärbel im Kaufhaus Anker auf der alleruntersten Wolke des Puppenwunderlands? Papa nahm mich auf den Arm und sagte:

„Das ist doch ganz einfach. Das Christkind stellt hier im Puppenwunderland alle Puppenkinder aus. Du wirst schon sehen, an Weihnachten darf die Bärbel wieder zu dir."

Nachdem wir nicht mehr im großelterlichen Haus wohnten, gingen wir am Heiligen Abend nach dem Weihnachtsgottesdienst zu Oma Margarethe, um zu feiern. Das war eine Selbstverständlichkeit. Ich zitterte innerlich vor Ungeduld, stand aber äußerlich ungerührt die Qualen des Wartens durch. Ich wusste ja, bei Oma galt es, an einer langen Zeremonie teilzunehmen.

Schon beim Betreten des Weihnachtszimmers schlug mein Herz bis zum Hals: Omas Weihnachtsbaum, geputzt mit weißen Kerzen, silbernen Kugeln und Silberzapfen und einer hochragenden Baumspitze, strahlte eine strenge Feierlichkeit aus, die die Festgemeinde eher auf Nachdenklichkeit und Sammlung als auf ausgelassene Freude einstimmte.

Der Esstisch war auf seine volle Länge ausgezogen, die auf ihm gestapelten Geschenke zu Häufchen angeordnet und mit einer riesigen weißen Damasttischdecke verhüllt. Immer wieder schaute ich auf die kleinen Erhebungen. Welche mochte wohl meine sein? Ich versuchte, den verräterischen Umriss eines Spielkastens, eines Kuscheltiers auszumachen, vergebens. Man hatte sich mit dem Drapieren und Kaschieren große Mühe gegeben.

Und keine Eile, es war mit der Bescherung noch lange nicht so weit! Oma hatte die Stühle zu einem Halbrund angeordnet und lud uns ein, Platz zu nehmen; die Stühle antworteten mit Quietschen und Knacken. Oma setzte ihre kleine Brille auf die Nase. Ich bemerkte, wie sorgfältig sie heute ihre weißen Haare zum Knoten frisiert hatte.

Unterm Weihnachtsbaum

Dann griff sie zur Bibel. „Es begab sich aber zu der Zeit ..." Sie konnte die Weihnachtsgeschichte selbstverständlich Wort für Wort auswendig, aber der Griff zur Brille und das Aufschlagen des Buches gehörten einfach dazu. Mit ihrer leicht pfälzisch gefärbten Sprache und gerolltem R las sie uns Jahr für Jahr die wundersame Geschichte von der Geburt Christi, unterbrochen hier und da von einem Räuspern meiner Onkel oder dem Knarren eines Stuhls. Beim „Fürchtet Euch nicht" richteten sich die Rücken aller Zuhörer wieder merklich auf, wie zu neuer Aufmerksamkeit. Die Weihnachtsgeschichte ging aufs Ende zu, nun kam der aktive Teil!

Oma klappte die Bibel zu, rückte ihre Brille zurecht, ging zum Klavier und intonierte Weihnachtslieder. Mit klarer, in den Höhen zittriger Stimme gab sie die ersten Takte der Lieder vor, die jedes Jahr gesungen wurden: „Es ist ein Ros' entsprungen", „Stille Nacht", „Oh du fröhliche", „Süßer die Glocken nie klingen".

Die Familienmitglieder fielen mit kurzer Verzögerung ein. Da Oma immer eine sehr hohe Tonlage wählte, lagen die Männerstimmen Oktaven darunter und hörten sich an wie ein knurrender Bärenchor. Es klang schon recht sonderbar. Das meinten auch Onkel Karl und Onkel Erich. In ihren Augen flackerte regelmäßig schon seit der Weihnachtsgeschichte ein lustiges Feuer, und bei „Wurzel zart" aus „Es ist ein Ros' entsprungen" schauten mich beide an und prusteten los. „Wurzel" war nämlich Karls höchsteigener Kosename für mich. Doch sie lachten nicht lange. Ein gerader, strenger Blick von Oma über den Brillenrand hinweg ließ die Onkel sofort wieder einfallen in den gemischten Gesang.

Nach der langen Sammlung hatten wir eine Stärkung verdient. Wir durften zu unseren bunten Tellern greifen, auf denen selbstgebackene Weihnachtsgutsel lagen: Kleiebrötchen, Hildabrötchen, Zimtsterne, Anisplätzchen und Springerle, als Füllmaterial ein rotbackiger Apfel und ein paar Nüsse.

Und nun war es endlich so weit! Man hob das Damasttuch hoch, legte es sorgfältig zusammen und beiseite.

Die Päckchen waren in dünnes, durchscheinendes Papier gewickelt, auf das ein paar Sterne oder Tannenzweige gedruckt waren. Wenige waren mit einem roten Seidenband verschnürt, die meisten aber mit feiner Goldkordel, die schon beim Auspacken wieder in winzige Knäuel zusammengerollt und in einen Karton gelegt wurden. Auch das Papier wurde pfleglich behandelt, schön glattgestrichen und gestapelt. Oma würde es nach Weihnachten ausbügeln und bis zum nächsten Fest aufbewahren.

Es ging ein Ah und Oh durch die Familie, als der Inhalt der Päckchen sichtbar wurde. Oma staunte über den großen Pralinenkasten und die duftigen weißen Batist-Taschentücher, Tante Rosi schnupperte verzückt an einem Stück feiner Seife, Onkel Karl band sich den neuen Schlips um, Onkel Erich begutachtete die neuen Socken. Und was hatte ich bekommen? Ein „Spitz, pass auf", eine „Strickliesel", einen handgestrickten Wollschal. Und, oh Wunder, Papa hatte recht gehabt: Am Heiligen Abend konnte ich meine geliebte Bärbel wieder in die Arme schließen. Sie hatte ihr weißes Tüllkleid vom Puppenwunderland gegen ein dunkelblaues Kapuzencape mit roten Paspeln eingetauscht, was mich sehr überraschte. Aber das musste das Christkind wohl so entschieden haben.

Am Ende der Weihnachtsfeier waren alle hochzufrieden.

Oma gab uns ihre Einkaufstasche mit zum Transport der Geschenke. Durch den Schnee ging's nach Hause zu unserem bunt geschmückten Baum. Zur Feier des Tages aßen wir am kleinen Couchtisch im Wohnzimmer Kartoffelsalat mit Würstchen.

Dazu erklang „Oh du fröhliche" aus dem Radio.

Rudolf Will

Verhaftet!

Es geschah an einem Mittwochnachmittag im Juli 1945 an einem Zaun mit vielen Telefonleitungsdrähten, als ich zum Dieb wurde. Die Anklage des amerikanischen Militärgerichtes Mannheim lautete wie folgt: „Der Angeklagte Rudolf Will wird beschuldigt, am 14. Juli 1945 um 20:30 Uhr an der Graudenzer Linie 7 Telefonkabel durchschnitten zu haben. Die Verhandlung vor dem oberen Militärgericht im Polizeipräsidium Mannheim findet statt am 3. August um 10 Uhr."

Diese Anklageschrift wurde mir am Morgen des 3. August im Untersuchungsgefängnis im Mannheimer Schloss übergeben.

Doch wie kam es so weit?

Ende Juni, Anfang August 1945 rollte ein Lastwagen mit Holzvergaserantrieb über die provisorische Rheinbrücke nach Mannheim-Schönau. Die Fahrt ging von Gimbsheim bei Worms zu dem Siedlungsdoppelhaus in der Graudenzer Linie 7. Auf dem Lastwagen befanden sich eine Kriegerwitwe mit ihren vier Kindern und die kümmerliche Habe aus der Einzimmerbleibe aus Gimbsheim, wo die Familie evakuiert war.

Erst am 14. Mai 1945 war ich aus Tirol, wohin die Mannschaft unserer Flakstellung zum Schutz des Großkraftwerkes Mannheim in Neckarau den Rückzug angetreten hatte, zu Fuß nach Hause getippelt. Nicht allein, sondern mit meinem Schulkollegen von der Mittelschule Mannheim, Ernst Peschke.

Von der Familie, vor allem von meiner Mutter, wurde ich als Heimkehrer aus dem schrecklichen Krieg freudig empfangen. Am 1. August 1944 war unser Vater, der als Schutzpolizist der Reserve in Warschau eingesetzt war, beim Aufstand der polnischen Heimatarmee gefallen. Wir vier Geschwister waren nun ohne Vater. Meine Mutter hatte es in dieser unmittelbaren Zeit nach dem Krieg nicht leicht. Die Sorge für die vier Kinder drückte schwer. Ich als siebzehnjähriger ältester Sohn sah mich in der selbstverständlichen Pflicht, ihr wie ein Mann beizustehen und ihr abzunehmen, so viel ich konnte.

Zu dem Siedlungshaus in der Schönau gehörte auch ein Garten mit sechs Ar Grundfläche. Mein Vater hatte dort auch Reben angepflanzt. Aber als wir zurückkamen, waren diese Reben in einem Zustand, den ich ändern wollte. Es fehlte Draht in ordentlichen Mengen, um sie gediegen festbinden zu können. Schon nach wenigen Tagen entdeckte ich entlang der Sonderburger Straße an dem langen Zaun eine große Menge von Telefondrähten. Ich vermutete, dass es sich um Reste der deutschen Wehrmacht handelte, die zur ehemaligen Gendarmerie-Kaserne in der Luftschifferstraße führten. Kurz entschlossen schnappte ich eine Zange, ging vor an den Zaun der Sonderburger Straße, zwickte zwei

Drähte ab, ließ sie mir über die Finger gleiten, und nach etwa 150 Metern zwickte ich wieder zu. Dann spulte ich sie auf und ging zufrieden heim.

Es dauerte drei Tage, da kam die Security Police der Amis und holte mich aus der Wohnung. Mir wurde gesagt, ich müsse mit auf die Wache auf dem Waldhof. Danach würden sie mich wieder zu Hause abliefern. Auf der Wache wurde ich vernommen und wieder in den Jeep gesetzt. Ab ging die Fahrt ins Polizeipräsidium nach L 6 und dort in den Keller in einen dunklen, kühlen Raum, in dem etwa 20 bis 30 Männer inhaftiert waren. Ich wurde einfach reingeschubst und kauerte mich ahnungslos und eingeschüchtert in eine Ecke. Mit der Zeit wurden immer wieder einige Männer hereingestoßen und mit Gejohle empfangen. Es stank nach Alkohol und Fäkalien. Ich habe heute keine Erinnerung mehr, wie ich die Nacht verbrachte. Am nächsten Morgen, es dürfte Sonntag gewesen sein, wurde ich von einem Kommando mit aufgepflanztem Bajonett ins Schloss geführt. Unterwegs zeigten mir die Soldaten eine amerikanische Illustrierte mit dem Titelbild, das zeigte, wie ein Mann an eine Wand gestellt wurde und einige Soldaten auf ihn zielten. „So do you!", erklärten mir die Soldaten.

Mit bibberndem Herzen erreichte ich das Untersuchungsgefängnis im rechten Flügel des Schlosses, der noch gut erhalten war. Eine Zellentür wurde geöffnet, und ich gehörte als der „dritte Mann" nun zu den dort schon anwesenden zwei Untersuchungsgefangenen. Die Zelle war eine Einzelzelle; wegen Überfüllung des Gefängnisses waren wir zu dritt. Eng und schmal war der karg eingerichtete Raum, ausgestattet mit einem Bett und einer offenen Toilette. Das Essen war, wie wir sagten, ein „Fraß": viel Suppe, Kartoffeln, Kraut und Rüben, kaum Fleisch und wenig Brot.

Ich verlangte schon bald nach einem Pfarrer. Der war sofort bereit, Kontakt zu meiner Mutter herzustellen und mir Bücher zu besorgen. Nun wussten meine Leute endlich, wo ich war. So vergingen etwa drei Wochen. Hin und wieder gab es einen kräftigen Knall, als die Reste der Rheinbrücke nach Ludwigshafen nach und nach gesprengt wurden. Abwechslung hatten wir auch, als eine Delegation angekündigt wurde, welche die Räume visitieren sollte. Auf einmal wurde die Verpflegung besser, und die gedrückte Stimmung hellte sich etwas auf.

Dann kam der Tag der angekündigten Verhandlung. Ich wurde wieder nach L 6 eskortiert, diesmal ohne aufgepflanztes Bajonette. Im Gerichtssaal fragte mich der Richter, ob ich wünsche, dass Angehörige von mir dabei sein sollten. Ich wünschte das, und die Verhandlung wurde auf den Nachmittag verschoben. Tatsächlich waren dann meine Mutter und mein elfjähriger Bruder Josef anwesend.

Dem Richter lagen einige Schreiben vor, die bezeugten, dass ich ein ruhiger, friedlicher Bursche sei, der nichts Bösartiges im Schilde führe, sondern der Mutter eine Stütze sei. Eine verblasste Blaupause mit der Überschrift „Zeugnis", verfasst vom damaligen Kaplan Alfons Gäng, der für die Schönau zuständig war, habe ich aufgehoben. Schließlich sagte der Richter einen Satz, der sich mir fest und tief eingeprägt hat: „Das hohe amerikanische Militärgericht erklärt den Angeklagten für schuldig, die Strafe ist bereits verbüßt." Diese erlösenden Worte ließen mich endlich nach der lang empfundenen Ungewissheit wieder frei atmen. Glücklich konnte ich noch am selben Abend wieder heim zu meinen Lieben, Freunden und guten Nachbarn, die alle um mich gebangt hatten.

Ganz selbstverständlich ging ich nun bald an die Arbeit, den wirklich teuer erkauften Draht für das Instandsetzen der Rebanlage zu verwenden. Was mir aber von der Zeit der Unfreiheit blieb, war noch lange meine Eingeschüchtertheit gegenüber der amerikanischen und auch der deutschen Polizei. Inzwischen habe ich sie jedoch längst überwunden.

Mein Berufseinstieg

Wer essen wollte und arbeiten konnte, der musste im Sommer 1945 Arbeit suchen, sonst gab es keine Essenmarken, um einkaufen zu können. Deshalb musste ich mich schnell entschließen, etwas Vernünftiges anzufangen. Mein Nachbar und Schulkamerad aus der Volksschule Waldhof, Helmut Piwecki, ging bei einem Bauschlosser auf der Schönau in die Lehre, drei Minuten von unserer Wohnung entfernt. „Komm doch zu uns", forderte er mich auf, bei der Schlosserei Karl Gaißer als Lehrling anzufangen. Schlosser war zwar nicht mein Berufswunsch, aber ich dachte mir: Schaden kann das nicht. So fing meine berufliche Laufbahn an, der Not gehorchend.

Was machten wir jungen Burschen als Lehrlinge vor allem? Brunnen bohren und immer wieder Brunnen bohren hinein in die Sandböden auf der Schönau. Eine Knochenarbeit mit den vorhandenen Geräten. Eine weitere Knochenarbeit für Lehrlinge war, mit einer Schubkarre Rohre aus einem Rohrlager auf der Rheinau zu holen. Meist zu zweit – den Luzenbergbuckel rauf und runter, ebenso den Neckarauer Übergang. Bei all der Plackerei hatten wir Zeit, uns zu unterhalten. Ich bin sicher, wir haben an die 100 Brunnen gebohrt und angeschlossen. Es gab damals noch keine Wasserleitungen auf der Schönau, die erst als Siedlung ab 1934 mit viel Gartenfläche um die kleinen Häuser entstanden war.

Freilich gab es auch andere Aufgaben, die zu einer Bauschlosserei gehörten. Eine besondere Arbeit in der Werkstatt war die Herstellung von Tabakschneidemaschinen, so nebenher in der Freizeit. Auf den Sandböden der Schönau bauten viele Raucher Tabak zum Eigenbedarf an.

Eine Änderung der Situation ergab sich für mich, als es möglich wurde, an einem Abschlusslehrgang zur Mittleren Reife teilzunehmen, um die durch die

Einberufung zu den Luftwaffenhelfern unterbrochene Mittelschule zu einem guten Ende zu führen. Ich wollte unbedingt teilnehmen und stellte einen Antrag, die Lehre unterbrechen zu dürfen. Ich wollte die Gesellenprüfung als Bauschlosser nach dem Schulabschluss noch vor Erreichen der drei Jahre Lehrzeit ablegen. In dem Gesuch schrieb ich: „Ich bitte es mir zu ermöglichen, die Gesellenprüfung im Frühjahr 1948 machen zu dürfen. Die Kenntnisse und Fähigkeiten, sie zu bestehen, werde ich bestimmt mitbringen, denn ich bin alt genug, um zu wissen, um was es geht."

Der Antrag wurde von der Innung bewilligt, und eine hochmotivierte Schulzeit begann. Die Umgewöhnung fiel mir leicht, zumal im Fach Deutsch und Geschichte. In Deutsch hatten wir die junge, begeisternde Lehrerin Reinhild Wagenknecht. Sie beeindruckte uns durch ihren lebendigen Unterricht, so voller Sachkenntnis und in einer herzlichen Freundlichkeit, die wir bei anderen Lehrern so noch nicht erlebt hatten. Es war für mich eine große Freude, ja eine Lust, an ihrem Unterricht teilzunehmen. In Mathematik hatten wir den von allen sehr geschätzten Lehrer Fritz Beck, der uns sehr motivierte. Dann kam die Abschlussprüfung, das Zeugnis trägt das Datum vom 17.7.1947.

Reinhild Wagenknecht

Nun aber weiter zu meiner Gesellenprüfung im Bauschlosserhandwerk. Nachdem ich noch ein halbes Jahr bei meiner Lehrfirma gearbeitet hatte, trat ich im Januar 1949 bei der Firma Brown Boveri AG in Mannheim-Käfertal ein. Zu meiner Überraschung fand ich aus dieser Zeit in meinen lose gesammelten Unterlagen eine Bewerbung, gerichtet an das Seminar für Wohlfahrtspflege in Freiburg i. Br. vom 5. 4. 1950 mit folgendem Inhalt: „Hiermit bewerbe ich mich um die Aufnahme in das Seminar für Wohlfahrtspfleger. Ich bitte, Ostern 1951 zugelassen zu werden. Geben Sie mir bitte bald Nachricht, damit ich bei meiner Firma kündigen und das einjährige Vorpraktikum antreten kann." Für diesen Vorgang fehlt mir jede Erinnerung. Jedenfalls muss das ein kirchliches Seminar gewesen sein. Beigelegt hatte ich zwei Zeugnisse von Autoritäten der örtlichen Kirche, nämlich von H.H. Rektor Franz Völker und vom Kuraten der Schönauer katholischen Gemeinde, H.H. Ferdinand Veit. Ich war damals ein Suchender nach der Berufung. Die Arbeit als Handwerker füllte mich nicht aus. Ich wollte es mit Menschen zu tun haben.

Die katholische Kirche spielte in meiner Familie eine große Rolle. Ich selbst war schon in jungen Jahren Ministrant auf dem Waldhof bei Pfarrer Dörfer gewesen. Auch in der Nazizeit war ich mit Altersgenossen begeisterter „Jungschärler". Wir trafen uns als Gruppe wöchentlich im Franziskushaus und unternahmen Wanderungen in den Odenwald. Es gab Zeltlager, Lagerfeuer, abenteuerliche Spiele noch und noch. Gerne lief ich damals von der Schönau auf den Waldhof und freute mich immer wieder auf die spannenden Gruppenstunden.

Nach dem Krieg wurde ich Jugendleiter auf der Schönau und schließlich Pfarrjugendführer. Ich führte selbst über viele Jahre eine Gruppe, mit der wir auch per Fahrrad mit eigenem Wimpel unterwegs waren. Wir trieben Frühsport, beginnend am Karfreitag im nahen Käfertaler Wald. Mit dem Pfiff „Im Frühtau zu Berge wir zieh'n" holten wir uns ab. So war ich fest in der katholischen Jugendarbeit mit viel Freude und erfahrbarer Anerkennung beheimatet. Mir wurde immer stärker bewusst, dass mich der Lehrerberuf lockte. Doch Voraussetzung dafür war das Abitur. Nur so bestand die Chance, beim damaligen Pädagogischen Institut in Heidelberg aufgenommen zu werden. Doch noch arbeitete ich bei BBC als Trafoschlosser in der Montage von Transformatoren mit der Stechkartennummer 42018 und wurde sogar Mitglied des Betriebsrates. Diese Tätigkeit war sehr interessant. Nicht nur die Sitzungen, zu denen man freigestellt war, sondern die damit verbundene Nähe zu den Arbeiterinnen und Arbeitern gefiel mir sehr.

Eines Tages ging ich zu einem Herrn Schädler, der in der Firma zuständig war für Weiterbildungsmaßnahmen. Ich strebte in der Tat das Abitur an, das auf dem zweiten Bildungsweg über die Abendakademie Mannheim erreicht werden konnte. Endlich traute ich mir diesen schwierigen Weg zu. Arbeiten und gleichzeitig auf die „Schulfremdenreifeprüfung" lernen – kein einfacher Weg.

Einige „Streber" von der Mittelschulzeit her hatten es versucht, und sie haben alle nach einiger Zeit wieder aufgegeben. Es war für sie nicht zu leisten, wie sie mir versicherten. Ich sagte mir, wenn schon die „Streber" wieder aufgäben, brauchte ich das doch gar nicht zu probieren. Aber dann kam mir schließlich die Erkenntnis: Ich bin ich, ich muss mich doch nicht an anderen orientieren, ich werde es wagen. Und so geschah es. Nachdem Herr Schädler, mir wohl gesonnen, die Übernahme der Kosten für die Abendakademie zugesagt hatte, meldete ich mich dort an und begann in einer Klasse mit Englisch und Französisch.

Ich konnte Frühschicht arbeiten von 6 bis 14 Uhr, fuhr nach Hause, und am Abend von 18 bis 21 Uhr war Unterricht in der U 2-Schule. In den Betrieb fuhr ich mit dem Fahrrad, zur Schule ebenfalls. Arbeiten und lernen war jetzt angesagt, und das drei Jahre lang. Eine wahrlich harte Zeit. Echte Freizeit mit Aktivitäten in der kirchlichen Jugendarbeit nahm ich nun nicht mehr wahr. Es war die Zeit des Büffelns und des Paukens. Gott sei Dank hatten wir gute, verständnisvolle Lehrer, sodass wir an einem erlebnisreichen Unterricht teilnehmen konnten, der auch viel Freude bereitete.

Schon bald merkte ich, dass mir Französisch nicht so lag und ich mich sehr schwer tat. Nach wenigen Monaten wechselte ich in die Lateinklasse, musste aber den Stoff eines ganzen Schuljahres nachholen. So stand ich am Morgen eine Stunde früher auf und lernte Latein, jeden Tag eine Lektion. Während der Zeit der sommerlichen Unterrichtspause habe ich tatsächlich den Anschluss geschafft.

Ich wollte Lehrer werden, hatte ein klares Ziel für alle Anstrengungen. Eine Freundin aus der Schönau, die in P 7 eine Wohnung gemietet hatte, aber erst etwa um 18 Uhr nach Hause kam, stellte mir ab 14:30 Uhr ihre Wohnung zur Verfügung, sodass der Weg nach U 2 zur Abendschule kürzer war. Ich hatte mehr Zeit zum Entspannen nach der Arbeit und zum Lernen. Das letzte halbe Jahr vor der Reifeprüfung habe ich im Betrieb gekündigt, um ganz frei zum Lernen zu sein; denn ich wollte nichts riskieren und auf keinen Fall ein Jahr wiederholen müssen. Die Lehrer, meistens Pensionäre, legten großen Wert darauf, dass alle Schüler auch durchkamen, die sie zur Prüfung anmeldeten. Ich erinnere mich besonders an einen freundlichen Mathelehrer aus Heidelberg, der uns sogar an Samstagen vor der Prüfung alle Angst vor zu erwartenden schwierigen Aufgaben nahm, indem er mit großer Sachkunde und viel Geduld auf unsere Ängste einging.

Alles in allem: Meine Rechnung ging auf, ich bestand die Schulfremdenreifeprüfung. Das Reifezeugnis trägt das Datum vom 25. Oktober 1958. Ein wichtiger Passus ist im Reifezeugnis vermerkt: „Die in Latein abgelegte Prüfung entspricht der Prüfung für das große Latinum." Wir waren damals drei Kumpels von der Schönau, zwei kamen durch, einer war schon für die Prüfung nicht zugelassen worden und musste wiederholen. Doch alle drei haben ihr Berufsziel schließlich erreicht. Ein Malergeselle wurde Berufsschullehrer, der zweite, ein Chemielaborant, promovierte, wurde Professor und später Rektor einer Fachhochschule, und ich, ein gelernter Bauschlosser, wurde nicht Lehrer, sondern Pfarrer.

Vom Schlosser zum Pfarrer

Nach der 1958 neben meiner beruflichen Tätigkeit bestandenen Reifeprüfung wollte ich noch immer Lehrer werden. Beheimatet war ich im katholischen Milieu, wie wir heute sagen. Ich arbeitete noch immer bei BBC, wo ich als Mitglied der CAJ, der Christlichen Arbeiterjugend, in einer christlichen Betriebsgruppe engagiert war.

Nach all den Kraftakten beim Lernen für das Abitur suchte ich zunächst Erholung; ich wollte eine Pause einlegen. Aber im Innern arbeitete es weiter. Insgeheim war der Wunsch nach einem Studium der Theologie in Freiburg wach geworden, um auf diesem Weg Priester zu werden – Pfarrer einer Gemeinde. Der Kurat der Schönau, der Kaplan von Sandhofen, Ferdinand Veit, war mir sehr sympathisch. Ich war Pfarrjugendführer – er förderte mich durch Gespräche über alle Themen, die mich interessierten. Er machte es möglich, dass ich und ein weiterer Junge aus meiner Gruppe im Heiligen Jahr 1950 mit einem Pilgerzug der katholischen Jugend nach Rom fahren konnten. Hier erlebte ich weltweite Katholizität. Was war das für ein Jubel um den Papst im gewaltigen, überfüllten Petersdom. Es waren prägende Eindrücke für mich. Aber noch wehrte ich mich dagegen, Priester zu werden. Andererseits wollte ich mir aber die Chancen dafür offenhalten. Das große Latinum sprach für diese Möglichkeit.

Eines Tages machte ich mich auf zum Pädagogischen Institut nach Heidelberg, um mich für einen Kurs anzumelden mit dem Ziel, Lehrer zu werden. Doch ich kam zu spät. Es wurde mir erklärt, erst in einem Jahr könne ich teilnehmen. Ich nahm das für einen Wink des Schicksals, gab meinen inneren Widerstand auf, Theologie zu studieren, und machte mich daran, alle Vorbereitungen zu treffen, in Freiburg als Priesteramtskandidat aufgenommen zu werden. Der erste Weg führte zu meinem Heimatpfarrer Ferdinand Veit. Auch die mir vertrauten Pfarrer Dorner, Wildschütte und Völker weihte ich in mein Vorhaben ein. Der Jugendpfarrer Dorner, zuständig für die männliche Jugend und Religionslehrer an der Berufsschule, sagte mir unumwunden, ich hätte als „Aufmüpfiger", wie er mich kannte, kaum Chancen, einmal Pfarrer werden zu können. Wie die anderen reagierten, weiß ich heute nicht mehr. Doch mein Heimatpfarrer Veit veranlasste alles Formale, das notwendig war, damit ich in Freiburg im Sommersemester 1959 beginnen konnte. Damit waren die Weichen endgültig gestellt.

Meine Mutter und Geschwister waren weder begeistert noch ablehnend. Bis zum Mai 1959 hatte ich Zeit. Die aber galt es zu nutzen für das Erlernen von Altgriechisch, die Sprache, in der das Neue Testament geschrieben ist. Die Voraussetzung für das Studium der Theologie war, entweder einen einjährigen Aufbaukurs in Sasbach zu besuchen, wo Griechisch und Hebräisch gelehrt wurde, oder sich privat um das Erlernen zu bemühen. Ich zog Letzteres vor, und der damalige Kaplan Schumacher von der Schönau gab mir geduldig Unterricht. Das Kollegium Borromäum in Freiburg wurde informiert, und ich konnte im Mai 1959 mit dem Sommersemester das Studium der Theologie beginnen.

Wir waren im ersten Kurs über 30 junge Männer aus der ganzen Erzdiözese Freiburg. Die meisten hatten gerade Abitur gemacht, andere kamen vom Vorkurs in Sasbach, einige waren so wie ich schon im Beruf gewesen. Außer mir war noch einer von uns aus Mannheim gekommen, der schon Referendar am Gymnasium gewesen war. Er war nur ein Jahr älter als ich. Wir zwei mussten weiterhin Griechisch lernen, zweimal pro Woche bekamen wir Unterricht von einem erfahrenen Lehrer. Viel Freizeit gab es nicht, da zum Erlernen von Griechisch noch Hebräisch dazukam. Außerdem gab es viele Vorlesungen, deren inhaltlicher Sinn mir oft total verschlossen blieb wie zum Beispiel die Schriften der alten Kirchenlehrer. Die Vorlesungen an der Uni waren eher langweilig. Im

Hause, also im Collegium Borromäum, gab es pflichtgemäße Repetitionen zur Ergänzung und Vertiefung des Vorlesungsstoffes. Die ersten Semester zählten zum Philosophikum und gingen dem eigentlichen theologischen Studium voraus. Einführungen ins Alte und Neue Testament fand ich interessant. Die Dozenten waren die Professoren Deissler und Vögtle.

Zum Glück gab es den Samstag und den Sonntag und zahlreiche neue Freunde. Da war die Stadt Freiburg zu entdecken und das Umland: der Kaiserstuhl mit seinen Weinbergen, der Schwarzwald mit seinen Tälern und Höhen. Neue Freundschaften bildeten sich. Im Raucherzimmer spielten wir Skat. Die Kursgemeinschaft gefiel mir sehr, und auch die Hausgemeinschaft bot mir vielfältige Begegnungen mit Leuten aus älteren Kursen. Es kam zu vielen Gesprächen über unsere Herkunft, Gegenwart und Zukunft. Für die Spiritualität der „Zöglinge", der Alumnen, wurde von der Vorsteherschaft viel getan. Und wir selbst waren natürlich daran interessiert, für den kommenden Beruf eine tragfähige geistliche und geistige Ausstattung zu erwerben. Wir engagierten uns sozial an Brennpunkten in Freiburg, was von der Leitung des Hauses gern gesehen und gefördert wurde. Auch bildeten wir in kleinen selbstgewählten Gruppen Bibelkreise und einen Arbeitskreis „Lebendiges Evangelium".

Geistliche Vorträge wurden wechselweise von den Vorstehern in der großen Aula für alle Kurse gehalten, die tägliche Heilige Messe in der Konviktskirche; die abendliche Stille nach 21 Uhr im ganzen Haus wurde Silentium genannt. Beim Mittagessen wurde oft eine sogenannte Suppenpredigt gehalten zur Einübung in die Kunst der Verkündigung. Auch eine Lesung, bei der es still sein musste, speiste unseren Geist. Ich meldete mich für den Dienst, der für die Auswahl der Tischlektüre zuständig war, und durfte die Literatur dafür aussuchen, wobei ich gerne die Auswahl aus aufgeschlossenen christlichen Zeitschriften wie „Hochland", „Der christliche Sonntag" oder „Orientierung" traf.

Der gregorianische Choral wurde uns nahegebracht, das Singen in der Schola machte mir besondere Freude. Die sonntägliche Feier der Eucharistie und der Vesper im Münster waren selbstverständlich. Wir unternahmen Wallfahrten, und immer wieder ging es zum „Heiligen Berg" nach St. Peter, der Endstation unserer Ausbildung, wo wir uns mit dem jeweiligen Kurs treffen konnten. Auch die Kultur kam nicht zu kurz. Die Universitätsstadt Freiburg hatte da ja einige Angebote wie das Theater, Konzerte sowie die Vorträge von Martin Heidegger und Karl Rahner, die viele in ihren Bann zogen. Dozenten wie Bernhard Welte oder auch Psychologen hörte ich aus Interesse nebenbei.

Die Zeit in Freiburg war für mich eine erfüllte Zeit, an die ich gerne denke. Viele Freundschaften sind gewachsen und bestehen heute noch. Zum Freisemester, Externitas genannt, konnten wir nach vier Semestern an verschiedene Unis gehen. Ich wählte Würzburg, weil dort Professoren von Ruf lehrten wie Schnackenburg (Neues Testament), Fleckenstein (Liturgie) und Alfons Auer

(Moral). Nach der Externitas wieder in Freiburg kamen Fächer wie Dogmatik und Moraltheologie, Neues und Altes Testament zum Zuge, und das in Vorbereitung auf die Abschlussprüfungen. Wieder war besonderes Lernen angesagt. Mir ist ein guter Abschluss gelungen. Es folgten die letzten Ferien, bevor die Endstation St. Peter im Schwarzwald im eigentlichen Priesterseminar fällig war.

St. Peter befindet sich in den Räumen eines alten Benediktinerklosters mit Garten und Kegelbahn. Der letzte Pastoralschliff war jetzt fällig, und endlich kam auch die Praxis des späteren Priesters in Gestalt verschiedener „Mäpplespfarrer" zum Zuge: Jugendpfarrer rückten für einen Tag mit ihren Mappen an, Pfarrer, die am Gymnasium lehrten, Priester der Katholischen Arbeiterjugend und solche, die für die Mission warben. Wir übten das Spenden der Sakramente, wir hielten Predigten in den Nachbargemeinden, zuvor aber in der Kirche von St. Peter, und wir unterrichteten Grundschüler von St. Peter im Fach Religion.

Wir hatten einen guten, erfahrenen Spiritual, einen Geistlichen, der, vom Bischof beauftragt, uns praxisnahe geistliche Vorträge hielt. Bei schwächelnder Zuversicht stärkte er uns, auf dem richtigen Weg zu sein. Inzwischen war auch der dunkle Winter da mit seinen Nebeln in dem extrem ruhigen Ort St. Peter, der unser Gemüt und unsere Stimmung belastete. Die Lichter der Weihnacht verstärkten unsere Sehnsucht nach dem aufsprießenden Frühling. Exerzitien gingen der Weihe zum Diakon voraus. Das bedeutete eine stille Woche der Besinnung und der Einkehr. Danach war ich kein „Laie" mehr, sondern gehörte zum Klerus mit der Verpflichtung, das Brevier, das Stundengebet, zu beten.

Inzwischen gab es einen Papstwechsel. Johannes XXIII., ein „Übergangspapst", wie mein Heimatpfarrer Veit meinte, leitete nun die römisch-katholische Kirche. Er rief bald das Konzil, das 2. Vaticanum aus, das wirklich zu einem

Auf dem Weg zur Primiz

neuen Aufbruch der Weltkirche führte. Eine Wirkung dieses Aufbruchs bedeutete für mich die Erlaubnis, das Stundengebet in Deutsch zu beten und bei der Diakonweihe die Lesung in deutscher Sprache zu verkünden. Nun ging es flott der Priesterweihe entgegen, die am 7. Juni 1964 im Freiburger Münster im Rahmen einer großartigen liturgischen Feier durch den Erzbischof Hermann Schäufele erfolgte. Eine Woche später war meine Primiz, die Feier der Heiligen Messe in meiner Heimatgemeinde „Guter Hirte" in Mannheim-Schönau.

Ich war nun also nach vielen Jahren eifrigen Lernens und der Freude an geistigen und geistlichen Gewinnen am Ziel. Ehrlicherweise muss ich sagen, trotz aller Freude, die viele meiner Verwandten, Freunde und Nachbarn mit mir teilten, war ich auch erschöpft. Was noch hinzukam: Ich fühlte mich den nun auf mich zukommenden priesterlichen Anforderungen nicht so gewachsen, wie ich mir das wünschte. Fünf Jahre Ausbildung, und dann dieser Bammel vor der Praxis. Wie kam das bloß? Ich erinnere mich an ein Gespräch mit dem Professor der Moraltheologie Rudolf Hofmann, der mich nach einer Prüfung fragte, wie ich als Spätberufener, der schon im Berufsleben gestanden hatte, das Studium der Theologie empfunden hätte. Ich weiß noch genau meine klare Antwort: „Der Empfänger der Botschaft kam nicht vor." Daraufhin wurde er sehr nachdenklich.

Ja, das war mein ehrlicher Eindruck. Es war im Studium vor allem um den überlieferten „Schatz des Glaubens" gegangen, das depositum fidei, wie das in Latein heißt. Dieser Schatz wurde uns nahegebracht, gestützt und gestärkt durch die scholastische Philosophie eines Thomas von Aquin. Dieser Schatz wurde im unantastbaren Gefäß der Dogmen aufbewahrt, dadurch gesichert und „wasserdicht" gemacht vor den Wirren und Stürmen der Zeit. Aber wie der überlieferte Schatz des Glaubens den Gläubigen vermittelt werden sollte – durch Religionsunterricht, durch die Predigt im Gottesdienst – das erlernten wir nur theoretisch, mit ganz wenigen Praxisbezügen. Mit solch einer „Ausrüstung" wurden wir in die Gemeinden geschickt. Wenn wir den Mangel an Praxisbezug gegenüber den Vorstehern zum Ausdruck brachten, hörten wir als Antwort: Die Gnade wird schon noch das Übrige tun. Vertraut auf das Wirken des Heiligen Geistes. Nun, unser jung gebliebener Idealismus war ja auch noch vorhanden, und so wagten wir den Aufbruch in einen neuen „begnadeten" Lebensabschnitt.

Je mehr ich in das praktische seelsorgliche Wirken mit Hilfe erfahrener Chefs hineinwuchs, die Gemeindeleiter waren, erlernte ich mit wachsender Verantwortung Freude an meiner Berufung. Im Jahre 1966 wurde ich nach Heidelberg-Pfaffengrund versetzt. Pfarrer Klausmann gewährte mir, dem Neuling auf pastoralem Felde, viele Freiheiten, die ich gerne wahrnahm. Gegenüber dem Ordinariat stellte ich den Antrag, das Pfarrexamen frühzeitig ablegen zu dürfen, weil ich so bald wie möglich selbständiger Gemeindepfarrer werden wollte. Dem wurde stattgegeben. Inzwischen machte meine Schwester Roswitha die

Ausbildung zur Seelsorgehelferin, weil sie meine seelsorgliche Mitarbeiterin in einem gemeinsamen Haushalt werden wollte und Gott sei Dank auch wurde. Nach einer weiteren halbjährlichen Kaplanszeit in der Mannheimer Liebfrauengemeinde konnte ich dann in der Zwölf-Apostel-Gemeinde in Mannheim-Vogelstang für 27 Jahre bis zum Ruhestand im Jahre 1996 Pfarrer sein. Horst Schroff war dort bereits Kurat geworden, wir waren im Team seelsorgerlich wirksam. Wenn ich heute meinen Lebensweg betrachte, werde ich in meinen Entscheidungen nachträglich bestärkt.

Ludwig Wirthwein

Der Krieg war für mich mit der Gefangenschaft zu Ende

Um der Einberufung zur SS zu entgehen, hatte ich mich freiwillig zur Marine gemeldet, nicht ahnend, dass ich eines Tages doch unter dem Kommando einer SS-Einheit in den Ardennen das Vaterland verteidigen würde. Auf die Frage, warum ich mich für die Marine entschieden hätte, lautete meine Antwort. „Weil ich das Meer so liebe."

Ende März 1944 wurde ich nach Belgien zum Marinestammregiment Beverloo eingezogen. Bereits nach einer dreiwöchigen Ausbildung wurden 30 Mann von uns zur SS abgestellt. Wir erhielten feldgraue Uniformen und wurden sofort bei Dinan zur Bekämpfung von Partisanen eingesetzt. Unser bunt gemischter Haufen aus allen Waffengattungen erlebte die andauernden Angriffe der US-Luftwaffe auf alles, was sich am Boden bewegte, und schließlich standen die ersten US-Panzer in Reichweite. Ich erlebte schlimme Tage mit vielen Toten auf beiden Seiten.

Unser Lehrgang bei der Kriegsmarine (Autor untere Reihe 2.v.r.)

Der Weg in die Gefangenschaft verlief undramatisch. Wir lagen zu dritt in einem Waldstück, als ein Wagen auf dem vor uns liegenden Weg vorbeifuhr. Ich sah deutsche Stahlhelme, sprang auf die Straße und rief: „Kumpels, nehmt uns mit." Der Wagen hielt an, und erst, als wir davorstanden, sahen wir die zwei Amerikaner mit Maschinenpistolen, die uns mit „let's go, hurry up" in

Gewahrsam nahmen. Nach etwa zwanzig Minuten übergaben sie uns einer belgischen Partisanen-Einheit, die uns in einem Leichenwagen in das Zuchthaus von Dinan brachte. Unterwegs und auch in den Zellen war immer wieder zu hören: „Ihr werdet noch heute erschossen." Durch ein Guckloch konnte man nach unten in den Rundbau schauen, wo die Partisanen zu sehen waren. Sie trugen helle Kampfanzüge und rote Mützen mit goldenem Löwenkopf.

Es wurde Morgen, und es war ziemlich laut in der Halle. Alle Lichter brannten, und wir sahen einige Amerikaner mit ihren Maschinenpistolen und einen Offizier, der mit den Partisanen ziemlich grob umging. Wir hörten, dass er immer wieder sagte: „Die Deutschen sind ab sofort amerikanische Kriegsgefangene. Sie werden gleich abgeholt." Zwanzig Minuten später wurden alle Zellen geöffnet. Wir waren etwa dreißig Mann, die sich zu einem LKW durchkämpfen mussten, da belgische Zivilisten versuchten, auf uns einzuschlagen, was ihnen teilweise auch gelang. Einige Stunden später landeten wir in einem Gefangenenlager. Das war Anfang Juni 1944. Zu essen gab es zwei Tage lang nichts, und es starben dort einige Gefangene, die meisten an der Ruhr. Einige fielen entkräftet in die Abortgruben. Morgens entdeckten wir die Leichen.

Durch Aufräumarbeiten in einem Zelt außerhalb des Lagers, aus dem mein Freund Koschka und ich ein ordentliches Magazin machten, in dem wir schlafen durften und auch zusätzliche Verpflegung erhielten, wurde für uns der Aufenthalt erträglich. Wir bekamen Zigaretten und Hershey-Schokolade und wurden von den US-Soldaten wie Freunde behandelt. Eines Abends brachten die Amerikaner uns eine große Wanne und füllten sie mit heißem Wasser. Auch bekamen wir ein großes Stück Seife. Endlich sich waschen können – es war ein Hochgenuss. Als wir damit fertig waren, vergruben wir unsere feldgrauen Uniformen und zogen unsere blauen Marineuniformen an, die wir die ganze Zeit im Gepäck mitgeführt hatten.

Eines Tages kam durch Lautsprecher der Befehl: „Alle Angehörige der Luftwaffe, der Marine und der SS am Lagertor antreten." Wir hatten zuvor schon gehört, dass die Angehörigen dieser Waffengattungen nach Amerika verschifft würden. Mit Lastwagen wurden wir zu einem Hafen und dort auf ein Frachtschiff gebracht. Vier Stunden später waren wir in Dover. Wir marschierten zum Bahnhof und waren nach kurzer Bahnfahrt auf dem nächsten Schiff. Es war ein Truppentransporter, auf dem jeder eine Hängematte hatte. Wir bekamen nun jeden Tag Frühstück und Abendessen. Abwechselnd durften fünfzig Mann an Deck, um frische Luft zu genießen. Man machte uns darauf aufmerksam, dass noch immer die Gefahr bestand, von einem deutschen U-Boot angegriffen zu werden, obgleich unser Schiff mit einer Rot-Kreuz-Flagge fuhr. Dies war der Grund für einen Umweg. Erst ging es durch die Straße von Gibraltar ins Mittelmeer, wo wir in Oran Verpflegung übernahmen, dann zurück und weiter über den Atlantik in Richtung nach USA.

Eines Tages fragte der Kapitän, ob unter den Gefangenen ein Maler sei. Drei Maler meldeten sich, aber der Kapitän wollte keinen von ihnen, denn er suchte einen Maler, der ein Bild malen kann. Mein Freund Koschka sagte: „Ludwig, melde dich doch." Nach langem Hin und Her habe ich mich schließlich bei einem Leutnant gemeldet. Er brachte mich zum Kapitän, welcher mir ein Bild von einem Adler zeigte, der grüne Bananen in den Krallen hielt und damit in der Luft schwebte. Der Titel des nicht allzu großen Bildes lautete „The knight of the green Bananas". Die dafür in der Lounge verfügbare Wandfläche, die bereits mit einigen Bildern bemalt war, betrug 3 x 2 Meter. Als jemand, der zeichnen und malen konnte und in seiner Lehre als Dekorateur einiges dazugelernt hatte, was die Bildgestaltung anbelangt, erklärte ich dem Kapitän auf seine Frage, ob ich das malen könne, dass dies für mich absolut kein Problem sei. Der junge Leutnant musste alles besorgen, was ich benötigte. Ich bekam ein kleines Zimmer und machte mich an die Arbeit. Als ich in Begleitung des Leutnants meine Klamotten abholte, riefen meine Kameraden: „Ludwig, zeig's ihnen."

Von jetzt auf nachher hatte ich eine Sonderstellung, erhielt außer Zigaretten, die alle bekamen, Schokolade und Kaugummis, durfte jeden Tag zwei Stunden lang an Deck in der Sonne liegen, hatte ein eigenes Bett und sogar eine Dusche in meinem kleinen Zimmer. Es war ein herrliches Leben. Wenn ich an Deck kam, habe ich mit den Matrosen zusammengesessen. Sie sagten Ludwig zu mir, wir unterhielten uns, denn einige sprachen etwas Deutsch, und sie erklärten mir das Schachspiel. Nicht ein Mal wurde über den Krieg gesprochen.

Der Kapitän besuchte mich fast jeden Tag, um sich vom Fortschritt meiner Arbeit zu überzeugen, und er war sehr zufrieden mit dem, was er sah. Als wir uns dem Ziel der Reise näherten, fragte er mich, wie lange ich an dem Bild noch zu arbeiten hätte. Daraufhin fragte ich ihn, wie lange wir denn noch bis zur Ankunft benötigen. Er sagte: „Wenn alles gut geht, sind wir in vierzehn Tagen in Boston." Meine Antwort lautete: „Wenn wir in Boston landen, ist das Bild garantiert fertig." Daraufhin lachte er und verschwand. Meine Sonderstellung war bis zur Landung gesichert.

Nach 30 Tagen kamen wir in Boston an. Alle Gefangenen hatten auf der Überfahrt ihre Uniformen in Ordnung gebracht, manche der etwa 15 Herren Offiziere hatten bei der Ankunft ihre Orden und Ehrenzeichen angelegt. Beim Abschied bedankte sich der Kapitän bei mir persönlich für das gelungene Bild. An Land wurden wir von einer Menschenmenge von Zivilisten erwartet, die uns „Hello boys" zuriefen und mit weißen Tüchern winkten. Es dauerte etwa eine Stunde, bis die 250 Mann abmarschbereit waren. Bevor jedoch der Befehl zum Abmarsch kam, wurde ich plötzlich durch den Lautsprecher aufgefordert, sofort zum Kapitän auf das Schiff zurückzukommen. Als ich oben ankam, ging er mit mir in den Raum mit dem Bild und sagte: „Du hast vergessen, deinen Namen unter das schöne Bild zu setzen. Schreibe ihn bitte noch hin." Und so schrieb ich auf mein gelungenes Werk „Signalgast Ludwig Wirthwein, prisoner of war". Er wünschte mir noch alles Gute und sagte: „Have a good time in Texas." Ich war der Einzige, der zu diesem Zeitpunkt wusste, dass wir nach Texas kommen würden.

Als wir den Bahnhof erreichten, waren wir total überrascht über den komfortablen Zug, in den wir einsteigen mussten. Alle Sitze waren gepolstert und sehr bequem. Auf der Fahrt wurden wir von Schwarzen betreut, welche uns fast jeden Wunsch erfüllten. Es gab zwar keinen Alkohol, aber sonst alle möglichen Getränke sowie Sandwiches mit Schinken und Käse, auch Kaffee und Kuchen. In der Nähe von Houston mussten etwa 200 Mann den Zug verlassen. Sie waren für das dortige Gefangenenlager bestimmt. Die restlichen 50, zu denen ich gehörte, kamen einige Stunden später in San Antonio an. In dem dortigen Lager befanden sich seit 1943 Gefangene des Deutschen Afrikakorps. Sie waren alle in bester Verfassung, auf uns jedoch teilweise nicht gut zu sprechen. Einige bezeichneten uns als Verräter. Wieso eigentlich? Sie schimpften über die Italiener, die sich in Afrika schon früh ergeben und uns auch noch den Krieg erklärt hätten. Die italienischen Gefangenen waren in getrennten Lagern untergebracht. Sie wurden mitunter auch von den Amerikanern als Feiglinge bezeichnet.

Unser Lager war ein Musterlager. Wir hatten ein Orchester mit 20 Mann. Es wurden Opern und Operetten gespielt. Es gab eine Fußballmannschaft, Sportgeräte aller Art waren verfügbar. Die Verpflegung war erstklassig. Die Wachmannschaften und auch der Kommandant haben mit uns die Mahlzeiten eingenommen. Das breakfast bestand aus Kaffee, Tee, Milch, Säften, Obst, Weißbrot, Butter und verschiedenen Wurstsorten sowie ham and eggs. Mittags gab es eine Suppe, zwei bis drei verschiedene Fleischsorten, Kartoffeln oder Teigwaren, Gemüse und Salat. Abends gab es verschiedene Wurstsorten, Käse und Salat. Es war wie in einem erstklassigen Hotel.

Den Englischunterricht leiteten eigene Leute, und nach einem Test durften wir mit Zivilisten zusammenarbeiten. Im Umkreis des Lagers arbeiteten wir bei den Farmern. So manche veraltete Farm wurde von uns Gefangenen in einen besseren Zustand versetzt. Am Ende der Renovierung stand immer ein großes Fest, zu welchem die Gefangenen eingeladen wurden, die am Umbau oder der Erweiterung der Farm beteiligt gewesen waren. Mit sportlicher Betätigung hielten wir uns zusätzlich fit, und mancher wurde von den Mädchen bewundert, denen es erlaubt war, mit uns zu sprechen, und die oft vom Lagerzaun aus unserem Muskeltraining zusahen.

Als der Krieg im Mai 1945 zu Ende war, wurden wir schlagartig anders behandelt. Die Verpflegung wurde stark reduziert, was zunächst zur Folge hatte, dass wir uns weigerten, zur Arbeit zu gehen. Die Verhandlungen mit dem Lagerkommandanten verliefen zunächst ohne Erfolg. Es dauerte jedoch nicht lange, da standen die Farmer protestierend mit ihren Wagen vor dem Lager. Sie wollten ihre Gefangenen wieder zum Arbeiten haben, mussten jedoch erfolglos abziehen. Der Kommandant und unsere Bewacher waren auf einmal bewaffnet, konnten uns jedoch nicht dazu bringen, die Arbeit wieder aufzunehmen. Gewalt wurde nicht ausgeübt. Es dauerte einige Zeit, bis wieder bessere und reichliche Verpflegung verfügbar war, allerdings nicht mehr so üppig wie zuvor. Die Farmer hatten sich bei der Regierung beschwert, und auch das Schweizer Rote Kreuz und der Verein Christlicher Junger Männer waren aktiv geworden. Unser Protest hatte letztlich Erfolg, und wir gingen wieder wie zuvor zur Arbeit. Es blieb dann so bis zum September 1946, als wir aus der Gefangenschaft entlassen wurden und von New York aus über Cherbourg die Heimreise antraten.

Was Kriegsgefangene in Russland und teilweise auch in Frankreich mitgemacht haben, wussten wir vor unserer Entlassung nicht. Von uns, die in den USA in Gefangenschaft waren, musste niemand hungern, und ich kannte keinen, der sich über schlechte Behandlung beklagt hat.

Zurück in Deutschland und einige Zeit später auf nach Kanada

Mit einem Gefangenentransport bin ich im Spätjahr 1946 von Cherbourg aus nach Deutschland zurückgekommen. Als mein Freund Rudolf Friedrich und ich kurz vor Frankfurt von dem Bewacher unseres Güterwagens den Transportschein gezeigt bekamen, auf dem als Reiseziel München angegeben war, wollten wir natürlich in Mannheim aussteigen. Beim Halt des Zuges an der Bergstraße überredeten wir ihn dazu, die Waggontür nicht zu verriegeln. Unsere mitreisenden Kameraden im Waggon wollten uns davon abhalten, den Zug vorzeitig zu verlassen, da wir ja über keine Entlassungspapiere verfügten. Wir ließen uns jedoch nicht beirren. Kurz vor Weinheim schob ich die Waggontür einen Spalt weit auf, nahm meinen Seesack vor den Körper und sprang. Rudolf kam nach, und wir waren in der Freiheit. Im Bahnhof Weinheim trafen wir auf zwei ältere Männer, die uns gegen ein Päckchen Zigaretten 200 RM gaben, womit wir für mich die Fahrkarte nach Mannheim und für Friedrich die nach Karlsruhe kaufen konnten. Eine Stunde später waren wir bereits in Mannheim, und Friedrich fuhr von dort weiter nach Karlsruhe. Ich habe nichts mehr von ihm gehört.

Ich war im Februar 1944 eingezogen worden und seitdem nicht mehr zu Hause gewesen. Die ersten schweren Bombenangriffe im August und September 1943, bei denen das Kaufhaus Anker am Paradeplatz, wo ich als Dekorateur gearbeitet hatte, fast ganz zerstört worden war, hatte ich miterlebt. Aber nun sah die ganze Stadt trotz der in Gang gekommenen Aufräumungsarbeiten verheerend aus. Ich ging in die Lorzingstraße, wo wir gewohnt hatten. Von der Mutter meines Freundes Heinz Westermann erfuhr ich, dass meine Eltern, zweimal ausgebombt, nun in der Weylstraße wohnten, und dass die Bombenangriffe in den letzten Kriegsmonaten die schlimmsten gewesen waren. Tag und Nacht hätten sie in den Luftschutzbunkern gesessen – kaum vorstellbar, wenn ich an mein unbeschwertes Leben schon vor dem Kriegsende als Gefangener in den USA dachte.

Die Planken 1946 nach der Enttrümmerung

Als ich in der Wohnung meiner Eltern ankam, fand ich nur meine Mutter vor. Sie war überglücklich, genau wie mein Vater, der kurze Zeit später erschien. Mein kleiner Bruder spielte noch mit Freunden, aber am Abend waren alle da, auch meine Schwester mit ihrem Mann, und wir haben das Wiedersehen ausgiebig gefeiert. Neben einem guten Essen gab es Whisky, Wein, Sekt und als Nachtisch eine Torte mit Sahne. Ich war darüber sehr erstaunt, denn es hatte geheißen, dass die Deutschen hungerten. Das Rätsel löste sich schnell, denn der offensichtliche „Wohlstand" rührte daher, dass mein Schwager als Grafiker und Maler in Heidelberg bei der Firma Raumkunst Bent arbeitete, welche Offiziersclubs der Amerikaner ausstattete. Dort konnte ich einige Tage später anfangen. Auch ohne Entlassungspapiere hatte ich den Weg zurück in mein neues Leben in Deutschland gefunden.

Die Firma Bent bestand aus acht Leuten, alle künstlerisch begabt. Wir waren ein tolles Team und sehr ideenreich bei der Gestaltung der Offiziersclubs im

Raum Mannheim und Frankfurt. An Geld sparten die Auftraggeber bei der Ausstattung der Räume nicht. Wir wurden gut bezahlt, teilweise in Naturalien – damals bei der bestehenden Bewirtschaftung der Lebens- und Genussmittel besonders wertvoll. Nach zwei Jahren hatte ich das nötige Geld angespart, um die Mannheimer Freie Kunstakademie zu besuchen. Für den Unterricht im Malen war Berger-Berger, in der Bildhauerei Trummer zuständig. Eines Tages erhielten wir in der Akademie den Besuch amerikanischer Offiziere. Ich arbeitete gerade an einem Ölgemälde von Heidelberg und wurde gefragt, ob das Bild käuflich sei. Meine Antwort lautete: „Leider nein, es ist für den amerikanischen Mastersergeant James Wolfram in Neckargemünd bestimmt." – „Ha, den kennen wir, der ist doch der Chef des Gefängnisses." Nun begann ein Gespräch, bei dem man wissen wollte, wo ich Englisch gelernt hätte. „You speak like an American" war eine Aussage, die aufgrund meines Aufenthalts in Texas nicht verwunderlich war. Schließlich wurde ich gefragt, ob ich nicht für die amerikanische Armee arbeiten wolle, und zwar als Art and Craft Instructor. So kam es, dass ich als Kunstgewerbelehrer eingestellt wurde und nach kurzer Einarbeitung vier Jahre lang werktags von 14 bis 22 Uhr in Heidelberg zur Zufriedenheit der Schulleitung Unterricht gab.

Auf die Dauer war ich mit der Arbeitszeit bis spät in den Abend hinein nicht zufrieden und suchte eine neue Betätigung, die ich als Chefdekorateur im Modehaus Erna in Mannheim fand, dem besten Haus am Platz. Hier konnte ich meine Ideen und künstlerischen Fähigkeiten voll zur Geltung bringen. Immer wieder wurde ich von Kunden gefragt, warum ich bei meinen guten Englischkenntnissen nicht nach Amerika gehen wolle. 1956 war es dann soweit, und ich entschied mich für die Reise nach British Columbia. Erst wollte ich mir Vancouver anschauen, denn dort lebten zwei Freunde, mit denen ich meine Jugendzeit verbracht hatte. Mein Freund Hans Thieme arbeitete bei der American Can Company, mein Freund Heinz Westermann bei einer Elektrofirma. Am Tag meiner Ankunft wurde erst einmal gefeiert. Ich konnte bei Hans wohnen und ging am nächsten Tag auf Arbeitssuche.

Bereits am zweiten Tag las ich in einer Zeitung, dass von einer Firma im nördlichen Stadtteil Schreiner gesucht würden. Ich stellte mich vor, und auf die Frage des Besitzers, der über mein gutes Englisch erstaunt war, ob ich Schreiner sei, antwortete ich ungeniert ja. Am nächsten Morgen konnte ich anfangen. Da ich nicht länger bei meinem Freund wohnen wollte, begab ich mich sofort auf Wohnungssuche. Als ich am Strand entlanglief, sah ich ein hübsches kleines Haus im Kolonialstil, an dem ein Schild mit der Aufschrift „Room to rent" angebracht war. Mit der Besitzerin war ich schnell einig und zahlte zu ihrem Erstaunen die Miete gleich für drei Monate im Voraus. Meine Freunde und ihre Frauen waren sehr beeindruckt, dass ich nach drei Tagen bereits einen Arbeitsplatz und eine Wohnung gefunden hatte.

Es handelte sich um eine kleine Möbelfabrik mit nur dreißig Mann, bei der ich am nächsten Tag meine Arbeit begann. Da am Band gearbeitet wurde, war echte Schreinerarbeit nicht gefragt, sodass ich nicht auffiel. Meine Arbeitskollegen, überwiegend Ausländer, denen ich fast jeden Tag Getränke spendierte und denen ich nicht verschwieg, dass ich kein Schreiner war, haben mir alle notwendigen Tricks beigebracht, sodass mein Chef mit meiner Arbeit zufrieden war und ich am Wochenende erkleckliche 60 Dollar einstreichen konnte. Es dauerte nur 14 Tage, und der Chef machte mich zu einer Art Vorarbeiter und Dolmetscher mit einem Monatsgehalt von 300 Dollar. Finanziell war damit alles in Ordnung. Ich hatte eine schöne Wohnung, gut zu essen und zu trinken. Was wollte ich mehr? Mitunter frage ich mich heute, wie das so schnell zustande kam. Aber es ging ja noch weiter.

Vancouver war schon damals eine schöne Stadt. Eines Abends, als ich am Hafen in einem Bierlokal saß, nahm ein Marineoffizier an meinem Tisch Platz. Wir kamen schnell ins Gespräch, und er war sehr erstaunt, als er hörte, dass ich Deutscher bin und erst vor drei Wochen in Kanada angekommen war. Ich erzählte ihm, dass ich in einer Möbelfabrik arbeitete und zuvor in Deutschland bei den Amerikanern als Kunstgewerbelehrer tätig gewesen war. Er meinte: „Sie sind ein Typ, den man selten findet" und sagte dann: „Hätten Sie vielleicht Lust, auf einem Passagierschiff zu arbeiten? Ich versichere Ihnen, dass Sie auf dem Schiff, auf dem ich schon seit zwölf Jahren arbeite, das Dreifache verdienen werden. Wenn Sie sich kurz entscheiden könnten, würde ich bei unserem Kapitän ein gutes Wort einlegen. Mein Schiff ist die ‚Princess of Nanaimo', wir fahren morgen früh um acht Uhr ab. Ich stehe oben an der Reling."

Beim Einkauf in Vancouver

Als er sich verabschiedete, war es schon dunkel geworden, aber ich wollte unbedingt das Schiff sehen, das nicht weit entfernt an der Pier lag. Es war ein schönes Fährschiff, welches Passagiere und Fahrzeuge die Westküste hochbrachte. Sofort fiel meine Entscheidung. Sie lautete: Morgen früh werde ich mit meinem Gepäck am Hafen sein. Ohne Kündigung und ohne die Rückforderung der im Voraus bezahlten Miete brach ich meine Zelte in Vancouver ab und begab mich auf das Schiff. Der Offizier stand tatsächlich an der Reling und brachte mich zum Kapitän, einem Engländer, der mir verkündete, dass jeder Anfänger auf dem Schiff als Porter anfangen müsse, und dass es ganz von ihm abhinge, was dann folge. Er meinte: „Wenn alles gut geht, können Sie Waiter im dining room werden." So geschah es dann auch. Mein Leben auf dem Schiff begann mit dem Einsatz bei der Reinigung. Schon nach etwa drei Wochen war ich „Head Porter", und nach zwei Monaten Chief Porter. Wie es dazu kam, ist leicht zu erklären. Ich legte allergrößten Wert darauf, dass überall dort, wo ich im Einsatz war, alles absolut sauber war, was anscheinend auffiel. Einige Zeit später war ich als Waiter für 15 Schiffsoffiziere zuständig. Meine Bemühungen um absolute Sauberkeit und einwandfreien Service wurden sofort belohnt. Mein Gehalt betrug nun 320 Dollar, Logis und Verpflegung waren natürlich frei. Aber es ging noch weiter.

Der Chief Purser interessierte sich für mich und setzte beim Kapitän durch, dass ich im dining room die Touristen bediente, überwiegend betuchte Leute, die zum Lachsfang und Segeln fuhren. Auch hier war ich um Perfektion bemüht. Mein Monatsgehalt wurde auf 420 Dollar erhöht, das Trinkgeld floss reichlich und belief sich etwa auf den gleichen Betrag. Ich hatte wahrhaftig keinen Grund zur Klage.

Die „Princess of Nanaimo"

Am Ende der Saison 1957 lag das Schiff zwei Wochen lang zur Überholung in Victoria im Trockendock. Es waren schöne Tage der Erholung ohne jede Arbeit. Danach ging es wieder von Vancouver aus auf große Fahrt. Nun war ich als Bedienung der Gäste in der Bar im Einsatz, die 50 Sitzplätze hatte. Wir waren da ein tolles Team: Engländer, Italiener, Kanadier und ich als Deutscher. Trinkgelder wurden reichlich gegeben, und innerhalb von 15 Monaten hatte ich 9.000 Dollar auf meinem Konto. Als der Barkeeper krank wurde, war ich es, der ihn bis zu seiner Genesung vertrat. Ich lernte recht schnell, was da zu tun war. Danach machte mir der Kapitän den Vorschlag, auf eine Schule zu gehen, um Steward zu werden, und ich solle die kanadische Staatsbürgerschaft erwerben. Er hätte immer einen Platz für mich, meinte er. Das war zwar reizvoll, aber es sollte anders kommen.

Wie es weiterging

Es war im September 1958, als ich auf dem Schiff mit Schiffsoffizieren der Cunard Line ins Gespräch kam, die sich auf einer Urlaubsreise befanden. Sie gaben mir die Empfehlung, mich bei ihrer Schifffahrtsgesellschaft zu bewerben mit der Aussicht auf ein deutlich höheres Einkommen als das bisherige, mit dem ich eigentlich recht zufrieden war. Der Anreiz, mehr als doppelt so viel zu verdienen, war groß genug, um mich für den Wechsel zu begeistern, allerdings musste ich erst eine Einwanderungsbewilligung in die USA bekommen. Dies war jedoch kein Problem, sie wurde mir nach einer Untersuchung in Seattle erteilt. Der Kapitän der „Princess of Nanaimo" war sprachlos, als ich kündigte, und meinte, dass ich einen großen Fehler mache. Zum Abschied sagte er, ich könne jederzeit zurückkommen, und wünschte mir alles Gute.

Was dann kam, hatte ich nicht erwartet, denn ich musste mich nach der Vorstellung im Büro der Cunard Line bei der Seemannsgewerkschaft melden, wo ich erfuhr, dass ich erst in die Gewerkschaft eintreten müsse und dann frühestens nach drei Monaten auf einem Passagierschiff anheuern könne. Beim Spaziergang durch Seattle stellte ich fest, dass es viele Restaurants und Geschäfte mit deutschen Namen gab. Am selben Abend kam ich in dem Hotel, in dem ich übernachtete, mit dem deutschstämmigen Wirt ins Gespräch. Als ich ihm mein Problem schilderte, sagte er: „Wenn du auf mich hören willst, dann such dir hier in der Stadt einen Job in einem Restaurant, was bei deinen Zeugnissen kein Problem ist. Du kannst auch bei mir anfangen. Wenn du auf ein großes Schiff gehst, dann musst du ein ganzes Jahr lang Drecksarbeit machen, bevor du eine gute Stellung bekommst. Als Newcomer wirst du anfangs viele Feinde haben." Vor den Feinden hatte ich keine Angst, aber Drecksarbeit, die wollte ich nicht noch einmal leisten. Und so fuhr ich am Abend des nächsten Tages mit der Bahn nach San Diego in Kalifornien, wo ich Freunde hatte. Als der Schaffner gegen 22 Uhr die Fahrkarten kontrollierte, sagte er mir, dass er noch einige Betten zu einem günstigen Preis frei habe. Auf meine Frage, was ich zu zahlen hätte, antwortete er, dass er das mir überlasse. Ich gab ihm zehn Dollar, mit denen er zufrieden war, und so reiste ich recht komfortabel in den Süden. Ich war unbeschwert, denn ich hatte ja für die USA eine Einwanderungsbewilligung und genügend Geld, um einige Zeit ohne Arbeit auszukommen

Gegen Mittag erreichte ich San Diego, wo mich meine Freunde, die Familie Wolfram, am Bahnhof abholten. Wir hatten uns 1949 in Heidelberg kennengelernt und feierten in ihrem Haus ein freudiges Wiedersehen nach den vielen Jahren. Ich konnte bei ihnen wohnen. Bereits am nächsten Tag gingen sie mit mir zum Arbeitsamt, wo ich einen Ausweis und einige Adressen von Firmen erhielt, die Arbeitskräfte suchten. In Anbetracht meines Kontostandes, über den meine Freunde recht erstaunt waren, meinten sie, dass ich erst einmal Urlaub machen solle. Das tat ich dann auch und begann nun wieder zu malen. Eine Serie von Comics mit dem Thema „Weltraum-Märchen" führte dazu, dass mich meine Gastgeber dazu drängten, mich bei Disneyland zu bewerben. Prompt kam eine Einladung, und ich hatte den Eindruck, dass meine Zeichnungen Anklang fanden. Den Tag im Wunderland mit freiem Eintritt und Verpflegung habe ich zusammen mit meinen Freunden genossen. Einige Tage später erhielt ich die Mitteilung, dass ich in den nächsten Monaten mit einer Einstellung rechnen könne, was mir jedoch zu vage war.

Ich wurde wieder unruhig und kündigte an, dass ich mir Los Angeles ansehen wolle. Zum Abschied fand eine kleine Feier mit T-Bone-Steak, Pommes und kalifornischem Wein statt, und am nächsten Tag fuhr ich mit einem Bus ab nach L.A. Dort angekommen, sah ich in einer Seitenstraße ein wunderschönes Haus in mexikanischem Baustil, umringt von Palmen. Das Schild suite to rent war für mich die Aufforderung, einzutreten und den Wunsch zu äußern, die angebotene Suite zu sehen, die ich eventuell mieten wolle. Bei der Führung durch das Haus staunte ich nur so. Luxus pur, wie ich ihn nicht kannte. Teppichböden bester Qualität nicht nur im Raum, sondern auch auf den Treppen, eine teure, wunderschöne Einrichtung mit einem elektrisch ausklappbaren Bett, einer Essecke mit Couch und zwei Sesseln, Telefon und Fernseher, dazu ein Balkon, der nach der Rückseite hinausging, und von dem aus man ein Schwimmbad sehen konnte. Es gab noch einiges mehr zu bestaunen. „Wozu habe ich Geld", fragte ich mich und mietete die angebotene Wohnung. Mein Gepäck holte ich noch am Nachmittag bei der Busstation der Greyhound-Gesellschaft ab.

Am nächsten Tag telefonierte ich mit George Lamer, einem Franzosen, mit dem ich mich im Service auf der „Princess of Nanaimo" angefreundet hatte. Als er meine Geschichte hörte und ich ihn bat, nach Los Angeles zu kommen, war er sofort dazu bereit. Er fand auch gleich Arbeit und eine Wohnung in einer Firma, die in riesigen Gewächshäusern Tomaten zog. Mit 400 Dollar Einkommen und freier Wohnung hatte er bei seiner Sparsamkeit sehr schnell das Geld beisammen, um sich ein Ford Cabriolet zu kaufen, mit dem er stolz durch L.A. fuhr. Ich privatisierte noch immer und genoss die Tage in der feudalen Wohnung in der wunderschönen Stadt.

Als die Tomaten geerntet waren, bestand Georg darauf, dass wir zusammen Urlaub machten. Wo? In Mexiko. In Acapulco verbrachten wir in einem Hotel unmittelbar am Strand in bester Gesellschaft unvergessliche Tage. Bei den Tanzveranstaltungen durfte ein Smoking nicht fehlen, auch den hatten wir. Ein Kellner sagte uns eines Tages, dass einige der Hotelgäste uns für Schauspieler hielten. Wir sahen aber auch beide richtig gut aus und wurden immer wieder von einigen Leuten eingeladen, vor allem von solchen, deren Vorfahren aus Deutschland stammten. Der gelegentlich für Heiterkeit sorgende französisch-amerikanische Akzent meines Freundes und unser gutes Benehmen haben sicher dazu beigetragen. Bei den Gesprächen musste ich, wenn es um Politik ging, immer etwas vorsichtig sein. Es gab zwar einige Leute, die zu verstehen gaben, dass sie gegen den Eintritt Amerikas in den Krieg gewesen seien, aber es gab auch andere. Abgesehen davon, dass ich mir damals keine konkrete Einschätzung der politischen Ereignisse zutraute, hatte ich keinerlei Bedürfnisse, über das, was im Krieg und vor allem über das, was mit den Juden geschehen war, zu diskutieren. Mein Freund hat dagegen unbefangen von den Geschehnissen während der deutschen Besetzung von Frankreich gesprochen, was natürlich unverfänglich war.

Bei mir kam damals wieder die Lust am Malen zum Ausbruch. Am Morgen nach einer Veranstaltung war ich morgens ganz früh schon am Strand. Ich malte drei Aquarelle. Als ich gerade damit fertig war, fragte mich ein Amerikaner, der meine Arbeiten bewunderte, ob ich sie ihm verkaufen würde. Mein Angebot, ein Freundschaftspreis von 50 Dollar pro Stück, wurde von ihm sofort akzeptiert. Er erzählte, er wohne in Los Angeles, und forderte mich auf, ihn nach der Rückkehr zu besuchen.

Als wir wieder nach L.A. zurückkamen, waren wir um 3.000 Dollar ärmer. Aber wir bereuten diesen gemeinsamen Urlaub nicht; wir hatten drei herrliche Wochen unbeschwert und mit vielen neuen Eindrücken in Acapulco verbracht. Als ich den Käufer meiner drei Bilder, John Bergmann, besuchte, stellte ich fest, dass er ein Geschäft für Herrenausstattung besaß. Meine Bilder standen schön gerahmt und mit einem Passepartout versehen im Schaufenster, ausgezeichnet mit einem Preis von 400 Dollar. Während meines Besuchs kamen Kunden in sein Geschäft, und wie es so meine Art ist, schaltete ich mich prompt in die Verkaufsgespräche ein. Herr Bergmann war sehr von meinem Verkaufstalent angetan, zumal ihm einer der Kunden sagte, ich hätte einen guten Geschmack. So bot er mir an, täglich von 16 bis 18 Uhr, das war die Hauptgeschäftszeit, bei ihm zu arbeiten. Zehn Prozent des von mir erzielten Umsatzes sollte ich für meine Tätigkeit erhalten. Außerdem, meinte er, könne ich ja weiterhin malen, und um den Absatz der Bilder müsse ich mir keine Gedanken machen.

Er machte mich mit einem seiner Freunde bekannt, der Malartikel vertrieb, und dieser gab mir den Rat, mich mit meinen Zeugnissen bei einer Art School anzumelden, mit deren Ausweis ich Steuerfreiheit beanspruchen könne. Nach Vorlage meiner Zeugnisse und Papiere sowie einiger Skizzen wurde ich in die Second Grade Class der Schule aufgenommen. Als Student war ich nun steuerfrei. Ich besuchte morgens die Schule und begann wieder intensiv mit dem Malen. Im Verkauf von Herrenbekleidung verdiente ich etwa 1.000 Dollar im Monat. Jedes meiner Bilder, die ich alle mit der Signatur Ludowigo versah, brachten mir 200 Dollar ein. So ging es sechs Monate lang, und es fehlte mir trotz meiner feudalen Suite nicht an Geld. Es hätte eigentlich so weitergehen können. Aber es sollte anders kommen.

Es war im September 1958, als ich eines Morgens ein Plakat sah, auf dem zu lesen war: „Letzte Fahrt des Passagierschiffs Berlin" nach Deutschland. Aus Filmen und Büchern kannte ich die Geschichte dieses Schiffes, das ursprünglich 1924 als MS Gripsholm gebaut worden war. Ich spürte ein Kribbeln. Während meines ganzen Aufenthalts in Kanada und den USA hatte ich stets brieflichen Kontakt mit meinen Eltern und einigen Freunden, und vermutlich war es ein gewisses Heimweh, das mich veranlasste, mir ein Ticket zu beschaffen, was mit einiger Mühe und einem Flirt mit der Dame in dem Reisebüro gelang. Allerdings musste ich die Kabine mit einem Mitreisenden teilen. Dass es nicht die letzte Fahrt der Berlin von New York nach Bremerhaven war, erfuhr ich erst später.

Meine Eltern wohnten noch immer in der Weylstraße und freuten sich riesig über meine Heimkehr. Kurze Zeit wohnte ich noch bei ihnen, bevor ich meine neue Anstellung als Chefdekorateur im „Haus der Stoffe" in der Breiten Straße fand und eine eigene Wohnung bezog. 1962 habe ich mich dann selbständig gemacht.

Es war ein bewegtes Leben, das ich nach dem Krieg geführt habe. Zu bereuen gibt es nichts. Ich habe einiges von der Welt gesehen und auch viele Menschen kennengelernt. Bei allem, was ich erlebte, haben mir mein Optimismus, meine Zielstrebigkeit, meine Einsatzbereitschaft, mein Wagemut und sicher auch eine gewisse Unbekümmertheit geholfen. Ich habe mich vor keiner Arbeit gescheut, hatte aber auch das Talent, aus allem etwas zu machen, was ich anpackte. Die Freude am Leben ist mir auch in schwierigen Situationen erhalten geblieben. Es kann so weitergehen.

Emil Ziegler

Mit zwei Briketts zum Tanzkurs

Am 1. März 1945 erlebte ich in der Stellung der Leichten Flak beim Großkraftwerk in Neckarau den letzten schweren Luftangriff auf Mannheim. Ich war dort zusammen mit Mitschülern der Mannheimer Mittelschule als Luftwaffenhelfer im Einsatz. Da unsere kleinkalibrigen Geschütze nicht für den Einsatz gegen Panzer geeignet waren, wurde unsere Stellung geräumt, und wir begaben uns mit unseren Waffen und Geräten auf den Rückzug quer durch Deutschland, immer auf der Flucht vor den vorrückenden Amerikanern. Die Parole lautete: „Rückzug in die Alpenfestung, von wo aus Deutschland zurückerobert werden wird." In Füssen kippten wir unsere Flakgeschütze mitsamt der Ausrüstung in den Lech. Jeder war von da an auf sich allein gestellt.

Ich machte mich in Richtung Fernpass auf den Weg und fand schließlich Ende April bei einem Bauern in Biberwier bei Lermoos Unterschlupf. Am Morgen des 28. April hatte die Bauersfamilie, bei der ich gelandet war, den Hof verlassen und war, wie ich später erfuhr, auf eine Almhütte geflüchtet. Mich hatten sie einfach schlafen lassen. Abrupt wurde ich aus dem Schlaf gerissen, als der Boden unter meinem notdürftigen Nachtlager zitterte. Ich hörte ein lautes rasselndes Geräusch, dazwischen Rufe in einer fremden Sprache. Mit einem Satz stand ich am Fenster und erkannte den Grund für den Lärm. US-Panzer und -Soldaten standen unmittelbar vor dem Hoftor. Da ich mich meiner Uniform entledigt hatte, hielten sie mich mit meinen 17 Jahren für eine Zivilperson und verließen den Hof, nachdem sie alle Räume durchsucht und festgestellt hatten, dass ich weder eine Armbanduhr noch einen Fotoapparat besaß. Ich hatte ein mulmiges Gefühl bei dieser ersten Begegnung Auge in Auge mit dem Feind.

Am nächsten Tag quartierten sich sechs GIs auf dem Hof ein. Ich wurde von ihnen als Hilfe in der Küche geduldet. Als die Tochter des Bauern auf dem Hof erschien, um die brüllenden Kühe zu melken, kam es zu einem Zwischenfall. Ein alkoholisierter Amerikaner bedrängte das Mädchen, das um Hilfe rief. Als ich dazwischenging, fuchtelte er mit seiner Pistole vor meiner Nase herum. Das Mädchen lief davon und ich so schnell wie möglich hinterher. In einem Bauernhof am Ende des Dorfes wurde ich freundlich aufgenommen und konnte dort einige Tage bleiben. Danach kam ich in Vils als Hilfskraft auf einem Bauernhof unter.

Die Siegesfeier der Amerikaner nach der Kapitulation dauerte mehrere Tage. Für mich ging damals wie für viele andere ein Traum zu Ende, der zum Schluss ein Albtraum gewesen war. Erstmals wurde ich mit den Gräueltaten von Landsleuten in den besetzten Gebieten und mit dem unfassbaren Geschehen in den Konzentrationslagern konfrontiert. Die Erkenntnis, von einem unmenschlichen System missbraucht worden zu sein, war bitter.

Der Weg zurück nach Mannheim führte über das Entlassungslager der US-Armee in Innsbruck, wo ich nach wenigen Tagen völlig unproblematisch meine Entlassungspapiere erhielt. Auf direktem Weg kam ich mit einem Großraum-LKW nach Mannheim zurück. In der Viehhofstraße wurde ich am späten Abend abgesetzt und musste, da Sperrstunde war und niemand auf der Straße sein durfte, den Weg in die Rheingoldstraße auf Umwegen über den Waldpark und durch die Gärten am Rheindamm und im Niederfeld antreten. Unser Haus war kaum beschädigt, meine Eltern waren wohlauf, und ich wurde von ihnen und meinen Geschwistern mit großer Freude begrüßt. Nur mein ältester Bruder fehlte. Er war wie viele deutsche Gefangene von den Amerikanern den Russen übergeben worden und kehrte erst Ende 1949 aus der Gefangenschaft zurück. Im Gegensatz zu ihm und einigen meiner Schulfreunde, denen eine längere Gefangenschaft nicht erspart blieb, hatte ich viel Glück gehabt.

Der Betrieb in der elterlichen Bäckerei wurde nach den ersten Lieferungen von Mehl, Backzutaten und Brennmaterial in verkleinertem Umfang weitergeführt. Alle Lebensmittel waren rationiert. Die im Krieg bei meinen Eltern beschäftigten Belgier waren heimgekehrt. Wir hatten bis zum Schluss ein gutes Verhältnis mit ihnen. Einer von ihnen besuchte uns später mehrmals, allerdings nicht wegen seiner früheren Beschäftigung, sondern wegen meiner Schwester Erika, allerdings ohne Erfolg. Für mich bedeutete das Fehlen von Arbeitskräften, dass ich in der Backstube aushelfen musste. Kritisch war anfangs die Beschaffung ausreichender Brennstoffe. Es gab weder Kohlen noch Briketts, also musste das Holz herhalten, das uns von der Gemeinde zugewiesen und im Waldpark mit einer Trummsäge von Hand auf die erforderliche Länge zugeschnitten wurde. Das war eine zeitaufwendige und kräftezehrende Arbeit.

Die Bäckerei meiner Eltern in der Rheingoldstraße

Es gab viele Obdachlose und Flüchtlinge, die es in der zerstörten Stadt schwer hatten, eine Unterkunft zu finden. Trümmer überall. Es fehlte an Lebensmitteln, und wer mit dem auskommen musste, was über die Lebensmittelkarten zugeteilt wurde, ist nicht immer satt geworden. Für viele war es ein Kampf ums Überleben. Das Geld war so gut wie wertlos. Der Schwarzmarkt blühte, und wer etwas zum Tauschen hatte, der fuhr aufs Land, um dafür bei den Bauern Lebensmittel einzuhandeln. Zigaretten und Schokolade, auch die von den jungen Frauen begehrten Nylonstrümpfe, galten als Währung. Wir waren durch die Bäckerei begünstigt, hinzu kamen unsere Geflügelhaltung und der Hausgarten, die für Zusatznahrung sorgten. Es wurde natürlich auch unter den Geschäftsleuten getauscht. Wir hatten Mehl, andere das Fleisch oder Gemüse. Jeder versuchte, das Beste aus der Situation zu machen.

Ich erinnere mich an einen Versuch, Zigaretten und Schokolade zu organisieren, so nannte man die kleinen Diebstähle. Zusammen mit einem Freund fuhr ich zum Rangierbahnhof, und wir schlichen uns an Waggons heran, deren Türen offen standen. Das Wach- und Entladepersonal machte gerade Pause, sodass jeder von uns ungehindert ein Paket, in welchem wir die begehrte Ware vermuteten, auf die Gepäckträger unserer Räder befestigen konnten. Leider wurde unsere Abfahrt von einem Bewacher bemerkt, und um zu entkommen, mussten wir unser Diebesgut abwerfen. Nichts war es mit dem Erbeuten von Zigaretten und Schokolade, stattdessen hatten wir beide Herzklopfen und waren froh, der Festnahme entkommen zu sein. Nie wieder habe ich versucht, auf diese Weise an „Beutegut" heranzukommen.

Im Sommer 1946 standen eines Tages ein GI und ein Pole, der zu der von den Amerikanern rekrutierten Wachmannschaft gehörte, vor meinem Vater. Die beiden verlangten sehr bestimmt die kurzzeitige Einlagerung von Lebensmitteln, die in Säcken verpackt waren. Da unsere Mehlkammer leer war, stimmte mein Vater ihrem Wunsch zu. Daraufhin fuhr ein LKW in unseren Hof, und die Ware wurde über die Mehlrutsche durchs Kellerloch in die Kammer befördert. Von Papieren war natürlich keine Rede. Bevor die Ware zwei Wochen später abgeholt wurde, haben wir uns beim Inhalt der Säcke bedient. Bohnen, Erbsen und Reis gab es 14 Tage lang wiederholt bei uns zu essen. Ein schlechtes Gewissen hatten wir nicht, denn schließlich handelte es sich um Mundraub und dazu noch von gestohlener Ware. Damals gab es häufig Brände in den Lagerstätten der US-Armee. Es lag die Vermutung nah, dass damit Diebstähle vertuscht werden sollten.

Für uns junge Leute bestand mit dem Fortschritt des Aufbaus endlich wieder die Möglichkeit, ein Kino oder das Theater zu besuchen. Es gab wieder Sportveranstaltungen. Zusammen mit meinen vier Freunden trat ich dem Tischtennisclub Almenhof bei, der später in den VfL Neckarau eingegliedert wurde. Gespielt wurde in Räumen der Schillerschule. Zusammen mit meinen

Freunden unternahm ich Ausflüge mit dem Fahrrad, einmal sogar in die Alpen. Die kostenlose Anfahrt erfolgte mit einem LKW bis München, eingeklemmt zwischen Leergut und ohne weiche Unterlage. Wir hatten viel Spaß bei diesen Unternehmungen. Bereits vor der Währungsreform hatte ich zusammen mit meinen Freunden einen Tanzkurs besucht. Zu den Unterrichtsstunden waren in den Wintermonaten zwei Briketts zum Heizen der Räumlichkeiten mitzubringen. Das wurde neben dem Eintrittsgeld auch bei anderen Veranstaltungen verlangt. Die gemeinsamen Erlebnisse führten dazu, dass unsere Freundschaft nach der Familiengründung Bestand hatte.

Anstoß erweckte in dieser Zeit das Verhalten junger Frauen, die sich mit den amerikanischen Soldaten mehr als nur befreundeten. Meinem Elternhaus gegenüber fanden im „Goldenen Löwen" immer wieder große Veranstaltungen statt, zu denen junge Frauen teilweise in LKWs „angeliefert" wurden, um von GIs in Empfang genommen zu werden. Laute Musik war aus dem Biergarten zu hören, und ich konnte manches sehen, was da so geschah. Die Veranstaltungen gingen bis in den späten Abend hinein. Dass das Verlangen nach Schokolade, Zigaretten und Nylonstrümpfen einer der Gründe für viele der Freundschaften war, wusste jeder. Ich erinnere mich, dass meine Freunde und ich über das Verhalten der jungen Frauen sehr empört waren. „Ami-Huren" nannten wir diejenigen, die sich so ungeniert auf die Besatzungssoldaten einließen. Dass es auch viele echte Liebesbeziehungen gab, die später zu Ehen führten, daran dachten wir damals nicht.

Die Währungsreform führte zu einer Veränderung der Lage. Schlagartig gab es viele Güter zu kaufen, nach denen man zuvor vergeblich gesucht hatte. Allerdings war nun das Geld knapp, denn jeder musste mit einem Grundbetrag von 40 D-Mark beginnen. Nur diejenigen, die knappe Güter gehortet hatten, konnten sofort gut leben und auch Investitionen vornehmen. Man hat sie als Kriegsgewinnler bezeichnet. Zweifellos haben damals auch viele Bauern von der Notzeit profitiert. Es gab die Behauptung, sie hätten nicht nur in den Wohnungen, sondern auch in den Kuhställen Perserteppiche liegen.

Mein Weg ins Berufsleben

Nach meiner Heimkehr musste über meine berufliche Zukunft eine Entscheidung getroffen werden. Ich hatte Glück, denn als Letztgeborener durfte ich meinen Beruf wählen. Bei meinen älteren Geschwistern war das nicht so; im Hinblick auf die Weiterführung unserer Bäckerei musste mein ältester Bruder Konditor und der zweitälteste Bäcker werden. Die Bevormundung hatte in der Vorkriegszeit und teilweise auch noch danach Tradition. Sie hatte zweifellos auch etwas mit der Alterssicherung der Eltern zu tun, denn viele Selbständige hatten keine ausreichende Rentenversicherung. Sie bauten darauf, dass ihr Geschäft von ihren Kindern weitergeführt würde.

Schon früh hatte ich mich entschieden, ein Handwerk zu erlernen. Da kurz nach Kriegsende kaum Lehrstellen angeboten wurden, war ich froh, eine Anstellung in dem Metallverarbeitungsbetrieb A. Pott in Neckarau zu finden. Am 6. August 1945 machte ich dort als Praktikant meinen ersten Schritt ins Berufsleben. Ich kam in die Fertigung, in welcher Teile für die Reparatur sowie für den Auf- und Ausbau von Häusern, Hallen und Brücken angefertigt wurden. Die Arbeit war hart und sehr anstrengend. Von einer ordnungsgemäßen Ausbildung konnte keine Rede sein, weshalb ich mich nach einer anderen Firma umsah.

Am 1. April 1946 begann ich meine Lehre als Maschinenbauschlosser bei der Firma Mohr und Federhaff AG in der Friedrichsfelder Straße nahe beim Mannheimer Hauptbahnhof. Eine Lehrstelle zu finden war damals nicht einfach. Viele Firmen mussten nach dem Krieg ihre Werkstätten erst wieder aufbauen. Bei einigen wurden Maschinen als Reparationsleistungen von den Alliierten beschlagnahmt. Ohne die Vermittlung eines Onkels, der bei meiner Lehrfirma als Ingenieur tätig war, wäre ich vermutlich nicht zum Zug gekommen. Für die Ausbildung stand eine Lehrwerkstatt mit Bearbeitungsmaschinen und allem notwendigen Gerät zur Verfügung. 20 Lehrlinge wurden von einem Meister und zwei Gesellen betreut. Es wurde von Anfang an Wert auf eine gründliche Ausbildung gelegt. Jeder Lehrling hatte einen eigenen Arbeitsplatz. Wir lernten Bohren, Drehen, Fräsen, Hobeln, Stoßen, Abkanten, Schneiden, Löten, Schweißen, Schmieden und vieles mehr. Es war eine perfekte Ausbildung, die uns geboten wurde. Selbstverständlich waren peinliche Ordnung und Sauberkeit am Arbeitsplatz angesagt.

Die Grundausbildung dauerte 18 Monate. Sie wurde lediglich durch eine Aufbauhilfe unterbrochen, zu der jeder Lehrling vier Wochen lang in dem stark zerstörten Zweitwerk der Firma auf der Rheinau zur Beseitigung von Trümmern und Aufräumarbeiten eingesetzt war. Es folgten 12 Monate Ausbildung in den Fachabteilungen, zu denen der Kranbau, die Aufzugsfertigung und die Herstellung von Prüfmaschinen zählten. Neben dem Unterricht in der Gewerbeschule gab es einen Werksunterricht, in dem zu unserer praktischen Ausbildung die nötige Theorie geboten wurde. Materialkenntnisse und Verfahrenstechniken wurden neben Mathematik und Zeichnen gelehrt. Wöchentlich war dem Ausbildungsleiter ein Tätigkeitsbericht vorzulegen. Es war eine umfassende Ausbildung, die uns Lehrlingen zuteil wurde.

Die Gewerbeschule mussten wir einmal in der Woche besuchen. Für den Unterricht, der in C 6 einmal in der Woche von 8 bis 13 Uhr stattfand, gab es in allen Fächern nur einen Lehrer, nämlich Diplomingenieur W. Müller. Er gab sich redlich Mühe, uns in Deutsch, Werkstofflehre, Werkzeug- und Maschinenlehre, Geometrie, Projektionslehre, technisches Zeichnen, Rechnen und

Preisbildung sowie auch im Fach Schriftverkehr zu unterrichten. Wir waren 22 Schüler, es gab keine Mädchen in unserer Klasse. Durch den vorangegangenen Besuch der Mittelschule und die intensive Betreuung in meiner Lehrfirma fand ich den Unterricht in der Gewerbeschule überwiegend langweilig.

Die Arbeitszeit betrug damals 50 Wochenstunden. Als Ausbildungszulage erhielten wir Lehrlinge im ersten Lehrjahr 40, im zweiten 50 und im dritten 60 RM. Das Essen musste von zu Hause mitgebracht werden. Jeder hatte sein Essenkännchen dabei, dessen Inhalt in einem Wasserbad in der Mittagspause erwärmt wurde. Aus der damaligen Zeit erinnere ich mich an Vorgänge, die aus der Notsituation der ersten Nachkriegsjahre entstanden. Da die Beschaffung von Material und von Maschinenteilen vor allem für kleinere Firmen schwierig war, gab es dafür einen Schwarzmarkt. Es wurden Maschinenteile für befreundete Firmen hergestellt und gegen Güter getauscht, welche diese zur Verfügung hatten. Nägel, Drahtgeflechte, Hanfseile, Schuhsohlen und auch Lebensmittel waren Tauschobjekte, die teilweise selbst den Firmenangehörigen zugute kamen.

Da mir die Zeit meiner Praktikantentätigkeit angerechnet wurde, hatte ich bereits Ende 1948 den Facharbeiterbrief in der Tasche, und ich erhielt sofort eine feste Anstellung mit einem Stundenlohn von 0,90 D-Mark. Zweimal hatte ich meine Lehrzeit mit Genehmigung der Firma unterbrochen. Das erste Mal, um den Abschlusslehrgang der Mannheimer Mittelschule zu besuchen, der vom 13. Mai bis zum 21. Dezember 1946 dauerte und mit der Mittleren Reife abschloss. Das zweite Mal für die Vorbereitung zur Auslesprüfung für das erste Semester der Ingenieurschule vom 21. Februar bis zum 4. März 1949. Für das große Entgegenkommen war ich meiner Lehrfirma sehr dankbar, denn beide erfolgreichen Prüfungen ermöglichten mir den Besuch der Ingenieurschule und waren daher entscheidend für meinen weiteren Berufsweg.

Es gab damals sehr viele Bewerber für das Studium der Ingenieurwissenschaften. Bevorzugt angenommen wurden diejenigen, die wegen des Krieges das Studium hatten unterbrechen müssen. Viele von ihnen waren über 30 Jahre alt. Es gab nur zwei Studienrichtungen: Maschinenbau und Elektrotechnik. Entsprechend meiner vorherigen Ausbildung begann ich am 25. September 1949 Maschinenbau zu studieren. 16 Dozenten waren für den Unterricht zuständig. Unter ihnen befanden sich Walter Krause und Ludwig Ratzel, die später in der Politik Karriere machten. Die Semesterstärke betrug 34 Mann, weit und breit war keine Frau unter den Studierenden zu finden. Der Unterricht fand in den Klassenzimmern der Diesterwegschule statt, einer früheren Volksschule, die mit Tischen, Stühlen, einem Podium für den Dozenten und einer Schultafel ausgestattet waren. Wir hatten durchweg gute Lehrkräfte, und jeder von uns Studenten war bemüht, den Anforderungen gerecht zu werden. Durch Zwischenprüfungen und die Abschlussarbeiten gab es ständig Druck. Aber es wurden auch mehrtägige Exkursionen unternommen, die mit Betriebsbesichtigungen verbunden waren. Gut vorbereitet ging ich in die mehrtägige schriftliche Prüfung, der dann kurz danach noch eine mündliche Prüfung folgte. Das Ende der Studienzeit wurde in einem Hotel kräftig gefeiert.

Am 29. Juli 1952 hatte ich mein Abschlusszeugnis in der Tasche und begann am 4. August 1952 meine Tätigkeit als frischgebackener Ingenieur bei der Firma Zimmermann und Co., die Wärmeaustauscher herstellte und ihren Sitz nahe beim Südtor der BASF hatte. Hier hat mein Berufsweg mit einem Monatsgehalt von 296 D-Mark begonnen. Im Rückblick auf meine Lehr- und Berufsjahre gibt es überwiegend positive Erinnerungen. Es waren kurz nach dem Krieg und auch noch einige Jahre danach harte Zeiten zu überstehen. Der Wiederaufbau hat meiner Generation viel abverlangt, aber fast alle haben an einem Strang gezogen. Schwierigkeiten waren zu überwinden, woraus Stärke erwachsen ist. Die Hilfsbereitschaft und auch die Zufriedenheit waren in den Zeiten des Mangels größer denn je. Ein gewisser Stolz auf die unter schwierigen Bedingungen vollbrachten Leistungen ist zurückgeblieben. Ich denke, dass er berechtigt ist.

Schlusswort

Über die Bereitschaft des Wellhöfer Verlags zur Veröffentlichung dieses zweiten Teils der Sammlung von Geschichten aus dem privaten Leben von Mannheimer Bürgerinnen und Bürgern meiner Generation habe ich mich sehr gefreut. Sie zeigt, dass ein Interesse an derartigen Schilderungen besteht. Ich hoffe, dass sie ebenso wohlwollend aufgenommen wird, wie der erste Band der „Mannheimer Zeitzeugen". Alle Beteiligten haben etwas geschaffen, das nicht nur für sie selbst, sondern auch für ihre Nachkommen von Wert ist. Es würde mich freuen, wenn die Schilderungen nicht nur bei denjenigen, die bereit waren, zu erzählen, sondern auch bei anderen geschichts- und geschichteninteressierten Lesern Anklang finden würden.

Allen Beteiligten möchte ich für die zwar gelegentlich mühsame, jedoch immer gute Zusammenarbeit meinen Dank aussprechen. Für mich waren auch diesmal einige neue Einsichten, interessante Bekanntschaften, und auch ein großes Vergnügen verbunden. Meine Frau hat mein Engagement mit Geduld ertragen. Sie war immer die Erste, die einen fertigen Beitrag zu lesen bekam und hat dadurch auch als Erste Korrektur gelesen. Für ihre Unterstützung und Ermunterung bedanke ich mich ganz besonders.

Es wäre schön, wenn diese Veröffentlichung viele noch Unschlüssige dazu ermuntern würde, Beiträge zur „privaten Geschichte" zu sammeln und zu veröffentlichen. Wer seine Lebensgeschichte oder Teile davon schriftlich festhält, tut nicht nur sich selbst und seiner Familie einen großen Gefallen, sondern auch allen Leuten, die diese Art der Literatur schätzen.

Karl Heinz Mehler

Zwischen Weltwirtschaftskrise und totalem Krieg

Mannheimer Zeitzeugen

erzählen über ihr privates Leben

Karl Heinz Mehler

Mit einer Vielzahl persönlicher Geschichten erzählen 72 Menschen, die alle in Mannheim aufgewachsen sind, von den Ereignissen und von ihren persönlichen Erlebnissen ab Mitte der zwanziger Jahre bis zum Ende des Zweiten Weltkrieges. Der Älteste ist 1918, der Jüngste 1939 geboren. Sie stammen aus unterschiedlichen Schichten der Mannheimer Bevölkerung und waren altersbedingt mehr oder weniger stark von dem politischen Geschehen und den Kriegsereignissen betroffen. Mit einer Vielzahl unterschiedlicher Erzählungen an vielen Orten leisten alle Beteiligten einen facettenreichen Beitrag zur Zeitgeschichte. Es ist die Geschichte ihres privaten Lebens, die in diesem Buch als Ergänzung zur „Großen Geschichte" festgehalten werden soll.

„Identitätsbildung zu dem Ort, in dem man aufwächst und lebt, vollzieht sich stets auch durch das Hinterfragen der Vergangenheit. Zu gern wollen wir wissen, wie die frühere Generation den eigenen Lebensraum und Geschehnisse wahrgenommen, was sie darüber gedacht hat."

Aus dem Geleitwort von Dr. Ulrich Nieß,
Leiter des Stadtarchivs Mannheim – Institut für Stadtgeschichte

496 Seiten, € 29,80
ISBN 978-3-939540-46-5